Terapêutica
em pediatria

A Medicina é uma área do conhecimento em constante evolução. Os protocolos de segurança devem ser seguidos, porém novas pesquisas e testes clínicos podem merecer análises e revisões. Alterações em tratamentos medicamentosos ou decorrentes de procedimentos tornam-se necessárias e adequadas. Os leitores são aconselhados a conferir as informações sobre produtos fornecidas pelo fabricante de cada medicamento a ser administrado, verificando a dose recomendada, o modo e a duração da administração, bem como as contraindicações e os efeitos adversos. É responsabilidade do médico, com base na sua experiência e no conhecimento do paciente, determinar as dosagens e o melhor tratamento aplicável a cada situação. Os autores e os editores eximem-se da responsabilidade por quaisquer erros ou omissões ou por quaisquer consequências decorrentes da aplicação das informações presentes nesta obra.

Durante o processo de edição desta obra, foram empregados todos os esforços para garantir a autorização das imagens aqui reproduzidas. Caso algum autor sinta-se prejudicado, favor entrar em contato com a editora.

Terapêutica em pediatria

3ª edição

FABIO ANCONA LOPEZ
FLAVIO GIRIBELA
TULIO KONSTANTYNER

Manole

Copyright © Editora Manole Ltda., 2018, por meio de contrato com os autores.

Editora gestora: Sônia Midori Fujiyoshi
Editora: Cristiana Gonzaga S. Corrêa

Projeto gráfico e capa: Departamento de Arte da Editora Manole
Editoração eletrônica: Elisabeth Miyuki Fucuda
Imagens do miolo: gentilmente cedidas pelos autores
Ilustrações do miolo: Vagner Coelho e Sirio José Braz Cançado
Imagem da capa: Giovanna Ancona Lopez Vasconcelos, com permissão dos pais

Este livro contempla as regras do Acordo Ortográfico da Língua Portuguesa de 1990, que entrou em vigor no Brasil em 2009.

Dados Internacionais de Catalogação na Publicação (CIP)
(Câmara Brasileira do Livro, SP, Brasil)

Lopez, Fabio Ancona
 Terapêutica em pediatria / Fabio Ancona Lopez, Flavio Giribela, Tulio Konstantyner. -- 3. ed. -- Barueri, SP : Manole, 2018.
 Bibliografia
 ISBN: 978-85-204-5408-4

 1. Pediatria 2. Terapêutica I. Giribela, Flavio. II. Konstantyner, Tulio. III. Título.

17-08079   CDD-615.542
                                                             NLM-WS 366

Índices para catálogo sitemático:
1. Terapêutica pediátrica : Ciências médicas   615.542

Todos os direitos reservados.
Nenhuma parte deste livro poderá ser reproduzida, por qualquer processo, sem a permissão expressa dos editores.
É proibida a reprodução por xerox.
A Editora Manole é filiada à ABDR – Associação Brasileira de Direitos Reprográficos.

1ª edição – 2010
2ª edição – 2012
3ª edição – 2018

Editora Manole Ltda.
Avenida Ceci, 672 – Tamboré
06460-120 – Barueri – SP – Brasil
Tel.: (11) 4196-6000
www.manole.com.br
Atendimento: manole.zendesk.com

Impresso no Brasil | *Printed in Brazil*

São de responsabilidade dos autores as informações contidas nesta obra.

Aos pediatras do Brasil, residentes e médicos que dão o melhor de si para o benefício das crianças e dos adolescentes do nosso país, apesar de trabalharem tantas vezes em condições injustas e difíceis. Esperamos que esta obra os ajude em sua nobre missão de cuidar das crianças com habilidade e excelência, prevenindo morbidades, promovendo saúde e prescrevendo as melhores terapias disponíveis.

Autores

Fabio Ancona Lopez
Ex-vice presidente da SBP. Professor Titular Aposentado do Departamento de Pediatria da Universidade Federal de São Paulo (Unifesp).

Flavio Giribela
Pediatra Nutrólogo. Título de Especialista pela Sociedade Brasileira de Pediatria. Especialista em Nutrologia Pediátrica pela Unifesp.

Tulio Konstantyner
Pediatra Nutrólogo. Professor Adjunto da Disciplina de Nutrologia do Departamento de Pediatria da Unifesp.

Sumário

Autores VII
Apresentação XV

PARTE 1 • Alimentação da criança normal 1
1 Princípios básicos do aleitamento materno 3
2 Alimentação complementar 5
3 Alimentação do pré-escolar, escolar e adolescente 8

PARTE 2 • Neonatologia 13
4 Distúrbios metabólicos – cálcio, magnésio e glicose 15
5 Anemia do prematuro 18
6 Assistência ao recém-nascido a termo normal 21
7 Assistência ao recém-nascido pré-termo 27
8 Dor no recém-nascido e cuidado paliativo neonatal 33
9 Convulsão no período neonatal 39
10 Displasia broncopulmonar 42
11 Reanimação do recém-nascido na sala de parto 46
12 Sepse e meningite neonatal 57
13 Icterícia neonatal 64
14 Síndromes hemorrágicas no recém-nascido 70
15 Ventilação mecânica no período neonatal 75

PARTE 3 • Urgências 83
16 Abdome agudo 85
17 Coma 93
18 Abordagem do traumatismo cranioencefálico 99
19 Politraumatismo 105
20 Queimaduras 115

21 Afogamento   120
22 Choque elétrico   126
23 Intoxicações agudas   130
24 Crise hipertensiva   136
25 Parada cardiorrespiratória   142
26 Síncope   157
27 Corpo estranho em aparelho respiratório e digestivo   162
28 Síndrome da morte súbita do lactente   168
29 Maus-tratos infantis – abuso físico   171
30 Sequência rápida de entubação   175
31 Síndrome escrotal aguda   180
32 Acidentes ofídicos   183
33 Hérnia inguinal   187
34 Contracepção de emergência na adolescência   190

PARTE 4 • Atendimento na UTI   201
35 Acesso venoso – tipos   203
36 Choque anafilático   208
37 Escores em Pediatria   211
38 Desequilíbrio acidobásico e distúrbios do sódio e do potássio   222
39 Estado de mal epiléptico   229
40 Hipertermia maligna   234
41 Falência hepática aguda   238
42 Insuficiência respiratória aguda   243
43 Sedação e analgesia   248
44 Sepse   255
45 Suporte nutricional enteral   263
46 Síndrome de Reye   271
47 Transporte do paciente grave   274
48 Morte encefálica   280

PARTE 5 • Pneumologia   293
49 Pneumonias adquiridas na comunidade   295
50 Bronquiolite   303
51 Asma aguda   306
52 Uso de medicamentos inalatórios   311
53 Derrame pleural   315

PARTE 6 • Gastroenterologia   323
54 Diarreia aguda   325
55 Diarreia persistente e crônica   332
56 Dor abdominal crônica   338
57 Hepatites virais   343
58 Constipação   354
59 Alergia à proteína do leite de vaca   358
60 Refluxo gastroesofágico   366
61 Estenose hipertrófica do piloro   371
62 Síndrome do intestino irritável   374
63 Doença celíaca   379

64 Doença inflamatória intestinal 386
65 Pancreatite aguda 392

PARTE 7 • Cardiologia 401
66 Cardiopatias congênitas 403
67 Arritmias cardíacas 412
68 Miocardite 420
69 Pericardite 424
70 Insuficiência cardíaca congestiva 427
71 Edema agudo de pulmão 433
72 Intoxicação digitálica 437
73 Endocardite infecciosa 440
74 Crise de hipoxemia 447

PARTE 8 • Endocrinologia 453
75 Diabetes melito 455
76 Cetoacidose diabética 458
77 Hipoglicemia 462
78 Hipertireoidismo 466
79 Crise tireotóxica 469
80 Hiperplasia suprarrenal congênita 472
81 Insuficiência suprarrenal 475
82 Disfunção de paratireoides 479
83 Testículo ectópico 482
84 Déficit de hormônio de crescimento (GH) ou baixa estatura hormonal 485

PARTE 9 • Hematologia 491
85 Anemia ferropriva 493
86 Anemia megaloblástica 496
87 Anemia hemolítica autoimune (AHAI) 499
88 Anemia falciforme 502
89 Síndrome talassêmica (anemia do Mediterrâneo) 505
90 Esferocitose hereditária (EH) 508
91 Síndrome de falência medular 510
92 Púrpuras e distúrbios da coagulação 514

PARTE 10 • Imunologia 521
93 Prevenção da doença alérgica 523
94 Alergia alimentar 530
95 Alergia medicamentosa 533
96 Urticária e angioedema 536
97 Imunodeficiência primária 539

PARTE 11 • Nefrologia 547
98 Infecção do trato urinário (ITU) 549
99 Síndrome nefrítica (GNDA) 555
100 Síndrome nefrótica 558
101 Hematúrias 561
102 Insuficiência renal aguda (IRA) 564

103 Insuficiência renal crônica (IRC)   569
104 Urolitíase   573

PARTE 12 • Nutrologia   579
105 Classificação do estado nutricional   581
106 Desnutrição energético-proteica   617
107 Obesidade   626
108 Hipovitaminoses   630
109 Recomendações de nutrientes   635
110 Déficit de oligoelementos   637
111 Insuficiência de crescimento (*failure to thrive*)   640

PARTE 13 • Oncologia   647
112 Massas abdominais na infância   649
113 Doença de Hodgkin   653
114 Linfoma não Hodgkin   657
115 Emergências oncológicas   660
116 Neuroblastoma   666
117 Síndrome de lise tumoral   669
118 Síndrome pseudotumoral   672
119 Leucemias   674

PARTE 14 • Reumatologia   683
120 Artrite idiopática juvenil   685
121 Dermatomiosite juvenil (DMJ)   690
122 Esclerodermia   694
123 Febre reumática   699
124 Lúpus eritematoso sistêmico   703
125 Hipermobilidade articular   708
126 Vasculites   713
127 Osteoporose na infância   718
128 Fibromialgia juvenil   722

PARTE 15 • Neurologia   729
129 Acidente vascular cerebral na infância   731
130 Ataxias   737
131 Transtorno do déficit de atenção e hiperatividade (TDAH)   740
132 Paralisia cerebral   745
133 Neuropatias agudas   751
134 Cefaleias   755
135 Convulsão febril   760
136 Convulsão e estado de mal epiléptico   763
137 Epilepsia na infância   766

PARTE 16 • Dermatologia   775
138 Dermatite atópica   777
139 Dermatite de fraldas   783
140 Dermatite seborreica   786
141 Dermatozooparasitoses   790

142 Doenças sexualmente transmissíveis (DST) 795
143 Eritema polimorfo 806
144 Infecções de pele e tecido celular subcutâneo 810
145 Micoses superficiais 816
146 Miliária 821
147 Verrugas e molusco contagioso 824

PARTE 17 • Genética 835
148 Erros inatos do metabolismo 837
149 Síndrome de Down 842

PARTE 18 • Higiene mental 847
150 Anorexia e bulimia nervosa 849
151 Depressão 854
152 Distúrbios do sono 859
153 Encoprese 868
154 Enurese 871

PARTE 19 • Infectologia 877
155 Linfadenomegalia 879
156 Candidíase 888
157 Caxumba 891
158 Coqueluche 893
159 Dengue, zika e chikungunya 896
160 Difteria 904
161 Doença da arranhadura do gato 907
162 Doença de Kawasaki 910
163 Febre sem sinais de localização 913
164 Herpes simples 918
165 Roséola 920
166 Infecções por clamídia 922
167 Infecção por Influenza A (H1N1) 925
168 Leishmaniose visceral 928
169 Leptospirose 931
170 Malária 934
171 Meningites 940
172 Osteomielite e artrite séptica 944
173 Síndrome da imunodeficiência adquirida 947
174 Tétano 953
175 Toxocaríase 956
176 Toxoplasmose 959
177 Tuberculose 962
178 Varicela-zóster 966
Anexo – Calendário vacinal 968

PARTE 20 • Otorrinolaringologia 979
179 Infecção de vias aéreas superiores (IVAS) 981
180 Corpo estranho nasal e rinolitíase 985
181 Epistaxe 988
182 Estridor laríngeo 992

183 Adenoidite e hipertrofia de adenoide   1000
184 Rinossinusites   1005

PARTE 21 • Oftalmologia   1011
185 Amniocele   1013
186 Conjuntivite   1015
187 Dacriocistite   1020
188 Traumatismo canalicular   1022
189 Reflexo vermelho   1025
190 Catarata congênita   1027

Para acessar o conteúdo complementar desta obra, acesse
www.manoleeducacao.com.br/tep e faça o seu cadastro.

Apresentação

Apresentamos a 3ª edição do livro *Terapêutica em Pediatria*, que mantém o mesmo objetivo desde a elaboração de sua 1ª edição: fornecer de forma clara, resumida e de fácil consulta os princípios conceituais, diagnósticos e terapêuticos em Pediatria em suas diferentes áreas e especialidades.

Nesta versão atualizada, revisamos os principais conteúdos da prática assistencial direcionada às crianças e aos adolescentes. A abordagem diagnóstica e terapêutica foi revista em cada um dos capítulos apresentados. Adequamos as condutas aos documentos científicos elaborados por órgãos e instituições representativas de saúde infantil, como a Sociedade Brasileira de Pediatria, o Ministério da Saúde do Brasil, a Academia Americana de Pediatria e a Organização Mundial da Saúde. Além disso, adicionamos novos temas não contemplados nas edições anteriores em busca de suprir as necessidades do médico que está na linha de frente do atendimento pediátrico e requer respostas rápidas para a tomada de decisão clínica.

Por fim, nosso desejo é que esta 3ª edição auxilie de forma efetiva a atuação não apenas do pediatra, mas também de todo médico que trabalha no Brasil nos diferentes níveis de atenção à saúde infantil.

PARTE 1
Alimentação da criança normal

1. Princípios básicos do aleitamento materno
2. Alimentação complementar
3. Alimentação do pré-escolar, escolar e adolescente

1
Princípios básicos do aleitamento materno

O aleitamento materno (AM) é reconhecido universalmente como a única maneira perfeita de alimentar crianças do início da vida até os 6 meses de idade. As condições que permitem essa afirmação compreendem:

1. O fato de o leite ser constituído por uma proteína homóloga, ou seja, da mesma espécie, o que impede o aparecimento de alergias que ocorrem com outros alimentos, em virtude da passagem de moléculas íntegras pela barreira intestinal, que é frágil na criança pequena.
2. O leite materno é uma substância viva, pela presença de células de defesa, imunoglobulinas, fatores do complemento, lisozima, lactoferrina, fator bífido, oligossacarídeos e outros fatores que protegem a criança, pela sua ação imunológica.
3. Está demonstrado de modo inequívoco que crianças em AM têm menor mortalidade, menor morbidade por diarreia e por infecções respiratórias, melhor desenvolvimento cognitivo e menor incidência de doenças crônicas na vida adulta.
4. O AM estimula o surgimento de melhor vínculo entre mãe e filho, fator reconhecido como fundamental no desenvolvimento de personalidades mais maduras e estáveis na vida adulta.

Assim, é fundamental o conhecimento das medidas que estimulam e favorecem a prática do AM:

1. Explicar à gestante, no pré-parto, as suas vantagens, de preferência em consulta pediátrica pré-natal, orientando-a quanto ao preparo das mamas e à vantagem do parto normal e do alojamento conjunto. Lembrar que, de acordo com resolução recente do Conselho Federal de Medicina (CFM), é vedada ao médico a execução de parto cesariano antes de 39 semanas de gestação, a menos que haja situação clínica que a justifique.
2. Estimular a colocação precoce do recém-nascido (RN) ao seio, já na sala de parto, fator reconhecido como favorecedor do aleitamento.
3. Promover a prática do AM em regime de livre demanda, alternando a mama oferecida em primeiro lugar e permitindo que esta seja completamente esvaziada, de modo que o RN receba tanto o leite anterior quanto o posterior, que é mais rico em gorduras.
4. Explicar à família que a aparência mais fluida do leite nos primeiros dias se deve ao fato de a composição do colostro ser diferente do leite maduro, e enfatizar a sua importância na transferência de imunoglobulinas para o RN.
5. Acompanhar o RN a intervalos curtos, sempre que for detectado algum grau de insegurança dos familiares quanto ao AM, de modo a tranquilizá-los com relação a ganho de peso e crescimento.
6. Orientar adequadamente a alimentação materna, para evitar o consumo de alimentos que aparentemente aumentam as cólicas do filho (leite de vaca, chocolates etc.).
7. Explicar que a cólica desaparece espontaneamente e que sua existência não se relaciona com "falta de leite", assim como "leite fraco" não existe.

IMPOSSIBILIDADE DE ALEITAMENTO MATERNO

Atualmente, considera-se o uso do leite de vaca integral em lactentes a principal causa de anemia nos primeiros anos de vida, situação que, em todo o mundo, é um dos principais problemas de saúde pública. Assim, sempre que houver a impossibilidade de praticar o AM, por qualquer causa, deve-se orientar as famílias a oferecerem fórmulas infantis aos lactentes. Pela sua composição e pelas modificações nelas introduzidas, as fórmulas não somente promovem melhor evolução que o leite de vaca integral, como também previnem a anemia ferropriva nos lactentes. Devem ser prescritas, de início, as fórmulas de partida e, após os 6 meses de idade, as fórmulas de seguimento, com os demais alimentos próprios dessa fase (ver capítulos a seguir).

2
Alimentação complementar

A partir do 6º mês de vida, deve-se iniciar a oferta de alimentação complementar. A maneira prática é iniciar a oferta de frutas no intervalo entre as mamadas da manhã e junto da mamada da tarde. Boa prática para isso, assim como para todos os demais alimentos a serem introduzidos, é oferecer uma por vez, até criar o hábito e detectar possíveis efeitos indesejáveis.

Segundo a Academia Americana de Pediatria, os sucos naturais devem ser evitados até o lactente completar 1 ano, pois não oferecem benefícios nutricionais e aumentam o risco de obesidade infantil.

As frutas devem ser dadas amassadas ou raspadas (banana, maçã, mamão, pera, abacate etc.). Desse modo, já se estabelecem horários que corresponderão aos lanches da manhã e da tarde. A oferta de sucos deve ser esporádica, sempre em pequenas quantidades, de modo a não interferir na ingestão de leite, sendo sempre melhor dar a fruta inteira; se necessário, dar água em seguida.

Após 2 a 4 semanas, dependendo da aceitação da criança, inicia-se a primeira refeição, correspondendo ao almoço. Essa refeição consiste em uma papa de hortaliças com carne, devendo-se ter o cuidado de prescrever hortaliças de tipos diferentes (tubérculos, folhas, legumes), de modo a oferecer uma refeição variada e rica em vitaminas, minerais e fibras. A oferta de frutas em seguida pode melhorar a absorção de ferro não heme presente nos alimentos. A carne (de boi, frango ou vísceras) não deve ser retirada da papa após o cozimento, para manter o teor proteico adequado, assim como a papa deve ser simplesmente amassada com garfo, para evitar a retirada das fibras e estimular a mastigação. Recomenda-se utilizar temperos suaves, óleo vegetal (soja, milho ou girassol) sem necessidade de acrescentar sal. Nesse período, a orientação atual é oferecer alimentos potencialmente alergênicos como ovo, oleaginosas (amendoim) e peixes. A demonstração da existência de uma "janela imunológica", que protege do aparecimento de alergias, justifica essa conduta.

Por volta do 8º mês de vida, pode-se oferecer o jantar, utilizando-se os mesmos alimentos. Nessa época, deve-se iniciar a oferta de cereais e leguminosas (arroz e feijão, assim como seus equivalentes).

Desse modo, a criança já faz suas principais refeições, intercaladas com lanches, como ocorrerá durante toda a infância. Vale lembrar que, no início, as refeições maiores podem ser complementadas com mamadas, porém, à medida que a aceitação aumenta, deve-se oferecer algum tipo de sobremesa (frutas, gelatinas sem corante, doces caseiros de frutas etc.).

À medida que a criança vai comendo melhor, do ponto de vista da mastigação e da deglutição, em virtude de seu crescimento e desenvolvimento, pode-se passar, progressivamente, para uma alimentação mais próxima do padrão familiar.

SUPLEMENTAÇÕES VITAMÍNICAS E MINERAIS

A partir da 2ª semana de vida, as crianças devem ser expostas ao sol para a formação endógena de vitamina D (30 min/semana, despidas, ou 2 h/semana, com exposição parcial de membros). Considerando-se locais de baixa insolação, poluição, uso de filtros solares, vidraças ou outras barreiras que impedem a penetração dos raios ultravioleta (UV), recomenda-se a administração de vitamina D medicamentosa, na dose de 400 UI/dia, até 1 ano de idade.

Deve-se considerar a possibilidade de uso de vitamina B_{12} em crianças filhas de mães vegetarianas, para a mãe ou a própria criança.

A Sociedade Brasileira de Pediatria (SBP) recomenda administração de ferro nas condições expostas na Tabela 1.

TABELA 1 RECOMENDAÇÃO DE SULFATO FERROSO

Situação	Recomendação
Recém-nascidos a termo, de peso adequado para a idade gestacional, em aleitamento materno	1 mg de ferro elementar/kg de peso/dia a partir do 6º mês (ou da introdução de outros alimentos) até o 24º mês de vida
Recém-nascidos a termo, de peso adequado para a idade gestacional, em uso de 500 mL de fórmula infantil	Não recomendado
Recém-nascidos pré-termo e recém-nascidos de baixo peso até 1.500 g, a partir do 30º dia de vida	2 mg/kg de peso/dia, durante 1 ano. Após esse prazo, 1 mg/kg/dia por mais 1 ano
Recém-nascidos pré-termo com peso entre 1.000 e 1.500 g	3 mg/kg de peso/dia durante 1 ano e posteriormente 1 mg/kg/dia por mais 1 ano
Recém-nascidos pré-termo com peso menor que 1.000 g	4 mg/kg de peso/dia durante 1 ano e posteriormente 1 mg/kg/dia por mais 1 ano

Flúor

Não há necessidade de suplementação de flúor em locais onde há fluoração da água. Caso isso não ocorra, recomenda-se o uso tópico de flúor, por meio de cremes dentais (250 a 500 ppm de flúor para crianças até 6 anos).

Como tratar

1. Medicamentos veículos de vitamina D: Ad-Til®; Aderogil D3®; Adeforte®; Gaduol®.
2. Medicamentos veículos de ferro:
   - sulfato ferroso: Fer-in-sol®, Combiron®, Novofer®;
   - hidróxido ferroso polimaltosado: Noripurum®;
   - ferro quelato glicinato: Neutrofer®.

3
Alimentação do pré-escolar, escolar e adolescente

PRÉ-ESCOLAR

O período pré-escolar engloba desde a fase em que a criança adquire autonomia na marcha até começar a ir à escola, ou seja, dos 2 aos 6 anos. Trata-se de um período no qual o crescimento em altura é maior do que em peso, o que confere à criança um aspecto magro, frequente causa de preocupação familiar, devendo ser explicado como normal à família. Nessa mesma fase, as crianças costumam ter comportamento altamente seletivo com relação à alimentação, caracterizado por monotonia alimentar, dificuldade na aceitação de novos alimentos e recusa sistemática, que deve ser combatida, de um lado, com neutralidade emocional da família e, de outro, com exposições repetidas dos alimentos recusados. O início da frequência a creches e escolas é outro fator que muda de modo importante o hábito alimentar, devendo ser acompanhado de perto pela família e pelo pediatra.

Na busca da obtenção de hábitos alimentares adequados nessa fase da vida e nas posteriores, é importante observar as seguintes recomendações:

- respeitar os limites e as opções da criança, evitando o surgimento de distúrbios alimentares que, se instalados, são de resolução longa e difícil;
- estabelecer horários para as refeições que devem, de preferência, ser feitas em companhia da família, em ambiente tranquilo, sem televisão

ou outras formas de distração, de modo que a criança aprenda a estabelecer contato com o alimento, e não a comer sem perceber o que acontece;
- evitar guloseimas como parte das refeições principais ou como prêmio;
- oferecer refeições diversificadas, evitando alimentos industrializados e refrigerantes, preferindo sempre oferecer sucos naturais;
- fazer a criança descansar antes das refeições;
- estimular a prática de atividade física.

Nessa faixa etária, as recomendações de ingestão alimentar compreendem, de acordo com a pirâmide alimentar da idade:

- cereais e massas: 6 porções;
- frutas, verduras, leite e derivados: 3 porções de cada;
- carnes, ovos e leguminosas: 1 porção de cada;
- açúcares e gorduras: usar com moderação.

Entre 2 e 3 anos de idade, a necessidade calórica é de cerca de 1.300 kcal e, entre 4 e 6 anos, de cerca de 1.800 kcal.

ESCOLAR

Durante o período escolar (7 aos 10 anos), as crianças aumentam sua prática de atividade física e apresentam ritmo de crescimento constante, com ganho de peso mais acentuado próximo ao estirão da puberdade (fase de repleção). Há aumento da independência e formação de novos laços sociais, com crescente participação da escola e dos amigos na determinação de novos hábitos.

Nesse período, a alimentação é praticamente a da família, que também deve ser orientada para o desenvolvimento de bons hábitos e acompanhamento do ganho de peso da criança, para prevenir o excessivo ganho e o desenvolvimento da obesidade. As refeições devem incluir o desjejum, que precisa ser rico em alimentos calóricos (cereais, pães, bolos, bolachas com leite e derivados) e, pelo menos, o almoço e jantar. É recomendável incluir no cardápio lanches constituídos basicamente de frutas, devendo-se evitar o consumo de alimentos caloricamente "vazios", como frituras e "salgadinhos" de qualquer tipo.

As refeições principais devem ser variadas, a fim de atender às recomendações de consumo de todos os grupos alimentares, evitando-se refrigerantes e guloseimas. É importante estimular o consumo de frutas, verduras e legumes como fontes de fibras, vitaminas e minerais. O consumo de gorduras saturadas e gordura trans deve ser desestimulado, para evitar obesidade e doenças coronarianas na vida adulta. O mesmo vale para o consumo de sal. É preciso estimular o consumo de leite e/ou derivados para garantir uma ingestão adequada de cálcio (Ca), observando-se o intervalo entre o consumo de lácteos e as principais refeições, para que não haja interferência na absorção de ferro (Fe).

É muito importante observar o ganho de peso, que deve ser proporcional ao de estatura, controlando-se a quantidade calórica, quando necessário, e estimulando sempre a prática de atividades físicas.

No planejamento alimentar do escolar, devem ser considerados os seguintes valores para uma necessidade calórica de 2.000 kcal:

- pães e cereais: 6 porções;
- verduras, legumes e frutas: 4 porções;
- leite e derivados: 3 porções;
- carnes e ovos: 2 porções;
- leguminosas: 1 porção;
- açúcar e doces: 2 porções;
- óleo e gorduras: 1 porção.

ADOLESCENTE

A abordagem da alimentação do adolescente implica, obrigatoriamente, o conhecimento do comportamento típico dessa fase, caracterizada como o período de mais profunda transição de toda a vida. Todos os comportamentos, e, logicamente, o alimentar, sofrem as consequências do modo adolescente de se comportar: impaciência, falta de compromisso com situações a longo prazo, valorização do grupo em detrimento da família, necessidade de experiências pessoais e adoção de modismos. Desse modo, o comportamento alimentar do adolescente caracteriza-se por:

- pressa, que impede o consumo de um desjejum adequado;
- refeições rápidas, tipo *fast-food*, ricas em gorduras saturadas e sal e pobres em fibras, vitaminas e minerais, predispondo ao aparecimento de obesidade, hipertensão e doenças degenerativas do adulto;
- adoção de dietas restritivas, sem orientação adequada, pela percepção errônea de sua imagem corpórea, ocasionando ingestão insuficiente de Fe e vitaminas, mais comum em adolescentes do sexo feminino;

- risco de desenvolvimento de distúrbios alimentares do tipo anorexia e/ou bulimia, na busca de uma imagem corpórea idealizada ou como resposta a conflitos familiares não resolvidos.

Trabalhos desenvolvidos com esse grupo etário têm demonstrado que as principais carências são de:

- cálcio nos jovens que não têm hábito de ingerir leite ou derivados, dada a grande necessidade do mineral nessa fase, pelo estirão pubertário;
- vitamina C nos que não ingerem sucos ou frutas *in natura*;
- ferro, especialmente em meninas que se preocupam com dietas restritivas.

A recomendação atual para a alimentação dos adolescentes, em calorias, é a seguinte:

- sexo feminino, dos 10 aos 18 anos: 2.200 kcal/dia;
- sexo masculino:
  - de 11 a 14 anos: 2.500 kcal/dia;
  - de 15 a 18 anos: 3.000 kcal/dia.

Bibliografia

1. Almeida CAN, Mello ED. Nutrologia pediátrica. Barueri: Manole, 2016.
2. Barbieri D, Palma D. Gastroenterologia e nutrição. Departamentos de Gastroenterologia e de Nutrição da Sociedade de Pediatria de São Paulo. São Paulo: Atheneu, 2001. [Série Atualizações Pediátricas].
3. Brasil. Ministério da Saúde. Guia alimentar para crianças menores de 2 anos. Normas e manuais técnicos, nº 107. Brasília: Ministério da Saúde, 2002. [Série A].
4. Cardoso AL, Lopes LA, Taddei JAAC. Tópicos atuais em nutrição pediátrica. Departamento de Nutrologia da Sociedade de Pediatria de São Paulo. São Paulo: Atheneu, 2004. [Série Atualizações Pediátricas].
5. Heyman MB, Abrams SA, AAP Section on Gastroenterology, Hepatology, and Nutrition, AAP Committee on Nutrition. Fruit juice in infants, children, and adolescents: current recommendations. Pediatrics. 2017;139(6):e20170967.
6. Institute of Medicine (IOM). Dietary reference intakes for energy carbohydrates, fiber, fat, fatty acids, cholesterol, protein and amino acids (macronutrients). Washington, D.C.: National Academy Press, 2002.
7. Institute of Medicine (IOM). Dietary reference intakes for vitamin A, vitamin K, arsenic, boron, chromium, copper, iodine, iron, manganese, molybdenium, nickel, silicon, vanadium and zinc. Washington, D.C.: National Academy Press, 2001.
8. Lopez FA, Brasil ALD. Nutrição e dietética em clínica pediátrica. São Paulo: Atheneu, 2003.
9. Nóbrega FJ. Distúrbios da nutrição na infância e na adolescência. 2.ed. Rio de Janeiro: Revinter, 2007.
10. Sociedade Brasileira de Pediatria (SBP). Departamento de Nutrologia. Manual de orientação: alimentação do lactente, alimentação do pré-escolar, alimentação do escolar, alimentação do adolescente, alimentação na escola. São Paulo: Sociedade Brasileira de Pediatria, 2006.
11. Weffort VRS, Lamounier JA. Nutrição em pediatria. Barueri: Manole, 2017.

PARTE 2
Neonatologia

4 Distúrbios metabólicos – cálcio, magnésio e glicose
5 Anemia do prematuro
6 Assistência ao recém-nascido a termo normal
7 Assistência ao recém-nascido pré-termo
8 Dor no recém-nascido e cuidado paliativo neonatal
9 Convulsão no período neonatal
10 Displasia broncopulmonar
11 Reanimação do recém-nascido na sala de parto
12 Sepse e meningite neonatal
13 Icterícia neonatal
14 Síndromes hemorrágicas no recém-nascido
15 Ventilação mecânica no período neonatal

4
Distúrbios metabólicos – cálcio, magnésio e glicose

 O que são

Alterações do nível sérico normal de cálcio, magnésio e glicose com consequentes manifestações clínicas no recém-nascido (RN).

1. Hipoglicemia:
   - de acordo com a sintomatologia: glicose plasmática < 45 mg/dL (RN sintomático) ou < 36 mg/dL (RN com risco assintomático);
   - de acordo com o tempo de vida: 1 a 2 h (< 28 mg/dL), 3 a 23 h (< 40 mg/dL), 24 a 47 h (< 41 mg/dL) e 48 a 72 h (< 48 mg/dL).
2. Hiperglicemia: glicose plasmática > 150 mg/dL.
3. Hipocalcemia: cálcio ionizável < 4,4 mg/dL (1,1 mmol/L).
4. Hipomagnesemia: magnésio sérico < 1,6 mg/dL.

 Como suspeitar

1. Fatores de risco: RN pré-termo, pequeno ou grande para idade gestacional, asfixia perinatal, hipoxemia, hipotermia, sepse, cardiopatia

congênita, insuficiência cardíaca congestiva, erros inatos do metabolismo, filho de mãe diabética, doença hemolítica por incompatibilidade Rh, síndrome de Beckwith-Wiedemann, policitemia, nesidioblastose, adenoma de pâncreas, pós-exsanguineotransfusão, cirurgias, uso de teofilina, glicocorticosteroide, anfotericina B, fenitoína, fenobarbital e uso materno de anticonvulsivantes, clorpropamida, tiazídicos, betassimpatomiméticos, betabloqueadores, corticosteroides e salicilatos.
2. Sinais e sintomas: apatia, recusa alimentar, náuseas, vômitos, resíduo gástrico, distensão abdominal, choro débil, hipotermia, temperatura instável, tremores finos de extremidades, acrocianose, taquipneia, taquicardia, convulsão, apneia, instabilidade vasomotora e parada cardiorrespiratória, diurese osmótica, desidratação intracelular, irritabilidade e letargia. Coma e sangramento em sistema nervoso central (SNC) aparecem na hiperglicemia, principalmente com glicose > 300 mg/dL.

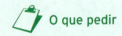

O que pedir

NA ROTINA

1. Glicemia plasmática e capilar. Urina (cetonúria, substâncias redutoras e ácidos orgânicos).
2. Cálcio ionizável.
3. Fósforo.
4. Magnésio.
5. Sódio, potássio e cloro.

NOS CASOS ESPECIAIS

1. Gasometria arterial, cetonemia, lactato, amônia, ácido úrico, transaminases, insulina, cortisol, hormônio do crescimento (GH), hormônio corticotrófico (ACTH), perfil de acilcarnitinas, cromatografia de ácidos orgânicos e aminoácidos: investigação de hipoglicemia recorrente.
2. Teste de estímulo do glucagon: diagnóstico de hipoglicemia hiperinsulinêmica.

3. Ultrassonografia (US) de crânio: investigação de sangramentos na hiperglicemia.
4. Eletroencefalografia (EEG): aumento do intervalo QT corrigido em mais de 0,4 s na hipocalcemia.

 Como tratar

1. Hipoglicemia: *push* de glicose – 200 mg/kg de glicose (2 mL/kg de SG a 10%) EV e, posteriormente, infusão contínua na velocidade de infusão de glicose (VIG) de 6 a 8 mg/kg/min associada a controle de glicemia capilar. Controle de glicemia capilar a cada 30 a 60 min até estabilização.
2. Hiperglicemia: suspender fármacos hiperglicemiantes, reduzir VIG, evitar concentrações < 2,5% (risco de hemólise), insulina 0,1 a 0,2 UI/kg, SC, até a cada 6 h; se glicemia, > 299 mg/dL após redução da VIG, reposição volêmica e controle de diurese.
3. Hipocalcemia sintomática com convulsões ou apneia: gluconato de cálcio a 10%, 2 mL/kg diluídos em água destilada, EV, lento (10 a 20 min). Se houver bradicardia, suspender infusão. Manutenção: conforme se segue.
4. Hipocalcemia sintomática sem convulsões ou apneia: gluconato de cálcio a 10%, 6 a 8 mL/kg/dia (60 a 75 mg/kg/dia de cálcio elementar) EV. Alternativa: VO (risco de enterocolite necrosante).
5. Hipomagnesemia: sulfato de magnésio a 50%, 0,05 a 1 mL/kg, IM ou EV, em 20 min, com monitoração cardíaca. Riscos: bloqueio atrioventricular e hipotensão.

5
Anemia do prematuro

 O que é

Diminuição dos níveis de hemoglobina sérica e hematócrito decorrente de condições clínicas e características do recém-nascido (RN) prematuro: espoliação sanguínea, hemodiluição da fase de crescimento rápido, menor meia-vida das hemácias, produção inadequada de eritropoetina e deficiência de ferro (Tabela 1). Ocorre entre a 3ª e a 12ª semanas de vida nos recém-nascidos pré-termo (RNPT), principalmente naqueles com menos de 32 semanas.

TABELA 1   DIAGNÓSTICO DIFERENCIAL DA ANEMIA NO RN PREMATURO

Etiologia	Espoliação	Deficiência de eritropoetina	Ferropriva
Idade	1 a 2 semanas	3 a 12 semanas, IPC < 40 semanas	> 6 semanas, IPC > 40 semanas
Condições clínicas	Instável – UTIN	Estável com crescimento físico	Estável com crescimento físico
Hb e Htc	↓↓	↓↓	↓↓

(continua)

TABELA 1 DIAGNÓSTICO DIFERENCIAL DA ANEMIA NO RN PREMATURO
(continuação)

Etiologia	Espoliação	Deficiência de eritropoetina	Ferropriva
Reticulócitos	↓↓	< 100.000 UI/mm³	> 100.000 UI/mm³*
Ferritina	Normal, ↓↓ ou ↑↑	Normal, ↓↓ ou ↑↑	↓↓
Eritropoetina	↓↓	↓↓	Normal ou ↑↑
Morfologia	Normocrômica normocítica	Normocrômica normocítica	Hipocrômica microcítica

IPC: idade pós-conceptual; UTIN: unidade de terapia intensiva neonatal; Hb: hemoglobina; Htc: hematócrito.

* Se a reserva de ferro estiver adequada na fase de transição entre a anemia por deficiência de eritropoetina e a ferropriva (IPC de 40 semanas).

Como suspeitar

Palidez cutaneomucosa, sopro cardíaco, sangramentos, taquicardia, taquipneia, apneia, desconforto respiratório, hipoatividade, letargia, baixo ganho de peso, sucção débil e choque hemorrágico.

O que pedir

NA ROTINA

1. Hemograma.
2. Reticulócitos.
3. Ferritina, transferrina, protoporfirina eritrocitária e saturação de transferrina.

Como tratar

1. Reduzir a espoliação sanguínea com indicação criteriosa de exames subsidiários, adoção de medidas para evitar o desperdício de sangue durante a coleta e utilização de microtécnicas para análises laboratoriais e técnicas de monitoração não invasiva. Alerta: 1 mL de sangue retirado de um RN de 1.000 g corresponde a 60 mL de sangue de um adulto.
2. Transfusão de concentrado de hemácias (10 a 20 mL/kg): indicação criteriosa conforme Htc e condições do RN (Tabela 2). Monitorar frequência cardíaca e pressão arterial durante a infusão, que deve ser realizada em 4 h para diminuir o risco de hiperpotassemia. No caso de 20 mL/kg, avaliar risco de descompensação hemodinâmica. Se RN com peso inferior a 1.200 g, utilizar concentrado de hemácias irradiado (redução do risco de reação enxerto-hospedeiro) e desleucocitado (retirada de leucócitos para diminuir o risco de transmissão do citomegalovírus).
3. Uso de eritropoetina humana recombinante: não há indicação para uso rotineiro; apresenta efeito inconstante e pouco significativo do ponto de vista clínico.
4. Suplementação profilática de ferro no prematuro:
   - 2 a 4 mg/kg/dia a partir do 30º dia de vida por 2 meses;
   - 1 mg/kg/dia a partir do 4º mês de vida até o 24º mês de vida.

TABELA 2   INDICAÇÃO DA TRANSFUSÃO DE CONCENTRADO DE HEMÁCIAS

Htc	Condições do RN
< 40%	VPM com PMVA > 8 cmH$_2$O; cardiopatia congênita cianótica, insuficiência cardíaca, choque, transporte de RN entubado ou cirurgia de grande porte
< 35%	Halo cefálico ou CPAP com FiO$_2$ > 35%, VPM com PMVA entre 6 e 8 cmH$_2$O ou cirurgia de médio porte
< 30%	Halo cefálico ou CPAP com FiO$_2$ < 35%, VPM com PMVA < 6 mmH$_2$O, apneia ou bradicardia (com necessidade de VPM e O$_2$ a 100%), FC > 180 bpm ou FR > 80 irpm por 24 h sem outras causas aparentes, ganho de peso < 10 g/dia por 4 dias com oferta calórica de 100 kcal/kg/dia ou cirurgia de pequeno porte
< 20%	Assintomático, número de reticulócitos < 100.000 UI/mm^3 ou sintomático

Htc: hematócrito; VPM: ventilação pulmonar mecânica; PMVA: pressão média das vias aéreas; CPAP: pressão positiva contínua de vias aéreas; FiO$_2$: fração inspirada de oxigênio; FC: frequência cardíaca; bpm: batimentos por minuto; FR: frequência respiratória; irpm: incursões respiratórias por minuto.

6
Assistência ao recém-nascido a termo normal

 O que é

O recém-nascido (RN) a termo normal é aquele entre 37 e 41 semanas e 6 dias de idade gestacional que não necessitou de manobras de reanimação neonatal e não apresenta nenhuma anormalidade na história materna ou alteração ao exame físico indicadoras de internação em unidade de terapia intensiva neonatal (UTIN).

 **Como suspeitar**

Trabalho de parto e nascimento de criança procedente de gestação a termo identificada pela data da última menstruação, por sinais maternos compatíveis (altura uterina, presença de grumos na amnioscopia) ou pela estimativa ultrassonográfica realizada até 12 semanas de gestação.

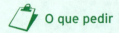 **O que pedir**

NA ROTINA

1. Sangue materno: tipagem sanguínea, teste rápido para HIV e sorologia para sífilis.
2. Sangue do cordão umbilical: tipagem sanguínea e Coombs direto.

 **Como tratar**

1. Avaliação das condições clínicas do RN a termo: fazer duas perguntas (respirando ou chorando? Tônus muscular em flexão?) e apresentar à mãe, e realizar cuidados de rotina com RN posicionado no abdome ou tórax materno. Efetuar os passos iniciais e/ou realizar manobras conforme necessidade (Capítulo 11 – Reanimação do recém-nascido na sala de parto).
2. Aplicação do boletim de Apgar: no final do 1º e do 5º min de vida (Tabela 1).
3. Laqueadura do cordão umbilical: fixar o clampeador à distância de 2 a 3 cm do anel umbilical e aplicar solução antisséptica (álcool a 70% ou clorexidina alcoólica a 0,5%). Realizar o clampeamento do cordão umbilical entre 1 e 3 min após extração completa do RN da cavidade uterina.
4. Prevenção da oftalmia gonocócica: 2 gotas de nitrato de prata a 1% no saco lacrimal inferior de cada olho.
5. Prevenção da forma clássica da doença hemorrágica do recém-nascido: 1 mg de vitamina K, IM.
6. Investigação de atresia de esôfago e obstrução intestinal alta: passagem de sonda gástrica 8, aspiração do conteúdo gástrico e realização de lavagem gástrica, se necessário.
7. Investigação de anomalias anorretais: passagem de sonda retal até 3 cm de profundidade.
8. Antropometria: peso, comprimento e perímetros cefálico, torácico e abdominal (padrão de referência: INTERGROWTH-21st).
9. Estimular a amamentação na primeira meia hora de vida.

TABELA 1 BOLETIM DE APGAR

Sinal	0 ponto	1 ponto	2 pontos
FC	Ausente	< 100 bpm	100 bpm
Esforço respiratório	Ausente	Irregular	Regular
Tônus muscular	Flacidez total	Alguma flexão de extremidade	Boa movimentação
Irritabilidade (estímulo nasal)	Ausente	Alguma reação	Espirros
Cor	Cianose ou palidez cutânea	Corpo róseo e extremidades cianóticas	Corpo róseo

FC: frequência cardíaca.

10. Classificação do recém-nascido:
    - por meio do peso ao nascer:
      - peso insuficiente: < 3.000 g;
      - baixo peso (*low birth weight* – LBW): < 2.500 g;
      - muito baixo peso (*very low birth weight* – VLBW): < 1.500 g;
      - extremo baixo peso (*extremely low birth weight* – ELBW): < 1.000 g;
    - por meio da idade gestacional: método de Capurro (Tabela 2) somático (204 + pontuação dos itens 1+2+3+4+7 [da Tabela 2]/7), somático neurológico (200 + pontuação de itens 1+2+3+4+5+6 [da Tabela 2]/7):
      - recém-nascido pré-termo: < 37 semanas;
      - recém-nascido a termo: entre 37 e 41 semanas e 6 dias;
      - recém-nascido pós-termo: > 42 semanas;
    - por meio da curva de crescimento fetal do INTERGROWTH--21st para meninos e meninas (Figuras 1 e 2):
      - adequado para idade gestacional (AIG): entre percentis 10 e 90;
      - pequeno para idade gestacional (PIG): abaixo do percentil 10;
      - grande para idade gestacional (GIG): acima do percentil 90.
11. Encaminhamento ao alojamento conjunto: estimular seio materno exclusivo, amamentação, vínculo mãe e filho, estabelecimento de confiança materna, redução da ansiedade dos pais, treinamento para os cuidados de higiene.
12. Alta hospitalar: após 48 a 72 h de vida.

Padrões internacionais de medidas ao nascer (meninos)

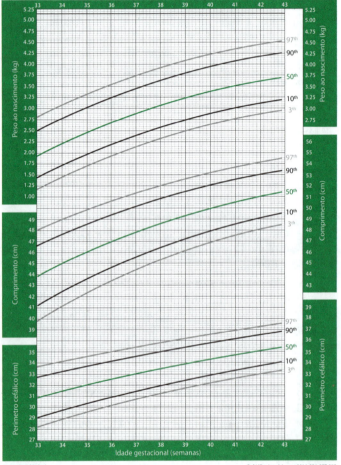

University of Oxford
Ref. Villar J et al. Lancet 2014; 384: 857-858

Assistência ao recém-nascido a termo normal 25

Padrões internacionais de medidas ao nascer (meninas)

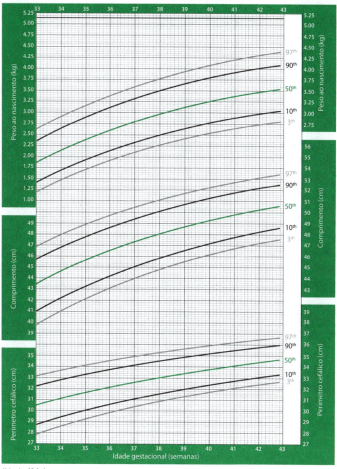

University of Oxford

Ref. Villar J et al. Lancet 2014; 384: 857-868

TABELA 2 MÉTODO DE CAPURRO

1. Textura da pele	0 - Muito fina 5 - Fina e lisa 10 - Um pouco mais grossa, discreta descamação superficial 15 - Grossa, marcas superficiais, descamação nas mãos e nos pés 20 - Grossa, enrugada, marcas profundas
2. Forma da orelha	0 - Chata, disforme, pavilhão não encurvado 8 - Pavilhão parcialmente encurvado na parte superior 16 - Pavilhão totalmente encurvado na parte superior 24 - Pavilhão totalmente encurvado
3. Glândulas mamárias	0 - Não palpáveis 5 - Palpáveis, menores que 5 mm 10 - Palpáveis, entre 5 e 10 mm 15 - Palpáveis, maiores que 10 mm
4. Pregas plantares	0 - Sem pregas 5 - Marcas mal definidas sobre a parte anterior da planta 10 - Marcas bem definidas na metade anterior e sulcos no terço anterior 15 - Sulcos na metade anterior da planta 20 - Sulcos em mais da metade anterior da planta
5. Sinal do cachecol	0 - O cotovelo alcança a linha axilar anterior do lado oposto 6 - O cotovelo está situado entre a linha axilar anterior do lado oposto e a linha média 12 - O cotovelo está situado no nível da linha média 18 - O cotovelo está situado entre a linha média e a axilar anterior do mesmo lado
6. Posição da cabeça ao levantar o RN	0 - Cabeça totalmente defletida, ângulo de 270° 4 - Ângulo cervicotorácico entre 180 e 270° 8 - Ângulo cervicotorácico igual a 180° 12 - Ângulo cervicotorácico menor que 180°
7. Formação do mamilo	0 - Apenas visível 5 - Aréola visível, discreta pigmentação, diâmetro menor que 0,75 cm 10 - Aréola visível, pigmentada, borda não pontuada, diâmetro menor que 0,75 cm 15 - Aréola visível, pigmentada, borda pontuada, diâmetro maior que 0,75 cm

7
Assistência ao recém-nascido pré-termo

 O que é

O recém-nascido pré-termo (RNPT) é aquele com idade gestacional inferior a 37 semanas, que necessita de cuidados especiais e/ou manobras de reanimação neonatal e apresenta ou não anormalidade na história materna ou alteração ao exame físico indicadoras de internação em unidade de terapia intensiva neonatal (UTIN).

 Como suspeitar

Trabalho de parto e nascimento de criança procedente de gestação pré-termo identificada pela data da última menstruação, por sinais maternos compatíveis (pequena altura uterina, ausência de grumos na amnioscopia) ou pela estimativa ultrassonográfica realizada até 12 semanas de gestação.

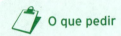 **O que pedir**

NA ROTINA

1. Sangue materno: tipagem sanguínea, teste rápido para HIV e sorologia para sífilis.
2. Sangue do cordão umbilical: tipagem sanguínea e Coombs direto.

NOS CASOS ESPECIAIS

1. Hemograma, proteína C reativa, sorologias: investigação de causas de trabalho de parto prematuro, como infecções maternas.

 **Como tratar**

1. Efetuar os passos iniciais e/ou realizar manobras de reanimação conforme a necessidade (ver Capítulo 11 – Reanimação do recém-nascido na sala de parto).
2. Atividades de prevenção e investigação de patologias conforme descrito no Capítulo 6 – Assistência ao recém-nascido a termo normal.
3. Laqueadura umbilical com manutenção de segmento maior do coto para possível cateterização.
4. Transporte para a UTIN após estabilização das condições clínicas em incubadora previamente aquecida, mostrando o RN à mãe sempre que possível.
5. Classificação do recém-nascido:
    - por meio do peso ao nascer:
        - baixo peso (*low birth weight* – LBW): < 2.500 g;
        - muito baixo peso (*very low birth weight* – VLBW): < 1.500 g;
        - extremo baixo peso (*extremely low birth weight* – ELBW): < 1.000 g;

- por meio da idade gestacional: método New Ballard – avaliação da maturidade física (Tabela 1) e neuromuscular (Tabela 2), cuja soma da pontuação determina a idade gestacional correspondente (Tabela 3):
  - recém-nascido pré-termo: < 37 semanas;
  - recém-nascido a termo: entre 37 e 41 semanas e 6 dias;
  - recém-nascido pós-termo: > 42 semanas.
- por meio da curva de crescimento fetal do INTERGROWTH-21st para meninos e meninas:
  - adequado para idade gestacional (AIG): entre percentis 10 e 90;
  - pequeno para idade gestacional (PIG): abaixo do percentil 10;
  - grande para idade gestacional (GIG): acima do percentil 90.
6. Cuidados específicos: manutenção da temperatura, aporte nutricional, controle do crescimento físico, prevenção e tratamento anti-infeccioso, e controle e assistência das funções cardiovasculares, respiratórias, metabólicas, hidreletrolíticas, hematológicas, neurológicas, oftalmológicas e audiológicas.
7. Antropometria: peso, comprimento e perímetros cefálico, torácico e abdominal (padrão de referência: INTERGROWTH-21st).
8. Monitoração do crescimento: o RNPT deve ser acompanhado com as curvas de crescimento pós-natal do INTERGROWTH-21st (Figuras 1 e 2), que estão disponíveis em português para peso, comprimento e perímetro cefálico. Estas curvas são prescritivas, multiétnicas, utilizaram a melhor metodologia antropométrica e se ajustam perfeitamente às curvas da Organização Mundial da Saúde (OMS). Devem ser utilizadas até 64 semanas pós-concepcionais, quando o acompanhamento das crianças deve ser transferido para as curvas da OMS/Ministério da Saúde.

TABELA 1 MATURIDADE FÍSICA

	-1	0	1	2	3	4	5
Pele	Úmida, friável, transparente	Gelatinosa, vermelha, translúcida	Lisa, rósea, veias visíveis	Descamação superficial e/ou rash, poucas veias	Com rachaduras, áreas pálidas, raras veias	Apergaminhada, rachaduras profundas, sem veias	Enrugada, rachada, courácea
Lanugo	Ausente	Escasso	Abundante	Fino	Áreas sem lanugo	Maior parte sem lanugo	—
Superfície plantar	Dedo/calcanhar 40 a 50 mm = -1 < 40 mm = -2	> 50 mm, não enrugado	Tênue, marcas avermelhadas	Sulco transverso anterior, somente	Sulcos nos 2/3 anteriores	Sulcos em toda a planta do pé	—
Mamilo	Imperceptível	Pouco visualizado	Aréola plana, glândulas não palpáveis	Aréola pontilhada, glândulas de 1 a 2 mm	Aréola levantada, glândulas de 3 a 4 mm	Aréola completa, glândulas de 5 a 10 mm	—
Olhos/orelhas	Pálpebras fundidas; fracamente = -1, fortemente = -2	Fenda palpebral aberta, pavilhão achatado	Pavilhão parcialmente encurvado, volta lentamente	Pavilhão bem encurvado, mole, porém volta prontamente	Formado e firme, volta instantaneamente	Cartilagens nas bordas, pavilhão firme	—
Genital masculino	Bolsa escrotal rasa, não enrugada	Bolsa escrotal vazia, pouco enrugada	Testículos no canal inguinal, raras rugas	Testículos descendo, poucas rugas	Testículos na bolsa escrotal, bolsa enrugada	Testículos na bolsa em pêndulo, bolsa enrugada	—
Genital feminino	Clitóris proeminente, lábios rasos	Clitóris proeminente, pequenos lábios pouco proeminentes	Clitóris proeminente, pequenos lábios mais proeminentes	Pequenos e grandes lábios igualmente proeminentes	Grandes lábios maiores, pequenos lábios menores	Grandes lábios recobrem o clitóris e os pequenos lábios	—

Fonte: Ballard, 1991.[1]

Assistência ao recém-nascido pré-termo

TABELA 2 MATURIDADE NEUROMUSCULAR

SINAL	-1	0	1	2	3	4	5
Postura							
Flexão de punho	> 90°	90°	60°	45°	30°	0°	
Retração dos braços		180°	140°-180°	110°-140°	90°-110°	90°	
Ângulo poplíteo	180°	160°	140°	120°	100°	90°	> 90°
Sinal do xale							
Manobra do calcanhar para a orelha							
ESCORE NEUROMUSCULAR TOTAL							

Fonte: Ballard, 1991.[1]

TABELA 3 GRADUAÇÃO DA MATURIDADE E IDADE GESTACIONAL CORRESPONDENTE

Escore	-10	-9	-8	-7	-6	-5	-4	-3	-2	-1	0	1	2
Semana	20	20 3/7	20 5/7	21 1/7	21 4/7	22	22 3/7	22 5/7	23 1/7	23 4/7	24	24 3/7	24 5/7
Escore	3	4	5	6	7	8	9	10	11	12	13	14	15
Semana	25 1/7	25 4/7	26	26 3/7	26 5/7	27 1/7	27 4/7	28	28 3/7	28 5/7	29 1/7	29 4/7	30
Escore	16	17	18	19	20	21	22	23	24	25	26	27	28
Semana	30 3/7	30 5/7	31 1/7	31 4/7	32	32 3/7	32 5/7	33 1/7	33 4/7	34	34 3/7	34 5/7	35 1/7
Escore	29	30	31	32	33	34	35	36	37	38	39	40	41
Semana	35 4/7	36	36 3/7	36 5/7	37 1/7	37 4/7	38	38 3/7	38 5/7	39 1/7	39 4/7	40	40 3/7
Escore	42	43	44	45	46	47	48	49	50				
Semana	40 5/7	41 1/7	41 4/7	42	42 3/7	42 5/7	43 1/7	43 4/7	44				

Fonte: Ballard, 1991.[1]

8
Dor no recém-nascido e cuidado paliativo neonatal

DOR

 O que é

Dor é um fenômeno nociceptivo que causa sensação de dor no recém-nascido (RN). Trata-se de uma experiência sensorial e emocional desagradável associada a uma lesão tecidual real, potencial ou descrita nos termos desta lesão com forte componente subjetivo.

 **Como suspeitar**

RN, em especial prematuro, submetido a procedimentos dolorosos e/ou desagradáveis repetidos ou nas seguintes situações:

- escore da escala de NIPS (*neonatal infant pain scale*) realizado pela equipe de enfermagem superior a 3;
- cirurgia de qualquer porte;

- drenagem torácica;
- entubação traqueal e ventilação mecânica;
- flebotomia e/ou inserção de cateter percutâneo;
- fraturas ósseas;
- enterocolite necrosante.

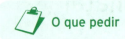

O que pedir

NA ROTINA

1. Avaliação metodológica da dor no RN por meio da escala NFCS (*neonatal facial coding system*) (Tabela 1), seguindo as definições operacionais (Tabela 2).

TABELA 1 NEONATAL FACIAL CODING SYSTEM - NFCS*

	0 ponto	1 ponto
Fronte saliente	Ausente	Presente
Olhos espremidos (fenda palpebral estreitada)	Ausente	Presente
Sulco nasolabial aprofundado	Ausente	Presente
Lábios entreabertos (boca aberta)	Ausente	Presente
Boca esticada	Ausente	Presente
Lábios franzidos	Ausente	Presente
Língua tensa (protrusão)	Ausente	Presente
Tremor de queixo	Ausente	Presente

* Recomenda-se iniciar ou ajustar a analgesia sempre que a pontuação do NFCS for superior a 3.

TABELA 2 DEFINIÇÕES OPERACIONAIS - NFCS

Fronte saliente	Abaulamento e sulcos acima e entre as sobrancelhas
Olhos espremidos (fenda palpebral estreitada)	Compressão total ou parcial da fenda palpebral

(continua)

TABELA 2   DEFINIÇÕES OPERACIONAIS – NFCS *(continuação)*

Sulco nasolabial aprofundado	Aprofundamento do sulco que se inicia em volta das narinas e se dirige à boca
Lábios entreabertos (boca aberta)	Qualquer abertura dos lábios
Boca esticada	Vertical (abaixamento da mandíbula) ou horizontal (estiramento das comissuras labiais)
Lábios franzidos	Parecem estar emitindo um /ú/
Língua tensa (protrusão)	Protrusa, esticada e com as bordas tensas
Tremor de queixo	Simples tremor

2. Opção: NIPS: escala unidimensional comportamental, que leva em conta os diversos comportamentos de dor exibidos pelo RN (Tabela 3).

TABELA 3   ESCALA DE DOR NIPS*

NIPS	0 ponto	1 ponto	2 pontos
Expressão facial	Relaxada	Contraída	—
Choro	Ausente	"Resmungos"	Vigoroso
Respiração	Relaxada	Diferente da basal	—
Braços	Relaxados	Em flexão ou extensão	—
Pernas	Relaxadas	Em flexão ou extensão	—
Estado de alerta (consciência)	Dormindo ou calmo	Desconfortável	—

*Define-se dor quando a pontuação é ≥ 4.

Em pacientes entubados, dobrar a pontuação da mímica facial, sem avaliar o "choro".

Como tratar

1. Medidas terapêuticas ambientais e comportamentais:
   - estimulação tátil e sinestésica: massagem, balanceio e uso de colchões de água;
   - contato físico entre mãe e concepto: pele a pele durante a punção capilar;
   - sucção não nutritiva: uso seletivo de chupeta;
   - soluções adocicadas: água adicionada de sacarose ou glicose (1 mL a 25% ou 2 mL a 12,5%) na porção anterior da língua, 1 a 2 min antes de um procedimento doloroso.
2. Analgésico não opioide:
   - paracetamol (único seguro para uso em RN): 10 a 15 mg/kg/dose, a cada 6 a 8 h (RN a termo); e 10 mg/kg/dose, a cada 8 a 12 h (prematuro), VO (opção: via retal). Contraindicado em portadores de deficiência de G6PD.
3. Analgésicos opioides:
   - morfina; citrato de fentanil e tramadol. Uso varia de acordo com a intensidade da dor e a idade gestacional (Tabela 4).
4. Anestésicos locais:
   - EMLA® (mistura eutética de lidocaína e prilocaína): pouco prático, impreciso e com início de efeito demorado (60 a 90 min);
   - lidocaína: infiltração local, SC, 5 mg/kg (1 mL/kg), em caso de punção do líquido cefalorraquidiano, inserção de cateteres, drenagem torácica e, eventualmente, punção arterial (se necessário, diluir em SF).
5. Sedativos: usados para acalmar e induzir ao sono durante realização de entubação orotraqueal ou procedimentos diagnósticos, não reduzem a dor:
   - hidrato de cloral: 25 a 100 mg/kg/dose, VO, após a alimentação, 30 a 60 min antes do procedimento;
   - midazolam: 0,05 a 0,15 mg/kg/dose, IV, em 2 a 5 min ou 0,2 a 0,3 mg/kg/dose, intranasal – ação rápida (1 a 3 min). Dose contínua: 0,1 a 0,6 mcg/kg/min IV com necessidade de retirada gradual após 48 h de uso.

TABELA 4 DOSES, EFEITOS COLATERAIS E ESQUEMA DE RETIRADA DOS PRINCIPAIS ANALGÉSICOS OPIOIDES UTILIZADOS NO PERÍODO NEONATAL

	Morfina	Fentanil	Tramadol
Dose intermitente	0,05 a 0,20 mg/kg/dose, IV, a cada 4 h	1 a 4 mcg/kg/dose, IV, a cada 2 a 4 h	5 mg/kg/dia, IV ou VO, a cada 6 ou 8 h
Dose contínua (RNT)	5 a 20 mcg/kg/h, IV	0,5 a 2 mcg/kg/h, IV	0,1 a 0,25 mg/kg/h, IV
Dose contínua (RNPT)	2 a 10 mcg/kg/h, IV	0,5 a 1 mcg/kg/h, IV	0,1 a 0,25 mg/kg/h, IV
Efeitos colaterais	Broncoespasmo, hipotensão arterial, depressão respiratória, náuseas, vômitos, retenção urinária, tolerância e síndrome de abstinência	Tolerância, síndrome de abstinência, depressão respiratória, rigidez de caixa torácica, íleo intestinal, náuseas, vômitos, retenção urinária e bradicardia	Menos obstipação intestinal, depressão respiratória, tolerância ao próprio tramadol, síndrome de abstinência, quando comparado com morfina e fentanil
Esquema de retirada do medicamento, se a utilização for:	≤ 3 dias: abrupta	≤ 3 dias: abrupta	< 5 dias: abrupta
	4 a 7 dias: 20% ao dia	4 a 7 dias: 20% ao dia	5 a 7 dias: 20% ao dia
	8 a 14 dias: 10% ao dia	8 a 14 dias: 10% ao dia	8 a 14 dias: 10% ao dia
	> 14 dias: 10% a cada 2 a 3 dias	> 14 dias: 10% a cada 2 a 3 dias	> 14 dias: 10% a cada 2 a 3 dias

RNT: recém-nascido a termo; RNPT: recém-nascido pré-termo.

CUIDADO PALIATIVO

 O que é

Abordagem que promove qualidade de vida de pacientes e seus familiares diante de doenças que ameaçam a continuidade da vida, pela prevenção e alívio do sofrimento. Requer identificação precoce, avaliação e tratamento impecável da dor e outros problemas de natureza física, psicossocial e espiritual.

A definição de quando iniciar os cuidados paliativos para um RN ainda é controversa. Assim, algumas condições devem ser consideradas para a abordagem:

1. RN no limite da viabilidade, com extremo baixo peso e idade gestacional muito prematura (menores de 24 semanas ou 500 g se não houver retardo de crescimento) e aqueles com peso < 750 g ou idade gestacional < 27 semanas, que tenham desenvolvido complicações sérias, que limitem a vida com o passar do tempo.
2. Malformações congênitas múltiplas que impliquem limitação da vida.
3. Problemas genéticos, como as trissomias do 13, 15 e 18, ou a osteogênese imperfeita e, ainda, erros inatos do metabolismo, cuja evolução seja desfavorável, mesmo quando há terapia disponível.
4. Problemas renais, como síndrome de Potter, agenesia ou hipoplasia renal bilateral importante, insuficiência renal grave, alguns casos de rins policísticos, com necessidade de diálise.
5. Alterações do sistema nervoso central (SNC), como anencefalia, acrania, holoprosencefalia, encefalocele gigante, hidranencefalia, doença neurodegenerativa que exija ventilação mecânica.
6. Problemas cardíacos: acardia ou cardiopatias complexas inoperáveis.
7. RN que não respondam ao tratamento apesar de todos os esforços para ajudá-lo a se recuperar: sobreviventes de parada cardiorrespiratória de repetição; lesões cerebrais graves (hemorragia intracraniana grave com leucomalácia); asfixia perinatal grave com encefalopatia hipóxico-isquêmica; disfunção de múltiplos órgãos; enterocolite necrosante.

9
Convulsão no período neonatal

 O que é

Manifestação mais comum de comprometimento neurológico no período neonatal caracterizada por alteração paroxística na função comportamental motora ou autonômica.

 **Como suspeitar**

1. História pré-natal de uso de drogas, relato de outro filho com convulsões e sinais de infecção materna (febre), necessidade de reanimação neonatal (asfixia), infecções congênitas e neonatais, prematuridade (hemorragia intracraniana), distúrbios metabólicos, malformações e anomalias congênitas, erros inatos do metabolismo e síndromes genéticas.
2. Características clínicas: movimentos oculares anormais, piscar de pálpebras, babação, movimentos bucolinguais, movimentos de remar, pedalar e nadar, apneia, extensão ou flexão tônica sustentada de membros, postura mantida de membro ou assimétrica do tronco

e/ou pescoço, clônus localizados ou multifocais e alterações autonômicas.

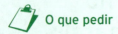 **O que pedir**

NA ROTINA

1. Hemograma.
2. Proteína C-reativa.
3. Líquido cefalorraquidiano (LCR).
4. Cálcio, glicose, magnésio, fósforo, sódio e potássio.

NOS CASOS ESPECIAIS

1. Gasometria arterial.
2. Ureia e amônia.
3. Sorologias para pesquisa de infecções congênitas.
4. Ultrassonografia (US) transfontanelar, tomografia computadorizada (TC) e ressonância magnética (RM) do crânio.
5. Eletroencefalografia (EEG) seriada e de longa duração (3 a 4 h).

 **Como tratar**

1. Tratamento dos fatores etiológicos subjacentes.
2. Medidas gerais: manutenção das condições ventilatórias e hemodinâmicas, afastar distúrbios metabólicos e deficiência de piridoxina.
3. Fármacos anticonvulsivantes (Figura 1):
    - fenobarbital sódico: 20 mg/kg, EV, em 10 min (ataque). Se necessário, repetir 5 mg/kg a cada 5 min até dose total de 40 mg/kg, e 3 a 4 mg/kg/dia, a cada 12 h, EV, IM ou VO (manutenção – iniciar 12 h após o ataque);
    - fenitoína: 15 a 20 mg/kg, EV, na velocidade de 0,5 mg/min (ataque); e 4 a 8 mg/kg/dia, EV, a cada 12 h (manutenção – iniciar 12 h após o ataque);
    - midazolam: 0,15 mg/kg (ataque) e 0,1 a 0,4 mg/kg/h (manutenção);

- tionembutal: 0,5 a 2 mg/kg, EV (ataque) e 10 a 20 mcg/kg/min (manutenção), apenas em recém-nascidos em ventilação pulmonar mecânica;
- como alternativa ao tionembutal, pode ser utilizado o levetiracetam na dose de 40 mg/kg EV em bolo, com manutenção de 40 a 60 mg/kg/dia, EV ou VO, divididos em 2 ou 3 doses.

FIGURA 1 FLUXOGRAMA PARA CONTROLE E TRATAMENTO DA CRISE CONVULSIVA NEONATAL.

10
Displasia broncopulmonar

 O que é

Presença de desconforto respiratório e dependência de oxigênio ($FiO_2 > 21\%$) em recém-nascido (RN) por 28 dias ou mais, com 36 semanas de vida gestacional corrigida ou alta hospitalar (o que vier primeiro), acompanhada de alterações radiológicas compatíveis. A etiologia é resultante da interação de múltiplos fatores: prematuridade, ventilação pulmonar mecânica, toxicidade do oxigênio, papel dos mediadores inflamatórios e das infecções, edema pulmonar, persistência do canal arterial, desnutrição e predisposição genética. Esses fatores acarretam lesão pulmonar aguda e consequentes enfisema alveolar, obstrução das vias aéreas periféricas e hiperdistensão no parênquima pulmonar que, associados ao processo de reparação alterado com fibrose e hiperplasia celular, resultam na displasia broncopulmonar (Figura 1).

 **Como suspeitar**

RN prematuro que necessita de ventilação mecânica nos primeiros dias de vida e que apresenta dificuldade respiratória crônica (taquipneia,

FIGURA 1 PRINCIPAIS MECANISMOS DA FISIOPATOLOGIA DA DISPLASIA BRONCOPULMONAR.

IG: idade gestacional; Peep: pressão expiratória final positiva.

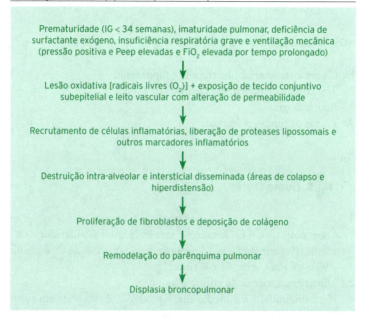

retrações torácicas e episódios de cianose, principalmente com agitação ou durante manipulação), hospitalização prolongada ou recorrente e/ou com alterações no desenvolvimento neurológico e no crescimento somático. A suspeita reforça-se quando a dependência da ventilação mecânica se prolonga entre o 10º e o 14º dia de vida, sendo descartada a possibilidade de outra doença que a justifique, como infecção e persistência do canal arterial.

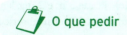

O que pedir

NA ROTINA

1. Radiografia de tórax: hiperinsuflação homogênea e linhas finas de hipotransparência peribrônquicas, que podem ir do hilo até a perife-

ria pulmonar, ou imagens de atelectasia alternadas com áreas enfisematosas conforme a gravidade do caso. Cardiomegalia nos casos de *cor pulmonale*.

NOS CASOS ESPECIAIS

1. Gasometria arterial: hipercapnia e hipoxemia.
2. Tomografia computadorizada (TC) de tórax.
3. Ecocardiografia.
4. Provas de função pulmonar.

Como tratar

1. Oxigenoterapia: o O_2 atua como medicamento vasodilatador e nutriente. Preferir cateter nasal para manter a saturação de O_2 entre 92 e 95% e a PaO_2 entre 65 e 80 mmHg.
2. Diuréticos: controle do edema pulmonar:
   - furosemida: 1 a 2 mg/kg/dia, EV ou VO, 2 vezes/dia em curto prazo, por 2 semanas ou até estabilização do quadro respiratório e/ou aceitação da dieta enteral;
   - a longo prazo, preferir associação de hidroclorotiazida, 2 a 4 mg/kg/dia, VO, a cada 12 h, e espironolactona, 1 a 3 mg/kg/dia, VO, 1 vez/dia.
3. Corticoterapia: modulação do processo inflamatório pulmonar:
   - dexametasona: 0,15 mg/kg/dia, EV ou VO, a cada 12 h, por 3 dias. Se houver boa resposta, completar 9 dias de tratamento.
4. Broncodilatadores: utilizar com cautela pela possibilidade de efeitos colaterais, vasodilatação e aumento da instabilidade das vias aéreas:
   - terbutalina: 10 mcg/kg/min (ataque) e 0,1 mcg/kg/min (manutenção);
   - aminofilina: 4 a 6 mg/kg, EV (ataque), a cada 6 h; e 2 mg/kg/dose, EV ou VO (manutenção), a cada 8 ou 12 h (nível sérico desejado: 10 a 20 mcg/mL).
5. Nutrição adequada: promoção de rápido ganho ponderal (20 a 30 g/dia) e reparação pulmonar. Aporte calórico de 120 a 180 kcal/kg/dia. Cuidado com oferta hídrica exagerada. Utilizar polímeros de glicose para aumentar a densidade calórica.

As estratégias de prevenção incluem identificação da gestante de risco, assistência pré-natal adequada, conscientização populacional, controle das infecções maternas, corticoterapia antenatal no trabalho de parto prematuro entre 24 e 34 semanas de idade gestacional, surfactante exógeno, superóxido dismutase (terapia antioxidante), vitamina A para RN com peso entre 400 e 1.000 g (2.000 a 5.000 UI, 3 vezes/semana, por 4 semanas), posição prona, fisioterapia respiratória criteriosa, restrição hídrica para manter densidade urinária em 1010, reconhecimento e tratamento precoce da persistência do canal arterial, suporte nutricional adequado e estratégias ventilatórias protetoras, como hipercapnia permissiva ($PaCO_2$ entre 55 e 70 mmHg) sem acidose, $SatO_2$ entre 87 e 90% e ventilação de alta frequência.

11
Reanimação do recém-nascido na sala de parto

 O que é

Composta de procedimentos realizados durante a reanimação neonatal para a prevenção da asfixia perinatal e consequente sequela neurológica no recém-nascido (RN).

As práticas da reanimação em sala de parto baseiam-se nos documentos publicados pelo International Liaison Committee on Resuscitation (ILCOR) a cada 5 anos, sendo o último publicado em 2015.

O resumo das diretrizes propostas pelo Programa de Reanimação Neonatal da Sociedade Brasileira de Pediatria pode ser visualizado na Figura 1. Este capítulo discorre sobre as diretrizes brasileiras para os recém-nascidos pré-termo (RNPT) (< 34 semanas) e para os RN de 34 semanas de gestação ou mais.

SIGLA ABC

A. (*airways*): manter as vias aéreas permeáveis por meio de:
   - posicionamento adequado da cabeça e do pescoço;
   - aspiração da boca e do nariz e, se necessário, da traqueia;
   - entubação traqueal;

B. *(breathing)*: iniciar a respiração por meio da estimulação tátil e da ventilação com pressão positiva, com uso de balão e máscara ou balão e cânula traqueal;
C. *(circulation)*: manter a circulação por meio de massagem cardíaca e medicações.

TABELA 1 CONDIÇÕES PERINATAIS ASSOCIADAS À NECESSIDADE DE REANIMAÇÃO NEONATAL

Fatores antenatais	
Idade < 16 anos ou > 35 anos	Idade gestacional < 39 ou > 41 semanas
Diabetes	Gestação múltipla
Síndromes hipertensivas	Rotura prematura das membranas
Doenças maternas	Polidrâmnio ou oligoidrâmnio
Infecção materna	Diminuição da atividade fetal
Aloimunização ou anemia fetal	Sangramento no 2º ou 3º trimestre
Uso de medicações (p. ex., magnésio e bloqueadores adrenérgicos)	Discrepância entre idade gestacional e peso
Uso de álcool, tabaco ou drogas ilícitas	Hidropisia fetal
Óbito fetal ou neonatal anterior	Malformação fetal
Ausência de cuidado pré-natal	Crescimento intrauterino restrito
Fatores relacionados ao parto	
Parto cesariano	Padrão anormal de frequência cardíaca fetal
Uso de fórcipe ou extração a vácuo	Anestesia geral
Apresentação não cefálica	Hipertonia uterina
Trabalho de parto prematuro	Líquido amniótico meconial
Parto taquitócito	Prolapso, rotura ou nó verdadeiro de cordão
Corioamnionite	Uso de opioides 4 h antes do parto
Rotura de membranas > 18 h	Descolamento prematuro da placenta
Trabalho de parto > 24 h	Placenta prévia
Segundo estágio do parto > 2 h	Sangramento intraparto significativo

Como tratar

1. Primeira conduta: antes do nascimento, separar, preparar e testar o material necessário para a reanimação. Equipe: é fundamental que estejam presentes em todo parto pelo menos um profissional de saúde capaz de realizar os passos iniciais e a ventilação com pressão positiva por meio de máscara facial e pelo menos um médico apto a entubar e indicar massagem cardíaca e medicações.
2. Logo após o nascimento, deve-se fazer duas perguntas:
   - O RN começou a respirar ou chorar?
   - O RN apresenta tônus muscular adequado, com flexão das extremidades?
3. Se a resposta for SIM a ambas as perguntas: secar e envolver o RN em campo aquecido, posicioná-lo no abdome ou tórax materno e indicar o clampeamento tardio do cordão, independentemente do aspecto do líquido amniótico. RN ≥ 34 semanas (1 a 3 min depois da sua extração completa da cavidade uterina) e RN < 34 semanas (após pelo menos 30 s). Em ambas as situações, apenas se circulação placentária estiver intacta e RN bem. RNT estáveis devem permanecer com a mãe e RNPT, ser encaminhados aos procedimentos de reanimação.
4. Se o RN for prematuro ou a resposta for NÃO a alguma das duas perguntas: procedimentos de reanimação.

1º PROCEDIMENTO – PASSOS INICIAIS DA ESTABILIZAÇÃO (DURAÇÃO: 30 S)

1. Sequência: prover calor, posicionar a cabeça em leve extensão, aspirar boca e narinas (se necessário) e secar.
2. Manter a temperatura corpórea entre 36,5 e 37,5°C (normotermia). Recepcionar o RN com campos aquecidos e colocá-lo sob calor radiante. Secar o corpo e a região da fontanela e desprezar os campos úmidos. Manter temperatura ambiente entre 23 e 26°C. RN < 34 semanas: envolver o corpo (exceto a face) em saco plástico transparente antes mesmo de secá-lo e colocar a touca dupla. Atenção: evitar a hipertermia (temperatura axilar > 37,5°C).
3. Estabelecer a permeabilidade das vias aéreas. Posicionar a cabeça do RN com uma leve extensão do pescoço (avaliar a necessidade de

colocar coxim sob os ombros). A aspiração está reservada aos pacientes que apresentam obstrução de vias aéreas por excesso de secreções; aspirar delicadamente as vias aéreas superiores – inicialmente a boca e, depois, as narinas – com sonda traqueal nº 8 ou 10, conectada ao aspirador a vácuo, sob pressão de sucção máxima de 100 mmHg.

4. RN < 34 semanas: locar o sensor do oxímetro de pulso no membro superior direito para monitoração da $SatO_2$ pré-ductal. Avaliação – RNT ≥ 34 semanas: respiração e frequência cardíaca (FC). RN < 34 semanas: respiração, FC e $SatO_2$.
5. A FC é o principal determinante da decisão de indicar as diversas manobras de reanimação (FC adequada > 100 bpm).
6. Valores de $SatO_2$ pré-ductais desejáveis ao nascimento são mostrados na Tabela 2.

TABELA 2   VALORES DE $SatO_2$ PRÉ-DUCTAIS DESEJÁVEIS AO NASCIMENTO

Minutos de vida	$SatO_2$ pré-ductal
Até 5	70 a 80%
5 a 10	80 a 90%
> 10	85 a 95%

Importante: em caso de RNPT com FC > 100 bpm e desconforto respiratório ou $SatO_2$ baixa, considerar a aplicação de pressão de distensão de vias aéreas (CPAP) na sala de parto e manter a avaliação da respiração, FC e $SatO_2$. Usar máscara conectada ao circuito do ventilador mecânico manual em T, com pressão de 4 a 6 cmH_2O e fluxo gasoso de 5 a 15 L/min.

2º PROCEDIMENTO – VENTILAÇÃO COM PRESSÃO POSITIVA (VPP) (DURAÇÃO: 30 S)

Iniciar nos primeiros 60 s de vida (minuto de ouro). A ventilação pulmonar é o procedimento mais importante e efetivo na reanimação do RN, principalmente o prematuro, em sala de parto.

1. Indicação de VPP com ventilador mecânico manual em T e máscara facial: movimentos respiratórios irregulares, apneia ou FC < 100 bpm.

2. Opção – balão autoinflável: capacidade máxima de 750 mL + reservatório O_2 + válvula liberadora de pressão (30 a 40 cmH_2O) + ligado à fonte de O_2 em 5 L/min.
3. Máscara facial: maleável + acolchoada + transparente ou semitransparente + anatômica ou arredondada + tamanho apropriado para o RN a termo e prematuro para cobrir ponta do queixo, boca e narinas.
4. Frequência da VPP: 40 a 60 movimentos/min (aperta, solta, solta).
5. Avaliar a adequação da VPP: o indicador mais importante de que a VPP está sendo efetiva é o aumento da FC.
6. Corrigir técnica, se necessário: *airways* (posicionamento da cabeça com leve extensão do pescoço, aspiração de secreções e leve abertura da boca) + ajuste da máscara (selo completo com a face, evitando-se escape de ar) + verificar se o ventilador mecânico manual em T está funcionando adequadamente.
7. Retomar VPP (duração: 30 s) e reavaliar FC.
8. Oxigênio suplementar – início da VPP: em RN ≥ 34 semanas, ventilar em ar ambiente (FiO_2 a 21%); em RN < 34 semanas, ventilar com FiO_2 a 30%. Posteriormente, ajustar de acordo com a necessidade monitorada pela $SatO_2$ pré-ductal.
9. Cânula traqueal: diâmetro uniforme + esterilizada + linha radiopaca + tamanho conforme a Tabela 3.

TABELA 3 DIÂMETRO DA CÂNULA OROTRAQUEAL CONFORME IDADE GESTACIONAL E PESO DO RECÉM-NASCIDO

Idade gestacional	Peso	Cânula traqueal
< 28 semanas	< 1 kg	2,5 mm
28 a 34 semanas	1 a 2 kg	3 mm
35 a 38 semanas	2,1 a 3 kg	3,5 mm
> 38 semanas	> 3 kg	3,5 ou 4 mm

10. Indicação de VPP com cânula traqueal:
    - VPP com máscara facial ineficaz ou prolongada;
    - necessidade de aspiração traqueal de mecônio sob visualização direta;
    - necessidade de massagem cardíaca;
    - suspeita ou diagnóstico de hérnia diafragmática.

A Tabela 4 mostra a profundidade de inserção da cânula traqueal de acordo com a idade gestacional.

TABELA 4 PROFUNDIDADE DE INSERÇÃO DA CÂNULA TRAQUEAL DE ACORDO COM A IDADE GESTACIONAL

Idade gestacional	Marca (cm) no lábio superior
23 a 24 semanas	5,5
25 a 26 semanas	6
27 a 29 semanas	6,5
30 a 32 semanas	7
33 a 34 semanas	7,5

Opção: quando a entubação traqueal não é possível, a máscara laríngea é uma alternativa para manter as vias aéreas pérvias e assegurar a ventilação pulmonar do RN ≥ 34 semanas e com peso > 2.000 g. Não há indicação de máscara laríngea em RN < 34 semanas ou peso < 2.000 g.

3º PROCEDIMENTO – VPP + MASSAGEM CARDÍACA (MC) (DURAÇÃO: 30 S)

1. Indicação: FC < 60 bpm após 30 s de VPP (O_2 a 60 a 100%).
2. Posição: colocar os polegares ou os dedos indicador e médio logo abaixo da linha intermamilar no terço inferior do esterno.
3. Compressão: profundidade de cerca de 1/3 da dimensão anteroposterior do tórax.
4. Relação 3:1: 3 movimentos de MC para 1 movimento de ventilação + frequência de 120 eventos por min (90 massagens e 30 ventilações).
5. Aplicação da técnica por, no mínimo, 60 s.
6. Avaliar FC; adequada se > 60 bpm.

Se não houver melhora após a aplicação da técnica correta da VPP e massagem, considera-se o cateterismo venoso umbilical de urgência e indica-se a epinefrina.

4º PROCEDIMENTO – VPP + MC + MEDICAÇÕES (DURAÇÃO: 30 S)

1. Indicação: Tabela 5.

TABELA 5 INDICAÇÃO DE MEDICAMENTOS NA REANIMAÇÃO NEONATAL*

Medicamento	Indicação
Epinefrina	FC < 60 bpm após VPP + MC
Expansores de volume	Suspeita de hipovolemia (perda de sangue, palidez, má perfusão e pulsos débeis)

* Notar que as medicações podem ser utilizadas já no 2º ou no 3º min de vida.

2. A via preferencial para a infusão de medicações na sala de parto é a endovenosa (EV), sendo a veia umbilical de acesso fácil e rápido. Pode-se administrar uma única dose de epinefrina por via traqueal: eficácia questionável.
3. Concentração, preparo, dose, via, velocidade e precauções são mostrados na Tabela 6.

TABELA 6 MEDICAÇÕES PARA REANIMAÇÃO NEONATAL EM SALA DE PARTO*

	Epinefrina EV	Epinefrina endotraqueal	Expansor de volume
Diluição	1:10.000 em 1 mL epinefrina 1:1.000 em 9 mL de SF	1:10.000 em 1 mL epinefrina 1:1.000 em 9 mL de SF	SF
Preparo	1 mL	5 mL	2 seringas de 20 mL
Dose	0,1 a 0,3 mL/kg	0,5 a 1 mL/kg	10 mL/kg EV
Peso ao nascer			
1 kg	0,1 a 0,3 mL	0,5 a 1 mL	10 mL
2 kg	0,2 a 0,6 mL	1 a 2 mL	20 mL
3 kg	0,3 a 0,9 mL	1,5 a 3 mL	30 mL
4 kg	0,4 a 1,2 mL	2 a 4 mL	40 mL
Velocidade e precauções	Infundir rápido na veia umbilical seguido por 0,5 a 1 mL de SF	Infundir na cânula traqueal e ventilar. USO ÚNICO	Infundir na veia umbilical lentamente, em 5 a 10 min

*Bicarbonato de sódio, naloxona, atropina, albumina e vasopressores não são recomendados na reanimação do RN em sala de parto.

CONDUTA NA PRESENÇA DE LÍQUIDO AMNIÓTICO MECONIAL (LÍQUIDO OU ESPESSO)

1. Após o nascimento:
   - se o RN é de termo, está respirando ou chorando e com tônus muscular em flexão, ele apresenta boa vitalidade e deve continuar junto de sua mãe depois do clampeamento do cordão;
   - se o RN é pré-termo tardio ou pós-termo ou não iniciou movimentos respiratórios regulares ou o tônus muscular está flácido, é necessário levá-lo à mesa de reanimação e realizar os passos iniciais, incluindo a aspiração de vias aéreas superiores (sonda traqueal nº 10).
2. Em RN que apresenta apneia, respiração irregular e/ou FC < 100 bpm após os passos iniciais, iniciar a VPP com máscara facial e ar ambiente nos primeiros 60 s de vida. Se, após 30 s de ventilação efetiva, o neonato não melhora e há forte suspeita de obstrução de vias aéreas, pode-se indicar a retirada do mecônio residual da hipofaringe e da traqueia sob visualização direta uma única vez.

CONSIDERAÇÕES SOBRE ASPECTOS ÉTICOS

Não há possibilidade de se criar rotinas ou regras gerais, uniformes, para todos os pacientes, uma vez que a adoção de qualquer medida, em termos de reanimação do RN, envolve aspectos culturais, religiosos, morais, legais, científicos e éticos. Entretanto, são apresentadas algumas sugestões:

- não reanimar conceptos com idade gestacional inferior a 23 semanas ou peso ao nascer menor que 400 g e RN com diagnóstico confirmado de anencefalia e trissomia do cromossomo 13 e do 18, uma vez que existem dados suficientes para indicar que a reanimação desses neonatos resultará em óbito posterior ou em sobrevida com sequelas extremamente graves. No entanto, parece prudente recomendar a reanimação se o diagnóstico da idade gestacional ou da cromossomopatia não estiver bem estabelecido;
- considerar interrupção da reanimação se, após 10 a 15 min da realização adequada de todos os procedimentos necessários, o RN não apresentar batimentos cardíacos (assistolia);

- prevenir: apresentar-se à família antes do nascimento e especialmente diante de casos de malformações graves ou prematuridade extrema e discutir em conjunto a respeito do plano de reanimação neonatal a ser executado.

MATERIAL NECESSÁRIO PARA A REANIMAÇÃO NEONATAL NA SALA DE PARTO

1. Sala de parto e/ou de reanimação com temperatura ambiente de 23 a 26°C e:
   - mesa de reanimação com acesso por 3 lados;
   - fontes de oxigênio umidificado e de ar comprimido, com fluxômetro;
   - *blender* para mistura oxigênio/ar;
   - aspirador a vácuo com manômetro;
   - relógio de parede com ponteiro de segundos.
2. Material para manutenção de temperatura:
   - fonte de calor radiante;
   - termômetro ambiente digital;
   - campo cirúrgico e compressas de algodão estéreis;
   - saco de polietileno de 30 × 50 cm para prematuro;
   - touca de lã ou algodão;
   - colchão térmico químico para 25 × 40 cm para prematuro < 1.000 g;
   - termômetro clínico digital.
3. Material para avaliação:
   - estetoscópio neonatal;
   - oxímetro de pulso com sensor neonatal;
   - monitor cardíaco de 3 vias com eletrodos;
   - bandagem elástica para fixar o sensor do oxímetro e os eletrodos.
4. Material para aspiração:
   - sondas: traqueais nº 6, 8 e 10 e gástricas curtas nº 6 e 8;
   - dispositivo para aspiração de mecônio;
   - seringas de 10 mL.
5. Material para ventilação:
   - reanimador manual neonatal (balão autoinflável com volume máximo de 750 mL, reservatório de O_2 e válvula de escape com limite de 30 a 40 cmH_2O e/ou manômetro);
   - ventilador mecânico manual neonatal em T com circuitos próprios;

- máscaras redondas com coxim n° 00, 0 e 1;
- máscara laríngea para recém-nascido n° 1.

6. Material para entubação traqueal:
   - laringoscópio infantil com lâmina reta n° 00, 0 e 1.
   - cânulas traqueais sem balonete, de diâmetro interno uniforme 2,5/3/3,5 e 4 mm;
   - material para fixação da cânula: fita adesiva e algodão com SF;
   - pilhas e lâmpadas sobressalentes para laringoscópio;
   - detector colorimétrico de CO_2 expirado.

7. Medicações:
   - epinefrina 1/10.000 em 1 seringa de 5 mL para administração única endotraqueal;
   - epinefrina 1/10.000 em seringa de 1 mL para administração EV;
   - expansor de volume (SF) em 2 seringas de 20 mL.

8. Material para cateterismo umbilical:
   - campo fenestrado esterilizado, cadarço de algodão e gaze;
   - pinça tipo kelly reta de 14 cm e cabo de bisturi com lâmina n° 21;
   - porta-agulha de 11 cm e fio agulhado *mononylon* 4.0;
   - cateter umbilical 3,5F, 5F e 8F de PVC ou poliuretano;
   - torneira de 3 vias.

9. Outros:
   - luvas e óculos de proteção individual para os profissionais de saúde;
   - gazes esterilizadas e álcool etílico;
   - cabo e lâmina de bisturi;
   - tesoura de ponta romba e clampeador de cordão umbilical.

FIGURA 1 FLUXOGRAMA DA REANIMAÇÃO NEONATAL EM SALA DE PARTO.

CPAP = pressão positiva contínua de vias aéreas.

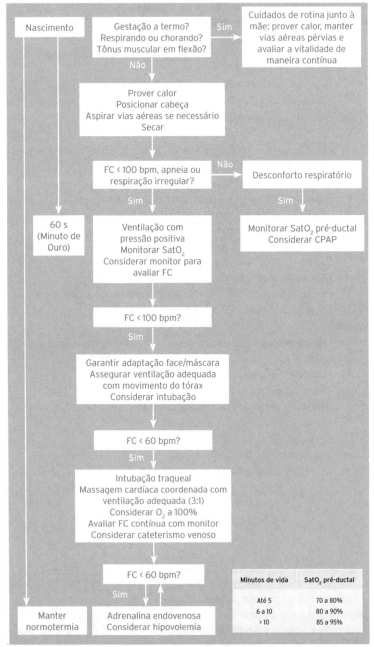

12
Sepse e meningite neonatal

 O que são

Infecções primárias da corrente sanguínea acompanhadas de bacteriemia no 1º mês de vida sem, necessariamente, apresentar hemocultura positiva, mas com a presença de pelo menos um dos seguintes sinais e sintomas: febre, hipotermia, apneia e/ou bradicardia.

1. Sepse precoce: início de sinais compatíveis até 72 h de vida.
2. Sepse tardia: início de sinais compatíveis após 72 h de vida.
3. Meningite neonatal: infiltração da aracnoide por células inflamatórias em virtude da invasão bacteriana do sistema nervoso central (SNC).

 **Como suspeitar**

1. Fatores de risco (sepse precoce): bolsa rota por mais de 18 h, fisometria, febre materna nas últimas 72 h, infecção urinária materna em tratamento ou tratamento questionável, pré-natal inadequado (< 5 consultas), taquicardia fetal, colonização de estreptococo do grupo B

sem profilaxia adequada e prematuridade [idade gestacional (IG) < 35 semanas] sem causa.
2. Fatores de risco (sepse tardia): muito baixo peso ao nascer, procedimentos cirúrgicos e invasivos (cateter umbilical, cateter vascular de inserção periférica ou central, drenos etc.), ventilação mecânica, nutrição parenteral, uso prévio de antibióticos de largo espectro e retardo do início da alimentação enteral.
3. Características clínicas:
   - recusa alimentar, hipoatividade, irritabilidade ou a simples impressão de que o RN "não parece bem";
   - dificuldade respiratória (taquipneia, gemência, retrações torácicas, batimento de asas nasais), apneia, letargia, hipotonia, hipertermia ou hipotermia, icterícia sem outras causas determinantes, distensão abdominal com resíduo gástrico, vômitos, diarreia, déficit de perfusão, hipotensão ou, ainda, manifestações cutâneas, incluindo petéquias, abscessos e escleredema;
   - choque: bradicardia ou taquicardia [frequência cardíaca (FC) > 160 bpm] de forma constante e sustentada, dificuldade respiratória, redução do débito urinário (< 1 mL/kg/h), hipotensão arterial sistêmica [pressão arterial média (PAM) < 30 mmHg], má perfusão periférica (enchimento capilar > 2 s), pulsos periféricos fracos, extremidades frias, reticulado cutâneo, palidez ou cianose.

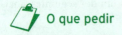

O que pedir

NA ROTINA

1. Hemograma (HMG): escore de Rodwell ≥ 3 (sensibilidade de 96% e especificidade de 78%) e < 3 (valor preditivo negativo de 99%) (Tabela 1).
2. Proteína C-reativa: elevada. Útil para acompanhamento da evolução clínica.
3. Radiografia de tórax e de abdome.
4. Líquido cefalorraquidiano (LCR): quimiocitológico (QCT), bacterioscopia, látex e cultura.
5. Hemocultura (HMC): baixa sensibilidade, porém é o padrão-ouro.

TABELA 1   ESCORE DE RODWELL

	Valores	Escore
Total de leucócitos	< 5.000/mm³ Ao nascimento > 25.000/mm³ 12 a 24 h de vida > 30.000/mm³ > 2 dias de vida > 21.000/mm³	1
Total de neutrófilos	Neutrofilia ou neutropenia (Tabela 2)	1
Total de neutrófilos imaturos	Tabela 3	1
Neutrófilos imaturos/totais (I/T)	Tabela 3	1
Neutrófilos imaturos/maduros (I/M)	> 0,3	1
Mudanças degenerativas nos neutrófilos	> 3 vacuolizações, granulações tóxicas, corpos de Döhle	1
Plaquetas	< 150.000/mm³	1

TABELA 2   NÍVEIS DE NEUTRÓFILOS DETERMINANTES DE NEUTROPENIA E NEUTROFILIA DE ACORDO COM O TEMPO DE VIDA E O PESO AO NASCER

	Neutropenia		Neutrofilia	
	PN < 1.500 g	PN > 1.500 g	PN < 1.500 g	PN > 1.500 g
Nascimento	< 500	< 1.800	> 6.300	> 5.400
12 horas	< 1.800	< 7.800	> 12.400	> 14.500
24 horas	< 2.200	< 7.000	> 14.000	> 12.600
36 horas	< 1.800	< 5.400	> 11.600	> 10.600
48 horas	< 1.100	< 3.600	> 9.000	> 8.500
60 horas	< 1.100	< 3.000	> 6.000	> 7.200
72 horas	< 1.100	< 1.800	> 6.000	> 7.000
120 horas	< 1.100	< 1.800	> 6.000	> 5.400
4 a 8 dias de vida	< 1.100	< 1.800	> 6.000	> 5.400

TABELA 3 PONTOS DE CORTE DOS NÍVEIS DE NEUTRÓFILOS IMATUROS E DA RELAÇÃO NEUTRÓFILOS IMATUROS/TOTAIS PARA PONTUAÇÃO NO ESCORE DE RODWELL DE ACORDO COM O TEMPO DE VIDA

	Neutrófilos imaturos	Imaturos/totais
Nascimento	> 1.100	> 0,16
12 horas	> 1.500	> 0,16
24 horas	> 1.280	> 0,16
36 horas	> 1.100	> 0,15
48 horas	> 850	> 0,13
60 horas	> 600	> 0,13
72 horas	> 550	> 0,13
120 horas	> 500	> 0,12
4 a 8 dias de vida	> 500	> 0,12

NOS CASOS ESPECIAIS

1. Urina tipo I + urocultura (URC): sondagem vesical/punção suprapúbica. Realizar na sepse precoce se RN sintomático e em todo caso de sepse tardia.
2. Pesquisa de fungo na urina.
3. Ecocardiografia, fundo de olho e ultrassonografia (US) abdominal na suspeita de sepse fúngica.
4. US e/ou tomografia computadorizada (TC) de crânio nos casos de meningite: pesquisa de coleções, ventriculite e hidrocefalia.
5. Avaliação de acuidade auditiva após terapia com aminoglicosídios ou vancomicina.

Como tratar

1. Medidas gerais: monitoração contínua, estabilização hemodinâmica, hidreletrolítica e acidobásica, jejum oral na presença de repercussões hemodinâmicas e/ou de íleo infeccioso com sonda orogástrica aberta, assistência ventilatória e manutenção da oferta calórica com nutrição parenteral.

2. Plasma fresco congelado: 10 a 15 mL/kg, a cada 12 h, durante 3 a 5 dias, para controle da coagulação intravascular disseminada (CIVD).
3. Cateter venoso central:
    - retirar e enviar a ponta para cultura quando houver suspeita de associação com *Staphylococcus epidermidis*;
    - quando HMC é positivo para *Staphylococcus* coagulase-negativo, repetir hemocultura após 72 h de antibioticoterapia. Se persistir positiva, retirar cateter venoso e enviar a ponta para cultura;
    - retirar e enviar a ponta para cultura quando associado à hemocultura positiva para fungo, Gram-negativo e *Staphylococcus aureus*.
4. Antibioticoterapia:
    - sepse precoce: penicilina ou ampicilina + aminoglicosídio (gentamicina ou amicacina) ou ampicilina + cefalosporina de 3ª geração (cefotaxima) em caso de meningite ou na impossibilidade da coleta de LCR (instabilidade clínica, plaquetopenia, alteração no coagulograma e/ou sinais evidentes de sangramento);
    - sepse tardia ambiental: oxacilina + aminoglicosídio ou oxacilina + cefalosporina de 3ª geração (cefotaxima) em caso de meningite. Clindamicina para bactérias anaeróbias, exceto em caso de meningite;
    - sepse tardia intra-hospitalar: vancomicina + aminoglicosídio ou cefalosporina de 3ª geração. Ceftazidima para *Pseudomonas aeruginosa*. Metronidazol para bactérias anaeróbias (enterocolite necrosante). Meropeném para microrganismos multirresistentes;
    - sepse fúngica: anfotericina B. Usar fluconazol em caso de *Candida albicans*.
5. Tempo de duração dos antimicrobianos:
    - boa evolução clínica e culturas estéreis: 7 a 10 dias;
    - culturas positivas: 10 a 21 dias (respeitando a evolução clínica);
    - meningite neonatal: 21 dias, repetir punção lombar no 19º dia de tratamento;
    - enterocolite necrosante: 14 dias;
    - sepse fúngica: 14 dias após última HMC de controle positiva.
6. Imunoterapia: 0,5 a 1 g/kg, a cada 2 semanas, em prematuros com infecção incontrolável ou recorrente.

FIGURA 1　FLUXOGRAMA PARA CONTROLE E TRATAMENTO DA SEPSE NEONATAL PRECOCE.

ITU: infecção de trato urinário; HMG: hemograma; HMC: hemocultura; LCR: líquido cefalorraquidiano; URC: urocultura; LCR QCT: líquido cefalorraquidiano quimiocitológico.

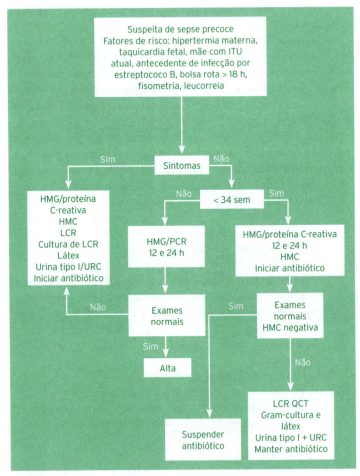

FIGURA 2 FLUXOGRAMA PARA CONTROLE E TRATAMENTO DA SEPSE NEONATAL TARDIA.

QCT: quimiocitológico; HMC: hemocultura; URC: urocultura; US: ultrassonografia.

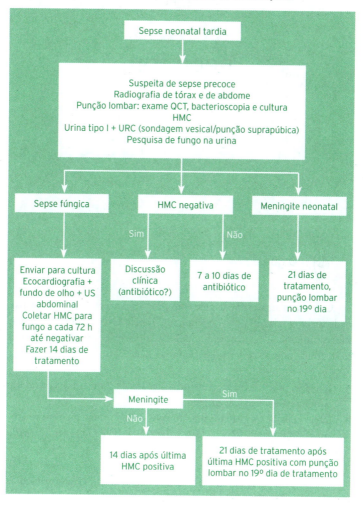

13
Icterícia neonatal

 O que é

Coloração amarelada da pele com progressão cefalocaudal e intensidade variável (classificação de Kramer – Tabela 1), consequente à hiperbilirrubinemia. Neste capítulo, será tratado a respeito do aumento da bilirrubina indireta sérica no período neonatal.

- Icterícia precoce (aparecimento antes de 24 h de vida): considerar patológica e investigar origem.
- Icterícia fisiológica (aparecimento após 24 h de vida): pico em recém-nascido a termo (RNT) (3 a 5 dias de vida) e em recém-nascido pré-termo (RNPT) (5 a 7 dias de vida).

Realizar triagem em todo RN ictérico zona II/III pela imprecisão da visualização clínica relacionada a diferenças individuais.

TABELA 1 ZONEAMENTO CLÍNICO DA ICTERÍCIA NEONATAL

Zona cutânea	RNT Bilirrubina (mg/dL)		RN de baixo peso Bilirrubina (mg/dL)	
	Limites	Média	Limites	Média
1. Cabeça e pescoço	4,3 a 7,8	5,9 (± 0,3)	4,1 a 7,5	5,7 (± 0,2)
2. Tronco até umbigo	5,4 a 12,2	8,9 (± 1,7)	5,6 a 12,1	9,4 (± 1,9)
3. Hipogástrio e coxas até joelhos	8,1 a 16,5	11,8 (± 1,8)	7,1 a 14,8	11,4
4. Antebraços e pernas	11,1 a 18,3	15 (± 1,7)	9,3 a 18,4	13,3 (± 2,1)
5. Mãos, pés, incluindo palmas e plantas	15	—	10,5	—

Como suspeitar

Na presença de fatores de risco e patologias neonatais específicas, conforme indicado na Figura 1.

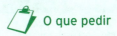

O que pedir

NA ROTINA

1. Bilirrubina total e frações (BTF), dosagem sérica ou transcutânea.
2. Tipagem sanguínea (TS) (mãe e RN), Coombs direto (CD) e indireto, prova do eluato.
3. Hemoglobina e hematócrito.
4. Contagem de reticulócitos.

NOS CASOS ESPECIAIS

1. Dosagem de glicose-6-fosfato-desidrogenase (G6PD).
2. Desidrogenase lática (DHL).
3. Albumina sérica.

FIGURA 1 FLUXOGRAMA PARA IDENTIFICAÇÃO DA ETIOLOGIA DAS ICTERÍCIAS NEONATAIS.

BTF: bilirrubina total e frações; TS: tipagem sanguínea; RN: recém-nascido; CD: Coombs direto; BT: bilirrubina total; IG: idade gestacional; BD: bilirrubina direta; CIVD: coagulação intravascular disseminada.

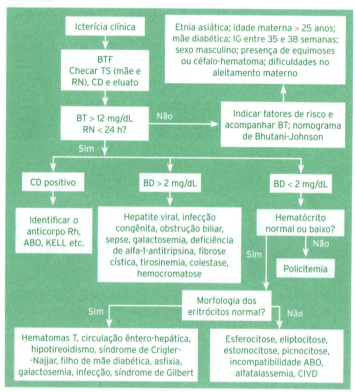

Como tratar

1. Fototerapia com proteção ocular: exposição da bilirrubina à luz, que promove a formação de fotoisômeros (fotoisomerização configuracional e estrutural da molécula de bilirrubina), que são eliminados pela bile e pela urina sem a necessidade de conjugação hepática. Indicada conforme o nível de bilirrubina sérica, o peso ao nascer, a idade do RN e a presença de fatores agravantes da lesão bilirrubínica. A Figura 2 apresenta os níveis para indicação de fototerapia para

RN com 35 semanas ou mais de idade gestacional, e a Tabela 2 para RN com peso abaixo de 2.500 g. A eficácia depende da concentração inicial de bilirrubina, da superfície corpórea exposta à luz, da distância entre a fonte luminosa e o RN, da dose de irradiância (mínima eficaz = 4 mw/cm^2/nm) e do tipo de luz utilizada (lâmpadas fluorescentes brancas, azuis ou halógenas dicroicas).

2. Exsanguinotransfusão (técnica de Allen e Diamond, método de "puxa-empurra"): remoção das bilirrubinas indiretas, de hemácias sensibilizadas e de anticorpos circulantes e correção de anemia. O objetivo é evitar a encefalopatia bilirrubínica. A indicação deve ser analisada caso a caso, segundo o tempo de vida, a idade gestacional, as categorias de risco e as características e as condições locais de assistência (Figura 3 e Tabela 2).

3. Estabelecimento de condutas de seguimento e alta hospitalar no RN ictérico nos primeiros dias de vida: utilização do nomograma de Bhutani-Johnson (Tabela 3).

FIGURA 2 INDICAÇÃO DE FOTOTERAPIA EM RN DE 35 SEMANAS OU MAIS DE IDADE GESTACIONAL DE ACORDO COM TRÊS CATEGORIAS DE RISCO (BAIXO, MÉDIO E ALTO).

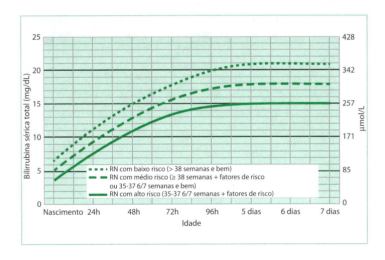

FIGURA 3 INDICAÇÃO DE EXSANGUINOTRANSFUSÃO EM RN DE 35 SEMANAS OU MAIS DE IDADE GESTACIONAL DE ACORDO COM TRÊS CATEGORIAS DE RISCO (BAIXO, MÉDIO E ALTO).

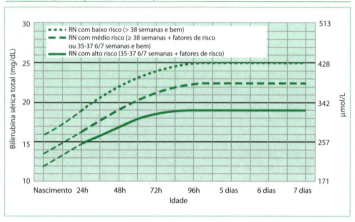

TABELA 2 NÍVEL SÉRICO DE BILIRRUBINA TOTAL (mg/dL) PARA INDICAÇÃO E SUSPENSÃO DE FOTOTERAPIA E INDICAÇÃO DE EXSANGUINOTRANSFUSÃO

Peso ao nascer (g)	Bilirrubina sérica total (mg/dL)			
	Fototerapia simples	Fototerapia dupla	Suspensão da fototerapia	Exsanguino-transfusão
≤ 1.000	Entre 12 e 24 h de vida	8	4	15
1.001 a 1.500	6	10	6	15
1.501 a 2.000	10	13	8	18
2.001 a 2.500	12	15	10	18
> 2.500 ou termo	15	17	12	20 a 22*

* 20 (≤ 24 h de vida) e 22 (> 24 h de vida).

TABELA 3   CONDUTA EM RN > 35 SEMANAS SAUDÁVEIS DE ACORDO COM NOMOGRAMA HORA-ESPECÍFICO DE BILIRRUBINA TOTAL (BT)

Risco e percentil (p)

Idade	Baixo risco (p < 40)	Intermediário inferior (p 40 a 75)	Intermediário superior (p 76 a 95)	Alto risco (p > 95)
48 h	< 8,6	8,6 a 10,8	10,9 a 13,2	> 13,2
60 h	< 9,6	9,6 a 12,6	12,7 a 15,2	> 15,2
72 h	< 11,2	11,2 a 13,4	13,5 a 15,9	> 15,9
96 h	< 12,4	12,4 a 15,2	15,3 a 17,4	> 17,4
Conduta	Alta hospitalar e avaliação clínica em 48 h	BT sérica ou transcutânea após 48 h	BT sérica ou transcutânea após 24 h	BT sérica em 6 a 12 h em fototerapia

Fonte: Bhutani e Johnson, 2007.[2]

14
Síndromes hemorrágicas no recém-nascido

 O que são

Alterações homeostáticas vasculares, plaquetárias ou consequentes à deficiência dos fatores de coagulação, podendo ser de causa hereditária ou adquirida e associadas a condições clínicas específicas (Tabela 1).

TABELA 1   ALTERAÇÕES HOMEOSTÁTICAS NAS SÍNDROMES HEMORRÁGICAS DO RECÉM-NASCIDO

Alterações possíveis		Etiologia
Alterações vasculares	Hereditárias	Síndrome de Ehlers-Danlos, telangiectasia hemorrágica familiar
	Adquiridas	Hipóxia, infecção, hipotermia, traumas, drogas
Alterações plaquetárias qualitativas	Hereditárias	Síndrome de Bernard-Soulier, tromboastenia de Glanzmann, síndrome de Wiskott-Aldrich
	Adquiridas	Drogas, fibrose cística, insuficiência hepática ou renal

(continua)

Síndromes hemorrágicas no recém-nascido   71

TABELA 1   ALTERAÇÕES HOMEOSTÁTICAS NAS SÍNDROMES HEMORRÁGICAS DO RECÉM-NASCIDO *(continuação)*

Alterações possíveis		Etiologia
Alterações plaquetárias quantitativas (< 150.000 U/mm³)	↓ produção	Síndrome de TAR, anemia aplástica de Fanconi, acidemia metilmalônica, leucemias e deficiências nutricionais (ferro, folato e B_{12})
	↑ destruição	Trombocitopenia autoimune e isoimune neonatal, CIVD, síndrome de Kasabach-Merritt, trombocitopenias idiopáticas
Alterações no sistema de coagulação	Hereditárias	Hemofilia A (fator VIII), hemofilia B (fator IX), doença de von Willebrand (fator vW + VIII)
	Adquiridas	CIVD, SDVK

TAR: trombocitopenias com ausência de rádio; CIVD: coagulação intravascular disseminada – falha na regulação do sistema de coagulação com ativação da cascata de coagulação e do sistema fibrinolítico com consequentes deposição difusa de fibrina na microvasculatura e consumo intravascular de fatores de coagulação e plaquetas; vW: von Willebrand; SDVK: sangramento por deficiência de vitamina K – alteração mais frequente no sistema de coagulação com deficiência conjunta dos fatores II, VII, IX e X (dependentes da vitamina K).

Como suspeitar

História familiar de sangramentos (caráter hereditário – hemofilia), antecedentes gestacionais (sangramentos prévios, doenças infecciosas maternas e uso de medicamentos ou drogas), hematomas, equimoses, petéquias, hemangiomas, malformações, icterícia, hepatoesplenomegalia e sangramentos do trato gastrintestinal, da pele (pontos de punção), do coto umbilical, do SNC, da bexiga e das mucosas (Tabela 2).

TABELA 2   APRESENTAÇÃO CLÍNICA E PROFILAXIA DO SANGRAMENTO POR DEFICIÊNCIA DE VITAMINA K (SDVK)

	Precoce	Clássica	Tardia
Início	< 24 h de vida	2 a 7 dias de vida	2 a 12 semanas de vida
Incidência	Rara	0,25 a 1,7% dos NV	4,4 a 10,2:10.000 NV

(continua)

TABELA 2 APRESENTAÇÃO CLÍNICA E PROFILAXIA DO SANGRAMENTO POR DEFICIÊNCIA DE VITAMINA K (SDVK) *(continuação)*

	Precoce	Clássica	Tardia
Etiologia e fatores de risco	Uso materno de anticonvulsivantes, ACO, rifampicina, isoniazida	Oferta inadequada de vitamina K ao nascimento e AME	Oferta inadequada de vitamina K ao nascimento e AME, associados a defeitos de absorção*
Localização	TGI, coto umbilical, intra-abdominal, HIC (20%) e céfalo-hematoma	TGI, coto umbilical, nariz, boca, ouvido, pontos de punção, pós-circuncisão e HIC	HIC (50%), TGI, pele, nariz, boca, ouvido, pontos de punção, TGU, intratorácico
Profilaxia	Substituir ACO por heparina no 1º e no 3º trimestre de gestação; vitamina K1, 5 mg/dia, VO, durante o 3º trimestre	Vitamina K1, 1 mg, IM ou SC, ao nascimento	Vitamina K1, 1 mg, IM ou SC, ao nascimento e a cada 4 semanas

NV: nascidos vivos; ACO: anticoagulante oral; AME: aleitamento materno exclusivo; HIC: hemorragia intracraniana; TGI: trato gastrintestinal; TGU: trato geniturinário.

* Fibrose cística, diarreia, deficiência de alfa-1-antitripsina, hepatite, doença celíaca e atresia de vias biliares.

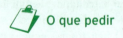

O que pedir

NA ROTINA

1. Teste de APT[1]-Downey positivo: nos casos de sangramento do trato gastrintestinal.
2. Hemograma com contagem de plaquetas.
3. Tempo de protrombina (TP): avaliação da via extrínseca da coagulação.
4. Tempo de tromboplastina parcial ativado (TTPA): avaliação da via intrínseca da coagulação.
5. Tempo de coagulação: avaliação da via comum.

---

1 Teste para distinguir o sangue materno do fetal no estômago do RN, expondo o hemolisado ao conteúdo gástrico a uma solução fracamente alcalina.

NOS CASOS ESPECIAIS

1. Na hipótese de CIVD: dosagem de fatores de coagulação, fibrinogênio e de produtos de degradação da fibrina (PDF).

TABELA 3 ANÁLISE DOS RESULTADOS DOS EXAMES LABORATORIAIS E AS RESPECTIVAS ALTERAÇÕES NA COAGULAÇÃO

Alterações possíveis	TTPA	TP
Deficiência de fator XIII, disfunção plaquetária, doença de von Willebrand	Normal	Normal
Deficiência de vitamina K, deficiência de fatores V e X, deficiência de fibrinogênio, disfunção hepática, heparinização excessiva	↑↑	↑↑
Deficiência de fator II ou VII	Normal	↑↑
Deficiência de fatores VIII, IX, XI e XII, doença de von Willebrand	↑↑	Normal

Como tratar

1. Medidas gerais:
    - evitar procedimentos invasivos, punções e injeções;
    - evitar soro gelado em lavagens gástricas;
    - evitar lavagens gástricas repetidas;
    - manter perfusão e volemia adequadas, monitoração contínua;
    - garantir respiração efetiva;
    - manter hematócrito > 40%.
2. Concentrado de hemácias: 10 a 20 mL/kg nos casos graves com anemia.
3. Alterações vasculares: concentrado de plaquetas 10 a 20 mL/kg (até > 50.000/mm^3) e plasma fresco congelado ou crioprecipitado (fatores de coagulação) até cessar o sangramento.
4. Alterações plaquetárias qualitativas: concentrado de plaquetas (hemorragias intensas), transplante de medula óssea e esplenectomia (casos graves).
5. Alterações plaquetárias quantitativas:
    - concentrado de plaquetas irradiadas com raios gama (prevenção da reação enxerto *versus* hospedeiro), 10 a 20 mL/kg, em todo

recém-nascido (RN) com plaquetas < 50.000/mm³ ou em RN com plaquetas < 100.000/mm³ em vigência de sangramento ativo;
- imunoglobulina, 0,5 a 2 g/kg/dia, EV + prednisona, 3 mg/kg/dia, por 3 a 7 dias (trombocitopenia autoimune e isoimune neonatal).

6. Alterações no sistema de coagulação:
   - plasma fresco congelado ou crioprecipitado (fonte de fator VIII, vW e fibrinogênio), 10 a 20 mL/kg ou concentrado de fator deficiente, quando disponível;
   - na CIVD, acrescentar: concentrado de plaquetas (10 a 20 mL/kg) e vitamina K1 (2 a 10 mg, SC ou EV), visando a manter plaquetas > 50.000/mm³, fibrinogênio plasmático > 100 mg/dL e TP e TTPA normais. Heparina e/ou antitrombina: utilização controversa;
   - na SDVK, adicionar: vitamina K1, 2 a 10 mg, SC (absorção igual à via IM) ou EV (quando se dispõe do preparado EV – vitamina K1 micela mista). Concentrado de protrombina (II, IX, X), 50 UI/kg + vitamina K1, 20 mg, SC, na hemorragia intracraniana e/ou em sangramentos intensos.

15
Ventilação mecânica no período neonatal

 O que é

Assistência ventilatória mecânica neonatal com pressão positiva em regime de cuidados intensivos, recursos humanos especializados e infraestrutura de equipamentos e de laboratório adequada.

1. Ventilação mecânica não invasiva:
    - pressão positiva contínua de vias aéreas (CPAP);
    - complicações: pneumotórax, distensão gástrica, erosões do septo nasal e flutuações na PaO_2 e $PaCO_2$.
2. Ventilação mecânica invasiva:
    - ciclagem dos ventiladores de pressão positiva;
    - 4 tipos: a tempo, a pressão, a volume e a fluxo;
    - complicações: lesão pulmonar (barotrauma, volutrauma e atelectrauma), redução do débito urinário, aumento da retenção salina e redução do fluxo venoso hepático.

Como suspeitar

1. Indicações clínicas:
   - desconforto respiratório grave: boletim de Silverman-Andersen > 7, sem melhora, apesar de ajustes na CPAP;
   - apneia recorrente: 2 ou mais episódios a cada 1 h que necessitar de ventilação manual;
   - doenças neuromusculares ou alterações no sistema nervoso central (SNC) com comprometimento dos movimentos respiratórios;
   - efeito de medicamentos que interfiram nos mecanismos respiratórios;
   - distúrbio hemodinâmico grave: sepse ou asfixia perinatal.
2. Indicações gasométricas:
   - PaO_2 < 50 mmHg ou $SatO_2$ < 88% em FiO_2 > 0,60 e CPAP nasal de 6 cmH_2O;
   - $PaCO_2$ > 60 mmHg, acompanhada de acidose respiratória (pH < 7,20 nas primeiras 6 h de vida ou pH < 7,25 a partir de 6 h de vida);
   - acidose metabólica grave (pH < 7,2) sem resposta ao uso de expansores de volume e/ou de soluções alcalinizantes.

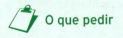

O que pedir

NA ROTINA

1. Gasometria arterial.
2. Radiografia de tórax: avaliação da aeração do parênquima pulmonar, localização da cânula orotraqueal (nível de T1 ou T2) e presença de complicações da ventilação mecânica.
3. Oximetria de pulso contínua.

Como tratar

1. Preparo do ventilador: montagem adequada de todo o aparato necessário para seu funcionamento e para colocá-lo em condições de uso.
2. Preparo do paciente: observação da expansibilidade pulmonar, ausculta da caixa torácica e avaliação de escape de gases.
3. Parâmetros ventilatórios iniciais:
   - RN com baixa complacência pulmonar (síndrome do desconforto respiratório, pneumonias, atelectasias, edema pulmonar e hipoplasia pulmonar):
     - pressão inspiratória (Pinsp): o suficiente para elevação do tórax em cerca de 0,5 cm;
     - pressão expiratória final positiva (Peep): 4 a 6 cmH$_2$O;
     - tempo inspiratório (Tinsp): 0,2 a 0,3 s;
     - tempo expiratório (Texp): > 0,3 s;
     - frequência respiratória (FR): 40 a 60 ciclos/min;
     - FiO$_2$: o suficiente para manter SatO$_2$ entre 89 e 93%;
     - fluxo: 6 a 8 L/min;
   - RN com elevação da resistência de vias aéreas (síndrome de aspiração meconial, displasia broncopulmonar, secreção em vias aéreas e edema intersticial):
     - Pinsp: o suficiente para elevação do tórax em cerca de 0,5 cm;
     - Peep: 3 a 5 cmH$_2$O;
     - Tinsp: 0,4 a 0,6 s;
     - Texp: > 0,5 s;
     - FR: 30 a 60 ciclos/min;
     - FiO$_2$: o suficiente para manter SatO$_2$ entre 89 e 93%;
     - fluxo: 6 a 8 L/min;
   - RN com comprometimento predominante da musculatura respiratória ou alterações do controle da respiração (apneia, encefalopatia hipóxico-isquêmica, uso de medicamentos depressores da atividade do SNC, malformações neurológicas graves, miastenia *gravis*) e RN com doenças obstrutivas nas vias aéreas superiores (atresia de coanas bilateral, síndrome de Pierre-Robin e estenose subglótica):
     - Pinsp: o suficiente para elevação do tórax em cerca de 0,5 cm;
     - Peep: 3 a 4 cmH$_2$O;
     - Tinsp: 0,5 a 0,6 s;

- Texp: > 0,6 s;
- FR: 20 a 40 ciclos/min;
- FiO_2: o suficiente para manter $SatO_2$ entre 89 e 93%;
- fluxo: 6 L/min.

4. Extubação traqueal:
   - parâmetros mínimos do ventilador: Pinsp ≤ 20 cmH_2O, Peep ≤ 4 cmH_2O, FR ≤ 20 ciclos/min e FiO_2 ≤ 0,40;
   - estabilidade hemodinâmica (normalidade sem suporte de medicações vasoativas), infecciosa (infecções controladas), hematológica (hematócrito mínimo de 35 a 40%), metabólica (níveis séricos normais de glicose, sódio, potássio, cálcio e magnésio) e neurológica (capacidade de manter a respiração espontânea de forma rítmica e regular);
   - pausa alimentar por 2 a 3 h antes do procedimento.

Segundo a Pediatric Acute Lung Injury and Sepsis Investigators (Palisi),[3] as condições para extubação são as apresentadas na Tabela 1.

TABELA 1 CONDIÇÕES PARA EXTUBAÇÃO

Parâmetros	Níveis requeridos
Respiração espontânea	Presente
Tosse ou engasgo à aspiração traqueal	Sim
pH arterial na maioria das gasometrias	7,32 < pH < 7,47
FiO_2	< 0,6
Nível de consciência	Aceitável para extubação
Aprovação do médico-assistente	Sim
↑ suporte VPM nas últimas 24 h	Não
Intervenção cirúrgica com sedação importante nas próximas 12 h	Não
Escape de ar excessivo peri-TOT	Não

FiO_2: fração inspirada de oxigênio; VPM: ventilação pulmonar mecânica; TOT: tubo orotraqueal.

5. Cuidados pós-extubação:
   - aspiração das vias aéreas superiores e jejum por cerca de 2 h após o procedimento;

- nebulização com L-epinefrina milesimal (1 mL) imediatamente após o procedimento e depois a cada 2 a 4 h, conforme evolução clínica;
- suporte ventilatório: CPAP nasal (Peep: 4 a 6 cmH_2O; FiO_2: o suficiente para manter $SatO_2$ entre 89 e 93%), halo de oxigênio, O_2 circulante ou ar ambiente;
- fisioterapia respiratória;
- monitoração contínua: padrão respiratório, estado hemodinâmico e saturação de oxigênio.

6. Falha de extubação:
   - em geral, a causa não é a mesma que levou o paciente à ventilação mecânica. Está relacionada a uma sobrecarga e/ou fadiga muscular ou a uma inadequação na relação ventilação/perfusão;
   - principais fatores associados: retenção de secreção, atelectasias, doença pulmonar primária, tempo prolongado de ventilação mecânica, sedação prolongada, desnutrição, congestão pulmonar e laringite pós-extubação (principal causa no Brasil).

Bibliografia

REFERÊNCIAS BIBLIOGRÁFICAS

1. Ballard JL, Khoury JC, Wedig K, Wang L, Eilers-Walsman BL, Lipp R. New Ballard score, expanded to include extremely premature infants. J Pediatrics 1991; 119:417-23.
2. Bhutani VK, Johnson LH. Prevention of severe neonatal hyperbilirubinemia in healthy infants of 35 or more weeks of gestation: implementation of a systems-based approach. Jornal de Pediatria 2007; 83(4):289-93.
3. Randolph AG, Wypij D, Venkataraman ST, Hanson JH, Gedeit RG, Meert KL et al. Pediatric Acute Lung Injury and Sepsis Investigators (Palisi). Effect of mechanical ventilator weaning protocols on respiratory outcomes in infants and children: a randomized controlled trial. JAMA 2002; 288:2561-8.

BIBLIOGRAFIA

1. Almeida MFB, Guinsburg R, Costa JO, Anchieta LM, Freire LM, Junior DC. Resuscitative procedures at birth in late preterm infants. J Perinatol 2007; 27(12):761-5.
2. Almeida MFB, Guinsburg R, Martinez FE, Procianoy RS, Leone CR, Marba ST et al. Perinatal factors associated with early deaths of preterm infants born in Brazilian network on neonatal research centers. J Pediatr 2008; 84(4):300-7.
3. Almeida MFB, Guinsburg R, Santos RM, Moreira LMO, Anchieta LM, Daripa M. Coordenadores Estaduais do Programa de Reanimação Neonatal da SBP. Brasil, 2005 e 2006: cinco recém-nascidos a termo sem malformações congênitas morrem com asfixia ao nascer a cada dia. XX Congresso Brasileiro de Perinatologia 2010; Rio de Janeiro, Brasil.
4. American Academy of Pediatrics. Subcommittee on hyperbilirubinemia. Management of hyperbilirrubinemia in the newborn infant 35 or more weeks of gestation. Pediatrics 2004; 114:297-316.

5. American Heart Association/American Academy of Pediatrics. Textbook of neonatal resuscitation. 5.ed. 2006. Disponível em: www.sbp.com.br.
6. Bhutani VK, Johnson LH. Jaundice technologies: prediction of hyperbilirrubin in terms and near terms newborns. J Perinatol 2001; 21:S76-82.
7. Carvalho WB, Hirschheimer MR, Proença Filho JO, Freddi NA, Troster EJ. Ventilação pulmonar mecânica em pediatria e neonatologia. 2.ed. São Paulo: Atheneu, 2004.
8. Catlin A, Carter B. Creation of a neonatal end-of-life palliative care protocol. J Perinatol 2002; 22:184-95.
9. Chettri S, Adhisivam B, Bhat BV. Endotracheal suction for nonvigorous neonates born through meconium stained amniotic fluid: a randomized controlled trial. J Pediatr 2015; 166(5):1208-13.
10. Costa HPF, Marba ST. O recém-nascido de muito baixo peso. Série Atualizações Pediátricas. Departamento de Neonatologia da Sociedade de Pediatria de São Paulo. São Paulo: Atheneu, 2003.
11. Gandhi B, Rich W, Finer N. Time to achieve stable pulse oximetry values in VLBW infants in the delivery room. Resuscitation 2013; 84(7):970-3.
12. Goldwasser R. III Consenso Brasileiro de Ventilação Mecânica: desmame e interrupção da ventilação mecânica. J Bras Pneumol 2007; 33(2):S128-36.
13. Guinsburg R. Assessing and treating pain in the newborn. J Pediatr 1999; 75(3):149-60.
14. Kapadia VS, Wyckoff MH. Drugs during delivery room resuscitation – what, when and why? Semin Fetal Neonatal Med 2013; 18(6):357-61.
15. Kopelman BI, Santos AMN, Goulart AL, Almeida MFB, Miyoshi MH, Guinsburg R. Diagnóstico e tratamento em neonatologia. São Paulo: Atheneu, 2004.
16. Maisels MJ, Bhutani VK, Bogen D, Newman TB, Stark AR, Watchko JF. Hyperbilirubinemia in the newborn infant > or =35 weeks' gestation: an update with clarifications. Pediatrics 2009; 124:1193-8.
17. Perlman JM, Wyllie J, Kattwinkel J, Atkins DL, Chameides L, Goldsmith JP et al. Neonatal Resuscitation Chapter Collaborators. Part 11: Neonatal resuscitation. 2010 International Consensus on Cardiopulmonary Resuscitation and Emergency Cardiovascular Care Science with Treatment Recommendations. Dallas: American Heart Association, 2010.
18. Pinheiro JM, Furdon SA, Boynton S, Dugan R, Reu-Donlon C, Jensen S. Decreasing hypothermia during delivery room stabilization of preterm neonates. Pediatrics 2014; 133(1):e218-26.
19. Rook D, Schierbeek H, Vento M, Vlaardingbroek H, van der Eijk AC, Longini M et al. Resuscitation of preterm infants with different inspired oxygen fractions. J Pediatr 2014; 164(6):1322-6.e3.
20. Schünemann H, Brożek J, Guyatt G, Oxman A (eds.). GRADE handbook for grading quality of evidence and strength of recommendations. Updated October 2013. The GRADE Working Group, 2013. Disponível em: www.guidelinedevelopment.org/handbook. Acessado em: 25/3/2017.
21. Sociedade Brasileira de Pediatria (SBP). Diretrizes de hipoglicemia no período neonatal. 2014. Disponível em: www.sbp.com.br/src/uploads/2015/02/diretrizessbp--hipoglicemia2014.pdf. Acessado em: 13/3/2017.
22. Sociedade Brasileira de Pediatria (SBP). Reanimação do prematuro < 34 semanas em sala de parto: Diretrizes 2016 da Sociedade Brasileira de Pediatria 26 de janeiro de 2016. Disponível em: www.sbp.com.br/reanimacao/wp-content/uploads/2016/01/DiretrizesSBPReanimacaoPrematuroMenor34semanas26jan2016.pdf. Acessado em: 13/3/2017.
23. Sociedade Brasileira de Pediatria (SBP). Reanimação do recém-nascido ≥ 34 semanas em sala de parto. Diretrizes 2016 da Sociedade Brasileira de Pediatria 26 de janeiro de 2016. Disponível em: www.sbp.com.br/reanimacao/wp-content/uploads/2016/01/DiretrizesSBPReanimacaoRNMaior34semanas26jan2016.pdf. Acessado em: 13/3/2017.

24. Tin W. Defining neonatal hypoglycaemia: a continuing debate. Seminars in Fetal & Neonatal Medicine (2013). Disponível em: http://dx.doi.org/10.1016/j.siny.2013.09.003.
25. Villar J, Cheikh Ismail L, Victora CG, Ohuma EO, Bertino E, Altman DG et al. International standards for newborn weight, length, and head circumference by gestational age and sex: the Newborn Cross-Sectional Study of the INTERGROWTH-21st Project. Lancet 2014; 384(9946):857-68.
26. Villar J, Giuliani F, Bhutta ZA, Bertino E, Ohuma EO, Ismail LC et al. Postnatal growth standards for preterm infants: the Preterm Postnatal Follow-up Study of the INTERGROWTH-21st Project. Lancet Glob Health 2015; 3(11):e681-91.
27. World Health Organization (WHO). Thermal protection of the newborn: a practical guide. Geneve: WHO,; 1997. Disponível em: www.who.int/reproductivehealth/publications/maternal_perinatal_health/MSM_97_2/en/. Acessado em: 25/3/2017.
28. World Health Organization (WHO). WHO definition of palliative care. Disponível em: www.who.int/cancer/palliative/definition/en/. Acessado em: 13/3/2017.

PARTE 3
Urgências

16 Abdome agudo

17 Coma

18 Abordagem do traumatismo cranioencefálico

19 Politraumatismo

20 Queimaduras

21 Afogamento

22 Choque elétrico

23 Intoxicações agudas

24 Crise hipertensiva

25 Parada cardiorrespiratória

26 Síncope

27 Corpo estranho em aparelho respiratório e digestivo

28 Síndrome da morte súbita do lactente

29 Maus-tratos infantis – abuso físico

30 Sequência rápida de entubação

31 Síndrome escrotal aguda

32 Acidentes ofídicos

33 Hérnia inguinal
34 Contracepção de emergência na adolescência

16
Abdome agudo

 O que é

Abdome agudo é o termo utilizado para episódio de dor abdominal grave, de manifestações locais e sistêmicas variáveis e que perdura por várias horas ou mais. É necessária urgência na terapêutica a ser adotada, clínica ou cirúrgica. A diversidade de patologias que podem originar abdome agudo geralmente apresenta sinais e sintomas passíveis de ser enquadrados em 1 dos 5 seguintes tipos: inflamatório, perfurante, obstrutivo, hemorrágico e vascular (Tabela 1).

TABELA 1 CAUSAS DE ABDOME AGUDO

1. Inflamatório: apendicite aguda, colecistite aguda, pancreatite aguda, diverticulite do cólon, doença inflamatória pélvica, abscessos intracavitários, peritonites primárias e secundárias, febre do Mediterrâneo
2. Perfurante: úlcera péptica, câncer gastrintestinal, febre tifoide, amebíase, divertículos de cólons, perfuração do apêndice, perfuração da vesícula biliar
3. Obstrutivo: obstrução pilórica, hérnia estrangulada, bridas, áscaris, corpos estranhos, cálculo biliar, volvo, intussuscepção

(continua)

TABELA 1   CAUSAS DE ABDOME AGUDO *(continuação)*

4. Hemorrágico: gravidez ectópica, rotura de aneurisma abdominal, cisto hemorrágico de ovário, rotura de baço, endometriose, necrose tumoral

5. Vascular: trombose de artéria mesentérica, torção do grande omento, torção do pedículo de cisto ovariano, infarto esplênico

Fonte: Lopes *et al.*, 2004.[1]

Como suspeitar

1. Deve-se conhecer as peculiaridades fisiológicas e as patologias clínicas de cada faixa etária, evitando-se laparotomias exploratórias desnecessárias em crianças.
2. Sintomas inespecíficos:
   - dor periumbilical gradual: indica irritação peritoneal visceral com apendicite ou outros processos inflamatórios;
   - dor grave explosiva: pode indicar perfuração de víscera oca com contaminação do peritônio parietal;
   - dor grave progressiva: piora do quadro intra-abdominal com possibilidade de necrose isquêmica do intestino ou outros órgãos;
   - dor localizada que se tornou difusa: sugere a perfuração do órgão inflamado. Apendicite com dor em fossa ilíaca direita tornando-se localizada em vigência de perfuração;
   - dor em cólica: indica obstrução intestinal (pode ter um componente crescente chegando à alta intensidade com período sem dor). A cólica constante e intensa sugere o componente intestinal isquêmico ou necrosado;
   - anorexia, náuseas e vômitos: são sintomas comuns que sempre acompanham doença abdominal aguda. Podem estar presentes nas doenças clínicas e cirúrgicas;
   - alterações de hábitos intestinais: podem ocorrer como pródromo da doença, como parada de eliminação de gases e fezes em quadros de obstrução intestinal.
3. Exame físico completo: observar os sinais vitais, como febre ou hipotermia, taquipneia e alterações do ritmo cardíaco.
4. Exame abdominal:
   - abdome distendido com peristalse visível sugere obstrução de delgado;

- abdome escavado: herniação do abdome através do diafragma em situações como traumatismo de parede abdominal;
- dor à descompressão é indicativa de irritação peritoneal aguda;
- palpação: realiza-se para a pesquisa de tumorações e sugere diagnóstico específico;
- hipocôndrio direito: colecistite aguda ou abscesso intra-hepático ou sub-hepático;
- fossa ilíaca esquerda: diverticulite aguda;
- fossa ilíaca direita: apendicite aguda ou abscesso apendicular;
- hipocôndrio esquerdo: neoplasias ou processo inflamatório relacionado ao baço;
- região mesogástrica: abscesso pancreático;
- percussão: confirma regiões de irritabilidade e presença de dor à descompressão;
- ausculta: permite avaliar os ruídos hidroaéreos. Abdome silencioso sugere isquemia ou gangrena, obstrução mecânica prolongada e íleo paralítico;
- toque retal: pode auxiliar na localização da dor, bem como detectar presença de sangramentos;
- exame ginecológico: realizar em mulheres e meninas com dor abdominal. A dor cervical ou retrouterina sugere doença inflamatória pélvica. Avaliar corrimentos à procura de gonococos;
- exame da genitália: para verificar possibilidade de torção de testículo (emergência urológica).

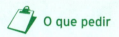

O que pedir

NA ROTINA

1. Hemograma: revela anemia ou hemoconcentração secundária à desidratação, processo infeccioso ou necessidade de transfusão.
2. Gasometria arterial: útil na identificação de acidose metabólica grave sugerindo sepse ou tecido necrótico.
3. Eletrólitos.
4. Glicemia.
5. Coagulograma.
6. Urina tipo I e urocultura: avaliam possibilidade de infecção urinária ou litíase renal.

7. Amilase sérica: dosada em pacientes com dor abdominal aguda; se elevada, geralmente indica pancreatite aguda.

Outros exames que podem ser solicitados:

1. Ureia/creatinina.
2. Função hepática.
3. Radiografia: realizar radiografia de tórax ortostática e simples de abdome com o paciente em posição posteroanterior (PA) e deitado; deve ser feita em todos os casos de dor abdominal aguda. A pneumonia pode simular doenças associadas à dor abdominal aguda. A radiografia de tórax possibilita:
   - mostrar ar livre intraperitoneal abaixo do diafragma;
   - visualizar alterações em estruturas ósseas, como nos traumatismos;
   - visualizar padrão dos gases intestinais, como íleo paralítico ou alça sentinela;
   - visualizar a obstrução mecânica do intestino (alças distendidas com imagem hidroaérea no intestino proximal e intestino descomprimido distalmente);
   - visualizar ar livre fora da cavidade abdominal, o que indica perfuração de víscera oca;
   - enxergar calcificações anormais, como a presença de fecalito no apêndice ou cálculos vesiculares;
   - ver a sombra do psoas que pode passar despercebida em infecções ou abscesso.

NOS CASOS ESPECIAIS

1. Exames contrastados, como o trânsito de intestino delgado, são úteis para identificar ponto de obstrução no delgado quando a radiografia e o exame físico não puderem evidenciar obstrução.
2. Lavagem peritoneal: útil para detectar hemoperitônio.
3. Ultrassonografia (US) abdominal: útil para afastar ou confirmar casos de abdome agudo inflamatório. A distensão abdominal por gases dificulta o exame.
4. Tomografia computadorizada (TC) abdominal: alta eficácia diagnóstica, revelando detalhes anatômicos e patológicos não diagnosticados por outros métodos.
5. Ressonância magnética (RM): indicada quando há intolerância ao contraste para realização de TC ou insuficiência renal.

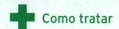
Como tratar

1. Não administrar analgésicos, principalmente narcóticos, até o estabelecimento do diagnóstico ou até que se indique a cirurgia.
2. Não se deve administrar antibióticos até que haja sua indicação. A exceção se faz em quadros sépticos em que antibióticos de largo espectro precisam fazer parte da terapêutica.
3. Deve-se passar sonda nasogástrica antes da indução anestésica, esvaziando o conteúdo gástrico e diminuindo o risco de pneumonia por aspiração.
4. A laparotomia exploradora está indicada na suspeita de rotura de órgãos ou em outras condições em que o retardo de uma intervenção pode representar grave risco à vida do paciente.

DOENÇAS ESPECÍFICAS

Apendicite aguda

1. Principal causa determinante de cirurgia abdominal na infância.
2. Ocorrência comum acima de 2 anos de idade.
3. Sequência de sintomas: dor abdominal difusa e mal localizada, náuseas, vômitos, febre e posterior localização da dor em fossa ilíaca direita no ponto de McBurney e descompressão brusca dolorosa.
4. Ter em mente os diagnósticos diferenciais, como gastrenterite, verminoses, infecção urinária, psoíte, pneumonia lobar direita, adenite mesentérica e ruptura de folículo ovariano.
5. Podem ocorrer achados radiológicos com aparecimento de níveis hidroaéreos e íleo no quadrante inferior direito, apagamento da margem direita do músculo psoas e a presença de fecalito.
6. US é útil em diagnóstico diferencial das afecções ginecológicas.
7. Assim que for estabelecido o diagnóstico, iniciar antibioticoterapia.
8. Metronidazol (7 mg/kg/dose, a cada 8 h) e amicacina (5 mg/kg/dose, a cada 8 h).
9. Se houver peritonite, associa-se ampicilina (200 mg/kg/dia, a cada 6 h).
10. Se o apêndice estiver íntegro e a cavidade sem pus, pode-se suspender a antibioticoterapia após a primeira dose.
11. Coletar material no ato cirúrgico para cultura e antibiograma.

12. Se houver evolução desfavorável da peritonite, pode-se trocar o metronidazol pela clindamicina.

Invaginação intestinal

1. É a penetração de alça intestinal dentro de si mesma.
2. Inicia-se usualmente no íleo terminal, penetrando em si mesmo e, a seguir, no ceco, no cólon direito e no transverso.
3. Ocorre entre o 1º semestre e o final do 1º ano de vida.
4. Dor de forte intensidade, frequência e progressão frequentes.
5. Eliminação de secreção mucossanguinolenta pelo ânus.
6. Sinal de Dance: em 85% dos casos, palpa-se massa no quadrante superior direto, com a fossa ilíaca direita vazia.
7. Radiografia simples de abdome demonstra obstrução de intestino delgado.
8. Na US, é possível visualizar imagem em "casca de cebola" ou "duplo rim".
9. Enema baritado pode demonstrar presença de alça no interior do colo.
10. Se não ocorrerem sinais de peritonite, o tratamento se faz pela introdução de SF morno ou ar pelos ânus, acompanhando-se a redução pela US. Sedar a criança para o procedimento.
11. Caso não seja possível a redução hidrostática, deve-se proceder ao tratamento cirúrgico para a invaginação intestinal.
12. Antes da laparotomia, preconiza-se o uso de metronidazol e amicacina.
13. Atentar para a possibilidade de recidiva.

Colecistite aguda

1. Prevalência em adolescentes.
2. Náuseas, vômitos e dor no hipocôndrio direito com possível irradiação para o ombro do mesmo lado.
3. Pode ocorrer o sinal de Murphy com irritação peritoneal no ponto vesicular à inspiração.
4. Pode haver plastrão palpável no quadrante superior direito.
5. O diagnóstico é clínico, confirmado na US, e o tratamento, cirúrgico.

Pancreatite aguda

1. Vômitos persistentes.
2. Dor em faixa no abdome superior também irradiada para o dorso.
3. Pode haver icterícia.
4. Possibilidade de palpar plastrão no epigástrio.
5. Padrão-ouro para o diagnóstico: realizar amilasemia, que está muito acima do normal.
6. US pode não definir a situação anatômica, tornando necessária a TC.
7. O tratamento é clínico, realizando descompressão gástrica por sonda, analgésicos e nutrição total EV.

Hérnia inguinal encarcerada

1. Incidência: 1 a 5% das crianças e 10% em prematuros.
2. 30% dos encarceramentos ocorrem nos primeiros 3 meses de vida, e a possibilidade de ocorrer redução é inversamente proporcional à idade da criança.
3. Em quase todos os casos, é indireta, pelo anel inguinal profundo e pela lateralidade dos vasos epigástricos.
4. Em geral, decorre da persistência do conduto peritônio-vaginal.
5. Órgão que mais encarcera: intestino delgado.
6. Quadro clínico: choro contínuo, náuseas e vômitos alimentares, que passam a apresentar, progressivamente, aspecto bilioso e conteúdo intestinal.
7. Ao exame físico: massa endurecida dolorosa palpável em região inguinal ou inguinoescrotal.
8. É possível visualizar o peristaltismo nos casos de demora diagnóstica.
9. Frequentemente, as hérnias são irredutíveis se houver edema e dor, e o tratamento é essencialmente cirúrgico.
10. Em casos específicos, pode-se tentar redução manual do saco herniário.

Complicações cirúrgicas da ascaridíase

1. Quadro decorrente da conglomeração do parasita formando "bolos" que causam quadro de obstrução intestinal.
2. Os *Ascaris* tendem a penetrar em todos os orifícios naturais do tubo digestivo.
3. A suspeita diagnóstica deve existir em pacientes com mais de 2 anos de idade ou portadores de infestação maciça por *Ascaris*.

4. Confirmação radiológica por estudo radiológico (imagem de grande nível hidroaéreo em radiografia de abdome) e por US.
5. Após confirmação, inicia-se o tratamento clínico com introdução de sonda nasogástrica.
6. Piperazina: ataque de 150 mg/kg e manutenção de 65 mg/kg, de 8 a 12 h (dose máxima 3 g), pela sonda. Administrar 40 a 60 mL de óleo mineral em seguida.
7. A definição do tratamento cirúrgico do paciente depende da evolução clínica.

Abdome agudo secundário à ingestão de corpos estranhos

1. Complicações são raras em crianças.
2. Nenhuma dieta ou medicamento parece favorecer a eliminação.
3. Complicações geralmente ocorrem no nível do ângulo duodenojejunal ou ileoterminal.
4. Atualmente, recomenda-se sua retirada via endoscópica, dadas as complicações.

17
Coma

 O que é

Alteração do estado de consciência em que, mesmo sob estímulo sensorial vigoroso, o paciente perde o reconhecimento de si mesmo e do ambiente e não consegue ser acordado nem apresentar abertura ocular espontânea. Consciência é a soma de atividades e interações do sistema reticular ascendente, situado no tronco cerebral e no córtex cerebral, responsável pelo conteúdo da consciência e pelo estado de alerta. Para o estado de consciência normal, é necessário que esses sistemas estejam intactos anatômica e funcionalmente.

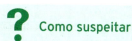 **Como suspeitar**

1. História de ingestão de medicamentos, venenos ou drogas.
2. Pesquisar sempre causas de hipóxia, asfixia ou hipotensão.
3. Verificar possibilidade de trauma antes do quadro atual e procurar sinais de hipertensão intracraniana.

4. Inquirir sobre doenças associadas, como diabetes melito, epilepsia, insuficiência hepática e renal, além de causas infecciosas, como meningite, encefalite ou abscesso.
5. Verificar se a instalação foi súbita, como ocorre no trauma, na hipertensão intracraniana ou na hemorragia, ou se foi crônica, como em neoplasias, hepatopatia e uremia.
6. Realizar exame físico completo que ajude a diagnosticar e localizar a lesão neurológica (Tabela 2). Deve-se avaliar a motricidade, a respiração (Tabela 3), as pupilas e a motilidade ocular (Tabela 4).
7. Avaliar a motricidade:
    - observar movimentação espontânea, reflexos, tônus muscular e movimentos após estímulos físicos;
    - decorticação: flexão e adução dos membros superiores e extensão dos membros inferiores – lesões supratentoriais;
    - descerebração: extensão e rotação interna dos membros superiores e extensão dos membros inferiores (alteração metabólica, comprometimento mesencefálico, lesão encefálica anterior extensa e bilateral);
    - ausência de resposta a estímulos dolorosos e flacidez muscular: lesão do tronco cerebral inferior e sistema nervoso periférico.

Na faixa etária pediátrica, são mais frequentes as causas metabólicas. A Tabela 1 apresenta as principais etiologias do coma.

TABELA 1 ETIOLOGIA DO COMA

Distúrbios metabólicos e endócrinos	Distúrbios circulatórios
Hidreletrolítico e acidobásico: • desidratação hipertônica • acidose ou alcalose • hipo e hipernatremia • hipo e hipermagnesemia • hipofosfatemia	Infarto do tronco cerebral
	Encefalopatia hipertensiva
	Isquemia difusa (síncope)
	Choque
	Vasculite (lúpus eritematoso sistêmico)
	Lesão ocupando espaço ou lesão por massa intracraniana
Hiperamonemia	Neoplasia
Hipo e hipertermia	Abscesso

(continua)

TABELA 1   ETIOLOGIA DO COMA (continuação)

Distúrbios metabólicos e endócrinos	Distúrbios circulatórios
Hipo e hiperglicemia	Hidrocefalia
Hipóxia	Infarto cerebral e/ou de tronco cerebral
Uremia	Empiema subdural
Encefalopatia hepática	Metástase
Hipo e hipertireoidismo	Trombose de artéria basilar
Narcose	Distúrbios cerebrais primários difusos
Intoxicação exógena: • salicilatos • solventes orgânicos • cianetos • psicotrópicos • álcool • sedativos	Meningite
	Concussão cerebral pós-ictal
	Encefalite
	Hemorragia subaracnóidea
	Estado epiléptico subclínico

TABELA 2   AVALIAÇÃO DO COMA: SINAIS NEUROLÓGICOS

Exame neurológico	Lesão primária de SNC	Coma metabólico
Sinais focais	Presentes	Ausentes
Tônus muscular	Aumentado	Diminuído
Reflexo	Hiper-reflexia	Hiporreflexia
Reflexos patológicos	Presentes	Ausentes

TABELA 3   AVALIAÇÃO DO COMA: SINAIS RESPIRATÓRIOS

Avaliação	Sinais
Respiração de Cheyne-Stokes	Coma bi-hemisférico
	Lesão do mesencéfalo superior
	Insuficiência cardíaca congestiva

(continua)

TABELA 3 AVALIAÇÃO DO COMA: SINAIS RESPIRATÓRIOS (continuação)

Avaliação	Sinais
Hiperventilação neurogênica central	Lesão da ponte média
	Acidose sistêmica grave
	Meningite
	Obstrução das vias aéreas superiores
Respiração atáxica (frequência irregular, variação caótica da profundidade e duração da inspiração)	Distúrbio da função do centro respiratório na parte superior da ponte e da medula (prognóstico grave)

TABELA 4 AVALIAÇÃO DO COMA: SINAIS OCULARES

Avaliação		Sinais
Estrabismo		Lesão periférica dos nervos oculomotores
Desvio ocular (combinado para baixo)		Lesões bilaterais hemisféricas profundas ou mesencefálicas
Desvio oblíquo (um olho para cima e o outro para baixo)		Lesão no tronco cerebral
Ocular bobbing (movimentos oculares rápidos para cima e para baixo)		Lesão pontina
Pupilas isocóricas não reagentes		
Grandes	Herniação uncal	Anóxia grave, intoxicação, atropina, anti-histamínico, antidepressivo tricíclico, vegetais beladonados
Médias	Hemorragia em hemisfério cerebral, lesão mesencefálica	Intoxicação por glutetimida
Pequenas	Hemorragia pontina, herniação na linha média	Intoxicação: opiáceo carbamato organofosforado
Pupilas anisocóricas: difícil decidir qual é a patológica – atentar para outros sinais		
Grandes	Herniação do úncus, lesão do III par craniano	Deve estar sempre associado à hemiparesia e à alteração da consciência
Pequenas	Síndrome de Horner	Associado a coma, sugere hemorragia talâmica

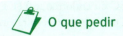
O que pedir

NA ROTINA

Os exames subsidiários devem ser solicitados de acordo com a história, o exame físico geral e o neurológico:

1. Hemograma.
2. Gasometria arterial.
3. Eletrólitos.
4. Glicemia.
5. TGO, TGP (AST, ALT) e gamaglutamiltransferase (gama-GT).
6. Coagulograma.
7. Ureia/creatinina.
8. Pesquisa de conteúdo gástrico para a pesquisa de tóxicos.
9. Urina microscópica e química: albumina, cetona, glicose, eletrólitos, tóxicos e produtos medicamentosos.

NOS CASOS ESPECIAIS

- Sorologias e culturas;
- exame toxicológico, se necessário;
- fundoscopia;
- eletroencefalografia (EEG);
- líquido cefalorraquidiano (LCR) e cultura;
- tomografia computadorizada (TC) e ressonância magnética (RM) de crânio.

Como tratar

1. Garantir a permeabilidade das vias aéreas, ventilação e respiração adequadas. Realizar estabilização da coluna cervical se houver suspeita de trauma. Se Glasgow ≤ 10, considerar entubação orotraqueal.
2. Realizar a passagem de sonda nasogástrica e aspirar com frequência as vias aéreas superiores.

3. Utilizar naloxona 0,1 mg/kg, EV, IM, SC ou endotraqueal (ET), máximo 2 mg/dose, se houver presença de depressão respiratória importante e miose.
4. Obter acesso venoso para a infusão de fluidos e medicação:
    - se houver hipoglicemia, realizar infusão de 0,5 a 1 g/kg de glicose equivalente a 2 a 4 mL/kg de SG 25%, 5 a 10 mL/kg de SG 10% ou 10 a 20 mL/kg de glicose a 5% em SF. Respeitar as concentrações de 12,5% em acesso periférico e 25% em acesso central;
    - se houver episódio convulsivo, utilizar medicação anticonvulsivante;
    - manter o balanço hídrico próximo a zero;
    - se houver foco infeccioso, introduzir antibioticoterapia.
5. Monitorar a pressão intracraniana. Se estiver acima de 25:
    - manter decúbito em 30° da horizontal;
    - realizar restrição hídrica;
    - administrar sedação para restringir a movimentação excessiva;
    - administrar diurético osmótico: manitol 0,25 g/kg até 1 g/kg, EV, em bolo;
    - se houver tumor cerebral ou traumatismo cranioencefálico (TCE), administrar dexametasona, 0,5 mg/kg na dose de ataque e 0,25 mg/kg/dose, EV.
6. Repetir a escala de coma de Glasgow a cada 12 h. Em pacientes com Glasgow:
    - entre 10 e 15, realizar avaliação neurológica repetida e sequencial;
    - menor ou igual a 10, realizar entubação orotraqueal;
    - menor que 9, monitorar a pressão intracraniana;
    - menor que 3, avaliar morte cerebral.
7. Após a estabilização do paciente, direcionar o tratamento para a etiologia de base.

18
Abordagem do traumatismo cranioencefálico

 O que é

O traumatismo cranioencefálico (TCE) é uma causa comum de admissão hospitalar, sendo associado a morbidades de longo prazo e à mortalidade, particularmente em crianças e adolescentes. No Brasil, é responsável por cerca de 80% das mortes decorrentes de trauma, sendo a maioria das vítimas crianças menores de 10 anos de idade.

 Como suspeitar

É primordial o conhecimento do mecanismo e da gravidade do trauma. A classificação do TCE é feita com a pontuação na escala de coma de Glasgow conforme segue:

- leve: 13 a 15;
- moderado: 9 a 12;
- grave: ≤ 8.

A Tabela 1 apresenta a adaptação da escala de coma de Glasgow para maiores e menores de 5 anos de idade.

TABELA 1 ESCALA DE COMA DE GLASGOW PARA MAIORES E MENORES DE 5 ANOS DE IDADE

Medida	≥ 5 anos	≤ 5 anos	Escore
Abertura dos olhos	Espontânea	Espontânea	4
	A comando verbal	A comando verbal	3
	À dor	À dor	2
	Nenhuma resposta	Nenhuma resposta	1
Resposta verbal	Orientada	Balbucia	5
	Desorientada	Choro irritado	4
	Palavras inapropriadas	Choro à dor	3
	Sons incompreensíveis	Gemidos	2
	Nenhuma resposta	Nenhuma resposta	1
Melhor resposta motora	Obedece aos comandos	Espontânea	6
	Localiza a dor	Retirada ao toque	5
	Retirada à dor	Retirada à dor	4
	Flexão à dor (decorticação)	Flexão à dor (decorticação)	3
	Extensão à dor (descerebração)	Extensão à dor (descerebração)	2
	Nenhuma resposta	Nenhuma resposta	1

TOTAL (15 pontos = normalidade).

Exame físico neurológico:

- realizar inspeção craniana detalhada;
- testar o reflexo cutâneo-plantar;
- verificar a sensibilidade dos principais dermátomos;
- examinar as pupilas e os nervos cranianos;
- executar o exame motor.

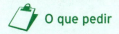 **O que pedir**

1. Radiografia de crânio: não identifica lesão intracraniana. Na sua interpretação, as suturas abertas e os sulcos vasculares podem ser confundidos com fraturas. Não é recomendada sua realização rotineira.
2. Tomografia computadorizada (TC) de crânio: método de escolha para o diagnóstico. É preconizada para identificação rápida de distintas lesões decorrentes do TCE.
3. Eletroencefalografia (EEG): monitoração de possíveis crises epilépticas.

 **Como tratar**

AVALIAÇÃO INICIAL

É necessário verificar as vias aéreas, seguidas da respiração e da circulação, com o objetivo de manter a perfusão cerebral. Em seguida, realizar o exame neurológico cuidadoso seguindo as condutas do *Pediatric Advanced Life Support* (PALS).[2] A escala de coma de Glasgow permite a classificação dos pacientes e, assim, a definição da conduta adequada.

TCE leve (ECG de 13 a 15)

Pacientes menores que 2 anos

As lesões intracranianas podem ser assintomáticas nesta faixa etária. A indicação da TC de crânio fundamenta-se na anamnese e no exame físico e na identificação do quadro clínico de maior risco para lesão intracraniana, minimizando a irradiação desnecessária a vítimas de TCE leve.

Para a abordagem deste público, Schutzam *et al.* preconizaram uma diretriz, conforme mostra a Tabela 2.

TABELA 2 MANEJO DO TCE LEVE EM MENORES DE 2 ANOS

Alto risco de lesão intracraniana: indica-se TC

Rebaixamento do nível de consciência

Sinais neurológicos focais

Sinais de fratura de base do crânio ou afundamento do crânio

Irritabilidade

Abaulamento de fontanela

Convulsão

≥ 5 vômitos por hora

Perda de consciência por mais de 1 min

Risco intermediário: recomenda-se TC ou observação

≥ 3 episódios de vômitos

Perda transitória de consciência (1 min ou menos)

História de letargia ou irritabilidade já resolvida

Alterações de comportamento relatado pelo cuidador

Fratura de crânio com mais de 24 h de evolução

Risco intermediário com mecanismo de trauma preocupante ou desconhecido ou exame clínico indicativo de fratura de crânio: indica-se exame de imagem (TC, radiografia como triagem ou ambos) ou observação

Mecanismo de alta energia como colisão automobilística de alta velocidade ou queda acima de 1 m

Queda em superfícies rígidas

Hematomas de couro cabeludo

Trauma não presenciado

História de trauma ausente ou vaga e presença de sintomas de TCE (suspeita de agressão ou negligência)

Risco baixo de lesão intracraniana

Mecanismo de baixa energia (queda de menos de 1 m)

Ausência de sinais ou sintomas em mais de 2 h após o trauma

Idade de 12 meses ou mais

Pacientes maiores que 2 anos

A TC de crânio não é recomendada em pacientes de baixo risco, quais sejam:

- escala de coma de Glasgow de 15 pontos;
- assintomáticos;
- cefaleia leve;
- vertigem;
- hematoma subgaleal;
- laceração.

TCE moderado (escala de coma de Glasgow entre 9 e 12)

- indicação de TC e internação;
- realizar observação neurológica rigorosa nas 48 h pós-trauma.

TCE grave (escala de coma de Glasgow < 9)

Nas crianças com TCE grave, realizar atendimento inicial, segundo orientação do PALS, além de internação e realização prioritária de TC de crânio para todos os casos.

Seguir o protocolo ABCDE:

1. Suporte ventilatório adequado com estabilização da coluna cervical e manutenção das vias aéreas pérvias.
2. Assegurar oferta de oxigênio adequada para saturação acima de 94%.
3. Entubação orotraqueal é indicada para pacientes com Glasgow < 8 utilizando a sequência rápida de entubação.
4. Controle hemodinâmico com cateter para aferição invasiva da pressão arterial. Expansão volêmica caso necessário: cristaloide 20 mL/kg. Nas perdas sanguíneas, infundir 20 mL/kg de concentrado de hemácias.
5. Avaliação neurológica e realização da TC de crânio.
6. Exposição: consideração de possíveis traumatismos que possam comprometer a perfusão cerebral.

Controle da pressão intracraniana no TCE grave

A Academia Americana de Pediatria recomenda a monitoração da pressão intracraniana (Tabela 3), pois a hipertensão intracraniana (HIC) associa-se a prognóstico ruim em pacientes vítimas de TCE.

TABELA 3 ALVOS TERAPÊUTICOS DA PRESSÃO INTRACRANIANA

0 a 24 meses	15 mmHg
25 a 96 meses	18 mmHg
≥ 96 meses	20 mmHg

São recursos utilizados para a terapêutica da HIC refratária:

1. Solução salina hipertônica a 3%: bolo de 6,5 a 10 mL/kg na emergência. Infusão contínua de 0,1 a 1 mL/kg/h. O objetivo é manter a pressão de perfusão < 20 mmHg e a osmolaridade sanguínea até 360 mOsm/L.
2. Manitol: 0,25 a 2 g/kg. Início de ação de 15 a 30 min e duração de 6 horas.
3. Hiperventilação para prevenir lesão cerebral secundária: pCO_2 < 30 mmHg.
4. Hipotermia moderada (32 a 33°C): indicada nas primeiras 8 h com manutenção por 48 h.
5. Corticosteroides: a sua utilização não é respaldada pela literatura nos casos de TCE.
6. Sedação, analgesia e bloqueio neuromuscular:
   - sedativo: midazolam 0,1 a 0,3 mg/kg/h;
   - analgésico: fentanil 1 a 3 mcg/kg/h;
   - bloqueio neuromuscular: vecurônio 0,06 a 0,08 mg/kg (dose de ataque) e 0,02 a 0,03 mg/kg/h (dose de manutenção). Acompanhar os pacientes bloqueados com EEG pelo risco de crise epiléptica sem manifestação motora. A utilização de propofol é associada ao aumento de mortalidade no TCE grave.
7. Drenagem de LCR: indicada na HIC refratária em pacientes sem lesões com efeito de massa.

EPILEPSIA PÓS-TRAUMÁTICA

A utilização profilática de fenitoína nos primeiros 7 dias é recomendada no TCE grave para prevenção da epilepsia pós-traumática.

19
Politraumatismo

 O que é

O traumatismo acontece quando uma força energética externa atinge o corpo, causando alterações estruturais e fisiológicas e lesões diversas. Politraumatizado refere-se ao paciente com múltiplos traumas. As causas externas (acidentes e violências) representam, no Brasil, a principal causa de morte de crianças e adolescentes na faixa etária de 5 a 19 anos de idade. Na infância, os tipos de traumas com possibilidade de prevenção são os por acidentes de automóveis, bicicletas, afogamento por submersão, queimaduras e armas de fogo. O trauma por acidente automobilístico é responsável por metade das lesões traumáticas e mortes pediátricas e, na adolescência, atualmente ganham importância as causas de morte violenta, como homicídios e suicídios, sobrepondo-se às demais.

 **Como suspeitar**

1. História compatível com:
   - queda de altura;
   - traumatismo cranioencefálico (TCE);

- sufocamento;
- afogamento;
- acidente automobilístico;
- queimadura.
2. Identificar o mecanismo de lesão, como as de aceleração-desaceleração ou por projéteis, e graduar a gravidade do traumatismo.
3. Pesquisar causas possíveis de deterioração cardiopulmonar (4H4T4C):
    - hipóxia;
    - hipovolemia;
    - hipotermia;
    - hiperpotassemia e outros distúrbios metabólicos;
    - tamponamento cardíaco;
    - tensão no tórax (pneumotórax hipertensivo);
    - toxinas (medicamentos e uso de drogas em adolescentes);
    - tromboembolismo;
    - lesão neurológica central;
    - lesão cardiovascular;
    - laceração da parede da caixa torácica;
    - comorbidades associadas: convulsões ou choque elétrico que levaram à queda.
4. Identificar possíveis lesões torácicas potencialmente fatais e prover tratamento inicial:
    - pneumotórax hipertensivo;
    - hemotórax;
    - tórax instável;
    - tamponamento pericárdico;
    - pneumotórax aberto;
    - ABC, descompressão do espaço pleural e colocação de tubo torácico;
    - ABC, descompressão do espaço pleural, introdução de tubo torácico e bolos de líquidos;
    - ABC, ventilação com pressão positiva;
    - ABC, drenagem do pericárdio e bolos de fluidos;
    - ABC, curativo oclusivo, descompressão do espaço pleural e colocação de tubo torácico.
5. Avaliar sinais externos que sugerem lesão intra-abdominal e risco de hemorragia interna:
    - contusão abdominal;
    - abrasão abdominal;
    - marcas rodeando a cintura;
    - distensão abdominal.

6. Realizar abordagem primária: avaliação cardiopulmonar inicial e estabilização do paciente segundo protocolo ABCDE.
7. Abordagem secundária: anamnese específica do trauma, detalhado exame craniocaudal e plano prioritário de cuidados definitivos. Usar regra mnemônica AMPLE para realizar a história objetiva, que deve ser obtida antes da sedação:
   - alergia;
   - medicamentos: última dose administrada, os de longo e de curto prazo;
   - passado médico: cirurgias, internações e imunização para o tétano;
   - líquido: tempo e natureza da última refeição. Se lactente, quando mamou;
   - eventos que conduziram ao trauma atual, mecanismo de trauma, tempo estimado de chegada, modo de transporte.

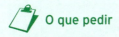
O que pedir

Exames subsidiários comumente solicitados no trauma craniano, torácico, abdominal e fraturas:

NA ROTINA

1. Radiografia de crânio e de coluna cervical.
2. Radiografia de tórax (posteroanterior, perfil e Laurel com raios horizontais).
3. Radiografia de abdome.
4. Radiografia de quadril.
5. Radiografia de ossos longos.
6. Gasometria arterial.
7. Hemograma (HMG), tipagem, amilase, AST, ALT, creatinaquinase (CK), creatinaquinase MB (CK-MB).
8. Tipagem sanguínea.
9. Urina tipo I: avaliação de sedimento.

NOS CASOS ESPECIAIS

1. Tomografia computadorizada (TC) de crânio.

2. Ressonância magnética (RM) de crânio: estudo detalhado de lesões traumáticas não demonstrados pela TC, como pequenas hemorragias intraparenquimatosas.
3. Lavagem peritoneal diagnóstica.
4. Ultrassonografia (US) abdominal.
5. TC abdominal.
6. Eletrocardiografia e ecocardiografia.

O atendimento inicial da criança politraumatizada obedece à sequência ABCDE, segundo rotina do curso Suporte Avançado de Vida em Pediatria, da American Heart Association:

A (*airways*): vias aéreas;
B (*breathing*): respiração;
C (*circulation*): circulação;
D (*disability*): avaliação neurológica;
E (*exposure*): exposição.

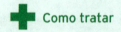

Como tratar

1. Estabelecer via aérea, enquanto a coluna cervical é colocada em posição neutra. Evitar tração e movimentos do pescoço.
2. Utilizar colar semirrígido para estabilização da coluna cervical.
3. Retirar corpos estranhos e secreções por meio de aspiração feita com aparelhos rígidos e calibrosos. Utilizar prancha longa pediátrica com imobilizadores de cabeça comerciais, blocos de espuma ou rolos nas laterais da cabeça. Imobilizar o tronco superior com fitas cruzadas pelo ombro.
4. Ventilação com Ambu e oxigênio a 100%, antes da entubação orotraqueal.
5. Realizar entubação orotraqueal se houver parada respiratória, insuficiência respiratória, obstrução de vias aéreas ou escore de Glasgow menor que 8. Utilizar a sequência rápida de entubação (Capítulo 30).
6. Caso não seja possível entubar, ventilar com bolsa e máscara.
7. Realizar cricotireoidectomia no trauma orofacial grave e/ou lesão instável de coluna cervical.

8. Realizar hiperventilação para manter a PaCO$_2$ entre 22 e 29 mmHg para corrigir eventual acidose respiratória e acidose metabólica. A frequência respiratória (FR) deve ser em torno de 2 vezes para a idade.
9. Colocar uma sonda nasotraqueal após controle de via aérea. Se houver trauma facial grave, utilizar sonda orogástrica para prevenir a migração da sonda.
10. Realizar rápida e repetida avaliação da circulação e perfusão com controle da hemorragia externa por meio de pressão direta. Se houver fratura pélvica ou de ossos longos, utilizar talas adequadas em posição anatômica. Se houver sinais de choque (taquicardia, perfusão lentificada), prover 20 mL/kg de solução cristaloide ou Ringer lactato.
11. Obter acesso com dois cateteres curtos de grande calibre na fossa antecubital ou nas veias safenas do tornozelo. Se não for possível, estabelecer a via intraóssea.
12. Caso persistam perfusão lentificada e alteração de nível de consciência, realizar novamente 20 mL/kg. Não ocorrendo melhora com 40 a 60 mL/kg de cristaloides, transfundir 10 a 15 mL/kg de papa de hemácias. Avaliar a reposição urinária pelo débito urinário e a reposição de volume.
13. Realizar a inserção de cateter venoso central e urinário.
14. Se houver hipotensão refratária, avaliar possibilidade de disfunção do sistema nervoso simpático (SNS) secundária a trauma da medula espinal ou presença de hemorragia interna.
15. Avaliar disfunção e funções neurológicas críticas por meio da escala de Glasgow modificada para Pediatria (Tabela 1). A avaliação seriada permite identificar melhora ou piora do estado neurológico.
16. A exposição inclui o exame físico da cabeça aos pés; utilizar a tesoura para cortar as roupas. Permite avaliar sinais externos de trauma à força, penetrante ou contundente.
17. Prover aquecimento com calor radiante e uso de fluidos esquentados para a reposição fluídica.
18. Após a avaliação secundária com o paciente hemodinamicamente estável, rever necessidade de avaliação de especialistas e transferência para unidade adequada.

A Tabela 2 resume a avaliação primária da criança politraumatizada.

TABELA 1 ESCALA DE COMA MODIFICADA PARA LACTENTES E CRIANÇAS

	Criança	Lactente	Escore
Abertura ocular	Espontânea	Espontânea	4
	A estímulo verbal	A estímulo verbal	3
	Apenas a estímulo doloroso	Apenas a estímulo doloroso	2
	Ausente	Ausente	1
Resposta verbal	Orientada, apropriada	Balbucia	5
	Confusa	Choro irritado	4
	Palavras impróprias	Choro à dor	3
	Palavras incompreensíveis ou sons inespecíficos	Gemidos à dor	2
	Ausente	Ausente	1
Resposta motora*	Obedece a comandos	Movimentos espontâneos e propositais	6
	Localiza estímulo doloroso	Retirada ao toque	5
	Retirada em resposta à dor	Retirada em resposta à dor	4
	Flexão em resposta à dor	Postura de decorticação (extensão normal) em resposta à dor	3
	Extensão em resposta à dor	Postura de descerebração (extensão normal) em resposta à dor	2
	Ausente	Ausente	1

* Se o paciente está entubado, inconsciente ou não fala, a parte mais importante da escala é a resposta motora. Esse item precisa ser cuidadosamente avaliado.

TABELA 2   AVALIAÇÃO PRIMÁRIA DA CRIANÇA POLITRAUMATIZADA

Via aérea pérvia

Estabilização cervical com manobra de elevação anterior da mandíbula

Retirada de corpo estranho e aspiração da orofaringe

Respiração (administrar O_2 a 100%)

Respiração espontânea e consciente

Máscara de O_2 a 100%

Inconsciência ou desconforto respiratório	Hiperventilação com O_2 a 100% (bolsa-valva-máscara)	
Não responsiva ou falência respiratória	Entubação orotraqueal	SNG aberta
Observar a expansibilidade ou ausculta assimétrica ou desvio de traqueia	Possível pneumotórax hipertensivo, hemotórax ou pneumotórax aberto	Tratar adequadamente (ver texto)

Avaliação dos sinais vitais

Monitoração cardíaca	Aquecimento
Oximetria de pulso	

Circulação (comprometimento circulatório grave)

Perfusão ruim	Compressão torácica (FC < 60)
Hipotensão	RCP
Dificuldade respiratória	Acesso venoso ou intraósseo (indicar tipagem, prova cruzada, HMG, amilase, TGO, TGP, CK, CK-MB)
	Controle de sangramento e reposição (tratar o choque)

Choque

Compensado (perfusão sistêmica inadequada e pressão arterial normal)	Ringer lactato ou SF 20 mL/kg, pode ser repetido até 2 vezes
Descompensado	Reposição imediata com solução cristaloide e transfusão de sangue
Persistência do choque (apesar de reposição de volume e controle de sangramento externo)	Provável sangramento interno que necessita de avaliação e provável exploração cirúrgica de urgência, cristaloide e transfusão de sangue

(continua)

TABELA 2 AVALIAÇÃO PRIMÁRIA DA CRIANÇA POLITRAUMATIZADA
(continuação)

Avaliação neurológica

Nível de consciência, resposta pupilar, escala de Glasgow	Responsividade verbal ou dolorosa

Avaliação secundária (ver Tabela 3)

SNG: sonda nasogástrica; RCP: ressuscitação cardiopulmonar.

TABELA 3 AVALIAÇÃO SECUNDÁRIA DO PACIENTE POLITRAUMATIZADO

História	História completa do paciente, do ambiente e de eventos relacionados ao trauma
Exame físico completo	Atenção especial ao exame geral para detectar a presença de contusões, lacerações, hematomas, perfurações, queimaduras etc.
Exame neurológico completo	Avaliação da escala de coma de Glasgow, fundo de olho, pares cranianos, sinais de hipertensão intracraniana, observação de otorreia e liquorreia (fratura da base de crânio) e lesão de coluna
Segmento cefálico	Hematoma periorbitário (fratura de órbita), fratura ou afundamentos, resposta pupilar, otoscopia, dentição etc.
Cardiorrespiratório	Expansibilidade torácica, ausculta pulmonar e cardíaca, posicionamento de traqueia, presença de enfisema subcutâneo ou distensão das veias cervicais, sugerindo pneumotórax ou pneumomediastino, tamponamento cardíaco. A avaliação dorsal deve ser feita mobilizando o paciente em bloco
Abdome	A maioria dos traumas abdominais na criança é fechada. As lesões penetrantes exigem participação imediata de um cirurgião
	As descompressões gástrica e vesical diminuem a tensão abdominal e facilitam a sua avaliação
	Abdome tenso, distendido, sinais de choque, além de aspiração gástrica com sangue ou bile, sugerem lesão intra-abdominal
Pelve e períneo	Verificar estabilidade da pelve e a presença de lesão vesical ou vaginal (sangue no meato uretral ou hematoma perineal)
Extremidades	Verificar instabilidades ósseas, fraturas, comprometimento vascular e neurovascular, luxações etc.
Exames laboratoriais	Análise dos exames já coletados ou outros conforme necessidade (gasometria, eletrocardiografia etc.)
Diagnóstico por imagem	Radiografia, ultrassonografia, tomografia computadorizada etc.

FIGURA 1 ABORDAGEM DA REPOSIÇÃO DE LÍQUIDOS EM CRIANÇAS COM LESÕES MÚLTIPLAS.

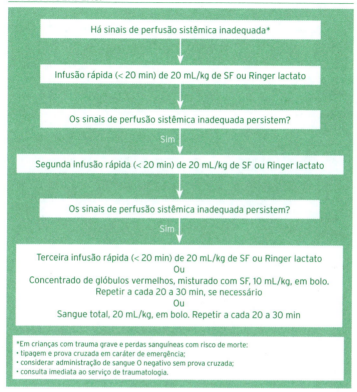

*Em crianças com trauma grave e perdas sanguíneas com risco de morte:
• tipagem e prova cruzada em caráter de emergência;
• considerar administração de sangue O negativo sem prova cruzada;
• consulta imediata ao serviço de traumatologia.

TABELA 4 RESPOSTA PARA A PERDA DE LÍQUIDOS E SANGUE EM PEDIATRIA

Estágio do choque	Classe I	Classe II Compensado	Classe III Descompensado
% de perda do volume sanguíneo	Até 15%	15 a 30%	30 a 45%
Nível de consciência	Levemente ansioso	Moderadamente ansioso, inquieto	Alterado, letárgico, com diminuição da resposta à dor
Tônus muscular	Normal	Normal	Normal ou diminuído

(continua)

TABELA 4 RESPOSTA PARA A PERDA DE LÍQUIDOS E SANGUE EM PEDIATRIA (continuação)

Estágio do choque	Classe I	Classe II Compensado	Classe III Descompensado
Frequência/esforço respiratório	Normal	Leve taquipneia	Moderada taquipneia
Coloração da pele	Rósea	Pálida, arroxeada	Pálida, arroxeada, leve cianose periférica
Turgor da pele	Normal	Diminuído, olhos encovados, fontanela diminuída no lactente	Muito diminuído, olhos encovados, fontanela muito deprimida no lactente
Temperatura da pele	Fria	Fria	Fria ou gelada
Tempo de preenchimento capilar	Normal	Lento (acima de 2 segundos)	Prolongado (acima de 4 segundos)
Frequência cardíaca	Geralmente normal se a perda de volume for gradual; elevada se a perda de volume for súbita	Taquicardia leve a moderada	Taquicardia significativa; possível arritmia
Pressão arterial	Normal	Nível mais baixo do que a normalidade	Diminuída
Pressão de pulso	Normal ou elevada	Convergente	Diminuída
Débito urinário	Normal; concentrado	Diminuído	Mínimo

20
Queimaduras

 O que são

Queimaduras são ferimentos nos tecidos produzidos pela ação de energia térmica (calor ou frio), energia elétrica, agentes físicos (atrito ou fricção) e agentes químicos. No Brasil, as queimaduras são a 4ª causa de morte acidental, antecedidas por acidentes automobilísticos, afogamento e quedas. São classificadas de acordo com a profundidade e a extensão. As de 1º grau envolvem a epiderme e o achado clínico característico é o eritema; não deixam cicatrizes. As de 2º grau abrangem a epiderme e a derme e formam-se bolhas, com cicatrização em torno de 2 a 3 semanas. As de 3º grau abrangem a espessura total da pele, encontrando-se aspecto pálido, vasos trombosados e insensibilidade. As lesões das queimaduras de 4º grau atingem a fáscia, o músculo ou o osso, caracterizando-se por perda tecidual extensa. É necessário realizar enxerto para a cicatrização.

Como suspeitar

1. A história e a inspeção são sugestivas.
2. Deve-se oferecer a mesma prioridade e tratamento do paciente politraumatizado.
3. Em crianças mais jovens, predominam queimaduras por escaldamento. Nas mais velhas, predominam queimaduras por chamas.
4. Suspeitar de casos de abuso infantil nas queimaduras por escaldamento em formato de "meias" e "luvas" ou em nádegas imersas em líquidos quentes.
5. Verificar as vias aéreas (Tabela 1).

TABELA 1   SUSPEITA DE LESÃO EM VIAS AÉREAS E POSSÍVEIS ACHADOS CLÍNICOS

Suspeita de lesão de vias aéreas	Sinais de lesão por inalação
Espaço fechado	Chamuscamento de sobrancelhas e pelos nasais
Fumaça densa	Fuligem na nasofaringe e orofaringe
Emanações (névoa, vapor quente)	Catarro carbonáceo
Risco químico e explosão	Estridor

Avaliar na Tabela 2, a seguir, a porcentagem de área das lesões.

TABELA 2   DIAGRAMA DAS PROPORÇÕES DA SUPERFÍCIE CORPÓREA EM PORCENTAGEM (%)

Área	Nasc. a 1 ano	2 a 4 anos	5 a 9 anos	10 a 14 anos	15 anos	Adulto
Cabeça	19	17	13	11	9	7
Pescoço	2	2	2	2	2	2
Tórax anterior	13	13	13	13	13	13
Tórax posterior	13	13	13	13	13	13
Nádega direita	2,5	2,5	2,5	2,5	2,5	2,5
Nádega esquerda	2,5	2,5	2,5	2,5	2,5	2,5

(continua)

TABELA 2 DIAGRAMA DAS PROPORÇÕES DA SUPERFÍCIE CORPÓREA EM PORCENTAGEM (%) *(continuação)*

Área	Nasc. a 1 ano	2 a 4 anos	5 a 9 anos	10 a 14 anos	15 anos	Adulto
Genitália	1	1	1	1	1	1
Braço direito	4	4	4	4	4	4
Braço esquerdo	4	4	4	4	4	4
Antebraço direito	3	3	3	3	3	3
Antebraço esquerdo	3	3	3	3	3	3
Mão direita	2,5	2,5	2,5	2,5	2,5	2,5
Mão esquerda	2,5	2,5	2,5	2,5	2,5	2,5
Coxa direita	5,5	6,5	8	8,5	9	9,5
Coxa esquerda	5,5	6,5	8	8,5	9	9,5
Perna direita	5	5	5,5	6	6,5	7
Perna esquerda	5	5	5,5	6	6,5	7
Pé direito	3,5	3,5	3,5	3,5	3,5	3,5
Pé esquerdo	3,5	3,5	3,5	3,5	3,5	3,5
TOTAL	100	100	100	100	100	100

O que pedir

NA ROTINA

1. Gasometria arterial.
2. Hemograma.
3. Sódio e potássio.
4. Lactato seriado.
5. Ureia/creatinina.

NOS CASOS ESPECIAIS

1. Radiografia de tórax.
2. Broncoscopia, se necessário, para diagnóstico e tratamento.

Como tratar

1. Avaliar a segurança do local e a provisão de oxigênio a 100% para tratar eventual exposição a monóxido de carbono.
2. Analisar se há matérias residuais e/ou quentes e remover a fonte de combustão.
3. Não usar gelo, pomadas ou óleos na queimadura e não perfurar as bolhas.
4. Avaliar as vias aéreas, a respiração (esforço respiratório, frequência, uso de musculatura acessória), a circulação (pressão arterial, frequência cardíaca, perfusão, diurese) e a estabilidade da coluna vertebral do paciente.
5. Ofertar oxigênio umidificado, realizar higiene brônquica e utilizar broncodilatadores, caso necessário.
6. Em caso de obstrução das vias aéreas ou apneia, realizar entubação orotraqueal.
7. Obter acesso venoso ou, se necessário, intraósseo e iniciar reparação fluídica, preferencialmente, com Ringer lactato (10 a 20 mL/kg/h). No atendimento hospitalar, utilizar reparação hídrica, conforme as fórmulas de Parkland, Brooke e Evans e Carvajal (Tabela 3).
8. Avaliar e documentar o estado neurológico.
9. Se houver fraturas, estabilizá-las.
10. Realizar analgesia com utilização de opioides, uma vez que reduzem a dor e o gasto energético:
    - morfina na posologia 0,1 a 0,2 mg/kg SC ou EV a cada 4 h. Evitar em pacientes hemodinamicamente instáveis;
    - fentanil na dose de 1 a 2 mcg/kg EV. Seguro e eficaz no controle da dor, com poucos efeitos adversos.
11. Realizar monitoração cardíaca, oximetria e manter a temperatura ideal (risco de hipotermia) com mantas térmicas apropriadas.
12. Avaliar a extensão e a profundidade da queimadura. Se houver queimaduras de 2º grau de pequena extensão e fora de áreas como face, mãos, pés e articulações, realizar tratamento domiciliar com reavaliação periódica.
13. Lavar a lesão com SF morno e remover os tecidos desvitalizados com gaze estéril ou pinça e realizar escarotomia para queimaduras circunferenciais.

14. Cobrir as queimaduras com tecidos estéreis, como gaze ou raiom, e aplicar sulfadiazina de prata a 1%, 2 vezes/dia (antibiótico tópico com amplo espectro de cobertura como *Pseudomonas*).
15. Iniciar suporte nutricional enteral via gástrica ou transpilórica, com monitoração do peso diário, balanço energético e nitrogenado. Se ocorrer íleo paralítico por mais de 5 dias, iniciar a nutrição parenteral.
16. Realizar imunoglobulina antitetânica, caso o paciente nunca tenha sido vacinado. Prescrever vacinação antitetânica, se o paciente não foi vacinado nos últimos 5 anos.

TABELA 3   FÓRMULAS DE REPOSIÇÃO HÍDRICA

	Nas primeiras 24 h	Após 24 h
Fórmula de Parkland	4 mL/kg × 3% de superfície corpórea queimada Administrar a primeira metade nas primeiras 8 h e o restante nas demais 16 h Acrescentar manutenção habitual: 100 mL/kg para os primeiros 10 kg 1.000 mL + 50 mL/kg entre 10 e 20 kg 1.500 mL + 20 mL/kg acima de 20 kg	Administrar coloide na forma de plasma fresco congelado ou albumina humana a 5% a 0,5 mL/kg × 3% de superfície queimada Manter aporte de líquidos e glicose VO/EV
Fórmula de Carvajal: utilizada para crianças de baixo peso, grande área queimada e menor idade e em situações em que a fórmula de Parkland se mostra insuficiente	5.000 mL/m² × 3% de superfície corpórea queimada (solução de Ringer lactato, glicose a 5% e albumina 1,25 g para cada 100 mL) Metade do volume infundido nas primeiras 8 h e a segunda metade após 16 h Adicionar o volume de manutenção de 2.000 mL/m² de superfície corpórea	Reduzir o volume calculado em 25%
Fórmula de Brooke e Evans	3 mL/kg × 3% de superfície corpórea queimada Infundir 1/3 nas primeiras 8 h e 1/3 nas próximas 16 h Acrescentar manutenção habitual: 100 mL/kg para os primeiros 10 kg 1.000 mL + 50 mL/kg entre 10 e 20 kg 1.500 mL + 20 mL/kg acima de 20 kg	Infusão de 1/3 do volume

21
Afogamento

 O que é

É a aspiração de líquido não corpóreo por submersão ou imersão. O afogamento é definido como primário se não há, em seu mecanismo, nenhum fator incidental ou patológico que o causou. Já o secundário é ligado a doença ou incidente que o precipite, como uso de drogas, crise convulsiva, cãibra ou parada cardiorrespiratória. O afogamento é a 1ª causa de morte no mundo entre 5 e 14 anos de idade e a 2ª no Brasil nesse grupo, antecedido pelos acidentes automobilísticos. Os principais fatores de risco para esse tipo de trauma são sexo masculino, baixa condição socioeconômica, idade, uso de bebidas alcoólicas e falta de supervisão.

❓ Como suspeitar

1. História clínica de imersão ou submersão.
2. Evidência clínica radiológica ou laboratorial de aspiração de líquido.
3. Sinais clínicos com tosse, taquipneia ou hipóxia.
4. Laringoespasmo.
5. Torpor ou queda de consciência.
6. Presença de secreção espumosa em vias aéreas superiores.
7. Ausculta pulmonar anormal.
8. Baixa saturação de oxigênio e baixa PaO_2.
9. Evidência macro ou microscópica da aspiração de líquido.

FIGURA 1   DEMONSTRAÇÃO DOS TIPOS DE ACIDENTES NA ÁGUA E AS FASES DO AFOGAMENTO.

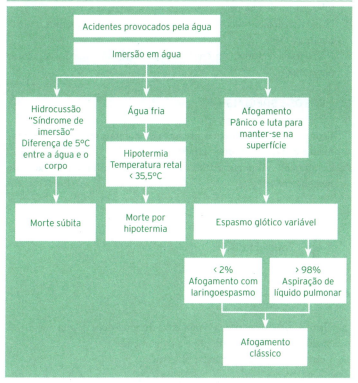

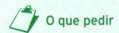 **O que pedir**

O exame clínico do paciente indica os exames necessários.

NA ROTINA

1. Gasometria arterial: usualmente pela hipóxia, encontra-se acidose metabólica.
2. Eletrólitos.
3. Hemograma: pode apresentar leucocitose com predomínio de formas jovens.
4. Glicemia.
5. Ureia/creatinina.
6. Oximetria.
7. Monitoração cardíaca: podem estar presentes taquicardia, extrassístoles, ritmo de galope.
8. Urina tipo I: albuminúria transitória, cilindrúria secundária à hipóxia renal.
9. Radiografia de tórax: hipotransparência localizada até edema pulmonar difuso.

NOS CASOS ESPECIAIS

1. Broncoscopia: documentar presença de líquidos no sistema respiratório e coleta de culturas seriadas.
2. Tomografia computadorizada (TC) de crânio: se houver alteração do nível de consciência.

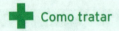 **Como tratar**

ATENDIMENTO PRÉ-HOSPITALAR

Não há diferença entre a terapêutica de água-doce e água salgada. A prioridade é manter a ventilação e a oxigenação.

O tratamento pré-hospitalar objetiva a:

- controlar a hipóxia;
- reestabelecer a estabilidade cardiovascular;
- prevenir a perda de calor;
- possibilitar a transferência mais rápida para o hospital.

1. Na necessidade de ventilação de resgate ou boca a boca, aplicar pressão cricoide para evitar aspiração do conteúdo gástrico. Evitar a realização da manobra de Heimlich.
2. Realizar a sequência ABC. Iniciar ventilações de resgate seguidas de compressões torácicas. O European Resuscitation Council orienta 5 ventilações de resgate iniciais. Esta recomendação baseia-se no fato de que a ventilação pode ser mais difícil de alcançar pela presença de água na via aérea.
3. Retirar as roupas molhadas do paciente e garantir ambiente térmico neutro provendo aquecimento.
4. Obter acesso venoso periférico para administração de fluidos e medicamentos.

ATENDIMENTO HOSPITALAR

1. Paciente com respiração espontânea na presença de hipóxia: máscara de oxigênio 15 L/min com observação rigorosa por 6 a 8 h.
2. Prescrever alta se normalização da frequência respiratória e hipoxemia.
3. Se sinais de fadiga respiratória: entubação orotraqueal e ventilação mecânica, com objetivo de saturação de 92 a 96%.
4. Passagem de sonda nasogástrica para prevenir a distensão gástrica após a obtenção da via aérea definitiva.
5. Corrigir instabilidade hemodinâmica e hipotensão, infundir cristaloides via endovenosa ou intraóssea e considerar utilização de fármacos vasoativos.
6. Avaliar o ritmo cardíaco para direcionar a conduta.
7. Caso não ocorra retorno do ritmo cardíaco com as manobras de ventilação e compressão torácicas, seguir o algoritmo de parada cardiorrespiratória (Capítulo 25).
8. Tratar a hipotermia com infusão contínua de fluidos aquecidos via endovenosa, gástrica, vesical, peritoneal ou por hemodiálise.
9. A reposição volêmica deve ser criteriosa, com soluções cristaloides de 10 a 20 mL/kg. Não se indicam restrição hídrica e uso de diuréticos para tratar o edema pulmonar do afogado.

10. Corrigir a acidose metabólica se o pH for menor que 7,2 ou o bicarbonato, inferior a 12 mEq/mL.
11. Se após 48 a 72 h do acidente ocorrer sinal de infecção pulmonar, febre prolongada, leucocitose mantida no hemograma, infiltrados pulmonares novos ou persistentes, indica-se antibiótico.
12. Se necessário, realizar pesquisa de intoxicação exógena.

TABELA 1 CLASSIFICAÇÃO DO AFOGAMENTO, CARACTERÍSTICAS CLÍNICAS E CONDUTA

Classificação	Nível de consciência	Sintomas respiratórios	Condição hemodinâmica	Conduta
Grau I	Consciente	Ausculta pulmonar normal Tosse Sem necessidade de oxigênio	PA normal Pulsos normais Perfusão periférica normal	Alta
Grau II	Consciente	Estertores em alguns campos pulmonares Hipóxia	PA normal Pulsos normais Perfusão periférica normal	Internação Oxigênio de baixo fluxo (cateter)
Grau III	Consciente	Estertores em todos os campos pulmonares (edema pulmonar) Hipóxia	PA normal Pulsos normais Perfusão periférica normal	Internação em UTI Oxigênio por meio de máscara ou entubação e ventilação mecânica Uso de diuréticos
Grau IV	Consciente	Estertores em todos os campos pulmonares (edema pulmonar) Hipóxia	Hipotensão	Internação em UTI Oxigênio por meio de máscara ou entubação orotraqueal e ventilação mecânica Infundir cristaloide 20 mL/kg e, se necessário, medicação vasoativa Uso de diuréticos

(continua)

TABELA 1   CLASSIFICAÇÃO DO AFOGAMENTO, CARACTERÍSTICAS CLÍNICAS E CONDUTA *(continuação)*

Classificação	Nível de consciência	Sintomas respiratórios	Condição hemodinâmica	Conduta
Grau V	Inconsciente	Estertores em todos os campos pulmonares (edema pulmonar) Hipóxia	Pulso presente Hipotensão ou choque	Internação em UTI Entubação orotraqueal e ventilação mecânica Infundir cristaloide 20 mL/kg e, se necessário, medicação vasoativa Uso de diuréticos
Grau VI	Inconsciente Sem sinais clínicos de morte Tempo de submersão < 1 h	Apneia Hipóxia	Pulso ausente	Manobras de reanimação Entubação orotraqueal e ventilação mecânica Infundir cristaloide 20 mL/kg, se necessário
Morte	Inconsciente Sinais clínicos de morte Tempo de submersão > 1 h	—	—	IML

PA: pressão arterial; UTI: unidade de terapia intensiva; IML: Instituto Médico-Legal.
Fonte: Gilio *et al.*, 2015.[3]

22
Choque elétrico

 O que é

Choque elétrico é a passagem de eletricidade pelo corpo, utilizando-o como condutor. O mecanismo de lesão deve-se à passagem da corrente elétrica pelos tecidos, conversão da energia elétrica em térmica e lesão musculoesquelética decorrente do estímulo muscular ou trauma secundário durante o acidente. Em geral, acidentes domésticos de baixa voltagem (120 a 240 volts) atingem os pré-escolares, envolvendo tomadas e cabos elétricos, e os de alta voltagem (600 volts) abrangem o grupo de pré-adolescentes e adolescentes. Costumam estar envolvidos em atividades peridomiciliares, como soltar pipa e subir no telhado, e, atualmente, em nosso meio, com a prática do "surfe ferroviário". A lesão elétrica é descrita como lesão em *"iceberg"*, uma vez que a lesão cutânea não reflete o tamanho real do dano ao organismo.

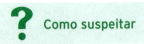 **Como suspeitar**

1. História de exposição à eletricidade no local do acidente.

2. Na Tabela 1, encontram-se as características no exame inicial.

TABELA 1 ACHADOS CLÍNICOS EM DIFERENTES SISTEMAS EM VÍTIMAS DE CHOQUE ELÉTRICO

Na pele	Sistema cardiovascular	Sistema respiratório	Sistema nervoso	Sistema locomotor	Sistema renal
Na boca, queimadura da comissura labial, se contato direto com o fio (maior frequência entre 0 e 36 meses)	Assistolia em choques de alta voltagem	Disfunção primária do sistema nervoso central pode levar à apneia	Convulsões	Fraturas	Mioglobinúria decorrente da liberação de mioglobina e da lesão das células musculares
Lesões puntiformes de entrada da corrente com carbonização e depressão central	Fibrilação ventricular em choques de baixa voltagem	Paralisia e tetania dos músculos respiratórios	Hemorragia	Luxações	Insuficiência renal aguda decorrente da deposição de mioglobina nos glomérulos renais
Pontos de saída da corrente com pele evertida e área menor que o ponto de entrada	As arritmias mais comuns são taquicardia sinusal e contrações ventriculares prematuras		Alteração do nível de consciência	Tetanismo	
Queimaduras superficiais e profundas	Dano aos vasos de pequeno calibre, ocasionando edema, isquemia e necrose (síndrome compartimental)		Paralisia	Rabdomiólise	

(continua)

TABELA 1 ACHADOS CLÍNICOS EM DIFERENTES SISTEMAS EM VÍTIMAS DE CHOQUE ELÉTRICO *(continuação)*

Na pele	Sistema cardiovascular	Sistema respiratório	Sistema nervoso	Sistema locomotor	Sistema renal
Lesão em forma de "casaco negro" no choque de alta voltagem	Tromboses vasculares				
As feridas são bastante variáveis dependendo da intensidade da corrente, da duração do contato, do trajeto da corrente, da voltagem e da amperagem					

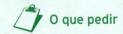

O que pedir

NA ROTINA

1. Gasometria arterial.
2. Sódio e potássio.
3. Ureia/creatinina.
4. Hemograma completo.
5. Desidrogenase lática (DHL).
6. Creatinofosfoquinase (CPK).
7. Tempo de protrombina (TP) e tromboplastina parcial ativado (TTPA).
8. Urina para avaliação de mioglobina.
9. Eletrocardiografia.
10. Radiografias apropriadas.

NOS CASOS ESPECIAIS

1. Tomografia computadorizada (TC) de crânio em pacientes com alteração do estado mental, após o paciente ser estabilizado.

Como tratar

1. Proceder com o ABC dos cuidados do politraumatizado, com avaliação de vias aéreas, respiração e circulação (pressão arterial, pulso, perfusão, diurese), verificação do sistema musculoesquelético e seguir com a avaliação neurológica.
2. Fazer monitoração cardíaca e de oximetria.
3. Se houver exposição à corrente direta, deve-se imobilizar a coluna cervical para posterior avaliação clínica e radiológica.
4. Iniciar reposição hídrica agressiva em etapas sucessivas de cristaloides ou coloides de 20 mL/kg para prevenir a insuficiência renal e a necrose muscular. Manter o débito urinário entre 1 e 2 mL/kg/h.
5. Avaliar a possibilidade de síndrome compartimental.
6. Tomar medidas de cuidados locais para queimadura, debridação das lesões locais e curativo com sulfadiazina de prata a 1%.
7. Realizar analgesia apropriada (paracetamol, ibuprofeno, dipirona).
8. Verificar a vacinação para tétano e profilaxia.
9. Se houver exposição domiciliar de baixa voltagem e pacientes com história de perda de consciência, tetanismo, trajeto de corrente entre o coração e contato entre as duas mãos, deve-se realizar monitoração cardíaca de, no mínimo, 4 h.
10. Transferir após a estabilização do quadro para unidade de terapia intensiva, para controle da insuficiência renal, monitoração cardíaca e neurológica.

23
Intoxicações agudas

 O que são

As intoxicações são resultantes da interação complexa entre o agente, a criança e o ambiente familiar. As exposições não intencionais geralmente ocorrem em crianças menores de 5 anos de idade, com pico de incidência aos 2 anos. Nesses casos, medicamentos, produtos domiciliares e pesticidas são os elementos comumente envolvidos. Já em crianças escolares e adolescentes, geralmente correspondem a comportamento manipulativo, abuso de drogas ou tentativa de suicídio.

 Como suspeitar

1. Se na anamnese ocorrer relato da substância ingerida.
2. Se houver, quantificar a dose estimada.
3. Definir o tempo decorrido de exposição.
4. Verificar a via de exposição.
5. Verificar se a exposição foi acidental ou intencional.

6. Pesquisar possível síndrome tóxica (manifestações clínicas diante da ingestão de substância específica – Tabela 1):
   - verificação dos sinais vitais;
   - temperatura e umidade da pele;
   - hidratação das mucosas;
   - tamanho pupilar e reflexo luminoso;
   - verificação do estado mental;
   - exame neurológico e reflexos;
   - verificação da ausência ou presença de ruídos hidroaéreos.

TABELA 1 PRINCIPAIS TOXÍNDROMES, MANIFESTAÇÕES CLÍNICAS E AGENTES ENVOLVIDOS

Síndromes	Manifestações clínicas/alterações laboratoriais	Agentes
Depressão neurológica	Desde sonolência até coma	Benzodiazepínicos, carbamazepina, fenobarbital, opioides, derivados da imidazolina (descongestionantes tópicos), clonidina, antagonistas H1 da histamina, antidepressivos tricíclicos, inibidores da acetilcolinesterase (principalmente organofosforados), salicilatos, alcoóis (etanol, metanol, etilenoglicol ou isopropanol), monóxido de carbono
Anticolinérgica	Agitação psicomotora e/ou sonolência, alucinações visuais, mucosas secas, rubor cutâneo, midríase, retenção urinária, hipertermia	Antagonistas H1 da histamina, atropina, escopolamina (hioscina), fenotiazínicos, antidepressivos tricíclicos, vegetais beladonados (p. ex., "saia branca")
Liberação extrapiramidal (distonia aguda)	Hipertonia, espasmos musculares, sinal da roda dentada, catatonia, acatisia, crises oculógiras, opistótono, mímica facial pobre, choro monótono	Bloqueadores dopaminérgicos D2 (domperidona), metoclopramida, butirofenonas (haloperidol), fenotiazínicos
Ataxia		Hidantoína, piperazina, carbamazepina, antagonistas H1 da histamina, monóxido de carbono, alcoóis, benzodiazepínicos

(continua)

TABELA 1   PRINCIPAIS TOXÍNDROMES, MANIFESTAÇÕES CLÍNICAS E AGENTES ENVOLVIDOS *(continuação)*

Síndromes	Manifestações clínicas/alterações laboratoriais	Agentes
Convulsiva		Teofilina, cocaína, anfetaminas, *ecstasy*, cafeína, carbamazepina, isoniazida, antidepressivos tricíclicos, monóxido de carbono, salicilatos, organoclorados
Aumento da atividade simpática	Taquicardia, hipertensão arterial, rubor cutâneo, hipertermia	Teofilina, cocaína, anfetaminas, *ecstasy*, descongestionantes sistêmicos
Aumento da atividade parassimpática	Bradicardia, sudorese, fraqueza muscular, fasciculações musculares, sialorreia, broncorreia, sibilos, miose, diarreia, diminuição da atividade da acetilcolinesterase	Inibidores da acetilcolinesterase (inseticidas, organofosforados e carbamatos, prostigmina)
Rabdomiólise	Mialgia generalizada, urina escura (mioglobinúria), insuficiência renal aguda, aumento da creatinaquinase total sérica	Cocaína, anfetaminas, *ecstasy* (hipertermia maligna)
Choque		Arsênico, sais de ferro
Hiperêmese		Ácido acetilsalicílico, teofilina, cáusticos, sais de ferro
Metemoglobinemia	Cianose, taquicardia, astenia, irritabilidade, dificuldade respiratória, depressão neurológica, convulsões	Sulfonas, anilina e derivados, sulfonamidas, nitratos e nitritos, cloratos, quinonas, metoclopramida, fenazopiridina, anestésicos locais, azul de metileno

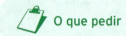

O que pedir

NA ROTINA

1. Gasometria arterial.
2. Hemograma.
3. Ionograma.
4. Glicemia.
5. Ureia/creatinina.

NOS CASOS ESPECIAIS

1. Teste laboratorial quantitativo da substância: avalia o risco e ajuda a instituir a terapêutica, como no caso de exposições tóxicas a paracetamol, salicilato e sais de ferro.
2. Teste laboratorial qualitativo da substância: útil na identificação de substância ilícita.
3. Avaliação da atividade enzimática (acetilcolinesterase nas intoxicações por organofosforados e carbamatos e carboxiemoglobina na exposição por monóxido de carbono).
4. Eletrocardiografia (possibilidade de arritmia).
5. Endoscopia digestiva alta (se houver história de queimaduras químicas).

Como tratar

1. A proteção de vias aéreas deve ser prioritária, já que muitos agentes causam depressão respiratória. Deve-se garantir as vias aéreas, a oxigenação e a ventilação. Aspirar secreções, se necessário; se houver sinais de insuficiência respiratória, realizar entubação orotraqueal e ventilação mecânica.
2. Avaliar a circulação com verificação de pressão arterial, frequência cardíaca e perfusão. Se houver sinais de choque, iniciar reposição fluídica a 10 a 20 mL/kg de cristaloides.
3. Controle da hipo/hipertermia.
4. Correção de distúrbios acidobásicos, se houver.
5. Monitoração cardíaca para controle de arritmias.
6. Diminuir a exposição do agente tóxico pela descontaminação e aumentar o tempo de sua eliminação para prevenir sequelas:
    - via inalatória: prover oxigenação e afastar paciente do local;
    - via dérmica: retirar as roupas do paciente e lavar repetidamente com água e sabão. Não realizar essa ação nas queimaduras químicas, como as causadas por soda cáustica;
    - via ocular: realizar limpeza ocular com água em abundância e proceder à oclusão ocular e avaliação de oftalmologista;
    - VO: atuar na descontaminação intestinal até 1 h da ingestão da substância tóxica. Nunca usar para ácidos, bases e quadros de hemorragia digestiva alta.

7. Método de descontaminação:
   - lavagem gástrica: reservada para substâncias tóxicas, com risco à vida, até 1 h após a ingestão. Contraindicada em casos de perda dos reflexos das vias aéreas, ingestão de cáusticos ou risco de sangramento digestivo;
   - carvão ativado: posologia 1 g/kg (máximo de 50 g). Melhor eficácia se realizado até 1 h após a ingestão. Ineficaz para álcool, pesticidas e hidrocarbonetos. Realizar sua administração com vias aéreas protegidas. Recomendado para ingestão de fenobarbital, teofilina e carbamazepina;
   - irrigação intestinal: polietilenoglicol VO ou sonda nasogástrica na posologia de 25 mL/kg/h (500 mL/h para crianças e 1.000 mL/h para adolescentes) até que o resíduo retal fique claro. Indicada na ingestão de ferro, metais pesados, comprimidos de liberação lenta ou entérica e drogas ilícitas.
8. Métodos de eliminação para aumentar a eliminação de tóxicos:
   - alcalinização urinária: manutenção do pH de 7,5. É indicada na intoxicação por ácidos fracos, como salicilatos e barbitúricos;
   - hemodiálise: utilizada na intoxicação por alcoóis, teofilina, lítio e salicilatos;
   - hemoperfusão: eficaz na intoxicação por teofilina, carbamazepina e ácido valproico.

TABELA 2   ANTÍDOTOS MAIS UTILIZADOS

Antídoto	Indicação	Dose
Naloxone	Intoxicação aguda por opioide	Para RN e criança até 20 kg: 0,1 mg/kg EV Pode ser administrado IM
N-acetilcisteína	Acetaminofeno	VO: ataque – 140 mg/kg Manutenção – 70 mg/kg por 3 dias, a cada 4 horas EV: 150 mg/kg em 15 min, seguido 50 mg/kg em 4 horas e 100 mg/kg em 16 horas
Atropina	Organofosforados e carbamatos	EV: bolus 0,05 mg/kg (0,1 mg dose mínima; dose máxima 0,5 mg para criança e 1 mg para adolescentes; repetir, se necessário
Pralidoxima (Contrathion®)	Inseticidas organofosforados	25 a 500 mg/kg EV infusão lenta, seguido de 5 a 10 mg/kg/hora EV contínuo ou 20 mg/kg a cada 4 horas

(continua)

TABELA 2   ANTÍDOTOS MAIS UTILIZADOS (continuação)

Antídoto	Indicação	Dose
Flumazenil	Benzodiazepínicos	0,01 a 0,02 mg/kg máx. 0,2 a 0,3 mg EV em 15 s. A seguir 0,01 mg/kg máx. 0,1 a cada 1 minuto até melhora do paciente
Hiperinsulinemia/euglicemia	Bloqueador do canal de cálcio e betabloqueador	Insulina regular 1 UI/kg/hora EV contínuo. Glicose 0,5 g/kg/hora EV contínuo
Gluconato de cálcio e cloreto de cálcio 10%	Bloqueador do canal de cálcio	Gluconato: 100 a 200 mg/kg EV. Cloreto 20 a 30 mg/kg EV; repetir, se necessário
Deferoxamina	Ferro	5 a 15 mg/kg/h EV
Oxigênio	Monóxido de carbono	
Etanol 10%	Metanol, etilenoglicol	Dose de ataque: 10 mg/kg EV ou VO, seguida de manutenção 1 a 2 mL/kg/h EV ou VO
Bicarbonato de sódio	Antidepressivo tricíclico, cocaína, salicilatos	1 a 2 mEq/kg EV *bolus*, titular e repetir até melhora do QRS e pH sérico 7,55
Vitamina K	Anticoagulantes (somente se houver alteração do TP ou sangramento ativo)	VO: 5 a 10 mg. IM: 1 a 5 mg

Fonte: Gilio *et al.*, 2015.

24
Crise hipertensiva

 O que é

É a elevação repentina da pressão arterial (PA) a partir de um valor basal. Acomete pacientes previamente hígidos ou previamente hipertensos.

Urgência hipertensiva compreende a elevação abrupta da PA sem evidências de lesões em órgãos-alvo.

Emergência hipertensiva é quando a pressão se encontra em níveis gravemente elevados com lesões de órgãos-alvo e risco de morte.

Segundo as curvas da Task Force on Blood Pressure in Children, que relacionam a PA à idade e ao sexo, os níveis pressóricos são definidos conforme mostra a Tabela 1. A Tabela 2 exibe a classificação da hipertensão arterial de acordo com o grupo etário.

TABELA 1   CLASSIFICAÇÃO DA PRESSÃO ARTERIAL SEGUNDO O PERCENTIL

Normal	Normal alta	Hipertensão arterial	Hipertensão arterial grave
Abaixo do percentil 90 para a idade e o sexo	Entre o percentil 90 e 95	Acima do percentil 95	Acima do percentil 99

TABELA 2 CLASSIFICAÇÃO DA HIPERTENSÃO ARTERIAL DE ACORDO COM O GRUPO ETÁRIO

Grupo etário	Hipertensão significativa (mmHg)	Hipertensão grave (mmHg)
Recém-nascido 7 dias 8 a 30 dias	PAS ≥ 96 PAS ≥ 104	PAS ≥ 106 PAS ≥ 110
Lactente (≤ 2 anos)	PAS ≥ 112 PAD ≥ 74	PAS ≥ 118 PAD ≥ 82
Criança de 3 a 5 anos	PAS ≥ 116 PAD ≥ 76	PAS ≥ 124 PAD ≥ 84
Criança de 6 a 9 anos	PAS ≥ 122 PAD ≥ 78	PAS ≥ 130 PAD ≥ 86
Criança de 10 a 12 anos	PAS ≥ 126 PAD ≥ 82	PAS ≥ 134 PAD ≥ 90
Adolescente de 13 a 15 anos	PAS ≥ 136 PAD ≥ 86	PAS ≥ 144 PAD ≥ 92
Adolescente de 16 a 18 anos	PAS ≥ 142 PAD ≥ 92	PAS ≥ 150 PAD ≥ 98

PAS: pressão arterial sistólica; PAD: pressão arterial diastólica.

Como suspeitar

Questionar	Sintomas e sinais	Pesquisar no exame físico
Trauma craniano recente Ingestão de medicamentos ou entorpecentes (descongestionantes, esteroides, contraceptivos orais) História familiar de hipertensão, doença renal ou surdez Utilização de cateter renal quando recém-nascido (risco de trombose da artéria renal) História de patologia atual ou infecções recorrentes do trato urinário	Distúrbios visuais Alteração de personalidade Tonturas Irritabilidade Cefaleia Convulsão Coma Taquicardia Sudorese intermitente	Gerais: dismorfismo, síndrome de Williams, sobrepeso, desnutrição Cabeça e pescoço: pesquisar trauma craniano, papiledema, reflexos pupilares anormais, paralisia de nervos cranianos Aparelho cardiocirculatório Sopros e encontro de íctus anormal Pressões arteriais discrepantes nos quatro membros, edema, diminuição de pulsos femorais

(continua)

Questionar	Sintomas e sinais	Pesquisar no exame físico
Pesquisa de hipertireoidismo, hiperplasia suprarrenal congênita, aldosteronismo primário, feocromocitoma, hiperparatireoidismo Hipertensão essencial ou de causa desconhecida		Aparelho respiratório - estertores Aparelho gastrintestinal: hepatomegalia, ruídos anormais e massas renais Pele: pesquisa de manchas café com leite (neurofibromatose) ou xantomas (hiperlipemia)

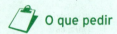

O que pedir

Solicitar os exames de acordo com a etiologia e os sinais clínicos da hipertensão, conforme apresentados na Tabela 3.

TABELA 3 SINAIS CLÍNICOS DA HIPERTENSÃO

Séricos e urinário	Imagem
Na rotina	*Na rotina*
Gasometria arterial	Radiografia de tórax
Na, K, P, Cl, Ca e Mg	*Nos casos especiais*
Ureia/creatinina	Doppler de artéria renal
Hemograma	Eletrocardiografia
Urina tipo I e urocultura	US abdominal
Glicemia	TC
Nos casos especiais	Urografia excretora
Perfil lipídico (em crianças obesas)	Arteriografia
Ácido úrico	Cintilografia renal
Renina	RM
Aldosterona	Fundoscopia/retinografia
Metanefrinas urinárias	Ecocardiografia bidimensional com cálculo de massa de VE

Na: sódio; K: potássio; P: fósforo; Cl: cloro; Ca: cálcio; Mg: magnésio; US: ultrassonografia; TC: tomografia computadorizada; RM: ressonância magnética; VE: ventrículo esquerdo.

 **Como tratar**

O objetivo da terapêutica é reduzir gradualmente a PA para estabilizar o quadro clínico e preservar os órgãos-alvo.

Para o tratamento das urgências hipertensivas, são utilizados anti-hipertensivos orais.

Já as emergências hipertensivas são tratadas com fármacos endovenosos (EV) e com monitoração em unidade de terapia intensiva (UTI). O objetivo é a redução da PA não maior que 25% dos valores iniciais em um período de 6 a 8 h, seguida da redução gradual por 24 a 48 h até que a PA atinja valores abaixo de p90 para sexo, idade e altura (pacientes com lesão de órgãos-alvo ou doenças de base, como doença renal crônica) ou abaixo do p95 para sexo, idade e altura (pacientes eutróficos).

Se a pressão estiver associada ao aumento de volume, como a glomerulonefrite difusa aguda, utiliza-se a restrição hidrossalina com associação ou não com diuréticos, como a furosemida.

Nas urgências hipertensivas, recomenda-se prevenir a lesão de órgãos-alvo com:

- nifedipina (bloqueador dos canais de cálcio);
- captopril (inibidor da enzima de conversão da angiotensina 1);
- furosemida (ação na porção descendente da alça de Henle);
- hidralazina (ação nas arteríolas, menor tolerabilidade em doses repetidas).

Nas emergências hipertensivas, utilizam-se o nitroprussiato de sódio, um vasodilatador venoso e arterial, e o diazóxido, com ação nas arteríolas.

Após a retirada do paciente da urgência e emergência hipertensiva, deve-se investigar a etiologia da hipertensão.

A Tabela 4 reúne os medicamentos mais utilizados na crise hipertensiva.

TABELA 4 MEDICAMENTOS MAIS UTILIZADOS NA CRISE HIPERTENSIVA

Medicamentos anti-hipertensivos	Início de ação	Pico de ação	Duração	Dose dos medicamentos	Efeitos colaterais
Nifedipina	10 a 30 min	30 a 90 min	3 a 6 h	0,25 a 0,5 mg/kg/dose, máx. 10 mg/dose, a cada 6 ou 8 h e, para alguns pacientes, a cada 4 h, VO ou SL, 0,3 a 1 mg/kg/dia	Rubor facial, cefaleia, parestesias, vômitos, taquicardia
Captopril	15 min	60 a 90 min	8 a 12 h	0,5 a 2 mg/kg/dia, VO, em 3 a 4 doses	Erupções cutâneas, hipotensão, taquicardia, pancitopenia, angioedema, insuficiência renal
Furosemida	30 a 60 min VO; 5 min EV	60 a 120 min VO; 30 a 45 min EV	4 a 8 h VO; 2 a 4 h EV	1 a 4 mg/kg/dia, sendo 0,5 a 2 mg/kg/dose	Alcalose metabólica hipoclorêmica, hipocalcemia, hipopotassemia, hiponatremia, hiperuricemia, hiperglicemia
Hidralazina	30 a 60 min VO; 15 a 30 min EV ou IM	2 h VO; 20 a 80 min EV ou IM	1 a 6 h VO; 3 a 4 h EV ou IM	1 a 3 mg/kg/dia, VO, em 2 a 3 doses (máx. 300 mg); 0,1 a 0,2 mg/kg/dose, a cada 4 ou 6 h, EV ou IM	Hipotensão, taquicardia, retenção de sal e água, cefaleia e vômitos

(continua)

TABELA 4   MEDICAMENTOS MAIS UTILIZADOS NA CRISE HIPERTENSIVA
(continuação)

Medicamentos anti-hipertensivos	Início de ação	Pico de ação	Duração	Dose dos medicamentos	Efeitos colaterais
Minoxidil	1 h	2 a 3 h	1 a 3 dias	0,1 a 1 mg/kg/dia, VO	Hirsutismo, hipotensão e derrame pericárdico
Nitroprussiato de sódio	Imediato	Imediato	Somente durante a infusão	1 a 8 mcg/kg/min, EV	Toxicidade ao cianeto e ao tiocianato, dor torácica, náuseas, dor abdominal e cefaleia
Diazóxido	3 a 5 min	Até 10 min	4 a 24 h	1 a 3 mg/kg/dia, EV	Hiperglicemia, hiperuricemia, retenção de sal e água, hipotensão aguda, alterações eletrocardiográficas, infarto agudo do miocárdio

25
Parada cardiorrespiratória

 O que é

É a cessação da atividade mecânica cardíaca. Em Pediatria, geralmente relaciona-se a causas não cardíacas, como a progressão da insuficiência respiratória ou o choque progressivo. A etiologia varia conforme a idade, a saúde basal da criança e o local do evento. No meio pré-hospitalar, destacam-se o trauma, o engasgo, as intoxicações, a asma grave e a pneumonia. Já entre as causas hospitalares, as principais são a sepse, a insuficiência respiratória, os distúrbios metabólicos e as arritmias. A parada cardíaca súbita é menos frequente na infância, sendo associada com arritmias, como fibrilação ventricular (FV) ou taquicardia ventricular sem pulso (TV), e a síndrome da morte súbita do lactente.

 Como suspeitar

É importante reconhecer o paciente de risco e causas reversíveis de parada cardiorrespiratória. As condições a seguir requerem monitoração cardíaca, oximetria, acesso venoso e oxigenoterapia:

1. Hipoxemia.
2. Hipovolemia.
3. Hipotermia.
4. Hiper/hipopotassemia (distúrbios eletrolíticos e metabólicos).
5. Toxinas (medicamentos e envenenamentos).
6. Tromboembolismo.
7. Tamponamento cardíaco.
8. Pneumotórax hipertensivo (tensão no tórax).
9. Frequência respiratória > 60 respirações por min.
10. Frequência cardíaca (FC) acima ou abaixo dos valores expressos na Tabela 1.

TABELA 1 VALORES DE REFERÊNCIA DE FC POR FAIXA ETÁRIA

Idade	FC
Recém-nascido	< 80 bpm ou > 200 bpm
0 a 1 ano	< 80 bpm ou > 180 bpm
1 a 8 anos	< 60 bpm ou > 180 bpm
> 8 anos	< 60 bpm ou > 160 bpm

11. Pulsos periféricos débeis ou perfusão lentificada.
12. Esforço respiratório (retrações, assincronismo toracoabdominal, batimentos de asas nasais e gemidos).
13. Cianose e queda de saturação da oxiemoglobina.
14. Alteração do nível de consciência (irritabilidade, convulsões, letargia).
15. Politrauma.
16. Queimaduras com área acima de 10% da superfície corpórea.
17. Febre com petéquias.
18. Convulsões.

TABELA 2 SINAIS VITAIS EM PEDIATRIA POR FAIXA ETÁRIA

Idade	FC acordado (bpm)	FC dormindo (bpm)	FR (respirações/min)
Recém-nascido até 3 meses	85 a 205	80 a 160	30 a 60
3 meses a 2 anos	100 a 190	75 a 160	24 a 40
2 a 10 anos	60 a 140	60 a 90	18 a 34
> 10 anos	60 a 100	50 a 90	12 a 16

TABELA 3 VALORES DE PA POR FAIXA ETÁRIA INDICATIVOS DE CHOQUE

Idade	Valores
Período neonatal (0 a 28 dias)	< 60 mmHg
1 a 12 meses	< 70 mmHg
1 a 10 anos	< 70 mmHg + (2 vezes idade em anos) mmHg
> 10 anos	< 90 mmHg

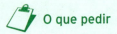

O que pedir

1. Gasometria arterial (recuperação pós-parada).
2. Eletrólitos (recuperação pós-parada).
3. Radiografia de tórax.
4. Oximetria.
5. Monitoração cardíaca.
6. Triagem infecciosa se suspeita de infecção: hemograma, velocidade de hemossedimentação (VHS), hemocultura, urina tipo I e urocultura.
7. Capnografia: indicada para a detecção do CO_2 exalado para confirmação do posicionamento do tudo endotraqueal.

Como tratar

AMBIENTE PRÉ-HOSPITALAR

1. O suporte básico de vida consiste em um conjunto de medidas para manutenção dos sinais vitais no ambiente pré-hospitalar e para melhorar o prognóstico da parada cardiorrespiratória.
2. Usar equipamento de proteção individual (luvas e barreiras de proteção).
3. Garantir que a via aérea seja segura para a vítima e o socorrista.
4. Verificar a responsividade da vítima ("Você está bem?").

5. Conforme a nova recomendação da American Heart Association (AHA), a ressuscitação cardiopulmonar (RCP) será realizada se a vítima estiver não responsiva e não estiver respirando.
6. Na criança não responsiva com pulso presente (acima de 60 bpm), o socorrista necessita assegurar 12 a 20 ventilações por minuto.
7. Caso o socorrista esteja sozinho, realizar as manobras de RCP por 2 min e, depois, acionar o serviço de emergência.
8. Na presença de dois socorristas, um deles realiza a RCP enquanto o outro ativa o sistema de resgate.
9. Conforme a recomendação de 2010 da AHA, a sequência de reanimação mudou de A-B-C (via aérea-ventilação-compressões) para C-A-B (compressões-via aérea-ventilação) em lactentes e crianças.
10. Dessa forma, a RCP deve ser iniciada com compressões torácicas seguidas da ventilação de resgate. As compressões torácicas são mais fáceis de serem executadas que as manobras de abertura de via aérea e ventilação. A abordagem C-A-B para pacientes de todas as faixas etárias objetiva facilitar a execução das manobras de RCP em qualquer circunstância.
11. A proporção das compressões/ventilação é 30:2 quando houver apenas um socorrista, e 15:2 na presença de dois socorristas. Primeiro, realizam-se as compressões torácicas, seguidas de duas ventilações de resgate.
12. As compressões devem seguir uma frequência de 100 por minuto e comprimir 1/3 da profundidade do tórax.
13. Para prevenção de fadiga, recomenda-se alternância entre os socorristas a cada 2 min.
14. A ventilação de resgate deve proporcionar 2 respirações de aproximadamente 1 s gerando elevação visível do tórax.
15. A fibrilação ventricular é ritmo presumível de parada em casos de colapso súbito. Deve-se realizar a desfibrilação o mais breve possível.
16. Os desfibriladores externos automáticos (DEA) são recomendados para crianças com mais de 8 anos de idade. Em crianças menores que 8 anos, utilizar aparelhos com atenuador de carga pediátricos.
17. Na ausência do aparelho com pá pediátrica (atenuador), a administração de um choque de carga maior pode reverter a arritmia com baixo risco de lesão miocárdica.

FIGURA 1 ALGORITMO DO SUPORTE BÁSICO DE VIDA EM PEDIATRIA.

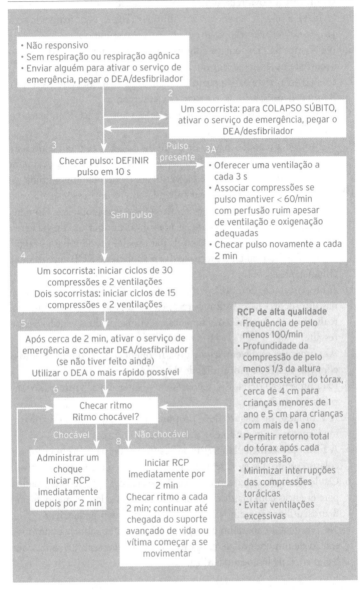

O suporte avançado de vida abrange:

- as manobras de reanimação cardiopulmonar do suporte básico de vida;
- avaliação do ritmo cardíaco (chocável ou não chocável);
- obtenção de acesso vascular;
- desfibrilação;
- terapia medicamentosa.

18. Na RCP intra-hospitalar, mantém-se a relação de 15:2 entre as compressões e ventilações até a obtenção da via aérea definitiva.
19. A ventilação bolsa-máscara assegura o aporte necessário de oxigênio até a entubação traqueal.
20. A entubação endotraqueal é o procedimento predominante para garantir a via aérea definitiva.
21. Após seu estabelecimento, recomenda-se a realização de compressões torácicas contínuas na frequência de 100 vezes/min e as ventilações de 8 a 10 vezes/min. Estas não precisam estar sincronizadas com as ventilações.
22. Realizar a monitoração do ritmo cardíaco e a obtenção preferencialmente de dois acessos venosos periféricos.
23. Caso haja dificuldade na obtenção de acesso venoso, deve-se priorizar o acesso intraósseo. Recomenda-se a tentativa sequencial dos acessos em: IV, intraósseo (IO) e, por último, endotraqueal (ET).
24. As manobras de RCP objetivam reassegurar o ritmo cardíaco espontâneo, o retorno da atividade elétrica organizada e o retorno da perfusão eficiente.
25. A desfibrilação é indicada na fibrilação ventricular e na taquicardia ventricular sem pulso (TVSP) e deve ser coordenada com as manobras de ressuscitação. A identificação do ritmo define se ele é chocável ou não.
26. As diretrizes da AHA 2010 recomendam a utilização de carga inicial de 2 J/kg.
27. Depois do primeiro choque, prossegue-se com as manobras de RCP por 2 min e verifica-se o ritmo mais uma vez.
28. Para casos de persistência de arritmia após 2 min de RCP, aumenta-se a carga para 4 J/kg. Cargas mais altas podem ser utilizadas com variação de (4 a 10 J/kg) em choques posteriores.
29. Nos ritmos chocáveis, indica-se a sequência RCP, choque e medicamento.

30. Para ritmos não chocáveis, continuar com a RCP em conjunto com a administração de fármacos.
31. A terapia farmacológica objetiva o inotropismo, o cronotropismo, a melhora da perfusão cardíaca e cerebral, a correção do desequilíbrio acidobásico e o tratamento das arritmias.
32. Os fármacos comumente utilizados no suporte avançado de vida estão listados na Tabela 4.
33. Os suprimentos de ressuscitação pediátrica com base na fita de ressuscitação codificada por cores estão descritos na Tabela 5.

CUIDADOS PÓS-REANIMAÇÃO CARDIORRESPIRATÓRIA

- Estabilizar a função cardiorrespiratória para preservar a função neurológica e evitar disfunção orgânica;
- obter acesso venoso central;
- ventilação mecânica protetora para manter a saturação maior que 93% e evitar a hiperóxia;
- tratar a hipertermia com antitérmicos e métodos físicos de resfriamento;
- suporte hemodinâmico e correção de distúrbios hidreletrolíticos e acidobásicos.

A hipotermia terapêutica (32 a 34°C) é indicada para adolescentes comatosos após RCP por fibrilação ventricular presenciada.

Não existem estudos que comprovem seu benefício em pacientes pediátricos, porém considera-se sua utilização em crianças comatosas após a ressuscitação.

FIGURA 2 ALGORITMO DO MANEJO DA PARADA CARDIORRESPIRATÓRIA EM PEDIATRIA.

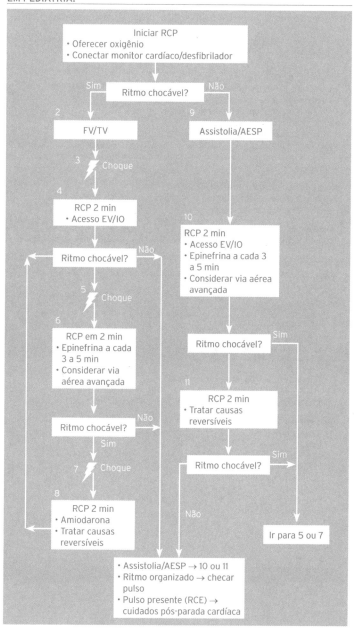

(continua)

FIGURA 2   ALGORITMO DO MANEJO DA PARADA CARDIORRESPIRATÓRIA
EM PEDIATRIA. *(continuação)*

* Não inclui informações sobre recém-nascidos. PDS: manobras utilizadas somente por profissionais de saúde.

Qualidade da RCP
- Comprima forte (≥ 1/3 do diâmetro anteroposterior do tórax) e rápido (pelo menos 100/min) e permita a reexpansão torácica
- Minimize as interrupções nas compressões
- Evite ventilações excessivas
- Alterne o responsável pelas compressões a cada 2 minutos
- Razão de compressão-ventilação de 15:2 se não houver via aérea avançada. Se via aérea avançada, 8 a 10 ventilações/min com compressões torácicas contínuas

Carga do choque para desfibrilação
- Primeiro choque: 2 a 4 J/kg; segundo choque: 4 J/kg; choques subsequentes: 4 a 10 J/kg ou dose de adulto

Terapia medicamentosa
- Epinefrina IO/EV: 0,01 mg/kg (0,1 mL/kg da solução 1:10.000). Repetir a cada 3 a 5 min. Se não houver acesso IO/EV, pode ser dada endotraqueal na dose de 0,1 mg/kg (0,1 mL/kg da solução 1:1.000)
- Amiodarona IO/EV: bolos de 5 mg/kg durante a parada cardíaca. Pode ser repetida até 2 vezes para FV/TV refratária

Via aérea avançada
- Entubação orotraqueal ou via aérea avançada supraglótica
- Capnografia ou capnometria para confirmar e monitorar a posição do tubo endotraqueal
- Após o estabelecimento da via aérea avançada, forneça 1 ventilação a cada 6 a 8 s (8 a 10 ventilações por minuto)

Retorno da circulação espontânea (RCE)
- Pulso e pressão arterial
- Ondas de pressão arterial espontâneas na monitoração intra-arterial

Causas reversíveis
- Hipovolemia
- Hipóxia
- Distúrbio do hidrogênio (acidose)
- Hipoglicemia
- Hipo/hiperpotassemia
- Hipotermia
- Pneumotórax hipertensivo
- Tamponamento cardíaco
- Toxinas (intoxicações)
- Trombose pulmonar
- Trombose coronariana

FIGURA 3   POSICIONAMENTO CORRETO DAS PÁS DO DESFIBRILADOR.

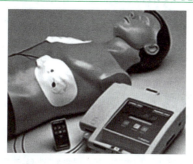

FIGURA 4   REVERSÃO DA FIBRILAÇÃO VENTRICULAR APÓS DESFIBRILAÇÃO.

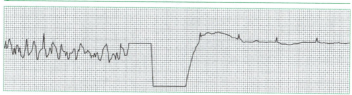

TABELA 4   MEDICAÇÕES USADAS EM SAVP

Medicamento	Indicações/dosagem
Adenosina	TSV: 0,1 mg/kg, IV/VO em bolo rápido (máx. 6 mg), 2ª dose: 0,2 mg/kg, IV/IO, em bolo rápido
Albumina	Choque, trauma, queimaduras: 0,5 a 1 g/kg (10 a 20 mL/kg de solução 5%), IV/VO, em infusão rápida
Albuterol	Asma, anafilaxia (broncoespasmo), hiperpotassemia: – Inalador dosimetrado: 4 a 8 *puffs*, via inalatória, a cada 20 min, se necessário, com espaçador (OU via endotraqueal se entubado) – Nebulizador: 2,5 mg/dose (peso < 20 kg) OU 5 mg/dose (peso ≥ 20 kg), via inalatória, a cada 20 min, se necessário – Nebulizador contínuo: 0,5 mg/kg/h, via inalatória (máx. de 20 mg/h)
Alprostadil (PGE1)	Cardiopatia congênita dependente do ducto (todas as formas): 0,05 a 0,1 mcg/kg/min, em infusão, IV/VO inicialmente; depois, 0,01 a 0,05 mcg/kg/min, IV/IO
Amiodarona	TSV, TV (com pulso): 5 mg/kg, IV/IO, dose de ataque em 20 a 60 min (máx. 300 mg), repetir até máx. diário de 15 mg/kg (ou 2,2 g) Parada cardíaca sem pulso (i. e., FV/TV sem pulso): 5 mg/kg, IV/IO, em bolo (máx. 300 mg), repetir até o máximo diário de 15 mg/kg (ou 2,2 g)

(continua)

TABELA 4 MEDICAÇÕES USADAS EM SAVP (continuação)

Medicamento	Indicações/dosagem
Atropina, sulfato de	Bradicardia (sintomática): 0,02 mg/kg, IV/IO (dose mín. 0,1 mg, dose única máx. para crianças 0,5 mg, dose única máx. para adolescentes 1 mg), pode repetir uma vez, dose máx. total para crianças 1 mg, dose máx. total para adolescentes 2 mg; 0,04 a 0,06 mg/kg, via endotraqueal Toxinas/*overdose* (p. ex., organofosfatos, carbamato): 0,02 a 0,05 mg/kg (< 12 anos), IV/IO inicial, repetir a cada 20 a 30 min, até observar efeito atropínico (boca seca, taquicardia, midríase) ou reversão dos sintomas
Cloreto de cálcio 10%	Hipocalcemia, hiperpotassemia, hipermagnesemia, *overdose* de bloqueadores dos canais do cálcio: 20 mg/kg (0,2 mL/kg), IV/IO, em infusão lenta contínua durante a parada ou se houver hipotensão grave; repetir, se necessário
Dexametasona	Crupe: 0,6 mg/kg, VO/IM/IV (máx. 16 mg)
Difenidramina	Choque anafilático: 1 a 2 mg/kg, IV/IO/IM, a cada 4 a 6 h (máx. 50 mg)
Dobutamina	Insuficiência cardíaca congestiva, choque cardiogênico: 2 a 20 mcg/kg/min, em infusão, IV/IO, titular até o efeito desejado
Dopamina	Choque cardiogênico, choque distributivo: 2 a 20 mcg/kg/min, em infusão, IV/IO, titular até o efeito desejado
Epinefrina	Parada cardíaca sem pulso, bradicardia (sintomática): – 0,01 mg/kg (0,1 mL/kg) 1:10.000, IV/IO, a cada 3 a 5 min (máx. 1 mg) – 0,1 mg/kg (0,1 mL/kg) 1:1.000, via endotraqueal, a cada 3 a 5 min Choque hipotensivo: 0,1 a 1 mcg/kg/min, em infusão, IV/IO (considerar doses mais altas, se necessário) Anafilaxia: – 0,01 mg/kg (0,01 mL/kg) 1:1.000, IM na coxa, a cada 15 min, se necessário (máx. 0,5 mg) OU – Autoinjetor 0,3 mg (peso ≥ 30 kg), IM, ou autoinjetor Child Jr. 0,15 mg (peso de 10 a 30 kg), IM – 0,01 mg/kg (0,1 mL/kg) 1:10.000, IV/VO, a cada 3 a 5 min (máx. 1 mg), se houver hipotensão – 0,1 a 1 mcg/kg/min, em infusão, IV/IO, se continuar com hipotensão, apesar dos fluidos e da injeção IM Asma: 0,01 mg/kg (0,01 mL/lg) 1:1.000, SC, a cada 15 min (máx. 0,5 mg; 0,5 mL) Crupe: 0,25 ou 0,5 mL de solução racêmica (2,25%) misturada em 3 mL SF, via inalatória, OU 3 mL 1:1.000, via inalatória Toxinas/*overdose* (p. ex., bloqueador beta-adrenérgico, bloqueador dos canais de cálcio): – 0,01 mg/kg (0,1 mL/kg) 1:10.000, IV/VO, (máx. 1 mg); se não responder, considerar doses mais altas, de até 0,1 mg/kg (0,1 mL/kg) 1:1.000, IV/IO – 0,1 a 1 mcg/kg/min, em infusão, IV/IO (considerar doses mais altas)

(continua)

TABELA 4 MEDICAÇÕES USADAS EM SAVP *(continuação)*

Medicamento	Indicações/dosagem
Furosemida	Edema pulmonar, sobrecarga de fluidos: 1 mg/kg, IV/IM (máx. usual 20 mg, se não estiver sob tratamento crônico com diuréticos de alça)
Glicose (dextrose)	Hipoglicemia: 0,5 a 1 g/kg, IV/IO (SG 25% 2 a 4 mL/kg, SG 10% 5 a 10 mL/kg)
Hidrocortisona	Insuficiência suprarrenal: 2 mg/kg, IV, em bolo (máx. 100 mg)
Inarinona	Disfunção miocárdica e aumento da RVS/RVP Dose de ataque: 0,75 a 1 mg/kg, IV/IO, em bolo lento em 5 min (pode repetir 2 vezes, até um máx. 3 mg/kg); depois 5 a 10 mcg/kg/min, em infusão, IV/IO
Ipratrópio, brometo de	Asma: 250 a 500 mcg, via inalatória, a cada 20 min; se necessário, administrar 3 doses
Lidocaína	FV/TV sem pulso, taquicardia de complexo largo (com pulso): – 1 mg/kg, em bolo, IV/IO – Infusão de manutenção: 20 a 50 mcg/kg/min, em infusão, IV/IO (repetir a dose em bolo, se a infusão for iniciada > 15 min, após o bolo inicial) – 2 a 3 mg/kg, via endotraqueal
Magnésio, sulfato de	Asma (mal asmático refratário), *torsades de pointes*, hipomagnesemia: 25 a 50 mg/kg, IV/IO, em bolo (TV sem pulso) OU em 10 a 20 min (TV com pulso) OU infusão lenta em 15 a 30 min (mal asmático) (máx. 2 g)
Metilprednisolona	Asma (mal asmático), choque anafilático – Dose de ataque: 2 mg/kg, IV/IO/IM (máx. 80 mg); usar sal de acetato, IM – Infusão de manutenção: 0,5 mg/kg, IV/IO, a cada 6 h (máx. 120 mg/dia)
Milrinona	Disfunção miocárdica e aumento da RVS/RVP – Dose de ataque: 50 a 75 mcg/kg, IV/IO, em 10 a 60 min, seguidos de 0,5 a 0,75 mcg/kg/min, em infusão, IV/IO
Naloxona	Reversão narcótica (opiácea) – Reversão total necessária (para toxicidade por narcóticos secundária a *overdose*): 0,1 mg/kg, IV/IO/IM/SC, em bolos, a cada 2 min, se necessário (máx. 2 mg) – Reversão total não necessária (p. ex., para depressão respiratória associada com uso narcótico terapêutico): 1 a 5 mcg/kg, IV/IO/IM/SC; titular até o efeito desejado – Manutenção da reversão: 0,002 a 0,16 mg/kg/h, em infusão, IV/IO
Nitroglicerina	Insuficiência cardíaca congestiva, choque cardiogênico: 0,25 a 0,5 mcg/kg/min, em infusão, IV/IO; pode aumentar a dose para 0,5 a 1 mcg/kg/min, a cada 3 a 5 min, se necessário, até 1 a 5 mcg/kg/min (máx. 10 mcg/kg/min) Adolescentes: 10 a 20 mcg/min, aumentando até 5 a 10 mcg/min a cada 5 a 10 min, se necessário, até máx. de 200 mcg/min

(continua)

TABELA 4 MEDICAÇÕES USADAS EM SAVP *(continuação)*

Medicamento	Indicações/dosagem
Norepinefrina	Choque (i. e., RVS baixa e refratária aos fluidos) hipotensivo (geralmente distributivo): 0,1 a 2 mcg/kg/min, em infusão, IV/IO; titular até o efeito desejado
Oxigênio	Hipóxia, hipoxemia, choque, trauma, insuficiência cardiopulmonar, parada cardíaca: administrar O_2 100% por sistema de administração de O_2 de alto fluxo (se respirações espontâneas) ou via endotraqueal (se entubado); titular até o efeito desejado
Procainamida	TSV, *flutter* atrial, TV (com pulso): 15 mg/kg, IV/IO, dose de ataque em até 30 a 60 min (não usar de rotina com amiodarona)
Sódio, bicarbonato de	Acidose metabólica (grave), hiperpotassemia: 1 mEq/kg, em bolo lento, IV/IO *Overdose* de bloqueadores dos canais de sódio (p. ex., antidepressivo tricíclico): 1 a 2 mEq/kg, IV/IO, em bolo, até o pH sérico ser de 7,45 (7,50 a 7,55 para *overdose* grave), seguido de infusão, IV/IO, de 150 mEq em solução de $NaHCO_2$/L para manter a alcalose
Sódio, nitroprussiato de	Choque cardiogênico (i. e., associado a RVS elevada), hipertensão grave: 1 a 8 mcg/kg/min (peso < 40 kg) OU 0,1 a 5 mcg/kg/min (peso > 40 kg), em infusão, IV/IO
Sulfato de magnésio	25 a 50 mg/kg, IV/IO, dose única máxima: 2 g
Terbutalina	Asma (mal asmático), hiperpotassemia – 0,1 a 10 mcg/kg/min, em infusão, IV/IO; considerar administração de uma dose de ataque de 10 mcg/kg, IV/IO, em 5 min – 10 mcg/kg, SC, a cada 10 a 15 min, até iniciar a infusão IV/IO (máx. 0,4 mg)

TABELA 5 SUPRIMENTOS DE RESSUSCITAÇÃO PEDIÁTRICA COM BASE NA FITA DE RESSUSCITAÇÃO CARDÍACA POR CORES

Equipamento	Rosa Recém-nascido/ lactente pequeno (3 a 5 kg)	Vermelho Lactente (6 a 9 kg)	Roxo Lactente grande (10 a 11 kg)	Amarelo Criança pequena (12 a 14 kg)	Branco Criança (15 a 18 kg)	Azul Criança (19 a 23 kg)	Laranja Criança grande (24 a 28 kg)	Verde Adulto (30 a 36 kg)
Bolsa de ressuscitação	Criança	Criança	Criança	Criança	Criança	Criança	Criança/adulto	Adulto
Máscara de O_2	Recém-nascido	Recém-nascido	Pediátrica	Pediátrica	Pediátrica	Pediátrica	Adulto	Adulto
Via aérea oral	Lactente/criança pequena	Lactente/criança pequena	Criança pequena	Criança	Criança	Criança/adulto pequeno	Criança/adulto pequeno	Adulto médio
Lâmina do laringoscópio (tamanho)	Reta 0 a 1	Reta 1	Reta 1	Reta 2	Reta ou curva 2	Reta ou curva 2	Reta ou curva 2 a 3	Reta ou curva 3
Tubo endotraqueal (mm)	Lactente prematuro 2,5 Lactente de termo 3 a 3,5 sem cuff	3,5 sem cuff	4 sem cuff	4,5 sem cuff	5 sem cuff	5,5 sem cuff	6 com cuff	6,5 sem cuff
Comprimento do tubo endotraqueal (cm na altura dos lábios)	10 a 10,5	10 a 10,5	11 a 12	12,5 a 13,5	14 a 15	15,5 a 16,5	17 a 18	18,5 a 19,5
Fio-guia (F)	6	6	6	6	6	14	14	14

(continua)

TABELA 5   SUPRIMENTOS DE RESSUSCITAÇÃO PEDIÁTRICA COM BASE NA FITA DE RESSUSCITAÇÃO CARDÍACA POR CORES (continuação)

Equipamento	Rosa Recém-nascido/ lactente pequeno (3 a 5 kg)	Vermelho Lactente (6 a 9 kg)	Roxo Lactente grande (10 a 11 kg)	Amarelo Criança pequena (12 a 14 kg)	Branco Criança (15 a 18 kg)	Azul Criança (19 a 23 kg)	Laranja Criança grande (24 a 28 kg)	Verde Adulto (30 a 36 kg)
Cateter de aspiração (F)	6 a 8	8	8 a 10	10	10	10	10	12
Cuff de PA	Recém-nascido/lactente	Recém-nascido/lactente	Lactente/criança	Criança	Criança	Criança	Criança/adulto	Adulto
Cateter IV (G)	22 a 24	22 a 24	20 a 24	18 a 22	18 a 22	18 a 22	18 a 20	16 a 20
Butterfly (G)	23 a 25	23 a 25	23 a 25	21 a 23	21 a 23	21 a 23	21 a 22	18 a 21
Sonda nasogástrica (F)	5 a 8	5 a 8	8 a 10	10	10	10	14 a 18	18
Sonda vesical	5 a 8	5 a 8	8 a 10	10	10	10	12	12
Pás externas para desfibrilação/cardioversão	Pás para lactentes	Pás para lactentes até 1 ano ou 10 kg	Pás para adultos quando ≥ 1 ano ou ≥ 10 kg	Pás para adultos	Pás para adultos	Pás para adultos	Pás para adultos	Pás para adultos
Dreno torácico (F)	10 a 12	10 a 12	16 a 20	20 a 24	20 a 24	24 a 32	24 a 32	24 a 32

Fonte: adaptada de Armstrong Medical Industries, 2011;[5] e modificada de Hazinski, 1999.[6]

26
Síncope

 O que é

É a perda temporária da consciência e da postura com recuperação espontânea. Ocorre em virtude da diminuição da perfusão cerebral em áreas responsáveis pela consciência, como o sistema reticular ascendente e o córtex cerebral.

 Como suspeitar

Durante o episódio, encontram-se:

- palidez;
- versão ocular para cima;
- bradicardia seguida de tônus postural;
- perda da consciência de curta duração.

O examinador deve pesquisar a etiologia da síncope e as condições associadas a risco de lesões importantes.

SÍNCOPE CARDIOGÊNICA

1. Decorre de arritmias ou doença cardíaca estrutural, como as valvulopatias e as cardiomiopatias.
2. É desencadeada por exercício físico, situações emocionais extremas e sono.
3. Seu reconhecimento é importante, dado o risco de morte súbita.

SÍNDROME DO QT LONGO

1. É caracterizada por um distúrbio na repolarização do miocárdio, com o alargamento do intervalo QT na eletrocardiografia (ECG) – intervalo QT corrigido (QTc) acima de 0,46 s.
2. Pode decorrer de patologias cardíacas como miocardites, prolapso mitral, distúrbios eletrolíticos e uso de entorpecentes.
3. Apresenta perda súbita de consciência durante o exercício ou experiência de estresse.
4. Durante o episódio de síncope, ocorrem várias arritmias cardíacas, como a fibrilação ventricular.
5. Pode ocorrer a recuperação em poucos minutos ou o paciente evoluir para óbito.

SÍNCOPE DE ETIOLOGIA NEUROCARDIOGÊNICA

Síncope vasovagal

1. Causa mais comum de síncope na infância, é responsável por 95% dos casos.
2. Em geral, é acompanhada por pródromo: alterações visuais, diaforese, tontura e náuseas.
3. Desencadeada por condições de aumento do tônus vagal e exacerbação no reflexo de Bezold-Jarisch (responsável pela manutenção da pressão arterial na posição ortostática): tosse, micção, evacuação, permanência em pé por longo período, dor, estresse emocional ou físico.
4. Pode ocorrer liberação do esfíncter urinário.
5. Ocorre recuperação da consciência em 2 a 3 min sem a permanência de déficits neurológicos focais.

Crise de perda de fôlego

1. As crises cianóticas são desencadeadas por medo, dor, angústias ou frustração.
2. Ocorre geralmente na faixa etária de 6 a 18 meses de idade.
3. Ocorre o choro e a criança prende a respiração na fase expiratória.
4. Seguem-se cianose, perda de consciência e do tônus muscular.
5. Pode ocorrer hipertonia após a crise.
6. Tem história familiar positiva e é benigna.

OUTRAS ETIOLOGIAS DE SÍNCOPE

Síncope por tosse

1. Ocorre em pacientes asmáticos.
2. Acontece após a criança dormir, em que o paroxismo de tosse acorda o paciente.
3. A criança apresenta-se agitada, com fácies pletórica e assustada.
4. Frequentemente ocorre liberação do esfíncter urinário.
5. A perda de consciência decorre de aumento da pressão intrapleural e diminuição do retorno venoso cardíaco.

Síncope metabólica

Pode ocorrer em pacientes diabéticos insulinodependentes, dada a hipoglicemia por uso inadequado de medicação, inadequação alimentar e hiperventilação em estados ansiosos.

O que pedir

Os exames são direcionados conforme a anamnese.

EXAMES GERAIS

1. Hemograma: verificar possibilidade de anemia grave.
2. Beta-hCG sérica: indicada na suspeita de gestação em adolescentes.

3. Glicemia: avaliar possibilidade de hipoglicemia.
4. ECG: avaliação inicial do ritmo cardíaco.
5. Análise toxicológica urinária: indicada para pacientes com alteração do nível de consciência.

EXAMES ESPECÍFICOS

1. Teste de esforço: indicado para quadros de síncope durante a atividade física.
2. *Tilt test*: pesquisa da síncope de etiologia autonômica.
3. Holter: pesquisa de arritmias.
4. Tomografia computadorizada (TC) de crânio e ressonância magnética (RM): indicadas para pacientes com alteração do nível de consciência após a queda ou com déficit neurológico focal.
5. Eletroencefalografia (EEG): indicada para achados neurológicos anormais e no diagnóstico diferencial com epilepsia.

Como tratar

1. A maioria das crianças com síncope não tem doença cardíaca estrutural ou arritmia, devendo-se evitar uma avaliação diagnóstica abrangente e invasiva.
2. A identificação da etiologia da síncope direciona o tratamento para afastar situações de risco de morte, como as síncopes de origem cardíaca.
3. Realizar o exame físico cuidadoso com aferição da pressão e frequência cardíaca em posição supina e ortostática.
4. Solicitar a realização de ECG para afastar a síndrome do QT longo e outras arritmias.
5. No caso da avaliação cardiológica normal, orienta-se a realização ambulatorial posterior do *tilt test* para pesquisa da síncope vasovagal.
6. Para a síncope vasovagal, recomendam-se:
    - orientar os pacientes quanto à percepção dos pródromos da síncope, como náuseas, sudorese em extremidades e tontura, para que possam se sentar ou permanecer em posição supina;

- ingestão adequada de sal (2 a 5 g de sal /dia) e abundante de água (1,5 a 2,5 L/dia) para prevenir a desidratação e a manutenção do volume intravascular;
- manobras isométricas para aumentar a pressão arterial: cruzar as pernas, assumir postura de cócoras;
- em casos refratários, pode-se utilizar fármacos que atuem no sistema nervoso autônomo, como: fludrocortisona, na dose de 0,1 mg/kg/dia, que é um mineralocorticoide atuante na reabsorção renal de sal e no aumento do volume intravascular; betabloqueadores, que previnem a bradicardia reflexa e a hipotensão – exemplo: atenolol (0,5 a 2 mg/kg/dia); e inibidores da recaptação de serotonina, que são efetivos também no alívio dos sintomas.
7. A terapêutica da síncope pela síndrome da crise de perda de fôlego objetiva a orientação familiar e a redução da frequência e da intensidade das crises. A maioria dos casos apresenta resolução espontânea.
8. Recomendam-se internação hospitalar e avaliação cardiológica sequencial para os pacientes com:
    - alteração na ECG;
    - doença cardíaca estrutural;
    - dor torácica associada a síncope;
    - estado neurológico alterado;
    - síncope associada ao esforço;
    - apneia e bradicardia;
    - história familiar de síncope e morte súbita.
9. Na síncope por tosse e metabólica, a terapêutica é direcionada, respectivamente, para a prevenção do broncoespasmo e das crises de hipoglicemia.

27
Corpo estranho em aparelho respiratório e digestivo

 O que é

Objeto ou substância encontrados em tecidos, órgãos ou aparelhos que não pertencem ao organismo em circunstâncias habituais. Em Pediatria, a aspiração e a ingestão de corpos estranhos ocorrem com frequência, em razão dos aspectos relativos ao desenvolvimento e à curiosidade inata na faixa etária de 1 a 3 anos.

 Como suspeitar

ASPIRAÇÃO DE CORPO ESTRANHO

1. Direciona-se a anamnese para a pesquisa de história recente de engasgo na alimentação.
2. As manifestações clínicas são dependentes da idade do paciente, da topografia e do tipo de objeto aspirado.
3. É comum a aspiração de pedaços de comida, em especial do grupo dos grãos, como amendoim. Menos de 15% são objetos radiopacos.

4. Em 33% dos casos, ocorre a tríade clássica de: tosse, diminuição dos ruídos adventícios e presença de sibilos.
5. Podem ocorrer também:
   - tosse;
   - desconforto respiratório;
   - estridor;
   - sensação de corpo estranho;
   - estertores crepitantes;
   - cianose.
6. Pode se localizar em diversas regiões do aparelho respiratório, sendo a mais comum o brônquio direito (58% dos casos). Os casos mais associados a morbidade e mortalidade são de laringe e traqueia (10% dos casos).

INGESTÃO DE CORPO ESTRANHO

1. De todos os casos, 60 a 70% localizam-se no nível de entrada torácica (músculo cricofaríngeo).
2. Achados clínicos variam com idade, natureza do objeto, tempo decorrido da ingestão e topografia do objeto.
3. No terço superior do esôfago, há a presença de:
   - salivação excessiva;
   - náuseas e vômitos;
   - odinofagia;
   - disfagia;
   - recusa alimentar;
   - dor na região cervical.
4. No terço médio e distal, ocorre desconforto retroesternal e epigástrico.
5. Nos corpos estranhos em topografia gástrica e intestinal, a maioria dos objetos (95%) no estômago segue sem complicação no trato gastrintestinal inferior; porém, podem ocorrer:
   - febre persistente;
   - dor abdominal;
   - náuseas e vômitos;
   - hematêmese;
   - melena.

ASPIRAÇÃO DE CORPO ESTRANHO

Exames gerais

1. Radiografia simples (Figura 1): para os objetos radiopacos e na fase inspiratória e expiratória, a fim de demonstrar retenção de ar do lado do corpo estranho, atelectasia ou consolidação pulmonar.

FIGURA 1   RADIOGRAFIA SIMPLES MOSTRANDO MOEDA NO ESÔFAGO. A. VISTA ANTEROPOSTERIOR. B. VISTA LATERAL.

Fonte: Kliegman *et al.*, 2007.[7]

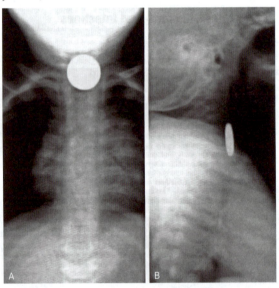

Exames específicos

1. Fluoroscopia: método menos utilizado, auxilia em casos de oclusão da via respiratória de maior calibre.
2. Broncoscopia: método diagnóstico e tratamento de eleição na suspeita clínica, sendo indicada mesmo com achados radiográficos negativos.

3. Tomografia computadorizada (TC) de tórax: pode ajudar na localização de corpos estranhos radiotransparentes.

INGESTÃO DE CORPO ESTRANHO

Exames gerais

1. Radiografia cervical anteroposterior e perfil do pescoço, tórax e abdome: utilizado para avaliação inicial e no caso da ingestão de objetos radiopacos.
2. Detectores de metal portáteis: têm utilização crescente para detecção de objetos de metal, como moedas.

Exames específicos

1. Endoscopia digestiva: indicada para pacientes sintomáticos e em casos de ingestão de objetos radiotransparentes, como ossos, plástico, vidro, alumínio.

 Como tratar

ASPIRAÇÃO DE CORPO ESTRANHO

1. O objetivo do tratamento é prevenir a obstrução total das vias aéreas e deve-se prover suporte da via aérea.
2. Permitir em casos em que a criança se encontra consciente e nas obstruções leves e moderadas de via aérea superior, em que a criança assume posição confortável.
3. Prover oxigênio e fornecer máscara não inalante, se possível.
4. Em casos de obstrução total ou grave da via aérea com dificuldade respiratória, realizar:
   - lactente < 1 ano: golpes nas costas e compressões torácicas;
   - ≥ 1 ano: compressões abdominais.
5. Nas crianças inconscientes e com obstrução grave e total da via aérea superior:
   - realizar a elevação da mandíbula ou inclinação da cabeça e elevação do queixo;

- remover qualquer objeto visível;
- nunca realizar a varredura às cegas, pois pode-se deslocar ainda mais o objeto;
- prover ventilação com bolsa-valva-máscara;
- iniciar as manobras de reanimação cardiopulmonar (cessar os golpes nas costas e as compressões abdominais, uma vez que as compressões torácicas podem ajudar a deslocar o corpo estranho).
6. Realizar entubação endotraqueal, se indicada, e acionar atenção especializada, serviço de anestesia e broncoscopia.
7. Nos casos com história positiva e pacientes assintomáticos com estudo radiográfico normal, realizar seguimento ambulatorial por 2 a 3 dias e repetir a radiografia no surgimento de sintomatologia.

INGESTÃO DE CORPO ESTRANHO

1. A terapêutica usual para a remoção do corpo estranho esofágico é a sua visualização e retirada endoscópica.
2. É uma urgência médica a retirada de corpos estranhos:
    - pontiagudos (agulhas, alfinetes e grampos);
    - baterias em formato discoide e pilhas (risco de vazamento de conteúdo e lesão da mucosa esofágica).
3. Nos casos assintomáticos, de objetos pequenos, redondos, não corrosivos e não pontiagudos, pode-se considerar 24 h de observação clínica.
4. Para alguns objetos rombudos, pode-se utilizar a técnica fluoroscópica da sonda de Foley:
    - a sonda é introduzida pelo nariz além do objeto;
    - o balão é inflado e o corpo estranho trazido até a boca para expectoração ou empurrado até o estômago;
    - não utilizar a técnica para objetos impactados por 3 a 5 dias.
5. Para os objetos no estômago e no intestino, a conduta usualmente é expectante, uma vez que eles chegam ao intestino em 4 a 6 dias, podendo levar também 3 a 4 semanas.
6. Orientar os pais para:
    - não utilizar catárticos intestinais;
    - manter a dieta habitual do paciente;
    - retornar imediatamente para reavaliação clínica na presença de hematêmese, melena, dor abdominal e febre persistente.

7. Deve-se retirar via endoscópica os objetos que correm risco de reações químicas locais ou não ultrapassar o piloro, como:
   - os maiores que 5 cm de diâmetro e 2 cm de espessura;
   - os pontiagudos;
   - as baterias e pilhas.
8. Realizar acompanhamento radiográfico de 3 a 5 dias nos casos de trânsito.
9. Nos corpos estranhos não visualizados na radiografia, realizar observação clínica. Em pacientes sintomáticos, realizar endoscopia para excluir objeto radiotransparente.
10. Para objetos colocados no reto, são necessárias:
    - sedação do paciente para promover relaxamento esfinctérico;
    - retirada do objeto via endoscópica ou especular.

28
Síndrome da morte súbita do lactente

 O que é

Trata-se da morte repentina de um lactente menor de 1 ano, que é inesperada pela história clínica e inexplicada pela autópsia e pela investigação do local do evento. A maioria dos casos ocorre entre lactentes no período neonatal com 6 meses de idade, com pico de incidência entre o 2º e o 4º mês de vida.

 Como suspeitar

A possibilidade da ocorrência do evento é maior em:

- sexo masculino;
- sono em posição prona;
- idade de 2 a 4 meses;
- prematuros;
- lactentes com hipóxia e restrição do crescimento intrauterino;
- negros e indígenas;

- patologia febril recente;
- exposição pré-natal e pós-natal ao tabagismo;
- sono sobre superfícies macias, como travesseiros e colchões;
- lactentes que dormem com os genitores e irmãos na mesma cama;
- período do inverno.

Há aumento de risco em lactentes com mães:

- tabagistas;
- alcoólatras;
- usuárias de cocaína e heroína;
- desnutridas;
- de baixo nível socioeconômico e cultural;
- com pré-natal incompleto;
- com período intergestacional curto, com aumento da alfafetoproteína sérica no 2º trimestre.

Para o diagnóstico, sempre excluir as causas explicáveis de morte inesperada, como anomalias congênitas, abuso infantil, infecções e contaminação alimentar pela neurotoxina do *Clostridium botulinum*.

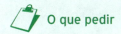

O que pedir

1. Revisar sempre a história medicamentosa e inquerir sobre o local do falecimento.
2. Não existem achados patognomônicos da autópsia; porém, no exame anatomopatológico, são comuns petéquias intratorácicas, congestão e edema do trato respiratório, glicose do tronco cerebral e aumento da hematopoese hepática.

Como tratar

Segundo as diretrizes da American Academy of Pediatrics, para reduzir o risco da síndrome da morte súbita do lactente (SMSL), orientam-se:

1. Colocar lactentes pré-termo e a termo para dormir em posição supina, evitando-se a lateral e a prona.
2. Realizar o sono sobre colchão firme, evitando superfícies macias e fofas.
3. Colocar os lactentes para dormir no mesmo dormitório que os pais, mas em berço próprio.
4. Evitar materiais leves e macios perto dos lactentes, como brinquedos de pelúcia e almofadas.
5. Ensinar os pais como vestir adequadamente o lactente, evitando roupas em excesso.
6. Realizar a oximetria e a monitoração cardiorrespiratória domiciliar em casos selecionados de pacientes instáveis, embora não haja evidência da redução do risco da SMSL com esse cuidado.
7. Evitar a exposição ao tabagismo passivo dos lactentes e encorajar a abstenção deste durante e após o período gestacional.
8. Desencorajar o uso de mel no 1º ano de vida, dada a possibilidade de contaminação com a bactéria *Clostridium botulinum* e o risco de morte súbita.
9. Direcionar profissionais de saúde ligados à puericultura para identificar grupos com alto risco de SMSL na comunidade e orientá-la sobre fatores ambientais e individuais que predispõem ao desencadeamento da síndrome.

29
Maus-tratos infantis – abuso físico

 O que é

Utilização da força física de modo intencional, de característica não acidental por parte dos pais ou responsáveis, com o objetivo de lesionar, ferir ou até mesmo provocar a morte da criança ou adolescente. O ato pode resultar ou não em marcas evidentes. Corresponde a 25% dos casos de maus-tratos infantis.

 **Como suspeitar**

NA ANAMNESE

Atraso em procurar atendimento médico ou história discrepante ou ausente.

NA ATITUDE DO PACIENTE

1. Em posição de defesa: encolher-se e proteger o rosto e fechar os olhos.

2. Com comportamento extremo de apatia ou agressividade, isolamento.
3. Com choro frequente e irritabilidade sem causa aparente.

NO EXAME FÍSICO GERAL DE LESÕES

1. Incompatíveis com a idade ou o desenvolvimento psicomotor da criança.
2. Múltiplas em várias partes do corpo ou bilaterais.
3. Em diferentes estágios de evolução, sugerindo traumas sequenciais.

NO EXAME FÍSICO ESPECÍFICO

1. Cabeça e pescoço: pesquisar lacerações de boca e língua resultantes da alimentação forçada, equimoses ou abrasões, sinais de trauma craniano (hematoma subdural), verificar presença de deformidades na orelha pelos puxões (orelha "em lata").
2. Olhos: presença de lesão binocular ou hemorragia retiniana sem comprometimento de outra região da face.
3. Tórax: mecanismo de agressão usualmente por socos, pontapés ou aceleração e desaceleração resultando em hemotórax ou pneumotórax decorrente da fratura de costela.
4. Abdome: agressões direcionadas a essa região podem resultar na síndrome do abdome agudo.
5. Ossos e tecidos moles: pesquisar fraturas múltiplas e bilaterais em diferentes estágios de consolidação ou a presença de fraturas espiraladas.
6. Pele e anexos: envolvimento de áreas cobertas do corpo, como nádegas, região interna da coxa, genitais, extensões do dorso e áreas laterais, e presença de queimaduras em formato numular em mãos ou pés ou por escaldadura em nádegas, pés e mãos.

O que pedir

EXAMES GERAIS

1. Hemograma.
2. Urina tipo I: indicada no trauma abdominal.
3. Coagulograma.

4. Creatinofosfoquinase (CPK): em geral, aumentada nos traumas.
5. Amilase, transaminases e gamaglutamiltransferase – indicadas no traumatismo abdominal.
6. Exame radiológico completo: obrigatório em menores de 2 anos e pacientes não comunicantes para investigar fraturas antigas e associadas. No caso de exame radiológico negativo, repetir a radiografia em 7 a 10 dias para verificar o surgimento do calo ósseo nesse período.
7. Realizar em múltiplas incidências: crânio, coluna cervical, torácica, lombar, cintura escapular, tórax, pelve, membros superiores e inferiores.

EXAMES ESPECÍFICOS

São direcionados conforme a suspeita clínica:

1. Amostra sanguínea e urinária para pesquisa toxicológica.
2. Ultrassonografia (US): transfontanelar ou abdominal.
3. Tomografia computadorizada (TC) de crânio, tórax ou abdome.
4. Ressonância magnética (RM).

Como tratar

1. Garantir um ambiente preservado e acolhedor para o atendimento da vítima.
2. Evitar questionamentos excessivos ou que a vítima repita a mesma narrativa diversas vezes para não ampliar seu sofrimento.
3. Transcrever no prontuário exatamente as palavras da criança ou do adolescente, evitando interpretações subjetivas e um pré-posicionamento.
4. Informar o paciente de todos os procedimentos que serão realizados.
5. Providenciar, se possível, avaliação simultânea do perito do Instituto Médico-legal.
6. No caso de lesões leves e sem risco de revitimização no retorno para casa, realizar relatório médico, social e/ou psicológico e notificar obrigatoriamente o Conselho Tutelar da localidade da vítima.
7. Na ausência de conselho, relatar à Vara da Infância e da Juventude.

8. A confirmação da suspeita de violência ou identificação do agressor fica a cargo dos órgãos de proteção legal.
9. São critérios de internação hospitalar:
    - presença de lesões graves e com risco de morte;
    - proteção do bem-estar biopsicossocial da criança e do adolescente e risco de revitimização.

30
Sequência rápida de entubação

 O que é

Administração de medicamentos previamente à entubação traqueal de emergência para minimizar ou evitar suas respostas fisiológicas.

Sua utilização facilita a laringoscopia, a passagem do tubo endotraqueal e previne o risco de aspiração pulmonar.

 Como suspeitar

A sequência rápida de entubação (SRE) é indicada para pacientes que necessitem de entubação traqueal e estejam com quadro clínico de:

- desconforto respiratório com possível evolução para insuficiência respiratória;
- traumatismo craniano com Glasgow menor que 8;
- estado de mal convulsivo;
- asma grave;

- necessidade de elevados picos de pressão inspiratória ou pressão expiratória final positiva para manter as trocas gasosas alveolares;
- hipertensão intracraniana;
- intoxicação medicamentosa;
- ausência de reflexos protetores de vias aéreas, como tosse ou vômito.

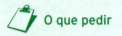

O que pedir

Para sua realização, são necessários:

- radiografia de tórax;
- oximetria de pulso;
- monitor de eletrocardiografia (ECG) e pressão arterial;
- capnografia para monitoração do CO_2 expirado;
- sonda de grosso calibre para aspiração de secreções;
- laringoscópio com lâminas retas e curvas.

TABELA 1   LÂMINAS DE LARINGOSCÓPIO CONFORME A FAIXA ETÁRIA

Laringoscópio	Tamanho
Recém-nascido	0
Lactente	1
Pré-escolar	2
Escolar	3

TABELA 2   TAMANHO DA CÂNULA ENDOTRAQUEAL CONFORME A FAIXA ETÁRIA

Cânulas	Tamanho
Sem *cuff*	Idade/4+4
Com *cuff*	Idade/4+3,5
Prematuros	2,5 a 3
Recém-nascido	3
Lactente até 6 meses	3,5 a 4
Lactente de 6 a 12 meses	4 a 4,5

Como tratar

O procedimento da SRE divide-se em etapas:

1. Preparação e avaliação do paciente: verificam-se a via aérea do paciente, a abertura da boca, a mobilidade das mandíbulas e a articulação temporomandibular.
   - AMPLE: regra mnemônica para **a**lergias, **m**edicações, **p**assado médico, **l**íquidos e última refeição e **e**ventos relacionados;
   - Preparação: equipamentos, medicamentos e pessoal.
2. Pré-oxigenação: oxigênio a 100% por 3 min para aumentar a saturação de hemoglobina.
3. Pré-medicação: medicamentos adjuvantes para minimizar a resposta fisiológica associada à entubação em conjunto com a analgesia.

TABELA 3   DROGAS UTILIZADAS NA SEQUÊNCIA RÁPIDA DE ENTUBAÇÃO

Medicamento	Posologia	Indicação	Modo de ação	Dose máxima
Lidocaína	1 a 2 mg/kg Administrar 2 a 5 min da SRE	Traumatismo craniano PIC aumentada	Diminui os reflexos de tosse e vômito Diminui a PIC associada à entubação	100 mg
Atropina	0,02 mg/kg IV administrada 1 a 2 minutos antes da ET Duração do efeito de até 30 min	Recomendado para menores de 1 ano de idade	Reduz os efeitos colaterais da estimulação vagal pela laringoscopia	1 mg
Fentanil	2 a 4 mcg/kg por 2 a 3 min; duração: 30 a 60 min	Início rápido, curta ação, reversível, relativa estabilidade hemodinâmica	Promove sedação e analgesia	100 mcg

SRE: sequência rápida de entubação; PIC: pressão intracraniana; IV: intravenoso; ET: entubação traqueal.

4. Paralisar e sedar: os bloqueadores neuromusculares e sedativos mais utilizados para SRE são descritos nas Tabelas 4 e 5.

TABELA 4 BLOQUEADORES NEUROMUSCULARES

Medicamento	Posologia	Início de ação e duração	Benefícios	Efeitos colaterais
Succinilcolina	1 a 1,5 mg / kg IV Dobrar a dose se via IM	15 a 30 s	Ação rápida e duração ultracurta	Fasciculações musculares, rabdomiólise, aumento da PIC
Rocurônio	0,6 a 1,2 mg/ kg IV	60 s Duração: 30 a 60 min	Mínimo efeito cardiovascular	Prolongado efeito em caso de insuficiência hepática
Vecurônio	0,1 a 0,2 mg/kg IV/IM	Início 1 a 3 min Duração: 30 a 40 min	Pequena liberação de histamina, pouco efeito cardiovascular	Início lento e longa duração

PIC: pressão intracraniana; IV: intravenoso; IM: intramuscular.

TABELA 5 SEDATIVOS

Medicamento	Posologia	Início de ação e duração	Benefícios	Efeitos colaterais
Midazolam	0,1 a 0,4 mg/kg IV ou IM 0,5 1 mg/kg VR	1 a 5 min Duração: 20 a 30 min	Início rápido, curta ação, reversível com fumazenil	Depressão respiratória, hipotensão, bradicardia
Cetamina	1 a 4 mg/kg IV 3 a 4 mg/kg IM	1 a 2 min Duração: 10 a 30 min	Anestésico dissociativo de início rápido	Laringoespasmo, aumento da PIC, alucinações
Propofol	1 a 3 mg/kg IV	30 a 60 s Duração: 5 a 10 min	Indutor anestésico e sedativo	Dor durante a aplicação e hipotensão
Etomidato	0,3 mg/kg IV	10 a 20 s Duração: 4 a 10 min	Sedativo e hipnótico de ação ultracurta, estabilidade hemodinâmica	Pode causar mioclonias Contraindicado em menores de 10 anos de idade

IV: intravenoso; IM: intramuscular; VR: via retal; PIC: pressão intracraniana.

5. Proteção de via aérea, posicionamento e entubação traqueal:
   - posicionar o paciente em decúbito dorsal em superfície firme com cabeça em posição levemente estendida;
   - abrir a boca do paciente com o polegar e o dedo indicador e projetar a mandíbula anteriormente;
   - visualizar a glote;
   - introduzir a lâmina do laringoscópio pelo canto direito da boca, entre as pregas vocais;
   - mover a língua para cima e para a esquerda;
   - tracionar o laringoscópio em sentido anterossuperior;
   - por meio de visualização direta, inserir a cânula traqueal pelo canto direito da boca, entre as pregas vocais.

FIGURA 1   ENTUBAÇÃO OROTRAQUEAL E TÉCNICA DE SEQUÊNCIA RÁPIDA.

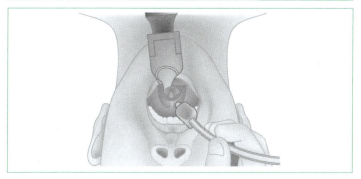

6. Confirmação da entubação orotraqueal:
   - visualização direta da cânula traqueal na laringe e presença de vapor de água durante a expiração;
   - exame físico: visualização da expansibilidade torácica e ausculta do murmúrio vesicular;
   - radiografia de tórax;
   - oximetria de pulso;
   - capnografia.
7. Pós-entubação e manejo:
   - fixar a cânula traqueal;
   - iniciar a ventilação mecânica;
   - reavaliar os sinais vitais do paciente;
   - reavaliar a sedação e o bloqueio neuromuscular.

31
Síndrome escrotal aguda

 O que é

Urgência urológica caracterizada por dor escrotal de início agudo decorrente da torção do cordão espermático.

 Como suspeitar

1. Dor de início agudo de forte intensidade na região escrotal unilateral.
2. Possível presença de dor abdominal, vômitos ou febre.
3. Antecedente de trauma escrotal menor.

Ao exame físico, observam-se:

- dor;
- edema;
- hiperemia;
- aumento de volume testicular;
- testículo em topografia mais alta e em orientação transversa;

- abolição do reflexo cremastérico: estimulando a parte interna da coxa, há contração do cremaster e elevação do testículo do mesmo lado;
- sinal de Prehn: melhora do quadro álgico quando o testículo afetado é elevado em direção ao abdome.

FIGURA 1   ANATOMIA NORMAL E TORÇÃO DE TESTÍCULO.

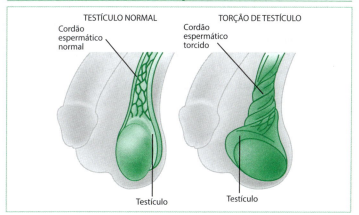

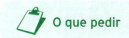

O que pedir

Os exames auxiliares não devem retardar a conduta terapêutica:

1. Urina 1: afasta a suspeita de epididimite.
2. Exame ultrassonográfico com Doppler: altas especificidade e sensibilidade, especialmente em pacientes pós-púberes.
3. Cintilografia com radioisótopos com tecnécio: útil no diagnóstico de epididimite e torção de testículo.

Como tratar

1. Realizar a exploração cirúrgica em qualquer paciente com massa escrotal dolorosa caso o diagnóstico de certeza não possa ser estabelecido.

2. Realizar a incisão na rafe mediana e abordar o lado comprometido.
3. O testículo afetado é distorcido e envolto com compressas com soro fisiológico morno.
4. Uma vez que a condição anatômica que levou à torção é bilateral, o testículo contralateral é fixado com fios não absorvíveis em estruturas paratesticulares em pelo menos 3 locais.
5. A orquiectomia é realizada em casos com mais de 8 h de torção, sem sangramento após a incisão vaginal e sem fluxo na ultrassonografia com Doppler.
6. Havendo grau de reperfusão, deve-se realizar a orquidopexia.
7. Ocorre liberação de radicais livres durante o fenômeno de isquemia e reperfusão. Ensaia-se o uso de antioxidantes para proteger o tecido gonadal.

32
Acidentes ofídicos

 O que são

Os acidentes por serpentes são importante causa de morbidade no atendimento de emergência.

Destacam-se com maior importância epidemiológica os gêneros Bothrops, Crotalus e Micrurus (elapídico).

Em pacientes pediátricos, a gravidade é maior que em adultos. Apesar da quantidade de veneno inoculado ser a mesma, sua concentração de fração livre é maior nos órgãos-alvo.

 Como suspeitar

A captura e a identificação do animal são auxiliares no diagnóstico.

TABELA 1 MECANISMO FISIOPATOLÓGICO DOS VENENOS

Tipo de veneno	Mecanismo fisiopatológico dos venenos					
	Inflamatório aguda	Hemorrágico	Coagulante	Neurotóxico	Miotóxico
Botrópico (jararaca)	+++	+++	+++	–	–
Crotálico (cascavel)	–	–	++	++++	+++
Micrurus (coral-verdadeira)	–	–	–	++++	–

TABELA 2 MANIFESTAÇÕES CLÍNICAS DE ACORDO COM O TIPO DE VENENO

Tipo de veneno	Manifestações clínicas	
	Locais	Sistêmicas
Botrópico (jararaca)	Dor, edema, equimoses, sangramento, infarto ganglionar	Epistaxe, hematêmese, hematúria, sudorese, choque
Crotálico (cascavel)	Dor, edema e parestesias	Urina escura (mioglobinúria), dores musculares, coagulopatia, fácies miastênica, diplopia
Micrurus (elapídico – coral-verdadeira)	Parestesias, vômitos, ptose palpebral, mialgia	Paralisia da musculatura respiratória

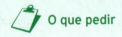

O que pedir

1. Hemograma: pode demonstrar leucocitose com desvio à esquerda ou plaquetopenia em casos de venenos botrópicos.
2. Velocidade de hemossedimentação (VHS): geralmente elevada nas primeiras horas.
3. Tempo de coagulação: importante para acompanhamento da evolução dos casos. Normal: até 10 min; alterado: de 10 a 30 min; incoagulável: acima de 30 min.
4. Creatinofosfoquinase (CPK) e desidrogenase lática (DHL): aumentadas se lesão muscular no acidente crotálico.
5. Urina 1: podem ocorrer proteinúria, hematúria ou leucocitúria.
6. Eletrólitos: solicitar conforme indicação clínica.
7. Ureia e creatinina: detecção de insuficiência renal aguda.
8. Eletrocardiografia (ECG): pode demonstrar taquicardia ou bradicardia sinusal, extrassístoles ou bloqueio de ramo.

Como tratar

1. Caso possível, capturar o animal.
2. Evitar movimentação excessiva para não acentuar a circulação do veneno.
3. Sucção de ferida exposta após incisão local pode ser perigosa.
4. Realizar limpeza e assepsia local.
5. Drenagem postural do segmento envolvido.
6. Aliviar a dor. Uso de analgesia comum (p. ex., dipirona). Em caso de dor intensa, recomenda-se utilizar morfina.
7. Realizar suporte cardiorrespiratório e corrigir distúrbios eletrolíticos e acidobásicos.
8. Manter a diurese entre 1 e 2 mL/kg/h.
9. Antibioticoterapia: cefalosporina de 2ª ou 3ª geração. Caso haja suspeita de anaeróbicos, utilizar clindamicina ou metronidazol.
10. Realizar debridamento e drenagem de abscessos.
11. Atualização de vacinação antitetânica.

TABELA 3   TRATAMENTO ESPECÍFICO PARA ACIDENTE BOTRÓPICO, CROTÁLICO E ELAPÍDICO

Botrópico				
Quadro clínico	Manifestações locais	Manifestações sistêmicas	Alterações laboratoriais	Tratamento específico
Leve	Dor, edema e eritema discretos	Ausentes	Tempo de coagulação normal ou alterado	2 a 4 ampolas de SAB ou SABC EV
Moderado	Edema, eritema de maior abrangência	Ausentes ou hemorragias	Tempo de coagulação normal ou alterado	4 a 8 ampolas de SAB ou SABC EV
Grave	Equimoses, bolhas e necrose	Hipotensão, choque e insuficiência renal aguda	Tempo de coagulação normal ou alterado. Alteração de função renal	12 ampolas de SAB ou SABC EV
Crotálico				
Leve	Nenhuma/ edema ou parestesia discreta	Fácies miastênica discreta - mialgia discreta ou ausente	Tempo de coagulação normal ou alterado	5 ampolas de SAC ou SABC EV

(continua)

TABELA 3 TRATAMENTO ESPECÍFICO PARA ACIDENTE BOTRÓPICO, CROTÁLICO E ELAPÍDICO *(continuação)*

Quadro clínico	Manifestações locais	Manifestações sistêmicas	Alterações laboratoriais	Tratamento específico
Moderado	Nenhuma/edema ou parestesia discreta	Fácies miastênica: evidente mialgia	Tempo de coagulação normal ou alterado	10 ampolas de SAC ou SABC EV
Grave	Nenhuma/edema ou parestesia discreta	Fácies miastênica: evidente mialgia, oligúria, anúria, insuficiência respiratória	Tempo de coagulação normal ou alterado Alteração de função renal	20 ampolas de SAC ou SABC EV

SAB: soro antibotrópico; SABC: soro antibotrópico-crotálico; SAC: soro anticrotálico; EV: endovenoso.

ELAPÍDICO (MICRURUS – CORAL-VERDADEIRA)

1. 10 ampolas de soro antielapídico (SAE) EV. Os acidentes com manifestações clínicas como mialgia ou fácies miastênica são considerados graves.
2. Utilização de anticolinesterásicos: neostigmina é indicada em casos de envenenamento grave e na reversão das manifestações clínicas respiratórias.

33
Hérnia inguinal

 O que é

Abaulamento da região inguinal pela passagem de estruturas intra-abdominais (omento, alças intestinais) para a região inguinoescrotal relacionado ao aumento da pressão intra-abdominal, como choro, tosse ou evacuação.

 **Como suspeitar**

TABELA 1   CLASSIFICAÇÃO DAS HÉRNIAS INGUINAIS

Localização	Quadro clínico	Consistência	Redutibilidade
Hérnia inguinal ou inguinoes-crotal não complicada	Abaulamento de região inguinal durante o choro Redução espontânea com o repouso Redução com leve compressão do anel inguinal externo	Elástica	Redutível e indolor

(continua)

TABELA 1   CLASSIFICAÇÃO DAS HÉRNIAS INGUINAIS *(continuação)*

Localização	Quadro clínico	Consistência	Redutibilidade
Hérnia inguinal ou inguino-escrotal encarcerada	Presença de intensa dor à palpação e sinais inflamatórios Não ocorre redução espontânea Parada na eliminação de fezes e gases	Endurecida	Irredutível
Hérnia inguinal ou inguino-escrotal estrangulada	Comprometimento do estado geral Comprometimento da vascularização local Sinais de abdome agudo Hiperemia local	Edema local	Irredutível

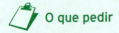

O que pedir

ROTINA PRÉ-OPERATÓRIA

1. Hemograma.
2. Coagulograma.

O exame físico geralmente é suficiente, porém pode ser complementado pela ultrassonografia de região inguinal em casos não complicados.

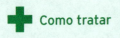

Como tratar

As hérnias inguinais devem ser operadas logo depois que o diagnóstico é realizado pelo risco de encarceramento, principalmente nos primeiros meses de vida.

1. Hérnia inguinal ou inguinoescrotal não complicada: cirurgia eletiva.
2. Hérnia inguinal ou inguinoescrotal encarcerada: com tempo de encarceramento de até 12 h, indica-se a redução manual (dedos indicador e polegar de uma mão fixam o anel inguinal externo enquanto

a mão contralateral comprime o saco herniário para esvaziá-lo) com o paciente sedado em posição de Trendelemburg:
- após a redução da hérnia, indica-se a correção cirúrgica depois de 24 h;
- neste período, ocorre a reabsorção do edema no nível do canal inguinal;
- a exploração cirúrgica imediata está indicada no insucesso da redução manual pelo risco da isquemia da alça.

FIGURA 1 HÉRNIA ENCARCERADA.

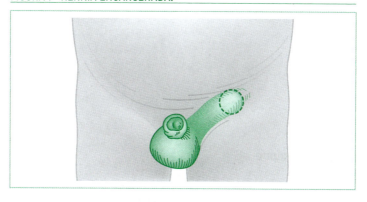

3. Hérnia estrangulada: irredutível, com indicação cirúrgica imediata.

34
Contracepção de emergência na adolescência

 O que é

Define-se contracepção de emergência (CE) como uma medicação ou dispositivo utilizados para prevenir uma gestação após uma relação sexual desprotegida (incluídos casos de violência sexual) ou após uma falha contraceptiva reconhecida. O uso da CE tem como objetivo ser um método de apoio para uso ocasional, e não um método regular de contracepção.

Na adolescência, qualquer método anticoncepcional é preferível a uma gestação indesejada e/ou ao aborto e suas consequências.

QUANDO INDICAR

A CE é indicada para qualquer paciente em risco para uma gestação indesejada resultante de um episódio identificado de falha contraceptiva ou relação sexual desprotegida.

TABELA 1 INDICAÇÕES POTENCIAIS PARA O USO DE CE

Falta de uso de contraceptivo durante o coito
Falha mecânica do preservativo masculino (rotura, deslizamento ou vazamento)
Deslocamento, rotura ou uso incorreto do diafragma, do capuz cervical ou da camisinha feminina
Falha do comprimido ou do espermaticida em dissolver antes da relação
Erro na prática do coito interrompido
Esquecimento de contraceptivos orais (qualquer esquecimento de 2 pílulas consecutivas)
Esquecimento de contraceptivos orais contendo apenas progestogênio (um ou mais)
Expulsão total ou parcial de um dispositivo intrauterino
Exposição a agente teratogênico potencial (como isotretinoína ou talidomida se não estiver usando contraceptivo)
Atraso na aplicação de um contraceptivo injetável (> 2 semanas para uma formulação contendo apenas progestogênio, como o acetato de medroxiprogesterona de depósito) ou > 3 dias para injetáveis combinados com estrogênio e progesterona
Violência sexual

Fonte: Grimes e Raymond, 2002.[8]

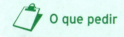

O que pedir

Nenhum exame clínico ou teste de gravidez é necessário antes do uso da CE.

Como tratar

O momento do uso da CE oral influencia sua efetividade. A CE deve ser utilizada dentro de 120 h (5 dias) do acidente contraceptivo. A eficácia é decrescente se utilizada após este período.

A dose da CE deve ser repetida entre 1 e 2 h caso ocorram vômitos neste período. A administração vaginal é outra opção para mulheres com quadro grave de vômitos.

Após o uso da CE hormonal, as menstruações geralmente ocorrem 1 semana antes ou depois do período esperado. Caso ocorra atraso de mais de 1 semana ou se a menstruação esperada tiver um fluxo bem menor que o habitual, deve ser realizado o teste de gravidez.

A CE pode ser utilizada mais de 1 vez durante o mesmo ciclo menstrual se necessário, embora sempre seja recomendada uma forma regular de contracepção.

Como a CE hormonal pode postergar a ovulação, tornando a paciente vulnerável a uma gestação em uma fase mais tardia do ciclo, as pacientes devem ser aconselhadas a iniciar um método regular de contracepção imediatamente após o uso da CE.

TABELA 2 EXEMPLOS DE NOMES COMERCIAS DE MEDICAMENTOS DISPONÍVEIS NO BRASIL PARA CE

Tipo de medicamento	Nome comercial	Laboratório	Posologia	Pílulas por dose	Etinilestradiol por dose (mcg)	Levonorgestrel por dose (mg)
Pílulas contendo apenas progestogênio DOSE ÚNICA	Postinor Uno®	Ache	Tomar uma pílula em dose única	1	0	1,5
	Pozato Uni®	Libbs				
Pílulas contendo apenas progestogênio 2 DOSES	Postinor 2®	Ache	Duas doses com intervalos de 12 h	1	0	0,75
	Pilem®	União Química				
	Pozato®	Libbs				
	Nogravide®	Hebron				
	Minipil 2-Post®	Sigma Pharma				
	Diad®	Simed				
	Poslov®	Cifarma				
	Prevyol®	Legrand/ Sigma Pharma				

(continua)

TABELA 2   EXEMPLOS DE NOMES COMERCIAS DE MEDICAMENTOS DISPONÍVEIS NO BRASIL PARA CE *(continuação)*

	Nome comercial	Laboratório	Posologia	Pílulas por dose	Etinilestradiol por dose (mcg)	Levonorgestrel por dose (mg)
Pílulas combinadas de estrogênio e progesterona BAIXA DOSE	Nordete®	Wyeth	1ª dose: 4 comp. logo que possível 2ª dose: 4 comp. 12 h após a 1ª dose	4	120	0,60
	Microvlar®	Bayer-Schering				
	Levordiol®	Sigma Pharma				
Pílulas combinadas de estrogênio e progesterona MÉDIA DOSE	Neovlar®	Bayer-Schering	1ª dose: 2 comp. logo que possível 2ª dose: 2 comp. 12 h após a 1ª dose	2	100	0,50
	Evanor®	Wyeth				
	Normamor	União Química				

Bibliografia

REFERÊNCIAS BIBLIOGRÁFICAS

1. Lopes AC, Reibscheid S, Szejnfeld J. Abdome agudo: clínica e imagem. São Paulo: Atheneu, 2004.
2. Aehlert BJ. PALS – Suporte avançado de vida em pediatria: guia de estudo. 3. ed. Rio de Janeiro: Elsevier, 2014.
3. De Paulis M. Afogamento. In: Gilio AE, Grisi SJFE, Bousso A, De Paulis M (eds.). Urgências e emergências em pediatria geral – Hospital Universitário da Universidade de São Paulo. São Paulo: Atheneu, 2015. p.531-32.
4. Horita SM, Mekitarian Filho E, Fernades ICO. Intoxicações agudas. In: Gilio AE, Grisi SJFE, Bousso A, De Paulis M (eds.). Urgências e emergências em pediatria geral – Hospital Universitário da Universidade de São Paulo. São Paulo: Atheneu, 2015. p.554.
5. Armstrong Medical Industries. Broselow™ Pediatric Resuscitation System. Lincolnshire, 2011.
6. Hazinski MF (ed.). Manual of pediatric critical care. St. Louis: Mosby-Year Book, 1999.
7. Kliegman RM, Behrman RE, Jenson HB, Stanton BMD. Nelson textbook of pediatrics. 18.ed. Philadelphia: Saunders, 2007.
8. Grimes DA, Raymond EG. Emergency contraception. Ann Intern Med 2002; 137(3):180-9.

BIBLIOGRAFIA

1. Abramovici S, Souza RL. Abordagem em criança politraumatizada. J Pediatr (Rio J) 1999; 75(Suppl.2):S268-78.
2. Abramovici S, Waksman R. Abordagem à criança vítima de trauma. Disponível em: www.sbp.com.br/img/documentos/doc_abordagem_trauma.pdf.

3. ACOG Practice Bulletin. Clinical Management Guidelines for Obstetrician-Gynecologists, Number 69, December 2005 (replaces Practice Bulletin Number 25, March 2001). Emergency contraception. Obstet Gynecol 2005; 106:1443-52.
4. Aehlert BJ. PALS – Suporte avançado de vida em pediatria: guia de estudo. 3. ed. Rio de Janeiro: Elsevier, 2014. p.176; 214-9.
5. Affonseca C, Carvalho L. Protocolo de intubação em sequência rápida em pediatria. In: Souza FC, Mendonça VFM, Garcia GF (orgs.). Protocolos clínicos. Belo Horizonte: FHEMIG, 2008. p.171-85.
6. Agertt F, Antoniuk SA, Bruck I, Santos LC. Treatment status epilepticus in children revision and proposal of protocol. J Epilepsy Clin Neurophysiol 2005; 11(4):183-8.
7. Agrawal J, Poudel P, Shah GS, Yadav S, Chaudhary S, Kafle S. Recurrence risk of febrile seizures in children. J Nepal Health Res Counc 2016; 14(34):192-6.
8. Akcora B, Celikkaya ME, Ozer C. Bronchoscopy for foreign body aspiration and effects of nebulized albuterol and budesonide combination. Pak J Med Sci 2017; 33(1):81-5.
9. Allen RH, Goldberg AB. Emergency contraception: a clinical review. Clinical Obstetrics And Gynecology 2007; 50(4):927-36.
10. American College of Radiology. Medical Specialty Society. Head trauma. 1996 (revised 2006). 12 p.
11. American College of Surgeons. Advanced Trauma Life Support Course. Chicago: ACS, 2005.
12. American Heart Association. PALS provider manual. Chicago: AHA, 2003.
13. Baumann R. Febrile seizures. Departments of Neurology and Pediatrics, University of Kentucky Medscape's Continually Updated Clinical Reference, 2010. Lexington: University of Kentucky, 2010.
14. Berg MD, Schexnayder SM, Chameides L, Terry M, Donoghue A, Hickey RW et al. Part 13: pediatric basic life support: 2010 American Heart Association Guidelines for Cardiopulmonary Resuscitation and Emergency Cardiovascular Care. Circulation. 2010; 122(18 Suppl 3):S862-75.
15. Berg RA, Hemphill R, Abella BS, Aufderheide TP, Cave DM, Hazinski MF et al. Part 5:Adult basic life support :2010 American Heart Association Guidelines for Cardiopulmonary Resucitation and Emergency Cardiovascular Care. Circulation 2010; 122(suppl3):S685-705.
16. Birulini D, Utiyama E, Steinman E. Cirurgia de emergência. Rio de Janeiro: Atheneu, 2001.
17. Bosworth MC, Olusola PL, Low SB. An update on emergency contraception. Am Fam Physician 2014; 89(7):545-50.
18. Brandt ML. Pediatric hernias. Surg Clin North Am 2008; 88(1):27-43.
19. Brasil. Ministério da Saúde. Notificação de maus-tratos contra crianças e adolescentes pelos profissionais de saúde. Brasília: Ministério da Saúde, 2002.
20. Brasil. Ministério de Integração Nacional. Secretaria Nacional de Defesa Civil. Redução das vulnerabilidades aos desastres e acidentes da infância. Brasília: Ministério de Integração Nacional, 2002.
21. Bucaretchi F, Baracat EC. Exposições tóxicas agudas em crianças: um panorama. J Pediatr (Rio J) 2005; 81(5Suppl):S212-22.
22. Burnett LB, Adler J. Sudden infant death syndrome in emergency medicine. Medscape's Continually Updated Clinical Reference, 2011.
23. Carolan PL. Sudden infant death syndrome. Department of Emergency Services, Children's Hospitals and Clinics of Minnesota. Medscape's Continually Updated Clinical Reference, 2009.
24. Cheng L, Che Y, Gülmezoglu AM. Interventions for emergency contraception. Cochrane Database Syst Rev 2012; 8:CD001324.
25. Conners GP. Pediatric foreign body ingestion. University of Missouri-Kansas, City School of Medicine. Medscape's Continually Updated Clinical Reference, 2010.

26. Das Adhikari D, Das S, Winston AB, Vazhudhi K, Kumar A, Shanthi FM et al. A retrospective study on non-drug related poisoning in the community among children from south India. Hosp Pract (1995). 2017; 45(2):39-45.
27. Davis PC, Seidenwurm DJ, Brunberg JA, De La Paz RL, Dormont PD, Hackney DB et al. Expert panel on neurologic imaging. Head trauma. [online publication]. Reston: American College of Radiology, 2006.
28. De Paulis M. Traumatismo cranioencefálico. In: Gilio AE, Grisi SJFE, Bousso A, De Paulis M (eds.). Urgências e emergências em pediatria geral – Hospital Universitário da Universidade de São Paulo. São Paulo: Atheneu, 2015. p.367-75.
29. Debnath J, George RA, Ravikumar R. Imaging in acute appendicitis: what, when, and why? Med J Armed Forces India 2017; 73(1):74-9.
30. Dieckmann RA, Brownstein D, Gausche-Hill M. The pediatric assessment triangle: a novel approach for the rapid evaluation of children. Pediatr Emerg Care 2010; 26(4):312-5.
31. Diniz EMA, Okay Y, Tobaldini R, Vaz FAC. Manual do residente de pediatria. Departamento de Pediatria da Faculdade de Medicina da Universidade de São Paulo. 2 ed. São Paulo: Atheneu, 2004.
32. Dubey D, Kalita J, Misra UK. Status epilepticus: refractory and super-refractory. Neurol India 2017; 65(Suppl):S12-S17.
33. Fant C, Cohen A. Syncope in pediatric patients: a practical approach to differential diagnosis and management in the emergency department. Pediatr Emerg Med Pract 2017; 14(4):1-28. Epub 2017 Apr 2.
34. Filócomo FRF, Harada MJCS, Silva CV, Pedreira MLG. Estudo dos acidentes na infância em um pronto socorro pediátrico. Rev Latino-am Enfermagem 2002; 10(1):41-7.
35. Gemzell-Danielsson K, Berger C, PGLL. Emergency contraception – mechanisms of action. Contraception 2013; 87(3):300-8.
36. Gemzell-Danielsson K, Rabe T, Cheng L. Emergency contraception. Gynecol Endocrinol 2013; 29 Suppl 1:1-14.
37. Giardino AP. Child abuse and neglect, physical abuse. Department of Pediatrics, Baylor College of Medicine. Medscape's Continually Updated Clinical Reference, 2010.
38. Gilio AE, Grisi SJFE, Bousso A, De Paulis M (eds.). Urgências e emergências em pediatria geral – Hospital Universitário da Universidade de São Paulo. São Paulo: Atheneu, 2015.
39. Goto CS, Feng SY. Crotalidae polyvalent immune Fab for the treatment of pediatric crotaline envenomation. Pediatr Emerg Care 2009; 25(4):273-9; quiz 280-2.
40. Guilliams K, Wainwright MS. Pathophysiology and management of moderate and severe traumatic brain injury in children. J Child Neurol 2016; 31(1):35-45.
41. Haag AC, Landolt MA. Young children's acute stress after a burn injury: disentangling the role of injury severity and parental acute stress. J Pediatr Psychol 2017 Mar 18. doi: 10.1093/jpepsy/jsx059. [Epub ahead of print]
42. Haider AH, Crompton JG, Oyetunji T, Risucci D, DiRusso S, Basdag H et al. Mechanism of injury predicts case fatality and functional outcomes in pediatric trauma patients: the case for its use in trauma outcomes studies. J Pediatr Surg 2011; 46(8):1557-63.
43. Hay Jr. WW, Hayward AR, Levin MJ, Sondheimer JM. Current pediatric diagnosis and treatment. 16. ed. Nova York: Mc Graw Hill, 2003.
44. Horita SM, Mekitarian Filho E, Fernades ICO. Intoxicações agudas. In: Gilio AE, Grisi SJFE, Bousso A, De Paulis M (eds.). Urgências e emergências em pediatria geral – Hospital Universitário da Universidade de São Paulo. São Paulo: Atheneu, 2015. p.551-8.
45. Hsin SH, Guilhoto LMFF. Convulsão e estado de mal epiléptico. In: Gilio AE, Grisi SJFE, Bousso A, De Paulis M (eds.). Urgências e emergências em pediatria geral

- Hospital Universitário da Universidade de São Paulo. São Paulo: Atheneu, 2015. p.323-31.
46. Hymel KP, Stoiko MA, Herman BE, Combs A, Harper NS, Lowen D et al. Head injury depth as an indicator of causes and mechanisms. Pediatrics 2010; 125(4):712-20.
47. Janssen LJ, Voorhoeve PG, van den Wildenberg FJ, van den Brand LR. Acute abdominal pain in children caused by pneumonia. Ned Tijdschr Geneeskd 2016; 160(0):D533.
48. Jarrel BE, Carabasi RA. National Medical Series (NMS) para estudo independente. Cirurgia. 3.ed. Rio de Janeiro: Guanabara Koogan, 2001.
49. Jarvis DA, Li M, Clogg DK, Kisson N, Thivierge R. Management of children with head trauma. Canadian Medical Association Journal 1990; 142(9):949-52.
50. Kirkham FJ, Ashwal S. Coma and brain death. Handb Clin Neurol 2013; 111:43-61.
51. Kirkham FJ. Indications for the performance of neuroimaging in children. Handb Clin Neurol 2016; 136:1275-90.
52. Kleinman ME, Chameides L, Schexnayder SM, Samson RA, Hazinski MF, Atkins DL. Part 14: pediatric advanced life support: 2010 American Heart Association Guidelines for Cardiopulmonary Resuscitation and Emergency Cardiovascular Care. Circulation 2010; 122(18 Suppl 3):S876-908.
53. Koizumi MS, Jorge MH, Nóbrega LRB, Waters C. Crianças internadas por traumatismo crânio-encefálico no Brasil, 1998: causas e prevenção. Informe Epidemiológico do SUS 2001; 10(2):93-101.
54. Koizumi MS, Lebrão ML, Mello Jorge MHP, Primerano V. Morbimortalidade por traumatismo crânio-encefálico no município de São Paulo, 1997. Arquivos de Neuropsiquiatria 2000; 58(1):81-9.
55. Koyama A, Hagopian L, Linden J. Emerging options for emergency contraception. Clin Med Insights Reprod Health 2013; 7:23-35.
56. La Torre FPF, Passarelli MLB, Cesar RG, Pecchini R. Emergências em pediatria: protocolos da Santa Casa. 2. ed. Barueri: Manole, 2013.
57. La Torre FPF, Storni JG, Chicuto LAD, Cesar RG, Pecchini R. UTI Pediátrica. Barueri: Manole, 2015. p.125-33.
58. LeBlanc KE, LeBlanc LL, LeBlanc KA. Inguinal hernias: diagnosis and management. Am Fam Physician 2013; 87(12):844-8.
59. Lopes FA, Junior DC, Burns DA. Tratado de Pediatria da Sociedade Brasileira de Pediatria. 3. ed. Barueri: Manole, 2014. p.3195-96.
60. Lopez FA, Junior DC. Tratado de Pediatria da Sociedade Brasileira de Pediatria. 2.ed. Barueri: Manole, 2010.
61. López-Herce J, Rodríguez A, Carrillo A, de Lucas N, Calvo C, Civantos E et al. The latest in paediatric resuscitation recommendations. An Pediatr (Barc) 2017; 86(4):229. e1-229.e9.
62. Lourenço WR, Eickstedt VRDV. In: Cardoso JLC, França FOS, Wen FH. Animais peçonhentos no Brasil: biologia, clínica e terapêutica dos acidentes. 2. ed. São Paulo: Sarvier, 2009.
63. Macedo GL. Acidentes por animais peçonhentos. In: David CM. Medicina intensiva. Rio de Janeiro: Revinter, 2004. p.1091-7.
64. Malik A, Bell CM, Stukel TA, Urbach DR. Recurrence of inguinal hernias repaired in a large hernia surgical specialty hospital and general hospitals in Ontario, Canada. Can J Surg 2015; 58(6):003915-3915.
65. Matos RI, Watson RS, Nadkarni VM, Huang HH, Berg RA, Meaney PA. Duration of cardiopulmonary resuscitation and illness category impact survival and neurologic outcomes for in-hospital pediatric cardiac arrests. Circulation 2013; 127(4):442-51.
66. Maytal J, Krauss JM, Novak G, Nagelberg J, Patel M. The role of brain computed tomography in evaluating children with new onset of seizures in the emergency department. Epilepsia 2000; 41(8):950-4.

67. Medow MS, Merchant S, Suggs M, Terilli C, O'Donnell-Smith B, Stewart JM. Postural heart rate changes in young patients with vasovagal syncope. Pediatrics 2017; pii: e20163189. doi: 10.1542/peds.2016-3189.
68. Mellick LB Torsion of the testicle: it is time to stop tossing the dice. Pediatr Emerg Care 2012; 28(1):80-6.
69. Melo MCB, Vasconcellos MC, Tonelli HFA. Atendimento à parada cardiorrespiratória na faixa etária pediátrica. Rev Med Minas Gerais 2004; 14(1 Suppl. 3):S96-105.
70. Meneghelli UG. Elements for diagnosis of the acute abdomen. Medicina, Ribeirão Preto 2003; 36:283-93.
71. Misurac J, Nichols KR, Wilson AC. Pharmacologic management of pediatric hypertension. Paediatr Drugs 2016; 18(1):31-43.
72. Moraes MB, Campos SO, Hilario MO. Pediatria: diagnóstico e tratamento. Barueri: Manole, 2013. p.1610.
73. Morag R, Brenner B. Syncope, pediatric febrile seizures, Salem Hospital. Medscape's Continually Updated Clinical Reference, 2010.
74. Morais MB, Campos SO, Silvestrini WS. Guia de medicina ambulatorial e hospitalar da Unifesp/EPM – Pediatria. Barueri: Manole, 2005.
75. Murahovschi J. Pediatria: diagnóstico e tratamento. 7. ed. São Paulo: Sarvier, 2013. p.1066.
76. Nadkarni V, Hazinski MF, Zideman D, Kattwinkel J, Quan L, Bingham R et al. Suporte de vida em pediatria. Arq Bras Cardiol 1998; 70(5).
77. O'Brien M, Chandran H. The acute scrotum in childhood. Surgery 2008; 26:279-82.
78. Oliveira RG. Black Book Pediatria. Belo Horizonte: Black Book, 2005.
79. Paulo RPL. Parada cardiorrespiratória. In: Gilio AE, Grisi SJFE, Bousso A, De Paulis M (eds.). Urgências e emergências em pediatria geral – Hospital Universitário da Universidade de São Paulo. São Paulo: Atheneu, 2015. p.83-90.
80. Pereira R, Campuzano O, Sarquella-Brugada G, Cesar S, Iglesias A, Brugada J et al. Short QT syndrome in pediatrics. Clin Res Cardiol 2017 Mar 16. doi: 10.1007/s00392-017-1094-1.
81. Perry JJ, Lee JS, Sillberg VA, Wells GA. Rocuronium versus succinylcholine for rapid sequence induction intubation. Cochrane Database Syst Rev 2008; (2):CD002788.
82. Pertab JL, James KM, Bigler ED. Limitations of mild traumatic brain injury meta-analyses. Brain Inj 2009; 23(6):498-508.
83. Pichler M, Hocker S. Management of status epilepticus. Handb Clin Neurol 2017; 140:131-51.
84. Pinto PS, Poretti A, Meoded A, Tekes A, Huisman TA. The unique features of traumatic brain injury in children. Review of the characteristics of the pediatric skull and brain, mechanisms of trauma, patterns of injury, complications and their imaging findings – part 1. J Neuroimaging 2012; 22(2):e1-e17.
85. Pires EMS. Sequência rápida de intubação em crianças e adolescentes. Diretriz assistencial do Hospital Albert Einstein, 2014.
86. Ralston M, Hazinski MF, Zaritsky A, Schexnayder S, Kleinman M. Suporte avançado de vida em pediatria. Dallas: American Heart Association, 2008.
87. Regonne PE, Ndiaye M, Sy A, Diandy Y, Diop AD, Diallo BK. Nasal foreign bodies in children in a pediatric hospital in Senegal: a three-year assessment. Eur Ann Otorhinolaryngol Head Neck Dis 2017; pii: S1879-7296(17)30052-2.
88. Reuter D, Brownstein D. Common emergent pediatric neurologic problems. Emerg Med Clin North Am 2002; 20(1):155-76.
89. Rocha MP. Diagnóstico e tratamento do abdome agudo. Rev Med UCPel 2003; 18(1).
90. Rodrigues Fernandes LC, Galvão TF, Toledo Ricardi AS, De Capitani EM, Hyslop S, Bucaretchi F. Antidote availability in the municipality of Campinas, São Paulo, Brazil. Sao Paulo Med J 2017; 135(1):15-22.
91. Ruff RM, Iverson GL, Barth JT, Bush SS, Broshek DK, NAN Policy Planning Committee. Recommendations for diagnosing a mild traumatic brain injury: a Natio-

nal Academy of Neuropsychology education paper. Arch Clin Neuropsychol 2009; 24(1):3-10.
92. Salgado CM, Carvalhaes JTA. Hipertensão arterial na infância. J Pediatr (Rio J) 2003; 79(Suppl.1):S115-24.
93. Santoro M, Sano-Marins IS, Fan HW, Cardoso JL, Theakston RD, Warrel DA. Butantan Institute Anvivenom Study Group Haematological evaluation of patients bitten by the jararaca (*Bothrops jararaca*) in Brasil. Toxicon 2008; 51(8):1440-8.
94. Schvartsman C, Reis AG, Farhat SC. Pronto-socorro de pediatria. Instituto da Criança, Hospital das Clínicas. Barueri: Manole, 2009.
95. Sharp VJ, Kieran K, Arlen AM. Testicular torsion: diagnosis, evaluation, and management. Am Fam Physician 2013; 88(12):835-40.
96. Shein SL, Bell MJ, Kochanek PM, Tyler-Kabara EC, Wisniewski SR, Feldman K et al. Risk factors for mortality in children with abusive head trauma. J Pediatr. 2012; 161(4):716-722.e1.
97. Sheridan RL. Burns in children. J Burn Care Res 2017 Mar 16.
98. Shi L. Diagnosis and treatment of hypertensive emergency in children. J Hypertens 2016; 34 Suppl 1:e373-e374.
99. Slomine BS, Nadkarni VM, Christensen JR, Silverstein FS, Telford R, Topjian A et al. Pediatric cardiac arrest due to drowning and other respiratory etiologies: neurobehavioral outcomes in initially comatose children. Resuscitation 2017; S0300-9572(17)30104-1.
100. Souza LJ, Barroso MJT. Revisão bibliográfica sobre acidentes com crianças. Rev Esc Enf USP 1999; 33:107-12.
101. Sperka J, Hanson SJ, Hoffmann RG, Dasgupta M, Meyer MT. The effects of Pediatric Advanced Life Support Guidelines on pediatric trauma airway management. Pediatr Emerg Care 2016; 32(8):499-503.
102. Stein DR, Ferguson MA. Evaluation and treatment of hypertensive crises in children. Integr Blood Press Control 2016; 9:49-58.
103. Stewart F, Trussell J, Van Look PF. Emergency contraception, 18th revised edtion. In: Hatcher RA, Trussell J, Stewart F. Contraceptive technology. Nova York: Ardent Media Inc., 2004.
104. Szpilman D, Orlowski JP. Sports related to drowning. Eur Respir Rev 2016; 25(141):348-59.
105. Szpilman D. Afogamento na infância: epidemiologia, tratamento e prevenção. Rev Paul Pediatria 2005; 23(3):142-53.
106. Ta A, D'Arcy FT, Hoag N, D'Arcy JP, Lawrentschuk N. Testicular torsion and the acute scrotum: current emergency management. Eur J Emerg Med 2016; 23(3):160-5.
107. Tejani NR. Pediatric febrile seizures. Department of Emergency Medicine, Suny Health Sciences Center Brooklyn. Medscape's Continually Updated Clinical Reference, 2010.
108. Travers AH, Rea TD, Bobrow BJ, Edelson DP, Berg RA, Sayre MR. Part 4: CPR overview: 2010 American Heart Association Guidelines for Cardiopulmonary Resuscitation and Emergency Cardiovascular Care. Circulation 2010; 122(18 Suppl 3):S676-84.
109. Wajngarten M, Antunes JEA, Pileggi F. Crise hipertensiva – conceito e diagnóstico. Arq Bras Cardiol 1982; 39(3):189-92.
110. Warshawsky ME. Foreign body aspiration, Department of Internal Medicine, Division of Pulmonary and Critical Care, Mount Sinai School of Medicine. Medscape's Continually Updated Clinical Reference, 2010.
111. Webster DL, Fei L, Falcone RA, Kaplan JM. Higher-volume hypertonic saline and increased thrombotic risk in pediatric traumatic brain injury. J Crit Care 2015; 30(6):1267-71.
112. Weinstein S, Dart R, Staples A, White J. Envenomations: an overview of clinical toxinology for the primary care physician. Am Fam Physician 2009; 80(8):793-802.

113. Whelan H, Harmelink M, Chou E, Sallowm D, Khan N, Patil R et al. Complex febrile seizures – A systematic review. Dis Mon 2017; 63(1):5-23.
114. Yu KJ, Wang TM, Chen HW, Wang HH. The dilemma in the diagnosis of acute scrotum: clinical clues for differentiating between testicular torsion and epididymo-orchitis. Chang Gung Med J 2012; 35(1):38-45.
115. Zaccara G, Giannasi G, Oggioni R, Rosati E, Tramacere L, Palumbo P. Challenges in the treatment of convulsive status epilepticus; Convulsive Status Epilepticus Study Group of the Uslcentro Toscana, Italy. Seizure 2017; 47:17-24.

PARTE 4
Atendimento na UTI

35 Acesso venoso – tipos
36 Choque anafilático
37 Escores em Pediatria
38 Desequilíbrio acidobásico e distúrbios do sódio e do potássio
39 Estado de mal epiléptico
40 Hipertermia maligna
41 Falência hepática aguda
42 Insuficiência respiratória aguda
43 Sedação e analgesia
44 Sepse
45 Suporte nutricional enteral
46 Síndrome de Reye
47 Transporte do paciente grave
48 Morte encefálica

35
Acesso venoso – tipos

 O que é

Obtenção de uma via para administração de fluidos e fármacos no paciente. O local e o tipo de acesso preferido durante o atendimento de emergência são aqueles que podem ser mais rapidamente obtidos. Nessas situações, a disponibilidade imediata de acesso vascular é mais importante que o local de acesso.

TIPOS DE ACESSO

Acesso intraósseo

1. Na reanimação cardiopulmonar (RCP) e em outras situações de emergência, caso não se obtenha um acesso venoso rapidamente, o socorrista deve obter um acesso intraósseo.
2. Promove via rápida, fácil, não colapsável e segura para administração de medicamentos, cristaloides e coloides.
3. Pode ser obtido em 30 a 60 s.
4. Utiliza-se agulha especialmente desenhada ou agulha para medula óssea rígida tipo Jamshidi.

5. O local mais utilizado é a tíbia anterior, sendo possível, em crianças maiores e adultos, usar a tíbia distal, a espinha ilíaca anterossuperior, o rádio distal ou a ulna distal.
6. Recomenda-se infundir as medicações com 5 a 10 mL de SF para facilitar a distribuição central.
7. As complicações são a fratura de tíbia, a síndrome compartimental de membros inferiores, a osteomielite e o extravasamento de fármacos, que ocorre em menos de 1% dos pacientes.

Técnica de punção

1. Identificar a tuberosidade tibial pela palpação, sendo o local 1 a 3 cm abaixo da tuberosidade.
2. Verificar o alinhamento do bisel e da agulha.
3. Colocar a perna em uma superfície rígida.
4. Introduzir a agulha na superfície plana anteromedial da tíbia, de forma perpendicular (90°) ao eixo longo do osso.
5. Realizar movimento de torção suave e firme, não empurrando somente a agulha.
6. Cessar o movimento de introdução da agulha quando ocorrer diminuição repentina de resistência ao movimento. Isso indica que a agulha alcançou a medula óssea.
7. Desparafusar o topo e remover o estilete da agulha. Realizar aspiração da medula óssea. Caso a aspiração não seja bem-sucedida, tentar lavar a agulha.
8. Estabilizar a agulha e injetar 10 mL de SF através dela. Verificar se ocorreu aumento da resistência à administração de fluido, aumento da circunferência de tecidos moles ou endurecimento dos tecidos.
9. Se ocorrer infiltração de SF em outros tecidos, devem-se remover a agulha e realizar o procedimento em outro osso.
10. Caso não haja sinais de infiltração, realizar a desconexão da seringa com a agulha e conectar a agulha ao equipamento de infusão, fixando-o com fita adesiva e curativo volumoso.
11. Caso ocorra obstrução da agulha, pode-se aplicar outra no mesmo local da punção se não houver evidências de extravasamento de líquido nos tecidos adjacentes.

FIGURA 1 A. LOCALIZAÇÕES PARA INFUSÃO INTRAÓSSEA (IIO) EM UM LACTENTE. B. LOCALIZAÇÕES PARA IIO NA TÍBIA DISTAL E NO FÊMUR EM CRIANÇAS MAIS VELHAS. C. LOCALIZAÇÃO PARA IIO NA CRISTA ILÍACA. D. LOCALIZAÇÃO PARA IIO NA TÍBIA DISTAL EM CRIANÇAS MAIS VELHAS. E. TÉCNICA PARA AGULHA DE IIO EM LACTENTE.

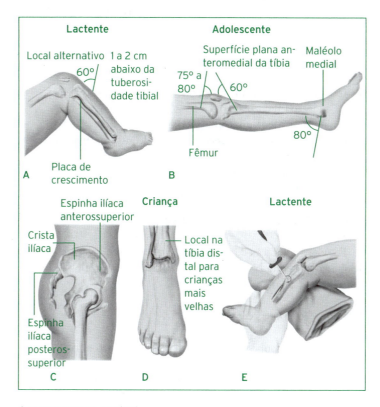

Acesso venoso central

1. O acesso central fornece uma forma segura de acesso à circulação e propicia a infusão de agentes como cálcio e bicarbonato de sódio hipertônico, podendo lesar os tecidos se infundidos em veias periféricas.
2. As opções de cateterização são a veia femoral, a jugular interna, a jugular externa e, em crianças mais velhas, a subclávia.
3. Possibilita a monitoração hemodinâmica, como da pressão venosa central (PVC), e a coleta de amostras para exame.
4. A administração rápida de fluidos pode ser obtida com cateteres de grosso calibre e curtos, em decorrência da baixa resistência.

5. Para lactentes, recomendam-se cateteres de 5 cm de comprimento; para crianças pequenas e mais velhas, de 12 cm de comprimento.
6. Como complicações da cateterização venosa, citam-se: trombose, flebite, tromboembolia pulmonar, pneumotórax, hidrotórax, hemotórax, quilotórax, tamponamento cardíaco, arritmias, infecção local e sistêmica e embolia gasosa e por fragmentos do cateter.
7. São contraindicações absolutas: infecção local, distúrbios de coagulação [tempo de protrombina (TP) < 50% e plaquetas < 50.000/mm^3] e malformações anatômicas.
8. Independentemente da topografia escolhida, sempre realizar:
    - sedação (midazolam 0,1 mg/kg/dose);
    - analgesia (fentanil 0,5 mcg/kg/dose);
    - anestesia local com lidocaína sem vasoconstritor (máximo de 3 a 5 mg/kg);
    - imobilização com lençóis e fitas adesivas;
    - oximetria.

Técnica de Seldinger para acesso vascular

Permite a colocação de cateteres na circulação venosa central, depois de obtida uma entrada venosa central, utilizando uma agulha de pequeno calibre ou cateter sobre agulha.

Cateterização de veias centrais

1. É necessário conhecer os pontos de referência anatômicos para que o procedimento ocorra com sucesso.
2. Doppler e ultrassonografia (US) podem ser utilizados para localizar os vasos centrais.

Acesso arterial

1. Propicia monitoração de pressão arterial (PA) contínua e coleta de exames.
2. Apresenta complicações como embolização gasosa, trombose, infecção local e generalizada.
3. Se ocorrer a utilização da artéria radial, realizar o teste de Allen modificado, que avalia a presença de circulação colateral da artéria ulnar para a palma da mão, em caso de a artéria radial ser ocluída. Pode-se realizar essa análise por meio do Doppler.

FIGURA 2   TÉCNICA DE SELDINGER PARA COLOCAÇÃO DE CATETER. A. INTRODUZIR A AGULHA NO VASO-ALVO E PASSAR A EXTREMIDADE FLEXÍVEL DO FIO-GUIA POR DENTRO DELE. B. REMOVER A AGULHA, DEIXANDO O FIO-GUIA NO LUGAR. C. COM UM MOVIMENTO DE TORÇÃO, INTRODUZIR O CATETER NO VASO. D. REMOVER O FIO-GUIA E CONECTAR O CATETER A UM DISPOSITIVO DE FLUXO ADEQUADO OU UM DISPOSITIVO PARA MONITORAÇÃO.

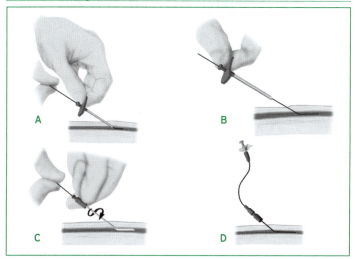

Acesso venoso periférico

1. Em grande parte das situações de emergência, é o método de escolha.
2. Para lactentes e crianças, utilizam-se quatro dispositivos:
   - cateteres sobre agulha;
   - escalpes (agulhas tipo *butterfly*);
   - dispositivos de inserção de cateter introduzidos através de bainha;
   - dispositivos de inserção de cateter sobre fio-guia.
3. Os escalpes são utilizados para coleta de exame, mas tendem a extravasar nos tecidos se usados para administração de líquidos.
4. Os cateteres sobre agulha podem ser introduzidos em qualquer veia, como as da fossa antecubital, as veias do dorso das mãos ou dos pés, a veia jugular externa e a veia safena.
5. As complicações são: formação de hematoma, flebite, trombose, embolia gasosa e embolia por fragmento de cateteres, sendo complicações graves raras.

36
Choque anafilático

 O que é

Forma de choque distributivo associado a alto débito cardíaco, com baixa resistência vascular sistêmica em virtude de uma reação de hipersensibilidade imediata a vários antígenos. Ocorre liberação de mediadores ativos pelos mastócitos e basófilos, determinando sintomas respiratórios, cutâneos e cardiovasculares e risco iminente de morte.

 Como suspeitar

1. Realizar anamnese completa para pesquisa de antecedentes alérgicos.
2. O diagnóstico é clínico em razão da exuberância dos sinais e sintomas.
3. A anafilaxia hospitalar ocorre frequentemente em razão do látex (luvas), dos antibióticos IV, da imunoglobulina e dos contrastes.
4. Em pacientes ambulatoriais, as etiologias mais frequentes são alergias alimentares (amendoim, nozes, leite, ovo), picadas de insetos, uso de penicilinas orais e exercício, incluindo o grupo associado a alimentos.

5. No início dos sintomas, é comum ocorrer prurido em lábios e face, sensação de calor, fraqueza e aperto.
6. O quadro pode progredir para urticária, angioedema, prurido em cavidade oral e periocular e lacrimejamento.
7. É frequente a ocorrência de náuseas, vômitos, dores abdominais e diarreia, em caso de ingestão de alérgenos.
8. Ocorrência de tosse, rouquidão por obstrução nasal, espirros, dispneia e sibilância.
9. Pacientes com história de asma podem ter ausência de sintomas cutâneos iniciais e quadro acentuado de broncoespasmo.
10. As complicações cardiovasculares são choque, hipotensão, arritmias, fibrilação ventricular e parada cardiorrespiratória.
11. Podem ocorrer em casos graves: alteração do nível de consciência, agitação, síncope e edema de laringe.

O que pedir

Os exames são complementares para avaliação, porém não devem guiar a conduta, que deve ser imediata.

NOS CASOS ESPECIAIS

1. Detecção de anticorpos IgE: indica presença possível de fator causal, uma vez que esse anticorpo é o que se liga a mastócitos e basófilos, promovendo sua ativação, porém não indica o diagnóstico definitivo.
2. Betatriptase plasmática: pode estar elevada por várias horas, porém não se altera na anafilaxia induzida por alimentos.
3. Histamina: pode ser dosada por até 6 h após o evento agudo.

Como tratar

1. A terapêutica deve ser prioritária com:
   - administração de O_2 suplementar a 100%, assegurando vias aéreas;

- de acordo com o grau de desconforto respiratório, utilizar máscara de O_2 ou entubação orotraqueal;
- adrenalina via IM no músculo vasto lateral da coxa (1:1.000) 0,01 mL/kg/dose (máximo de 0,3 mL/dose), podendo ser repetida a cada 5 a 10 min. A via SC também pode ser utilizada.
- antagonistas de receptores H1 – difenidramina, IV, 1 mg/kg, IM ou IV, máximo de 50 mg;
- antagonistas dos receptores H2 – ranitidina (1 a 2 mg/kg/dose), IV;
- broncodilatadores, em caso de estridor laríngeo: nebulização com budesonida 0,5 mg/mL. Caso o edema laríngeo progrida, realizar entubação orotraqueal;
- se o choque anafilático for refratário à epinefrina, posicionar o paciente em posição de Trendelemburg e realizar bolo de soro fisiológico 20 mL/kg, podendo ser repetido até melhora;
- se o choque continuar, introduzir dopamina (5 a 25 mcg/kg/min);
- corticosteroides: considera-se que essa medicação reduz a chance de ocorrer reação bifásica. No choque prolongado, edema de glote e broncoespasmo refratário, recomenda-se metilprednisolona, IV, 1 a 2 mg/kg, ou hidrocortisona 5 a 10 mg/kg a cada 4 h;
- em virtude da resposta bifásica da anafilaxia, observar o paciente por 4 a 6 h, antes da alta.
2. A terapêutica recomendada no tratamento domiciliar pós-reação é o uso de receptor de antagonista H1 (loratadina ou cetirizina) e corticosteroides (prednisona, 1 mg/kg, VO, até 75 mg/dia, por 3 dias).
3. É necessário realizar um plano de orientação para os pacientes com alergia alimentar para evitar os agentes alergênicos, lendo o rótulo das embalagens e tendo conhecimento de situações de risco e contaminação.
4. Avaliar a etiologia e a prescrição de epinefrina autoinjetável e anti-histamínicos.
5. Os familiares devem ser ensinados sobre o reconhecimento precoce dos sinais de anafilaxia.
6. Na anafilaxia associada a grupos de alimentos e exercícios, não se recomenda a realização destes de 2 a 3 h após a ingestão do alimento.
7. Para paciente com alergia a ovo, realiza-se teste alérgico antes da vacinação para influenza e febre amarela.
8. No ambiente hospitalar, em casos suspeitos de reações alérgicas anteriores, recomenda-se uso de contrastes radiológicos hipo-osmolares e de luvas de baixo conteúdo alergênico e ausentes de talco, para procedimentos.

37
Escores em pediatria

 O que são

1. Sistemas de pontuação utilizados para tomar decisões de triagem e avaliação do desempenho na unidade de terapia intensiva (UTI) pediátrica. São utilizados para esse intuito:
   - escala de coma de Glasgow;
   - escore de trauma pediátrico;
   - índice de mortalidade pediátrico (PIM);
   - índice de estabilidade fisiológica (PSI);
   - risco de mortalidade pediátrica (Prism);
   - índice de oxigenação (IO);
   - escore clínico (Wood);
   - escore de Mallampati.
2. Há outros sistemas de escore com menor utilidade em Pediatria, como o Apache (sistema de avaliação de fisiologia aguda e saúde crônica utilizado em UTI adulto).
3. O PSI é um refinamento do Apache que faz ajustes relacionados à idade.
4. O Prism III, em sua terceira versão, adequou-se mais à fisiologia pediátrica.

ESCALA DE COMA DE GLASGOW (TABELA 1)

TABELA 1 ESCALA DE COMA DE GLASGOW

Abertura ocular (1 a 4)	
Ausente	1
Dor	2
Chamado	3
Espontânea	4
Melhor resposta verbal (total de pontos 1 a 5)	
Ausente	1
Sons incompreensíveis	2
Palavras	3
Conversa desconexa	4
Conversa orientada	5
Melhor resposta motora (1 a 6)	
Ausente	1
Descerebração	2
Decorticação	3
Retirada inespecífica/flexão	4
Localiza estímulos	5
Obedece a comandos	6
TOTAL	3 a 15

1. Utilizada para avaliação de pacientes pediátricos com alteração do nível de consciência, como no caso de politrauma e traumatismo cranioencefálico (TCE).
2. Fornece avaliação rápida da função cortical cerebral.
3. Em pacientes com escala de coma de Glasgow < 8, podem ser necessárias entubação orotraqueal, ventilação mecânica e monitoração da pressão intracraniana (PIC).

ESCORE DE TRAUMA PEDIÁTRICO (TABELA 2)

Este escore avalia:

- o tamanho da criança;
- a acessibilidade de vias aéreas;
- a pressão arterial sistólica (PAS);
- o nível de consciência;
- a exposição, ou seja, presença ou ausência de lesões e fraturas.

Nesse caso, é dada maior importância ao estado fisiológico do que ao mecanismo de lesão.

TABELA 2 ESCORE DE TRAUMA PEDIÁTRICO

Categoria clínica	Escore		
	+2	+1	-1
Tamanho	≥ 20 kg	10 a 20 kg	< 10 kg
Via aérea	Normal	Pode ser mantida	Não pode ser mantida
PAS*	≥ 90 mmHg	50 a 90 mmHg	< 50 mmHg
SNC	Acordado	Obnubilado/perda de consciência	Coma/descerebração
Ferida aberta	Nenhuma	Pequena	Grande/penetrante
Esqueleto	Nenhuma fratura	Fratura fechada	Fratura aberta/fratura múltipla

* Usar os seguintes escores se o manguito de PA não estiver disponível: + 2 = pulso palpável no punho; + 1 = sem pulso palpável na virilha; - 1 = nenhum pulso palpável. Se escore total < 8, encaminhar para centro de trauma pediátrico. PAS: pressão arterial sistólica; SNC: sistema nervoso central.

TABELA 3 ESCORES PEDIÁTRICOS COM BASE NA PAS E NA FR

Escore de trauma revisado	Escore de coma de Glasgow	PAS (mmHg)	FR (respirações/min)
4	13 a 15	> 89	10 a 20
3	9 a 12	76 a 89	> 29
2	6 a 8	50 a 75	6 a 9
1	4 a 5	1 a 49	1 a 5
0	3	0	0

* Escores de 0 a 4 são dados para cada variável e, em seguida, são somados (faixa 1 a 12). Um escore ≤ 11 indica trauma potencialmente importante.

ÍNDICE DE MORTALIDADE PEDIÁTRICA (PIM) (TABELA 4)

O escore PIM avalia os dados na 1ª hora da admissão na UTI pediátrica. Anotar o valor de cada variável.

TABELA 4   ÍNDICE DE MORTALIDADE PEDIÁTRICA (PIM)

1. Admissão programada	Sim = 1; Não = 0
Pós-cirúrgico programado para canulização de vias centrais, monitoração ou revisão de ventilação em domicílio	

2. Diagnósticos específicos	
Nenhum = 0	
Algum dos seguintes diagnósticos = 1	
■ Parada cardíaca fora do hospital	■ Ventrículo esquerdo hipoplásico
■ Imunodeficiência combinada grave	■ Infecção por HIV
■ Leucemia ou linfoma após a 1ª indução	■ Quociente intelectual < 35
■ Hemorragia cerebral	■ Doença neurodegenerativa
■ Miocardiopatia ou miocardite	

3. Resposta pupilar à luz (não valorizar se a alteração pupilar for secundária ao uso de fármacos ou de toxinas ou a traumatismo)	
Dilatadas (> 3 mm) e fixas = 1	
Outras alterações ou resposta desconhecida = 0	

4. Excesso de base (BE) em sangue arterial capilar	
BE em mmol/L = _____	Desconhecido = 0

5. PaO_2	
PaO_2 em mmHg = _____	Desconhecida = 0

6. FiO_2 via intratraqueal durante avaliação de PaO_2	
FiO_2 = _____	Desconhecida = 0
Calcular índice PaO_2/FiO_2: $PaO_2 \times 100/FiO_2$	

7. PAS	
PAS em mmHg = _____	Desconhecida = 0

8. Ventilação mecânica na 1ª hora em UCIP	
Sim = 1	Não = 0

9. Evolução na UCIP	
Óbito na UCIP	
Alta	

(continua)

TABELA 4 ÍNDICE DE MORTALIDADE PEDIÁTRICA (PIM) *(continuação)*

Anotar também: idade, diagnóstico, dias de permanência, se houve entubação durante o período de permanência na UCIP (sim = 1; não = 0), idade gestacional em neonatos, Apgar no 5º min em RN

Cálculo PIM: (−1,552 × admissão programada) + (1,826 × diagnóstico específico) + (2,357 × pupilas) + (0,071 × BE) + (0,415 × PaO_2 × 100/FiO_2) (0,021 × PAS − 120) + (1,342 × ventilação mecânica) − 4,873

Probabilidade de morte: $\dfrac{\exp PIM \times 100}{[1 + \exp PIM]}$ = % de mortalidade

UCIP: unidade de cuidados intensivos pediátricos.

ÍNDICE DE ESTABILIDADE FISIOLÓGICA (PSI) (TABELA 5)

A soma dos pontos da covariável de cada sistema estima a gravidade da patologia e a probabilidade de óbito.

TABELA 5 ÍNDICE DE ESTABILIDADE FISIOLÓGICA (PSI)

Cálculo do risco: R = 0,143 xc pts sist. cardiovascular +
0,139 × pts sist. respiratório +
0,291 × pts sist. neurológico +
0,129 × pts sist. hematológico +
0,369 × pts sist. renal +
0,615 × pts sist. gastrintestinal +
0,238 × pts sist. metabólico +
− 0,009 × idade (em meses) − 4,470
Probabilidade de óbito na UTI = $\dfrac{\exp(r)}{[1 + \exp(r)]}$
Para avaliação diária do risco de mortalidade a partir do 2º dia de internação, utiliza-se o DRI (*dynamic risk index*), em que:
R = 0,159 × PSI_t c 0,042 + PSI_{t-1} − 6,47

t: dia em que se está realizando o escore; t-1: dia anterior; pts: pontos; sist.: sistema.

RISCO DE MORTALIDADE PEDIÁTRICA (PRISM III) (TABELA 6)

1. Revisão do PSI, sendo a terceira versão do Prism.
2. Pode ser realizado nas primeiras 12 h (Prism III-12) ou nas primeiras 24 h (Prism III-24).

3. Avalia a gravidade da patologia em uma população pediátrica.
4. Baseia-se em 17 variáveis fisiológicas, 16 delas subdivididas em 26 faixas.
5. Conta também com a valorização da anamnese, de doenças crônicas adjacentes e dos dias de UTI anteriores.
6. Pode ser utilizado em uma UTI para avaliar se a qualidade do atendimento se adequa à população de referência.
7. Variações nesse escore podem demonstrar melhora ou piora. Nesse caso, deve-se avaliar comorbidades, necessidade de mudança da terapêutica e presença de infecção secundária.

TABELA 6 RISCO DE MORTALIDADE PEDIÁTRICA (PRISM III)

Sinais vitais cardiovasculares/neurológicos (1-6)

PAS (mmHg)			FC (bpm)		
Medida			Medida		
	Escore = 3	Escore = 7		Escore = 3	Escore = 4
Recém-nascido	40 a 55	< 40	Recém-nascido	215 a 225	> 225
Lactente	45 a 65	< 45	Lactente	215 a 225	> 225
Criança	55 a 75	< 55	Criança	185 a 205	> 205
Adolescente	65 a 85	< 65	Adolescente	145 a 155	> 155
Temperatura			Reflexos pupilares		
Medida			Medida		
	Escore = 3			Escore = 7	Escore = 11
Todas as idades	< 33°C (91,4°F) ou > 40°C (104°F)		Todas as idades	Uma fixa	Ambas fixas Uma reativa

Estado mental

Medida	
	Escore = 5
Todas as idades	Estupor/coma (escala de coma de Glasgow < 8)

(continua)

TABELA 6   RISCO DE MORTALIDADE PEDIÁTRICA (PRISM III) *(continuação)*

Acidobásico/gases sanguíneos (1, 2, 7, 8)

Acidose (CO_2 total [mmol/L] ou pH)

Medida	Escore = 2	Escore = 6
Todas as idades	pH 7 a 7,28 ou CO_2 total 5 a 16,9	pH < 7 ou CO_2 total < 5

CO_2 total (mmol/L)

Medida	Escore = 4
Todas as idades	> 34

pH

Medida	Escore = 2	Escore = 3
Todas as idades	7,48 a 7,55	> 7,55

PaO_2 (mmHg)

Medida	Escore = 3	Escore = 6
Todas as idades	42 a 49,9	< 42

pCO_2 (mmHg)

Medida	Escore = 1	Escore = 3
Todas as idades	50 a 75	> 75

Testes químicos (1, 2, 9)

Glicose

Medida	Escore = 2
Todas as idades	> 200 mg/dL ou > 11 mmol/L

Potássio (mmol/L)

Medida	Escore = 3
Todas as idades	> 6,9

Creatinina

Medida	Escore = 2
Recém-nascido	> 0,85 mg/dL ou > 75 mcmol/L

Nitrogênio ureico sanguíneo (NUS)

Medida	Escore = 3
Recém-nascido	11,9 mg/dL ou > 4,3 mmol/L

(continua)

TABELA 6 RISCO DE MORTALIDADE PEDIÁTRICA (PRISM III) *(continuação)*

Lactente	> 0,90 mg/dL ou > 80 mcmol/L	Todas as demais idades	14,9 mg/dL ou > 5,4 mmol/L
Criança	> 0,90 mg/dL ou > 80 mcmol/L		
Adolescente	> 1,30 mg/dL ou > 115 mcmol/L		

Testes hematológicos (1, 2)

Leucometria (células/mm³)		Tempo de protrombina (TP) ou tempo de tromboplastina parcial (TTP) (s)	
Medida		Medida	
	Escore = 4		Escore = 3
Todas as idades	< 3.000	Recém-nascido	TP > 22 ou TTP > 85
		Todas as demais idades	TP > 5,4 ou TTP > 57

Contagem de plaquetas (células/mm³)

Medida			
	Escore = 2	Escore = 4	Escore = 5
Todas as idades	100.000 a 200.000	50.000 a 99.999	< 50.000

Total do escore Prism III

(continua)

TABELA 6   RISCO DE MORTALIDADE PEDIÁTRICA (PRISM III) *(continuação)*

Outros fatores (10)

- ☐ Doença CV não operatória
- ☐ Anomalia cromossômica
- ☐ Câncer

- ☐ Admissão prévia em UTIP
- ☐ RCP pré-UTI
- ☐ Pós-operatório

- ☐ Diabetes agudo (p. ex., CAD)
- ☐ Admissão da unidade de pacientes internados (excluir pacientes em pós-operatórios)

CV: cardiovascular; UTIP: unidade de terapia intensiva pediátrica; CAD: cetoacidose diabética; RCP: ressuscitação cardiopulmonar.

Observações:
1. Equações de risco de mortalidade do Prism III são disponíveis para as primeiras 12 h e as primeiras 24 h de tratamento na UTIP.
2. Geral: usar os valores mais altos e/ou os mais baixos para graduar. Quando há, ao mesmo tempo, faixas baixas e altas, pontos no Prism III podem ser atribuídos para ambas. Readmissões são incluídas como pacientes separados. Excluir admissões tratadas de rotina em outras localizações do hospital, ficando na UTIP < 2 h; e aqueles admitidos em RCP contínua que não obtêm sinais vitais estáveis por ≥ 2 h. Mortes na sala de operação (SO) são incluídas apenas se a operação ocorreu durante a permanência na UTIP e foi uma terapia para a doença que exigiu tratamento na UTIP. Pacientes terminalmente enfermos transferidos da UTIP para "tratamento de conforto" são incluídos como pacientes de UTIP durante as 24 h seguintes após a alta da UTIP ou, se recebendo suporte tecnológico, até 24 h depois de o suporte tecnológico ser descontinuado. Idades: recém-nascido 0 a 1 mês; lactente ≥ 1 a 12 meses; criança ≥ 12 a 144 meses; adolescente > 144 meses.
3. Frequência cardíaca: não avaliar durante choro ou agitação iatrogênica.
4. Temperatura: usar temperaturas retais, orais, sanguíneas ou axilares.
5. Reflexos pupilares: pupilas não reativas devem ser > 3 mm. Não avaliar depois de dilatação pupilar iatrogênica.
6. Estado mental: incluir apenas pacientes com doença aguda do SNC conhecida ou suspeitada. Não avaliar dentro de 2 h de sedação, paralisia ou anestesia. Se houver paralisia e/ou sedação constante, usar o período sem sedação, paralisia ou anestesia mais próximo da admissão na UTI para calcular o escore. Estupor/coma é definido com escore de coma de Glasgow < 8 ou estupor/coma usando outras escalas de estado mental.
7. Acidobásico: usar valores calculados de bicarbonato a partir de gasometria somente se o CO_2 total não for medido rotineiramente; pH e pCO_2 podem ser medidos em locais arteriais, capilares ou venosos.
8. PaO_2: usar somente medições arteriais.
9. Correções para sangue total: medidas no sangue total devem ser aumentadas do seguinte modo: glicose = 10%; sódio = 3 mmol/L; potássio = 0,4 mmol/L.
10. Doença cardiovascular não operatória inclui condições cardíacas e vasculares agudas como as razões primárias da admissão. Câncer e anomalias cromossômicas são agudas ou crônicas. Admissão prévia em UTIP e RCP pré-UTIP referem-se à admissão hospitalar atual. RCP exige massagem cardíaca. Pós-operatório refere-se ao período de 24 h iniciais após um procedimento cirúrgico na sala de operações. Cateterismos não são pós-operatórios. Diabetes agudo inclui manifestação aguda de diabete (p. ex., CAD) como a razão primária para admissão na UTIP. Admissão desde a área de tratamento de rotina inclui todas as localizações de pacientes internos, exceto as salas de operação ou de recuperação.

ÍNDICE DE OXIGENAÇÃO (IO)

1. IO = FiO_2 (pressão média de vias aéreas)/PaO_2.
2. Preditivo de sobrevida em diversas formas de insuficiência respiratória.

ESCORE CLÍNICO (WOOD) DA ASMA (TABELA 7)

TABELA 7 ESCORE CLÍNICO (WOOD) DA ASMA

Variáveis	Escore		
	0	1	2
Cianose	Nenhum	Ar ambiente	FiO_2 40%
Ruídos inspiratórios	Normais	Desiguais ou ausentes	Diminuídos
Uso de musculatura acessória	Nenhum	Moderado	Máximo
Ruídos expiratórios	Nenhum	Moderados	Máximos
Nível de consciência	Normais	Agitado ou deprimido	Coma

Escore < 5: crise leve; escore ≥ 5: crise moderada (falência respiratória iminente); escore ≥ 7: crise grave (falência respiratória).

SITUAÇÕES PREVISÍVEIS DE VIAS AÉREAS DIFÍCEIS EM PEDIATRIA

TABELA 8 CONDIÇÕES PREVISÍVEIS DE VAD EM PEDIATRIA

Condições congênitas	
Síndrome de Pierre-Robin	Fissura palatina, micrognatia, macroglossia, glossoptose. Sinais e características fenotípicas podem melhorar com a idade
Síndrome de Treacher Collins	Micrognatia, aplasia de osso zigomático, atresia de coanas, fissura palatina. Dificuldade em abordar a via aérea pode piorar com a idade
Síndrome de Goldenhar	Hipoplasia hemifacial, anomalias de coluna cervical, hipoplasia mandibular. Dificuldade em abordar a via aérea pode piorar com a idade

(Continua)

TABELA 8 CONDIÇÕES PREVISÍVEIS DE VAD EM PEDIATRIA (continuação)

Mucopolissacaridoses	Pelo progressivo espessamento de tecidos decorrente da deposição de mucopolissacárides nas vias aéreas. A incidência geral de VAD nesses casos pode chegar a 25%
Malformações congênitas cervicais (higroma cístico, grandes cistos de ducto tireoglosso)	Podem alterar drasticamente a conformação das vias aéreas, principalmente quando corrigidas tardiamente
Síndrome de Down	Alguns pacientes podem apresentar alterações como instabilidade atlanto-occipital, estreitamento da região subglótica, macroglossia e boca pequena
Condições adquiridas	
Laringomalácia	Causa mais comum no período neonatal. Se a criança não apresenta sinais de desconforto respiratório ou dificuldade em alimentação, a conduta pode ser expectante. Se apresentar início agudo de estridor, sem causa aparente, deve-se realizar avaliação pormenorizada da via aérea em centro cirúrgico com broncoscopia
Pós-infecciosas	Epiglotite, laringite aguda grave, traqueíte, abscesso retrofaríngeo, difteria, bronquite, pneumonia
Pós-cirúrgicas	Cirurgias craniofaciais, fixação cervical
Traumas	Trauma maxilofacial, fratura ou instabilidade da coluna cervical, lesão de laringe
Processos inflamatórios	Espondilite anquilosante, artrite reumatoide
Condições adquiridas	
Obstrutivas	Edema, tumores e neoplasias de vias aéreas altas e baixas, corpo estranho na via aérea baixa ou alta
Endocrinopatias	Obesidade, diabete melito, acromegalia
Outras	Queimaduras extensas, radioterapia, obstrução ou edema, deslocamento posterior da língua, gestação

38
Desequilíbrio acidobásico e distúrbios do sódio e do potássio

 O que são

As alterações acidobásicas dividem-se em respiratórias e metabólicas, conforme sua origem, promovendo deslocamento da equação para a esquerda ou a direita, segundo a fórmula:

$$CO_2 + H_2 \leftrightarrow HHCO_3 \leftrightarrow H + HCO_3^-$$

Classificam-se, então, tais alterações em:

1. Acidose metabólica: caracterizada por redução do bicarbonato plasmático, resultando em queda do pH, hiperventilação compensatória e diminuição da $PaCO_2$.
2. Alcalose metabólica: origina-se do aumento de bicarbonato ou perda de íons H^+ com elevação do pH, resultando em hipoventilação e retenção de CO_2 compensatória.
3. Acidose respiratória: ocorrência de queda de pH por eliminação inadequada de CO_2 e aumento da $PaCO_2$.
4. Alcalose respiratória: situação de eliminação excessiva de CO_2, resultando em elevação do pH.

5. Hipernatremia: caracteriza-se por sódio (Na) plasmático > 145 mEq/L.
6. Hiponatremia: caracteriza-se por Na plasmático < 135 mEq/L.
7. Hiperpotassemia: concentração de potássio (K) plasmático > 5,5 mEq/L.
8. Hipopotassemia: alteração eletrolítica em que o K plasmático é < 3,5 mEq/L.

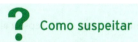

Como suspeitar

1. Realizar anamnese e exame clínico detalhado para determinar a etiologia do distúrbio primário.
2. Análise da gasometria arterial em comparação com os sinais clínicos do paciente.
3. Realizar o cálculo do ânion *gap* = Na − [HCO_3 + Cl], valor normal de 12 ± 2 mEq/L.

ACIDOSE METABÓLICA

1. Com ânion *gap* normal: causada por estados clínicos de perda de bicarbonato, como diarreia, perdas pelo intestino delgado, acidose dilucional e inibidores da anidrase carbônica, e situações de insuficiência tubular, como acidose tubular renal, obstrução do trato urinário e doença do túbulo intersticial.
2. Com ânion *gap* aumentado: ocorre produção de ácido orgânico, como na cetoacidose diabética ou alcoólica, na intoxicação exógena e na inanição prolongada, assim como na insuficiência renal.

ALCALOSE METABÓLICA

1. Salino-responsiva: originada por diarreia, diuréticos, vômitos e aspiração gástrica.
2. Salino-resistente: utilização de glicocorticoides, síndrome de Cushing e uso de diuréticos.

ACIDOSE RESPIRATÓRIA

Desencadeada por doenças que interferem nas vias aéreas, como pneumonias e obstrução de vias aéreas, e patologias do sistema nervoso central (SNC), como meningite, neuropatias e lesões medulares.

ALCALOSE RESPIRATÓRIA

Originada por ansiedade, hipóxia, ventilação mecânica, sepse e alterações no SNC.

SINTOMAS DOS DISTÚRBIOS ELETROLÍTICOS

1. Hipernatremia:
   - sede intensa;
   - irritabilidade;
   - letargia;
   - hiper-reflexia;
   - espasticidade;
   - náuseas e vômitos.
2. Hiponatremia:
   - náuseas e vômitos;
   - cefaleia;
   - letargia;
   - confusão;
   - diminuição dos reflexos;
   - em casos graves: convulsões, coma, falência respiratória e morte.
3. Hiperpotassemia:
   - pode ser oligossintomática ou sintomática, com sintomas parecidos aos da hipopotassemia;
   - hiper-reflexia e parestesia;
   - alterações eletrocardiográficas, como ondas T apiculadas e estreitas e encurtamento do intervalo QT. Em níveis de K > 8, ocorrem fusão do QRS com a onda T, fibrilação ventricular e parada cardíaca.
4. Hipopotassemia:
   - poliúria e polidipsia;
   - fraqueza muscular;
   - distensão abdominal;

- náuseas e vômitos;
- arritmias.

 **O que pedir**

NA ROTINA

1. Gasometria arterial: procurar coletar a gasometria arterial antes de a criança estar hidratada (Tabela 1).

TABELA 1   GASOMETRIA ARTERIAL

Gasometria arterial	Valores normais
pH	7,35 a 7,45
PCO_2	40 a 45 mmHg
HCO_3	20 a 25 mmHg

2. Sódio, potássio e cloro.
3. Eletrocardiografia (ECG).

NOS CASOS ESPECIAIS

1. Prova de acidificação urinária.

 **Como tratar**

1. Para a acidose metabólica, deve-se corrigir o distúrbio primário e a acidemia. A administração de bicarbonato é indicada se acidose grave, pH < 7,1 e bicarbonato < 10 mEq/L. A quantidade é calculada da seguinte forma:
   - bicarbonato a se administrar = (bic desejado − bic plasmático) × 0,3 × peso;

- realiza-se a infusão preferencialmente em 1 h em fórmulas o menos isosmolares possível (1,5%).
2. Tratamento da alcalose metabólica salino-sensível:
   - realizar reposição hídrica e salina com NaCl a 0,9%;
   - dirigir o tratamento para resolução da causa básica.
3. Tratamento da alcalose metabólica salino-resistente:
   - corrigir distúrbios eletrolíticos, como hipopotassemia e hipomagnesemia;
   - suspender os diuréticos;
   - utilizar inibidores de prostaglandinas, como ibuprofeno, 20 mg/kg/dia, 3 a 4 vezes/dia;
   - se ação mineralocorticoide aumentada, deve-se restringir o sódio, suplementar o potássio e utilizar diuréticos poupadores de potássio: espironolactona 1 a 3 mg/kg/dia, 2 a 4 vezes/dia.
4. A correção da acidose respiratória engloba a correção da patologia de base e o restabelecimento da função ventilatória adequada. Para a acidose respiratória crônica, a diminuição do $PaCO_2$ deve ser lenta para que não surja a alcalose metabólica.
5. Já para a alcalose respiratória, deve-se sempre corrigir a patologia primária, realizando-se sedação, analgesia e adequação da ventilação mecânica em pacientes sintomáticos.
6. É necessário ofertar água livre para a correção da hipernatremia. O déficit de água livre é calculado:
   - déficit de água livre em litros: 0,6 × peso (kg) × (Na plasmático/140) − 1;
   - outra forma é estimar o déficit de água livre: para cada 1 mEq de Na a se reduzir, infundem-se 4 mL/kg de água livre;
   - realizar reposição EV ou via aparelho gastrintestinal, utilizando soluções hipotônicas, como água destilada, SG 5%, NaCl 0,45%;
   - preconiza-se queda da concentração sérica de Na em 10 mEq/L/dia ou 0,5 mEq/L/h (exceção para a hiponatremia aguda);
   - se choque concomitante, utilizar para reparação SF 0,9%;
   - caso haja piora do estado neurológico na fase de reidratação, cogitar a hipótese de edema cerebral pela correção rápida de Na. Realizar manitol ou infundir solução hipertônica NaCl 3% até recuperação clínica;
   - para o diabetes insípido grave, preconiza-se a utilização da vasopressina ou do hormônio antidiurético (ADH), realizando controle de Na sérico e Na urinário a cada 6 h.

7. Para o tratamento da hiponatremia, é necessário corrigir a hiponatremia ou a desidratação. Quando o sódio estiver menor que 120 mEq/L ou a hiponatremia for sintomática, deve-se repor o sódio:
   - (Na desejado – Na sérico atual) × 0,6 × peso (kg) = mEq de Na a ser infundido;
   - Na desejado para hiponatremia aguda < 48 h é de 125 e para hiponatremia crônica > 48 h é de 120;
   - para a hiponatremia aguda, utilizar solução hipertônica (NaCl 3%, 0,5 mEq/mL com infusão de 1 a 2 mL/kg/h). Se houver sintomas neurológicos, aumentar a infusão para 5 mL/kg/h (máximo de 10 mL/kg/h ou 5 mEq/kg/h);
   - no caso de hiponatremia hipervolêmica, pode-se utilizar furosemida para eliminação de água livre;
   - para a hiponatremia crônica, se necessário, deve-se corrigir o sódio e a velocidade de correção precisa ser mais lenta. O aumento da concentração do sódio acima de 12 mEq/L/dia pode precipitar a mienólise pontina.
8. Para o tratamento da hiperpotassemia (potássio maior que 5,5 mEq/L):
   - restringir ou suspender a oferta de potássio e corrigir fatores desencadeantes;
   - monitorar com ECG contínua. Coletar gasometria, dosagem de eletrólitos e função renal;
   - antagonizar os efeitos tóxicos cardíacos nos pacientes com alteração da ECG;
   - utilizar gliconato de cálcio a 10% (0,5 a 1 mL/kg; EV lento, podendo ser repetido, se necessário);
   - redistribuir o potássio:
     - bicarbonato de sódio (1 a 2 mEq/kg, EV);
     - glicoinsulinoterapia (0,5 a 1 g/kg de glicose + 1 UI de insulina para cada 5 g de glicose, EV, em 30 a 60 min);
     - beta-adrenérgicos (salbutamol/terbutalina): 4 mcg/kg, EV, lento (estimula a entrada de potássio na célula e aumenta a excreção renal), diluído em 5 mL de água destilada;
   - aumentar a eliminação do potássio:
     - resinas de troca (Sorcal® 1 g/kg via retal) a cada 6 h;
     - diuréticos de alça (furosemida 1 mg/kg/dose), se houver diurese;
     - casos graves, refratários, associados a outros distúrbios eletrolíticos, considerar diálise.

9. Para a terapêutica de hipopotassemia (K < 3,5 mEq/L), é necessário corrigir a etiologia:
   - sem alteração na ECG: aumentar a oferta parenteral ou enteral;
   - com repercussão na ECG: realizar a correção do K em velocidade de 0,3 a 0,5 mEq/kg/h de potássio durante 3 a 5 h com concentração máxima de K em veia periférica de 40 mEq/L e em via central podendo-se chegar a 80 mEq/L.

TABELA 2   CONCENTRAÇÃO EM mEq/mL DOS ELETRÓLITOS

NaCl a 30%	5 mEq/mL
NaCl a 20%	3,4 mEq/mL
NaCl a 10%	1,7 mEq/mL
NaCl a 3%	0,5 mEq/mL
NaCl a 0,9%	154 mEq/L
NaCl a 0,45%	77 mEq/L
KCl a 19,1%	2,5 mEq/mL
KCl a 10% xarope	1,34 mEq/mL
Acetato de potássio	1,2 mEq/mL
Comprimido SLOW K	600 mg = 8 mEq de K
Fosfato de ácido de potássio 25%	1 mL = 4,5 mEq de K e 6 mEq de P
Xarope de KCL a 6%	1 mL = 60 mg = 0,8 mEq

39
Estado de mal epiléptico

 O que é

O estado de mal epiléptico (EME) é uma emergência neurológica caracterizada por crise epiléptica contínua ou ocorrência de crises convulsivas em série, com duração maior que 30 min, sem que ocorra a recuperação do nível de consciência.

TABELA 1 CLASSIFICAÇÃO DO EME DE ACORDO COM A DURAÇÃO DA CRISE OU DE CRISES QUE RECORREM SEM QUE OCORRA RECUPERAÇÃO DA CONSCIÊNCIA

Acima de 5 a 10 min; inferior a 20 a 30 min	Risco ou ameaça para EME; EME precoce
Acima de 20 a 30 min; inferior a 60 min	EME instalado
Acima de 60 min; ou falha na resposta de 3 medicações	EME refratário

? Como suspeitar

1. Predomina nas faixas etárias opostas (crianças e idosos).
2. Ocorre predomínio de crises tônico-clônicas e clônicas generalizadas.
3. Pode ser a primeira manifestação clínica de epilepsia.
4. Uma crise febril com duração maior que 30 min em criança menor que 3 anos é uma causa comum do estado de mal epiléptico.
5. Sempre pesquisar causas orgânicas em crianças menores de 2 anos de idade.
6. De 40 a 50% dos casos são idiopáticos.
7. Entre outras causas, estão:
   - patologias neurológicas de causas infecciosas, como meningite e encefalite;
   - toxinas e medicamentos: teofilina, aminofilina, antidepressivos, doses altas de anticonvulsivantes, lidocaína;
   - tumoral;
   - traumática;
   - convulsões febris são relacionadas ao EME;
   - alterações eletrolíticas;
   - malformações congênitas cerebrais, como esquizencefalia;
   - síndrome de Reye;
   - hiperexia extrema.

Realizar exame físico e neurológico detalhado que avalie fatores desencadeantes, como:

- evidências de trauma: papiledema, abaulamento de fontanela anterior;
- sepse ou meningite;
- hemorragias retinianas que indiquem hematoma subdural;
- respiração de Kussmaul e acidose metabólica que demonstrem acidose metabólica;
- possibilidade de erro inato do metabolismo com a detecção de déficit de crescimento e odor ou pigmentação anormal dos cabelos;
- alteração do diâmetro pupilar sugestiva de intoxicações como fator causal.

 **O que pedir**

NA ROTINA

1. Hemograma: avaliar infecções e consumo de plaquetas.
2. Gasometria arterial, eletrólitos [sódio (Na), potássio (K), cálcio (Ca) e magnésio (Mg)] e lactato: anormalidades hidreletrolíticas podem desencadear a crise.
3. Glicemia: avaliação de hipoglicemia.

NOS CASOS ESPECIAIS

1. Dosagem do nível sérico de anticonvulsivantes.
2. Eletroencefalografia (EEG): avalia descargas ictais, localização e resposta ao uso de anticonvulsivantes.
3. Análise de sangue e urina: se necessária, para avaliação toxicológica em caso de suspeita de intoxicação exógena.
4. Líquido cefalorraquidiano (LCR): avaliar meningite e encefalite.
5. Avaliação toxicológica.
6. Tomografia computadorizada (TC) e ressonância magnética (RM).
7. RM de crânio: detecta possibilidade de lesões expansivas cerebrais.

 **Como tratar**

1. O tratamento precoce do EME inicial visa à manutenção das vias aéreas e do sistema cardiovascular para evitar a progressão para lesão cerebral definitiva.
2. A terapêutica precoce reduz a morbidade e a mortalidade associadas ao EME. Quanto mais rápido for instituído o tratamento, mais efetivo será o anticonvulsivante.
3. Remover as secreções orais por aspiração e utilizar uma máscara facial de oxigênio. Caso não ocorra resposta com a ventilação Ambu-máscara, procede-se com entubação orotraqueal e ventilação mecânica, obtém-se acesso venoso e realiza-se a coleta simultânea de exames.
4. Em caso de hipoglicemia confirmada, administra-se solução glicosada a 25%, 2 mL/kg.

FIGURA 1 ALGORITMO PARA ATENDIMENTO DE PACIENTES EM EME.

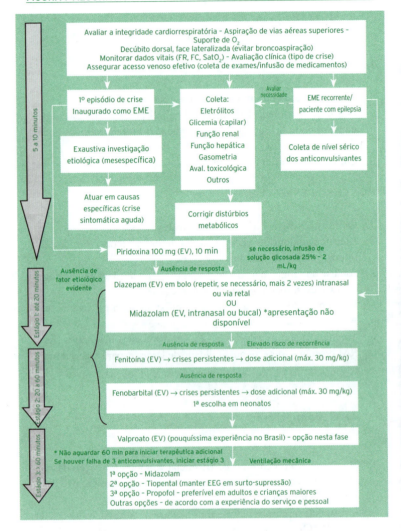

5. Na suspeita de meningite ou encefalite, não se deve retardar a introdução da antibioticoterapia, realizando em seguida a coleta do LCR e os exames de neuroimagem pertinentes.
6. A medicação anticonvulsiva deve ser administrada via EV, uma vez que a via IM pode levar à permanência local do medicamento no músculo. É necessário atentar para a correta diluição de cada fárma-

co. A fenitoína é ineficaz se for diluída em soluções glicosiladas pela formação de precipitado.
7. O EME divide-se em quatro estágios, dependendo do tempo decorrido desde o início da crise.
8. A dieta cetogênica pode ser eficaz em casos selecionados.

TABELA 2 TRATAMENTO FARMACOLÓGICO DO EME

Fase precoce: antes da chegada ao hospital (ausência de médicos)
Diazepam retal (não disponível no Brasil). Posologia: 0,3 a 0,5 mg/kg
Midazolam bucal (não disponível no Brasil). Posologia: 0,2 mg/kg

Estágio I – Fase inicial do EME (5-10 a 20 min)/risco ou ameaça de EME
Diazepam EV bolo (máx. 2 a 5 mg/kg/min). Posologia: 0,25 a 0,5 mg/kg
Lorazepam: não disponível no Brasil EV

Estágio 2 – EME estabelecido (20-30 a 60 min)
Fenitoína EV (máx. 25 mg/min crianças). Posologia: 15 a 20 mg/kg dose inicial, diluir em SF 0,9%
Fenobarbital EV (máx. 100 mg/min). Posologia: 15 a 20 mg/kg; primeira escolha em neonatos
Valproato EV em bolo (máx. 6 mg/kg/min). Posologia: 20 a 30 mg/kg e manutenção de 1 mg/kg/h

Estágio 3 – EME refratário (> 60 min)
Midazolam 0,1 a 0,3 mg/kg EV em bolo, em uma velocidade de 4 mg/min (máx. 10 mg), seguido por infusão contínua EV de 0,05 a 0,4 mg/kg/h
Tiopental 3 a 5 mg/kg/dose EV em bolo (20 s). Manutenção por infusão contínua a 3 a 5 mg/kg/h (manter padrão da EEG de surto-supressão)
Propofol 2 mg/kg EV em bolo, seguido por infusão EV contínua de 2 a 10 mg/kg/h. Preferível em crianças maiores (manter padrão da EEG de surto-supressão)

40
Hipertermia maligna

 O que é

Síndrome herdada de forma autossômica-dominante. Ocorre a elevação do metabolismo de músculos geneticamente anormais, gerando uma reação exotérmica com liberação de energia térmica, geralmente por um desencadeante farmacológico, como succinilcolina ou anestésicos gerais e locais.

 Como suspeitar

1. Um terço dos casos associa-se a defeitos congênitos do sistema musculoesquelético, como fenda palatina, criptorquidia e hérnias congênitas.
2. Tem incidência estimada de 1 caso para cada 15.000 crianças após a anestesia geral, com maior prevalência do sexo masculino.
3. As crianças afetadas geralmente têm fácies peculiares.
4. Tem forte caráter genético, podendo-se realizar a identificação de famílias afetadas com aferição da creatinaquinase (CK) circulante e a análise da contratura muscular induzida por fármacos.

5. Acontece usualmente dentro de 1 a 2 h após a indução anestésica.
6. O aumento de rigidez muscular, como do masseter, pode antever uma crise iminente.
7. Os pacientes com hipertermia maligna apresentam subitamente febre extrema, rigidez muscular e acidose metabólica e respiratória.
8. Pode cursar também com a presença de:
   - hipertensão;
   - taquipneia;
   - cianose;
   - livedo reticular;
   - taquiarritmias supraventriculares e dor torácica atípica.
9. Aumento de temperatura de 1°C a cada 5 min podendo ultrapassar 43°C.
10. As medicações associadas à hipertermia maligna estão relacionadas na Tabela 1.

TABELA 1   MEDICAÇÕES ASSOCIADAS À HIPERTERMIA MALIGNA

Halotano	Succinilcolina	Cafeína	Escopolamina
Enfluorano	Bupivacaína	Ciclopropano	Galamina
Isofluorano	Lidocaína	Etanol	Éter-dietil
Desflurano	Droperidol	Etileno	Éter-divinil
Metoxiflurano	Cetamina	Isoproterenol	Digitálicos
Fluroxeno	Sais de cálcio	Quinidina	Tricloroetileno
			Mepivacaína

 **O que pedir**

NA ROTINA

1. Gasometria arterial: detecção de ácido metabólico e respiratório.
2. Hemograma: trombocitopenia, elevação inespecífica de glóbulos brancos e avaliação da contagem de plaquetas.
3. Eletrólitos: podem ser encontradas hiperpotassemia, hiperfosfatemia, hipercalcemia, hipermagnesemia e hipernatremia.

4. Tempo de protrombina (TP), fibrinogênio, tempo de tromboplastina parcial ativado (TTPA) e produtos de degradação de fibrina: pode haver comprometimento da coagulação.
5. Enzimas hepáticas.
6. CK e desidrogenase lática (DHL): pode haver elevação sérica.
7. Ureia/creatinina: avaliação da função renal.
8. Glicemia: avaliação metabólica.
9. Mioglobina sérica e urinária: avaliar presença de mioglobinúria e risco de comprometimento da função renal.

NOS CASOS ESPECIAIS

1. Eletrocardiografia (ECG): podem ser encontradas ondas T apiculadas, podendo refletir a gravidade da hiperpotassemia.
2. Monitoração da $PaCO_2$ expirada: pode chegar na vigência da crise em > 100 mmHg.
3. Teste da contratura com cafeína: identifica pacientes de risco e um espasmo anormal faz o diagnóstico.

Como tratar

1. É necessário interromper o agente desencadeante e a administração de medicamentos anestésicos.
2. Realizar hiperventilação com O_2 a 100% para remover o dióxido de carbono resultante do hipermetabolismo.
3. O tratamento farmacológico de escolha para hipertermia maligna grave é o dantroleno, 2,5 mg/kg/dose, realizando a diluição em água destilada. Pode-se utilizar doses adicionais de 2 mg/kg, a cada 5 min, caso persista o hipermetabolismo.
4. Para evitar recidiva, preconiza-se dantroleno, IV ou VO, em dose total de 4 mg/kg/dia, em intervalo de 6 a 8 h, por um período de 24 a 48 h.
5. Para a terapêutica da acidose recorrente pelo constante influxo de lactato para o músculo, recomenda-se bicarbonato de sódio, 2 a 4 mEq/kg, para correção da acidose metabólica.
6. A ventilação pode ser normalizada quando a gasometria demonstrar resolução da acidose.

7. O controle da temperatura deve ser realizado com o uso de líquidos gelados, como lavagem gástrica com solução salina ou sua infusão por meio de acesso periférico. Deve-se alcançar a temperatura entre 38 e 39°C, evitando-se a hipotermia.
8. Disritmias podem ser tratadas com procainamida, 15 mg/kg, em 10 min.
9. Não se utilizam bloqueadores dos canais de cálcio em uso conjunto com o dantroleno pelo risco de hipercalcemia e colapso cardiovascular.
10. A escolha da anestesia geral ou local deve ser segura para os pacientes com hipertermia maligna, evitando-se anestésicos voláteis potentes e a succinilcolina.
11. Anestésicos considerados não desencadeantes incluem:
    - anestésicos regionais;
    - narcóticos;
    - barbitúricos;
    - benzodiazepínicos;
    - propofol;
    - óxido nitroso;
    - bloqueadores musculares não despolarizantes.

41
Falência hepática aguda

 O que é

Síndrome caracterizada por necrose maciça dos hepatócitos, perda da função hepatocelular e aumento de transaminases. Em Pediatria, são critérios para definir falência hépatica aguda (FHA):

- coagulopatia grave: INR > 2, na presença de doença hepática aguda;
- encefalopatia na presença de coagulopatia: INR > 1,5.

 Como suspeitar

1. Costuma decorrer de complicação das hepatites virais (A, B, C, D, E) e pode ser causada pela hepatite autoimune.
2. Pode ser desencadeada por infecções virais, como Epstein-Barr, herpes simples, adenovírus, enterovírus, citomegalovírus, parvovírus B19 e vírus da varicela-zóster.
3. Entre outras causas, estão:
    - superdosagem de fármacos, como paracetamol, e de produtos químicos hepatotóxicos;

- isquemia e hipóxia decorrente da insuficiência cardíaca congestiva (ICC), choque hipovolêmico ou cardiopatia congênita cianótica.
4. Deve-se suspeitá-la em pacientes com a tríade icterícia, coagulopatia e encefalopatia progressiva, sendo esta última o principal critério para o diagnóstico de insuficiência hepática.
5. Presença de retardo do desenvolvimento ou disfunção neuromuscular pode indicar falha na betaoxidação ou defeito mitocondrial.
6. Hálito hepático.
7. Febre.
8. Anorexia.
9. Náuseas e vômitos.
10. Petéquias.
11. Dor abdominal.
12. Desenvolvimento de diátese hemorrágica e ascite.
13. Alterações do nível de consciência e da função motora.
14. Asterixes em crianças maiores.
15. Em lactentes, encontram-se irritabilidade, recusa alimentar e alteração no ritmo de sono.

TABELA 1   CLASSIFICAÇÃO DA ENCEFALOPATIA HEPÁTICA ADAPTADA PARA A PEDIATRIA

Grau 1	Confusão e alteração do humor
Grau 2	Sonolência, comportamento alterado
Grau 3	Estupor; a criança obedece a comandos simples
Grau 4	Comatoso, mas desperta ao estímulo doloroso
Grau 5	Coma profundo, não responde a estímulos

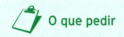

O que pedir

NA ROTINA

1. Gasometria arterial e eletrólitos [sódio (Na), potássio (K), cloro (Cl), cálcio (Ca), fósforo (P) e magnésio (Mg)]: pode ocorrer desenvolvimento de hiponatremia, hipopotassemia, acidose metabólica ou alcalose respiratória.

2. Hemograma.
3. Glicemia: pode ocorrer hipoglicemia principalmente nos lactentes.
4. Bilirrubinas totais e frações: estão elevadas.
5. AST e ALT: em geral, estão elevados, porém não se relacionam à gravidade da patologia, podendo até mesmo diminuir se ocorrer a piora clínica do paciente.
6. Coagulograma: ocorre prolongamento do tempo de protrombina (TP).
7. Amônia.
8. Albumina.
9. Colesterol e triglicerídios.
10. Amilase.
11. Culturas.

NOS CASOS ESPECIAIS

1. Ultrassonografia (US) de abdome, se necessário.
2. Biópsia hepática: deve ser considerada com critério, sendo excepcionalmente indicada.

Como tratar

1. Não há terapêutica específica para reverter a necrose dos hepatócitos ou promover sua regeneração, sendo o mais indicado o tratamento de suporte.
2. Para prevenir a aspiração de secreções, recomendam-se diminuir o edema cerebral pela hiperventilação, realizar entubação orotraqueal, monitorar a frequência respiratória e realizar a oximetria.
3. Para sedação e analgesia, evitam-se os benzodiazepínicos e opioides, pois podem piorar a encefalopatia. Pode-se utilizar bloqueadores neuromusculares como o pancurônio 0,1 mg/kg/dose ou o atracúrio 0,4 a 0,6 mg/kg/dose.
4. A coagulopatia deve ser tratada com a administração de vitamina K, 0,2 mg/kg/dia, máximo de 10 mg/kg/dia, via parenteral.
5. Manter o TP aceitável de 20 a 25 s, sem hemorragia e plaquetas acima de 50.000/mm^3 e hematócrito > 30%.
6. Utiliza-se plasma fresco congelado em caso de sangramentos de 10 a 20 mL/kg, a cada 6 ou 12 h, para reduzir o TP para 16 ou 18 s.

7. A plasmaférese promove a correção da diátese hemorrágica sem promover sobrecarga de volume.
8. Na ausência de hemorragia digestiva ou sinais de intolerância, realiza-se a terapia enteral precoce. A oferta calórica recomendada é de 120 a 129 kcal/kg/dia.
9. Para a nutrição parenteral parcial (NPP):
    - oferta proteica de aminoácidos (AA), 10% de cadeia ramificada, iniciando-se com 0,5 g/kg/dia até 1 g/kg/dia;
    - lipídios: IL, 20%, com ácidos graxos essenciais de cadeia média de 0,5 mg/kg/dia, no máximo de 3 mg. Manter nível sérico de triglicerídios < 250 mg/dL;
    - glicemia: manter > 100 mg/dL e < 200 mg/dL (90 a 120 mg/dL);
    - repor albumina da dose de 0,5 a 1 g/kg para manter acima de 2,5 g/dL.
10. Se houver hemorragia digestiva, utilizam-se:
    - sucralfato 60 mg/m^2, a cada 6 h por sonda nasogástrica (SNG);
    - hidróxido de alumínio 3 mL/kg, por SNG;
    - ranitidina 3 mg/kg/dia, IV, a cada 8 h;
    - somatostatina 0,5 a 1 mcg/kg, IV, e dose de manutenção de 3,5 mcg/kg/h.
11. Realizar controle infeccioso e terapêutica antimicrobiana apropriada, avaliando possibilidade de sepse, peritonite, pneumonia e infecção urinária. Os patógenos mais comuns são os Gram-positivos *Staphylococcus aureus* e *S. epidermidis*, porém ocorrem infecções fúngicas e por Gram-negativos.
12. O paciente deve ser mantido normovolêmico e com eletrólitos basais. O sódio está baixo pela hiponatremia dilucional. Repor as perdas mensuráveis: aproximadamente 300 mL/m^2/dia (débito urinário e sondas).
13. A hemofiltração contínua é utilizada para tratar a hipervolemia e a insuficiência renal aguda.
14. Os pacientes apresentam usualmente choque com vasoativo, sendo a medicação de escolha a norepinefrina com dose de início de 0,1 mcg/kg/min.
15. Para o tratamento da encefalopatia, recomendam-se:
    - lactulose 0,5 mL/kg/dose ou até 30 mL/kg/dose, VO, 4 vezes/dia, ou por SNG;
    - exsanguinotransfusão em crianças menores que 15 kg;
    - plasmaférese.
16. Para a ascite, recomenda-se espironolactona 2 a 5 mg/kg/dia.

17. A monitoração da pressão intracraniana (PIC) pode prevenir o edema cerebral grave. Para o edema cerebral, recomendam-se:
    - decúbito elevado a 30°;
    - monitoração da PIC nos estágios III e IV da encefalopatia;
    - pressão de perfusão cerebral > 50 mmHg e PIC < 20 mmHg;
    - $PaCO_2$ entre 30 e 35 mmHg e hiperventilação.
18. Medicamentos utilizados:
    - manitol de 0,5 a 1 g/kg/dose (não recomendado se osmolaridade > 320 mmol/L); corticosteroides não são indicados;
    - tiopental: dose de ataque 1 a 3 mg/kg e de manutenção 1 a 3 mg/kg/h.
19. O transplante hepático é indicado em casos de colestase, como atresia de vias biliares, doenças metabólicas, como deficiência de alfa-1--antitripsina, tirosinemia, cirrose pós-hepatites virais (B, C, delta), doença autoimune, tumores hepáticos não tratáveis por hepatectomia, colangite esclerosante primária e rejeição crônica.

42
Insuficiência respiratória aguda

 O que é

Estado clínico caracterizado por oxigenação ou ventilação de forma ineficaz ou a ocorrência simultânea de ambas. Pode se originar de patologias de vias aéreas, pulmonares ou neuromusculares que alterem a troca de oxigênio ou a eliminação do CO_2. Angústia respiratória é a ocorrência de aumento de esforço, frequência e trabalho respiratório. A parada respiratória é a ausência de respiração (apneia).

 Como suspeitar

1. Aumento do trabalho respiratório com utilização da musculatura acessória com retrações, batimentos de asa do nariz e gemidos.
2. Taquipneia: aumento da frequência respiratória (FR).
3. Hiperpneia: aumento da profundidade da respiração.
4. Cianose e diminuição da saturação de oxiemoglobina.
5. Alteração do nível de consciência: letargia e diminuição da resposta verbal e a estímulos dolorosos.

6. Tônus muscular esquelético diminuído.
7. Presença de hipoxemia, hipercapnia e acidose respiratória.
8. Pode ser originada de alterações na mecânica ventilatória, como:
    - obstrução de vias aéreas superiores: percepção na fase inspiratória (pelo examinador) de rouquidão, estridor, alteração de voz ou choro. Pode ocorrer aumento moderado de FR;
    - obstrução de vias aéreas inferiores: presença de sibilância e fase expiratória prolongada e FR elevada;
    - patologias do parênquima pulmonar: encontram-se respirações ruidosas, taquipneia, retrações e aumento de esforço respiratório na inspiração e na expiração pela perda da complacência pulmonar;
    - controle anormal da ventilação: padrão respiratório anormal com variação da frequência e do esforço respiratório, podendo ser desencadeado por lesão do tronco cerebral, trauma craniano e intoxicações por fármacos.

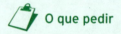

O que pedir

NA ROTINA

1. Gasometria arterial (hipoxemia, hipercapnia e acidose): padrão-ouro para avaliar as trocas gasosas.
2. Hemograma: pode demonstrar anemia que agrava o transporte de O_2 ou processos infecciosos.
3. Função renal: se hipóxia acentuada, avaliar alterações de ureia/creatinina, e sódio e potássio urinários.
4. Radiografia de tórax: pode identificar causas que precipitaram a insuficiência respiratória, como os polimorfonucleares (PMN).
5. Oximetria de pulso: possibilita verificar se há hipoxemia e resposta à terapia.

NOS CASOS ESPECIAIS

1. Eletrocardiografia (ECG): pode demonstrar sinais de hipertensão pulmonar e alterações eletrocardiográficas prévias à insuficiência respiratória.

2. Monitoração do CO_2 expirado: confirma a localização do tubo traqueal.
3. Espirometria: realizada em crianças maiores de 3 anos de idade, com estabilidade clínica, avaliando diversos parâmetros respiratórios, como volume corrente e capacidade vital funcional.
4. Culturas de secreção: utilizadas em suspeita infecciosa.
5. Broncoscopia e laringoscopia: podem realizar retirada de corpo estranho ou biópsia diagnóstica.

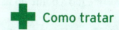

Como tratar

1. Na suspeita de angústia respiratória ou insuficiência respiratória, deve-se realizar avaliações clínicas sequenciais.
2. Permitir que a criança com nível de consciência preservado e com desconforto respiratório permaneça junto aos pais.
3. Administrar oxigênio em altas concentrações da forma mais confortável para o paciente, mantendo a cabeça em posição neutra.
4. Manter a temperatura estável do ambiente e da criança.
5. Não permitir a ingestão oral nesse momento.
6. Para obstrução de vias aéreas superiores, utilizar epinefrina e esteroides via inalatória; e, para obstrução de vias aéreas inferiores, esteroides e nebulização com broncodilatadores.
7. Se a ventilação espontânea for efetiva, administra-se oxigênio em diversos dispositivos. A escolha é de acordo com o estado clínico da criança e a concentração desejada de oxigênio. Entre eles, há diversas opções, como:
    - cânula nasal de alto fluxo: permite geração de pressão positiva nas vias aéreas 4 ± 2 cmH_2O;
    - máscara de oxigênio: com reservatório alcança-se FiO_2 de 50 a 100%; sem reservatório, FiO_2 de 60%;
    - capacete de oxigênio: FiO_2 de até 100% em 8 a 12 L de fluxo;
    - tenda facial: FiO_2 de 40%, necessários 12 L para evitar retenção de CO_2;
    - CPAP: modo ventilatório com utilização de pressão positiva nas vias aéreas;
    - BIPAP: modo bipressórico que possibilita o ajuste de dois níveis de pressão-expiratória (EPAP) e inspiratória (IPAP).

8. Na presença de insuficiência respiratória, assegurar a permeabilidade das vias aéreas e oferecer FiO_2 a 100%.
9. Assegurar monitoração com oximetria e ECG. Suspender administração de líquidos e dieta.
10. Obter acesso vascular.
11. Se o paciente estiver sonolento ou inconsciente, com obstrução de vias aéreas, utilizar cânula orofaríngea para manter as vias aéreas pérvias e desobstruídas.
12. Se a ventilação espontânea for insuficiente, realizar a ventilação bolsa-máscara:
    - deve envolver o nariz e a boca, compreendendo a ponte do nariz e a fissura do queixo;
    - abrir as vias aéreas, colocar máscara na face e fornecer volume corrente para expansão torácica visível;
    - caso não se atinja ventilação efetiva, verificar se a máscara se ajusta à face, aspirar secreções e elevar a mandíbula.
13. A utilização de máscara laríngea promove a permeabilidade da via aérea e a ventilação no paciente com via aérea difícil até obtenção de via aérea definitiva.

TABELA 1 MÁSCARAS LARÍNGEAS CONFORME O PESO

Tamanho da máscara laríngea	Peso (kg)
1	Até 5 kg
1,5	5 a 10 kg
2	10 a 20 kg
2,5	20 a 30 kg
3	30 a 50 kg
4	50 a 70 kg

14. A entubação traqueal e a ventilação pulmonar mecânica são indicadas em caso de:
    - controle inadequado da ventilação pelo sistema nervoso central (SNC);
    - obstrução funcional ou anatômica das vias aéreas;
    - perda de reflexos protetores como náuseas ou vômitos;
    - excessivo trabalho respiratório com progressão para fadiga e insuficiência respiratória;

- Glasgow < 9;
- regra dos 50 na gasometria: PaO_2 < 50 mmHg ou $PaCO_2$ > 50 mmHg, com pH < 7,25 em FiO_2 > 50% (Figura 1);
- indica-se a cricotireotomia se houver necessidade de ventilação mecânica e insucesso na entubação e em casos específicos de obstrução respiratória alta por corpo estranho, trauma orofacial grave e fratura de laringe (Figura 2).

FIGURA 1 ENTUBAÇÃO OROTRAQUEAL.

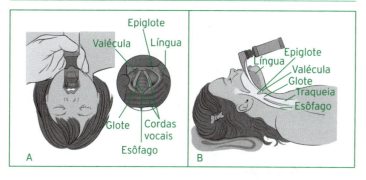

FIGURA 2 CRICOTIREOTOMIA.

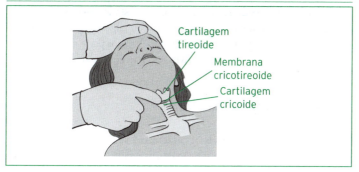

43
Sedação e analgesia

 O que são

Sedação é o procedimento que diminui o estado de consciência, sem aliviar a dor, dividindo-se em vários níveis. A analgesia é o procedimento que diminui ou elimina a percepção da dor. A maior parte dos analgésicos tem efeitos sedativos e vários sedativos não têm efeitos analgésicos.

NÍVEIS DE SEDAÇÃO/ANALGESIA

1. Sedação mínima (ansiólise): caracteriza-se por resposta normal à estimulação verbal e diminuição da ansiedade, com manutenção das funções ventilatória e cardiovascular. Pode ocorrer também alteração da função cognitiva e da coordenação.
2. Sedação/analgesia moderada: produz sonolência com preservação da resposta verbal, podendo também os pacientes necessitarem de estimulação tátil. Ocorre manutenção das vias aéreas e dos reflexos protetores.
3. Sedação/analgesia profunda: ocorre diminuição da consciência em que os pacientes dificilmente são despertados por estímulos verbais

ou táteis. Pode ocorrer comprometimento de vias aéreas e dos reflexos protetores.
4. Anestesia geral: estado de inconsciência em que os pacientes não respondem aos estímulos dolorosos. Em geral, ocorrem perda dos reflexos protetores de vias aéreas e alteração da função cardiovascular.

AVALIAÇÃO GERAL PRÉ-SEDAÇÃO E ANALGESIA

1. Incluir na anamnese a regra mnemônica AMPLE:
   - **a**lergia a fármacos, alimentos ou látex;
   - uso de **m**edicação;
   - **p**assado médico;
   - ingestão recente da última refeição e de **l**íquidos (risco de vômitos e aspiração);
   - **e**ventos que levaram à necessidade de sedação (politrauma que requer prioritariamente estabilização de vias aéreas antes de realizar a sedação).
2. Não realizar a sedação no intervalo de 6 h após ingestão de sólidos ou líquidos.
3. O exame físico pré-sedação inclui avaliação de vias aéreas: perviabilidade e necessidade de suporte, padrão respiratório e presença dos murmúrios vesiculares e risco de obstrução, como macroglossia, micrognatia, obesidade grave, secreções excessivas e diminuição dos reflexos protetores de vias aéreas.
4. Avaliação cardiovascular: bulhas cardíacas, frequência cardíaca (FC), pressão arterial (PA) e perfusão.

ESCALA DE COMFORT

É utilizada para avaliar a sedação por meio de 8 variáveis determinadas após 2 min:
- pressão arterial média (PAM);
- FC;
- tônus muscular;
- tônus facial;
- nível de consciência;
- agitação/calma;
- movimentos respiratórios;
- movimentação física.

TABELA 1 ESCALA DE COMFORT

Escala de Comfort	Sedação
Escore menor que 17	Excessiva
Valores entre 17 e 26	Adequada
Maiores que 26	Insuficiente

TABELA 2 ESCALA DE COMFORT

1. Alerta	Sono profundo – 1 Sono leve – 2 Cochilando – 3 Totalmente acordado e alerta – 4 Hiperalerta – 5
2. Calma/agitação	Calmo – 1 Levemente ansioso – 2 Ansioso – 3 Muito ansioso – 4 Pânico – 5
3. Resposta respiratória	Sem tosse e respiração espontânea – 1 Respiração espontânea com pouca ou nenhuma resposta à ventilação – 2 Tosse ocasional ou resistência ao respirador – 3 Respira ativamente contra o respirador ou tosse regularmente – 4 Briga com o respirador, tosse ou sufocação – 5
4. Movimento físico	Sem movimento – 1 Movimento leve ocasional – 2 Movimento leve frequente – 3 Movimento vigoroso limitado às extremidades – 4 Movimento vigoroso incluindo tronco e cabeça – 5
5. Linha de base da pressão arterial (pressão arterial média)	Pressão abaixo da linha de base (LB) – 1 Pressão arterial consistente na LB – 2 Elevações infrequentes de 15% ou mais (1 a 3 durante o período de observação) – 3 Elevações frequentes de 15% ou mais (mais de 3) acima da LB – 4 Elevação sustentada maior que 15% – 5
6. Linha de base da frequência cardíaca (FC)	FC abaixo da LB – 1 FC consistente na LB – 2 Elevações infrequentes (1 a 3) de 15% ou mais acima da LB, durante o período de observação – 3 Elevações frequentes (> 3) de 15% ou acima da LB – 4 Sustentada maior que 15% – 5

(continua)

TABELA 2 ESCALA DE COMFORT (continuação)

7. Tônus muscular	Músculos totalmente relaxados, sem tônus - 1 Tônus reduzido - 2 Tônus normal - 3 Tônus aumentado e flexão de extremidades - 4 Rigidez muscular extrema e flexão de extremidades - 5
8. Tensão facial	Músculos faciais totalmente relaxados - 1 Músculos faciais com tônus normal, sem tensão facial evidente - 2 Tensão evidente em alguns músculos da face - 3 Tensão evidente em todos os músculos da face - 4 Músculos faciais contorcidos - 5

TABELA 3 ANALGÉSICOS OPIOIDES: INDICAÇÕES E POSOLOGIA

Droga	Via	Dose	Dose máxima
Morfina: dor moderada a severa	IV/IM/SC/VO/VR/epidural/intratecal	0,1 a 0,2 mg/kg/dose PCA intravenoso: 0,5 a 3 mg Infusão: 0,005 mg/kg/h	15 mg, início de ação - IV: cerca de 1 min; IM: 5 min; SC: 30 min; oral e epidural: 60 min
Meperidina: analgésico com potência de 1/10 da morfina	IV/VO/SC/IM/evitar SC e IM	1 a 2 mg/kg/dose, a cada 2 a 3 h para IV/IM/VO 0,2 a 0,4 mg/kg/h para IV 3 a 5 mcg kg/dose para IV/IM/SC	1 g no primeiro dia e não mais que 700 mg/dia nos dias subsequentes Início de ação: IV < 1 min; IM: até 5 min
Codeína: dor leve a moderada	VO/IM	0,5 a 1 mg/kg/dose	30 mg/dose
Fentanil: potência 100 vezes maior que a morfina	IV/IM/SC/epidural/intratecal/intradérmico e transmucosa	IV: 1 a 5 mcg/kg IV contínuo: 1 a 5 mcg/kg/h	
Metadona: agonista sintético semelhante à morfina/dor aguda e crônica	IV/VO/SC/IM	VO/SC/IM: 0,1 a 0,2 mg/kg/dose IV: 0,1 mg/kg/dose a cada 4 h	10 mg/dose

(continua)

TABELA 3 ANALGÉSICOS OPIOIDES: INDICAÇÕES E POSOLOGIA
(continuação)

Droga	Via	Dose	Dose máxima
Tramadol: dor leve a moderada Potência 10 a 15 vezes menor que a morfina	IV/VO/VR	1 mg/kg/dose	30 mg/dose e 500 mg/dia para adolescentes e adultos
Alfentanil: rápido início de ação e duração mais curta que o fentanil/rápida reversão quando interrompida a infusão	IV	IV: 20 a 75 mcg/kg IV contínuo: 0,5 a 1,5 mcg/kg/min	
Sulfentanila	IV/epidural	IV contínuo: 0,02 a 0,05 mcg/kg/min Epidural: 25 a 50 mcg em bupivacaína 0,125%	
Renifentanila: ação ultracurta	IV	1 mcg/kg para indução, seguido de 0,5 a 1 mcg/kg/min	
Nalbufina: tão potente quanto a morfina, possui efeito teto para analgesia e depressão respiratória	IV/IM	IV: 0,05 a 0,2 mg/kg IV contínuo: 0,02 a 0,15 mg/kg/h	10 mg a cada 3 ou 6 h

IV: intravenosa; IM: intramuscular; SC: subcutânea; VO: via oral; VR: via retal; PCA: analgesia controlada pelo paciente.

COMO TRATAR: ACOMPANHAMENTO E CONDUTA

1. A monitoração deve incluir o registro sequenciado dos sinais vitais, saturação de oxigênio, PA, FC e frequência respiratória (FR) e eletrocardiografia (ECG) contínua para sedação profunda.
2. Observar se houve comprometimento de vias aéreas e, se necessário, prover O_2 a 100% e iniciar ventilação não invasiva com uso de balão e bolsa-máscara.

3. As doses recomendadas para sedação e analgesia são exibidas na Tabela 4.
4. Para pele lesionada ou intacta, pode-se utilizar anestésicos tópicos, como a mistura de lidocaína e prilocaína (EMLA®), que produzem anestesia por 3 a 5 mm de profundidade, ou a lidocaína a 4% (ELA--Max®).
5. Se ocorrer depressão respiratória durante a sedação, devem-se prover a permeabilidade de vias aéreas e realizar remoção das secreções. Prover ventilação com Ambu-máscara. Para reverter a depressão respiratória, pode-se utilizar os seguintes agentes:
    - para os narcóticos: naloxona 0,1 mg/kg; se necessário, repetir a cada 1 ou 2 min, IV, IM ou IT;
    - para os benzodiazepínicos: flumazenil 0,01 a 0,02 mg/kg, podendo-se repetir a cada 1 a 2 min, até a dose máxima de 1 mg.
6. Após a sedação, o paciente está apto para a alta hospitalar quando:
    - despertar com facilidade;
    - apresentar capacidade verbal;
    - sentar sem ajuda adequada para o desenvolvimento de cada idade;
    - obedecer a ordens ajustadas para cada faixa etária;
    - apresentar reflexos protetores adequados e manter a perviabilidade das vias aéreas;
    - se agentes de reversão forem utilizados, observar o paciente por 2 h após a última dose.
7. A alta deve ser postergada para pacientes com tontura e vertigem em decúbito dorsal, náuseas, vômitos e incapacidade de urinar ou desconforto.

TABELA 4 DOSES RECOMENDADAS PARA SEDAÇÃO E ANALGESIA

Agente	Dose	Início da ação	Duração da ação
Benzodiazepínicos			
Midazolam	IV: 0,05 a 0,1 mg/kg; dose única máxima, 5 mg, pode-se repetir até uma dose total máxima de 0,4 mg/kg ou 10 mg	1 a 2 min	30 a 60 min
	IM: 0,1 a 0,2 mg/kg	5 a 15 min	30 a 60 min
	IN: 0,2 a 0,4 mg/kg		
	VR: 0,5 a 1 mg/kg	5 a 10 min	30 a 60 min
	VO: 0,25 a 0,5 mg/kg; dose total máxima, 20 mg	10 min	1 a 2 h
Brazepam	IM, IV: 0,05 a 0,1 mg/kg; dose única máxima, 4 mg	IV: 3 a 5 min	2 a 6 h
		IM: 10 a 20 min	2 a 6 h
	VO: 0,05 a 0,1 mg/kg; dose única máxima, 2 mg	VO: 60 min	2 a 8 h
Diazepam	IV: 0,1 a 0,2 mg/kg	2 a 3 min	30 a 90 min
	VR: 0,3 a 0,5 mg/kg	5 a 15 min	2 a 4 h
Barbitúricos			
Pentobarbital	IV: 1 a 3 mg/kg; pode-se repetir até 6 mg/kg	1 a 5 min	15 a 60 min
	IM: 2 a 5 mg/kg	5 a 15 min	2 a 4 h
	VO: 2 a 3 mg/kg	15 a 60 min	2 a 4 h
Tiopental	VR: 25 mg/kg	5 a 15 min	60 a 90 min
Metoexital	VR: 20 a 30 mg/kg	5 a 15 min	30 a 90 min
Narcóticos			
Morfina	IV: 0,05 a 0,1 mg/kg	5 a 10 min	2 a 4 h
Fentanil	IV: 1 a 4 mcg/kg	2 a 3 min	20 a 60 min
Outros agentes			
Cetamina	IV: 0,5 a 2 mg/kg	1 a 2 min	15 a 60 min
	IM: 3 a 4 mg/kg	3 a 10 min	15 a 60 min
Hidrato de cloral	VO, VR: 25 a 100 mg/kg; máximo: 2 g	15 a 30 min	2 a 3 h
Cetorolaco	IV, IM: 0,5 a 1 mg/kg	10 a 15 min	3 a 6 h
Propofol	IV: 0,5 a 1 mg/kg; pode-se repetir em bolo de 0,5 mg/kg; pode-se administrar em infusão contínua ajustada de 25 a 100 mcg/kg/min durante o procedimento	1 a 2 min	3 a 5 min

44
Sepse

 O que é

DEFINIÇÕES PEDIÁTRICAS DOS TERMOS RELATIVOS A SEPSE

1. Bacteriemia: presença de bactérias na corrente sanguínea, sendo necessária uma hemocultura positiva para o diagnóstico.
2. Síndrome da resposta inflamatória sistêmica (SIRS): resultante de causas infecciosas ou não, sendo composta por pelo menos dois critérios a seguir:
   - temperatura central > 38,5°C ou < 36°C;
   - taquicardia (frequência cardíaca > 2DP) na ausência de estímulos externos, medicamentos ou dor;
   - taquipneia ou hiperventilação ($PaCO_2$ < 32 mmHg);
   - leucócitos > 12.000 cél/mm^3, 4.000 cél/mm^3 ou mais de 10% de células imaturas.
3. Sepse: SIRS + infecção suspeita ou confirmada.
4. Sepse grave: sepse com disfunção orgânica, hipoperfusão ou hipotensão.
5. Choque séptico: sepse associada à disfunção cardiovascular que não apresenta resposta após pelo menos 40 mL/kg de volume.

❓ Como suspeitar

Apresentam fatores de risco para o desenvolvimento de sepse os seguintes pacientes:

- neutropênicos;
- queimados;
- prematuros;
- asplênicos;
- politraumatizados;
- com porta de entrada, como cateteres, drenos, próteses e cânulas;
- imunodeficientes;
- em internação prolongada;
- crônicos;
- após grandes cirurgias;
- em diálise;
- neoplásicos;
- desnutridos.

Como sinais clínicos, pode-se encontrar:

- febre ou hipotermia;
- diminuição da aceitação alimentar;
- confusão mental com agitação;
- irritabilidade;
- vasodilatação;
- taquicardia;
- náuseas;
- sonolência;
- extremidades frias e pulso periférico fino;
- petéquias;
- taquipneia;
- vômitos;
- prostração;
- hepatomegalia;
- palidez cutânea;
- perfusão periférica lentificada > 3 s;
- oligúria/anúria;
- apatia;

- esplenomegalia;
- livedo reticular.

TABELA 1 SINAIS CLÍNICOS DO CHOQUE SÉPTICO

Choque quente	Choque frio
Pele quente e seca nas extremidades	Pele marmórea e fria (principalmente em extremidades)
TEC < 2 s	TEC prolongado > 2 s
Taquicardia	Taquicardia
Pulsos amplos	Pulsos finos e diferença entre pulsos centrais e periféricos
Alteração no nível de consciência (irritabilidade ou sonolência)	Alteração no nível de consciência (irritabilidade ou sonolência)
Oligúria (diurese < 1 mL/kg/h)	Oligúria (diurese < 1 mL/kg/h)
PA adequada para idade ou hipotenso	PA adequada para idade ou hipotenso

TEC: tempo de enchimento capilar; PA: pressão arterial.

Em recém-nascidos, nem todos os sinais citados podem estar presentes.

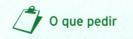

O que pedir

Não se deve postergar o tratamento aguardando o resultado laboratorial, mas os exames auxiliam o direcionamento das condutas.

NA ROTINA

1. Hemograma: avaliar leucopenia ou leucocitose ou presença de formas jovens, como bastões ou plaquetopenia, que podem ser sinal de infecção.
2. Proteína C reativa e velocidade de hemossedimentação (VHS): são sensíveis, porém pouco específicas; servem para seguimento evolutivo do paciente.

3. Gasometria arterial: pode-se encontrar acidose metabólica.
4. Ionograma.
5. AST/ALT.
6. Ureia/creatinina.
7. Proteínas totais e frações.
8. Coagulograma: pode se alterar na vigência do quadro.
9. Lactato: está aumentado pela produção contínua no processo de sepse.
10. Glicemia.

Nos casos especiais

1. Culturas: coleta de hemocultura, urocultura, coprocultura, cultura de líquido cefalorraquidiano (LCR), coleções e secreções antes do início do tratamento.
2. Identificação etiológica por meio de detecção de antígenos: contraimunoeletroforese (CIE), enzima imunoensaio (Elisa) e reação em cadeia de polimerase.
3. Exame de imagem específico para a pesquisa de infecções, como ecografia, tomografia computadorizada (TC) e ressonância magnética (RM). A ecocardiografia (ECO) é útil para determinar a função miocárdica no choque séptico.

Como tratar

1. Fazer avaliação inicial de vias aéreas e respiração com suporte ventilatório, se necessário, objetivando a diminuição do trabalho respiratório, a retenção de CO_2 e a queda de PaO_2.
2. Administrar oxigenoterapia para manter a PaO_2 entre 65 e 70 mmHg. Se sinais de insuficiência respiratória aguda, realizar a entubação orotraqueal.
3. Obter acesso venoso (periférico, se a criança estiver estável, e central e intraósseo, se houver sinais de choque).
4. Iniciar de forma precoce a reposição volêmica, a oxigenoterapia e a antibioticoterapia.
5. Avaliar circulação (FC, qualidade de pulsos, PA, enchimento capilar, temperatura da pele e diurese). O tratamento objetiva manter o TEC < 2 s, pulsos cheios, extremidades aquecidas, débito urinário maior que 1 mL/kg/h e nível de consciência normal.

6. Obter acesso venoso calibroso, podendo ser periférico, intraósseo ou profundo.
7. Iniciar reposição com cristaloide (SF ou Ringer lactato) de 10 a 20 mL/kg em 10 a 20 min. Avaliar estertor pulmonar ou sinais de insuficiência cardíaca congestiva.
8. Administrar 60 mL/kg de volume na 1ª hora corrobora a redução da mortalidade pediátrica.
9. Corrigir hipoglicemia. Se níveis de glicose estão menores que 60 mg/dL, infundir 0,5 a 1 g/kg.
10. Corrigir o cálcio. A hipocalcemia é causa de disfunção cardíaca; a dose recomendada é de 10 a 20 mg/kg (0,1 a 0,2 mL/kg de cloreto de cálcio a 10%).
11. Introduzir antibioticoterapia inicial, em geral de caráter empírico para a cobertura dos agentes mais comuns, faixa etária e foco aparente. A introdução se faz de forma conjunta com a ressuscitação hemodinâmica.
12. Fazer reavaliação cardiopulmonar após cada expansão.
13. Caso o choque seja refratário à fluidoterapia, utilizar fármacos vasoativos (vasopressores e inotrópicos). Iniciar tratamento com dopamina 5 a 15 mcg/kg/min. Oferecer bolos de fluidos durante a infusão de dopamina.
14. Se houver manutenção de choque resistente à dopamina e infusão de fluidos, associar epinefrina (indicada para choque frio): 0,05 a 0,2 mcg/kg/min (ação beta com moderado efeito alfa). Predomínio de efeitos alfa: 0,2 a 1 mcg/kg/min. Em caso de choque quente, administrar norepinefrina 0,01 a 2 mcg/kg/min.
15. Milrinona: indicada em caso de falência miocárdica. Posologia: 0,25 a 0,75 mcg/kg/min.
16. Considera-se choque resistente às catecolaminas pacientes com baixa resposta à reanimação fluídica e à utilização de aminas vasoativas. Para este grupo de pacientes, apesar de os trabalhos científicos serem poucos, recomenda-se a utilização de hidrocortisona em doses de 2 a 50 mg/kg seguida da infusão contínua da mesma dose de ataque por 24 h.
17. Controlar a temperatura com antitérmico e ambiente térmico neutro.
18. Realizar tratamento cirúrgico com drenagem de abscessos e desbridamento de lesões necróticas.
19. Existem novas terapias em estudo, como a utilização de anticorpos monoclonais antiendotoxina, anticorpo antifator de necrose tumoral, antagonistas dos receptores de interleucina 1, plasmaférese e oxigenação por membrana extracorpórea (*extracorporeal membran oxigenation* – ECMO).

FIGURA 1   ALGORITMO PARA CHOQUE SÉPTICO ACCM/PALS.

min: minutos; PP: pressão de perfusão; PA: pressão arterial; DVA: droga vasoativa; SvcO$_2$: saturação venosa central de oxigênio; Hb: hemoglobina; PDF III: inibidor da fosfodiesterase III; IC: índice cardíaco; ECMO: oxigenação por membrana extracorpórea.

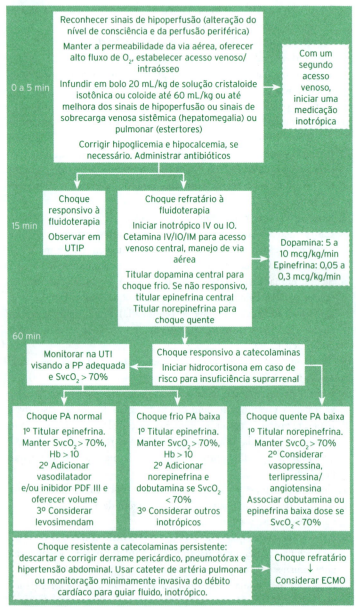

TABELA 2 AGENTES ETIOLÓGICOS MAIS FREQUENTES E ANTIMICROBIANOS SUGERIDOS DE ACORDO COM A FAIXA ETÁRIA E O FOCO

Idade	Foco	Agentes	Antimicrobianos
Até 3 meses	Gastrintestinal	Bactérias Gram-negativas entéricas	Amicacina, cefotaxima
		Bactérias Gram-negativas	
	Vias urinárias	*Staphylococcus aureus*	Amicacina, cefalotina
	Pele e subcutâneo	*Streptococcus pyogenes*	Oxacilina, cefalotina, penicilina
		Staphylococcus aureus	
	Articulações e ossos	*Streptococcus* beta-hemolítico do grupo B	Oxacilina, cefalotina
	Vias aéreas inferiores	Bactérias Gram-negativas	Penicilina + amicacina ou oxacilina + amicacina
		Staphylococcus aureus	
		Bactérias Gram-negativas entéricas	
		Streptococcus beta-hemolítico do grupo B	
	Meninges	*Listeria monocytogenes*	Ampicilina + cefotaxima
		Neisseria meningitidis	
Entre 3 meses e 5 anos	Pele e subcutâneo	*Staphylococcus aureus*	Oxacilina, cefalotina, penicilina
		Streptococcus pyogenes	
	Articulações e ossos	*Haemophilus influenzae* tipo B	Oxacilina + cloranfenicol
		Staphylococcus aureus	
	Vias aéreas inferiores	*Streptococcus pneumoniae*	Penicilina ou oxacilina + cloranfenicol
		Haemophilus influenzae tipo B	
		Staphylococcus aureus	
	Meninges	*Neisseria meningitidis*	Ceftriaxona
		Streptococcus pneumoniae	
		Haemophilus influenzae tipo B	

(continua)

TABELA 2   AGENTES ETIOLÓGICOS MAIS FREQUENTES E ANTIMICROBIANOS SUGERIDOS DE ACORDO COM A FAIXA ETÁRIA E O FOCO *(continuação)*

Idade	Foco	Agentes	Antimicrobianos
Acima de 5 anos	Pele e subcutâneo	*Staphylococcus aureus*	Oxacilina, cefalotina, penicilina
		Streptococcus pyogenes	
	Articulações e ossos	*Staphylococcus aureus*	Oxacilina, cefalotina, clindamicina
	Vias aéreas inferiores	*Streptococcus pneumoniae*	Penicilina
		Staphylococcus aureus	Oxacilina
	Meninges	*Neisseria meningitidis*	Ceftriaxona ou penicilina
		Streptococcus pneumoniae	

APÊNDICE

Fórmula de dose contínua em mcg/kg/min:

$$\frac{\text{Dose desejada} \times \text{peso (kg)} \times 1,44}{\text{Concentração do medicamento (mg/mL)}} = \text{dose do medicamento em mL}$$

45
Suporte nutricional enteral

 O que é

Utilização do sistema digestório para oferta de nutrientes via digestiva, de forma específica ou com utilização de fórmulas VO, sonda ou ostomia. Esta propicia otimização da oferta proteico-calórica, manutenção do trofismo da mucosa intestinal, melhor ganho ponderal e menor possibilidade de lesões hepáticas. As vias mais utilizadas para sua administração são por sonda nasogástrica (SNG) ou orogástrica, sonda nasoentérica (jejunal) (SNE), gastrostomia ou jejunostomia.

QUANDO INDICAR

1. É a via preferencial no paciente em estado crítico com sistema digestório funcionante.
2. Em situações em que a alimentação oral é contraindicada.
3. Prematuridade.
4. Diarreia crônica.
5. Patologias inflamatórias do trato gastrintestinal.
6. Paralisia cerebral.

7. Tempo de alimentação maior que 4 h em pacientes com comprometimento neurológico.
8. Insuficiência hepática, cardíaca, respiratória ou renal.
9. Ressecções intestinais.
10. Cirurgias de face, pescoço e esôfago.
11. Em estados hipermetabólicos, como sepse, câncer e grande queimado.
12. Prega cutânea tricipital consistentemente < percentil 5 para idade.
13. Jejum por mais de 5 dias.
14. Fístulas digestivas altas.
15. Pancreatite.
16. Anomalias congênitas (atresia de esôfago, fístulas traqueoesofágicas, fissuras palatais).

CONTRAINDICAÇÕES

1. Estado clínico em que se indica a nutrição parenteral.
2. Jejum por 5 dias ou mais.
3. Sistema digestório não funcionante.
4. Estados clínicos em que a nutrição por via digestiva está insuficiente, como um grande estresse metabólico em doença aguda ou doença crônica com desnutrição grave.
5. Pré e pós-operatório em pacientes pediátricos com anomalias congênitas, como atresia de esôfago, atresias intestinais e gastrosquises.
6. Patologias adquiridas: enterocolite necrosante, fístulas digestivas e síndrome do intestino curto.
7. Pacientes com neoplasias com manifestação de vômitos incoercíveis, diarreia e anorexia acentuada.

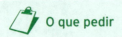

1. Gasometria arterial.
2. Eletrólitos.
3. Glicemia.
4. Albumina.
5. Glicosúria.

CUIDADOS GERAIS E MODO DE ADMINISTRAÇÃO

1. Deve-se monitorar a oferta nutricional e o balanço hídrico.
2. Suplementar com nutrição parenteral periférica quando a ingestão enteral for inadequada.
3. Quando a oferta via enteral atingir 65 a 70% das necessidades calóricas do paciente, a nutrição parenteral deve ser descontinuada.
4. A alimentação enteral deve ser iniciada entre 24 e 48 h da admissão para a maioria dos pacientes.
5. Em geral, administra-se via nasogástrica ou pós-pilórica (nasoduodenal ou nasojejunal).
6. A sonda deve ser de pequeno diâmetro e confortável para sua passagem e locação.
7. A extremidade da sonda deve permanecer na segunda porção do duodeno. Realizar radiografia de abdome para confirmar a posição da sonda ou confirmar a posição com o pH do líquido aspirado maior que 7,0.
8. A infusão contínua é preferencial à modalidade em bolo. A utilização de bomba de infusão é recomendada para administração lenta e regular da dieta. A infusão em bolo aumenta o risco de distensão gástrica e tem menor aproveitamento energético.
9. Controlar a velocidade de infusão da dieta. Dividir o volume diário em 8 frascos e infundir 1 frasco a cada 2 ou 3 h. Pode-se usar a infusão contínua realizando a troca dos frascos a cada 3 h. Utilizar a bomba para administração de dieta.
10. A escolha da dieta baseia-se na capacidade de absorção do sistema digestório, na necessidade nutricional específica e na restrição hídrica e de eletrólitos. Preferencialmente devem ser isotônicas, de simples preparo e administração.

TABELA 1 COMPOSIÇÃO E INDICAÇÕES DAS FÓRMULAS ENTERAIS

Fórmulas	Composição	Indicações e características
Poliméricas	Macronutrientes na sua forma intacta (proteína integral)	Capacidade de digestão e absorção normais
Semielementares	Componente proteico parcialmente hidrolisado (peptídios)	Pacientes graves, pós-operatórios, alguns casos de alergia à proteína do leite de vaca Maior concentração de TCM facilitando a digestão e absorção

(continua)

TABELA 1 COMPOSIÇÃO E INDICAÇÕES DAS FÓRMULAS ENTERAIS
(continuação)

Fórmulas	Composição	Indicações e características
Elementares	Componente proteico totalmente hidrolisado (aminoácidos livres)	Intolerância grave à fórmula semielementar, alergia à proteína do leite de vaca e soja e/ou alteração na digestão e na absorção Alta osmolaridade Maior concentração de TCL e menor de TCM

TCL: triglicerídios de cadeia longa; TCM: triglicerídios de cadeia média.

11. A posição preferencial para sua administração é o decúbito lateral direito ou elevado de 30 a 45°.
12. Nos pacientes que receberem dieta enteral via gástrica, realizar a mensuração do resíduo gástrico antes de sua infusão. Volumes residuais acima de 20% repõem o conteúdo gástrico, infundindo-se a diferença entre o volume planejado e o verificado.
13. Atentar para sinais de intolerância como distensão abdominal, evacuações líquidas ou resíduos gástricos. Se presente na sonda intragástrica, descontar o volume a ser infundido. Se o volume aferido exceder 50%, interrompe-se a próxima infusão da dieta.
14. Na frequência de resíduos elevados, suspende-se a alimentação e verifica-se a possibilidade de intolerância gastrintestinal.
15. Monitorar o estado nutricional por meio da antropometria sequenciada e do estado hidreletrolítico.
16. Nos pacientes em estado crítico, iniciar com 1/5 a 1/4 do volume total diário com aumento gradativo no 2º dia. No 3º dia, atinge-se 3/4 das necessidades, com o fornecimento integral dos objetivos nutricionais no 4º dia.

COMPLICAÇÕES

Podem ser mecânicas (Tabela 2), metabólicas (Tabela 3) e gastrintestinais (Tabela 4).

TABELA 2 COMPLICAÇÕES MECÂNICAS DA NUTRIÇÃO ENTERAL

Complicação	Provável causa	Prevenção/tratamento
Obstrução da sonda	Falha em irrigar a sonda regularmente Uso da medicação pela sonda Dieta rica em fibras	Irrigar a sonda com água após cada infusão da dieta Usar medicação na forma líquida e irrigar a sonda com água após a administração de medicações Para a infusão de dietas ricas em fibras, utilizar sonda de calibre ≥ 10
Aspiração pulmonar	Redução dos reflexos protetores das vias aéreas Atonia gástrica Íleo Sonda mal posicionada	Em pacientes com redução do nível de consciência ou em ventilação mecânica, optar pela via pós-pilórica Infundir a dieta lentamente com a criança em decúbito elevado Monitorar o resíduo gástrico
Mau posicionamento da sonda	Técnica de passagem incorreta ou deslocamento da sonda Tosse ou vômito	Técnica correta de introdução da sonda Monitorar a posição diariamente
Remoção acidental da sonda	Paciente agitado Fixação inadequada da sonda	Fixação correta da sonda Vigilância constante Sedação, se necessária

TABELA 3 COMPLICAÇÕES METABÓLICAS DA NUTRIÇÃO ENTERAL

Complicação	Provável causa	Prevenção/tratamento
Hiperglicemia	Estresse metabólico	↓ velocidade de infusão Monitorar glicosúria e glicemia
Desidratação	Dietas com alta osmolalidade Oferta hídrica inadequada	Monitorar eletrólitos, ureia, Htc ↓ oferta proteica ↑ oferta hídrica
Hipopotassemia	Anabolismo e falta de oferta Perdas por diarreia, líquidos digestivos ou uso de diuréticos	Monitorar frequentemente o potássio nessas situações
Hiperpotassemia	Insuficiência renal Acidose metabólica	↓ oferta de potássio Tratar a causa básica
Hipernatremia	Fórmulas hipertônicas Oferta hídrica insuficiente	Considerar mudança da fórmula ↑ oferta hídrica
Hipofosfatemia	Realimentação do desnutrido grave Uso de antiácidos	Monitorar frequentemente o fosfato nessas situações

(continua)

TABELA 3 COMPLICAÇÕES METABÓLICAS DA NUTRIÇÃO ENTERAL
(continuação)

Complicação	Provável causa	Prevenção/tratamento
Hipercapnia	Dieta hipercalórica, com alto teor de carboidratos em pacientes com insuficiência respiratória	↑ proporção de lipídios como fonte calórica

Htc: hematócritos.

TABELA 4 COMPLICAÇÕES GASTRINTESTINAIS DA NUTRIÇÃO ENTERAL

Complicação	Provável causa	Prevenção/tratamento
Diarreia	Infusão muito rápida Alta osmolalidade da dieta Intolerância à lactose Fórmula com alto teor lipídico Intolerância alimentar Alteração da flora intestinal por antibioticoterapia Contaminação bacteriana da dieta	↓ velocidade da infusão ↑ diluição ou mudar a fórmula Usar fórmula sem lactose ↓ teor de gordura da dieta Usar fórmula de hidrolisado proteico Não usar antidiarreicos Considerar vancomicina ou metronidazol VO Técnica asséptica de preparo e administração O frasco de infusão não deve permanecer por mais de 8 h em temperatura ambiente Preferir dietas prontas
Distensão abdominal	Uso de antiácidos e antibióticos Infusão muito rápida Fórmula hipertônica ou com alto teor de gordura Uso de narcóticos Íleo	Considerar a suspensão das medicações ↓ fluxo ou volume da infusão Considerar mudança da fórmula Rever uso de medicamentos que causam atonia gástrica
Náuseas e vômitos	Multifatorial	↓ fluxo Considerar mudança de fórmula Afastar processo infeccioso
Obstipação intestinal	Dieta pobre em resíduos Desidratação	Considerar dieta rica em fibras; manter a hidratação

TABELA 5 EXEMPLOS DE DIETAS ENTERAIS POLIMÉRICAS, SEMIELEMENTARES E ELEMENTARES DISPONÍVEIS

Nome@/Indústria	Calorias (kcal/mL)	Osmol	Proteína (g/100 mL)	Sódio (mg/100 mL)
Frebini/Fresenius Kabi	1	250	2,6	54
Frebini energy/fiber/Fresenius Kabi	1,5	345	3,8	81
Nutrison std/Support	1	265	4	100
Nutrison std multifaber/Support	1	210	4	100
Nutrison energy plus/Support	1,5	385	6	134
Nutrison EnPlus Multifiber/Support	1,5	335	6	134
Nutrini std/Support	1	215	2,7	60
Nutrini multifiber/Support	1	215	2,7	60
Tentrini multifiber/Support	1	235	3,2	80
Peptison/Support[1]	1	455	4	100
Pediasure/Abbott	1	299	3	50
Ensure pó/Abbott	1	395	3,7	84
Jevity/Abbott	1,05	249	4	93
Isosource Stand/Novartis	1,2	360*	4,4	120
Isosource 1,5/Novartis	1,5	650*	6,8	129
Peptinex/Novartis[2]	1	460*	5,2	100
Vivonex Plus/Novartis[3]	1	650*	4,6	60
Nutri Infant/Nutrimed[5]	1	382	3	40
Nutricomp ADN Ped/B Braum	1	282	2,9	43
Nutren Jr/Nestlé[4,5]	1	308	3	48

(continua)

TABELA 5 EXEMPLOS DE DIETAS ENTERAIS POLIMÉRICAS, SEMIELEMENTARES E ELEMENTARES DISPONÍVEIS (continuação)

Nome®/Indústria	Calorias (kcal/mL)	Osmol	Proteína (g/100 mL)	Sódio (mg/100 mL)
Peptamen pó/Nestlé[4,5]	1	375	4	78
Peptamen Jr pó/Nestlé[4,5]	1	360	3	46
Nutren 1/Nestlé	1	315	4	88
Nutren 1,5/Nestlé	1,5	430	6	177

*Osmolaridade (mOsm/kg/água)

[1] Hidrolisado lactoalbumina (80%) e peptídios 20% AA.
[2] Hidrolisado caseína (72%) e peptídios 20% AA.
[3] AA (100%).
[4] Taurina (0,25%) e carnitina (0,25%).
[5] Hidrolisado soroproteína (100%).

46
Síndrome de Reye

 O que é

Encefalopatia aguda que ocorre em crianças e adolescentes predominantemente na faixa etária de 4 a 16 anos. Associa-se com o aumento das transaminases e amônia ou infiltração hepática gordurosa. A etiologia é desconhecida, e alguns fatores epidemiológicos estão relacionados, como a presença de um quadro viral como influenza A e influenza B, vírus da varicela, caxumba, rubéola e adenovírus. O uso de salicilatos, como o ácido acetilsalicílico, está estatisticamente ligado à incidência da síndrome.

 Como suspeitar

1. Criança com náuseas e vômitos ou mudança do estado mental (irritabilidade, confusão mental e agressividade) após infecção viral recente e uso concomitante de salicilatos.
2. Elevação de AST e ALT na ausência de icterícia.
3. Hepatomegalia.

4. Perda de consciência.
5. *Delirium*.
6. Convulsões.
7. Taquicardia.
8. Hiperventilação.

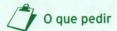
O que pedir

1. Gasometria arterial: acidose metabólica ou alcalose respiratória de origem central.
2. AST e ALT: aumentadas.
3. Bilirrubinas: aumentadas, sem icterícia.
4. Proteína total e albumina: em geral, sem alterações.
5. Amônia: elevada.
6. Glicemia: baixa, normal ou elevada.

NOS CASOS ESPECIAIS

1. Líquido cefalorraquidiano (LCR) quimiocitológico: normal com pressão normal ou alta.
2. Eletroencefalografia (EEG): alterada desde o início do quadro.
3. Tomografia computadorizada (TC) de crânio: edema difuso.
4. Biópsia hepática: indicada para o diagnóstico.

Como tratar

O tratamento é de suporte e visa à prevenção do dano cerebral.

1. Manutenção de vias aéreas e oxigenação.
2. Indicação de ventilação pulmonar mecânica se Glasgow < 8.
3. Venóclise com restrição hídrica para 60 a 80 mL/100 kcal e reposição de perda eletrolítica com eletrólitos basais.
4. Manutenção da PaO_2 em 80 mmHg e $PaCO_2$ entre 30 e 35 mmHg.

5. Lactulose por sonda nasogástrica ou enema para diminuição da amônia.
6. Vitamina K, 5 a 10 mg, IM ou IV.
7. Medidas antiedema cerebral:
   - decúbito elevado a 30° e cabeça em posição neutra;
   - se a pressão intracraniana estiver elevada, usar manitol na posologia inicial de 0,25 a 1 g/kg e manutenção de 0,25 a 0,5 g/kg a cada 6 h;
   - monitorar a pressão intracraniana.

47
Transporte do paciente grave

 O que é

Evento frequente no ambiente hospitalar e inter-hospitalar, este procedimento deve ser realizado de forma planejada para minimizar o risco de morbidade e mortalidade, garantindo a estabilidade do estado clínico e a segurança do paciente grave.

QUANDO INDICAR

- Somente para pacientes estáveis, independentemente de sua gravidade;
- Para pacientes que necessitem de terapêutica especializada em serviço referenciado.

 **O que pedir**

Equipamentos necessários ao transporte pediátrico:

- ventilador de transporte;
- monitor cardíaco;
- bomba de infusão;
- aspirador portátil;
- monitor de pressão intracraniana (PIC);
- oxímetro de pulso;
- desfibrilador;
- termômetro;
- estetoscópio;
- foco e lanterna;
- pilhas e lâmpadas reservas para laringoscópio;
- agulha de punção intraóssea;
- cateteres venosos centrais (duplo e triplo lúmen, tamanhos 4, 5, 7 Fr);
- nebulizador;
- bomba de infusão;
- cilindro de oxigênio portátil;
- cânulas de Guedel;
- pinça de Magyll;
- capnógrafo;
- aparelho de glicemia capilar;
- dispositiva bolsa-máscara-valva;
- ventilador mecânico portátil;
- laringoscópio com lâminas curvas e retas nos tamanhos 0, 1, 2, 3;
- bandeja para drenagem de tórax com drenos tamanhos 10, 12, 20 Fr;
- agulha intraóssea;
- cânulas nasais e orotraqueais com e sem *cuff* de vários tamanhos;
- sistema de umidificação de gazes;
- incubadora de transporte ou maca de transporte;
- colar cervical;
- cânulas intravenosas (18, 20, 22, 24 g);
- sonda gástrica, de aspiração e vesical;
- solução salina;
- Ringer lactato;
- solução glicosada 5%, 10% e 25%;
- sedativos;
- analgésicos;
- anticonvulsivantes;
- luvas estéreis, de procedimentos, aventais, máscaras, gorros e óculos de proteção;
- material de sutura, drenagem torácica, dissecção venosa, traqueostomia e cricotireoidostomia.

A escolha do transporte depende da distância e dos fatores geográficos (Tabela 1).

TABELA 1 CARACTERÍSTICAS DOS DIFERENTES TIPOS DE TRANSPORTE DO PACIENTE GRAVE

Tipo de transporte	Vantagens	Desvantagens
Ambulância	Maior disponibilidade	Difícil acesso a locais remotos
	Menor custo	Maior tempo de transporte
	Espaço físico interno permite procedimentos	Pouca praticidade em percursos superiores a 150 km
Helicóptero	Maior rapidez do transporte	Espaço interno restrito
	Distância de até 350 km	Alto custo
	Alcance de áreas de difícil acesso	Alto nível de ruído e vibrações
	Transporte porta a porta. Número reduzido de mobilizações do paciente	Depende de condições climáticas
Avião	Cabine pressurizada	Distância aeroporto-hospital
	Menos dependente de condições climáticas	Custo de manutenção elevado
	Cabine pressurizada	Necessidade de pista própria
	Distância acima de 250 km	Dependência obrigatória de ambulância para transporte ao centro de referência
	Espaço interno adequado para procedimentos	
	Menor tempo de transporte	

COMO REALIZAR

A decisão de transporte do paciente gravemente enfermo é baseada na análise criteriosa dos riscos e benefícios para o paciente.

As medidas de estabilização, monitoração e procedimentos são realizadas no atendimento primário de emergência.

A verificação sistematizada dos equipamentos (antes, durante e após o transporte), a estabilização do paciente e sua monitoração frequente reduzem os efeitos adversos.

Os eventos adversos menores são relacionados a alterações no quadro clínico ou problemas técnicos com os equipamentos. Os maiores associam-se com situações que envolvem risco de morte ao paciente e necessitam de intervenção terapêutica imediata.

A criança gravemente enferma deve ser transportada por equipe especializada, preferencialmente pediatras intensivistas ou com experiência em emergência pediátrica.

Os pais do paciente ou o responsável devem ser informados dos riscos, benefícios e possíveis intercorrências relacionados ao transporte.

Fase pré-transporte

Comunicação entre equipe médica da origem e do destino sobre:

- condição do paciente;
- quadro clínico e diagnóstico;
- sinais vitais;
- exame físico;
- medicações em uso;
- sondas e cateteres;
- cópia do prontuário e exames subsidiários;
- momento de partida do veículo da origem com estimativa do tempo de chegada;
- relatório detalhado do transporte;
- realização de *checklist* pré-transporte (Tabela 2).

TABELA 2 *CHECKLIST* PRÉ-TRANSPORTE

Via aérea
Está segura?
É necessária a entubação?
Tubo endotraqueal está na posição correta e com fixação adequada?
Material para aspiração de via aérea?
A quantidade de oxigênio é suficiente?
Circulação
Pressão arterial e perfusão adequadas?

(continua)

TABELA 2   CHECKLIST PRÉ-TRANSPORTE *(continuação)*

Temperatura
Hipo ou hipertermia?
Monitoração
Os equipamentos estão funcionando?
As baterias estão carregadas?
Há baterias de reserva?
Medicamentos e fluidos
Sedação e analgesia adequadas?
Volume suficiente para o percurso?
Todos os medicamentos necessários estão presentes?
Procedimento
Acesso via intravenosa estabelecido?
Sonda nasogástrica?
Cateter uretral?
Dreno de tórax?
Comunicação
Os pais foram informados?
Cópia do prontuário foi providenciada?
Hospital de referência foi informado do horário previsto de saída e tempo de transporte?

Recomenda-se a verificação dos sinais vitais a cada 10 min durante o transporte, checando-se:

- frequência cardíaca;
- frequência respiratória;
- pressão arterial;
- monitoração eletrocardiográfica contínua;
- oximetria de pulso.

Em casos específicos, checar:

- monitoração da PIC;
- pressão da artéria pulmonar;
- monitoração da $EtCO_2$.

A equipe médica que recebe o paciente pode negar a transferência se detectar instabilidade clínica importante durante o transporte que a contraindique.

Em caso de piora do estado clínico, solicita-se ao condutor que estacione o veículo para terapêutica imediata e a estabilização do paciente.

48
Morte encefálica

 O que é

Definição legal de morte, é conceituada como a interrupção completa e irreversível de todas as funções cerebrais, mesmo na presença de atividade cardíaca ou reflexos primitivos.

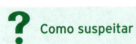 **Como suspeitar**

TABELA 1 PRINCIPAIS SINAIS E PROVAS DE MORTE ENCEFÁLICA

Coma profundo (Glasgow 3)	Coma aperceptivo, arreativo e testado por forte estimulação dolorosa na região lateral de nuca e supraorbitária. As retiradas dos membros inferiores e superiores são reflexos infraespinais e não afastam o diagnóstico de morte encefálica
Reflexo fotomotor	Pupilas dilatadas e médio-fixas (4 a 9 mm) e não apresenta miose a estímulo luminoso intenso por 10 s

(continua)

TABELA 1 PRINCIPAIS SINAIS E PROVAS DE MORTE ENCEFÁLICA (continuação)

Reflexo corneopalpebral	A estimulação da córnea com gaze ou algodão não produz contração palpebral de defesa
Reflexo oculocefálico	Movimentação passiva da cabeça no plano horizontal enquanto se observa se há movimento ocular na direção contrária ("olhos de boneca")
Reflexo da tosse	Não há reação de náuseas ou vômitos ao estimular a traqueia, faringe ou laringe com sonda de aspiração ou tubo traqueal
Prova calórica	Posiciona-se o paciente com a cabeceira elevada a 30°. Injeta-se água gelada, próximo a 0° (50 a 100 mL), através de uma sonda gástrica número 4. Observar se há nistagmo ou desvio ocular para o lado testado
Teste da apneia	Realizar após os demais testes Programar o ventilador para a $PaCO_2$ entre 40 e 45 mmHg Coletar gasometria para registrar a $PaCO_2$ do início da prova e aumentar a FiO_2 até 100% Desconectar o ventilador e instalar sonda traqueal com fluxo de oxigênio de 2 L com extremidade próxima à carina Ocorre aumento da $PaCO_2$ de 4 mmHg/min Verificar se ocorrem movimentos respiratórios por 10 min ou até que a $PaCO_2$ alcance 60 mmHg Caso a $PaCO_2$ não atinja 55 mmHg, repetir após 30 min Considera-se o teste negativo se não ocorrerem movimentos respiratórios

TABELA 2 RECOMENDAÇÕES PARA DIAGNÓSTICO DE MORTE ENCEFÁLICA EM RECÉM-NASCIDOS, LACTENTES E CRIANÇAS

Recomendação	Evidência	Recomendação
1. Determinação da Morte Cerebral em: RN, lactentes e crianças é baseada no diagnóstico clínico, na ausência de função neurológica e numa causa conhecida de coma irreversível. Deve existir coma e apneia para haver morte cerebral. Este diagnóstico é feito pelo médico por meio de história clínica e exame neurológico.	Alta	Forte
2. Prerrequisitos para Iniciar Avaliação de Morte Cerebral		
A: Hipotensão, hipotermia e distúrbios metabólicos devem ser corrigidos antes de iniciar a avaliação.	Alta	Forte
B: Sedativos analgésicos, anticonvulsivantes e bloqueadores neuromusculares devem ser interrompidos por um tempo pelo menos igual à meia-vida farmacológica dos medicamentos. Se possível fazer dosagem do nível sérico para confirmar se existem níveis elevados.	Moderada	Forte

(continua)

TABELA 2 RECOMENDAÇÕES PARA DIAGNÓSTICO DE MORTE ENCEFÁLICA EM RECÉM-NASCIDOS, LACTENTES E CRIANÇAS (continuação)

Recomendação	Evidência	Recomendação
C: O diagnóstico de morte cerebral baseado apenas no exame clínico não deve ser feito se existirem níveis terapêuticos ou elevados de medicamentos sedativos, anticonvulsivantes e bloqueadores neuromusculares. Neste caso, um exame laboratorial deve ser realizado (EEG, TC, RM, etc.).	Moderada	Forte
D: Avaliação da função neurológica não é confiável imediatamente após ressuscitação cardiopulmonar ou qualquer agressão cerebral aguda severa. Esta avaliação deverá ser postergada por 24 a 48 horas ou mais se existirem inconsistências no exame.	Moderada	Forte
3. Número de Exames Clínicos, Examinadores e períodos de Observações		
A: Dois examinadores incluindo teste de apneia separado por período de observação preconizado. (Veja protocolo).	Moderado	Forte
B: O exame deve ser realizado por dois médicos diferentes que estão tratando da criança. O teste de apneia deve ser feito por estes médicos.	Baixo	Forte
C: Período de Observação recomendado: (1) 24 horas para recém-nascidos (37 semanas de idade gestacional a 30 dias). (2) 12 horas para lactente e demais idade acima de 30 dias a 18 anos.	Moderada	Forte
D: O primeiro exame determina se a criança tem critérios de morte cerebral. O segundo confirma que a criança tem os critérios de morte preenchidos.	Moderado	Forte
E: Avaliação clínica da função neurológica não é confiável imediatamente após ressuscitação cardiopulmonar ou qualquer agressão cerebral aguda severa. A mesma deve postergada por 24 a 48 horas ou mais se existir inconsistências no exame.	Moderada	Forte
4. Teste de Apneia		
A: O teste de apneia com segurança necessita de documentação de $PACO_2$ arterial 20 mmHg acima da $PACO_2$ basal ≥ 60 mmHg e sem nenhum esforço respiratório durante o teste. Algumas crianças com doenças respiratórias crônicas só responderam a níveis supranormais de CO_2	Moderada	Forte
B: Se o teste de apneia não puder ser realizado devido a uma contraindicação ou não completado devido à instabilidade hemodinâmica ou dessaturação abaixo de 85%, ou se a $PaCO_2$ não chega a 60 mmHg ou mais, um novo exame deve ser realizado.	Moderado	Forte

(continua)

TABELA 2 RECOMENDAÇÕES PARA DIAGNÓSTICO DE MORTE ENCEFÁLICA EM RECÉM-NASCIDOS, LACTENTES E CRIANÇAS (continuação)

Recomendação	Evidência	Recomendação
5. Exames Auxiliares		
A: Exames auxiliares (EEG, Fluxo Cerebral e outros) não são necessários para estabelecer a morte cerebral a não ser que o exame clínico ou teste de apneia não sejam completados.	Moderado	Forte
B: Exames laboratoriais não substituem o exame neurológico.	Moderado	Forte
C: Para todas as idades os exames auxiliares podem ser usados para ajudar o médico a fazer o diagnóstico de morte cerebral e reduzir o período de observação. Devem ser realizados quando: (1) o resultado do teste apneia não for completado devido à condição médica do paciente; (2) se existe incerteza do exame clínico; (3) se o efeito de medicação interferir com avaliação clínica do paciente. Se os exames auxiliares confirmam o diagnóstico, um segundo exame clínico ou novo teste de apneia deve ser feito. Quando um exame auxiliar é usado para reduzir o período de observação, todos os detalhes do exame clínico e do teste de apneia devem ser completados e documentados.	Moderado	Forte
D: Quando os exames complementares são usados porque existem limitações do exame clínico, os componentes do exame feitos inicialmente devem ser completados e documentados.	Alto	Forte
E: Se os exames complementares são duvidosos ou se não existe consenso sobre sua validade, o paciente não deve ser declarado morto. O paciente deve ser mantido em observação até que a morte seja declarada em exame clínico e teste de apneia ou em exames auxiliares que devem ser feitos para definir a morte cerebral. Uma espera de 24 horas deverá ser aguardada até que a reavaliação clínica ou o exame complementar forem realizados. As medidas de suporte vital deverão ser mantidas.	Moderada	Forte
6. Declaração de Óbito		
A: A morte deve ser declarada após confirmação e conclusão da segunda avaliação clínica e o teste de apneia realizado.	Alta	Forte
B: Quando exames complementares são usados, devem ser documentados inclusive os componentes do segundo exame clínico incluindo o teste de apneia.	Alta	Forte
C: O exame clínico deve ser realizado por médico experiente, que esteja familiarizado com criança e tenha formação em Neurologia.	Alta	Forte

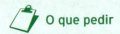
O que pedir

Para avaliação da atividade circulatória encefálica, solicitar:

- angiografia;
- cintilografia radioisotópica;
- Doppler transcraniano;
- monitoração da pressão intracraniana (PIC);
- tomografia computadorizada (TC) com xenônio;
- tomografia computadorizada por emissão de fóton único (SPECT).

Para avaliação da atividade elétrica, solicitar eletroencefalografia (EEG) – é o único exame possível em menores de 1 ano de idade. Deve demonstrar ausência de atividade bioelétrica cerebral (silêncio elétrico cerebral é definido como a ausência de atividade elétrica > 2 microV, por 30 min, no mínimo).

Para avaliação de atividade metabólica, solicitar:

- tomografia com emissão de pósitrons (PET);
- extração cerebral de oxigênio.

COMO REALIZAR O PROTOCOLO DE MORTE ENCEFÁLICA

Resolução CFM n. 1.480/199712

Art. 1º. A morte encefálica será caracterizada através da realização de exames clínicos e complementares durante intervalos de tempo variáveis, próprios para determinadas faixas etárias.

Art. 2º. Os dados clínicos e complementares observados quando da caracterização da morte encefálica deverão ser registrados no "termo de declaração de morte encefálica" anexo a esta Resolução.

Parágrafo único. As instituições hospitalares poderão fazer acréscimos ao presente termo, que deverão ser aprovados pelos Conselhos Regionais de Medicina da sua jurisdição, sendo vedada a supressão de qualquer de seus itens.

Art. 3º. A morte encefálica deverá ser consequência de processo irreversível e de causa conhecida.

Art. 4º. Os parâmetros clínicos a serem observados para constatação de morte encefálica são: coma aperceptivo com ausência de atividade motora supraespinal e apneia.

Art. 5º. Os intervalos mínimos entre as duas avaliações clínicas necessárias para a caracterização da morte encefálica serão definidos por faixa etária, conforme abaixo especificado:

a) de 7 dias a 2 meses incompletos – 48 horas;

b) de 2 meses a 1 ano incompleto – 24 horas;

c) de 1 ano a 2 anos incompletos – 12 horas;

d) acima de 2 anos – 6 horas.

Art. 6º. Os exames complementares a serem observados para constatação de morte encefálica deverão demonstrar de forma inequívoca:

a) ausência de atividade elétrica cerebral ou;

b) ausência de atividade metabólica cerebral ou;

c) ausência de perfusão sanguínea cerebral.

Art. 7º. Os exames complementares serão utilizados por faixa etária, conforme abaixo especificado:

a) acima de 2 anos – um dos exames citados no art. 6º, alíneas "a", "b" e "c";

b) de 1 a 2 anos incompletos – um dos exames citados no art. 6º, alíneas "a", "b" e "c". Quando optar-se por eletroencefalograma, serão necessários 2 exames com intervalo de 12 horas entre um e outro;

c) de 2 meses a 1 ano incompleto – 2 eletroencefalogramas com intervalo de 24 horas entre um e outro;

d) de 7 dias a 2 meses incompletos – 2 eletroencefalogramas com intervalo de 48 horas entre um e outro.

Art. 8º. O Termo de Declaração de Morte Encefálica, devidamente preenchido e assinado, e os exames complementares utilizados para diagnóstico da morte encefálica deverão ser arquivados no próprio prontuário do paciente.

Art. 9º. Constatada e documentada a morte encefálica, deverá o Diretor-Clínico da instituição hospitalar, ou quem for delegado, comunicar tal fato aos responsáveis legais do paciente, se houver, e à Central de Notificação, Captação e Distribuição de Órgãos a que estiver vinculada a unidade hospitalar onde o mesmo se encontrava internado.

Art. 10. Esta Resolução entrará em vigor na data de sua publicação e revoga a Resolução CFM nº 1.346/91.

ANEXO

PROTOCOLO DE MORTE ENCEFÁLICA – IDENTIFICAÇÃO DO HOSPITAL – TERMO DE DECLARAÇÃO DE MORTE ENCEFÁLICA (Res. CFM n. 1.480 de 08/08/97)

NOME: _____
PAI: _____
MÃE: _____
IDADE: ____ ANOS ____ MESES ____ DIAS
DATA DE NASCIMENTO ___ / ___ / ___
SEXO: M ( ) F ( )   RAÇA: A ( ) B ( ) N ( )
Registro hospitalar: _____

A. CAUSA DO COMA
A.1. Causa do coma: _____
A.2. Causas do coma que devem ser excluídas durante o exame _____
a) Hipotermia ( ) SIM ( ) NÃO
b) Uso de drogas depressoras do sistema nervoso central
( ) SIM ( ) NÃO
Se a resposta for sim a qualquer um dos itens, interrompe-se o protocolo.

B. EXAME NEUROLÓGICO
Atenção: verificar o intervalo mínimo exigível entre as avaliações clínicas, constantes da tabela abaixo:

IDADE	INTERVALO
7 dias a 2 meses incompletos	48 horas
2 meses a 1 ano incompleto	24 horas
1 ano a 2 anos incompletos	12 horas
Acima de 2 anos	6 horas

(Ao efetuar o exame, assinalar uma das duas opções SIM/NÃO, obrigatoriamente, para todos os itens abaixo)

Elementos do exame neurológico	Resultados	
	1º exame	2º exame
Coma aperceptivo	( ) SIM ( ) NÃO	( ) SIM ( ) NÃO
Pupilas fixas e arreativas	( ) SIM ( ) NÃO	( ) SIM ( ) NÃO
Ausência de reflexo corneopalpebral	( ) SIM ( ) NÃO	( ) SIM ( ) NÃO
Ausência de reflexos oculocefálicos	( ) SIM ( ) NÃO	( ) SIM ( ) NÃO

Ausência de respostas às provas calóricas	( ) SIM ( ) NÃO	( ) SIM ( ) NÃO
Ausência de reflexo de tosse	( ) SIM ( ) NÃO	( ) SIM ( ) NÃO
Apneia	( ) SIM ( ) NÃO	( ) SIM ( ) NÃO

C. ASSINATURAS DOS EXAMES CLÍNICOS (os exames devem ser realizados por profissionais diferentes, que não poderão ser integrantes da equipe de remoção e transplante)

1 - PRIMEIRO EXAME	2 - SEGUNDO EXAME
DATA:___/___/___ HORA:___:___	DATA:___/___/___ HORA:___:___
NOME DO MÉDICO:_____	NOME DO MÉDICO:_____
CRM:_____ FONE:_____	CRM:_____ FONE:_____
END.:_____	END.:_____
ASSINATURA: _____	ASSINATURA: _____

D. EXAME COMPLEMENTAR – Indicar o exame realizado e anexar laudo com identificação do médico responsável.
1. Angiografia Cerebral
2. Cintilografia radioisotópica
3. Doppler transcraniano
4. Monitoração da pressão intracraniana
5. Tomografia computadorizada com xenônio
6. Tomografia por emissão de fóton único
7. EEG
8. Tomografia por emissão de pósitrons
9. Extração cerebral de oxigênio
Outros (citar)

E. OBSERVAÇÕES

1 - Interessa, para o diagnóstico de morte encefálica, exclusivamente a arreatividade supraespinal. Consequentemente, não afasta este diagnóstico a presença de sinais de reatividade infraespinal (atividade reflexa medular), como: reflexos osteotendinosos ("reflexos profundos"), cutâneo-abdominais, cutâneo-plantar em flexão ou extensão, cremastérico superficial ou profundo, ereção peniana reflexa, arrepio, reflexos flexores de retirada dos membros inferiores ou superiores, reflexo tônico cervical.

2 - Prova calórica

2.1 - Certificar-se de que não há obstrução do canal auditivo por cerumem ou qualquer outra condição que dificulte ou impeça a correta realização do exame.

2.2 - Usar 50 mL de líquido (soro fisiológico, água, etc.) próximo de 0°C em cada ouvido.

2.3 - Manter a cabeça elevada em 30 (trinta) graus durante a prova.

2.4 - Constatar a ausência de movimentos oculares.

3 - Teste da apneia

No doente em coma, o nível sensorial de estímulo para desencadear a respiração é alto, necessitando-se da pCO_2 de até 55 mmHg, fenômeno que pode determinar um tempo de vários minutos entre a desconexão do respirador e o aparecimento dos movimentos respiratórios, caso a região ponto-bulbar ainda esteja íntegra. A prova da apneia é realizada de acordo com o seguinte protocolo:

3.1 - Ventilar o paciente com O_2 de 100% por 10 minutos.

3.2 - Desconectar o ventilador.

3.3 - Instalar cateter traqueal de oxigênio com fluxo de 6 litros por minuto.

3.4 - Observar se aparecem movimentos respiratórios por 10 minutos ou até quando o pCO_2 atingir 55 mmHg.

4 - Exame complementar. Este exame clínico deve estar acompanhado de um exame complementar que demonstre inequivocamente a ausência de circulação sanguínea intracraniana ou atividade elétrica cerebral, ou atividade metabólica cerebral. Observar o disposto abaixo (itens 5 e 6) com relação ao tipo de exame e faixa etária.

5 - Em pacientes com dois anos ou mais - 1 exame complementar entre os abaixo mencionados:

5.1 - Atividade circulatória cerebral: angiografia, cintilografia radioisotópica, doppler transcraniano, monitorização da pressão intracraniana, tomografia computadorizada com xenônio, SPECT.

5.2 - Atividade elétrica: eletroencefalograma.

5.3 - Atividade metabólica: PET, extração cerebral de oxigênio.

6 - Para pacientes abaixo de 2 anos:

6.1 - De 1 ano a 2 anos incompletos: o tipo de exame é facultativo. No caso de eletroencefalograma, são necessários 2 registros com intervalo mínimo de 12 horas.

6.2 - De 2 meses a 1 ano incompleto: dois eletroencefalogramas com intervalo de 24 horas.

6.3 - De 7 dias a 2 meses de idade (incompletos): dois eletroencefalogramas com intervalo de 48 h.

7 - Uma vez constatada a morte encefálica, cópia deste termo de declaração deve obrigatoriamente ser enviada ao órgão controlador estadual (Lei n. 9.434/97, art. 13).

Bibliografia

REFERÊNCIAS BIBLIOGRÁFICAS

1. Cesar RG, Horigoshi NK, Dias CRB, Mekitarian Filho E, Carvalho WB. Vias aéreas difíceis. In: La Torre FPF, Storni JG, Chicuto LAD, Cesar RG, Pecchini R. UTI pediátrica. Barueri: Manole, 2015. p.5.
2. Pistelli IP. Estado de mal epiléptico. In: La Torre FPF, Storni JG, Chicuto LAD, Cesar RG, Pecchini R. UTI pediátrica. Barueri: Manole, 2015. p.418.
3. Alves MAJ, Rodrigues M. Analgesia, sedação e bloqueio neuromuscular. In: La Torre FPF, Storni JG, Chicuto LAD, Cesar RG, Pecchini R. UTI pediátrica. Barueri: Manole, 2015. p.497.
4. Palma D, Escrivão MAMS, Oliveira FLC. Guias de Medicina Ambulatorial e Hospitalar da Unifesp-EPM – Nutrição Clínica na Infância e na Adolescência. Barueri: Manole, 2009. p.383-415.
5. Oliveira JS, Oliveira MAJ. Doação de órgãos e morte encefálica na criança e no adolescente. In: Campos Junior D, Burns DAR, Lopes FA. Tratado de Pediatria da Sociedade Brasileira de Pediatria. 3.ed. Barueri: Manole, 2014. p.2936-40.
6. Conselho Federal de Medicina (CFM). RESOLUÇÃO CFM n. 1.480/97. Brasília: CFM, 1997. Disponível em: www.portalmedico.org.br/resolucoes/cfm/1997/1480_1997.htm.

BIBLIOGRAFIA

1. Amimoto Y, Tamura N, Kitaura N, Hirata O, Arashin O, Wago M. Two cases of young children with acute severe asthma treated by noninvasive positive pressure ventilation via a helmet. Arerugi 2017; 66(2):112-117.
2. ASPEN Board of Directors and the Clinical Guidelines Task Force. Guidelines for the use of parenteral and enteral nutrition in adult and pediatric patients [published

correction appears in JPEN J Parenter Enteral Nutr 2002; 26(2):144]. JPEN J Parenter Enteral Nutr 2002; 26(1 suppl):1SA-138SA.
3. August DA, Huhmann MB, American Society for Parenteral and Enteral Nutrition (ASPEN) Board of Directors. ASPEN Clinical Guidelines: nutrition support therapy during adult anticancer treatment and in hematopoietic cell transplantation. JPEN J Parenter Enteral Nutr 2009; 33(5):472-500.
4. Baker TW, Stolfi A, Johnson TL. Use of epinephrine autoinjectors for treatment of anaphylaxis: which commercially available autoinjector do patients prefer? Ann Allergy Asthma Immunol 2009; 103(4):356-58.
5. Bankhead R, Boullata J, Brantley S, Corkins M, Guenter P, Krenitsky J et al. Enteral nutrition practice recommendations. JPEN J Parenter Enteral Nutr 2009; 33(2):122-67.
6. Ben-Shoshan M, Clark AE. Anaphylaxis: past, present and future. Allergy 2011; 66(1):1-14.
7. Clark M, Birisci E, Anderson JE, Anliker CM, Bryant MA, Downs C et al. The risk of shorter fasting time for pediatric deep sedation. Anesth Essays Res 2016; 10(3):607-12.
8. Falcão MC, Tannuri U. Nutrition for the pediatric surgical patient: approach in the peri-operative period. Rev Hosp Clin Fac Med Sao Paulo 2002; 57(6):299-308.
9. Fanara B, Manzon C, Barbot O, Desmettre T, Capellier G. Recommendations for the intra hospital transport of critically ill patients. Critical Care 2010; 14:R87-R96.
10. Fernandes FR, Setubal JL, Marujo WC. Manual de urgências e emergências em pediatria do Hospital Infantil Sabará. São Paulo: Sarvier, 2010. p.9-15.
11. Gaines NN, Patel B, Williams EA, Cruz AT. Etiologies of septic shock in a pediatric emergency department population. Pediatr Infect Dis J 2012; 31(11):1203-5.
12. Gerth HU, Pohlen M, Pavenstädt H, Schmidt H. Extracorporeal liver support of liver failure. Z Gastroenterol 2017; 55(4):383-93.
13. Gomes DF, Magnoni D, Cukier C, Guimarães MP. Manual prático de terapia nutricional em pediatria. São Paulo: Mehta, 2013. p.76-9.
14. Hammer J. Acute respiratory failure in children. Paediatric Respiratory Reviews 2013; 14:64-9.
15. Harrison L. Gentamicin does not increase kidney risk in pediatric sepsis. Medscape Medical News. January 15, 2014.
16. Herman R, Btaiche I, Teitelbaum DH. Nutrition support in the pediatric surgical patient. Surg Clin North Am 2011; 91(3):511-41.
17. Barreira ER. Insuficiência respiratória aguda. In: Gilio AE, Grisi SJFE, Bousso A, De Paulis M (eds.). Urgências e emergências em pediatria geral – Hospital Universitário da Universidade de São Paulo. São Paulo: Atheneu, 2015. p.197-205.
18. Ventura AMC, Souza DC. Choque. In: Gilio AE, Grisi SJFE, Bousso A, De Paulis M (eds.). Urgências e emergências em pediatria geral – Hospital Universitário da Universidade de São Paulo. São Paulo: Atheneu, 2015. p.100-2.
19. Souza DC. Transporte da criança gravemente enferma. In: Gilio AE, Grisi SJFE, Bousso A, De Paulis M (eds.). Urgências e emergências em pediatria geral – Hospital Universitário da Universidade de São Paulo. São Paulo: Atheneu, 2015. p.631-41.
20. La Torre FPF, Kiertsman B. Asma aguda grave. In: La Torre FPF, Storni JG, Chicuto LAD, Cesar RG, Pecchini R. UTI pediátrica. Barueri: Manole, 2015. p.276.
21. Pecchini R, Andrade OVB. Distúrbios de sódio. In: La Torre FPF, Storni JG, Chicuto LAD, Cesar RG, Pecchini R. UTI pediátrica. Barueri: Manole, 2015. p.1110-29.
22. La Torre FPF, Troster EJ, Rosseti GPA. Choque séptico. In: La Torre FPF, Storni JG, Chicuto LAD, Cesar RG, Pecchini R. UTI pediátrica. Barueri: Manole, 2015. p.931-43.
23. Maturana JC, Amaral ISF. Doenças alérgicas graves. In: La Torre FPF, Storni JG, Chicuto LAD, Cesar RG, Pecchini R. UTI pediátrica. Barueri: Manole, 2015. p.701-5.

24. Medeiros DNM, La Tone FPF. Falência hepática aguda. In: La Torre FPF, Storni JG, Chicuto LAD, Cesar RG, Pecchini R. UTI pediátrica. Barueri: Manole, 2015. p.983-95.
25. Fujiwara DT, Chicuto LAD. Morte encefálica. In: La Torre FPF, Storni JG, Chicuto LAD, Cesar RG, Pecchini R. UTI pediátrica. Barueri: Manole, 2015. p.469-77.
26. Jain A. Body fluid composition. Pediatr Rev 2015; 36(4):141-50.
27. Johnson M, Inaba K, Byerly S, Falsgraf E, Lam L, Benjamin E et al. intraosseous infusion as a bridge to definitive access. Am Surg 2016; 82(10):876-80.
28. Kollmann-Camaiora A, Alsina E, Domínguez A, Del Blanco B, Yepes MJ, Guerrero JL et al. Clinical protocol for the management of malignant hyperthermia. Rev Esp Anestesiol Reanim 2017; 64(1):32-40.
29. Koretz RL. Enteral nutrition: a hard look at some soft evidence. Nutr Clin Pract 2009; 24(3):316-24.
30. Krieser D, Kochar A. Paediatric procedural sedation within the emergency department. J Paediatr Child Health 2016; 52(2):197-203.
31. Larsen GY, Mecham N, Greenberg R. An emergency department septic shock protocol and care guideline for children initiated at triage. Pediatrics 2011; 127(6):e1585-92.
32. Laster J, Satoskar R. Aspirin-induced acute liver injury. ACG Case Rep J 2014; 2(1):48-9.
33. Lewis SJ, Andersen HK, Thomas S. Early enteral nutrition within 24 h of intestinal surgery versus later commencement of feeding: a systematic review and meta-analysis. J Gastrointest Surg 2009; 13(3):569-75.
34. Lewis SJ, Egger M, Sylvester PA, Thomas S. Early enteral feeding versus "nil by mouth" after gastrointestinal surgery: systematic review and meta-analysis of controlled trials. BMJ 2001; 323(7316):773-6.
35. Mancini N, Carletti S, Ghidoli N, Cichero P, Burioni R, Clementi M. The era of molecular and other non-culture-based methods in diagnosis of sepsis. Clin Microbiol Rev 2010; 23(1):235-51.
36. Marohon K, Panisello JM. Noninvasive ventilation in pediatric intensive care. Curr Opin Pediatr 2013; 25:390-6.
37. Mund ME, Gyo C, Brüggmann D, Quarcoo D, Groneberg DA. Acetylsalicylic acid as a potential pediatric health hazard: legislative aspects concerning accidental intoxications in the European Union. J Occup Med Toxicol 2016; 11:32.
38. Nadler R, Gendler S, Chen J, Lending G, Abramovitch A, Glassberg E. The Israeli Defense Force experience with intraosseous access. Mil Med 2014; 179(11):1254-7.
39. National Clinical Guideline Centre. The epilepsies: the diagnosis and management of epilepsies in adults and children in primary and secondary care. London: National Clinical Guideline Centre, 2011. p.362-92.
40. Newland CD. Acute liver failure. Pediatr Ann 2016; 45(12):e433-e438.
41. Odetola FO, Clark SJ, Gurney JG, Donohue JE, Gebremariam A, DuBois L et al. Factors associated with interhospital transfer of children with respiratory failure from level II to level I pediatric intensive care units. J Crit Care 2015; pii:S0883-9441(15)00350-0.
42. Parmentier-Decrucq E, Poissy J, Favory R, Nseir S, Onimus T, Guerry MJ et al. Adverse events during intrahospital transport of critically ill patients :incidence and risk factors. Annals of Intensive Care 2013; 3:1-10.
43. Philpot C, Day S, Marcdante K, Gorelick M. Pediatric interhospitalar transport: diagnostic discordance and hospital mortality. Pediatric Crit Care Med 2008; 9:15-9.
44. Poonai N, Canton K, Ali S, Hendrikx S, Shah A, Miller M et al. Intranasal ketamine for procedural sedation and analgesia in children: a systematic review. PLoS One 2017; 12(3):e0173253.
45. Qiu J, Wu XL, Xiao ZH, Hu X, Quan XL, Zhu YM. Investigation of the status of interhospital transport of critically ill pediatric patients. World J Pediatr 2015; 11(1):67-73.

46. Rajani AK, Philip AGS. Diagnostic tests in neonatology: evaluation and interpretation using sepsis as an example. NeoReviews 2011; 12(7):e368-e373.
47. Reinhart K, Bauer M, Riedemann NC, Hartog CS. New approaches to sepsis: molecular diagnostics and biomarkers. Clin Microbiol Rev 2012; 25(4):609-34.
48. Reuter-Rice K, Patrick D, Kantor E, Nolin C, Foley J. Characteristics of children who undergo intraosseous needle placement. Adv Emerg Nurs J 2015; 37(4):301-7.
49. Shearer P, Riviello J. Generalized convulsive status epilepticus in adults and children: treatment guidelines and protocols. Emerg Med Clin North Am 2011; 29(1):51-64.
50. Shirgoska B, Netkovski J. Predicting difficult airway in apparently normal adult and pediatric patients. Pril (Makedon Akad Nauk Umet Odd Med Nauki) 2013; 34(1):155-9.
51. Simons FE. Pharmacologic treatment of anaphylaxis: can the evidence base be strengthened? Curr Opin Allergy Clin Immunol 2010; 10(4):384-93.
52. Srivastava A, Chaturvedi S, Gupta RK, Malik R, Mathias A, Jagannathan NR et al. Minimal hepatic encephalopathy in children with chronic liver disease: prevalence, pathogenesis and magnetic resonance-based diagnosis. J Hepatol 2017; 66(3):528-36.
53. Taketomo CK, Hodding JH, Kraus DM. Pediatric dosage handbook with international trade names index. 17. ed. : LexiComp, 2010.
54. Tang ML, Osborne N, Allen K. Epidemiology of anaphylaxis. Curr Opin Allergy Clin Immunol 2009; 9(4):351-6.
55. Ten Cate K, van de Vathorst S, Onwuteaka-Philipsen BD, van der Heide A. End-of-life decisions for children under 1 year of age in the Netherlands: decreased frequency of administration of drugs to deliberately hasten death. J Med Ethics 2015; 41(10):795-8.
56. Tuncel T, Sancakli O, Ozdogru E. Successful administration of measles-rubella-mumps vaccine by graded challenge in a case with anaphylaxis after prior vaccination. Arch Argent Pediatr 2017; 115(2):e89-e91.
57. Van Loenhout RB, van der Geest IM, Vrakking AM, van der Heide A, Pieters R, van den Heuvel-Eibrink MM. End-of-life decisions in pediatric cancer patients. J Palliat Med 2015; 18(8):697-702.
58. Waterhouse C. Practical aspects of performing Glasgow Coma Scale observations. Nurs Stand 2017; 31(35):40-6.
59. Worth A, Soar J, Sheikh A. Management of anaphylaxis in the emergency setting. Expert Rev Clin Immunol 2010; 6(1):89-100.

PARTE 5
Pneumologia

49 Pneumonias adquiridas na comunidade
50 Bronquiolite
51 Asma aguda
52 Uso de medicamentos inalatórios
53 Derrame pleural

49
Pneumonias adquiridas na comunidade

O que são

Processo infeccioso geralmente agudo de etiologia diversa de acordo com a faixa etária (Tabela 1), que atinge todas as estruturas pulmonares e, eventualmente, a pleura.

Como suspeitar

1. História de infecção de vias aéreas superiores (IVAS) anterior e/ou prolongada.
2. Febre, taquidispneia (forte correlação com infecção de vias aéreas inferiores e grau de hipoxemia), tosse (inicialmente seca), inapetência, palidez, toxemia, gemência, dor torácica, expansibilidade assimétrica, presença de estertores (principalmente crepitantes finos), sopro brônquico, alterações do murmúrio vesicular e broncofonia.
3. Sinal de perigo ou gravidade:
    - menores de 2 meses: frequência respiratória (FR) ≥ 60 respirações por minuto (RPM) ou tiragem subcostal;

- acima de 2 meses: tiragem subcostal, estridor em repouso, recusa de líquidos, convulsão, alteração do sensório e vômitos.

TABELA 1 AGENTES ETIOLÓGICOS MAIS PROVÁVEIS DE PNEUMONIA COMUNITÁRIA POR FAIXA ETÁRIA

Idade	Aspectos clínicos relevantes
0 a 20 dias	
Estreptococo do grupo B	Sepse precoce; pneumonia grave, bilateral, difusa
Enterobactérias (como *E. coli*, *Klebsiella* sp., *Proteus* sp.)	Infecção nosocomial, geralmente após 7 dias de vida
Citomegalovírus	Outros sinais de infecção congênita
Listeria monocytogenes	Sepse precoce
3 semanas a 3 meses	
Chlamydia trachomatis	Infecção genital materna, afebril, progressiva, subaguda, infiltrado intersticial (pneumonia afebril do lactente)
Vírus sincicial respiratório	Pico de incidência entre 2 e 7 meses, rinorreia profusa, sibilância, predomínio no inverno e na primavera. Tem sido frequentemente identificado em infecções respiratórias de recém-nascidos
Parainfluenza	Quadro semelhante ao do vírus sincicial respiratório, afetando crianças maiores, sem caráter sazonal
Streptococcus pneumoniae	Provavelmente a causa mais comum de pneumonia bacteriana
Bordetella pertussis	Pneumonia ocorre em casos graves. Tosse incapacitante e crises de cianose
Staphylococcus aureus	Doença grave, frequentemente complicada
4 meses a 4 anos	
Vírus sincicial respiratório, parainfluenza, influenza, adenovírus, rinovírus	Frequentemente causam pneumonia em crianças mais jovens deste grupo etário
Streptococcus pneumoniae	Causa mais provável de pneumonia lobar ou segmentar, mas também pode provocar outras formas
Haemophilus influenzae	Tipo B em desaparecimento decorrente do uso da vacina conjugada em larga escala; outros tipos e não tipáveis também causam pneumonia

(continua)

TABELA 1 AGENTES ETIOLÓGICOS MAIS PROVÁVEIS DE PNEUMONIA COMUNITÁRIA POR FAIXA ETÁRIA (continuação)

Idade	Aspectos clínicos relevantes
Staphylococcus aureus	Doença grave, frequentemente complicada nos mais jovens deste grupo etário
Mycoplasma pneumoniae*	Crianças mais velhas neste grupo etário
Mycobacterium tuberculosis	Exposição a paciente bacilífero, ausência de resposta ao tratamento para os agentes mais comuns
5 a 15 anos	
Mycoplasma pneumoniae*	Causa frequente neste grupo de pacientes; apresentação radiológica variável
Chlamydia pneumoniae	Causa controversa entre os indivíduos mais velhos deste grupo
Streptococcus pneumoniae	Causa mais frequente de pneumonia lobar, mas também cursa com outras apresentações radiológicas
Mycobacterium tuberculosis	Frequência aumentada no início da puberdade e na gravidez

*Responsável pela maioria dos casos de pneumonia atípica primária.

TABELA 2 CARACTERÍSTICAS DAS PRINCIPAIS PNEUMONIAS BACTERIANAS

Agente etiológico	Características
Streptococcus pneumoniae (pneumococo)	Gram-positivo capsulado, instalação rápida, forma lobar pouco frequente em lactentes, comprometimento pleural em 5% dos casos
Haemophilus influenzae B	Gram-negativo capsulado, mais frequente nos 3 primeiros anos, caráter insidioso com IVAS precedente e tosse persistente. Leucocitose com linfocitose no hemograma
Staphylococcus aureus	Gram-positivo, quadro mais grave, febre alta, toxemia, comprometimento pleural em 90% dos casos, pneumatocele e empiema em 50% dos casos
Gram-negativos	Nosocomial, grave
Klebsiella	Comprometimento dos segmentos posteriores de lobo superior e apical do lobo inferior direito

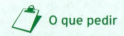 **O que pedir**

NA ROTINA

1. Hemograma: leucopenia ou leucocitose com neutrofilia e desvio à esquerda ou não. Pode apresentar anemia e plaquetopenia.
2. Velocidade de hemossedimentação (VHS), pró-calcitonina (PCT) e proteína C reativa: elevadas.
3. Gasometria arterial e eletrólitos.
4. Hemocultura: 3 amostras (preferível), mas pelo menos uma (antes do início da antibioticoterapia) – positividade entre 10 e 15% dos casos.
5. Crioaglutinina (elevada em 50% dos casos de pneumonia por *Mycoplasma pneumoniae*).
6. Pesquisa de vírus em secreção respiratória (principalmente em epidemias de vírus sincicial respiratório [VSR]).
7. Radiografia de tórax: opacificações variadas, infiltrados intersticiais, áreas de hipertransparência, hiperinsuflação, aumento hilar com limites mal definidos, imagens reticulares e lineares centrífugas, atelectasias e derrame pleural.
8. Ultrassonografia (US): útil para visualização de derrames e septações.

NOS CASOS ESPECIAIS

1. Escovagem brônquica com espécime protegido: provocação de 10^3 colônias bacterianas/mL (col/mL) é indicativa de infecção.
2. Lavagem broncoscópica com alta sensibilidade: presença de mais de 10^4 col/mL, mais de 1 bactéria/campo ou mais de 7% das células contendo bactérias fagocitadas é indicativa de pneumonia infecciosa bacteriana.
3. Punção aspirativa e biópsia de pulmão.
4. Isolamento viral e cultura.
5. Testes imunológicos: imunofluorescência, aglutinação, Elisa, contraimunoeletroforese, reação em cadeia de polimerase (*polymerase chain reaction*).

Como tratar

1. Tratamento de suporte:
   - manutenção do estado hídrico e nutricional;
   - decúbito elevado;
   - oxigenoterapia;
   - uso de antitérmicos;
   - fluidificação da secreção e eliminação com fisioterapia respiratória;
   - evitar broncoconstrição.
2. Tratamento específico: esquema inicial nas pneumonias com agente não determinado (Figura 1).

FIGURA 1 ALGORITMO PARA TRATAMENTO ANTIMICROBIANO INICIAL DE CRIANÇAS COM PNEUMONIA COMUNITÁRIA.

3. Critérios para hospitalização:
   - baixa idade (< 2 meses);
   - desconforto respiratório acentuado;
   - necessidade de oxigenoterapia (SatO$_2$ < 92% em ar ambiente);
   - toxemia e/ou instabilidade hemodinâmica;
   - incapacidade familiar (ou dos cuidadores) para cuidar do paciente;
   - problemas sociais;
   - dificuldade alimentar;
   - falta de resposta terapêutica à medicação VO;
   - doença de base (p. ex.: paralisia cerebral, cardiopatia, desnutrição grave e anemia falciforme);
   - complicações pulmonares: derrame pleural, pneumotórax, piopneumotórax e abscesso.
4. Profilaxia (vacina pneumocócica conjugada 10 valente: 3 doses (2, 4 e 12 meses) de acordo com o calendário nacional de vacinação do Ministério da Saúde.[1] Opção: polissacarídica 23-valente – Pn-23V. Atenção especial aos grupos de risco (falciformes, nefróticos).

TABELA 3 ESQUEMA PARA AGENTE IDENTIFICADO E/OU CARACTERÍSTICAS CLÍNICAS E RADIOLÓGICAS DEFINIDAS

	1ª opção	2ª opção	3ª opção
Streptococcus pneumoniae (pneumococo)	Penicilina	Eritromicina ou clindamicina	Vancomicina
Haemophilus influenzae B	Ampicilina e/ou amoxicilina + clavulanato	Ceftriaxona	
Staphylococcus aureus	Oxacilina	Clindamicina	Vancomicina
Gram-negativos			
Klebsiella	Cefalosporina e/ou aminoglicosídeo	Cefalosporina de 3ª geração	
Chlamydia	Eritromicina		
Pneumocistis carinii	Sulfametoxazol-trimetoprim	Isotanato de pentamidina	

TABELA 4 POSOLOGIA DOS PRINCIPAIS ANTIMICROBIANOS PARA TRATAMENTO DE PNEUMONIA EM CRIANÇAS MENORES DE 2 MESES (DOSES EM MG/KG PARA TODOS OS ANTIMICROBIANOS)

Antimicrobiano	0 a 4 semanas	< 1 semana		≥ 1 semana		
	Peso ao nascer < 1.200 g	Peso ao nascer de 1.200 a 2.000 g	Peso ao nascer > 2.000 g	Peso ao nascer ≤ 2.000 g	Peso ao nascer > 2.000 g	Lactente de 1 a 2 meses
Ampicilina	25 a 50, a cada 12 h	25 a 50, a cada 12 h	25 a 50, a cada 8 h	25 a 50, a cada 8 h	25 a 50, a cada 6 h	50, a cada 6 h
Amicacina	7,5, a cada 24 h	7,5, a cada 12 h	7,5 a 10, a cada 12 h	7,5 a 10, a cada 8 ou 12 h	10, a cada 8 h	5, a cada 8 h
Gentamicina	2,5, a cada 18 a 24 h	2,5, a cada 12 h	2,5, a cada 12 h	2,5, a cada 8 ou 12 h	2,5, a cada 8 h	2,5, a cada 8 h
Tobramicina	2,5, a cada 18 a 24 h	2,5, a cada 12 h	2,5, a cada 12 h	2,5, a cada 8 ou 12 h	2,5, a cada 8 h	2,5, a cada 8 h
Cefotaxima	50, a cada 12 h	50, a cada 12 h	50, a cada 8 a 12 h	50, a cada 8 h	50, a cada 6 ou a cada 8 h	50, a cada 6 h
Ceftriaxona	50, a cada 24 h	50, a cada 24 h	50, a cada 24 h	50, a cada 24 h	50 a 75, a cada 24 h	75, a cada 24 h
Eritromicina	50, a cada 12 h	10, a cada 12 h	10, a cada 12 h	10, a cada 8 h	10, a cada 6 ou 8 h	12,5, a cada 6 h

TABELA 5 POSOLOGIA DOS PRINCIPAIS ANTIMICROBIANOS PARA TRATAMENTO DE PNEUMONIA EM CRIANÇAS COM IDADE ≥ 2 MESES E ADOLESCENTES

Antimicrobiano	Dosagem	Intervalo entre tomadas (horas)	Duração (dias)
Tratamento ambulatorial			
Amoxicilina (VO)	50 mg/kg/dia	A cada 12	7 a 10
Penicilina procaína (IM)	50.000 UI/kg/dia	A cada 12	7
Eritromicina (VO)	50 mg/kg/dia	A cada 6	14
Amoxicilina/clavulanato (7:1) (VO)	45 mg/kg/dia	A cada 12	7 a 10

(continua)

TABELA 5 POSOLOGIA DOS PRINCIPAIS ANTIMICROBIANOS PARA TRATAMENTO DE PNEUMONIA EM CRIANÇAS COM IDADE ≥ 2 MESES E ADOLESCENTES *(continuação)*

Antimicrobiano	Dosagem	Intervalo entre tomadas (horas)	Duração (dias)
Cefuroxima axetil (VO)	30 mg/kg/dia	A cada 12	7 a 10
Tratamento hospitalar (EV)			
Penicilina cristalina	200.000 UI/kg/dia	A cada 6	7 a 10
Ampicilina	150 mg/kg/dia	A cada 6	7 a 10
Oxacilina	200 mg/kg/dia	A cada 6	21
Cloranfenicol	50 mg/kg/dia	A cada 6	7 a 10
Ceftriaxona	75 mg/kg/dia	A cada 24	7 a 10
Vancomicina	40 mg/kg/dia	A cada 6	21

50
Bronquiolite

O que é

Inflamação aguda dos bronquíolos de etiologia viral (vírus sincicial respiratório [VSR] A e B, adenovírus, parainfluenza 1, 2 e 3 e influenza A e B) autolimitada, porém potencialmente grave, que acomete crianças com menos de 2 anos, principalmente entre 2 e 6 meses.

Como suspeitar

1. Quadro de infecção de vias aéreas superiores (IVAS) de 3 a 4 dias com tosse, febre baixa, coriza e espirros.
2. Posteriormente, desconforto respiratório com piora da tosse, taquipneia (frequência respiratória > 60 rpm), dispneia (retração intercostal, subdiafragmática e de fúrcula, batimento de asas de nariz, expiração prolongada), gemência, prostração e cianose.
3. Estertores subcrepitantes e sibilos difusos.

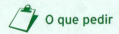

O que pedir

NA ROTINA

1. Gasometria arterial: avaliação do grau de hipoxemia.
2. Hemograma: pode haver leucocitose, porém não contribui com o diagnóstico; investigação de anemia.
3. Radiografia de tórax: hiperinsuflação difusa bilateral com espessamento peribrônquico, aumento do diâmetro anteroposterior, retificação do diafragma e atelectasias (30% dos casos).
4. Pesquisa viral em secreção respiratória – imunofluorescência do aspirado da nasofaringe: identificação do agente etiológico (altas sensibilidade e especificidade – resultado imediato).

Como tratar

1. O_2 úmido e aquecido: cateter nasal (1 a 2 L/min), funil, capacete ou oxitenda (manter com FiO_2 entre 30 e 40%). Entubação orotraqueal e ventilação mecânica podem ser necessárias nos casos de insuficiência respiratória.
2. Hidratação oral ou EV adequada.
3. Cabeceira elevada (30°), fisioterapia respiratória e antitérmicos, se necessário (paracetamol).
4. Broncodilatadores (efeito modesto ou nenhum) – fenoterol (Berotec®): 1 gota para cada 3 kg de peso, diluída em 3 a 4 mL de SF, com fluxo de 6 a 8 L/min, podendo ser repetido por 3 vezes em intervalos de 20 min.
5. Antiviral: ribavirina via inalatória (reservada aos casos graves – pouco eficaz).
6. Antibioticoterapia: apenas nos casos de infecção bacteriana secundária.
7. Corticosteroides: em geral, não alteram o curso da doença.
8. Profilaxia:
   - evitar aglomerações, principalmente nos períodos de maior incidência do VSR (no Brasil, de maio a setembro);
   - recém-nascido hospitalizado que preencha os critérios de risco

para desenvolver doença grave deve receber anticorpo monoclonal específico (palivizumabe), 48 a 72 h antes da alta hospitalar, durante o período da sazonalidade do VSR e, então, a cada 30 dias até o fim do período (Tabela 1).

TABELA 1 RECOMENDAÇÕES PARA A PROFILAXIA COM PALIVIZUMABE

Altamente recomendado

Em crianças < 2 anos de idade com DPC que necessitem de tratamento nos 6 meses anteriores ao início do período de sazonalidade

Prematuros com idade gestacional ≤ 28 semanas, sem DPC, estando a menos de 12 meses do início do período sazonal do VSR

Em crianças < 2 anos de idade com cardiopatia congênita cianótica ou cardiopatias com hipertensão pulmonar grave ou em tratamento para ICC

Recomendado

Crianças nascidas entre 29 e 32 semanas de idade gestacional, sem DPC, estando a menos de 6 meses do início do período de sazonalidade do VSR

Prematuros nascidos com idade gestacional entre 33 e 35 semanas devem ter sua indicação individualmente, se apresentarem dois ou mais fatores de risco

As medidas de higiene na prevenção devem ter ênfase especial, precisando ser estimulada a amamentação

No período de sazonalidade das regiões, devem ser administradas 5 doses, sendo a primeira antes do início do período de sazonalidade

DPC: doença pulmonar crônica; VSR: vírus sincicial respiratório; ICC: insuficiência cardíaca congestiva.

51
Asma aguda

 O que é

Doença inflamatória crônica, cíclica, multifatorial, com interação de fatores genéticos e ambientais, caracterizada por limitação do fluxo aéreo consequente à hiper-reatividade brônquica e obstrução das vias aéreas inferiores.

 Como suspeitar

1. Presença de fatores desencadeantes: alérgenos, infecções, exercícios, irritantes químicos, fatores emocionais, drogas e corantes.
2. Antecedente familiar, história de episódios anteriores e uso de broncodilatadores.
3. Sinais e sintomas de desconforto respiratório (tosse, taquidispneia, aperto no peito, chiado e ausculta pulmonar com sibilos) que determinam a intensidade do quadro (Tabela 1).
4. No lactente, sinais e sintomas, além dos critérios da Tabela 2.

TABELA 1 CLASSIFICAÇÃO DA INTENSIDADE DA CRISE AGUDA DE ASMA

	Muito grave	Grave	Moderada/leve
Achados gerais*	Cianose, sudorese, exaustão	Sem alterações	Sem alterações
Estado mental	Agitação, confusão, sonolência	Normal	Normal
Dispneia	Grave	Moderada	Ausente/leve
Fala	Frases curtas/monossilábicas Lactente: maior dificuldade alimentar	Frases incompletas/parciais Lactente: choro curto, dificuldade alimentar	Frases completas
Musculatura acessória	Retrações acentuadas ou em declínio (exaustão)	Retrações subcostais e/ou esternocleidomastóideas acentuadas	Retração intercostal leve ou ausente
Sibilos	Ausentes com MV localizados ou difusos	Localizados ou difusos	Ausentes com MV normais/localizados ou difusos
FR (irpm)**	Aumentada	Aumentada	Normal ou aumentada
FC (bpm)	> 140 ou bradicardia	> 110	≤ 110
PFE (% melhor ou predito) < 30%	30 a 50%	> 50%	< 50%
$SatO_2$ (ar ambiente)	< 90%	91 a 95%	> 95%
PaO_2 (ar ambiente)	< 60 mmHg	Ao redor de 60 mmHg	Normal
$PaCO_2$ (ar ambiente)	> 45 mmHg	< 40 mmHg	< 40 mmHg

* A presença de vários parâmetros, mas não necessariamente todos, indica a classificação geral da crise.
** FR em crianças normais: < 2 meses: < 60/min; 2 a 11 meses: < 50/min; 1 a 5 anos: < 40/min; 6 a 8 anos: < 30/min; > 8 anos = adulto: 20/min.

MV: murmúrio vesicular; irpm: incursões respiratórias por minuto; PFE: pico de fluxo expiratório.

TABELA 2 CRITÉRIOS CLÍNICOS PARA O DIAGNÓSTICO DE ASMA NO LACTENTE

Critérios maiores	Critérios menores
Um dos pais com asma	Diagnóstico médico de rinite alérgica
Diagnóstico de dermatite atópica	Sibilância não associada a resfriado
	Eosinofilia maior ou igual a 4%

Fonte: ASBAI, SBPT e SBP, 2006.[2]

5. Indicadores de obstrução grave da via aérea com risco de parada cardiorrespiratória em crianças:
   - alteração do nível de consciência;
   - acidose ou hipóxia grave (PaO_2 < 60 mmHg [8 kPa]);
   - taquicardia, taquipneia;
   - não completa uma sentença em uma respiração;
   - murmúrio vesicular ausente;
   - bradicardia;
   - fadiga;
   - $PaCO_2$ normal ou elevada;
   - pH arterial baixo.

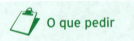
O que pedir

NO PRONTO-SOCORRO E NO HOSPITAL

1. Gasometria arterial.
2. Hemograma: investigação de anemia, eosinofilia e processo infeccioso.
3. Radiografia de tórax: não solicitar rotineiramente para as crianças com diagnóstico prévio de asma, apenas se houver febre alta (> 39°C) ou achados específicos na ausculta (diminuição de murmúrio vesicular e presença de estertores). Imagem clássica: hiperinsuflação difusa bilateral.
4. Eletrólitos (Na, K, Ca, Cl, Mg).
5. $SatO_2$: uso de oxímetro de pulso contínuo.
6. Pico de fluxo expiratório (PFE): avalia o grau de obstrução do fluxo aéreo.

NO AMBULATÓRIO

1. Provas de função pulmonar: espirometria (volume expiratório final inferior a 80% do predito), avaliação do PFE, teste de broncoprovocação com agentes broncoconstritores (histamina, metacolina) e por exercício.
2. Testes cutâneos ou IgE sérica específica para identificação de possíveis alérgenos.

Como tratar

DOSES DE MEDICAÇÕES USADAS NO TRATAMENTO DE ASMA AGUDA E CONTROLE DA ASMA

1. Terbutalina SC: 0,01 mL/kg; máximo 0,25 mL (a solução tem 1 mg/mL).
2. Epinefrina SC: 0,01 mL/kg; máximo 0,3 mL (a solução tem 1 mg/mL – sol. 1:1.000).
3. Salbutamol EV:
   - dose inicial, em bolo: 15 mcg/kg, administrados em 20 min;
   - em infusão contínua: 1 a 2 mcg/kg/min, podendo atingir até 10 a 15 mcg/kg/min;
   - diluir em soro fisiológico.
4. Prednisona ou prednisolona VO: 1 a 2 mg/kg/dia, a cada 12 h.
5. Metilprednisolona EV: 1 a 2 mg/kg/dose, a cada 6 h.
6. Hidrocortisona EV:
   - dose inicial: 4 a 8 mg/kg;
   - dose de manutenção: 20 a 40 mg/kg/dia, divididos a cada 4 a 6 horas (máximo 250 mg/dose).
7. Sulfato de magnésio EV: 25 a 75 mg/kg, máximo 2 g, administrado em 20 a 30 min, por meio de bomba de infusão ou de bureta.
8. Aminofilina EV:
   - dose inicial: 4 a 7 mg/kg;
   - dose de manutenção (infusão contínua): 0,5 mg/kg/h.
9. Montelucaste (VO – dose única à noite):
   - crianças de 6 meses a 2 anos de idade: 4 mg/dia (grânulos para adição a alimentos);
   - crianças de 2 a 5 anos de idade: 4 mg/dia (comprimido mastigável);

- crianças de 6 a 14 anos de idade: 5 mg/dia (comprimido mastigável);
- maiores de 14 anos de idade: 10 mg/dia (comprimido mastigável).

FIGURA 1   FLUXOGRAMA DO TRATAMENTO DE ASMA AGUDA.
Fonte: SBP, 2009.[3]

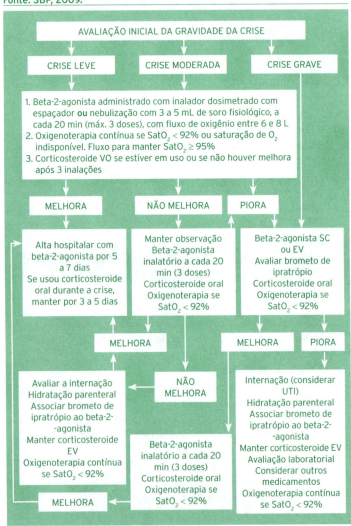

52
Uso de medicamentos inalatórios

 O que é

Administração de medicamentos diretamente nos pulmões sob a forma de aerossol, associados ou não a espaçadores, ou inalador a pó (IP), e por nebulizador de acordo com a faixa etária (Tabela 1), com objetivo de diminuir os efeitos colaterais sistêmicos, utilizando doses menores com o mesmo efeito terapêutico.

TABELA 1 INALOTERAPIA E IDADE DA CRIANÇA

	< 4 anos	4 a 6 anos	> 6 anos
Aerossol + espaçador 750 mL	–	+	+
Aerossol + espaçador 150 mL + máscara facial	+	–	–
Inalador (pó)	–	–	+
Nebulizador	+	–	–

 **Como tratar**

1. Nebulização eficaz: diluição em 3 a 4 mL de SF com fluxo de 6 a 8 L/min.
2. Utilização da "bombinha" (crianças > 7 anos com boa coordenação):
   - aerossol na posição vertical e para cima, preferencialmente em pé;
   - agitar o frasco e retirar a tampa protetora;
   - expirar normalmente e colocar o bocal do inalador a 2 cm da boca;
   - pressionar a bombinha;
   - prender a respiração por 5 a 10 s e expirar normalmente;
   - após 1 min, agitar o frasco novamente e repetir a dose.
3. Respiração múltipla com espaçador e máscara (crianças < 6 anos em crise):
   - manter a criança sentada com a cabeça levantada, sem chupeta;
   - adaptar a máscara sobre o nariz e a boca, formando um bom selo;
   - encaixar a bombinha no espaçador em posição vertical e para cima, após agitar vigorosamente;
   - deixar a criança respirar por 4 a 6 vezes, mantendo a máscara aderida ao rosto;
   - retirar o espaçador do rosto;
   - após 1 min, agitar o frasco novamente e repetir a dose.
4. Respiração única com espaçador (crianças com problema de coordenação):
   - agitar a bombinha e adaptá-la ao espaçador;
   - expirar suavemente e colocar o espaçador na boca;
   - pressionar a bombinha;
   - inspirar lenta e profundamente;
   - retirar o espaçador da boca e expirar normalmente;
   - após 1 min, agitar o frasco novamente e repetir a dose.

Realizar bochechos com água após uso de corticosteroides inalatórios.

DOSES DE MEDICAÇÕES INALATÓRIAS USADAS NO TRATAMENTO DE ASMA AGUDA E CONTROLE DE ASMA

1. Salbutamol:
- com inalador dosimetrado: 50 mcg/kg/dose (1 jato/2 kg; máximo 10 jatos); repetir a cada 20 min, no período de 1 h (3 doses);

- com nebulização: a solução para nebulização contém 5 mg/mL:
    - nebulização fracionada: 0,15 mg/kg/dose (máximo 5 mg/dose), diluídos em 3 mL de soro fisiológico, repetindo a cada 20 a 30 min;
    - nebulização contínua: 0,5 mg/kg/h (máximo 15 mg/h).
2. Fenoterol – nebulização fracionada: 1 gota/3 kg (máximo 10 gotas), diluídas em 3 mL de soro fisiológico, repetindo até 3 vezes, a cada 20 min.
3. Brometo de ipratrópio – nebulização: 250 a 500 mcg/dose (20 a 40 gotas/dose). Deve ser administrado em 3 doses, a cada 20 min, com o beta-2-agonista.
4. Salmeterol – inalador dosimetrado (1 jato = 25 mcg): 1 jato a cada 12 h.
5. Formoterol – inalador dosimetrado (1 jato = 12 mcg): 1 jato a cada 12 h.
6. Beclometasona, budesonida, fluticasona, triancinolona e ciclesonida são corticosteroides de uso inalatório disponíveis no mercado brasileiro. A dose inicial deve ser equivalente a 500 a 1.000 mcg de beclometasona/dia (Tabela 2).

TABELA 2 EQUIVALÊNCIA DE DOSE DOS CORTICOSTEROIDES INALATÓRIOS UTILIZADOS EM CRIANÇAS NO BRASIL

Fármaco	Dose (mcg)		
	Baixa	Média	Elevada
Beclometasona	100 a 400	400 a 800	> 800
Budesonida	100 a 200	200 a 400	> 400
Budesonida (suspensão para nebulização)	250 a 500	500 a 1.000	> 1.000
Fluticasona	100 a 200	200 a 500	> 500
Ciclesonida	Indicada para crianças com idade superior a 4 anos, na dose de 80 a 160 mcg/dia		

Fonte: adaptada de Global Initiative for Asthma (Gina), 2006.[4]

TABELA 3 RECOMENDAÇÕES PARA UTILIZAÇÃO DOS DISPOSITIVOS INALATÓRIOS

Aerossol dosimetrado – *spray*

Retirar a tampa

Agitar o dispositivo

Posicionar a saída do bocal verticalmente, 2 a 3 cm da boca

Manter a boca aberta

Expirar normalmente

Coordenar o acionamento do dispositivo no início da inspiração lenta e profunda

Fazer pausa pós-inspiratória de, no mínimo, 10 s

Nova aplicação pode ser repetida após 15 a 30 s

IP

Preparo da dose:
- Aerolizer®: retirar a tampa do IP e colocar uma cápsula. Em seguida, perfurá-la, comprimindo as garras laterais
- Turbuhaler®: retirar a tampa, manter o IP na vertical, girar a base colorida no sentido anti-horário e depois no sentido horário até escutar um clique
- Diskus®: abrir o IP rodando o disco no sentido anti-horário. Em seguida, puxar sua alavanca para trás até escutar um clique
- Pulvinal®: retirar a tampa, manter o IP na vertical, apertar o botão marrom com uma mão, girar o IP no sentido anti-horário com a outra mão (aparecerá marca vermelha). Em seguida, soltar o botão marrom e girar o IP no sentido horário até escutar um clique (aparecerá a marca verde)

Expirar normalmente e colocar o dispositivo na boca

Inspirar o mais rápido e profundo possível (fluxo mínimo de 30 L/min)

Fazer pausa pós-inspiratória de 10 s

No caso do Aerolizer®, após inalação do produto, verificar se há resíduo de pó na cápsula. Em caso positivo, repetir as manobras anteriores

IP: inalador de pó.

53
Derrame pleural

 O que é

Acúmulo de líquido no espaço pleural consequente a processos infecciosos pulmonares (pneumonias bacterianas, virais e por micoplasma, tuberculose), leucoses (leucemias e linfomas), doenças com retenção hídrica (insuficiência cardíaca, glomerulonefrites e hipoproteinemias) ou traumas. Classifica-se em hemorrágico, transudato, exsudato (empiema) e exsudato quiloso, de acordo com a causa e as características físico-bioquímicas do líquido pleural. Os empiemas evoluem em 3 fases distintas e relativamente curtas:

1. Fase exsudativa: deposição de material pré-purulento no espaço pleural.
2. Fase fibrinopurulenta: intensa deposição de fibrina e consequente formação de septos (bridas) e multiloculações entre as duas pleuras com aprisionamento de líquido purulento.
3. Fase de regeneração: formação de fibrose das pleuras e consequente bloqueio parcial da expansibilidade pulmonar (encarceramento).

❓ Como suspeitar

1. Presença de evento clínico e/ou doença predisponente associada ao aparecimento ou à piora dos sintomas respiratórios (taquidispneia, tosse, dor torácica e desconforto pulmonar acentuado).
2. Propedêutica pulmonar: submacicez ou macicez à percussão, diminuição do murmúrio vesicular e frêmito toracovocal, atrito pleural e abaulamento de espaços intercostais.

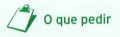 O que pedir

NA ROTINA

1. Radiografia de tórax anteroposterior: velamento difuso do lado acometido com apagamento do ângulo costofrênico respectivo.
2. Radiografia de tórax de perfil: ausência de uma das cúpulas diafragmáticas.
3. Radiografia de tórax em decúbito lateral com raios horizontais: faixa de velamento no sentido base-ápice pulmonar correspondente ao espaço pleural ocupado pelo derrame.
4. Ultrassonografia (US): útil no diagnóstico de pequenos derrames e septações (bridas) e/ou loculações do espaço pleural envolvido.
5. Punção torácica no 5º ou 6º espaço intercostal na linha axilar média ou posterior do lado afetado (sempre): diferenciação entre transudato e exsudato (Tabela 1) e identificação do agente etiológico (bacterioscopia, cultura e contraimunoeletroforese).

TABELA 1 CARACTERÍSTICAS FÍSICO-BIOQUÍMICAS DOS DERRAMES PLEURAIS

Indicador	Transudato	Exsudato
Proteínas	< 3 g%	> 3 g%
Relação proteínas pleurais/plasma	< 0,5	> 0,5

(continua)

TABELA 1 CARACTERÍSTICAS FÍSICO-BIOQUÍMICAS DOS DERRAMES PLEURAIS (continuação)

Indicador	Transudato	Exsudato
Glicose	> 60 mg%	< 60 mg%
pH	> 7,2	< 7,2
DHL	< 200 UI/mL	> 200 UI/mL
Relação DHL pleural/plasma	< 0,6	> 0,6
Celularidade	Baixa (linfomorfo)	Alta (polimorfo)

DHL: desidrogenase lática.

NOS CASOS ESPECIAIS

1. Biópsia pleural: investigação de tuberculose ou neoplasia.

Como tratar

1. Hemorrágico: tratamento da causa primária, esvaziamento e transfusão, se necessários. Hemotórax traumático: drenar sempre.
2. Transudatos: conduta expectante com tratamento da causa primária. Punções pleurais de alívio e, eventualmente, drenagem pleural são reservadas apenas aos casos de grande acúmulo de líquido suficiente para alterar a dinâmica respiratória.
3. Exsudatos (empiema):
   - drenagem pleural fechada e precoce com tubo fenestrado no 4º espaço intercostal na linha axilar média do lado comprometido;
   - microtoracotomia para debridação e limpeza cirúrgica: indicada no segundo estágio de evolução do empiema com o objetivo de prevenir a fibrose;
   - agentes fibrinolíticos: urocinase ou estreptocinase diluídos em solução fisiológica e aplicados diretamente na cavidade pleural via tubo de drenagem no segundo estágio de evolução do empiema;
     - antibioticoterapia dirigida aos agentes causais mais frequentes de pneumonias bacterianas com derrame pleural (ver Capítulo 49 – Pneumonias Adquiridas na Comunidade).

4. Exsudato quiloso: aspirações repetidas, manutenção do estado nutricional e nutrição parenteral ou dieta elementar com triglicerídios de cadeia média.
5. Manejo do dreno: curativo diário, troca diária do frasco de drenagem, controle da permeabilidade do sistema (oscilação) e controle radiológico.
6. Retirada do dreno: ausência de fístula broncopleural (ausência de borbulhamento), volume drenado desprezível e se, após 24 h de dreno fechado, não surgirem alterações respiratórias no paciente.

Bibliografia

REFERÊNCIAS BIBLIOGRÁFICAS

1. Brasil, Ministério da Saúde. Calendário Nacional de Vacinação 2016. Disponível em http://portalsaude.saude.gov.br/index.php/o-ministerio/principal/leia-mais-o-ministerio/197-secretaria-svs/13600-calendario-nacional-de-vacinacao. Acessado em: 8/5/2016.
2. Associação Brasileira de Alergia e Imunopatologia (ASBAI); Sociedade Brasileira de Pneumologia e Tisiologia (SBPT); Sociedade Brasileira de Pediatria (SBP). IV Diretrizes Brasileiras para o manejo da asma. J Bras Pneumol 2006; 32 (Supl 7):S 447-74.
3. Sociedade Brasileira de Pediatria (SBP). Programa Nacional de Educação Continuada em Pediatria – PRONAP. Asma Brônquica. Ciclo XI (2008-2009), número 4. São Paulo: Sociedade Brasileira de Pediatria, 2009.
4. Global Initiative for Asthma (Gina). Homepage on the internet. Bethesda: NHLBI/WHO, 2006. Disponível em: www.ginasthma.org. Acessado em: 11/5/2011.

BIBLIOGRAFIA

1. Abadesso C, Almeida HI, Virella D, Carreiro MH, Machado MC. Use of palivizumab to control an outbreak of RSV in a NICU. J Hosp Infect 2004; 58(1):38-41.
2. Anselmo-Lima WT. Otorrinolaringologia para o pediatra. Série Atualizações Pediátricas. Departamento de Otorrinolaringologia da Sociedade de Pediatria de São Paulo. São Paulo: Atheneu, 2006.
3. Brasil. Ministério da Saúde. Sistema de Informações Hospitalares do SUS (SIH/SUS), 2007. Disponível em: http://w3.datasus.gov.br/datasus/.
4. BTS Guidelines for the Management of Community Acquired Pneumonia in Childhood. Thorax 2002; 57(Suppl 1):1-24.

5. Diniz EMA, Okay Y, Tobaldini R, Vaz FAC. Manual do residente de pediatria. Departamento de Pediatria da Faculdade de Medicina – Universidade de São Paulo. 2.ed. São Paulo: Atheneu, 2004.
6. Gupta A. Management and complication of bacterial pneumonia. Curr Opin Pediatr 2003; 13:382-7.
7. Hendaus MA, Janahi IA. Parapneumonic effusion in children: an up-to-date review. Clin Pediatr (Phila) 2016; 55(1):10-8.
8. Iroh Tam PY, Bernstein E, Ma X, Ferrieri P. Blood culture in evaluation of pediatric community-acquired pneumonia: a systematic review and meta-analysis. Hosp Pediatr 2015; 5(6):324-36.
9. La Torre F, Passarelli ML, Cesar RG, Pechini R. Emergências em pediatria. Protocolos da Santa Casa. Barueri: Manole, 2011.
10. Lopez FA, Júnior DC. Tratado de Pediatria da Sociedade Brasileira de Pediatria. Barueri: Manole, 2007.
11. Marcondes E. Pediatria básica. 9.ed. São Paulo: Sarvier, 2002.
12. Meissner HC. Viral bronchiolitis in children. N Engl J Med 2016; 374(1):62-72.
13. Mitchell JP, Nagel MW. Valved holding chambers (VHCs) for use with pressurised metered-dose inhalers (pMDIs): a review of causes of inconsistent medication delivery. Prim Care Respir J 2007; 16(4):207-14.
14. Moeller A, Carlsen KH, Sly PD, Baraldi E, Piacentini G, Pavord I et al. Monitoring asthma in childhood: lung function, bronchial responsiveness and inflammation. Eur Respir Rev 2015; 24(136):204-15.
15. Morais MB, Campos SO, Silvestrini WS. Guia de medicina ambulatorial e hospitalar da Unifesp/EPM – Pediatria. Barueri: Manole, 2005.
16. Morbidity and Mortality Weekly Report (MMWR). Recommendations and Reports, Prevention and Control of Influenza. Recommendations of the Advisory Committee of Imunizations Practices (ACIP). 2008: 57(8). Disponível em: www.cdc.gov/mmwr. Acessado em: 8/5/2016.
17. Murahovschi J. Pediatria: diagnóstico + tratamento. 6.ed. São Paulo: Sarvier, 2003.
18. Nascimento Carvalho CM, Souza Marques HH. Recomendação da Sociedade Brasileira de Pediatria para antibioticoterapia em crianças e adolescentes com pneumonia comunitária. Rev Panam Salud Publica 2004; 15(6):380-7.
19. National Center for Health Statistics (NCHS), Centers for Disease Control and Prevention (CDC). National Health Interview Survey (NHIS), 2005. Disponível em: www.cdc.gov/nchs/about/major/nhis/reports_2005.htm. Acessado em: 11/5/2011.
20. Nóbrega FJ. Medicamentos habitualmente usados em pediatria. São Paulo: Nestlé Nutrition, 2011.
21. Pedraz C, Carbonell Estrany X, Figueras Aloy J, Quero J, IRIS Study Group. Effect of palivizumabe prophylaxis in decreasing respiratory syncytial virus hospitalization in premature infants. Pediatr Infect Dis J 2003; 22(9):823-7.
22. Pinto KDBPC, Maggi RRS, Alves JGB. Análise de risco socioambiental para comprometimento pleural na pneumonia grave em crianças menores de 5 anos. Rev Panam Salud Publica 2004; 15(2):104-9.
23. Pramanik AK, Rangaswamy N, Gates T. Neonatal respiratory distress: a practical approach to its diagnosis and management. Pediatr Clin North Am 2015; 62(2):453-69.
24. Rodrigues JC, Adde FV, Silva Filho LVRF. Doenças respiratórias. Série Pediatria. Instituto da Criança – Hospital das Clínicas. Barueri: Manole, 2008.
25. Sociedade Brasileira de Pediatria (SBP). Departamentos Científicos de Neonatologia, Infectologia e Pneumologia. Recomendações para a prevenção da doença respiratória grave pelo vírus sincicial respiratório. Rio de Janeiro: Sociedade Brasileira de Pediatria, 2005.
26. Sociedade Brasileira de Pneumologia e Tisiologia (SBPT). Diretrizes para as pneumonias adquiridas na comunidade. J Bras Pneumol 2007; 33(suppl. 1):S1-S50.

27. Solé D, Wandalsen GF, Camelo-Nunes IC, Naspitz CK, Isaac-Brazilian Group. Prevalence of symptoms of asthma, rhinitis, and atopic eczema among Brazilian children and adolescents identified by the International Study of Asthma and Allergies in Childhood (Isaac), phase 3. J Pediatr 2006; 82:341-6.
28. University of Calgary. Technical report. A population-based study assessing the impact of palivizumabe of a prophylaxis program with palivizumabe on outcomes and associated health care resource utilization in infants at high risk of severe respiratory syncytial virus infection. Calgary: University of Calgary, 2004.
29. Verstraete M, Cros P, Gouin M, Oillic H, Bihouée T, Denoual H et al. Update on the management of acute viral bronchiolitis: proposed guidelines of Grand Ouest University Hospitals. Arch Pediatr 2014; 21(1):53-62.
30. Vilela MMS, Lotufo JP. Alergia, imunologia e pneumologia. Série Atualizações Pediátricas. Departamento de Alergia e Imunologia e Departamento de Pneumologia da Sociedade de Pediatria de São Paulo. São Paulo: Atheneu, 2004.
31. Wardlaw TM, Johansson EW, Hodge M, World Health Organization (WHO), United Nations Children's Fund (Unicef). Pneumonia: the forgotten killer of children. Genebra: Unicef/WHO, 2006.
32. World Health Organization (WHO). Case management of acute respiratory infections (ARI) in children in developing countries – HPM/ARI/WHO/89. Genebra: WHO, 1989. 31p.

PARTE 6
Gastroenterologia

54 Diarreia aguda
55 Diarreia persistente e crônica
56 Dor abdominal crônica
57 Hepatites virais
58 Constipação
59 Alergia à proteína do leite de vaca
60 Refluxo gastroesofágico
61 Estenose hipertrófica do piloro
62 Síndrome do intestino irritável
63 Doença celíaca
64 Doença inflamatória intestinal
65 Pancreatite aguda

54
Diarreia aguda

 O que é

Diarreia aguda ou gastroenterite é a eliminação de fezes de conteúdo liquefeito, associada ao aumento do número de evacuações, com duração inferior ou igual a 14 dias.

 **Como suspeitar**

1. Aumento do número de evacuações líquidas (3 ou mais episódios em 24 h).
2. Possível ocorrência de febre e vômitos.
3. Diminuição ou perda do apetite.
4. Oligúria ou anúria.
5. Perda ponderal resultando em agravo nutricional.
6. Número de evacuações; questionar os pais.
7. Duração do episódio.
8. Característica das fezes (presença de muco ou sangue).
9. Exposição a contatos com sintomas semelhantes.

10. Ingestão de leite não pasteurizado, carne mal cozida, vegetais não lavados ou outros alimentos suspeitos.

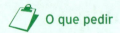

O que pedir

NA ROTINA

1. Parasitológico de fezes: pesquisa de parasitas causadores como etiologia parasitária.
2. Coprocultura: pesquisa de bactérias como agentes causais.
3. Pesquisa de leucócitos fecais: sugere presença de microrganismo invasor ou produtor de citotoxina no cólon.
4. pH fecal e presença de substâncias redutoras: evidencia a ocorrência da diarreia osmótica.
5. Pesquisa de vírus nas fezes (Elisa).

NOS CASOS ESPECIAIS

1. Proctossigmoidoscopia: indicada para estabelecer a etiologia em casos de colite grave ou quando a etiologia da enterite inflamatória permanece obscura.

Como tratar

1. A terapêutica baseia-se em:
   - manutenção do equilíbrio hidreletrolítico;
   - hidratação e reposição das perdas fecais de água e eletrólitos.
2. Não se recomenda a utilização de:
   - compostos antidiarreicos: pouco benefício e risco de efeitos colaterais;
   - antieméticos: produzem sonolência e até mesmo depressão do sistema nervoso central (SNC), dificultando a alimentação VO (metoclorpropamida);

- água de coco ou refrigerantes para reparação das perdas, uma vez que apresentam eficácia menor para hidratação que os sais orais de hidratação;
- alimentos durante a fase de reidratação, com exceção do leite materno. Nessa fase, o objetivo é o retorno rápido para o estado de euvolemia.
3. Os antimicrobianos são recomendados para casos selecionados de enterite bacteriana, para encurtar a duração do quadro clínico e para prevenir complicações (Tabela 1).
4. O programa de Controle das Doenças Diarreicas (CDD) da Organização Pan-americana da Saúde/Organização Mundial da Saúde (Opas/OMS) recomenda avaliar o grau de hidratação da criança e definir a conduta utilizada (Tabela 2).
5. A fase de reparação inicia-se o mais breve possível (pesar a criança sem roupa antes de iniciar). Definir a conduta.

TABELA 1 TERAPIA ANTIMICROBIANA PARA PARASITAS ENTÉRICOS EM PEDIATRIA

Organismo	Agente antimicrobiano
Giardia lamblia	Furazolidona ou metronidazol ou albendazol ou quinacrina ou paromomicina (gravidez)
Entamoeba histolytica	Metronidazol seguido por iodoquinol
Blastocystis hominis	Metronidazol ou iodoquinol
Cryptosporidium parvum	Paromomicina ou azitromicina podem ser indicadas para hospedeiros imunodeprimidos
Cyclospora cayetanensis	TMP-SMZ
Isospora belli	TMP-SMZ
Enterocytozoon bieneusi	Albendazol
Encephalitozoon intestinalis	Albendazol (minimamente efetivo)
Strongyloides stercoralis	Ivermectina ou tiabendazol

TMP-SMZ: trimetoprim-sulfametoxazol.

TABELA 2 AVALIAÇÃO DO ESTADO DE HIDRATAÇÃO E CONDUTA NOS CASOS DE DIARREIA AGUDA

Observar			
Condição	Bem, alerta	Intranquila, irritada	Comatosa, hipotônica*
Olhos	Normais	Encovados	Muito encovados e secos
Lágrimas	Presentes	Ausentes	Ausentes
Boca e língua	Úmidas	Secas	Muito secas
Sede	Bebe normalmente	Sedenta, bebe rápida e avidamente	Bebe mal ou não é capaz de beber*
Explorar			
Sinal da prega	Desaparece rapidamente	Desaparece lentamente	Desaparece muito lentamente (2 s)*
Decidir			
	Não tem sinais de desidratação	Se apresenta 2 ou mais sinais, tem desidratação	Se apresenta 2 ou mais sinais, incluindo pelo menos um sinal de desidratação grave com choque
Tratar	Usar plano A	Usar plano B	Usar plano C
		Pesar a criança, se possível	Pesar a criança, se possível

* Sinal de desidratação grave com choque.

FIGURA 1 CRIANÇA DESIDRATADA.

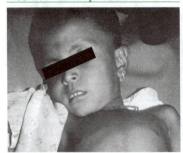

FIGURA 2 CRIANÇA HIDRATADA.

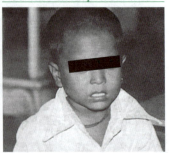

PLANO A

A criança não está desidratada, sendo recomendada a oferta de sais de reidratação com o objetivo de repor as perdas e manter o paciente hidratado.

PLANO B

O paciente apresenta desidratação e oferecem-se sais de reidratação, 50 a 100 mL/kg, em intervalos curtos de 4 a 6 h. Se houver presença de vômitos, aumentar a frequência e reduzir o volume de soro oral a cada vez.

No caso de insucesso das medidas anteriores e aumento das perdas:

- reavaliar se a técnica de hidratação está correta;
- optar por sonda nasogástrica ou hidratação venosa (Figura 3);
- o volume inicial é de 30 a 60 mL/kg/h com aumento gradativo conforme a tolerância.

No período, caso a criança não ganhe peso, persistam os sinais de desidratação e vômitos incontroláveis, utilizar o plano C.

FIGURA 3 PREPARAÇÃO DO SORO E GASTRÓCLISE.

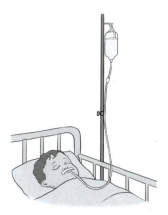

PLANO C

Composto das fases de reparação e manutenção.

Fase de reparação

1. Fase em que se restabelece a euvolemia, sendo utilizado soro ao meio, SF 0,9% e SG 5% (77 mEq de sódio [Na]/L), na proporção 1:1, volume de 50 a 120 mL/kg, com velocidade de 50 mL/kg/h.
2. Se a criança permanecer desidratada, repetir a expansão em volume de 50 mL/kg em 2 h. Velocidade de gotejamento: gotas/min = volume em mL/3 vezes o número de gotas.
3. Se houver choque hipovolêmico, administrar 20 mL/kg de SF 0,9% em dois acessos simultâneos ou via intraóssea.

Fase de manutenção

1. Inicia-se após a criança estar clinicamente hidratada com 2 ou mais diureses claras, desaparecimento dos sinais de desidratação e densidade urinária (DU) menor que 1.010.
2. Criança com ausência de diurese e clinicamente hidratada: pesquisar bexigoma ou insuficiência renal aguda (Tabela 3).

TABELA 3   NECESSIDADE HÍDRICA BASAL PARA 24 H DE ACORDO COM O PESO E AS NECESSIDADES CALÓRICAS

Peso	Volume	Necessidade calórica
Até 10 kg	100 mL/kg/dia	100 kcal/kg/dia
11 a 20 kg	1.000 mL + 50 mL para cada kg que ultrapasse 10 kg	1.000 kcal + 50 kcal/kg/dia para cada kg acima de 10 kg
Acima de 20 kg	1.500 mL + 20 mL para cada kg que ultrapasse 20 kg	1.500 kcal + 20 kcal/kg/dia para cada kg acima de 20 kg

3. Para cada 100 kcal, as necessidades de manutenção de água e eletrólitos são:
   - sódio: 3 mEq;
   - potássio: 2,5 a 5 mEq;
   - glicose: 8 g.
   Pode-se acrescentar à manutenção:
   - cálcio: 100 a 200 mg/kg/dia;
   - magnésio: 0,5 a 1 mEq/kg/dia.
4. O volume de reposição pode ser administrado em conjunto com a manutenção, sempre sendo ajustado conforme as perdas.

5. Deve-se fornecer alimentos com bom aporte calórico para as crianças. A restrição dietética é recomendada para casos de intolerância, como à lactose e a proteínas.
6. Suplementos microbianos – utilização de prebióticos:
   - são componentes oligossacarídios (insulina e fruto) da dieta que não sofrem digestão ou absorção e estimulam a regulação imunofisiológica intestinal;
   - estimulam seletivamente a proliferação de populações de bactérias desejáveis no cólon, como as bifidobactérias e os lactobacilos;
   - podem inibir também a multiplicação de patógenos, sendo promissores no combate à diarreia infecciosa.
7. Probióticos: são substâncias alimentares não digeridas pelas enzimas digestivas que nutrem bactérias benéficas da flora intestinal. O *Lactobacillus rhamnosus* GG apresentou evidências de melhora do quadro diarreico em tempo de duração e frequência.
8. Zinco: indicado no tratamento da diarreia aguda após a fase de hidratação. A suplementação oral de zinco é indicada pela Organização Mundial da Saúde para todas as crianças com menos de 5 anos com diarreia aguda:
   - < 6 meses – 10 mg/dia por 10 a 14 dias;
   - > 6 meses – 20 mg/dia por 10 a 14 dias.
9. Medicações antissecretórias – racecadotril: diminuem a secreção intestinal:
   - 1,5 mg/kg/dose, no total de 3 doses/dia;
   - > 27 kg: 60 g, 3 vezes/dia;
   - não utilizar em menores que 13 kg nem em menores de 3 meses.

55
Diarreia persistente e crônica

 O que é

Diarreia persistente é a perpetuação das manifestações clínicas da diarreia aguda por um período superior a 14 dias e inferior a 30 dias, resultando em agravos nutricionais para o paciente.

Diarreia crônica é aquela de duração superior a 30 dias, ou 3 ou mais episódios de curta duração em um período inferior a 2 meses.

 Como suspeitar

1. No Brasil, as etiologias mais prevalentes são enteroparasitoses, desnutrição energético-proteica com deficiência secundária de dissacaridases, doença celíaca, alergia à proteína do leite de vaca e síndrome do intestino irritável (Tabela 1).

TABELA 1 CAUSAS COMUNS DE DIARREIA CRÔNICA POR FAIXA ETÁRIA

Lactância
Síndrome de má absorção pós-gastrenterite
Intolerância às proteínas do leite de vaca e da soja
Deficiências secundárias de dissacaridases
Fibrose cística

Infância
Diarreia crônica inespecífica
Deficiências secundárias de dissacaridases
Giardíase
Síndrome de má absorção pós-gastrenterite
Doença celíaca
Fibrose cística

Adolescência
Síndrome do intestino irritável
Doença inflamatória intestinal
Giardíase
Intolerância à lactose

2. Dado o amplo espectro de etiologias, realizar história clínica completa, exame físico e avaliação nutricional, evitando submeter a criança a exames laboratoriais desnecessários. Determinar:
   - anamnese alimentar: tempo de aleitamento materno exclusivo e introdução da alimentação complementar, afastando, assim, intolerâncias e alergias alimentares;
   - a idade do início da diarreia (pesquisa de síndromes de diarreia congênita);
   - caráter da diarreia: contínua ou intermitente (descontinuidade é frequente em diarreias de causa parasitária e alimentar);
   - características fecais: presença de muco, pus, sangue, restos alimentares, consistência, frequência, volume e cor (a aparência oleosa e pálida das fezes é indicativa de doença celíaca ou fibrose cística; a presença de sangue sugere etiologia bacteriana, parasitária, inflamatória ou alérgica);
   - história familiar e ambiental: casos semelhantes na família e pesquisa de patologias hereditárias ou infecciosas como Aids. Ques-

tionar também sobre condições de saneamento básico, moradia e banhos em lagoas.
3. No exame físico:
   - realizar antropometria para avaliar perda de peso e desaceleração do crescimento do paciente e, se possível, obter curva de crescimento anterior;
   - aspecto geral;
   - sinais de desidratação e desnutrição;
   - toxemia;
   - úlceras na cavidade oral;
   - hepatoesplenomegalia, distensão abdominal, presença de massa abdominal, aumento de peristaltismo intestinal;
   - dermatite perineal: sugestiva de má absorção de carboidratos.
4. Podem ocorrer sinais e sintomas de patologias sistêmicas, como febre, eczema, *rash* cutâneo e retardo puberal, como na doença inflamatória ou fibrose cística.
5. A intensidade dos achados relaciona-se ao tempo e à gravidade da doença.

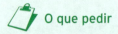

O que pedir

Os exames são utilizados para definir a etiologia e avaliar a absorção de carboidratos e gorduras, a perda proteica, a integridade da mucosa intestinal e a presença de agentes infecciosos.

AVALIAÇÃO LABORATORIAL GERAL

1. Hemograma: pesquisa de anemia microcítica ou megaloblástica (doença celíaca).
2. Albumina: hipoalbuminemia ou enteropatias perdedoras de proteínas.
3. Eletrólitos.
4. Transaminases.
5. Amilase/lipase.
6. Imunoglobulinas: pesquisa de imunodeficiências.
7. Anticorpo anti-HIV.

AVALIAÇÃO LABORATORIAL DA ABSORÇÃO DE NUTRIENTES

Proteínas

1. Cálculo do balanço nitrogenado: mensuração de todo o nitrogênio ingerido e perdido nas fezes em 24 a 72 h.
2. Dosagem de quimiotripsina fecal: o nível da enzima proteolítica nas fezes mede a atividade do pâncreas exócrino, sendo utilizado para triagem de insuficiência pancreática.
3. Alfa-1-antitripsina fecal: marcador de perda proteica: valores elevados indicam perda proteica intestinal.

Carboidratos

1. pH fecal: valores inferiores aos normais indicam má absorção de carboidratos.
2. Pesquisa de substâncias redutoras nas fezes: alteração na coloração indica presença de substâncias redutoras.
3. Teste do hidrogênio do ar expirado: avalia a absorção intestinal e o sobrecrescimento bacteriano.
4. Dosagem de dissacaridases na mucosa intestinal: padrão-ouro no diagnóstico de deficiência de lactase, maltase e sacarase, é, contudo, método invasivo, sendo necessária a biópsia.

Gorduras

1. Dosagem de gordura fecal de 72 h pelo método de Van de Kramer. Valores superiores a 3 g de gordura por 24 h qualificam a esteatorreia.
2. Esteatócrito e Sudam: determinam perda de gordura qualitativamente, utilizados para triagem ou acompanhamento do quadro.

AVALIAÇÃO DA INTEGRIDADE DA MUCOSA DO INTESTINO DELGADO

1. Dosagem de D-xilosemia: valores alterados indicam má absorção da mucosa intestinal.
2. Biópsias seriadas e colonoscopias: indicadas em quadros de sangramento digestivo baixo, doenças inflamatórias intestinais e colite.
3. Endoscopia digestiva alta é solicitada na suspeita de absorção de nutrientes.

Procedimentos de imagem

Trânsito intestinal, enema opaco, ultrassonografia (US), tomografia computadorizada (TC) e ressonância magnética (RM): investigação de possíveis patologias que acompanham o quadro diarreico, como tumores e divertículos.

PESQUISA DE AGENTES INFECCIOSOS

1. Exame parasitológico e bacteriológico e técnicas sorológicas ou reação em cadeia de polimerase.
2. Pesquisa de antígeno para Giardia.
3. Pesquisa de toxinas A e B do *Clostridium difficile*.
4. Cultura de fezes.

PESQUISA DE DEFICIÊNCIA DE MICRONUTRIENTES

Vitaminas A, D, E, B_{12}, folato, zinco, ferro e ferritina: diminuídos em situações de fibrose cística, abetalipotproteinemia, doença celíaca, doença inflamatória intestinal e ressecções ileais. Indicados na suspeita de alergia alimentar em casos selecionados.

Como tratar

DIARREIA PERSISTENTE

1. A terapêutica objetiva evitar a cronificação e manter o estado nutricional do paciente.
2. Não se utilizam agentes antidiarreicos em Pediatria pelo risco de complicações.
3. As diretrizes da Organização Mundial da Saúde recomendam a manutenção da alimentação e do aleitamento materno em conjunto com a terapia de reidratação oral e a utilização de zinco.
4. Probióticos: há evidências limitadas da efetividade dos probióticos no tratamento da diarreia persistente.
5. Antibióticos: indicados em situação específica quando de isolamento do patógeno.
    - *Shigella*: sulfametoxazol-trimetoprim, ácido nalidíxico ou azitromicina;

- amebíase e giardíase: metronidazol.
6. Reposição de zinco: sua utilização reduz a duração e a gravidade dos episódios e diminui a incidência de diarreia e pneumonia nos 2 e 3 meses posteriores. A posologia recomendada é de 10 a 20 mg/dia por 10 a 14 dias. A dose para menores de 6 meses de vida é de 10 mg.

DIARREIA CRÔNICA

1. O tratamento é direcionado a cada patologia específica.
2. A terapia nutricional objetiva reduzir a espoliação nutricional e as perdas fecais.
3. Optar por dieta de baixo efeito estimulante motor e que forneça aporte nutricional adequado para tratar ou prevenir deficiências nutricionais existentes.

FIGURA 1 FLUXOGRAMA PARA MANEJO DA DIARREIA CRÔNICA.
Fonte: Lago et al., 2016.[1]

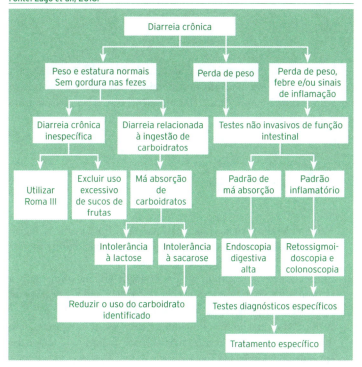

56
Dor abdominal crônica

 O que é

De acordo com os critérios diagnósticos de Roma III, é definida pela ocorrência de dor ou desconforto abdominal recorrente ou persistente por pelo menos 2 meses. Tem maior prevalência em crianças com idade entre 4 e 16 anos.

 Como suspeitar

1. A dor abdominal crônica funcional localiza-se tipicamente na região periumbilical, epigástrica ou suprapúbica e tem início usual após os 6 anos de idade. O exame físico é normal.
2. Essas crianças apresentam uma reatividade visceral aumentada a estímulos fisiológicos, como as cólicas, ou a estímulos psicológicos, como a mudança de escola, gerando a sensação dolorosa.
3. A dor abdominal crônica funcional divide-se em categorias como dispepsia funcional, intestino irritável, dor abdominal funcional e enxaqueca abdominal (Tabela 1).

TABELA 1 DISTÚRBIOS FUNCIONAIS DIGESTIVOS ASSOCIADOS COM DOR OU DESCONFORTO ABDOMINAL EM CRIANÇAS

Dispepsia funcional	Dor ou desconforto persistente ou recorrente localizado no abdome superior (acima do umbigo)
	Nenhuma evidência (incluindo endoscopia alta normal) de doença orgânica que possa explicar os sintomas
	Nenhuma evidência de que a dispepsia possa ser avaliada somente pela evacuação ou de que haja associação com alteração da forma das fezes ou com a frequência das evacuações
Intestino irritável	Ausência de anormalidades estruturais ou metabólicas que expliquem os sintomas
	Desconforto abdominal (sensação desconfortável não descrita como dor) ou dor associada com 2 ou mais dos seguintes critérios: início associado com alteração da forma das fezes (grande calibre/duras ou amolecidas/aquosas) ou da frequência da evacuação; melhora da dor com a evacuação
Dor abdominal funcional	Pelo menos 1 vez por semana por pelo menos 2 meses
	Dor abdominal episódica ou quase contínua em escolar ou adolescente
	Nenhuma, ou apenas ocasional, relação da dor com situações fisiológicas (p. ex., alimentação, menstruação ou evacuação)
	Alguma perda de execução das atividades diárias comuns
	Dor que não é simulada
	Critérios insuficientes para diagnóstico de outras doenças funcionais digestivas que possam explicar a dor abdominal
Enxaqueca abdominal	Intensos episódios paroxísticos de dor aguda periumbilical, de duração de 1 h ou mais, interferindo na atividade do paciente e associada a 2 ou mais dos seguintes sintomas: cefaleia, fotofobia, palidez, náuseas e vômitos
	Pode ocorrer 2 ou mais vezes no intervalo de 12 meses, podendo haver períodos assintomáticos que duram semanas ou meses

4. Para o diagnóstico de dor abdominal funcional, devem-se excluir na anamnese e no exame físico manifestações clínicas de etiologia orgânica e realizar a observação minuciosa da situação emocional da criança e de seu ambiente familiar.

SINAIS DE ALARME DE ETIOLOGIA ORGÂNICA

1. Idade de início menor que 6 anos.
2. Febre.
3. Perda ponderal.

4. Desaceleração do crescimento.
5. Presença de artralgia e artrite.
6. Vômitos e evacuações líquidas.
7. Despertar noturno por dor.
8. A dor localiza-se afastada do umbigo.
9. Sangue nas fezes.

SINAIS DE ALARME NO EXAME FÍSICO

1. Massa abdominal palpável.
2. Hepatomegalia.
3. Esplenomegalia.
4. Sensibilidade aumentada no quadrante superior ou inferior direito do abdome.
5. Sensibilidade aumentada à palpação dos ângulos costovertebrais.
6. Fissura ou fístula perianal.

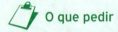
O que pedir

A triagem laboratorial deve ser individualizada dependendo dos achados da anamnese e do exame físico.

NA ROTINA

1. Hemograma.
2. Velocidade de hemossedimentação (VHS): está elevada nas doenças inflamatórias intestinais.
3. Parasitológico, três amostras: pesquisa de Giardia.
4. Urina tipo I e urocultura.
5. Radiografia simples de abdome.

NOS CASOS ESPECIAIS

1. Pesquisa sérica ou fecal para *H. pylori*: pacientes com suspeita de síndrome dispéptica.

2. Ultrassonografia (US) de abdome total: pode dar informações sobre rins, vesícula biliar e pâncreas.
3. Esofagogastroduodenoscopia: indicada para pacientes com suspeita de doença do trato gastrintestinal superior.
4. Colonoscopia: suspeita de etiologia orgânica, como sangramento digestivo ou perda ponderal.

Como tratar

1. O componente mais importante do tratamento da dor abdominal crônica funcional é esclarecer à família que nenhuma patologia adjacente está presente. Explicar para os familiares com base nos dados da história, do exame físico e dos exames subsidiários solicitados.
2. A terapêutica visa a incentivar a criança a retornar às atividades de rotina, evitando o absenteísmo escolar e estimulando a volta à prática esportiva e às atividades pessoais e familiares, e não apenas o simples alívio da dor.
3. Em qualquer doença de natureza biopsicossocial, medidas como alimentação adequada, tempo suficiente de sono, exercícios e lazer e a redução de fatores hostis ambientais são benéficas para reduzir a sintomatologia.
4. Evitar atitudes que causem reforço secundário da dor, como massagem local, antiespasmódicos, analgésicos, dispensa das obrigações e preocupação excessiva dos pais.
5. Fármacos geralmente não têm sido úteis, porém técnicas de relaxamento e *biofeedback* apresentam resultados promissores em alguns casos de dor funcional.
6. Pacientes com sintomas de intestino irritável se beneficiam da suplementação com fibras presentes em grãos, cereais, frutas e vegetais frescos.
7. Para a dispepsia funcional, recomendam-se:
   - evitar alimentos que retardam o esvaziamento gástrico com teor aumentado de gordura (frios, linguiça e frituras);
   - evitar líquidos durante as refeições;
   - evitar tabagismo, cafeína e anti-inflamatórios não hormonais (AINH);
   - mastigar devagar os alimentos e realizar refeições em ambiente calmo.

8. Indicam-se modificações dietéticas apenas para pacientes com intolerância à lactose ou constipação associadas, evitando-se restrições desnecessárias que possam produzir agravos nutricionais.
9. Para pacientes com sintomas depressivos e má adesão à terapêutica, recomenda-se acompanhamento psicológico ou psiquiátrico.
10. O tratamento bem-sucedido depende de um acompanhamento frequente e próximo ao profissional de saúde, que acaba por conhecer o paciente e compreender suas manifestações clínicas.

57
Hepatites virais

 O que são

Processos inflamatórios difusos do tecido hepático decorrentes da resposta imunológica, provocados por diferentes agentes etiológicos. São causadas por 5 tipos de vírus hepatotrópicos (A, B, C, D, E) e outros não hepatotrópicos (vírus da herpes simples, adenovírus, Epstein-Barr, parvovírus B19, HIV), em que a inflamação hepática é resultante da doença multissistêmica.

 **Como suspeitar**

São manifestações clínicas independentes da etiologia:

1. Febre.
2. Náuseas e vômitos.
3. Inapetência.
4. Diarreia.
5. Acolia fecal.
6. Colúria.
7. Icterícia.

HEPATITE A

1. Transmissão: fecal-oral por meio da contaminação de água e alimentos com fezes. Pode ser associada com o consumo de crustáceos e moluscos. É mais frequente em aglomerados humanos, como creches, quartéis e instituições. A excreção fecal do vírus ocorre de 2 semanas antes até 1 semana após o início da doença.
2. Incubação: 15 a 50 dias, com média de 30 dias.
3. Sinais e sintomas: febre, dor abdominal, anorexia, vômito e cefaleia são as manifestações clínicas típicas. A icterícia pode aparecer em até 6 semanas após a exposição. Em lactentes e pré-escolares, as manifestações clínicas são assintomáticas ou oligossintomáticas.

HEPATITE B

1. Transmissão:
   - horizontal: contato sexual, secreções (sangue, sêmen, saliva, leite materno, urina, lágrima, suor), hemoderivados, injeções, tatuagens e *piercings*, aparelhos de barba e escova de dente utilizados por mais de um usuário;
   - vertical: transplacentária, durante o parto e período pós-natal.
2. Incubação: 14 a 180 dias, com média de 70 dias.
3. Sinais e sintomas:
   - os recém-nascidos (RN) são usualmente assintomáticos, mas podem apresentar colestase neonatal, hepatomegalia e aumento dos níveis de transaminases;
   - em crianças: mal-estar, anorexia, desconforto abdominal antecedendo o início da icterícia. Podem ocorrer manifestações extra-hepáticas em virtude da deposição de imunocomplexos, como a glomerulonefrite, a artrite ou a poliarterite nodosa;
   - a evolução para a forma crônica depende da idade de aquisição, sendo o risco de persistência do vírus de 80 a 100% nos RN, 30% em crianças de 1 a 5 anos e 6% após os 5 anos de idade.

HEPATITE C

1. Transmissão: via transfusional, sangue, hemoderivados, pacientes hemofílicos e transplantados, múltiplos parceiros sexuais, uso de

drogas injetáveis, contato sexual com portador de vírus da hepatite C (VHC).
2. Transmissão vertical: 5 a 6% de mães virêmicas. É maior a chance de transmissibilidade em mães soropositivas para VHC-positivo e HIV-positivo (Tabela 1).
3. Incubação: 2 semanas a 6 meses, com média de 60 dias.
4. Sinais e sintomas: geralmente é assintomática, mas podem estar presentes fadiga, desconforto abdominal, inapetência, febre, mal-estar geral e icterícia.

TABELA 1   CRITÉRIOS DE POSITIVIDADE PARA INFECÇÃO VERTICAL DO VÍRUS C

Presença do VHC após os 18 meses de idade
Identificação do VHC-RNA a partir dos 3 meses de idade
Detecção do VHC-RNA em duas coletas sanguíneas com intervalo de 4 meses entre elas, com genótipo similar ao da mãe

HEPATITE D

1. Transmissão: semelhante à do vírus B, por via parenteral, uso de hemoderivados e contato sexual.
2. Incubação: 2 a 10 semanas.
3. Sinais e sintomas: manifestações clínicas similares às da hepatite B, com início do quadro abrupto. Se a infecção ocorrer simultaneamente com o vírus B, denomina-se coinfecção, e a sintomatologia de hepatite aguda é mais grave. Se ocorrer em paciente portador de hepatite B crônica, denomina-se superinfecção. Nesses casos, a cronificação é frequente e a agudização, rara.
4. O vírus D não produz hepatite sem a infecção do VHB.

HEPATITE E

1. Transmissão: orofecal associada a água e mariscos.
2. Incubação: 2 a 9 semanas.
3. Sinais e sintomas: são similares aos da hepatite A, porém mais graves. Não evoluem para a cronicidade.

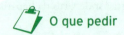 **O que pedir**

EXAMES GERAIS

1. Hemograma.
2. Podem apresentar aumento, mas não contribuem para diferenciar a etiologia das hepatites e são utilizados para controle clínico:
   - ALT;
   - AST;
   - gamaglutamiltransferase;
   - fosfatase alcalina;
   - proteínas totais e frações;
   - albumina;
   - bilirrubinas;
   - tempo de protrombina.
3. São sinais laboratoriais de alerta que indicam progressão para doença grave:
   - tempo de protrombina aumentado não responsivo à vitamina K;
   - diminuição rápida e persistente das aminotransferases;
   - rápido aumento de bilirrubinas.

Hepatite A – Marcadores

1. Anticorpo anti-VHA IgM: indica infecção atual ou recente pelo vírus da hepatite A. Permanece positivo por 4 a 6 meses após a infecção aguda.
2. Anticorpo anti-VHA IgG: indica infecção pregressa pelo vírus da hepatite A, de longa duração e presente após a vacinação.

Hepatite B – Marcadores

1. HBsAg: detectado na infecção aguda ou crônica. Na hepatite aguda, apresenta declínio em até 24 semanas. Sua permanência por mais de 24 semanas indica hepatite crônica.
2. Anti-HBs: identifica imunidade vacinal ou infecção curada.
3. Anti-HBc total: representa contato prévio com o vírus, indicando infecção aguda (achado de IgM), crônica (achado de IgG) ou infecções resolvidas.

4. Anti-HBc IgM: indica infecção aguda recente pelo vírus B. Também utilizado para avaliar a reativação viral.
5. AgHBe: indica a replicação viral e sua positividade demonstra alto potencial de contágio.
6. Anti-HBe: identifica o portador do HBsAg com baixa infecciosidade.

Hepatite C – Marcadores

1. Anti-VHC: indica contato anterior com o vírus e não distingue se a infecção é aguda ou crônica ou pregressa curada.
2. VHC-RNA: o resultado positivo demonstra infecção pelo vírus C.

Hepatite D – Marcadores

1. VHD-RNA: detectado em 40% dos pacientes na fase aguda e desaparece em 30 dias.
2. Anti-VHD IgM: indica infecção aguda pelo vírus da hepatite D.
3. Anti-VHD IgG: marcador de infecção pregressa com surgimento em 12 semanas.

Hepatite E – Marcadores

1. Anti-VHE IgM: indica infecção recente pelo VHE. Pode não ser detectado na 1ª semana de infecção.
2. Anti-VHE total: se positivo, indica infecção prévia pelo VHE.

EXAMES ESPECÍFICOS

1. Cobre, ceruloplasmina e alfa-1-antitripsina: utilizados em casos selecionados para diagnóstico diferencial.
2. Ultrassonografia (US) ou tomografia computadorizada (TC) de abdome: indicados para pesquisa de existência de obstrução biliar nas formas colestáticas.
3. Biópsia percutânea hepática: raramente indicada, pode demonstrar necrose hepática ou focal com a presença de células balonares, células inflamatórias e de áreas hepáticas regenerativas.

Como tratar

Abordagem terapêutica geral:

1. Medidas de suporte e afastamento dos agentes hepáticos lesivos.
2. Suspender a utilização de narcóticos, analgésicos e tranquilizantes pela presença de lesão difusa apresentada pelo fígado e a metabolização hepática desses fármacos.
3. Hospitalizar pacientes com:
   - vômitos incoercíveis;
   - desidratação;
   - coagulopatia;
   - alteração do sensório.
   - diminuição no tempo de protrombina.
4. Os pacientes com hepatite viral crônica devem receber terapia antirretroviral e, possivelmente, ser encaminhados para transplante hepático.

HEPATITE A

Medidas gerais

1. Utilização de utensílios descartáveis e completa eliminação dos excrementos.
2. Realização de precauções entéricas nas 2 primeiras semanas da doença.
3. Desinfecção com hipoclorito de sódio (1 mg/mL) por 30 min.
4. Esterilização de utensílios com óxido de etileno.
5. Os casos de hepatite A devem ser sempre notificados.
6. A infecção é aguda e autolimitada e não evolui para cronicidade.

Profilaxia pré-exposição para viajantes

Conforme a idade e o tempo de exposição predita, recomenda-se a imunoprofilaxia da Tabela 2.

TABELA 2 RECOMENDAÇÕES PARA IMUNOPROFILAXIA CONTRA HEPATITE A NA PRÉ-EXPOSIÇÃO PARA VIAJANTES

Idade	Exposição provável adiante	Recomendações
≤ 2 anos	Menos de 3 meses	Ig 0,02 mL/kg
	Entre 3 e 5 meses	Ig 0,06 mL/kg na partida e a cada 5 meses
	Longa duração	Ig 0,06 mL/kg na partida e a cada 5 meses
> 2 anos	Menos de 3 meses	A vacina é preferível à Ig, podendo-se combiná-las
	Entre 3 e 5 meses	A vacina é preferível à Ig
	Longa duração	Vacinação exclusiva

Ig: imunoglobulina.

Profilaxia pós-exposição

É recomendada conforme a Tabela 3.

TABELA 3 RECOMENDAÇÕES PARA IMUNOPROFILAXIA NA PÓS-EXPOSIÇÃO À INFECÇÃO PELO VÍRUS DA HEPATITE A

Exposição (semanas)	Exposição futura	Idade (anos)	Profilaxia
≤ 2	Não	Todas	Ig* 0,02 mL/kg
	Sim	> 2	Ig 0,02 mL/kg + vacina
> 2	Não	Todas	Nada a fazer
	Sim	> 2	Iniciar vacina

* A imunoglobulina (Ig) deve ser aplicada via IM profunda. Em geral, para adultos e crianças maiores, a dose máxima é de 5 mL. Em crianças menores e lactentes, a dose máxima é de 5 mL. Em crianças menores e lactentes, a dose máxima é de 3 mL.

Vacinação pós-exposição

1. Recomenda-se para pacientes de 1 a 40 anos em período até 2 semanas após a exposição.
2. A vacina é altamente imunogênica e segura, e preferível em relação à imunoglobulina, pela facilidade de administração e proteção a longo prazo.

TABELA 4 DOSES RECOMENDADAS PARA O ESQUEMA DE VACINAÇÃO CONTRA HEPATITE A

Idade	Vacina	Dose de antígeno	Volume por dose (mL)	Número de doses	Esquema
1 a 18 anos	Havrix® (SKB)	360 EL.U	0,5	3	Dose inicial, nova dose 1 mês depois e 3ª dose entre 6 e 12 meses após a inicial
	Havrix®	720 EL.U	0,5	2	Dose inicial, nova dose entre 6 e 12 meses depois
	Vaqta® (Merck)	25 U	0,5	2	Dose inicial, nova dose entre 6 e 18 meses depois
> 18 anos	Havrix®	1.440 EL.U	1	2	Dose inicial, nova dose entre 6 e 12 meses depois
	Vaqta®	50 U	1	2	Dose inicial, nova dose entre 6 e 12 meses depois

EL.U = unidades de ELISA.
Fonte: Silva, Lyra e Melo, 2014.[2]

HEPATITE B

Utilização de vacina e imunoglobulina:

1. Depende da positividade do antígeno de superfície do vírus B da hepatite (HBsAg) do paciente exposto.
2. Ambas devem ser aplicadas de forma precoce.
3. Nos RN, recomendam-se nas primeiras 12 h de vida; em outras situações, 7 dias após o possível contágio.

Nos recém-nascidos

1. Uma dose de vacina 0,5 mL, IM, associada à imunoglobulina específica para hepatite B (HBIG) na dose de 0,5 mL, IM, em outro local de aplicação.
2. Repetir a vacinação em 1 e 6 meses e realizar acompanhamento com marcadores sorológicos.

3. Em pacientes previamente vacinados, dosar o anti-HBs; se o resultado for negativo, iniciar a profilaxia (Tabelas 5, 6 e 7).

TABELA 5 RECOMENDAÇÕES DA PROFILAXIA CONTRA HEPATITE B APÓS EXPOSIÇÃO PERCUTÂNEA A SANGUE

Pessoa exposta	Se a fonte é HBsAg positivo	Se a fonte é HBsAg negativo	Se a fonte é desconhecida ou não foi testada
Previamente vacinada	Nada a fazer	Nada a fazer	Nada a fazer
Se não sabe ou não pode responder	1 dose de HBIG + iniciar vacina Alguns recomendam 2 doses de HBIG	Nada a fazer	Se há informação de alto risco, orientar como se a fonte fosse HBsAg positivo
Com resposta desconhecida	Testar a pessoa para anti-HBs Se o nível é inadequado, iniciar HBIG + vacina Se o nível é adequado, nada a fazer	Nada a fazer	Testar a pessoa para anti-HBs Se o nível é inadequado, iniciar vacinação Se o nível é adequado, nada a fazer
Não vacinada	HBIG 0,06 mL/kg via IM + iniciar vacinação	Iniciar vacinação	Iniciar vacinação

TABELA 6 GUIA DE IMUNOPROFILAXIA PÓS-EXPOSIÇÃO PARA HEPATITE B

Tipo de exposição	Imunoprofilaxia
Acidental, percutânea ou permucosa	Vacinação + HBIG
Contato domiciliar com portador crônico	Vacinação
Contato domiciliar com caso agudo e exposição sanguínea identificada	Vacinação + HBIG
Perinatal	Vacinação + HBIG
Sexual com infecção aguda	Vacinação + HBIG
Sexual com portador crônico	Vacinação

TABELA 7   DOSES RECOMENDADAS DAS VACINAS CONTRA HEPATITE B, DE ACORDO COM O TIPO DE VACINA E O GRUPO DE INDIVÍDUOS

Grupo de indivíduos	Recombivax® HB* Dose (mcg)	Recombivax® HB* Dose (mL)	Engerix® B* Dose (mcg)	Engerix® B* Dose (mL)
Recém-nascidos de mães HBsAg negativo e crianças menores de 11 anos	2,5	0,5**	10	0,5
Recém-nascidos de mães HBsAg positivo	5	0,5	10	0,5
Associar sempre simultaneamente o HBIG				
Indivíduos de 11 a 19 anos	5	0,5	20	1
Adultos com mais de 19 anos	10	1	40	2
Imunodeficientes e dialisados	40	1***	40	2

* Ambas as vacinas são administradas em 3 doses, no esquema 0, 1 e 6 meses. A Engerix® foi também aprovada para ser usada em 4 doses, no esquema 0, 1, 2 e 12 meses.
** Nova formulação pediátrica.
*** Formulação especial.

Tratamento da infecção crônica pelo vírus da hepatite B

Indicado para pacientes com:

1. Replicação viral (HBeAg positivo).
2. Viremia presente (DNA viral maior que 100.000 cópias/mL).
3. Presença de atividade histológica com necroinflamação.
4. Aumento de transaminases.

Para o tratamento, utilizam-se:

1. Interferon-alfa: atividade antiviral e imunomoduladora. Tem resposta virológica e bioquímica transitória.
2. Lamivudina: tolerada VO e suprime a replicação viral em pacientes HBeAg positivo.
3. Dipivoxil e adefovir: têm resultados promissores com boa resposta clínica, bioquímica e histológica e com diminuição dos níveis quantitativos do DNA do vírus B.

HEPATITE C

Segundo a portaria do Ministério da Saúde de 2007, a terapêutica é indicada quando:

1. Portador de anti-VHC negativo com detecção de VHC-RNA positivo nos 3 meses após o início das manifestações clínicas ou da data de exposição.
2. Positivação do anti-VHC na segunda dosagem com intervalo de 90 dias.
3. É possível utilizar interferon ou interferon peguilado com ribavirina.

HEPATITE D

Quanto à prevenção e ao tratamento:

1. São baseados em medidas de suporte, controle e tratamento da infecção pelo VHB.
2. Não existe vacinação para o VHD.
3. A imunização para VHB protege contra a infecção pelo VHD, uma vez que o VHD depende do VHB para replicar-se.
4. A indicação de vacinas e imunoglobulina para o VHB mantém-se a mesma nos quadros de hepatite B isolados.

HEPATITE E

As formas de prevenção são:

1. Medidas de higiene pessoal.
2. Cuidados com manuseio, conservação de água e alimentos.
3. Casos devem ser notificados e a conduta higiênica é similar à dos casos de hepatite A.
4. A vacina recombinante para hepatite E é efetiva para adultos.
5. Não há evidência de que a imunoglobulina é efetiva em prevenir a infecção pelo VHE.
6. Os casos de hepatite E aguda devem ser notificados.

58
Constipação

 O que é

TABELA 1 CARACTERIZAÇÃO PARA CONSTIPAÇÃO INFANTIL SEGUNDO OS CRITÉRIOS DE ROMA III

Recém-nascido, lactente e pré-escolar	Escolares e adolescentes
Pelo menos 2 dos seguintes critérios em menores de 4 anos, por no mínimo 1 mês:	Pelo menos 2 dos seguintes critérios em crianças maiores que 4 anos, pelo menos 1 vez/semana, por 2 meses:
2 ou menos evacuações/semana	2 ou menos evacuações/semana no vaso sanitário
Pelo menos 1 episódio/semana de incontinência fecal involuntária, após a aquisição de controle esfinctérico anal	Pelo menos 1 episódio/semana de incontinência fecal
Retenção excessiva de fezes (comportamento de retenção para evitar defecção)	Comportamento de retenção ou retenção voluntária das fezes
Evacuações com dor ou esforço na eliminação das fezes	Evacuações com dor ou dificuldade
Presença de grande quantidade de fezes no reto	Presença de grande quantidade de fezes no reto
Eliminação de fezes com grande calibre, capazes de entupir o vaso sanitário	Eliminação de fezes de grande calibre, capazes de entupir o vaso sanitário

❓ Como suspeitar

1. Comportamento retentivo.
2. Defecação dolorosa.
3. Menos de 3 evacuações/semana.
4. Palpação de fezes volumosas no abdome inferior ou presença de fezes volumosas no reto.
5. Ocorrência de mais de 1 episódio de incontinência fecal/semana.
6. Sensação de esvaziamento retal incompleto (relato usual de crianças mais velhas e adolescentes).
7. Sinais e sintomas relacionados ao tempo da doença:
   - fecaloma;
   - escape fecal;
   - dor abdominal recorrente.
8. Sinais e sintomas relacionados ao volume e à consistência das fezes:
   - plicomas;
   - sangramentos;
   - fissuras.
9. Sinais e sintomas relacionados à retenção fecal: inapetência, náuseas, vômitos, saciedade precoce e manifestações urinárias associadas com o comportamento retentivo.

A anamnese e o exame físico com a inclusão do exame retal digital compõem o diagnóstico na maioria dos casos.

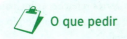 O que pedir

NOS CASOS ESPECIAIS

Em casos de suspeita de etiologia orgânica, como na doença de Hirschsprung, solicitar:

1. Enema opaco: caracteriza segmento aganglionico estreitado e segmento dilatado adjacente.
2. Avaliação do tempo de trânsito colônico total e segmentar com marcadores radiopacos: detecta alterações sobre a função motora colôni-

ca e retal que aumentam o tempo de trânsito, como a constipação de trânsito lento.
3. Manometria anorretal: pesquisa ausência do reflexo inibitório anorretal.
4. Defecografia: observa o processo de defecação por fluoroscopia por meio da imagem do reto (utilizada em adolescentes para pesquisa de disfunção do assoalho pélvico).
5. Biópsia retal: evidencia ausência de gânglios neurais mioentéricos e submucosos.
6. Ressonância magnética (RM) de medula espinal: casos específicos para constipação de difícil controle.

Como tratar

1. Prevenir a constipação com:
    - a promoção do aleitamento materno exclusivo por 6 meses e a introdução de alimentação de transição com fibras alimentares;
    - a estimulação do consumo de verduras, frutas secas, como ameixa, figo, uva-passa, grãos (feijão, ervilha, lentilha e milho) e pão integral;
    - o tratamento divide-se em 4 fases: alteração de comportamento, desimpactação fetal, prevenção de retenção das fezes e seguimento.
2. Os familiares devem ser orientados para treinar a criança – que já adquiriu treinamento esfinctérico de forma colaborativa – a:
    - tentar, por 10 a 15 min, evacuar após as três refeições principais;
    - manter os pés apoiados, o que facilita a musculatura abdominal;
    - realizar a retificação do ângulo anorretal;
    - estimular a perda progressiva do medo de evacuar na criança, evitando o comportamento retentivo das fezes.
3. De acordo com as recomendações sugeridas pela ESPGHAN:
    - polietilenoglicol com ou sem eletrólitos, dose inicial de 0,4 g/kg/dia;
    - polietilenoglicol (1 a 1,5 g/kg/dia) por 3 a 6 dias é terapêutica de primeira linha para desimpactação;
    - enemas diários por 3 a 6 dias na ausência do polietilenoglicol (PEG);

- o tratamento de manutenção deve ser continuado por pelo menos 2 meses e gradualmente reduzido, com base na sintomatologia;
- a lactulose, na dose de: 1 a 3 mL/kg/dia em 1 a 2 doses, é recomendada para a terapia de manutenção, caso não haja disponibilidade de PEG.

4. Aumentar a oferta das fibras alimentares diárias (acima do recomendado) para crianças maiores de 2 anos e adolescentes: idade em anos + 5 = quantidade de fibras em g/dia. Pode-se utilizar também os suplementos naturais ou industrializados que contêm fibras alimentares.

5. O laxante lubrificante (óleo mineral) não é recomendado para crianças menores de 1 ano e neuropatas. A posologia utilizada é de 1 a 3 mL/kg/dia (máximo de 45 mL/dia).

6. Os pacientes com alterações da motilidade colônica se beneficiam com a utilização dos laxantes estimulantes que atuam nas terminações nervosas:
   - bisacodil (5 a 10 mg/dia) em dias alternados;
   - xarope de sene (1 a 5 anos: 5 mL, 1 a 2 vezes/dia; crianças maiores que 5 anos: 10 mL/dia).

7. Para pacientes com constipação por causas orgânicas, como disfunção do assoalho pélvico e redução da sensibilidade retal, pode-se utilizar a terapia de *biofeedback* (distende e melhora o controle do esfíncter anal externo) associada com o aumento do consumo de fibras alimentares.

59
Alergia à proteína do leite de vaca

 O que é

Reação de hipersensibilidade de caráter imunológico relacionada à ingestão de frações proteicas do leite de vaca, como betalactoalbumina e caseína, entre outras. Estima-se que até 6% dos lactentes e crianças apresentem reações alérgicas aos alimentos nos 3 primeiros anos de vida.

 Como suspeitar

Na anamnese, questionar:

- o alimento (leite e derivados) suspeito de provocar a reação e a quantidade ingerida;
- o tempo entre a ingestão e o aparecimento das manifestações clínicas;
- se já ocorreu sintomatologia anterior com esse alimento e qual o intervalo temporal desde a última manifestação;

- a melhora do quadro clínico do paciente quando a proteína alergênica é excluída da dieta;
- o reaparecimento da sintomatologia quando o paciente é novamente exposto à proteína (teste do desencadeamento).

As reações de hipersensibilidade alimentar podem ser divididas conforme o mecanismo imunológico envolvido e o sistema afetado (Tabela 1).

Na prática clínica, o diagnóstico se estabelece com um único desencadeamento positivo ou com manifestações clínicas, podendo-se associar evidências da biópsia do tubo digestivo.

TABELA 1 REAÇÕES DE HIPERSENSIBILIDADE

Manifestações	IgE	Parcialmente IgE	Não IgE
Digestivas	Síndrome da alergia oral Anafilaxia gastrintestinal	Esofagite eosinofílica Gastrenterite eosinofílica	Proctocolite Enterocolite Enteropatia
Cutâneas	Urticária Angioedema *Rash* morbiliforme Choque anafilático	Dermatite atópica	Dermatite de contato Dermatite herpetiforme
Respiratórias	Rinite aguda Broncoespasmo	Asma	Hemossiderose pulmonar

O que pedir

NA ROTINA

1. Hemoglobinas e perfil do ferro: verificar presença de anemia carencial concomitante.
2. Testes cutâneos *prick test* e IgE específico para antígenos alimentares: úteis na identificação de hipersensibilidade alimentar imediata, como a urticária.
3. Teste de absorção de D-xilose: indicador indireto de atrofia vilositária.
4. Alfa-1-antitripsina fecal: permite a identificação de perda anômala de proteínas pelo sistema digestivo. Possibilita também a pesquisa de sangue oculto.

NOS CASOS ESPECIAIS

1. Teste de desencadeamento: é o padrão-ouro para o diagnóstico de alergia alimentar, porém o risco e o benefício de sua solicitação precisam seguir critérios precisos, uma vez que pacientes com manifestações graves de alergia alimentar (anafilaxia) não devem realizar esse teste.
2. Procedimentos para estudo morfológico e funcional do tubo digestivo:
   - endoscopia digestiva: caracteriza as lesões vinculadas à hipersensibilidade, como gastrite eosinofílica;
   - colonoscopia: pode evidenciar colite extensa em placas.
3. Biópsia retal: pode demonstrar eosinofilia.

Como tratar

1. A terapêutica definitiva é baseada na exclusão completa do leite e seus derivados da dieta, não sendo recomendada a utilização de medicamentos.
2. Para os lactentes que estão em aleitamento materno exclusivo e apresentam manifestações clínicas de alergia à proteína do leite de vaca (APLV), deve-se retirar o leite de vaca e seus derivados da alimentação materna.
3. Quando não é possível a utilização do leite materno, utilizam-se as fórmulas de substituição (Tabela 2).
4. A Figura 1 apresenta um fluxograma para tratamento da APLV. É recomendado intervalo mínimo de 6 a 8 semanas entre as etapas de troca de fórmulas.
5. Não utilizar formulações com a proteína intacta de outros animais, como o leite de cabra (risco de anemia megaloblástica).
6. Com a utilização das fórmulas de soja, pode ocorrer reação cruzada de hipersensibilidade em 30% dos casos. Elas são úteis em grande parcela dos pacientes que não necessitam de fórmulas semielementares (custo 3 a 4 vezes maior).
7. As fórmulas semielementares são efetivas em 95% dos pacientes. O uso de fórmulas elementares com aminoácidos (AA) livres não proporciona efeito antigênico, porém o custo da fórmula é elevado, dificultando o acesso de grande parcela da população brasileira.

8. A maioria dos pacientes desenvolve tolerância à proteína do leite de vaca em média aos 3 anos de idade, podendo realizar um teste de provocação após 6 a 12 meses de um período de exclusão.
9. Os pais podem consultar o site da Food Allergy and Anaphylaxis Network (www.foodalergy.org) [em inglês], que contém temas relacionados a alergia alimentar e dietas substitutas.

FIGURA 1   FLUXOGRAMA PARA TRATAMENTO DA APLV.

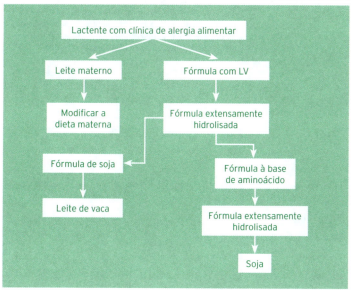

TABELA 2   FÓRMULAS DE SUBSTITUIÇÃO DO LEITE MATERNO

Tipo de fórmula	Comentário
Fórmulas de soja em apresentação líquida, com sabores ou não	Alimentos para adultos, não indicados para crianças
Fórmulas parcialmente hidrolisadas	Contêm, ainda, proteína do leite de vaca com potencial alergênico e não são indicadas para tratamento da APLV
Fórmulas à base de extrato de proteína de soja	Contêm todos os componentes da soja (são resultado da expressão do grão inteiro de soja, acrescida de nutrientes para aproximar-se das recomendações para lactentes)

(continua)

TABELA 2 FÓRMULAS DE SUBSTITUIÇÃO DO LEITE MATERNO (continuação)

Tipo de fórmula	Comentário
Fórmulas com proteína isolada de soja	Têm menor potencial alergênico, pois foi retirada apenas a proteína da soja, purificada e suplementada, para atingir as recomendações para lactentes. Atenção, pois nem todas as formulações atingem essas recomendações
Fórmulas extensamente hidrolisadas	Contêm apenas aminoácidos e oligopeptídios, sendo as fórmulas de escolha para o tratamento da APLV
Fórmulas de aminoácidos	São as fórmulas praticamente sem potencial alergênico, garantindo absoluta exclusão de alérgenos, indicadas no tratamento de APLV, especialmente nos casos de pacientes que desenvolvem alergia às fórmulas extensamente hidrolisadas e nas formas clínicas graves

TABELA 3 FÓRMULA INFANTIL À BASE DE PROTEÍNA DE SOJA
Indicação: fórmula infantil para alergia ao leite de vaca, sem manifestações do trato gastrintestinal.

	Nan Soy®	Aptamil Soja 1®	Aptamil Soja 2®	Enfamil Pro Sobee Premium®	Isomil®
Laboratório	Nestlé	Danone	Danone	Mead & Johnson	Abbott
Volume (mL)	100	100	100	100	100
Valor energético (kcal)	67	66	72	70	69
Proteína (g)	1,8	1,8	2,2	2	2,3
Lipídios (g)	3,4	3,6	3,6	3,5	3,1
Carboidratos (g)	7,4	6,7	7,6	7	8
Fibra alimentar (g)	—	—	—	—	—
Cálcio (mg)	69	54	93	64	95
Fósforo (mg)	42	27	63	51	66
Ferro (mg)	0,67	0,8	1,2	1,2	1,2
Sódio (mg)	24	18	34	24	35
Potássio (mg)	77	65	100	81	100
Zinco (mg)	0,74	0,6	0,8	0,81	0,8
Osmolaridade (mOsm)	152	144	179	164	225
Pó para preparo de 100 mL (g)	14,8	12,7	14,3	14,3	—

Diluição a 15%.

TABELA 4 FÓRMULA INFANTIL HIDROLISADA

Indicação: fórmula infantil à base de proteínas extensamente hidrolisadas, com lactose, para crianças de 0 a 1 ano de idade, com alergia a proteínas intactas do leite, sem manifestações do trato gastrintestinal.

	Althéra®	Aptamil Peptil®	Enfamil Gentlease Premium®	Similac Sensitive®
Laboratório	Nestlé	Danone	Mead & Johnson	Abbott
Volume (mL)	100	100	100	100
Valor energético (kcal)	67	66	68	68
Proteína (g)	1,7	1,6	1,6	1,6
Lipídios (g)	3,4	3,5	3,6	3,7
Carboidratos (g)	7,3	7,1	7,3	7,1
Fibra alimentar (g)	—	0,8	0,3	0,2
Cálcio (mg)	41	47	55	71
Fósforo (mg)	22	26	31	51
Ferro (mg)	0,73	0,53	1,2	0,6
Sódio (mg)	18	20	24	30
Potássio (mg)	70	75	73	98
Zinco (mg)	0,66	0,5	0,68	0,6
Osmolaridade (mOsm)	302	250	210	142
Pó para preparo de 100 mL (g)	13,2	13,6	14,3	—

Diluição a 15%.

TABELA 5   FÓRMULA INFANTIL EXTENSAMENTE HIDROLISADA

Indicação: fórmula infantil à base de proteínas extensamente hidrolisadas, isentas de lactose, para crianças de 0 a 1 ano de idade, com alergia a proteínas intactas do leite, com manifestações do trato gastrintestinal.

	Alfaré®	Pregomim Peptil®	Enfamil Pregestimil Premium®	Alergomed®
Laboratório	Nestlé	Danone	Mead & Johnson	CMW
Volume (mL)	100	100	100	100
Valor energético (kcal)	70	66	68	74
Proteína (g)	2,1	1,8	1,9	2
Lipídios (g)	3,6	3,5	3,8	3,7
Carboidratos (g)	7,7	6,8	6,9	8,1
Fibra alimentar (g)	—	—	—	—
Cálcio (mg)	54	50	64	73
Fósforo (mg)	36	28	35	40
Ferro (mg)	0,84	0,77	1,2	0,87
Sódio (mg)	35	18	32	20
Potássio (mg)	88	65	75	78
Zinco (mg)	0,78	0,5	0,68	0,38
Osmolaridade (mOsm)	194	190	280	206
Pó para preparo de 100 mL (g)	14,8	12,9	14,8	15

Diluição a 15%.

TABELA 6 FÓRMULA INFANTIL ELEMENTAR

Indicação: fórmula infantil de aminoácidos para crianças com alergias alimentares ou distúrbios de digestão e absorção de nutrientes.

	Neocate®	Neocate Advance®	Aminomed®
Laboratório	Nestlé	Danone	CMW
Volume (mL)	100	100	100
Valor energético (kcal)	71	100	73
Proteína (g)	1,95	2,5	2
Lipídios (g)	3,45	3,5	3,7
Carboidratos (g)	8,1	15	7,9
Fibra alimentar (g)	—	—	—
Cálcio (mg)	49	50	74
Fósforo (mg)	35	39	40
Ferro (mg)	1,05	0,62	0,87
Sódio (mg)	18	60	18
Potássio (mg)	63	117	77
Zinco (mg)	0,75	0,5	0,79
Osmolaridade (mOsm)	325	520	295
Pó para preparo de 100 mL (g)	15	25	15

Diluição a 15%.

60
Refluxo gastroesofágico

 O que é

Refluxo gastroesofágico (RGE) é o retorno do conteúdo gástrico através do esfíncter esofágico inferior (EEI) para o lúmen esofágico, caracterizando-se como o distúrbio esofágico mais frequente em crianças de diferentes faixas etárias. Doença do refluxo gastroesofágico (DRGE) é o fenômeno anterior quando se torna patológico, com episódios persistentes e frequentes, resultando em manifestações clínicas como esofagite ou quadros respiratórios.

 Como suspeitar

RGE

1. Encontram-se no refluxo fisiológico ou não complicado vômitos e regurgitações frequentes, com início entre o 1º e o 4º mês, que melhoram aos 6 meses e tendem a desaparecer com 2 anos.

2. São relacionados à alimentação e ocorrem durante ou após as refeições e com a introdução de alimentos semissólidos e sólidos.
3. O estado nutricional é preservado e o desenvolvimento neuropsicomotor é normal.

DRGE

1. Apresenta-se como regurgitação constante ou duradoura, ou vômitos durante ou após as refeições.
2. Presença de choro constante, irritabilidade e recusa alimentar em lactentes.
3. O refluxo persistente e de grande intensidade pode levar a déficit ponderoestatural.
4. As manifestações respiratórias ocorrem quando o material refluído alcança as vias aéreas: faringite, laringite, bronquite de repetição e pneumonia recorrente. Outros sintomas são crises de tosse ao despertar e dificuldade respiratória.
5. Pode ocorrer a síndrome de Sandifer (postura anormal da cabeça e torcicolo, ruminação, enteropatia e manifestações neuropsiquiátricas).
6. Em crianças maiores, é frequente o aparecimento de disfagia, azia, queimação e dor retroesternal.
7. Na maioria dos casos, a história clínica e o exame físico definem o diagnóstico.

O que pedir

Para pacientes com suspeita de DRGE, solicitam-se testes esofágicos.

NOS CASOS ESPECIAIS

1. Esofagografia: estudo radiográfico com contraste que avalia estenoses, acalasia, estreitamento ou hérnia hiatal.
2. Endoscopia e biópsia: indicadas para pacientes com sintomas de esofagite sem melhora da sintomatologia com a utilização de bloqueador da bomba de prótons por 6 a 8 semanas.

3. Manometria esofágica: indicada se houver suspeita de anormalidades motoras no esôfago e na avaliação direta da pressão e do EEI.
4. pHmetria de 24 horas: documentação quantitativa e sensível dos episódios de refluxo ácido, indicada em casos suspeitos de DRGE oculto, com sintomas respiratórios ou síndrome de Sandifer, e nas situações em que os resultados da endoscopia com biópsia estão normais.
5. Cintilografia esofagogástrica: indicada na suspeita de aspiração e no estudo do esvaziamento gástrico.
6. Impedanciometria intraluminal: monitora a quantidade e a qualidade do material refluído independentemente do pH. Em relação à pHmetria, tem a vantagem de detectar refluxos não ácidos.

Como tratar

1. Para o RGE fisiológico não complicado, recomendam-se:
   - realizar uma abordagem postural, com indicação de posição supina para lactentes de até 1 ano de idade e de decúbito lateral esquerdo e elevação da cabeceira da cama nas crianças com mais de 2 anos;
   - evitar roupas apertadas para lactentes;
   - estimular a técnica adequada de aleitamento materno para evitar a deglutição excessiva de ar;
   - realizar manobras de eructação pós-prandial;
   - trocar as fraldas antes das mamadas;
   - incentivar a posição ortostática após as refeições;
   - fazer refeições fracionadas e em pequeno volume e utilizar alimento espessado em situações específicas;
   - utilizar fórmulas lácteas antirregurgitação espessadas com amido pré-gelatinizado.
2. Pesquisar alergia à proteína do leite de vaca (APLV) nos lactentes com vômitos e baixo ganho ponderal:
   - suspender o leite de vaca por 7 a 14 dias;
   - nestes casos, a melhora da sintomatologia ocorre em 24 h. O diagnóstico de APLV é confirmado se os vômitos retornarem após a reintrodução do leite de vaca;
   - após esta verificação, recomenda-se a exclusão do leite de vaca até o 1º ano de vida;

- para lactentes com aleitamento materno exclusivo, propõe-se a dieta materna sem leite de vaca e derivados. Na impossibilidade do leite materno, recomendam-se as fórmulas extensamente hidrolisadas ou fórmula de aminoácidos.
3. Para crianças maiores, recomendam-se:
   - abster-se de alimentos e bebidas estimulantes que retardam o tempo de esvaziamento gástrico e diminuem a força de contração do EIE, como alimentos gordurosos, doces, chocolates, frutas cítricas, bebidas gaseificadas, café, chá, álcool, condimentos e molhos picantes, além de fumo;
   - fracionar as refeições em pequenos volumes;
   - evitar dormir após a alimentação;
   - não ingerir líquidos em conjunto com as refeições.

A prescrição medicamentosa é utilizada para casos específicos com sintomatologia grave sem melhora com medidas posturais e dietéticas.

Conforme as diretrizes da ESPGHAN de 2009, não há evidência suficiente para uso rotineiro de medicações pró-cinéticas.

4. Agentes procinéticos: melhoram o esvaziamento gástrico e aumentam o peristaltismo esofágico:
   - domperidona: 0,25 mg/kg/dose, 3 vezes/dia, 15 min antes das refeições (máximo de 20 mg/dose);
   - bromoprida: 0,2 a 0,3 mg/kg/dia, 3 vezes/dia. Apresentação em gotas (4 mg/mL): 1 gota por kg/dose 3 vezes/dia.
5. Antiácidos: compostos de alumínio e magnésio (Mylanta Plus® ou Andursil®) na posologia de 5 a 15 mL de acordo com a faixa etária, ministrados 1 a 3 h após as refeições e à noite. O uso de antiácidos a longo prazo não é recomendado, dado o surgimento de diarreia pelo magnésio e de constipação pelo alumínio; são indicados para alívio imediato dos sintomas por 2 a 3 dias.
6. Inibidores da secreção ácida:
   - antagonistas do receptor H2: são eficazes para alívio dos sintomas e cicatrização da mucosa. Inibem os receptores de histamina das células parietais gástricas. Conforme as diretrizes da ESPGHAN de 2009, a ranitidina pode ser utilizada conforme a necessidade, e a diminuição de sua resposta (taquifilaxia) é promovida pelo seu uso crônico;
     - ranitidina: 2 a 4 mg/kg/dose, a cada 12 h. A duração do tratamento é 8 a 12 semanas;
   - inibidores da bomba de prótons (IBP): recomendados para estenose péptica, esofagite erosiva e esôfago de Barrett. Devem ser ministrados próximos ou em conjunto com a primeira refeição

diária. Os estudos comprovam que os IBP são superiores aos antagonistas H2 na cicatrização de lesões e na melhora da sintomatologia;
- omeprazol: utilizado na faixa etária de 1 a 16 anos, dose usual de 1 mg/kg/dia em dose única pela manhã, 15 a 30 min antes da primeira refeição por 8 a 12 semanas; cápsulas de 10 mg, 20 mg e 40 mg, as quais podem ser trituradas e misturadas com alimentos cremosos;
- lansoprazol: utilizado na faixa etária de 1 a 11 anos, na dose de 0,7 a 1,6 mg/kg/dia; máximo de 30 mg/dia, em dose única.

7. Para a DRGE intratável em pacientes com esofagite refratária, estenoses, esôfago de Barrett e doenças respiratórias relacionadas ao refluxo, recomenda-se a fundoplicatura, sendo a técnica mais utilizada a de Nissen.

61
Estenose hipertrófica do piloro

 O que é

Obstrução congênita do piloro, tem prevalência maior no sexo masculino em relação ao feminino (4:1) e geralmente ocorre nos primogênitos. Pode ocorrer associação com outros defeitos congênitos, como fístula traqueoesofágica e agenesia ou hipoplasia do frênulo do lábio inferior.

 Como suspeitar

1. A sintomatologia inicia-se entre 15 e 20 dias de vida.
2. Em geral, ocorrem vômitos não biliosos em jato após a 3ª semana de vida em lactentes previamente assintomáticos.
3. Os vômitos iniciam-se de forma insidiosa e progressivamente se tornam incoercíveis.
4. Ocorre baixo ganho ponderoestatural ou redução do peso em relação ao nascimento.

5. O lactente apresenta, ao exame físico, sinais de irritabilidade, apetite voraz e agitação.
6. São sinais ao exame físico:
   - abdome escavado;
   - presença de onda peristáltica visível e hiperperistalse gástrica após a alimentação;
   - a palpação de uma pequena massa no epigástrio, "oliva pilórica", confirma o diagnóstico, uma vez que demonstra hipertrofia do piloro.
7. O diagnóstico é baseado na anamnese e na palpação da oliva pilórica.

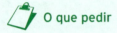 O que pedir

EXAMES GERAIS

1. Gasometria arterial e perfil bioquímico: podem ocorrer alcalose metabólica hipoclorêmica e déficit corpóreo total de potássio.
2. Radiografia simples de abdome: pode demonstrar estômago distendido com diminuição de ar nas alças intestinais.
3. Radiografia contrastada de esôfago, estômago e duodeno: demonstra pouca ou nenhuma passagem de contraste para o duodeno e o afilamento persistente do piloro (sinal do fio).

EXAMES ESPECÍFICOS

1. Ultrassonografia (US) abdominal: método de escolha para o diagnóstico, com sensibilidade de 95%, é indicada para os casos em que a palpação da massa pilórica é inconclusiva e há identificação do piloro hipertrofiado.
2. Endoscopia digestiva: é diagnóstica, mas exige lavagem gástrica prévia e anestesia.

 **Como tratar**

TERAPÊUTICA CLÍNICA

1. Forma de conduta pouco eficiente se comparada ao tratamento cirúrgico.
2. O protocolo terapêutico fundamenta-se na administração venosa de sulfato de atropina na posologia de 0,01 mg/kg, 6 vezes/dia, 30 min antes das refeições.
3. Quando os vômitos acabam e há possibilidade da oferta VO de 150 mL/kg/dia, ajusta-se a dose de atropina para 0,02 mg/kg, 6 vezes/dia.

TERAPÊUTICA CIRÚRGICA

1. Realizar preparação pré-operatória com reparação hídrica, correção do equilíbrio acidobásico e correção da alcalose metabólica.
2. Administrar solução salino-glicosada na proporção de 1:1 com volume de 50 a 150 mL/kg, entre 2 e 8 h para obtenção de diurese de 2 mL/kg/h.
3. Infundir cloreto de potássio 3 a 4 mEq/kg/dia em solução de 20 a 30 mEq/L.
4. Coletar gasometria arterial, ionograma e urina 1 após a expansão volêmica para nova avaliação do equilíbrio acidobásico.
5. O procedimento cirúrgico tradicional consiste na piloromiotomia extramucosa.
6. São realizadas a ressecção da membrana ou segmento atrésico e a reconstrução com anastomose gastroduodenal.
7. Na maioria dos lactentes, inicia-se a realimentação entre 12 e 24 h da cirurgia, e a alta ocorre entre 36 e 48 h após o procedimento.
8. Para os casos com vômitos persistentes, após a piloromiotomia, a dilatação endoscópica com balão demonstrou resultados promissores.
9. A alimentação pós-operatória deve ser iniciada com pequenas quantidades de alimentos, aumentando de forma lenta e gradativa.

62
Síndrome do intestino irritável

 O que é

Segundo os critérios de Roma II e III, a síndrome do intestino irritável na infância é um distúrbio funcional da motilidade intestinal, acentuada ou desencadeada por diversos fatores, com diagnóstico sem sintomas e sem consenso definitivo (Tabela 1).

TABELA 1   SÍNDROME DO INTESTINO IRRITÁVEL – CRITÉRIOS DE ROMA II E III

Deve incluir todos os seguintes componentes:
1. Desconforto abdominal (sensação desconfortável não descrita como dor) ou dor associada com 2 ou mais das seguintes características, por pelo menos 25% do tempo:
• Melhora com a defecação
• Início associado com mudança na frequência das evacuações
• Início associado com mudança na forma (aparência) das evacuações
2. Sem evidência de processo inflamatório, anatômico, metabólico ou neoplásico que explique os sintomas subjetivos

Os critérios devem ser preenchidos pelo menos 1 vez/semana por pelo menos 2 meses antes do diagnóstico.

❓ Como suspeitar

1. As manifestações e a história clínica são características.
2. Nos primeiros 6 meses de vida, pode se apresentar como cólica do lactente e constipação intestinal.
3. Entre 6 meses e 5 anos, inicia-se a diarreia crônica inespecífica, porém a criança tem estado nutricional normal, é ativa e pode apresentar dermatite de fraldas e dor abdominal. O desenvolvimento também é normal.
4. A primeira evacuação do dia é mais consistente, seguida de outras com padrão amolecido, matinais ou após as refeições.
5. O aspecto das fezes caracteriza-se por apresentar cor clara ou colorida, com cheiro forte ou sem cheiro, com restos alimentares. Pode conter grânulos de amido não digerido.
6. Em crianças maiores e adolescentes, pode se manifestar como dor abdominal recorrente, naqueles com história pregressa de constipação e diarreia com estado nutricional eutrófico e perfil laboratorial normal (Tabela 2).
7. A diarreia tem caráter recorrente e persistente, podendo intercalar-se com períodos de constipação.
8. Encontram-se usualmente nesses pacientes erros alimentares qualitativos com excesso de sucos e líquidos, pelo receio de desidratação, e uma dieta hipercalórica à base de carboidratos. Estes contribuem para a exacerbação do quadro clínico.
9. Confirma-se o diagnóstico com anamnese dirigida, exame físico completo (procurar sinais de alergia), antropometria, exclusão e reintrodução a grupos alimentares suspeitos e exames complementares de triagem.

TABELA 2   SÍNDROME DO INTESTINO IRRITÁVEL EM CRIANÇAS MAIORES E ADOLESCENTES – CRITÉRIOS DE ROMA III

O quadro deve incluir todos os seguintes critérios:*

1. Desconforto abdominal (sensação desconfortável não descrita como dor) ou dor associada a 2 ou mais das situações seguintes por, pelo menos, 25% do tempo:

- Alívio com defecação
- Início associado com mudança na frequência das evacuações
- Início associado com mudança na forma (aparência) das fezes

2. Sem evidência de alteração inflamatória, anatômica, metabólica ou neoplásica que possa explicar os sintomas subjetivos

*Critérios preenchidos pelo menos 1 vez/semana por, pelo menos, 2 meses antes do diagnóstico.

TABELA 3   CRITÉRIOS DE ROMA II E III PARA DIAGNÓSTICO DE DIARREIA FUNCIONAL

Diarreia funcional do lactente é definida com a presença de todos os seguintes:

- Eliminação diária, indolor e recorrente de 3 ou mais evacuações volumosas, sem forma
- Duração de 4 ou mais semanas
- Evacuações por período de vigília
- Início entre 6 e 36 meses de idade
- Ausência de déficit ponderoestatural

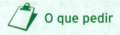

O que pedir

NOS CASOS ESPECIAIS

Pode-se complementar o diagnóstico com os exames:

1. Parasitológico, 3 amostras: este exame deve ser negativo e realizar pesquisa para *Giardia* e *Cryptosporidium*: pesquisa de diarreia crônica causada por esses agentes.
2. Pesquisa de sangue fecal: pesquisa de colite alérgica.

3. Pesquisa de leucócitos e hemácias nas fezes: se encontrados em grande número, indicam a presença de colite ou enterite.
4. pH fecal: o pH fecal na diarreia funcional ou crônica inespecífica é igual ou superior a 5,5.
5. Pesquisa de substâncias redutoras: a substância redutora é menor que 1+.
6. Sudam III para pesquisa de glóbulos de gordura nas fezes: se for constatado um número maior que 40 glóbulos de gordura neutra por campo, suspeita-se de insuficiência pancreática. Glóbulos de gordura com número menor que 40 por campo de grande aumento podem ser encontrados na diarreia funcional.
7. D-xilose: deve estar dentro dos valores de normalidade para afastar doenças de má absorção intestinal.

Como tratar

1. Deve-se tranquilizar os pais quanto ao caráter benigno da síndrome, demonstrando o bom estado geral do paciente e, se solicitados, a normalidade da triagem laboratorial básica.
2. Dada a benignidade da síndrome, não é necessária a utilização de fármacos. A maior parte dos casos cursa com resolução.
3. Corrigir os erros alimentares, como dietas restritivas ricas em carboidratos e líquidos (suco de fruta) e pobres em gorduras e fibras. Isso ocorre muitas vezes em razão de diagnósticos imprecisos, como alergia alimentar múltipla.
4. Acompanhar o paciente em cada consulta com a realização do diário das fezes, fornecendo dados como aspecto, consistência, volume e frequência das evacuações.
5. Na diarreia crônica funcional, evitar ingestão de sucos, especialmente os industrializados e os de maçã e pera, pois aumentam os sintomas, dadas as proporções não balanceadas de frutose e glicose e por conterem sorbitol.
6. Nos casos de síndrome do intestino irritável com dor abdominal recorrente, recomenda-se diminuir a ingestão de alimentos ricos em sorbitol, frutose, grãos formadores de gás e lactose, pois favorecem o quadro álgico. Uva e laranja são frutas que não contêm sorbitol e, portanto, podem ter seu consumo estimulado.

7. Incrementar as gorduras na dieta em 30 a 40% da ingestão calórica diária. Elas inibem o complexo mioentérico migratório (CMM), favorecendo a digestão e a absorção. Orientar os pais a fornecer azeite nas refeições principais e margarina em refeições secundárias (lanches e biscoitos).
8. Aumentar a utilização de fibras na alimentação acima da quantidade mínima recomendada para a idade: quantidade de fibra (em g) = idade em anos + 5. As fibras absorvem água, ácidos graxos e sais biliares, evitando o aparecimento de fezes de consistência amolecida, e também melhoram os quadros de constipação.
9. Tratamento medicamentoso:
   - opioides: loperamida e difenoxilato para diarreia;
   - antiespasmódicos para dor grave;
   - antidepressivos tricíclicos diários, em baixas doses para predomínio da diarreia ou em doses convencionais para predomínio da constipação.
10. Segundo os critérios de Roma III para alívio, pode-se utilizar o óleo de *Mentha piperita* (hortelã pimenta).
11. Afastar fatores ambientais estressantes, uma vez que podem aumentar as crises de dor abdominal em crianças e adolescentes. Pode ser necessário, nesses quadros, apoio psicológico.

63
Doença celíaca

O que é

Enteropatia crônica imunomediada que resulta em intolerância permanente às proteínas do glúten do trigo, do centeio e da cevada em indivíduos geneticamente predispostos (HLA DQ2, HLA DQ8) e que afeta diferentes órgãos e sistemas.

Como suspeitar

A doença se apresenta entre 6 meses e 2 anos de idade, no período em que o glúten (fração proteica presente no trigo, no centeio e na cevada) é introduzido na dieta.

TABELA 1 MANIFESTAÇÕES DA DOENÇA CELÍACA

Manifestações clássicas	Manifestações não específicas
Distensão abdominal	Baixa estatura
Diarreia crônica	Retardo puberal
Perda ponderal	Doença hepática
Inapetência	Deficiência de ferro
Irritabilidade ou apatia	Artrite
	Doença óssea metabólica
	Alterações neurológicas
	Alterações no esmalte dentário

APRESENTAÇÕES CLÍNICAS

Forma clássica ou típica

1. Os sintomas de má absorção ocorrem semanas ou meses após a introdução do glúten na dieta:
   - diarreia crônica (fezes volumosas, pálidas e gordurosas);
   - distensão abdominal;
   - perda ponderal;
   - presença de irritabilidade ou apatia;
   - diminuição do apetite;
   - vômitos;
   - anemia intensa.
2. O exame físico pode evidenciar:
   - perda da musculatura glútea;
   - diminuição do tecido celular subcutâneo.
3. Na forma clássica, pode ocorrer a crise celíaca: diarreia com desidratação hipotônica, distensão abdominal, hipopotassemia e desnutrição grave. Ainda pode haver hemorragia cutânea ou digestiva por alteração na síntese de vitamina K.
4. Geralmente, é desencadeada por infecção em crianças com retardo de diagnóstico e terapêutica adequada entre o 1º e o 2º ano de vida.

Forma não clássica ou atípica

1. Quadro mono ou oligossintomático com pouca ou nenhuma manifestação digestiva.
2. Apresenta-se de forma mais tardia nos pacientes.
3. Podem ocorrer manifestações como:
   - anemia ferropriva refratária a terapia oral;
   - anemia por deficiência de folato e B_{12};
   - alterações da mineralização óssea, como osteopenia e osteoporose;
   - hipoplasia do esmalte dentário;
   - artralgias e artrite;
   - constipação intestinal resistente ao tratamento;
   - ataxia;
   - neuropatia periférica;
   - manifestações psiquiátricas;
   - irregularidade menstrual;
   - úlcera aftosa recorrente.

Forma assintomática ou silenciosa

1. Nesta forma, há testes sorológicos específicos positivos, HLA e biópsia intestinal compatível com doença celíaca (DC) com ausência de sintomas associados à DC.
2. Ocorre usualmente em grupos de risco, como pacientes que têm familiares com DC, pacientes com anemia ferropriva resistente ao tratamento oral, história de aborto espontâneo, síndrome de Sjögren e colestase autoimune, e dermatite herpetiforme.

Forma latente

Tem anticorpo positivo ou HLA compatível com DC e mucosa intestinal com histologia normal. Teoricamente, esses indivíduos poderiam desenvolver enteropatia em qualquer fase da vida.

DC potencial

Não tem biópsia compatível com DC, mas mostra alterações nos testes imunológicos.

Há evidência de predisposição genética, como parente de 1º grau com DC ou antígeno leucocitário humano (HLA)DQ2. O paciente pode manifestar a enteropatia posteriormente.

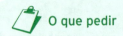 **O que pedir**

NA ROTINA

- Hemograma;
- bioquímica geral;
- cálcio, fosforo e fosfatase alcalina (avaliação da densidade mineral óssea);
- aminotransferases (em geral, aumentadas na DC);
- função tireoidiana.

EXAMES ESPECÍFICOS

1. Marcadores sorológicos: identificam os pacientes que devem realizar a biópsia e auxiliam no acompanhamento da patologia (Tabela 2).

TABELA 2   MARCADORES SOROLÓGICOS PARA IDENTIFICAÇÃO DA DC

Marcadores sorológicos	Sensibilidade	Especificidade
Transglutaminase tecidual (TTG) IgA	90 a 100	95 a 100
Anticorpo antiendomísio (EMA) IgA	93 a 100	98 a 100
Anticorpo antigliadina (AGA-Deam) IgA	52 a 100	72 a 100
Anticorpo antigliadina (AGA-Deam) IgG	83 a 100	47 a 94
Peptídeo gliadina desamidada IgA	74	95
Peptídeo gliadina desamidada IgG	65	98

2. Dosagem de IgA: descartar deficiência de IgA que pode levar a resultados falso-negativos em casos suspeitos de DC com antiendomísio ou antitransglutaminase negativos.
3. Biópsia de intestino delgado: o diagnóstico da DC é realizado pela biópsia intestinal e por sorologias específicas. A biópsia é elemento essencial para o diagnóstico, porém as últimas diretrizes da ESPHGAN retiram a obrigatoriedade da biópsia em casos selecionados:
   - crianças menores de 2 anos;
   - sintomas típicos de DC;

- anticorpo antitransglutaminase IgA com 10 vezes o valor da normalidade;
- anticorpo antiendomísio positivo obtido em amostra de soro separada;
- presença de antígeno de leucócitos HLA-DQ2 e/ou DQ8.

O diagnóstico é confirmado se a sintomatologia desaparecer em uma dieta livre de glúten e os testes sorológicos regressarem aos valores normais.

FIGURA 1   ALGORITMO PARA O DIAGNÓSTICO DE DOENÇA CELÍACA.

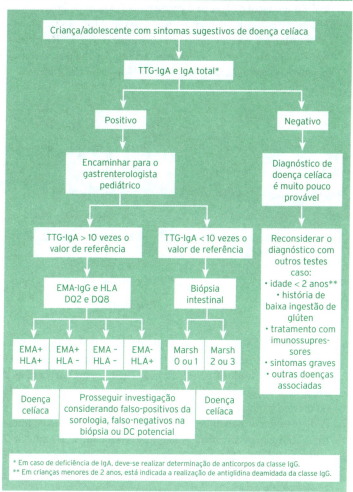

* Em caso de deficiência de IgA, deve-se realizar determinação de anticorpos da classe IgG.
** Em crianças menores de 2 anos, está indicada a realização de antiglidina deamidada da classe IgG.

Como tratar

1. O glúten não deve ser retirado da dieta sem a realização dos exames laboratoriais.
2. Antes de sua exclusão, realizar a dosagem dos marcadores sorológicos mais sensíveis e específicos, como o anticorpo antiendomísio da classe IgA ou antitransglutaminase recombinante humana da classe IgA.
3. Realizar dosagem de IgA para descartar deficiência de IgA.
4. A biópsia é indicada quando de anticorpo específico positivo.
5. Lesões Marsh 2 e 3 na biópsia são diagnósticas de DC. Resultados 0 ou 1 com sorologia positiva levam a verificar possibilidade de falso-positivo da sorologia, falso-negativo da biópsia ou DC lactente.

TABELA 3 CLASSIFICAÇÃO PARA AVALIAÇÃO HISTOLÓGICA DA MUCOSA DUODENAL

Grau	Padrão	Características histológicas
Marsh 0	Pré-infiltrativo	Mucosa normal
Marsh 1	Infiltrativo	Linfocitose intraepitelial
Marsh 2	Hiperplásico	Marsh 1 + hiperplasia de criptas
Marsh 3	Destrutivo	Marsh 2 + atrofia de vilosidades
Marsh 3A		Atrofia parcial
Marsh 3B		Atrofia subtotal
Marsh 3C		Atrofia total

6. O tratamento é a isenção total do glúten da dieta de forma permanente, excluindo da rotina alimentar diária o trigo, o centeio e a cevada e seus derivados (malte). Também deve-se excluir da dieta a aveia, uma vez que esta pode estar contaminada por ser processada no mesmo moinho que o trigo.
7. A dieta isenta de glúten leva à normalização total da mucosa intestinal, ao desaparecimento das manifestações clínicas a partir de 2 semanas, à normalização dos marcadores sorológicos em até 6 a 12 meses e à recuperação das vilosidades intestinais aproximadamente aos 2 anos de vida.

8. É permitida a ingestão de arroz, grãos (feijão, lentilha, soja, ervilha e grão-de-bico), hortaliças (frutas e verduras), tubérculos (batata, mandioca, cará e inhame), ovos, carnes (suína, bovina, peixes e aves), leite e seus derivados.
9. Os pacientes devem ser instruídos a se atentar ao rótulo dos alimentos (contém glúten ou não contém glúten) e à possibilidade de contaminação no preparo, no transporte e no armazenamento dos alimentos.
10. Substituir o glúten pelas farinhas de milho, fubá, arroz, mandioca, polvilho doce e azedo e tapioca.
11. O acompanhamento é fundamental para monitorar a adesão ao tratamento, a evolução da sintomatologia, o estado nutricional e o aparecimento de possíveis complicações.
12. A crise celíaca é uma emergência médica; o tratamento de suporte e a utilização de corticosteroides devem ser feitos na fase aguda.
13. Entre os riscos de complicações da transgressão de dieta, está o desenvolvimento de malignidades, como linfoma, adenocarcinoma de intestino delgado e carcinoma de esôfago e faringe.

64
Doença inflamatória intestinal

 O que é

Doença inflamatória intestinal (DII) é o termo utilizado para descrever os dois tipos principais de patologias caracterizadas por inflamação intestinal crônica idiopática: doença de Crohn (DC) e retocolite ulcerativa (RCU). Apresenta distribuição bimodal com início das manifestações clínicas entre 15 e 25 anos de idade, e o segundo pico entre 50 e 80 anos de idade.

 Como suspeitar

DOENÇA DE CROHN (DC)

1. Na apresentação clássica, está presente a tríade dor abdominal, diarreia e perda ponderal.
2. Ocorrência de atraso puberal e déficit de crescimento (pode ser a primeira manifestação clínica da patologia).
3. Pode-se encontrar palidez, apatia e diminuição do apetite.

4. Acometimento de qualquer região do sistema digestivo da boca ao ânus, com inflamação transmural e processo inflamatório segmentar e excêntrico (regiões normais do intestino com áreas inflamadas).
5. Outros sintomas são disfagia, odinofagia, pirose retroesternal, náuseas, vômitos e aftas de repetição.
6. Possibilidade de massa abdominal palpável no quadrante inferior direito.
7. Manifestações extraintestinais podem preceder as gastrintestinais, como eritema nodoso, pioderma gangrenoso, uveíte, artrite, artralgia e baqueteamento digital.
8. Para o diagnóstico, é necessário realizar anamnese e exame físico detalhado, além de questionar sobre a existência de familiares de 1º grau com patologia inflamatória intestinal.

RETOCOLITE ULCERATIVA (RCU)

1. Restringe-se ao cólon, poupa o trato gastrintestinal alto e a inflamação limita-se à mucosa.
2. Principais sintomas: dor abdominal e sangramento retal.
3. Apresenta manifestações extraintestinais raras quando comparada à DC, geralmente não ocorrendo perda de peso e déficit de crescimento.
4. Cursa com exacerbações sem causa aparente.
5. Pioderma gangrenoso e eritema nodoso são as manifestações dermatológicas principais.
6. Pode ocorrer colangite esclerosante com fadiga, anorexia, prurido e icterícia.

TABELA 1 CARACTERÍSTICAS DA DOENÇA DE CROHN E DA COLITE ULCERATIVA

Característica	Doença de Crohn	Colite ulcerativa
Dor abdominal	Comum	Variável
Sangramento retal	Algumas vezes	Comum
Diarreia	Comum	Variável
Massa abdominal	Comum	Ausente
Déficit do crescimento	Comum	Variável

(continua)

TABELA 1 CARACTERÍSTICAS DA DOENÇA DE CROHN E DA COLITE ULCERATIVA (continuação)

Característica	Doença de Crohn	Colite ulcerativa
Doença perianal	Comum	Incomum
Doença retal	Ocasional	Universal
Pioderma gangrenoso	Raro	Presente
Eritema nodoso	Comum	Pouco comum
Ulceração oral	Comum	Rara
Trombose	Pouco comum	Presente
Doença colônica	50 a 75%	100%
Doença ileal	Comum	Rara, exceto em ileítes de regurgitação
Doença estômago-esôfago	Pouco comum	Nenhuma
Estenoses	Comuns	Incomuns
Fissuras	Comuns	Nenhuma
Fístulas	Comuns	Incomuns
Megacólon tóxico	Nenhum	Presente
Colangite esclerosante	Pouco comum	Presente
Risco para câncer	Aumentado	Muito aumentado
Lesões não contínuas (salteadas)	Comuns	Ausentes
Acometimento transmural	Comum	Incomum
Abscessos de cripta	Pouco comuns	Comuns
Granulomas	Comuns	Incomuns
Ulcerações lineares	Incomuns	Comuns
Anticorpos citoplasmáticos antineutrofílicos perinucleares (p-ANCA)	Incomuns	Comuns
Anticorpos anti-*Saccharomyces cerevisiae*	Comuns	Incomuns

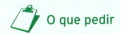 **O que pedir**

NA ROTINA

1. Hemograma: pode-se encontrar anemia em 70% dos pacientes com DII.
2. Velocidade de hemossedimentação (VHS): está aumentada em 80% dos pacientes com DC e 49% com RCU.
3. p-ANCA: anticorpo utilizado ocasionalmente para o diagnóstico de RCU.
4. Anticorpo anti-*Saccharomyces* (Asca): solicitado para o diagnóstico diferencial de DC, com uso ainda não estabelecido.
5. Exame oftalmológico: pesquisa de lesões oftalmológicas, como a uveíte na DC.
6. Alfa-1-antitripsina fecal: elevada em 90% dos pacientes, compatível com enteropatia perdedora de proteína.

De acordo com a topografia, pode-se solicitar:

1. Radiografia simples de abdome: pode demonstrar obstrução parcial do intestino delgado ou impressão digital da parede do cólon.
2. Trânsito intestinal contrastado: pode demonstrar estreitamento do lúmen intestinal, ulcerações aftosas e pregas espessadas.
3. Enema baritado com duplo contraste: visualização de segmentos estenosados ou fístulas em região ileocecal ou cólon.

NOS CASOS ESPECIAIS

1. Endoscopia por cápsula (videoendoscopia): não invasiva e tem boa acurácia para visualização de sangramento gastrintestinal.
2. Colonoscopia com biópsia: utilizada para definição diagnóstica:
   - DC: áreas inflamadas interrompidas com mucosa normal, úlceras profundas e longitudinais com aspecto de calçamento em paralelepípedo. Na biópsia, ocorre inflamação transmural;
   - RCU: visualiza-se acometimento do reto e do cólon de forma contígua com edema, eritema e granulações, e, na biópsia, inflamação superficial confinada à mucosa.

3. Ultrassonografia (US) e tomografia computadorizada (TC): podem identificar abscessos intra-abdominais e espessamento de parede e perda das haustrações do cólon.
4. Ressonância magnética (RM) com contraste oral: útil para o acompanhamento e o diagnóstico.

Como tratar

1. Não há terapêutica para a cura da DC e da RCU; o tratamento visa a diminuir os sintomas, prevenir recidivas e complicações crônicas como anemia e déficit de crescimento.
2. Alguns pacientes com DC demonstram boa resposta com dieta zero associada a nutrição parenteral. Com a remissão da doença, prescreve-se então uma alimentação balanceada visando a prevenir agravos nutricionais.
3. Administrar medicamentos anti-inflamatórios nos primeiros sinais de ativação da patologia e na fase de remissão da doença. Os aminossalicilatos estão indicados na RCU leve, na DC leve com lesões de cólon e no íleo terminal.
4. Os corticosteroides estão indicados na DC com envolvimento do intestino delgado ou colite extensa ou grave. Para a RCU, estão indicados para pacientes com colite moderada ou grave não responsiva aos aminossalicilatos.
5. Indica-se a utilização de imunomoduladores em crianças que necessitam de terapia frequente com corticosteroides e que apresentaram resposta insatisfatória e dependência a esse grupo de medicamento.
6. Para o tratamento de fístula perirretal e abscessos, utiliza-se a antibioticoterapia com o metronidazol e o ciprofloxacino (Tabela 2).
7. A terapêutica cirúrgica é reservada para doença localizada no intestino ou cólon que não responda a tratamento clínico, perfuração intestinal, sangramento intratável e estenose de delgado e cólon. As ressecções são indicadas também para descontinuar o uso de corticosteroides quando há desaceleração do crescimento.
8. Sempre fornecer suporte psicológico para os pacientes com DII para melhor adesão ao tratamento, compreensão da patologia e fortalecimento da autoestima.

TABELA 2 MEDICAMENTOS UTILIZADOS PARA TRATAMENTO DAS DOENÇAS INFLAMATÓRIAS INTESTINAIS

Classe de medicação	Indicações/dose	Complicações
Aminossalicilatos	RCU leve ou moderada, DC leve com lesões de cólon, íleo terminal	*Rash* cutâneo, fezes sanguinolentas, cefaleia, náuseas, pancreatite
Mesalazina (5-ASA)	Ataque: 1,5 a 4 g/dia Manutenção: 1,5 a 3 g/dia	
Sulfassalazina	Ataque: 3 a 6 g/dia Manutenção: 1 a 3 g/dia	
Corticosteroide	Doença (RCU ou DC) moderada a grave do intestino delgado ou do cólon	Fácies cushingoides, parada de crescimento, osteopenia, catarata, hipertensão, acne
Prednisona	0,25 a 0,75 mg/kg/dia	
Imunomoduladores	Doença grave do intestino delgado ou do cólon, dependência de corticosteroide, fístulas graves, parada de crescimento	Pancreatite, aplasia medular, infecção, lesão renal, hipersensibilidade
Azatioprina	Ataque: 2 a 3 mg/kg/dia Manutenção: 2 a 2,5 mg/kg/dia	
6-mercaptopurina	Ataque: 2 a 3 mg/kg/dia Manutenção: 2 a 2,5 mg/kg/dia	
Metotrexato	15 mg/semana	
Ciclosporina	5 a 7,5 mg/kg/dia	
Infliximabe	5 mg/kg, IV: 0, 2 e 6 semanas	
Antibióticos	Fístula perianal, abscessos	Neuropatia, disgeusia, náusea, infecções por fungos
Metronidazol	2 a 3 mg/kg/dia	
Ciprofloxacino	20 mg/kg/dia	

65
Pancreatite aguda

 O que é

Patologia pancreática mais comum em crianças, caracterizada por inflamação do pâncreas, dor abdominal, náuseas e vômitos e elevação de amilase e lipase pancreáticas. Tem duração autolimitada com extensão variável de tecidos e órgãos.

 Como suspeitar

1. Na anamnese, questionar sobre as causas mais frequentes: trauma abdominal, exposição a doenças infecciosas, uso de drogas e história familiar positiva para doenças metabólicas ou hereditárias.
2. O paciente apresenta dor abdominal, vômito persistente e febre.
3. Dor contínua, geralmente de localização epigástrica, podendo também se localizar na região periumbilical ou no quadrante superior direito. Para seu alívio, a criança assume posição antálgica com flexão dos quadris e joelhos (posição fetal).

4. A dor aumenta em 24 a 48 h, período em que os vômitos podem aumentar ou ter início brusco e ser de longa duração.
5. Ao exame físico abdominal, pode-se encontrar distensão abdominal e dor à palpação.

Na pancreatite aguda grave, além dos sinais e sintomas citados, pode-se evidenciar:
- choque;
- febre alta;
- icterícia;
- ascite;
- irritabilidade;
- prostração;
- hipocalcemia;
- sinal de Cullen: coloração azulada em região periumbilical;
- sinal de Gray-Turner: coloração azulada nos flancos;
- ocorrência de síndrome da resposta inflamatória sistêmica (SIRS) com disfunção de múltiplos órgãos e mortalidade aproximada de 50% dos casos.

O que pedir

NA ROTINA

1. Hemograma: costuma estar presente leucocitose com desvio à esquerda e hemoconcentração.
2. Painel bioquímico: gasometria arterial, eletrólitos.

Geralmente estão elevadas:

1. Aminotransferases (AST e ALT).
2. Velocidade de hemossedimentação (VHS).
3. Fosfatase alcalina.
4. Bilirrubinas.
5. Glicemia.
6. Amilase sérica*: eleva-se de 2 a 12 h do início do quadro, mantendo-se elevada em casos não complicados de 3 a 5 dias. Considera-se significativo para o diagnóstico o valor de 3 vezes o normal.

7. Lipase sérica*: aumenta entre 4 e 8 h do início dos sintomas, pico em 24 h e diminuição após 8 a 14 dias. É mais específica que a amilase.
8. Tripsina catiônica imunorreativa, elastase pancreática e fosfolipase A2: demonstram maior sensibilidade que a amilase e a lipase e correlacionam-se com a gravidade da patologia.
9. Radiografia de abdome: podem ser encontrados alça sentinela, elevação do hemidiafragma, íleo, calcificações pancreáticas, borramento abdominal difuso (ascite), borramento da área do psoas à esquerda, dilatação do cólon transverso (sinal da Poda) e bolhas de gás extraluminal peripancreático.
10. Radiografia de tórax: pode-se visualizar infiltrados basais, atelectasia segmentar, derrame pericárdico e edema pulmonar.
11. Ultrassonografia (US): os sinais maiores são aumento do volume pancreático e maior padrão ecogênico, podendo também evidenciar edema pancreático e sinais sugestivos de necrose.

* A determinação da gravidade e do prognóstico da pancreatite é realizada por critérios clínicos e laboratoriais; a amilase e a lipase não refletem a gravidade da doença pancreática.

NOS CASOS ESPECIAIS

1. Tomografia computadorizada (TC): utilizada para casos em que a US não é suficiente e é necessário haver maior definição anatômica. Pode, ainda, evidenciar presença de complicações, como pseudocisto ou abscesso pancreático (Figura 1).

FIGURA 1 TC NA PANCREATITE AGUDA EM QUE SE EVIDENCIAM HALO DE ATENUAÇÃO DIMINUÍDA EM TORNO DO PÂNCREAS E ZONA PERIPANCREÁTICA COM EDEMA E LÍQUIDO (SETAS CURVAS). OBSERVA-SE TAMBÉM ASCITE PANCREÁTICA (SETAS PEQUENAS).

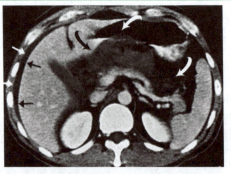

2. Colangiopancreatografia retrógrada endoscópica (CPRE) e colangiopancreatografia por ressonância magnética (CPRM): essenciais para a investigação de doenças associadas à patologia da vesícula biliar, ao pâncreas *divisum* e à disfunção do esfíncter de Oddi.

Como tratar

1. A terapia visa ao alívio da dor e ao restabelecimento do equilíbrio metabólico.
2. Afastar etiologia, se conhecida.
3. Suspender a alimentação VO para diminuir a secreção pancreática a fim de manter o órgão em repouso.
4. Manter sonda nasogástrica aberta em drenagem enquanto existirem vômitos, dor ou distensão abdominal.
5. Iniciar a terapia com nutrição parenteral se a criança permanecer em jejum. Se boa evolução, transicionar para nutrição enteral com dieta oligomérica e, preferencialmente, hipolipídica.
6. Utilizar antibioticoterapia em casos suspeitos ou comprovados de infecção.
7. Acompanhar o balanço hídrico com hidratação e reposição EV das perdas.
8. Monitoração dos sinais vitais (pressão arterial, frequência cardíaca, frequência respiratória e débito urinário), acompanhamento do painel bioquímico periódico de acordo com a intensidade da patologia (gasometria arterial, eletrólitos, cálcio, glicose, função hepática, amilase e lipase).
9. Se for necessário realizar analgesia, recomenda-se meperidina (1 a 2 mg/kg/dia), IM ou IV, a cada 4 h. A meperidina é preferível em relação à morfina, dado o espasmo que esta gera no esfíncter de Oddi, o que é pior para o quadro clínico do paciente.
10. A evolução é considerada satisfatória nos casos de desaparecimento da dor e estabilidade dos sinais vitais, mesmo com as enzimas pancreáticas elevadas.
11. Para pacientes com pancreatite recorrente com estenose de ducto pancreático, recomenda-se a pancreatectomia parcial ou a pancreatojejunostomia para drenagem.

Bibliografia

REFERÊNCIAS BIBLIOGRÁFICAS

1. Lago PM, Ferreira CT, de Mello ED, Pinto LA, Epifanio M. Pediatria baseada em evidências. Barueri: Manole, 2016. p.141-53.
2. Silva LR, Lyra AC, Melo RCF. Hepatites agudas virais na criança. In: Campos Junior D, Burns DAR, Lopes FA. Tratado de pediatria da Sociedade Brasileira de Pediatria. 3.ed. Barueri: Manole, 2014. p.1193-209.

BIBLIOGRAFIA

1. Abbott RA, Martin AE, Newlove-Delgado TV, Bethel A, Thompson-Coon J, Whear R et al. Psychosocial interventions for recurrent abdominal pain in childhood. Cochrane Database Syst Rev 2017;1:CD010971.
2. Barone MV, Troncone R, Auricchio S. Gliadin peptides as triggers of the proliferative and stress/innate immune response of the celiac small intestinal mucosa. Int J Mol Sci 2014; 15(11):20518-37.
3. Bernaola Aponte G, Bada Mancilla CA, Carreazo NY, Rojas Galarza RA. Probiotics for treating persistent diarrhoea in children. Cochrane Database Syst Rev 2013;(8):CD007401.
4. Brandt CT. Obstrução pilórica. In: Campos Junior D, Burns DAR, Lopes FA. Tratado de pediatria da Sociedade Brasileira de Pediatria. 3.ed. Barueri: Manole, 2014. p.3285-90.
5. Carvalho E, Silva LR, Ferreira CT. Gastroenterologia e nutrição em pediatria. Barueri: Manole, 2012. p.91-132.
6. Catassi C, Kryszak D, Bhatti B, Sturgeon C, Helzlsouer K, Clipp SL. Natural history of celiac disease autoimmunity in a USA cohort followed since 1974. Ann Med 2010; 42(7):530-8.

7. Chao HC. Update on endoscopic management of gastric outlet obstruction in children. World J Gastrointest Endosc 2016; 8(18):635-645.
8. Cohen S, Bueno de Mesquita M, Mimouni FB. Adverse effects reported in the use of gastroesophageal reflux disease treatments in children: a 10 years literature review. Br J Clin Pharmacol 2015; 80 (2):200-8.
9. El-Matary W. Indicators of quality of care in inflammatory bowel disease: seeking the right path for patients. Inflamm Bowel Dis 2017; 23(5):702-703.
10. Flisiak R, Pogorzelska J, Flisiak-Jackiewicz M. Hepatitis C: efficacy and safety in real life. Liver Int 2017; 37 Suppl 1:26-32.
11. Geurts D, de Vos-Kerkhof E, Polinder S, Steyerberg E, van der Lei J, Moll H et al. Implementation of clinical decision support in young children with acute gastroenteritis: a randomized controlled trial at the emergency department. Eur J Pediatr 2017; 176(2):173-81.
12. Geurts D, Steyerberg EW, Moll H, Oostenbrink R. How to predict oral rehydration failure in children with gastroenteritis. J Pediatr Gastroenterol Nutr 2017 Feb 28. [Epub ahead of print]
13. Gieruszczak-Białek D, Konarska Z, Skórka A, Vandenplas Y, Szajewska H. No effect of proton pump inhibitors on crying and irritability in infants: systematic review of randomized controlled trials. J Pediatr 2015; 166 (3):767-70.
14. Gilio AE, Escobar AMU, Crisi S. Pediatria geral – Hospital Universitário da Universidade de São Paulo. São Paulo: Atheneu, 2011.
15. Gilio AE, Grisi SJFE, Bousso A, De Paulis M (eds.). Urgências e emergências em pediatria geral – Hospital Universitário da Universidade de São Paulo. São Paulo: Atheneu, 2015.
16. Gomes DF, Magnoni D, Curier C, Guimarães MP. Manual prático de terapia nutricional em pediatria. Mehta, 2013. p.67-72.
17. Gomes RC, Maia GM, Maranhão HS. Diarreia crônica. In: Campos Junior D, Burns DAR, Lopes FA. Tratado de pediatria da Sociedade Brasileira de Pediatria. 3.ed. Barueri: Manole, 2014. p.1067-73.
18. Greer FR, Sicherer SH, Burks AW. Effects of early nutritional interventions on the development of atopic disease in infants and children: the role of maternal dietary restriction, breastfeeding, timing of introduction of complementary foods, and hydrolyzed formulas. Pediatrics 2008; 121(1):183-91.
19. Guerra SNPR. Síndrome do intestino irritável. In: Campos Junior D, Burns DAR, Lopes FA. Tratado de pediatria da Sociedade Brasileira de Pediatria. 3.ed. Barueri: Manole, 2014. p.1131-41.
20. Henderson D. Reflux guidelines: modest changes best for most infants. Mescape Medical News. April 29, 2013.
21. Husby S, Koletzko S, Korponay-Szabó IR, Mearin ML, Phillips A, Shamir R et al. European Society for Pediatric Gastroenterology, Hepatology, and Nutrition guidelines for the diagnosis of coeliac disease. J Pediatr Gastroenterol Nutr 2012; 54(1):136-60.
22. Indolfi G, Thorne C, El-Sayed MH, Giaquinto C, Gonzalez-Peralta RP. The challenge of treating children with hepatitis C virus infection. J Pediatr Gastroenterol Nutr 2017; 64(6):851-4.
23. Kellermayer R. Challenges for epigenetic research in inflammatory bowel diseases. Epigenomics. 2017; 9(4):527-38.
24. Koda YKL. Refluxo gastroesofágico. In: Campos Junior D, Burns DAR, Lopes FA. Tratado de pediatria da Sociedade Brasileira de Pediatria. 3.ed. Barueri: Manole, 2014. p.1037-45.
25. Komatsu H, Inui A, Fujisawa T. Pediatric hepatitis B treatment. Ann Transl Med 2017; 5(3):37.
26. Lago PM, Ferreira CT, de Mello ED, Pinto LA, Epifanio M. Pediatria baseada em evidências. Barueri: Manole, 2016.

27. Lazzerini M, Wanzira H. Oral zinc for treating diarrhoea in children. Cochrane Database Syst Rev 2016; 12:CD005436.
28. Lewis R. Pediatric celiac disease diagnoses tripled in 20 years. Medscape Medical News. Disponível em: www.medscape.com/viewarticle/838622. Acessado em: 30/9/2015.
29. Lightdale JR, Gremse DA. Gastroesophageal reflux: management guidance for the pediatrician. Pediatrics 2013; 131(5):e1684-95.
30. Mårild K, Stephansson O, Montgomery S, Murray JA, Ludvigsson JF. Pregnancy outcome and risk of celiac disease in offspring: a nationwide case-control study. Gastroenterology 2012; 142(1):39-45.
31. Martin AE, Newlove-Delgado TV, Abbott RA, Bethel A, Thompson-Coon J, Whear R et al. Pharmacological interventions for recurrent abdominal pain in childhood. Cochrane Database Syst Rev 2017; 3:CD010973.
32. Mauritz FA, van Herwaarden-Lindeboom MY, Zwaveling S, Houwen RH, Siersema PD, van der Zee DC. Laparoscopic thal fundoplication in children: a prospective 10- to 15-year follow-up study. Ann Surg 2014; 259(2):388-93.
33. Moraes MB, Campos SO, Hilário MOE. Pediatria – Diagnóstico e Tratamento. Barueri: Manole, 2013.
34. Newlove-Delgado TV, Martin AE, Abbott RA, Bethel A, Thompson-Coon J, Whear R et al. Dietary interventions for recurrent abdominal pain in childhood. Cochrane Database Syst Rev 2017; 3:CD010972.
35. Ng RT, Lee WS, Ang HL, Teo KM, Yik YI, Lai NM. Transcutaneous electrical stimulation (TES) for treatment of constipation in children. Cochrane Database Syst Rev 2016; 11:CD010873.
36. Olaru C, Diaconescu S, Trandafir L, Gimiga N, Olaru RA, Stefanescu G et al. Chronic functional constipation and encopresis in children in relationship with the psychosocial environment. Gastroenterol Res Pract 2016; 2016:7828576.
37. Oviedo Gutiérrez M, Amat Valero S, Gómez Farpón A, Montalvo Ávalos C, Fernández García L, Lara Cárdenas DC et al. Infantile hypertrofic pyloric stenosis or gastric adenomyoma? Differential diagnosis of gastric outlet obstruction in children. Cir Pediatr 2015; 28(3):153-5.
38. Panetta F, Torre G, Colistro F, Ferretti F, Daniele A, Diamanti A. Clinical accuracy of anti-tissue transglutaminase as screening test for celiac disease under 2 years. Acta Paediatr 2011; 100(5):728-31.
39. Poddar U, Yachha SK, Borkar V, Srivastava A. Is acute recurrent pancreatitis in children a precursor of chronic pancreatitis? A long-term follow-up study of 93 cases. Dig Liver Dis 2017; pii: S1590-8658(17)30243-8.
40. Ramos CP, Mello ED, Nogueira-de-Almeida CA. Doença celíaca. In: Nogueira de Almeida CA, Mello ED. Nutrologia pediátrica: prática baseada em evidências. Barueri: Manole, 2016. p.289-99.
41. Rothschild B, Rinawi F, Herman Y, Nir O, Shamir R, Assa A. Prognostic significance of granulomas in children with Crohn's disease. Scand J Gastroenterol 2017; 52(6-7):716-21.
42. Rubio-Tapia A, Kyle RA, Kaplan EL, Johnson DR, Page W, Erdtmann F et al. Increased prevalence and mortality in undiagnosed celiac disease. Gastroenterology 2009; 137(1):88-93.
43. Scaillon M, Vandenplas Y. Management of acute gastroenteritis in children. Rev Med Brux 2016; 37(2):87-94.
44. Sdepanian VL. Doença celíaca. In: Oliveira FLC, Leite HP, Sarni ROS, Palma D. Manual de terapia nutricional pediátrica. Barueri: Manole, 2014. p.165-73.
45. Sicherer SH, Mahr T. Management of food allergy in the school setting. Pediatrics 2010; 126(6):1232-9.
46. Sicherer SH. Epidemiology of food allergy. J Allergy Clin Immunol 2011; 127(3):594-602.

47. Spolidoro JVN, Eloi JC, Epifanio M. Pancreatites em crianças. In: Campos Junior D, Burns DAR, Lopes FA. Tratado de pediatria da Sociedade Brasileira de Pediatria. 3.ed. Barueri: Manole, 2014. p.1225-32.
48. Stewart ML, Schroeder NM. Dietary treatments for childhood constipation: efficacy of dietary fiber and whole grains. Nutr Rev 2013; 71(2):98-109.
49. Toporovski MS, Vieira MC, Spolidoro JVN, Morais MB, Fagundes-Neto U. Alergia ao leite de vaca. In: Campos Junior D, Burns DAR, Lopes FA. Tratado de pediatria da Sociedade Brasileira de Pediatria. 3.ed. Barueri: Manole, 2014. p.1111-9.
50. Vajro P, Paolella G, Maggiore G, Giordano G. Meta-analysis: pediatric celiac disease, cryptogenic hypertransaminasemia, and autoimmune hepatitis. J Pediatr Gastroenterol Nutr 2013; 56(6):663-70.
51. Vickery BP, Scurlock AM, Jones SM, Burks AW. Mechanisms of immune tolerance relevant to food allergy. J Allergy Clin Immunol 2011; 127(3):576-84.
52. Yawn BP, Fenton MJ. Summary of the NIAID-sponsored food allergy guidelines. Am Fam Physician 2012; 86(1):43-50.

PARTE 7
Cardiologia

66 Cardiopatias congênitas
67 Arritmias cardíacas
68 Miocardite
69 Pericardite
70 Insuficiência cardíaca congestiva
71 Edema agudo de pulmão
72 Intoxicação digitálica
73 Endocardite infecciosa
74 Crise de hipoxemia

66
Cardiopatias congênitas

 O que é

Alteração estrutural do coração ou dos grandes vasos da base que apresenta alteração funcional real ou potencial, com incidência de 6 a 8 casos para mil nascidos vivos.

 **Como suspeitar**

O encontro dos seguintes achados leva à suspeita da cardiopatia congênita:

1. Cianose: geralmente é central, quase sempre generalizada.
2. Presença de sinais e sintomas de insuficiência cardíaca congestiva (ICC):
   - cansaço às mamadas e interrupção;
   - taquipneia;
   - sudorese;
   - taquicardia;

- cardiomegalia;
- hepatomegalia.
3. Ausculta do sopro cardíaco.
4. Ausculta de batimentos cardíacos arrítmicos.
5. Alteração das bulhas cardíacas, como desdobramento fixo de segunda bulha (comunicação interatrial).
6. Alteração de pulsos, como na coarctação da aorta.
7. Baixo ganho ponderoestatural.
8. Presença de tonturas ou síncope nas cardiopatias obstrutivas esquerdas.
9. Infecções respiratórias de repetição, como nas cardiopatias de hiperfluxo pulmonar.

As cardiopatias se manifestam como três formas clínicas bem definidas (Tabela 1).

TABELA 1 MANIFESTAÇÕES CLÍNICAS DAS CARDIOPATIAS CONGÊNITAS

I. Cardiopatias congênitas que cursam com insuficiência cardíaca congestiva (ICC), associada ou não à cianose

Sem cianose

1. *Shunt* esquerda-direita: CIV, PCA, CIA, DTSAV, JAP

2. Lesões obstrutivas esquerdas: estenose aórtica, coartação da aorta, estenose mitral, *cor triatriatum* (desde que a obstrução ao fluxo seja importante)

3. Lesões obstrutivas direitas: EP crítica

Com cianose

1. DVSVD, D-TGA com CIV, VU, AT, TAC, DATVP

2. Lesões obstrutivas esquerdas: síndrome hipoplásica do coração esquerdo, interrupção do arco aórtico

II. Cardiopatias congênitas com cianose pura

Tetralogia de Fallot, DVSVD com EP, VU com EP, D-TGA com CIV e EP, AT com EP, atresia pulmonar do septo ventricular íntegro, D-TGA com septo interventricular íntegro

III. Cardiopatias congênitas com hemodinâmica equilibrada, sem ICC nem cianose

Lesões obstrutivas esquerdas ou direitas puras, de grau leve/moderado, e *shunts* esquerda-direita pequenas

CIV: comunicação interventricular; PCA: persistência do canal arterial; CIA: comunicação interatrial; DTSAV: defeito total do septo atrioventricular; JAP: janela aortopulmonar; EP: estenose pulmonar; DVSVD: dupla via de saída do ventrículo direito; D-TGA: transposição completa das grandes artérias; VU: ventrículo único; AT: atresia tricúspide; TAC: *truncus arteriosus communis*; DATVP: drenagem anômala total das veias pulmonares.

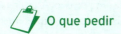 **O que pedir**

NA ROTINA

1. Hemograma: avalia anemia ou policitemia.
2. Eletrólitos.
3. Função renal.
4. Gasometria venosa e arterial.
5. Lactato.
6. Radiografia de tórax: pode-se observar alterações anatômicas das cardiopatias, como cardiomegalia.
7. Eletrocardiografia (ECG): avaliar alterações no traçado, típicas de algumas cardiopatias, como desvio do eixo do QRS para a direita e hipertrofia ventricular direita na tetralogia de Fallot.
8. Oximetria de pulso.

NOS CASOS ESPECIAIS

Eco-Dopplercardiografia: realiza a avaliação funcional e o diagnóstico da cardiopatia congênita.

 **Como tratar**

1. A maioria dos pacientes com doença cardíaca leve não necessita de tratamento.
2. Para esses casos, não há alteração da expectativa de vida da criança, nem se devem restringir suas atividades físicas, porém deve-se desencorajar os esportes competitivos.
3. As crianças com doença cardíaca moderada podem realizar atividade física adaptada a elas.
4. Recomenda-se a vacinação de rotina com a inclusão da vacina contra influenza.

5. Toda infecção bacteriana deve ser tratada com precisão. A profilaxia para endocardite infecciosa precisa ser realizada durante procedimentos odontológicos, manipulação do aparelho gastrintestinal ou urinário (Tabela 2).

TABELA 2 RECOMENDAÇÕES DA AMERICAN HEART ASSOCIATION PARA A PROFILAXIA CONTRA ENDOCARDITE BACTERIANA

Procedimentos ou cirurgias dentais e orais, do trato respiratório superior ou do esôfago

Para a maioria dos pacientes	**Amoxicilina VO**
	Adultos: 2 g
	Crianças: 50 mg/kg
	30 min antes do procedimento
Para pacientes incapazes de tomar medicações orais	**Ampicilina IM ou IV**
	Adultos: 2 g
	Crianças: 50 mg/kg
	30 min antes do procedimento
Pacientes alérgicos à ampicilina e à amoxicilina	**Clindamicina VO**
	Adultos: 600 mg
	Crianças: 20 mg/kg
	1 h antes do procedimento
	Ou cefalexina VO ou cefadroxil
	Adultos: 2 g
	Crianças: 50 mg/kg
	1 h antes do procedimento
	Ou azitromicina ou claritromicina VO
	Adultos: 500 mg
	Crianças: 15 mg/kg
	1 h antes do procedimento

(continua)

TABELA 2 RECOMENDAÇÕES DA AMERICAN HEART ASSOCIATION PARA A PROFILAXIA CONTRA ENDOCARDITE BACTERIANA *(continuação)*

Pacientes alérgicos à ampicilina e à amoxicilina e incapazes de tomar medicações orais	**Clindamicina IV**
	Adultos: 600 mg
	Crianças: 20 mg/kg
	30 min antes do procedimento
	Ou cefazolina IV
	Adultos: 1 g
	Crianças: 25 mg/kg
	30 min antes do procedimento
Cirurgia e instrumentação do trato gastrintestinal e do trato geniturinário	
Pacientes de alto risco	**Ampicilina IM ou IV**
	Adultos: 2 g
	Crianças: 50 mg/kg
	Mais gentamicina IM ou IV
	1,5 mg/kg (dose máxima: 120 mg), 30 min antes do procedimento
	Mais 6 h depois: ampicilina IM ou IV ou amoxicilina oral
	Adultos: 1 g
	Crianças: 25 mg/kg
Pacientes de alto risco, alérgicos à ampicilina e à amoxicilina	**Vancomicina IV**
	Adultos: 1 g
	Crianças: 20 mg/kg, dados durante 1 a 2 h
	Mais gentamicina IM ou IV, 1,5 mg/kg (dose máxima: 120 mg)
	Completar injeção/infusão, 30 min antes de começar o procedimento

(continua)

TABELA 2 RECOMENDAÇÕES DA AMERICAN HEART ASSOCIATION PARA A PROFILAXIA CONTRA ENDOCARDITE BACTERIANA (continuação)

Pacientes de risco moderado	**Amoxicilina VO**
	Adultos: 2 g
	Crianças: 50 mg/kg
	1 h antes do procedimento
	Ou ampicilina IM ou IV
	Adultos: 2 g
	Crianças: 50 mg/kg
	30 min antes do procedimento
Pacientes de risco moderado que sejam alérgicos à ampicilina e à amoxicilina	**Vancomicina IV**
	Adultos: 1 g
	Crianças: 20 mg/kg
	Durante 1 a 2 h; completar a infusão 30 min antes de iniciar o procedimento

ABORDAGEM CONFORME A FORMA DE APRESENTAÇÃO

Cardiopatias que cursam com insuficiência cardíaca

1. Medidas que reduzam a demanda metabólica:
   - decúbito a 30°: melhora a congestão pulmonar e previne a broncoaspiração;
   - manutenção da temperatura 36,5°C;
   - oxigenoterapia;
   - suporte ventilatório não invasivo e invasivo: entubação e ventilação mecânica nos casos de baixo débito progressivo;
   - restrição hídrica em torno de 60 a 70% das necessidades basais diárias;
   - dieta hipossódica (escolares e adolescentes), hiperpotassêmica e hipercalórica;
   - redução e fracionamento do volume da dieta;
   - correção da anemia para aumentar o conteúdo arterial de oxigênio. Manter o Ht acima de 30 a 35% nos acianóticos e 45% nos cianóticos;
   - correção dos distúrbios acidobásicos e eletrolíticos.

2. Medidas específicas:
    - o objetivo das medicações é o aumento do débito cardíaco com atuação na pré-carga, na contratilidade miocárdica e/ou na pós--carga;
    - digitálicos: glicosídio indicado na insuficiência cardíaca. Sua utilização diminui o número de internações e melhora a classe funcional.

TABELA 3   MEDICAÇÕES UTILIZADAS PARA O TRATAMENTO DA INSUFICIÊNCIA CARDÍACA

Droga	Dose e via de administração	Apresentação
Diuréticos		
Furosemida	1 a 6 mg/kg/dia, VO, IM ou IV, a cada 6, 8 ou 12 horas Pode ser feito em infusão contínua	Comprimido: 40 mg Injetável: 10 mg/mL
Espironolactona	1 a 3,5 mg/kg/dia, VO, a cada 6, 12 ou 24 horas	Comprimido: 25, 50 e 100 mg
Digitálicos		
Digoxina	VO Prematuros: 5 mcg/kg/dia Neonatos: 8 a 10 mcg/kg/dia Menores de 2 anos: 10 a 12 mcg/kg/dia Maiores de 2 anos: 8 a 10 mcg/kg/dia, VO, a cada 12 horas Pré-adolescentes e adolescentes: Até 25 kg: 0,125 mg, 1 vez/dia Acima de 25 kg: 0,25 mg, 1 vez/dia	Elixir pediátrico: 50 mcg/mL Solução oral: 500 mcg/mL Comprimido: 0,125 e 0,25 mg
Catecolaminas		
Dopamina	IV Efeito beta 1: 5 a 10 mcg/kg/min Efeito alfa > 10 mcg/kg/min	Injetável: 5 mg/mL
Dobutamina	IV 5 a 20 mcg/kg/min	Injetável: 12,5 mg/mL
Epinefrina	IV 0,1 a 1 mcg/kg/min	Injetável: 1 mg/mL
Norepinefrina	IV 0,1 a 2 mcg/kg/min	Injetável: 1 mg/mL
Isoproterenol	IV 0,02 a 2 mcg/kg/min	Injetável: 0,2 mg/mL

(continua)

TABELA 3 MEDICAÇÕES UTILIZADAS PARA O TRATAMENTO DA INSUFICIÊNCIA CARDÍACA (continuação)

Droga	Dose e via de administração	Apresentação
Inibidores da fosfodiesterase		
Milrinona	IV Dose de ataque: 50 a 75 mcg/kg em 10 min Manutenção: 0,5 a 0,75 mcg/kg/min	Injetável: 1 mg/mL
Vasodilatadores		
Nitroprussiato de sódio	IV 0,05 a 10 mcg/kg/min	Injetável: 25 mg/mL
Nitroglicerina	IV Iniciar com 0,25 a 0,5 mcg/kg/min, aumentar 0,5 a 1 mcg/kg/min a cada 3 a 5 min até resposta Manutenção: 1 a 5 mcg/kg/min	Injetável: 5 mg/mL
Captopril	VO 0,3 a 6 mg/kg/dia a cada 6 ou 12 horas	Comprimido: 12,5; 25 e 50 mg

IV: intravenoso; VO: via oral.

TABELA 4 DOSE DE MANUTENÇÃO DE DIGOXINA EM PEDIATRIA

Idade	Dose de manutenção diária, a cada 12 h
Prematuros	(0,02 mg × peso) + 25%/4
< 2 anos	(0,04 mg × peso) + 25%/4
2 a 5 anos	(0,03 mg × peso) + 25%/4
> 5 anos	(0,02 mg × peso) + 25%/4

Cardiopatias que cursam com cianose e crise de hipoxemia

1. Medidas gerais:
   - decúbito horizontal com pernas fletidas sobre as coxas e as coxas sobre o abdome: aumenta a resistência periférica e melhora o retorno venoso;
   - sedação e analgesia;
   - oxigenoterapia;
   - acesso venoso;

- hidratação e correção de distúrbios hidreletrolíticos;
- manutenção do hematócrito > 45%;
- avaliação da necessidade de suporte ventilatório.

2. Medidas específicas:
   - a morfina provoca efeito sedativo e relaxamento do ventrículo direito;
   - nos casos refratários ao tratamento com medidas gerais e a morfina, utilizam-se medicamentos que aumentam a resistência vascular periférica promovendo o *shunt* esquerda-direita: fenilefrina e norepinefrina;
   - ponderar cirurgia paliativa de urgência (anastomose sistêmico-pulmonar).

TABELA 5 DROGAS NA CARDIOPATIA CIANÓTICA

Droga	Dose e via de administração	Apresentação
Morfina	IM ou IV 0,1 mg/kg/dose	Injetável: 0,1 mg/mL e 0,2 mg/mL
Metoprolol	IV 0,05 a 0,1 mg/kg/dose	Injetável: 1 mg/mL
Fenilefrina	IM 0,1 mg/kg/dose até a cada 1 h IV 5 a 20 mcg/kg/dose a cada 10 a 15 min	Injetável: 10 mg/mL
Norepinefrina	IV 0,05 a 2 mcg/kg/min, contínuo	Injetável: 1 mg/mL

IV: intravenoso; IM: intramuscular.

Cardiopatias que cursam com síndrome do baixo débito cardíaco

- Medidas similares para a terapêutica da insuficiência cardíaca;
- Prostaglandina E1: manutenção do canal arterial pérvio em neonatos com suspeita de cardiopatia canal-dependente;
- Utilização de vasopressores, como dopamina, epinefrina e norepinefrina.

67
Arritmias cardíacas

 O que são

Alterações na formação e na condução do estímulo elétrico no coração. São classificadas de acordo com a frequência cardíaca (FC): taquiarritmias, quando a FC é maior que 100 bpm; e bradiarritmias, quando a FC é menor que 60 bpm.

 Como suspeitar

TAQUICARDIAS SUPRAVENTRICULARES

1. São as que se originam acima do feixe de His.
2. FC > 150 a 200 bpm em criança com mais de 1 ano, e > 200 bpm no recém-nascido.
3. Têm início e interrupção abruptos.
4. Ondas P ausentes ou anormais.
5. Os ataques podem durar alguns segundos ou persistir por horas.

6. Podem ocorrer desconforto precordial e sinais de insuficiência cardíaca com hepatomegalia e taquipneia (ver Figura 1).

FIGURA 1   TAQUICARDIA SUPRAVENTRICULAR COM FC DE APROXIMADAMENTE 300 bpm.

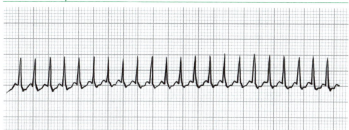

TAQUICARDIAS VENTRICULARES

1. Originam-se abaixo do feixe de His.
2. São definidas pela presença de mais de 3 extrassístoles ventriculares acima de 120 bpm, podendo ser paroxísticas ou incessantes.
3. Têm característica eletrocardiográfica, complexos QRS largos > 0,12 s.
4. São pouco frequentes na faixa etária pediátrica.
5. A maioria das crianças tem uma patologia adjacente, como síndrome do QT prolongado, miocardiopatia e desequilíbrio hidreletrolítico.
6. Podem ser desencadeadas por toxinas, drogas ou fármacos (ver Figura 2).

FIGURA 2   O RITMO VENTRICULAR É RÁPIDO E REGULAR E HÁ QRS LARGO.

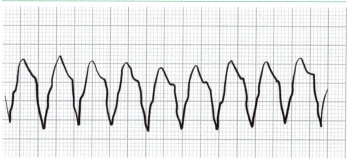

FIBRILAÇÃO VENTRICULAR

1. É uma arritmia caótica sem eficácia hemodinâmica.
2. É incomum em Pediatria.
3. Mais frequente em adolescentes que em lactentes.
4. Tem ondas de baixa amplitude, irregulares, com ritmo precedente à taquicardia ventricular (ver Figura 3).

FIGURA 3 FIBRILAÇÃO VENTRICULAR: PRESENÇA DE ONDAS DE DIFERENTES FORMAS, TAMANHO E RITMO, E DE ALTA AMPLITUDE, REPRESENTANDO ATIVIDADE ELÉTRICA CAÓTICA.

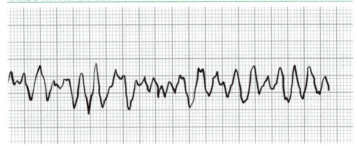

BRADIARRITMIAS

1. FC < 60 bpm, comparadas à FC normal para a idade do paciente.
2. São ritmos comuns pré-parada cardiorrespiratória do paciente e usualmente associados a hipóxia, hipotensão ou acidose.
3. Podem ocorrer por hipoxemia, hipotermia, toxinas, fármacos, estimulação vagal excessiva, entubação traqueal, processo compressivo do tronco cerebral e hipotireoidismo.

BLOQUEIO ATRIOVENTRICULAR DE 1º GRAU

1. Ocorre aumento do intervalo PR (≥ 0,20 s).
2. Os impulsos elétricos são conduzidos para o ventrículo.
3. Pode ser causado por situações que criam atraso na condução, como parótida, febre reumática, rubéola e escarlatina.
4. A presença isolada do atraso de condução não necessita de tratamento específico (ver Figura 4).

FIGURA 4 BLOQUEIO AV DE 1º GRAU.

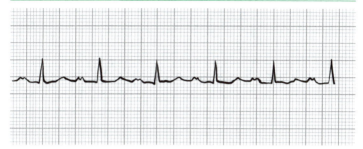

BLOQUEIO ATRIOVENTRICULAR DE 2º GRAU

1. Ocorre aumento progressivo do intervalo PR até o bloqueio da onda P.
2. Alguns impulsos não são conduzidos para o ventrículo.
3. A etiologia é a mesma do bloqueio atrioventricular de 1º grau.
4. Se for ocasionado pelo uso de digitálicos, a medicação precisa ser suspensa (ver Figura 5).

FIGURA 5 BLOQUEIO AV DE 2º GRAU.

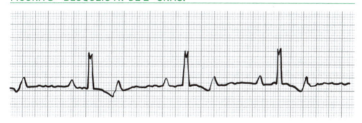

BLOQUEIO ATRIOVENTRICULAR DE 3º GRAU

1. Observam-se ondas P dissociadas do QRS.
2. Em geral, é um bloqueio congênito.
3. Ocorre comumente na transposição dos grandes vasos.
4. Outras situações em que ocorre: miocardite, tumores cardíacos e fibroelastose subendocárdica (ver Figura 6).

FIGURA 6   BLOQUEIO AV DE ALTO GRAU.

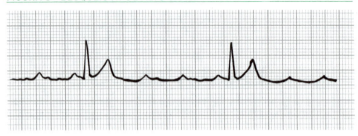

O que pedir

EXAMES GERAIS

1. Hemograma e velocidade de hemossedimentação (VHS): detecção de processos infecciosos adjacentes.
2. Gasometria arterial e eletrólitos: detecção de distúrbios acidobásicos que possam ter originado as arritmias.
3. Lactato: pode estar aumentado como metabólito do metabolismo anaeróbico.
4. Radiografia de tórax: avaliação de área cardíaca para pesquisa de patologias concomitantes.

EXAMES ESPECÍFICOS

1. Triagem toxicológica.
2. Eletrocardiografia (ECG): avaliação da arritmia.
3. Holter: eletrocardiografia de 24 horas, útil para monitoração da terapia em curso e detecção de taquiarritmias sintomáticas.

Arritmias cardíacas

Como tratar

FIGURA 7 ALGORITMO DA TAQUICARDIA PEDIÁTRICA.

Avalie vias respiratórias, respiração e circulação, assegure oxigenação e ventilação efetivas. Instale oxímetro de pulso e monitor/desfibrilador. Na ausência de pulso, inicie RCP e procedimentos de parada cardíaca

QRS estreito (0,09 s ou inferior)
Provável taquicardia sinusal ou taquicardia supraventricular (TSV)

O algoritmo considera que os sinais são sérios e os sintomas persistem

RITMO
Provável taquicardia sinusal:
- História explica a frequência
- Início gradual do ritmo
- Ondas P presentes/normais
- Frequência/regularidade ventricular varia com a atividade/estimulação
- Intervalo R-R variável com intervalo PR constante
- Frequência cardíaca geralmente abaixo de 220 batimentos/minuto no lactente e inferior a 180 batimentos/minuto na criança

RITMO
Provável TVS:
- História explica a frequência
- Ondas P presentes/normais
- Início abrupto do ritmo
- Frequência/regularidade ventricular constante com a atividade/estimulação
- Mudanças abruptas do ritmo
- Frequência cardíaca geralmente de 220 batimentos/minuto ou superior no lactente e acima ou igual a 180 batimentos/minuto na criança

Identificar e tratar a causa subjacente

ESTÁVEL
Obtenha um ECG de 12 derivações, consulte um cardiologista pediátrico. Tente manobras vagais. Estabeleça acesso IV. Identifique/trate causas. Administre adenosina IV. Se o ritmo persistir, considere amiodarona ou procainamida

INSTÁVEL
Considere manobras vagais. Se o acesso estiver instalado, administre adenosina. Na ausência de acesso vascular ou se a adenosina for inefetiva realize, se necessário, cardioversão sincronizada com 0,5 a 1 J/kg; utilizar 2 J/kg para um segundo choque se o ritmo persistir. Se o ritmo persistir a despeito do segundo choque ou a taquicardia recorrer rapidamente, considere amiodarona ou procainamida antes do terceiro choque

QRS estreito (mais de 0,09 s)
Provável taquicardia sinusal ou taquicardia supraventricular (TSV)

ESTÁVEL
Obtenha um ECG de 12 derivações, consulte um cardiologista pediátrico. Estabeleça acesso IV. Identifique/trate causas. Considere adenosina IV se o ritmo for regular e QRS monomórfico.

INSTÁVEL
Na presença de hipotensão, nível de consciência agudamente alterado ou sinais de choque, realize uma cardioversão sincronizada com 0,5 J/kg; utilizar 2 J/kg se o ritmo persistir

CONSIDERE CAUSAS
- Hipovolemia: reponha volume
- Hipóxia: administre oxigênio
- Íon hidrogênio: corrija a acidose
- Hipo e hipercalcemia: corrija distúrbios eletrolíticos
- Hipoglicemia: administre glicose, se indicada
- Hipotermia: medidas de reaquecimento
- Toxinas/venenos/medicamentos: antídotos/terapia específica
- Tamponamento (cardíaco): pericardiocentese
- Pneumotórax hipertensivo: descompressão com agulha, inserção de dreno torácico
- Trombose (coronária ou pulmonar): anticoagulação. Cirurgia?

Adenosina IV/IO: 0,1 mg/kg por *bolus* IV rápido (máximo para a primeira dose de 6 mg); na ausência de efeito, pode duplicar e repedir a dose mais uma vez (máximo para a segunda dose 12 mg)
Amiodarona 5 mg/kg IV durante 20-60 minutos
Procainamida 15 mg/kg IV durante 20-60 minutos
Administre rotineiramente amiodarona e procainamida juntas

FIGURA 8 ALGORITMO DA BRADICARDIA SINTOMÁTICA.

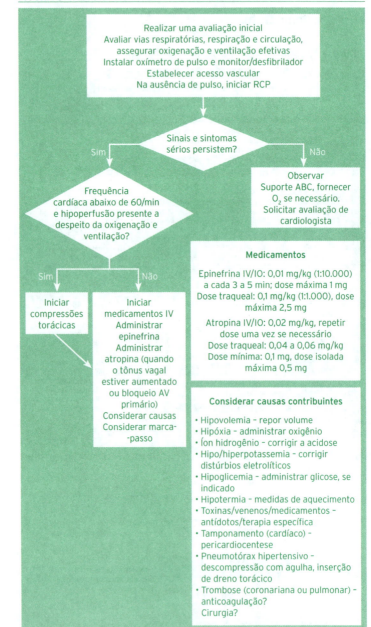

TABELA 1 DROGAS ANTIARRÍTMICAS

	Arritmias indicadas	Dose	Efeitos colaterais possíveis
Adenosina	TRN, TAV	0,1 a 0,2 mg/kg, máx. 6 mg na 1ª dose e 12 mg na 2ª dose	Fibrilação atrial Broncoespasmo em asmáticos
Propranolol	TS, TA, TPSV	1 a 4 mg/kg/dose	Broncoespasmo, bradicardia, hipotensão
Diltiazem	TS, TA, TPSV	1 a 3 mg/kg/dia	Colapso cardiovascular em < 1 ano
Propafenona	TA, TAV, FLA, FA	Ataque: 1 a 2 mg/kg/dose Manutenção: 5 a 20 mg/kg/dia	Efeitos gastrointestinais
Sotalol	FLA, FA, TV	2 a 8 mg/kg/dia Manutenção oral: 1 a 1,5 mg/kg/dia	Aumento do QT e TV polimórfica
Lidocaína	TV monomórfica, TV polimórfica	Bolo: 1 mg/kg Manutenção: 20 a 50 mcg/kg/min	Sonolência, desorientação, tremores e convulsões
Amiodarona	TA, TRN, TAV, TJ, TVM	5 a 15 mg/kg/dose, máx. 300 mg Manutenção oral: 3 a 5 mg/kg/dia	Hipotensão, bradicardia, TV polimórfica
Sulfato de magnésio	TV polimórfica associada com QT longo	25 a 50 mg/kg, máx. 2 g	Hipotensão

TRN: taquicardia por reentrada nodal; TAV: taquicardia atrioventricular; TS: taquicardia sinusal; TA: taquicardia atrial; TPSV: taquicardia supraventricular; FLA: *flutter* atrial; FA: fibrilação atrial, TV: taquicardia ventricular; TJ: taquicardia juncional; TVM: taquicardia ventricular monomórfica.

68
Miocardite

 O que é

Definida como doença inflamatória do miocárdio com comprometimento do parênquima e do interstício de forma aguda ou crônica.

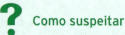 **Como suspeitar**

1. Tem diversas etiologias, sendo a infecção viral a mais comum, com destaque para o coxsackie B, adenovírus, vírus sincicial respiratório (VSR) e HIV.
2. Deve-se suspeitar, em todo quadro, de insuficiência cardíaca.
3. Os neonatos podem apresentar bulhas cardíacas abafadas, angústia respiratória, cianose, taquicardia desproporcional à febre, insuficiência mitral decorrente da dilatação do anel valvar mitral, ritmo de galope, acidose e choque.
4. Na maioria dos casos, é precedida por quadro leve de infecção de vias aéreas (IVAS) superiores ou do trato gastrintestinal, que, em geral, evolui com manifestações cardíacas em 7 a 14 dias.

5. Ao exame físico:
   - taquicardia;
   - ritmo de galope;
   - abafamento de bulhas;
   - atrito pericárdico;
   - sopro de regurgitação mitral;
   - hepatomegalia;
   - turgência jugular;
   - edema de membros inferiores em crianças maiores.
6. O diagnóstico baseia-se em critérios histológicos, imunológicos e imuno-histoquímicos (infiltrado inflamatório no miocárdio com predomínio de células mononucleares).

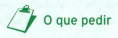
O que pedir

NA ROTINA

1. Hemograma: se predomínio linfocitário, indica etiologia viral.
2. ASLO: afastar cardite reumática.
3. Creatinaquinase MB (CK-MB) e troponina T: estão alteradas, sendo a última indicadora mais acurada para miocardite.
4. Radiografia de tórax: visualização de cardiomegalia e congestão pulmonar.
5. Eletrocardiografia (ECG): pode-se encontrar QRS de baixa voltagem ou arritmias e alterações no segmento ST ou arritmias ventriculares.

NOS CASOS ESPECIAIS

1. Títulos sorológicos de anticorpos antivirais (IgM): usados na determinação da etiologia da miocardite.
2. Proteína C reativa: pode identificar o RNA ou DNA viral específico.
3. Reação de Sabin-Feldman, Mantoux, Machado Guerreiro, sífilis ou HIV: indicada em casos específicos.
4. Ecocardiografia: geralmente alterada, com comprometimento da sístole ventricular. É possível encontrar derrame pericárdico e refluxo atrioventricular.

5. Ressonância magnética (RM): avalia lesões miocárdicas focais não detectadas na biópsia.
6. Medicina nuclear: o gálio-67 tem sido utilizado no diagnóstico de miocardite.
7. Ventriculografia radioisotópica: evidencia câmaras cardíacas dilatadas e hipocinéticas.
8. Biópsia miocárdica: avaliação da extensão do processo inflamatório e fibrótico. Padrão-ouro para o diagnóstico.

Como tratar

1. A terapia aguda envolve suporte para insuficiência cardíaca congestiva, podendo associar-se dopamina ou norepinefrina se ocorrer baixo débito cardíaco.
2. Deve haver cautela no uso de agentes inotrópicos, pois crianças com miocardite são mais suscetíveis às propriedades arritmogênicas desses agentes.
3. A terapêutica específica é voltada para a imunossupressão (Tabela 1).

TABELA 1   TERAPÊUTICA ESPECÍFICA PARA A IMUNOSSUPRESSÃO

Prednisona	2,5 mg/kg/dia por 1 semana
	2 mg/kg/dia por 6 semanas
	1 mg/kg/dia por 4 meses
Prednisona + azatioprina - Imuran®, comprimidos de 50 mg	2,5 mg/kg/dia por 1 semana
	2 mg/kg/dia por 1 semana
	1,5 mg/kg/dia por 6 semanas
	1 mg/kg/dia por 4 meses
	Prednisona (mesmo esquema anterior)
Prednisona + ciclosporina - Sandimmun® 100 mg/mL	15 mg/kg/dia por 2 semanas
	10 mg/kg/dia por 6 semanas
	5 a 10 mg/kg/dia por 4 meses
	Prednisona: 1 mg/kg/dia por 2 meses; 0,5 mg/kg/dia por 4 meses

4. Realizar acompanhamento clínico mensal com exames laboratoriais (hemograma, urina 1, função hepática e renal e DHL).
5. No 2º mês de imunossupressão, realizar exames não invasivos:
   - radiografia de tórax;
   - ECG;
   - cintilografia com gálio-67;
   - ecocardiografia.
6. Conduta no 6º mês:
   - exames não invasivos + exames invasivos (estudo hemodinâmico + biópsia miocárdica);
   - suspender imunossupressão em caso de melhora clínica hemodinâmica ou histológica;
   - melhora clínica, hemodinâmica e histológica discreta ou moderada: manter imunossupressão por 4 a 6 meses com controle com exames invasivos e não invasivos;
   - sem melhora clínica, hemodinâmica ou histológica: suspender imunossupressão; optar por transplante cardíaco.
7. Técnicas de imuno-histoquímica com a biologia molecular permitem a detecção viral para terapêutica antiviral específica.

69
Pericardite

 O que é

Inflamação do pericárdio que resulta no acúmulo de líquido no espaço pericárdico. O fluido varia conforme a etiologia da pericardite e pode ser seroso, fibrinoso, purulento ou hemorrágico, sendo a causa infecciosa a de maior prevalência.

 Como suspeitar

1. Tem diversas etiologias (Tabela 1).
2. Os primeiros sintomas frequentes são dor precordial, sensação de punhalada no precórdio, no ombro esquerdo ou nas costas.
3. A dor é exacerbada em posição supina e aliviada inclinando-se para a frente, em posição clássica de "prece maometana".
4. Ocorrência de tosse, febre, vômitos e dispneia.
5. Os achados clínicos correlacionam-se com o acúmulo de líquido no pericárdio.

Pericardite 425

TABELA 1   ETIOLOGIAS DA PERICARDITE

Infecciosas	Não infecciosas
Viral (coxsackie, echovírus, HIV, mononucleose)	Febre reumática
Tuberculose	Medicação induzida (hidralazina, procainamida)
Infecção bacteriana aguda (*Staphylococcus aureus, Haemophilus influenzae, Streptococcus pneumoniae*)	Alteração metabólica: uremia

6. Pulsos pouco amplos, distensão jugular e pulso paradoxal sugerem aumento de fluido.
7. O atrito pericárdico se torna aparente quando o derrame é pequeno, podendo ser diferenciado do sopro ao se pressionar o estetoscópio na parede torácica, o que amplifica o atrito, que se amplifica na inspiração.

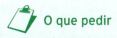

O que pedir

1. Radiografia de tórax: visualização de silhueta cardíaca em "botija de água" (Figura 1).

FIGURA 1   RADIOGRAFIA DE TÓRAX.

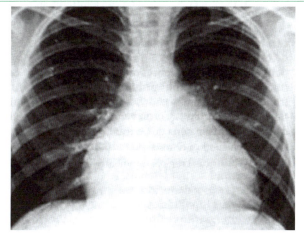

2. Eletrocardiografia (ECG): encontram-se baixa voltagem no QRS resultante do amortecimento do líquido pericárdico e inversão da onda T como consequência da inflamação miocárdica associada. Ocorre também elevação do segmento ST, dada a corrente de lesão pela pressão do líquido sobre o miocárdio. Pode surgir alternância elétrica por amplitude variável do complexo QRS. Há um intervalo na fase aguda em que a ECG está normal antes do diagnóstico.

Nos casos especiais

1. Ecocardiografia: avalia o tamanho e a progressão dos derrames pericárdicos, sendo um exame bastante sensível.
2. Pericardiocentese: realiza o diagnóstico etiológico pela análise do fluido do pericárdio.

Como tratar

1. O tratamento objetiva o alívio dos sintomas e a resolução da etiologia. As pericardites virais – as mais frequentes – apresentam duração autolimitada de 1 a 4 semanas, recomendando-se repouso por 7 dias e analgesia.
2. Em geral, têm bom prognóstico, sendo rara a ocorrência de derrames pericárdicos volumosos e tamponamento cardíaco.
3. Para pericardite purulenta, recomenda-se a introdução precoce de antibioticoterapia apropriada, além da drenagem cirúrgica, se necessário.
4. Se houver tamponamento cardíaco ou derrame pericárdico, deve-se realizar a descompressão pericárdica pela pericardiocentese e a posterior análise do líquido pericárdico.
5. Na pericardite tuberculosa, emprega-se o esquema tríplice para o tratamento da tuberculose. Corticosteroides são utilizados para reduzir a resposta inflamatória do pericárdio, facilitando a reabsorção de líquido e reduzindo a fibrose.
6. Em casos de constrição crônica, recomenda-se a decorticação cirúrgica.

70
Insuficiência cardíaca congestiva

 O que é

Insuficiência cardíaca congestiva (ICC) corresponde a uma síndrome em que o coração é incapaz de manter o débito cardíaco para a manutenção do metabolismo tecidual. Pode ser decorrente da disfunção sistólica ou diastólica. Segundo a classificação de ROSS modificada de insuficiência cardíaca (IC) em Pediatria, classifica-se em classes I a IV, como mostra a Tabela 1.

TABELA 1 CLASSIFICAÇÃO DA INSUFICIÊNCIA CARDÍACA CONGESTIVA PEDIÁTRICA

Classe I	Criança sem limitação de atividades habituais
Classe II	Limitação leve da atividade física
Classe III	Limitação grave da atividade física
Classe IV	Impossibilidade de realizar atividade física sem desconforto. Sintomas no repouso com piora relacionada ao esforço físico. Déficit de desenvolvimento ponderoestatural

> **? Como suspeitar**

As manifestações clínicas são variadas e relacionam-se à faixa etária, sendo o diagnóstico sugerido pela clínica.

1. Quanto menor a idade, mais inespecíficos serão os sinais e sintomas.
2. Os episódios são frequentemente desencadeados por infecção, anemia, abandono da terapêutica farmacológica ou infecção.
3. Entre os sintomas gerais, destacam-se ganho ponderal deficiente, déficit de crescimento, astenia, palidez cutânea, edema ou anasarca.
4. Cardiovascular: tempo de enchimento capilar retardado > 2 s, estase jugular, taquicardia, pulsos filiformes.
5. Pulmonar: taquipneia e dispneia, retrações costais, batimento de asa de nariz. Verificar presença de sibilos e estertores crepitantes e baixa saturação.
6. Gastrintestinal: vômitos, intolerância alimentar, hepatomegalia, ascite e hemorragia digestiva.
7. Urinário: diminuição no débito urinário (oligúria e anúria).
8. Neurológico: convulsões, sonolência, agitação psicomotora, alteração do nível de consciência ou síncope.

> **O que pedir**

Os exames laboratoriais auxiliam no plano terapêutico.

NA ROTINA

1. Hemograma: pode demonstrar a etiologia da descompensação, como infecção ou anemia.
2. Gasometria arterial: para avaliar a presença de acidose e hipóxia.
3. Eletrólitos sódio (Na) e potássio (K): para avaliar o estado eletrolítico.
4. Função hepática: AST e ALT.
5. Função renal: ureia/creatinina.
6. Radiografia de tórax: avalia a área cardíaca e pode demonstrar congestão pulmonar e congestão do fluxo pulmonar.

7. Eletrocardiografia (ECG): avalia distúrbios do ritmo cardíaco e pode demonstrar sobrecarga em câmaras cardíacas.

Nos casos especiais

1. Ecocardiografia: realiza o diagnóstico morfológico das cardiopatias congênitas.
2. Cateterismo: procedimento invasivo realizado para avaliação da morfologia cardíaca quando há dúvidas na ecocardiografia. Utilizado para avaliar pressões e resistências sistêmica e pulmonar. Deve ser solicitado após avaliação especializada.
3. Cintilografia: avalia a função ventricular, a perfusão e a viabilidade miocárdica.
4. Medida de nível sérico de digoxina: monitoração de suspeita de toxicidade e acompanhamento da terapêutica.
5. Dosagem do peptídeo natriurético cerebral (BNP): os altos níveis de BNP estão relacionados a um pior prognóstico em pacientes com ICC.
6. Biópsia endomiocárdica: para doença miocárdica desconhecida.
7. Cintilografia miocárdica 123-MIBIG: avalia a inervação adrenérgica cardíaca e o prognóstico nas miocardiopatias.

MEDIDAS GERAIS

1. Realizar medidas de suporte em decúbito elevado 30 a 40°: repouso no leito com utilização da fisioterapia motora e respiratória. Para lactentes, uma cadeira de bebê pode ser recomendada.
2. Realizar tratamento para doenças associadas ou agravantes da insuficiência cardíaca com pneumonia.
3. Prover oxigenoterapia e corrigir distúrbios hidreletrolíticos, uma vez que interferem na ação das medicações inotrópicas. Realizar ajuste medicamentoso em caso de alteração de função renal.
4. Deve-se realizar suporte nutricional com dieta hiponatrêmica, hiperpotássica e hipercalórica (130 a 140 kcal/kg/dia) VO ou por sonda nasogástrica (SNG) ou orogástrica (SOG) com restrição hídrica de 60 a 70% do volume basal, que inclui dieta, venóclise e fármacos.

5. Sedação e analgesia criteriosa pelo risco de cardiodepressão e/ou hipotensão graves) (morfina, 005 a 0,2 mg/kg).
6. Normotermia: manter o paciente em temperatura neutra.
7. Ventilação mandatória intermitente sincronizada (SIMV) com atenção à utilização criteriosa da pressão expiratória final positiva (Peep). Promove melhora da congestão.
8. Transfusão de hemoglobina para manter o hematócrito (Ht) de 30 a 35% nos acianóticos e 40 a 45% nos cianóticos.
9. Correção hidreletrolítica (sódio sérico entre 125 e 130) para prevenir a hipervolemia.

TRATAMENTO MEDICAMENTOSO

1. Se houver risco de tromboembolismo, iniciar a anticoagulação.
2. Pode-se realizar a digitalização dos pacientes, sendo a dose dependente da idade destes. Recomenda-se administrar metade da dose digitalizante total imediatamente e as duas doses de 1/4 em intervalos de 12 h subsequentes. Realizar ECG antes de cada dose digitalizante (Tabela 2).
3. Se houver alterações do ritmo, deve-se suspender a digoxina. O prolongamento do intervalo PR pode indicar atraso na administração do digitálico. Realizar dosagem de eletrólitos antes da digitalização.
4. A terapia de manutenção digitálica inicia-se 12 h após a digitalização plena, sendo realizada em 2 doses diárias. A dosagem corresponde a 1/4 da dose total de digitalização.
5. Os inibidores da enzima conversora de angiotensina têm efeitos benéficos sobre a estrutura e a função cardíaca e os efeitos na redução da pós-carga. O captopril é utilizado na dose de 1 a 4 mg/kg/dia, dividida em 3 vezes/dia.
6. A furosemida é mais comumente utilizada em pacientes com insuficiência cardíaca. A dose inicial é de 1 a 2 mg/kg, VO/EV resultando em diurese rápida e melhorando o *status* clínico em casos de sintomas de congestão pulmonar. Deve-se prescrever a terapia de manutenção com furosemida com dose de 1 a 4 mg/kg/dia, de 1 a 4 vezes/dia. Realizar suplementação com cloreto de potássio.
7. A espironolactona, diurético poupador de potássio, pode ser administrada de 1 a 3 mg/kg/dia, em 2 a 3 doses diárias.
8. Os agonistas alfa-adrenérgicos como a dopamina são frequentemente usados em terapia intensiva, quando há ajuste da dose pela resposta hemodinâmica. A dopamina na dose de 2 a 10 mcg/kg/min pro-

move aumento da contratilidade cardíaca com menor efeito vasoconstritor periférico. Na dose acima de 15 mcg/kg/min, predominam os efeitos alfa-adrenérgicos.
9. A dobutamina é utilizada no tratamento do baixo débito cardíaco. A dose habitual é de 5 a 20 mcg/kg/min.
10. A epinefrina é utilizada em pacientes com choque cardiogênico e pressão arterial baixa, produzindo aumento da resistência vascular sistêmica.
11. Os inibidores da fosfodiesterase, como a milrinona, têm efeitos inotrópicos positivos e vasodilatadores periféricos. São utilizados como coadjuvantes da dopamina e da dobutamina na unidade de terapia intensiva, na dose habitual de 0,25 a 1 mcg/kg/min. Pode-se realizar dose de ataque inicial de 50 mcg/kg.

TABELA 2 MEDICAMENTOS COMUMENTE USADOS PARA INSUFICIÊNCIA CARDÍACA CONGESTIVA

Fármaco	Dosagem
Digoxina Digitalização VO (1/2 inicialmente, seguido por 1/4, a cada 8 a 12 h)	Prematuro: 20 mcg/kg Neonato a termo (até 1 mês): 20 a 30 mcg/kg Bebê ou criança: 25 a 40 mcg/kg Adolescente ou adulto: 0,5 a 1 mg, em doses divididas A dose IV é 75% da dose VO
Manutenção da digoxina	5 a 10 mcg/kg/dia, a cada 12 h Nível sérico mais baixo: 1,5 a 3 ng/mL < 6 meses de vida 1 a 2 ng/mL > 6 meses de vida A dose IV é 75% da dose VO
Furosemida (Lasix®)	IV: 1 a 2 mg/dose, conforme necessário
	VO: 1 a 4 mg/kg/dia, divididos em 1 a 4 doses
Bumetanida (Bumex®)	IV: 0,01 a 0,1 mg/dose
	VO: 0,05 a 0,1 mg/kg/dia, divididos a cada 6 a 8 h
Clorotiazida (Diuril®) VO	20 a 50 mg/kg/dia, divididos em 2 ou 3 vezes
Espironolactona (Aldactone®) VO	1 a 3 mg/kg/dia, divididos em 2 a 3 vezes
Agonistas beta-adrenérgicos IV	
Dobutamina	2 a 20 mcg/kg/min
Dopamina	2 a 30 mcg/kg/min

(continua)

TABELA 2 MEDICAMENTOS COMUMENTE USADOS PARA INSUFICIÊNCIA CARDÍACA CONGESTIVA (continuação)

Fármaco	Dosagem
Isoproterenol	0,01 a 0,5 mcg/kg/min
Epinefrina	0,05 a 1 mcg/kg/min
Norepinefrina	0,1 a 2 mcg/kg/min
Inibidores da fosfodiesterase IV	
Anrinona	3 a 10 mcg/kg/min
Milrinona	0,25 a 1 mcg/kg/min
Agentes redutores da pós-carga	
Captopril (Capoten®)	Bebês: 0,1 a 0,5 mg/kg/dose, a cada 8 a 12 h (máximo de 4 mg/kg/dia) Prematuros: começar com dose de 0,01 mg/kg/dose Crianças: 0,1 a 0,2 mg/kg/dia, a cada 8 a 12 h Adultos: 6,25 a 25 mg/dose
Enalapril (Vasotec®, Vasopril®)	0,08 a 0,5 mg/kg/dose, a cada 12 a 24 h (máximo de 1 mg/kg/dia)
Hidralazina (Apresolina®)	IV ou IM: 0,1 a 0,5 mg/kg/dose (máximo de 20 mg) VO: 0,25 a 1 mg/kg/dose a cada 6 a 8 h (máximo de 200 mg/dia)
Nitroglicerina	0,25 a 5 mcg/kg/min
Nitroprussiato (Nipride®) IV	0,5 a 8 mcg/kg/min
Prazosina	0,005 a 0,05 mg/kg/dose, a cada 6 a 8 h (máximo de 0,1 mg/kg/dose)
Carvedilol	Dose de teste: 0,08 a 0,09 mg/kg 0,18 mg/kg/dia, 2 vezes/dia aumentados para 0,4 a 0,7 mg/kg/dia, 2 vezes/dia, ao longo de 8 a 12 semanas VO Dose máxima no adulto: 50 mg/dia

Nota: as doses pediátricas baseadas em peso não devem exceder as doses em adultos. Pelo fato de as recomendações poderem se modificar, essas doses sempre devem ser duplamente checadas. As doses também podem precisar ser modificadas em qualquer paciente com disfunção renal ou hepática.

71
Edema agudo de pulmão

 O que é

Acúmulo de fluidos no espaço aéreo pulmonar, nas células e no interstício, resultando em aumento do trabalho respiratório, hipóxia e alteração na relação entre ventilação e perfusão.

 **Como suspeitar**

1. O quadro clínico depende do mecanismo formador do edema.
2. A etiologia mais frequente é originada por problemas do lado esquerdo do coração, seja por disfunção ventricular, seja por lesões obstrutivas.
3. Ocorre aumento de esforço respiratório para preservar o volume corrente ou aumento da frequência respiratória.
4. Quando ocorre acúmulo de líquido no espaço alveolar, auscultam-se estertores finos e sibilos.
5. Na ausculta cardíaca, podem ser detectados sopros, ritmo de galope ou arritmias, permitindo correlação com a causa do evento.

6. Tem diversas etiologias, sendo as mais importantes listadas na Tabela 1.

TABELA 1 ETIOLOGIAS DO EDEMA AGUDO DE PULMÃO

Aumento da pressão do capilar pulmonar

Cardiogênico, como na insuficiência cardíaca esquerda

Não cardiogênico, como na doença pulmonar veno-oclusiva, na fibrose venosa pulmonar e nos tumores mediastinais

Aumento da permeabilidade capilar

Pneumonia bacteriana e viral

Síndrome da angústia respiratória aguda (SARA)

Inalação de agentes tóxicos

Toxinas circulantes

Substâncias vasoativas, como a histamina, os leucotrienos e os tromboxanos

Síndrome do escape linfático difuso, como na sepse

Reações imunológicas, como nas reações de transfusão

Inalação de fumaça

Pneumonia/pneumonite por aspiração

Afogamento e quase-afogamento

Pneumonia por radiação

Uremia

Insuficiência linfática

Congênita e adquirida

Diminuição da pressão oncótica

Hipoalbuminemia, como em doenças renais e hepáticas, estados de perda de proteínas e desnutrição

Aumento da pressão intersticial negativa

Lesões obstrutivas das vias aéreas superiores, como no crupe e na epiglotite

Reexpansão de edema pulmonar

Causas variadas ou desconhecidas

Edema pulmonar neurogênico

Edema pulmonar das grandes altitudes

Eclâmpsia

Pancreatite

Embolismo pulmonar

Edema pulmonar por heroína (narcóticos)

Fonte: modificada de Robin et al., 1996.[4]

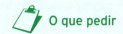 **O que pedir**

Os exames complementares podem auxiliar o diagnóstico etiológico e guiar a terapêutica específica.

NA ROTINA

1. Gasometria arterial: em fases iniciais de instalação, encontra-se hipoxemia com hipocapnia; nas fases finais, pode-se encontrar acidose mista (respiratória e metabólica).
2. Hemograma e velocidade de hemossedimentação (VHS): avaliam processo infeccioso concomitante.
3. Eletrólitos: avaliam possíveis distúrbios metabólicos.
4. Radiografia de tórax: pode revelar congestão peribrônquica e perivascular, assim como cardiomegalia e aumento da trama vascular – ambos encontrados na disfunção ventricular esquerda.
5. Eletrocardiografia: auxilia no diagnóstico etiológico do edema pulmonar, podendo-se detectar arritmias cardíacas, bem como alterações por distúrbios eletrolíticos.

NOS CASOS ESPECIAIS

1. Ecocardiografia: pode evidenciar complicações cardíacas que originaram o edema agudo pulmonar.
2. TC de tórax: pode demonstrar edema nas áreas pulmonares.

 **Como tratar**

1. O tratamento deve ser direcionado para a etiologia.
2. Deve prover suplementação de oxigênio para aumentar a tensão alveolar de oxigênio e reduzir a vasoconstrição pulmonar.
3. O uso da pressão positiva contínua de vias aéreas (CPAP) previne o colabamento dos alvéolos, reabre os fechados e, como consequência, permite o aumento da capacidade residual funcional (CRF).

4. Isso resulta em diminuição do trabalho respiratório, melhor oxigenação e redução da pós-carga.
5. Em causas cardiogênicas, utilizam-se inotrópicos, redutores de pós-carga e diuréticos. Estes últimos são úteis no tratamento do edema pulmonar, que é associado ao acúmulo de líquidos corpóreos, como na insuficiência renal.
6. Os diuréticos têm por objetivo reduzir a congestão pulmonar. A furosemida é utilizada na dose de 1 a 4 mg/kg/dia, dividida 2 ou 4 vezes/dia. Atentar para a hipovolemia, a hipopotassemia, a hipomagnesia e as alterações na função renal. A espironolactona é administrada na dose de 1 a 3 mg/kg/dia, a cada 12 h, podendo ser associada à furosemida. Não se utilizam diuréticos em monoterapia.
7. Os agentes inotrópicos positivos, como a digoxina, são utilizados na dose de 10 mcg/kg/dia, a cada 12 h. Em crianças acima de 25 kg, utilizam-se comprimidos de 0,125 a 0,25 mg/dia, em dose única diária.
8. Os redutores de pós-carga como o captopril, que produzem vasodilatação arterial pelo bloqueio na produção de angiotensina II, são utilizados na dose de 1 a 4 mg/kg/dia, dividida em 3 vezes/dia.
9. No tratamento do edema pulmonar não cardiogênico, devem-se tratar a doença de base, realizar suporte hemodinâmico e respiratório e utilizar medicações vasoativas, se necessário.

72
Intoxicação digitálica

 O que é

Os digitálicos têm um baixo índice terapêutico, e os níveis tóxicos podem ser alcançados com facilidade em crianças e nos bebês no período neonatal. A intoxicação usualmente decorre de erros na administração posológica de glicosídeos ou digitálicos e uso do fármaco em pacientes sem o reconhecimento prévio de insuficiência renal ou outras situações que aumentem a sensibilidade à toxicidade dos digitálicos.

 **Como suspeitar**

1. Ocorre aumento do risco de intoxicação em pacientes em uso de digitálicos com alterações de função renal ou alterações metabólicas, como hipopotassemia, hipercalcemia e hipomagnesemia, que aumentam a ação tóxica dos digitálicos.
2. Situações em que ocorre diminuição do *clearance* da digoxina com o uso de ciclosporina, quinidina, verapamil, amiodarona, espironolactona, entre outros fármacos.

3. Ocorrência de sinais e sintomas como:
   - náuseas e vômitos, dor abdominal e evacuações líquidas;
   - cefaleia;
   - alterações visuais;
   - *delirium*;
   - confusão mental ou progressão para o coma;
   - aparecimento de arritmias na eletrocardiografia (ECG).

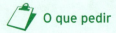

O que pedir

1. Gasometria arterial e eletrólitos: monitoração de alterações hidreletrolíticas que possam acentuar a intoxicação digitálica.
2. ECG: encontram-se sinais de impregnação digitálica, como depressão do segmento ST, alterações de repolarização ventricular, prolongamento do intervalo PR e diminuição do intervalo QT, arritmias cardíacas, como extrassístoles, taquiarritmias supraventriculares e bloqueios sinoatriais. Essas alterações são mais comuns no 1º ano de vida.
3. Dosagem do nível sérico do digital por radioimunoensaio: possibilita a identificação de níveis tóxicos:
   - acima de 3,5 mg/mL até 1 ano de idade;
   - acima de 2,5 mg/mL em maiores que 1 ano;
   - acima de 1,5 mg/mL em adolescentes e adultos.
4. Digitoxina: ocorre a partir de níveis séricos acima de 25 ng/mL e as consequências da intoxicação acontecem em torno de 5 dias após a ingestão.

Como tratar

1. Deve-se inicialmente interromper a administração do fármaco e realizar, se possível, a avaliação dos níveis séricos do digital e a monitoração do paciente em unidade de terapia intensiva.
2. Proceder com a reposição de potássio para o nível sérico, se se mantiver igual ou superior a 4 mEq/L.
3. Manter a homeostase hidreletrolítica e corrigir distúrbios acidobásicos.

4. Realizar monitoração cuidadosa das variações da ECG.
5. Em caso de ocorrência de bradicardia, indica-se atropina de 10 a 20 mg/kg até o alcance da frequência cardíaca esperada.
6. A lavagem gástrica é indicada em casos de ingestão recente, devendo ser evitada em pacientes com alteração no nível de consciência.
7. As medicações utilizadas para o tratamento das arritmias estão listadas na Tabela 1.
8. Alguns fármacos antiarrítmicos, como verapamil, nifedipina, amiodarona e quinidina, atuam também na eliminação da digoxina, devendo ser utilizados com cautela especial quando não houver controle com antiarrítmicos prescritos.
9. Os anticorpos antidigoxina atuam neutralizando a toxicidade da digoxina. São indicados em casos de hipotensão, arritmias e bradiarritmia progressiva. A dose é dependente da quantidade ingerida do digital. Para seu cálculo:
   - multiplica-se a concentração sérica de digoxina em ng/mL pelo peso em kg;
   - divide-se o resultado por 100;
   - o efeito ocorre entre 2 e 4 h após a administração.

TABELA 1 MEDICAÇÕES UTILIZADAS PARA O TRATAMENTO DAS ARRITMIAS

Propranolol	0,1 a 0,2 mg/kg/dose
Lidocaína EV	Infusão contínua de 2 a 4 mg/kg/min
Procainamida EV	50 a 100 mg/kg em 4 a 6 doses diárias Em caso de alargamento do QRS, reduzir as doses
Difenil-hidantoína (Hidantal®)	Dose de 1 a 2 mg/kg, EV, a cada 5 min, somando um total de 15 mg/kg Manter velocidade de 1 a 3 mg/kg/min Ampola de 5 mL, com 50 mg/mL, injetável

APRESENTAÇÃO DA DIGOXINA

A solução oral tem concentração 10 vezes maior que o elixir pediátrico, necessitando-se de atenção à prescrição:

- solução oral: 0,5 mg/mL;
- elixir pediátrico: 0,05 mg/mL.

73
Endocardite infecciosa

 O que é

Acometimento infeccioso do tecido endocárdico ou material protético causado por invasão de microrganismos (bactérias, vírus e fungos). Causa importante de morbidade e mortalidade na infância, é responsável por 0,2 a 0,5% das internações pediátricas.

 Como suspeitar

1. Pacientes portadores de condições de risco, como cardiopatias congênitas, submetidos a correção cirúrgica, imunodeprimidos, portadores de cateter venoso profundo ou marca-passo.
2. Pode ocorrer em até 10% dos casos em lactentes com comprometimento de valva aórtica e mitral secundária a bacteriemia por *Staphylococcus aureus*, com ausência de cardiopatia estrutural ou fatores de risco.
3. O diagnóstico baseia-se na presença de bacteriemia ou fungemia, presença de sopro cardíaco e na presença de reações imunológicas e vasculares.

4. Em crianças, é comum a ocorrência de febre baixa prolongada, acompanhada de sintomas constitucionais, como fadiga, artralgia, mialgia, sudoreses e emagrecimento.
5. Podem ocorrer manifestações clínicas extracardíacas (embolização periférica e fenômenos vasculares imunológicos), mas são menos frequentes na infância:
   - manchas de Roth: hemorragia retiniana com centro claro;
   - nódulos de Osler: nódulos pequenos e dolorosos em pele e dedos, em região tenar e hipotenar;
   - lesão de Janeway: máculas hemorrágicas em palma das mãos e planta dos pés;
   - petéquias.
6. Para aumentar a sensibilidade e a especificidade dos sinais clínicos para o diagnóstico, utilizam-se os critérios de Duke (Tabela 1).

TABELA 1   CRITÉRIOS DE DUKE MODIFICADOS PARA DIAGNÓSTICO DE ENDOCARDITE INFECCIOSA (EI)

Critérios maiores
Hemocultura positiva para EI
Microrganismos compatíveis com EI em 2 amostras de hemoculturas: *S. viridans*, *S. bovis*, grupo Hacek, *Staphylococcus aureus* ou enterococos adquiridos na comunidade, na ausência de um foco primário; ou
Microrganismos compatíveis com EI de hemoculturas persistentemente positivas, definidas como: no mínimo 2 amostras positivas coletadas com intervalo > 12 h, ou total de 3 amostras ou a maioria de ≥ 4 amostras (com intervalo de 1 h entre a 1ª e a última amostra)
Hemocultura única positiva para *Coxiella burnetii* ou IgG antifase 1 > 1:800
Evidência de envolvimento endocárdico
Ecocardiografia positiva para EI: massa intracárdica móvel na valva ou estruturas subvalvares, com jatos regurgitantes ou em material implantado, na ausência de uma explicação anatômica; ou abscesso; ou nova deiscência parcial de prótese valvar; nova regurgitação valvar
Critérios menores
Condição cardíaca predisponente
Febre (> 38°C)
Fenômenos vasculares, embolização arterial, infartos pulmonares sépticos, aneurisma micótico, hemorragia intracraniana, hemorragia conjuntival e lesões de Janeway
Fenômenos imunológicos: glomerulonefrite, nódulos de Osler, manchas de Roth e fator reumatoide
Evidência microbiológica: hemocultura positiva não definida como critério maior ou evidência sorológica de infecção ativa por microrganismo compatível com EI

(continua)

TABELA 1   CRITÉRIOS DE DUKE MODIFICADOS PARA DIAGNÓSTICO DE ENDOCARDITE INFECCIOSA (EI) *(continuação)*

Definição: EI definitiva

Critério patológico

Microrganismos demonstrados por cultura ou exame histológico de vegetação ou amostra de abscesso cardíaco; ou

Lesões patológicas; vegetação ou abscesso intracardíaco confirmado por exame histológico mostrando endocardite ativa

Critério clínico

- 2 critérios maiores; ou
- 1 critério maior e 3 critérios menores; ou
- 5 critérios menores

Definição: EI provável

1 critério maior e 1 critério menor; ou

3 critérios menores

Exclusão

Outro diagnóstico para explicar os achados sugestivos de endocardite; ou

Resolução da síndrome de EI com antibioticoterapia por menos de 4 dias; ou

Ausência de evidência patológica de EI à cirurgia ou autópsia, com antibioticoterapia por menos de 4 dias; ou

Não preenchimento dos critérios para EI como exposto anteriormente

Grupo Hacek: *Haemophilus* spp., *Actinobacillus actinomycetemcomitans*, *Cardiobacterium hominis*, *Eikenella corrodens* e *Kingella kingae*.

Fonte: adaptada de Baddour *et al.*[5]

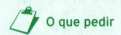

O que pedir

EXAMES GERAIS

1. Hemograma: anemia em 70 a 90% dos pacientes, sendo normocítica ou normocrômica, e presença de leucocitose em 30% dos casos.
2. Velocidade de hemossedimentação (VHS): elevada, maior que 55 mm na 1ª hora, exceto na insuficiência cardíaca congestiva, na insuficiência renal e na coagulação intravascular disseminada (CIVD).

3. Proteína C reativa: encontra-se com valores elevados, e sua diminuição indica boa resposta terapêutica.
4. Fator reumatoide: encontra-se positivo em 40 a 50% dos casos.
5. Hemocultura: recomendada para todos os pacientes com cardiopatia, febre inexplicada e sopro cardíaco.
6. Coletar 3 amostras em diferentes momentos em pacientes sem antibioticoterapia e 5 amostras em vigência antibiótica ou suspeita de EI subaguda. Os resultados positivos são sugestivos de endocardite infecciosa.
7. Urina tipo I: pode haver hematúria microscópica em 30 a 50% dos casos e proteinúria em 50 a 60% dos casos.
8. Eletrocardiografia (ECG): pode-se encontrar alterações como arritmas ventriculares ou sobrecarga cavitária.

EXAMES ESPECÍFICOS

1. Ecocardiografia: avalia a presença de vegetações valvares, disfunções valvares ou complicações como abscesso miocárdico.
2. Ressonância magnética (RM): pacientes com abscesso perivalvar, aneurisma da parede aórtica ou pseudoaneurisma.

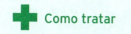
Como tratar

PROFILAXIA

Recomendada para situações de moderado e alto risco (Tabela 2).

TABELA 2 RECOMENDAÇÕES DE PROFILAXIA

Não recomendada a profilaxia

CIA *ostium secundum*

CIV

CIA

PCA com correção cirúrgica há mais de 6 meses

Bypass coronariano

Doença de Kawasaki sem disfunção valvar

Prolapso de valva mitral sem regurgitação

Marca-passo cardíaco

Desfibrilador implantável

Stent

Risco moderado

Valvulopatia reumática

Miocardiopatia hipertrófica

Prolapso de valva mitral com regurgitação mitral e/ou espessamento de folhetos

Alto risco

Cardiopatias complexas (ventrículo único, transposição de grandes vasos, tetralogia de Fallot)

Próteses valvares

Shunt sistêmico pulmonar ou condutos

Pós-operatórios com *shunt* residual

Procedimentos de alto risco:
- dentário: extrações, obturações e tratamento de canal;
- aparelho respiratório: amidalectomia;
- aparelho gastrintestinal: endoscopia;
- aparelho geniturinário: citoscopia e dilatação uretral.

CIA: comunicação interatrial; CIV: comunicação interventricular; PCA: persistência do canal arterial.

PROFILAXIA PARA PROCEDIMENTOS DE ALTO RISCO ODONTOLÓGICOS, DO APARELHO RESPIRATÓRIO OU PROCEDIMENTOS ESOFÁGICOS

1. Amoxicilina: 50 mg/kg, VO, 1 h antes do procedimento.
2. Ampicilina: 50 mg/kg, IM ou EV, 30 min antes do procedimento.

3. Hipersensibilidade a penicilina, ampicilina ou amoxicilina: clindamicina, 20 mg/kg, VO, 1 h antes do procedimento; ou EV, 30 min antes do procedimento.

PROFILAXIA PARA PROCEDIMENTOS DE ALTO RISCO (GASTRINTESTINAIS E GENITURINÁRIOS)

1. Ampicilina: 50 mg/kg + gentamicina 1,5 mg/kg (máximo de 120 mg), IM ou EV, 30 min antes do procedimento, seguidos de ampicilina, 25 mg/kg, IM ou EV, 6 h após.
2. Amoxicilina, VO, 25 mg/kg.
3. Para hipersensibilidade à ampicilina e à amoxicilina: vancomicina, 20 mg/kg, EV, 1 a 2 h antes do procedimento + gentamicina, IM ou EV, 1,5 mg/kg (máximo de 120 mg), 30 min antes do procedimento.

PROFILAXIA PARA PROCEDIMENTO DE RISCO MODERADO (GASTRINTESTINAIS E GENITURINÁRIOS)

1. Amoxicilina: 50 mg/kg, VO, 1 h antes do procedimento.
2. Ampicilina: 50 mg/kg, IM ou EV, 30 min antes do procedimento
3. Para pacientes alérgicos a ampicilina/amoxicilina: vancomicina 20 mg/kg, IV, em 1 a 2 h. Terminar a infusão venosa nos 30 min anteriores ao início do procedimento.

TRATAMENTO

1. Deve-se instituir a antibioticoterapia assim que se realizar o diagnóstico, por 4 a 6 semanas.
2. A concentração utilizada é usualmente acima da concentração inibitória mínima (CIM), dada a dificuldade de penetração do antibiótico na vegetação valvar.
3. Optar por antibióticos associados em vez da monoterapia.
4. Para a terapêutica da endocardite valvar pelos estreptococos com cepas sensíveis à penicilina (CIM < 0,1 mcg/mL), recomenda-se penicilina G cristalina ou ampicilina por 4 semanas.
5. Pode-se realizar a associação com gentamicina por 2 semanas.
6. Utiliza-se penicilina G cristalina, ampicilina ou ceftriaxona para cepas parcialmente resistentes (CIM entre 0,1 e 0,5 mcg/mL) por 4 a 6 semanas.

7. Para estafilococos, recomendam-se:
   - sensibilidade à oxacilina: oxacilina por 6 semanas + gentamicina nos 3 a 5 dias iniciais (com ou sem rifampicina);
   - hipersensibilidade à oxacilina: administrar vancomicina por 6 semanas, associada ou não a gentamicina por 3 a 5 dias.
8. Gram-negativos Hacek: utilizar cefalosporinas de 3ª geração, como ceftriaxona, ampicilina + sulbactam ou ciprofloxacino por 4 a 6 semanas em caso de prótese cardíaca.
9. Nos casos de endocardite infecciosa nas próteses valvares: utilizar vancomicina + rifampicina para a cobertura do *S. epidermidis*, principalmente no 1º ano após a cirurgia cardíaca.
10. Endocardite infecciosa por fungos: utilizar anfotericina B com ou sem rifampicina por 2 meses.
11. São critérios para a indicação cirúrgica:
    - envolvimento aórtico ou mitral com diminuição do débito cardíaco;
    - aneurisma micótico;
    - hemoculturas positivas após 1 semana de antibioticoterapia;
    - episódios de tromboembolismo recorrentes nas 2 primeiras semanas de tratamento;
    - abscesso valvular ou no miocárdio.
12. No ato cirúrgico, realizam-se a remoção das vegetações, a colocação de prótese valvar, se necessário, e a manutenção da antibioticoterapia direcionada para prevenir reinfecções.

74
Crise de hipoxemia

O que é

Emergência pediátrica em que ocorre agravo abrupto da hipóxia, impossibilitando a manutenção da homeostase metabólica do organismo e levando ao aparecimento de acidose metabólica grave.

Vários mecanismos fisiopatológicos são responsáveis pelo quadro hipoxêmico, com importância para as cardiopatias congênitas cianóticas.

Quando suspeitar

1. Prevalência entre 3 meses e 2 anos de idade.
2. Fatores desencadeantes:
   - fechamento do canal arterial;
   - hipertrofia infundibular progressiva;
   - aumento de massa corpórea;
   - febre;
   - desidratação;
   - anemia;

- dor;
- estresse.

3. Sopro: pouco intenso ou audível ou sem semiologia auscultatória.
4. Taquidispneia e cianose.
5. Duração de 15 a 60 min.
6. Agitação com progressão para flacidez, hipotonia, sonolência.
7. Risco de alteração do nível de consciência com progressão para coma ou morte.

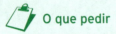

O que pedir

1. Hemograma.
2. Gasometria.
3. Eletrólitos.
4. Glicemia.
5. Ureia/creatinina.
6. Hemocultura.
7. Radiografia de tórax.
8. Oximetria de pulso.
9. Ecocardiografia.
10. Cateterismo cardíaco.

Como tratar

1. Paciente na posição genupeitoral para aumento da resistência vascular sistêmica.
2. Oxigenoterapia.
3. Sedação e analgesia para redução das catecolaminas endógenas:
   - morfina: 0,1 mg/kg/dose, IM ou IV;
   - cetamina: 1 mg/kg/dose, IM ou IV.
4. Expansão volumétrica com soro fisiológico ou Ringer lactato.
5. Correção do distúrbio acidobásico e reestabelecimento do equilíbrio hidreletrolítico.
6. Avaliação da necessidade de suporte ventilatório.

7. Na permanência de saturação < 70% com acidose metabólica persistente, considerar o uso de:
   - betabloqueador metoprolol 0,05 a 0,1 mg/kg/dose;
   - fenilefrina (aumento da resistência vascular periférica) 0,1 mg/kg/dose IM, até a cada 1 h; ou 5 a 20 mcg/kg/dose IV, a cada 10 a 15 min.
8. Definição do diagnóstico anatômico e avaliação cardiológica completa para indicação de abordagem cirúrgica.
9. Terapêutica cirúrgica:
   - atriosseptotectomia (Blalock-Hanlon);
   - valvotomia pulmonar (cirurgia de Brock);
   - ampliação da via de saída do ventrículo direito;
   - *shunt* sistêmico pulmonar (Blalock-Taussig clássico ou modificado).

Bibliografia

REFERÊNCIAS BIBLIOGRÁFICAS

1. Catani LH, Gomes JZ, Cabral FSPS. Cardiopatias congênitas: como conduzi-las. La Torre FP, Storni JG, Chicuto LAD. UTI pediátrica. Barueri: Manole, 2015. p.594-608.
2. Aehlert BJ. PALS: suporte avançado de vida em pediatria: guia de estudo. 3. ed. Rio de Janeiro: Elsevier, 2014. p.206; 211.
3. Geraldini CM, Eira BO, Neto AS. Arritmias cardíacas em crianças. La Torre FP, Storni JG, Chicuto LAD. UTI pediátrica. Barueri: Manole, 2015. p.577.

BIBLIOGRAFIA

1. American Heart Association. PALS provider manual. Chicago: AHA, 2003.
2. Andrews LM, Puiman PJ, van der Sijs H, van Beynum IM. A baby with digoxin toxicity. Ned Tijdschr Geneeskd 2015; 159:A8706.
3. Athar M, Ali S, Ahmed SM, Mazahir R. A case of severe perioperative hypoxia in uncorrected tetralogy of Fallot: anesthetic management. Rev Esp Anestesiol Reanim 2016; 63(9):544-7.
4. Bakeet MA, Mohamed MM, Allam AA, Gamal R. Childhood cardiomyopathies: a study in tertiary care hospital in upper Egypt. Electron Physician 2016; 8(11):3164-9.
5. Barstow C, McDivitt JD. Cardiovascular disease update: bradyarrhythmias. FP Essent 2017; 454:18-23.
6. Baumgartner H, Hung J, Bermejo J, Chambers JB, Edvardsen T, Goldstein S et al. Recommendations on the echocardiographic assessment of aortic valve stenosis: a focused update from the European Association of Cardiovascular Imaging and the

American Society of Echocardiography. Eur Heart J Cardiovasc Imaging 2017; 18(3):254-75.
7. Beckerman Z, Mery CM. Teaching congenital heart disease: a new era? J Thorac Cardiovasc Surg 2017; pii: S0022-5223(17)30392-6.
8. Behrman RE, Kliegman RM, Jenson HB. Nelson – Tratado de pediatria. 17.ed. Rio de Janeiro: Elsevier, 2005.
9. Campos LMA, Liphaus BL, Silva CAA, Pereira RMR. Osteoporose na infância e na adolescência. J Pediat 2003; 79(6):481-8.
10. Deepti S, Gupta SK, Ramakrishnan S, Talwar S, Kothari SS. Constrictive pericarditis following open-heart surgery in a child. Ann Pediatr Cardiol 2016; 9(1):68-71.
11. Dias FM, Cordeiro S, Menezes I, Nogueira G, Teixeira A, Marques M et al. Congenital heart disease in children with Down syndrome: what has changed in the last three decades? Acta Med Port 2016; 29(10):613-20.
12. Eble BK, Reyes G. Endocarditis, bacterial. Medscape's Continually Updated Clinical Reference, 2009.
13. Ferreira C, Póvoa R. Cardiologia para o clínico geral. São Paulo: Atheneu, 1999.
14. Hay WW Jr., Hayward AR, Levin MJ, Sondheimer JM. Current pediatric diagnosis and treatment. 16.ed. New York: Lange Medical Books, 2003.
15. Hinton RB, Ware SM. Heart failure in pediatric patients with congenital heart disease. Circ Res 2017; 120(6):978-94.
16. Imazio M, Brucato A, Pluymaekers N, Breda L, Calabri G, Cantarini L et al. Recurrent pericarditis in children and adolescents: a multicentre cohort study. J Cardiovasc Med (Hagerstown) 2016; 17(9):707-12.
17. La Torre FP, Storni JG, Chicuto LAD. UTI pediátrica. Barueri: Manole, 2015. p.528-538.
18. La Torre FP, Storni JG, Chicuto LAD. UTI pediátrica. Barueri: Manole, 2015. p.554-559.
19. La Torre FP, Storni JG, Chicuto LAD. UTI pediátrica. Barueri: Manole, 2015. p.581-582.
20. La Torre FP, Storni JG, Chicuto LAD. UTI pediátrica. Barueri: Manole, 2015. p.585-93.
21. Jedidi M, Tilouche S, Masmoudi T, Sahnoun M, Chkirbène Y, Mestiri S et al. Infant acute myocarditis mimicking acute myocardial infarction. Indian J Pediatr 2015; 82(12):1157-63.
22. Khemani RG, Smith LS, Zimmerman JJ, Erickson S, Pediatric Acute Lung Injury Consensus Conference Group. Pediatric acute respiratory distress syndrome: definition, incidence, and epidemiology: proceedings from the Pediatric Acute Lung Injury Consensus Conference. Pediatr Crit Care Med 2015; 16(5 Suppl 1):S23-40.
23. Kliegman RM, Behrman RE, Jenson HB, Stanton BMD. Nelson – Textbook of pediatrics. 18.ed. Philadelphia: Saunders, 2007.
24. Kutty S, Attebery JE, Yeager EM, Natarajan S, Li L, Peng Q et al. Transthoracic echocardiography in pediatric intensive care: impact on medical and surgical management. Pediatr Crit Care Med 2014; 15:329-35.
25. Lopez FA, Junior DC. Tratado de pediatria da Sociedade Brasileira de Pediatria. 2.ed. Barueri: Manole, 2010.
26. Lopez FA, Júnior DC. Tratado de pediatria da Sociedade Brasileira de Pediatria. Barueri: Manole, 2007.
27. Lüscher TF. Frontiers of valvular heart disease: from aortic stenosis to the tricuspid valve and congenital anomalies. Eur Heart J 2017; 38(9):611-4.
28. Madsen NL, Marino BS, Woo JG, Thomsen RW, Videbœk J, Laursen HB et al. Congenital heart disease with and without cyanotic potential and the long-term risk of diabetes mellitus: a population-based follow-up study. J Am Heart Assoc 2016; 5(7). pii: e003076.

29. Masarone D, Valente F, Rubino M, Vastarella R, Gravino R, Rea A et al. Pediatric heart failure: a practical guide to diagnosis and management. Pediatr Neonatol 2017; pii: S1875-9572(17)30050-5.
30. Moffett BS, Garner A, Zapata T, Orcutt J, Niu M, Lopez KN. Serum digoxin concentrations and clinical signs and symptoms of digoxin toxicity in the paediatric population. Cardiol Young 2016; 26(3):493-8.
31. Morais MB, Campos SO, Silvestrini WS. Guia de medicina ambulatorial e hospitalar da Unifesp/EPM – Pediatria. Barueri: Manole, 2005.
32. Nichols KR, Israel EN, Thomas CA, Knoderer CA. Optimizing guideline-recommended antibiotic doses for pediatric infective endocarditis. Ann Pharmacother 2016; 50(5):423-7.
33. Petropoulos A, Ehringer-Schetitska D, Fritsch P, Jokinen E, Dalla Pozza R, Oberhoffer R. Preventing cardiac diseases in childhood. Hell J Nucl Med 2015; 18 Suppl 1:148.
34. Rabah F, Al-Senaidi K, Beshlawi I, Alnair A, Abdelmogheth A-A. Echocardiography in PICU: when the heart sees what is invisible to the eye. J Pediatr (Rio J) 2016; 92:96-100.
35. Ralston M, Hazinski MF, Zaristsky AL, Schexnayder SM, Kleinman ME, American Heart Association. PALS Provider Manual, 2006-2007. Dallas: American Heart Association, 2007.
36. Scheller RL, Johnson LH, Caruso MC, Lorts A. Sudden collapse of a preschool-aged child on the playground. Pediatr Emerg Care 2017; 33(2):116-9.
37. Srinivasan C. Diagnosis and acute management of tachyarrhythmias in children. Indian J Pediatr 2015; 82(12):1157-63.
38. Tanel RE. ECGs in the ED. Pediatr Emerg Care 2016; 32(2):136-7.
39. Zhou L, Li Y, Mai Z, Qiang X, Wang S, Yu T et al. Clinical feature of severe hand, foot and mouth disease with acute pulmonary edema in pediatric patients. Zhonghua Wei Zhong Bing Ji Jiu Yi Xue 2015; 27(7):563-7.

PARTE 8
Endocrinologia

75 Diabetes melito

76 Cetoacidose diabética

77 Hipoglicemia

78 Hipertireoidismo

79 Crise tireotóxica

80 Hiperplasia suprarrenal congênita

81 Insuficiência suprarrenal

82 Disfunção de paratireoides

83 Testículo ectópico

84 Déficit de hormônio de crescimento (GH) ou baixa estatura hormonal

75
Diabetes melito

 O que é

Distúrbio metabólico de etiologia múltipla (Tabela 1), decorrente da falta de insulina e/ou da incapacidade da insulina de exercer seus efeitos. Caracteriza-se por hiperglicemia crônica com distúrbios do metabolismo de carboidratos, lipídios e proteínas, predominando um estado de catabolismo.

TABELA 1 CLASSIFICAÇÃO ETIOLÓGICA DO DIABETES MELITO

1. Diabetes melito tipo 1

A. Imunomediado

B. Idiopático

2. Diabetes melito tipo 2

3. Outros tipos específicos

A. Defeitos genéticos da função da célula beta: Mody, DNA mitocondrial

B. Defeitos genéticos na ação da insulina: resistência à insulina, lipoatrófico

(continua)

TABELA 1 CLASSIFICAÇÃO ETIOLÓGICA DO DIABETES MELITO
(continuação)

C. Doença do pâncreas exócrino: pancreatites, traumas, neoplasias

D. Endocrinopatias: hipertireoidismo, Cushing, feocromocitomas

E. Induzido por medicamentos: glicocorticosteroides, diazóxido, beta-adrenérgicos

F. Infecções: citomegalovírus, rubéola congênita

G. Formas incomuns de diabetes imunomediadas: anticorpo antirreceptor de insulina

H. Síndromes genéticas associadas: Down, Klinefelter, Turner

4. Diabetes melito gestacional

Como suspeitar

1. Crianças muito desidratadas que apresentam vômitos repetidos, dor abdominal e falta de ar, com semiologia pulmonar normal.
2. Poliúria, polidipsia, polifagia e perda de peso decorrentes da hiperglicemia. Associam-se fraqueza, hipotensão postural, parestesias, vômitos e alteração do nível de consciência.

O que pedir

1. Glicemia aleatória ou ao acaso (qualquer momento do dia) ≥ 200 mg/dL (11,1 mmol/L), independentemente da última refeição.
2. Glicemia de jejum de 8 h ≥ 126 mg/dL (7 mmol/L) em 2 ocasiões (8 h sem ingestão calórica).
3. Teste de tolerância à glicose oral (TTGo): glicemia ≥ 200 mg/dL, 2 h após a ingestão de glicose.
4. Glicosúria positiva.

Obs.: o uso da hemoglobina glicosilada como rastreamento diagnóstico é controverso, sendo útil na monitoração do progresso do paciente e quando da necessidade de ajuste terapêutico.

Como tratar

1. Dieta fracionada (20% café da manhã, 20% almoço, 30% jantar, 10% cada lanche ao longo do dia ou antes de dormir), normocalórica e normoproteica com alto teor de fibras e orientação da contagem de carboidratos, evitando sacarose e açúcares refinados.
2. Hipoglicemiante oral: somente nos pacientes com diabetes melito tipo 2, preferindo-se o uso da metformina por contribuir na diminuição da glicemia sem colaborar para o ganho de peso.
3. Insulinoterapia (Tabela 2): dose inicial: 0,5 a 1 UI/kg/dia de insulina intermediária (NPH) dividido em 2 vezes, sendo 2/3 administrados SC antes do café da manhã e 1/3 antes do jantar. Ajustes entre 10 e 20% podem ser feitos com o intuito de evitar hipo e hiperglicemia ainda em regime intra-hospitalar.

TABELA 2   TEMPO DE AÇÃO DE INSULINA HUMANA E NPH

Insulina humana	Início da ação	Pico de ação	Duração máxima
Insulina NPH	2 a 4 h	6 a 10 h	14 a 18 h

4. Atividade física aeróbica: diminui a gordura corpórea e melhora a sensibilidade à insulina. Duração de 40 a 60 min, no mínimo 2 vezes/semana e com intensidade moderada, evitando-se ultrapassar 70% da taxa cardíaca máxima.
5. Controle das complicações agudas (educação em diabetes): orientação para a automonitoração e apoio psicossocial.

76
Cetoacidose diabética

 O que é

Complicação aguda grave do diabetes melito tipo 1 com desequilíbrio metabólico grave representado por estado de hiperglicemia, perdas hidreletrolíticas, hiperosmolaridade, acidose metabólica e presença de cetonas decorrentes de uma deficiência insulínica grave associada a um estado de resistência à insulina. São fatores determinantes dessa resistência níveis aumentados dos hormônios de estresse (adrenalina, glucagon, cortisol e hormônio do crescimento) e de algumas citoquinas (interleucina-1), que se elevam durante processos infecciosos.

 Como suspeitar

1. Sinais: alteração do nível de consciência, desidratação de graus variados, hipotensão, respiração de Kussmaul, hálito cetônico e taquicardia.
2. Sintomas: polidipsia, poliúria, polifagia, perda de peso, fraqueza, náusea, vômitos, dor abdominal e falta de ar.

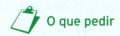 **O que pedir**

NA ROTINA

1. Glicemia venosa ou de ponta de dedo (dextrostix) > 300 mg/dL.
2. Gasometria arterial com acidose metabólica (pH < 7,3 ou HCO_3 < 15 mEq/L).
3. Cetonemia elevada.
4. Sódio, potássio, cálcio e magnésio.
5. Ureia/creatinina.
6. Fita urinária para detecção de glicosúria e cetonúria.
7. Ultrassonografia (US) abdominal (diagnóstico diferencial de abdome agudo).

TABELA 1 DIAGNÓSTICO CLÍNICO E LABORATORIAL DA CETOACIDOSE DIABÉTICA

Classificação	Clínica	Laboratório
1º grau – Hiperglicemia	Poliúria, polidipsia, polifagia, perda de peso, fatigabilidade	Glicemia de jejum > 120 2 h após refeição > 180 e glicosúria
2º grau – Cetose	Acrescenta anorexia, dor abdominal, vômitos, desidratação	Glicemia > 300, glicosúria e cetonúria
3º grau – Cetoacidose	Acrescenta "fome de ar"	Acidose metabólica, pH < 7,3 e HCO_3 < 15 mEq/L
4º grau – Coma	Acrescenta distúrbio da consciência	
Edema cerebral	História prolongada, cefaleia durante a hidratação EV	pH < 7,2
Coma hiperosmolar	Desidratação sem acidose	Glicosúria sem cetonúria e glicemia > 600

 **Como tratar**

CORREÇÃO DA DESIDRATAÇÃO NA FASE INICIAL

1. SF 20 a 50 mL/kg/h (máximo 1.000 mL/h) até que haja normalização do estado hemodinâmico ou desaparecimento de sinais de choque

hipovolêmico (hipotensão, taquicardia, oligúria, cianose periférica, extremidades frias e obnubilação).
2. O cálculo da osmolaridade sérica auxilia na avaliação do grau de desidratação e pode ser obtido pela aplicação da seguinte fórmula:

$$\text{Osm sérica [mOsm/kg]} = 2 \times (Na^+ + K^+) \text{ [mEq/L]} = \frac{\text{Glicemia [mg/dL]}}{18} + \frac{\text{Ureia [mg/dL]}}{6}$$

MANUTENÇÃO DA HIDRATAÇÃO

1. Manutenção da hidratação adequada com SF por meio de reposição contínua das perdas hídricas, porém lenta em 24 a 48 h (36 h se Osm sérica entre 320 e 340 e em 48 h se > 340).
2. Reposição de 1/2 do déficit total volumétrico em 8 a 12 h e o restante nas próximas 18 a 24 h.

CORREÇÃO DAS DEFICIÊNCIAS ELETROLÍTICAS

1. Reposição de potássio (KCl 19,1% – 1 mL = 2,5 mEq de K): 20 a 40 mEq/L de fluido, assim que o paciente comece a urinar e desde que seu nível sérico seja ≤ 6,5 mEq/L, geralmente a partir da 2ª hora, respeitando velocidade máxima de infusão de 0,5 mEq/kg/h.
2. Reposição de magnésio (MgSO$_4$ 10% – 1 mL = 0,8 mEq de Mg): 0,5 mEq/kg/100 kcal.

CORREÇÃO DA HIPERGLICEMIA

1. Correção da hiperglicemia com insulina EV contínua (velocidade inicial = 0,1 UI/kg/h) em veia paralela àquela usada para a reidratação, com controle da glicemia de ponta de dedo a cada 1 h.
2. Forma de preparo da solução (1 mL = 0,1 UI de insulina regular):
   - SF: 500 mL;
   - insulina regular: 50 UI.
3. O objetivo da infusão de insulina é manter a glicemia entre 90 e 180 mg/dL até que desapareça a cetonúria e a criança possa se alimentar. Quando não houver possibilidade de infusão contínua, pode-se utilizar

esquema de administração SC intermitente na dose de 0,2 UI/kg a cada 2 h até que a glicemia atinja nível inferior a 250 mg/dL.
4. Insulina de ação intermediária (NPH): 0,6 a 0,8 UI/kg/dia fracionada a cada 12 h após estabilização do quadro de descompensação aguda inicial até definição de dose mais adequada a cada paciente.

CORREÇÃO DA ACIDOSE

1. Correção da acidose com bicarbonato de sódio apenas se pH < 7,0. A dose deve ser infundida em, no mínimo, 2 h e pode ser calculada pela fórmula:

$$\text{Bicarbonato a administrar [mEq]} = (15 - \text{bicarbonato encontrado}) \times 0,3 \times \text{peso}$$

TRATAMENTO DO PROCESSO INFECCIOSO

1. Tratamento do processo infeccioso desencadeante com antimicrobiano específico.
2. Dieta: adequada para diabéticos, fracionada 6 vezes/dia com última refeição entre 22 e 23 h. Oferecer carboidratos de absorção lenta, gorduras predominantemente insaturadas (menos cetogênicas) e alimentos ricos em potássio.

77
Hipoglicemia

 O que é

Alteração do nível sérico normal de glicose (glicemia) com consequentes manifestações clínicas e desenvolvimento potencial de sequelas irreversíveis no sistema nervoso central (SNC), predominantemente em recém-nascidos.

Em crianças com mais de 1 ano de idade, a prevalência é menor que 0,1%. Níveis inferiores a 60 mg/dL são suspeitos; menores que 50 mg/dL, altamente suspeitos; e menores que 40 mg/dL, diagnósticos de hipoglicemia, exigindo pronta investigação.

TABELA 1 CLASSIFICAÇÃO CLÍNICA DAS HIPOGLICEMIAS NA INFÂNCIA

Condição	Causas
Estados hiperinsulinêmicos	Hipoglicemia hiperinsulinêmica persistente da infância (nesidioblastose)
	Hiperplasia de célula B
	Adenoma de célula B
	Síndrome de Beckwith-Wiedemann
	Sensibilidade à leucina

(continua)

TABELA 1 CLASSIFICAÇÃO CLÍNICA DAS HIPOGLICEMIAS NA INFÂNCIA (continuação)

Condição	Causas
Deficiência hormonal	Pan-hipopituitarismo Deficiência isolada de GH Deficiência de ACTH Doença de Addison Deficiência de glucagon Deficiência de epinefrina
Limitada pelo substrato	Hipoglicemia cetótica Cetonúria de cadeia ramificada (doença da urina em xarope de bordo)
Doença de depósito de glicogênio	Deficiência de glicose-6-fosfatase (tipo I) Deficiência de amilo-1,6-glicosidase (tipo III) Deficiência de fosforilase hepática (tipo VI) Deficiência de glicogênio sintetase
Distúrbios da neoglicogênese	Intoxicação alcoólica aguda Deficiência de carnitina Intoxicação salicílica Deficiência de frutose-1,6-difosfatase Deficiência de piruvato-carboxilase Deficiência de fosfoenolpiruvato-carboxicinase
Outros defeitos enzimáticos	Galactosemia (deficiência de galactose-1-fosfato-uridil-transferase) Intolerância a frutose (deficiência de frutose-1-fosfato-aldolase)
Comportamental	Jejum matutino e/ou prolongado Dietas extremas

GH: hormônio do crescimento; ACTH: hormônio adrenocorticotrófico.

Como suspeitar

1. Recém-nascido com epidemiologia de risco.
2. Lactentes com manifestações clínicas e alterações na rotina de vida sem causa aparente.
3. Crianças maiores e adolescentes que desmaiam na prática de atividades físicas, sob jejum ou sob dietas extremas e irregulares.

TABELA 2 MANIFESTAÇÕES CLÍNICAS

Lactentes	Cianose, apneia, recusa alimentar, crises de palidez, abalos mioclônicos, sonolência, temperatura subnormal e convulsões
Crianças maiores e adolescentes	Sudorese, tontura, taquicardia, ansiedade, fraqueza, fome, náusea, vômito, dor de cabeça, confusão mental, sonolência, alterações de personalidade, incapacidade de concentração, convulsões e perda de consciência

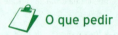

O que pedir

1. Coletar uma amostra de sangue no momento da baixa glicêmica e administrar glucagon na dose de 30 mcg/kg de peso (máximo de 1 mg), IM ou EV, com nova coleta de sangue após 30, 60 e 90 min.
2. Dosar glicose, insulina, cortisol e hormônio de crescimento (GH) nesses 4 tempos. Apenas no tempo de 30 min, adicionar ácidos graxos livres, cetonas, ácido úrico, tiroxina (T4) e hormônio estimulante da tireoide (TSH).
3. Na suspeita de hipoglicemia reativa, realizar teste de tolerância à glicose com 1,75 g/kg de peso (máximo de 75 g), VO, com dosagem de glicemia a cada 30 min por 5 h.
4. Na suspeita de hipoglicemias factícias, realizar peptídio C sérico.
5. Na suspeita de defeitos enzimáticos, fazer biópsia hepática.
6. Ultrassonografia (US) abdominal, tomografia computadorizada (TC) e ressonância magnética (RM) têm pouco uso para o diagnóstico de hiperinsulinismo.
7. RM na suspeita de hipopituitarismo.

Como tratar

URGÊNCIA

1. Correção imediata para preservar a função e a integridade do SNC, evitando-se que disfunções irreversíveis se instalem. Visar à euglicemia – cuidado com "bolos" concentrados de glicose EV.

2. Glicose a 25%, EV, 2 mL/kg. Manutenção: 3 a 5 mg/kg/min.
3. Glucagon, SC, 0,03 mg/kg (hiperinsulinismo prévio).

CONTROLE

O tratamento primário é dietético, baseado na causa: alimentações frequentes nos defeitos enzimáticos da via neoglicogênica; retirada de galactose na galactosemia; retirada de frutose na intolerância hereditária à frutose; e alimentações frequentes, incluindo dietas por sonda enquanto a criança dorme, na glicogenose.

HIPERINSULINISMO

1. 1ª opção: diazóxido VO, 3 a 8 mg/kg/dia. Recorrência ou agravamento de efeitos colaterais (hirsutismo, edema, hipertensão ou hiperuricemia). Pancreatectomia é indicada.
2. 2ª opção: octeotride SC, 3 a 10 mcg/kg/dia, divididos em 4 doses. Infusão contínua é alternativa. Reposição hormonal nas deficiências hormonais.

78
Hipertireoidismo

 O que é

Também chamado de tireotoxicose, é uma hiper-reatividade da glândula tireoide pouco frequente na infância, que acelera o metabolismo em todos os tecidos, como consequência do excesso de hormônios tireoidianos circulantes, cujas principais causas são apresentadas na Tabela 1.

 Como suspeitar

A tríade clássica define doença de Graves: tireotoxicose (excesso de hormônios tireoidianos), exoftalmia e mixedema pré-tibial.

TABELA 1 CAUSAS DE TIREOTOXICOSE NA INFÂNCIA E NA ADOLESCÊNCIA

1. Hipertireoidismo

    A. Bócio difuso tóxico (doença de Graves): 95% dos casos

    B. Bócio nodular tóxico (doença de Plummer)

2. Hipertireoidismo causado pelo TSH

    A. Tumor hipofisário produtor de TSH

    B. Resistência ao hormônio tireoidiano

3. Tireotoxicose sem hipertireoidismo

    A. Tireoidite linfocítica crônica

    B. Tireoidite subaguda

    C. Ingestão de hormônio tireoidiano

TSH: hormônio estimulante da tireoide.

São sintomas bócio (100% dos casos), alterações cognitivas/afetivas (99%), pele úmida e enrubescida (97%), tremores (97%), labilidade emocional, sudorese e intolerância ao calor (90%), taquicardia (89%), emagrecimento com apetite voraz (85%), retração palpebral e exoftalmia (54%).

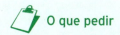

NA ROTINA

1. Tri-iodotironina (T3) e tiroxina (T4) totais e livres aumentadas.
2. TSH diminuído ou suprimido nas afecções primárias da tireoide.

NOS CASOS ESPECIAIS

1. TRAb (anticorpo antirreceptor de tireotrofina) e anticorpos antitireoglobulina e antiperoxidase podem ser úteis para o diagnóstico diferencial com outras doenças tireoidianas (TRAb positivo na doença de Graves).

2. Radiografia de punho: aumento da idade óssea.
3. Mapeamento e captação de iodo radioativo (I131): não são essenciais para o diagnóstico, mas demonstram bócio com captação aumentada na doença de Graves ou nódulo único hipercaptante.
4. Ultrassonografia (US) na presença de nódulos ou irregularidade glandular costuma demonstrar aumento difuso da glândula.

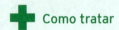
Como tratar

1. Fármacos antitireoidianos para diminuir a concentração dos hormônios tireoidianos:
   - metimazol: 0,5 a 1 mg/kg/dia, dividido em 1 ou 2 doses;
   - propiltiouracil: 5 a 10 mg/kg/dia, divididos em 3 doses.
2. Propranolol: 2 a 10 mg/kg/dia, divididos em 3 doses, para melhorar as condições cardíacas.

Nos casos de falência do tratamento clínico, podem ser considerados o tratamento cirúrgico e o iodo radioativo.

79
Crise tireotóxica

 O que é

Emergência pediátrica em que há exacerbação aguda do estado hipertireóideo na qual ocorre descompensação de um ou mais órgãos.

Pode ser desencadeada por sepse, procedimentos cirúrgicos, má adesão ao tratamento ou retirada abrupta de medicação.

A maioria dos casos de tireotoxicose em Pediatria decorre da doença de Graves.

 **Como suspeitar**

São manifestações clínicas da tireotoxicose:

- taquicardia;
- hipertensão sistólica;
- tremores;
- sudorese profusa;
- agitação psicomotora;

- vômitos e diarreia;
- desidratação associada à hipertermia;
- desorientação, confusão mental ou coma;
- descompensação cardíaca (arritmia, insuficiência cardíaca congestiva ou edema pulmonar).

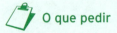

O que pedir

O diagnóstico é clínico e não existe exame laboratorial específico que identifique tal condição.

1. Hemograma: leucocitose com desvio à esquerda.
2. Glicemia: é frequente encontrar hiperglicemia.
3. T4/T3 e suas frações livres T4L e T3L estão elevados e o TSH, suprimido (as concentrações séricas de hormônio tireoidiano não predizem seu aparecimento, uma vez que o quadro clínico relaciona-se com a hiper-reatividade do sistema nervoso simpático).
4. Função hepática: aumento de transaminases.
5. Anticorpo antirioglobulina, antitireoperoxidase e Trab: auxiliam no diagnóstico etiológico de hipertireoidismo.
6. Radiografia de tórax: presença de cardiomegalia.
7. Eletrocardiografia (ECG): arritmias ou disfunção ventricular.
8. Cintilografia de tireoide: bócio com captação aumentada na doença de Graves.

Como tratar

Não se deve esperar os resultados dos exames laboratoriais para iniciar o tratamento.

1. Diminuir a hiperestimulação cardiovascular: propranolol 1 a 2 mg/kg a cada 8 h.
2. Inibir a secreção de hormônios tireoidianos com a utilização de solução saturada de iodeto de potássio a 10% 1 gota a cada 8 h. O iodo suprime a conversão periférica de T4 para T3.

3. A utilização de tionamidas, como o propiltiouracil (PTU), na posologia de 5 a 10 mg/kg a cada 8 horas VO. Administrar nos pacientes inconscientes por sonda nasogástrica ou via retal.
4. Em pacientes sem resposta terapêutica entre 24 e 48 h, dobrar a dose de PTU e iodo.
5. A corticoidoterapia com dexametasona 0,15 mg/kg/dia pode ser utilizada, uma vez que age na conversão periférica de T4 para T3.
6. Controle da hipertermia em crianças – paracetamol em dose usual 10 a 15 mg/kg a cada 4 ou 6 h; supositório 10 a 15 mg/kg a cada 6 h. Dose máxima: 5 doses/dia.
7. A resina de troca iônica colestiramina (2 g a cada 12 h) associada às tionamidas reduz a quantidade total de hormônio tireoidiano pelo aumento de sua excreção fecal.
8. Manter o suporte cardiovascular, nutricional e a hidratação em unidade de terapia intensiva (UTI) até o desaparecimento do risco de colapso cardiovascular.

80
Hiperplasia suprarrenal congênita

 O que é

Grupo de doenças autossômicas recessivas caracterizadas por uma deficiência enzimática da biossíntese de cortisol, que leva a um aumento compensatório da secreção do hormônio adenocorticotrófico (ACTH) e, consequentemente, à hiperplasia suprarrenal. Os diferentes tipos de hiperplasia são classificados de acordo com o erro enzimático envolvido (Tabela 1) e podem ter associados aumento ou diminuição da secreção de mineralocorticosteroides e esteroides sexuais.

TABELA 1 TIPOS DE HIPERPLASIA SUPRARRENAL CONGÊNITA

Doença	Sinônimo
1. Deficiência da 21-hidroxilase	P450c21
Não perdedora de sal	
Perdedora de sal	
2. Deficiência da 11-beta-hidroxilase	P450c11
3. Deficiência da 3-beta-hidroxiesteroide desidrogenase	3-beta-HSD
4. Hiperplasia suprarrenal lipoide (*side-chain-cleavage*)	P450scc
5. Deficiência da 17-alfa-hidroxilase (17,20-liase)	P450c17

❓ Como suspeitar

1. Recém-nascidos (RN) com ambiguidade genital ou com sexo aparentemente masculino, mas com criptorquidia bilateral, com ou sem hipospádia.
2. Lactentes com ou sem desidratação que apresentem hiponatremia e hiperpotassemia.
3. Lactentes do sexo masculino com episódios frequentes de desidratação e quadro clínico de refluxo gastresofágico acompanhado de desnutrição grave.
4. Meninos com pubarca precoce, mesmo sem aumento muito evidente do pênis e, principalmente, se os testículos forem pequenos.
5. Crianças hipertensas ou com virilização precoce.

📋 O que pedir

NA ROTINA

1. ACTH, mineralocorticosteroides, glicocorticosteroides e esteroides sexuais.
2. Sódio e potássio.
3. Gasometria arterial.

TABELA 2 DIFERENCIAL CLÍNICO/LABORATORIAL DAS HIPERPLASIAS SUPRARRENAIS CONGÊNITAS

	Genitália externa						
Deficiência	F	M	PA ↑	PS	Acidose	Na	K
21-OH NPS	A	N	−	−	+	N	N
21-OH PS	A	N	−	+	+	↓↓	↑↑
11-OH	A	N	− / +	−	± alcalose	↑	↓
3-beta-HSD	A	A / F	−	+	+	↓	↑
SCC	N	A / F	−	+	+	↓	↑↑
17-OH	N	A / F	+	−	± alcalose	↑	↓↓

F: feminino; M: masculino; PS: perda de sal; A: ambígua; N: normal; (−): ausente; (+): presente; (/): ou; ↑↑: muito aumentado; ↑: aumentado; ↓: diminuído; ↓↓: muito diminuído.

Como tratar

1. Reposição dos hormônios suprarrenais e de esteroides gonadais:
   - hidrocortisona: 25 mg, EV ou IM, em bolo, seguido de 25 a 30 mg/m²/dia, SC, divididos em 3 a 4 doses nos primeiros 15 dias e 8 a 12 mg/m²/dia, SC ou VO, divididos em 3 doses;
   - 9-alfa-fludocortisona: 50 a 200 mcg/kg.
2. Reposição de sal: SF, 20 mL/kg, EV, na 1ª hora, e cloreto de sódio, 1 a 2 g/dia, VO.
3. Cirurgia precoce (antes dos 18 meses de idade): reparo cosmético e funcional de acordo com o sexo estabelecido.
4. Suporte psicológico.

81
Insuficiência suprarrenal

 O que é

Incapacidade do córtex das suprarrenais de produzir qualquer um dos seus hormônios. A insuficiência suprarrenal (ISR) primária ou doença de Addison é caracterizada pela incapacidade das suprarrenais em produzir aldosterona e cortisol. A ISR central é definida por níveis baixos de ACTH, sendo secundária por diminuição da secreção de ACTH por disfunção hipofisária, e terciária quando é consequência da deficiência hipotalâmica do hormônio liberador de corticotropina (CRH).

 **Como suspeitar**

Sintomas da forma aguda:

- náuseas ou vômitos;
- diarreia;
- dor abdominal;
- desidratação;

- febre seguida de hipotermia;
- fraqueza;
- colapso circulatório;
- confusão ou coma;
- avidez por sal.

Sintomas da forma crônica:

- fadiga;
- hipotensão;
- fraqueza;
- fraco desenvolvimento ponderoestatural;
- perda de peso;
- vômitos e desidratação.

Sinais clínicos:

- abdome doloroso e distendido;
- sinais de desidratação moderada e grave;
- hipotensão ortostática em crianças maiores;
- sinais neurológicos da agitação ao coma;
- hiperpigmentação cutânea (faces extensoras, pregas palmares, bordas gengivais e cicatrizes).

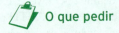 O que pedir

1. Exames gerais:
   - hemograma (leucopenia com eosinofilia);
   - cálcio (hipercalcemia), sódio (hiponatremia), potássio (hiperpotassemia);
   - glicemia: hipoglicemia;
   - eletrocardiografia (ECG): monitoração da hiperpotassemia grave com onda T apiculada, encurtamento do intervalo QT, alongamento do intervalo PR e QRS.
2. Exames específicos: alterações laboratoriais na ISR.

Como tratar

ISR AGUDA

É uma emergência médica em que se deve corrigir:

- desidratação;
- distúrbios hidreletrolíticos;
- hipoglicemia;
- reposição de glico e mineralocorticosteroides.

Como medidas iniciais:

- garantir vias aéreas;
- ofertar oxigênio a 100%;
- puncionar acesso venoso calibroso ou intraósseo;
- coletar exames (dosagem do cortisol, ACTH, aldosterona, atividade plasmática de renina e dosagem de eletrólitos);
- reparação fluídica (SF 20 mL/kg em 20 a 30 min) até a melhora dos sinais de choque;
- correção da hipoglicemia com SG 10% 2 a 4 mL/kg;
- correção da hiponatremia com velocidade máxima de 0,5 mEq/kg/h;
- em caso de hiperpotassemia grave, utilizar resinas de troca, infusão de cálcio ou bicarbonato.
- realizar a reposição de glicorticosteroide em conjunto com a reposição volêmica.

Doses recomendadas pela Pediatric Endocrine Society:

1. Succinato de hidrocortisona:
   - dose de ataque: 50 a 75 mg/m² (máximo de 100 mg);
   - dose de manutenção: 50 a 75 mg/m²/dia a cada 6 h (máximo de 100 mg/dose) por pelo menos 24 h da estabilização clínica.

ISR CRÔNICA

1. Reposição de glicorticosteroides: acetato de hidrocortisona 10 a 15 mg/m²/dia a cada 8 h.
2. Reposição de mineralocorticosteroides: fludocortisona 50 a 200 mcg/dia, 1 vez/dia.
3. Menores de 1 ano: NaCl 1 a 2 g/dia a cada 6 h para suplementação diária, distribuídos nas refeições.

82
Disfunção de paratireoides

 O que é

Hiperparatireoidismo é o aumento da secreção do paratormônio (PTH). Pode ocorrer de forma primária, consequente ao adenoma ou ao adenocarcinoma primário da paratireoide, ou secundária, presente nas doenças renais com insuficiência generalizada (osteodistrofia renal).

Hipoparatireoidismo é a diminuição da secreção de PTH. Raro na infância, pode ser congênito (transitório ou definitivo) ou adquirido, consequente a doença autoimune, irradiação, remoção cirúrgica, doenças granulomatosas e infiltração por ferro ou cobre.

Pseudo-hipoparatireoidismo é a incapacidade de herança variada dos rins de responder ao estímulo do PTH, mesmo na presença de níveis normais ou elevados, caracterizando fenótipo da osteodistrofia hereditária de Albright.

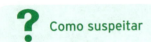# Como suspeitar

TABELA 1 CARACTERÍSTICAS CLÍNICAS DAS DISFUNÇÕES DAS PARATIREOIDES

Doença	Sinais, sintomas e condições associadas
Hiperparatireoidismo	Cálculos renais, pancreatite, hipotonia, hiper-reflexia, fraqueza muscular, distúrbios neurológicos, sonolência, infecções recorrentes, apatia, constipação intestinal, poliúria, polidipsia e anorexia
Hipoparatireoidismo	Espasmos carpopedais e laringoespasmos, convulsões e presença dos sinais de Chvostek e Trousseau
Pseudo-hipoparatireoidismo	Baixa estatura, metacarpais cubitais encurtados, fácies arredondada, obesidade, braquidactilia (fusão epifisária precoce) e retardo mental

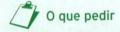# O que pedir

NA ROTINA

Investigação bioquímica e radiológica (Tabela 2).

TABELA 2 CARÁTER BIOQUÍMICO E RADIOLÓGICO DAS DISFUNÇÕES DAS PARATIREOIDES

	Ca S	P S	FA	PTH	Ca U	P U	Radiologia
Hiperparatireoidismo primário	↑	↓	↑	↑	↑	↑	Cistos ósseos e osteoporose
Osteodistrofia renal	↓	↑	↑	↑			
Hipoparatireoidismo	↓	↑	N	↓	↑ ou ↓	↓	Ossos radiopacos
Pseudo-hipoparatireoidismo	N ou ↓	↑	↑	N ou ↑	↑	↓	Calcificações ectópicas

Ca: cálcio; P: fósforo; FA: fosfatase alcalina; PTH: paratormônio; S: sérico; U: urinário; N: normal; ↑: aumentado(a); ↓: diminuído(a).

 **Como tratar**

TRATAMENTO CLÍNICO

1. Na osteodistrofia renal: calcitriol 100.000 a 200.000 UI diárias na fase inicial, diminuindo para 50.000 UI, 3 vezes/semana, com diminuição da ingestão de fósforo ou redução da sua absorção via quelantes (carbonato, citrato ou acetato de fósforo).
2. No hipoparatireoidismo:
   - PTH exógeno: 200 UI diárias por 5 a 7 dias;
   - calcitriol: 0,015 a 0,045 mcg/kg/dia até o máximo de 3 mcg, divididos em 2 doses diárias*;
   - cálcio EV (gluconato de cálcio 10%) na fase aguda.
3. No pseudo-hipoparatireoidismo:
   - calcitriol: 0,03 a 0,08 mcg/kg/dia até o máximo de 1 a 2 mcg, divididos em 2 doses diárias*.

TRATAMENTO CIRÚRGICO

No hiperparatireoidismo primário, ressecção do adenoma e/ou paratireoidectomia total ou subtotal com reimplante de uma das glândulas no antebraço.

---

* Alternativa: calciferol 1.000 a 2.000 UI/kg/dia ou cálcio oral (gliconato, lactato ou carbonato) 50 mg/kg até o máximo de 1 g, divididos em 3 a 4 doses diárias.

83
Testículo ectópico

 O que é

Alteração gonadal masculina mais frequente, caracterizada pela ausência de um ou ambos os testículos na bolsa escrotal. Pode ocorrer de forma isolada ou ser um sinal clínico de outra doença, como uma anomalia da diferenciação sexual, quando associado a hipospádia ou a micropênis.

 Como suspeitar

Antecedentes familiares, doenças genéticas, hipoplasia da bolsa escrotal ou abaulamento da região inguinal e ausência de um ou ambos os testículos na bolsa escrotal.

TABELA 1 CLASSIFICAÇÃO DO TESTÍCULO ECTÓPICO

1. Testículo palpável

   A. Trajeto normal

   Retrátil: desliza entre o anel inguinal externo e o escroto

   Retido: migração incompleta (intracanalicular, pré-escrotal)

   B. Testículo anormal (ectopia): trajeto anômalo de migração

   Inguinal superficial

   Pubopeniano

   Perineal

   Femoral

   Cruzado

2. Testículo não palpável

   Intra-abdominal (criptorquidismo verdadeiro)

   Anorquismo

O que pedir

NA ROTINA

1. Ressonância magnética (RM), que visualiza bem o testículo. A ultrassonografia (US) tem pouca definição, e a tomografia computadorizada (TC) apresenta alta taxa de resultados falso-negativos.

NOS CASOS ESPECIAIS

1. Laparoscopia: útil como método adjuvante nos testículos intra-abdominais.
2. Teste com hCG, 5.000 UI, IM, com determinação de níveis de testosterona basal e após 72 h.

 **Como tratar**

1. Clínico: terapêutica hormonal com hCG, 50 a 100 UI/kg, IM, 1 vez/semana, por 6 semanas.
2. Cirúrgico: tratamento de eleição para os testículos ectópicos e não palpáveis e quando do insucesso da terapêutica hormonal (laparoscopia e orquidopexia).

84
Déficit de hormônio de crescimento (GH) ou baixa estatura hormonal

 O que é

Diminuição ou interrupção da secreção de hormônio de crescimento (GH), que pode ocorrer como resultado de diversas condições determinantes (Tabela 1).

TABELA 1 CAUSAS DA DEFICIÊNCIA DO HORMÔNIO DE CRESCIMENTO (GH)

1. Processos infecciosos e inflamatórios

   Meningoencefalites: virais (rubéola congênita, citomegalovírus), parasitárias (toxoplasmose), bacterianas e fúngicas

   Hipofisite autoimune inespecífica

2. Processos infiltrativos (histiocitose, sarcoidose, hemossiderose)

3. Alterações vasculares (aneurisma da base do crânio, infarto hipofisário, anemia falciforme)

4. Processos expansivos hipotálamo-hipofisários (craniofaringioma, gliomas hipotalâmicos e ópticos, pinealoma ectópico, hidrocefalia, cisto do III ventrículo)

(continua)

TABELA 1 CAUSAS DA DEFICIÊNCIA DO HORMÔNIO DE CRESCIMENTO (GH) *(continuação)*

5. Sequelas do tratamento de neoplasias (pós-quimioterapia intratecal, pós-radioterapia do sistema nervoso central)

6. Defeitos congênitos da linha média facial (displasia septo-ótica, fenda palatina, lábio leporino, displasia frontonasal, síndrome do incisivo central único)

7. Traumas

   Perinatais (parto pélvico, anóxia grave)

   Acidentes com fratura da base do crânio

   Neurocirúrgicos

   Síndrome da criança espancada

8. Genética

   Associada a síndromes (Silver-Russell, Prader-Willi, Fanconi, Rieger)

   Anormalidades gênicas:
   - defeitos do gene do hormônio de crescimento (GH) tipo I-A, I-B, II e III
   - síndrome de Laron (defeito do receptor do GH)
   - resistência à IGF-I (somatomedina-C)

9. Idiopática

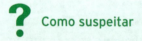

Como suspeitar

1. História de parto pélvico, anóxia e hipoglicemia neonatais.
2. Fácies típica com maxilares pequenos, nariz em sela, fronte olímpica, voz aguda, mãos e pés pequenos, obesidade de tronco e micropênis.
3. Velocidade de crescimento e estatura < – 2 desvios-padrão para idade e sexo.

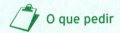 **O que pedir**

NA ROTINA

1. Teste da clonidina e de tolerância à insulina: considera-se resposta normal quando há pico de GH ≥ 10 mg/dL em qualquer tempo (radioimunoensaio).
2. Dosagem de IGF-I (somatomedina-C) e IGFBP-3 (proteína carreadora).
3. Dosagem dos hormônios hipofisários: pesquisa de deficiências hormonais associadas.
4. Radiografia de punho: idade óssea atrasada.

NOS CASOS ESPECIAIS

1. Ressonância magnética (RM) para pesquisa de tumores.

 **Como tratar**

1. GH: 0,035 mg/kg/dia (1 mg = 3 UI), SC, com aplicações noturnas nos 7 dias da semana, sem descanso e até idade óssea de 14 anos na menina e 16 anos no menino.

Bibliografia

1. Achoki R, Opiyo N, English M. Mini-review: management of hypoglycaemia in children aged 0-59 months. J Trop Pediatr 2010; 56(4):227-34.
2. Allen DB. Growth promotion ethics and the challenge to resist cosmetic endocrinology. Horm Res Paediatr 2017;87(3):145-52.
3. Bahowairath FA, Woodhouse N, Hussain S, Busaidi MA. Subacute thyroiditis: a rare cause of fever of unknown origin. Clin Med (Lond) 2017; 17(1):86-7.
4. Chantzichristos D, Persson A, Eliasson B, Miftaraj M, Franzén S, Bergthorsdottir R et al. Mortality in patients with diabetes mellitus and Addison's disease: a nationwide, matched, observational cohort study. Eur J Endocrinol 2017; 176 (1):31-9.
5. Charmandari E, Nicolaides NC, Chrousos GP. Adrenal insufficiency. Lancet 2014; 383(9935):2152-67.
6. Clarke W, Jones T, Rewers A, Dunger D, Klingensmith GJ. Assessment and management of hypoglycemia in children and adolescents with diabetes. Pediatr Diabetes 2009; 10(12):134-45.
7. Coelho Neto JR, Nascimento ML. Doenças da tireoide. In: Campos Junior D, Burns DAR, Lopez FA. Tratado de pediatria da Sociedade Brasileira de Pediatria. 3.ed. Barueri: Manole, 2014. p.985-90.
8. Damiani D, Dichtchekenian V, Setian N. Hipoglicemia na infância: ainda um desafio. J Pediatr 1997; 73(4):231-8.
9. Diagne N, Faye A, Ndao AC, Djiba B, Kane BS, Ndongo S et al. Epidemiological, clinical, therapeutic and evolutive aspects of Basedow-Graves disease in the Department of Internal Medicine at CHU Aristide Le Dantec, Dakar (Senegal)]. Pan Afr Med J 2016; 25:6.
10. Diniz EMA, Okay Y, Tobaldini R, Vaz FAC. Manual do residente de pediatria. Departamento de Pediatria da Faculdade de Medicina – Universidade de São Paulo. 2.ed. São Paulo: Atheneu, 2004.
11. Ferreira JP, Penazzi M, Taborda M, Funes S, Villareal M. A comparison of two systems for hydration of children with diabetic ketoacidosis. a randomized controlled trial. Rev Fac Cien Med Univ Nac Cordoba 2015; 72(2):93-9.
12. Frank GR, Speiser PW, Griffin KJ, Stratakis CA. Safety of medications and hormones used in pediatric endocrinology: adrenal. Pediatr Endocrinol Rev 2004; Suppl 1:134-45.

13. Gibb FW, Stewart A, Walker BR, Strachan MW. Adrenal insufficiency in patients on long-term opioid analgesia. Clin Endocrinol (Oxf) 2016; 85(6):831-5.
14. Guettier JM. Hypoglycemia. Endocr Metab Clinics 2006; 35(4):753-66.
15. Hay W. Current diagnosis and treatment in pediatrics. 20.ed. McGraw-Hill, 2011. p.975-7.
16. Husebye E, Lovas K. Pathogenesis of primary adrenal insufficiency. Best Pract Res Clin Endocrinol Metab 2009; 23(2):147-57.
17. Júnior GG, Calliari LEP. Endocrinologia pediátrica. Série Atualizações Pediátricas. Departamento de Endocrinologia da Sociedade de Pediatria de São Paulo. São Paulo: Atheneu, 2004.
18. Kwon KY, Tsai VW. Metabolic emergencies. Emerg Med Clin North Am 2007; 25(4):1041-60.
19. La Torre FPF, Kiertsman B. Asma aguda grave. In: La Torre FPF, Storni JG, Chicuto LAD, Cesar RG, Pecchini R. UTI pediátrica. Barueri: Manole, 2015. p.273-7.
20. Lopez FA, Júnior DC. Tratado de Pediatria da Sociedade Brasileira de Pediatria. Barueri: Manole, 2007.
21. Marcondes E. Pediatria básica. 9.ed. São Paulo: Sarvier, 2002.
22. Morais MB, Campos SO, Silvestrini WS. Guia de medicina ambulatorial e hospitalar da Unifesp/EPM – Pediatria. Barueri: Manole, 2005.
23. Murahovschi J. Pediatria: diagnóstico + tratamento. 6.ed. São Paulo: Sarvier, 2003.
24. Nóbrega FJ. Medicamentos habitualmente usados em pediatria. São Paulo: Nestlé Nutrition, 2011.
25. Paudel N, Chakraborty A, Anstice N, Jacobs RJ, Hegarty JE, Harding JE et al. Neonatal hypoglycaemia and visual development: a review. Neonatology 2017; 112(1):47-52.
26. Perry R, Kecha O, Paquette J, Huot C, Van Vliet G, Deal C. Primary adrenal insufficiency in children: twenty years experience at the Sainte-Justine Hospital, Montreal. J Clin Endocrinol Metab 2005; 90(6):3243-50.
27. Punwani VV, Wong JS, Lai CY, Chia JC, Hutson JM. Testicular ectopia: why does it happen and what do we do? J Pediatr Surg 2016; pii: S0022-3468(16)30648-0.
28. Storni JG, Romagosa RC, Cesar RG. Síndrome do desconforto respiratório agudo. In: La Torre FPF, Storni JG, Chicuto LAD, Cesar RG, Pecchini R. UTI pediátrica. Barueri: Manole, 2015. p.295-9.
29. Vieira GK. Insuficiência suprarrenal. In: Gilio AE, Grisi SJFE, Bousso A, De Paulis M (eds.). Urgências e emergências em pediatria geral – Hospital Universitário da Universidade de São Paulo. São Paulo: Atheneu, 2015. p.509-15.
30. White K, Arlt W. Adrenal crisis in treated Addison's disease: a predictable but under-managed event. Eur J Endocrinol 2010; 162(1):115-20.

PARTE 9
Hematologia

85 Anemia ferropriva

86 Anemia megaloblástica

87 Anemia hemolítica autoimune (AHAI)

88 Anemia falciforme

89 Síndrome talassêmica (anemia do Mediterrâneo)

90 Esferocitose hereditária (EH)

91 Síndrome de falência medular

92 Púrpuras e distúrbios da coagulação

85
Anemia ferropriva

 O que é

Diminuição do número de hemácias circulantes no organismo, resultante da deficiência de ferro caracterizada pelo suprimento insuficiente deste mineral para síntese de hemoglobinas (Tabela 1).

TABELA 1   NÍVEIS DE HEMOGLOBINA E HEMATÓCRITO DETERMINANTES DE ANEMIA

Grupo	Hb (g/dL)	Htc (%)
Crianças 6 a 59 meses	< 11	< 33
Crianças 5 a 11 anos	< 11,5	< 34
Crianças 12 a 14 anos	< 12	< 36
Mulheres (> 15 anos)	< 12	< 36
Gestantes	< 11	< 33

Hb: hemoglobina; Htc = hematócrito.

❓ Como suspeitar

1. Fatores de risco: assistência pré-natal incompleta, ligadura inadequada do cordão umbilical, prematuridade, baixo peso ao nascer, abandono precoce do aleitamento materno exclusivo, alta demanda de ferro necessária para crescimento físico, baixo nível socioeconômico e cultural, fraco vínculo mãe/filho, inadequação da alimentação complementar, baixa ingestão de ferro alimentar (quantitativa e qualitativa), desnutrição, infecções frequentes, menor idade e escolaridade materna, maior número de membros da família, precárias condições de saneamento básico e dificuldade de acesso aos serviços de saúde.
2. Características clínicas:
   - apatia, fadiga, desinteresse, irritabilidade, anorexia e perversão alimentar (pica);
   - palidez cutaneomucosa, atrofia papilar lingual, glossite, coiloníquia (unhas côncavas) e queilites;
   - diminuição da atenção e da capacidade de aprendizado.

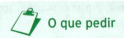

O que pedir

1. Hemograma:
   - hemoglobina (Hb) e hematócrito (Htc) diminuídos;
   - volume corpuscular médio (VCM), hemoglobina corpuscular média (HCM) e concentração de hemoglobina corpuscular média (CHCM) diminuídos (microcitose e hipocromia).
2. Ferro sérico diminuído (< 50 mg/dL – deficiência de ferro).
3. Ferritina baixa (< 10 mg/mL – depleção das reservas corpóreas de ferro).
4. Capacidade de ligação do ferro aumentada (> 400 g/dL).
5. Saturação da transferrina diminuída (< 12%).
6. Protoporfirina eritrocitária livre aumentada (> 40 mcg/dL).
7. Reticulócitos diminuídos.

Como tratar

1. 3 a 5 mg/kg/dia de ferro elementar divididos em 2 ou 3 tomadas orais, 1 h antes das refeições, por um período em média de 3 a 4 meses ou até a normalização dos níveis teciduais.
2. Associar ácido ascórbico (vitamina C) sob forma medicamentosa ou suco de frutas cítricas.
3. Orientação alimentar e nutricional: consumo de alimentos fontes de ferro com elevada biodisponibilidade e facilitadores da absorção de ferro não heme.
4. Ferro IM não é recomendado.
5. Transfusão sanguínea apenas nos casos com Hb < 5 g/dL com sinais de desequilíbrio hemodinâmico.

86
Anemia megaloblástica

O que é

Diminuição do número de hemácias circulantes no organismo resultante da deficiência de ácido fólico (folacina) ou vitamina B_{12} (cobalamina) no organismo caracterizada pelo seu suprimento insuficiente para síntese de hemoglobinas. Também decorre de diversos distúrbios medulares associados a erros inatos do metabolismo dessas vitaminas.

Como suspeitar

1. Fatores de risco: pós-operatório de cirurgia gastrintestinal, síndromes de má absorção, perdas excessivas (p. ex., terapia renal substitutiva), aumento das necessidades (p. ex., anemia hemolítica crônica), vegetarianos e bebês de mães/famílias vegetarianas.
2. Apatia, fadiga, desinteresse, irritabilidade, anorexia, palidez cutaneomucosa e glossite.
3. Dor na língua, parestesias progressivas, distúrbios motores e hiporreflexia.

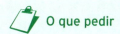

NA ROTINA

1. Hemograma:
   - hemoglobina (Hb) e hematócrito (Htc) diminuídos;
   - volume corpuscular médio (VCM) aumentado (> 110 a 140 fl – macrocitose);
   - neutropenia e/ou plaquetopenia.
2. Esfregaço periférico: ovalócitos, neutrófilos grandes com núcleo hipersegmentado, pontilhado basófilo, corpúsculo de Howell-Jolly e anel de Cabot.
3. Vitamina B_{12} e folato sérico.
4. Reticulócitos diminuídos.

NOS CASOS ESPECIAIS

1. Mielograma: hiperplasia da série eritroide e metamielócitos gigantes.
2. Dosagem urinária de ácido forminoglutâmico (FIGLU).
3. Folato eritrocitário.
4. Ácido metilmalônico sérico.
5. Hemocisteína plasmática.
6. Supressão de oxiuridina.

TABELA 1 DIFERENÇAS LABORATORIAIS ENTRE DEFICIÊNCIA DE B_{12} E FOLATO

Exame	Deficiência de B_{12}	Deficiência de folato
Vitamina B_{12} sérica	Diminuída (< 200 pg/mL)	Normal (200 a 800 pg/mL)
Folato sérico	Normal (3 a 15 mg/mL) ou aumentado (> 15 mg/mL)	Diminuído (< 3 mg/mL)
Dosagem urinária de FIGLU	< 2 mg/h	> 3,5 mg/h
Folato eritrocitário	Reduzido (< 160 mcg/L)	Reduzido (< 160 mcg/L)
Ácido metilmalônico sérico	Aumentado	Normal (< 0,4 mcmol/L)
Homocisteína plasmática	Aumento++	Aumento+
Supressão de oxiuridina	Anormal	Anormal

FIGLU: ácido forminoglutâmico.

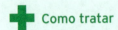 **Como tratar**

1. Orientação alimentar e nutricional:
   - alimentos ricos em vitamina B_{12}: leite e derivados, carne, peixes e ovos;
   - alimentos ricos em ácido fólico: feijão, vegetais verdes, fígado e leveduras.

TABELA 2 TRATAMENTO DE ANEMIA MEGALOBLÁSTICA POR DEFICIÊNCIA DE FOLATO OU VITAMINA B_{12}

	Folato	Vitamina B_{12}
Composição	Ácido fólico	Hidroxicobalamina
Via de administração	VO	IM
Dose inicial	5 a 10 mg/dia por 4 semanas	1.000 mcg/dia, por 1 semana
Manutenção	100 a 200 mcg/dia, por 2 meses	1.000 mcg/semana, por 1 a 3 meses

O tempo de tratamento deve ser determinado pela efetividade da melhora laboratorial e do afastamento dos fatores de risco.

87
Anemia hemolítica autoimune (AHAI)

 O que é

Destruição de eritrócitos consequente à presença de autoanticorpos (imunoglobulinas ou complemento) que se ligam a antígenos da sua superfície. Geralmente, é autolimitada em crianças.

1. Primária: pós-infecção viral não específica com ausência de outra doença sistêmica (anticorpos da classe IgG – bom prognóstico).
2. Secundária: associada a processo sistêmico, por exemplo, doenças autoimunes, doenças malignas, imunodeficiências, uso de medicamentos como penicilina, cefalosporina, tetraciclina, eritromicina, paracetamol, ibuprofeno e probenecida, ou infecções por micoplasma, vírus Epstein-Barr (EBV) e HIV.

 **Como suspeitar**

1. Formas brandas podem ser assintomáticas.

2. Palidez cutaneomucosa, fraqueza aguda, astenia, intolerância ao exercício, dispneia, cefaleia, tontura, taquicardia, palpitações e sopro sistólico.
3. Icterícia e esplenomegalia.

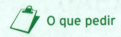

O que pedir

NA ROTINA

1. Hemograma:
   - hemoglobina (Hb) e hematócritos (Htc) diminuídos;
   - volume corpuscular médio (VCM) normal ou aumentado (normocitose ou macrocitose);
   - leucócitos e plaquetas normais.
2. Reticulócitos:
   - aumentados: hiperproliferação compensatória;
   - diminuídos: infecções associadas ao parvovírus B19.
3. Bilirrubina indireta aumentada (hemólise).
4. Teste de Coombs direto para identificação dos anticorpos na superfície dos eritrócitos: positivo.
5. Curva de fragilidade osmótica desviada para a direita.
6. Pesquisa de autocrioaglutininas (crioaglutininas ou aglutinação a frio).

NOS CASOS ESPECIAIS

1. Mielograma: hiperplasia da série eritroide.

 **Como tratar**

O objetivo é reduzir o grau de hemólise e, se secundária, afastar a causa de base.

1. Corticosteroide:
   - pulsoterapia: metilprednisolona 30 mg/kg/dia, EV, por 3 dias;
   - manutenção: prednisona 2 mg/kg/dia, VO.
2. Gamaglobulina intravenosa (IGIV): 1 g/kg/dia, por 5 dias.
3. Rituximabe: anticorpo monoclonal anti-CD20 para tratamento de AHAI refratária a corticoterapia.
4. Transfusão de sangue: manter Hb entre 6 e 8 g/dL.
5. Esplenectomia: casos não responsivos ou corticodependentes.
6. Exsanguinotransfusão e plasmaférese.
7. Outros imunossupressores (casos refratários): azatioprina, danazol, vimblastina, ciclofosfamida.

88
Anemia falciforme

 O que é

Hemoglobinopatia de caráter hereditário autossômico recessivo – homozigose para Hb S (Hb SS). A Hb S é resultante da mutação do gene da hemoglobina – troca do ácido glutâmico pela valina na posição 6 da cadeia beta da hemoglobina. Os indivíduos heterozigóticos (traço falciforme) são assintomáticos.

 Como suspeitar

1. Quadro inicial: dactilite (síndrome mão-pé), infecções de repetição, palidez cutaneomucosa, astenia e fraqueza.
2. Crescimento físico e desenvolvimento puberal atrasados.
3. Crise vasoclusiva (isquemia microvascular): dor localizada (abdominal e membros).
4. Crise aplástica (supressão da eritropoese): palidez acentuada, fadiga, dispneia.
5. Crise de hiper-hemólise (hemólise acentuada): icterícia.

6. Sequestro esplênico: esplenomegalia abrupta, palidez súbita, letargia, hipotensão, taquicardia e/ou taquipneia.
7. Acidente vascular cerebral (hemorragia cerebral): hemiparesia, disfasia, convulsões.
8. Osteomielite, necrose da cabeça do fêmur, vasculopatia cutânea (úlceras crônicas).
9. Priapismo: ereção persistente do pênis.
10. Síndrome torácica aguda (vaso-oclusão e sequestro pulmonar): dor pleurítica, dispneia, tosse.

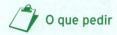

O que pedir

NA ROTINA

1. Hemograma:
   - hemoglobina (Hb) e hematócrito (Htc) diminuídos;
   - volume corpuscular médio (VCM), hemoglobina corpuscular média (HCM) e concentração de hemoglobina corpuscular média (CHCM) normais (normocitose e normocromia);
   - leucocitose com ou sem desvio à esquerda;
   - plaquetas aumentadas (> 500.00/mm^3).
2. Reticulócitos aumentados (entre 5 e 20% – hiperproliferação compensatória).
3. Bilirrubina indireta aumentada (hemólise).
4. Esfregaço periférico: hemácias "em foice", em alvo, fragmentadas, policromasia, esferócitos e corpúsculos de Howell-Jolly.
5. Teste de falcização positivo.
6. Eletroforese de hemoglobina: Hb S (80 a 90%), HbF (2 a 20%), Hb A2 (< 3,5%).
7. Triagem neonatal: padrão FS.

Como tratar

Tratamento ambulatorial

1. Ácido fólico 5 mg/dia, VO.

2. Penicilina G benzatina 50.000 UI/kg, IM, a cada 21 dias, ou penicilina V, 125 mg, VO, 2 vezes/dia em crianças com até 3 anos e 250 mg, VO, 2 vezes/dia, nas crianças com idade superior. Em alérgicos à penicilina, usar eritromicina 125 mg, VO, 2 vezes/dia dos 4 meses aos 3 anos e 250 mg da mesma forma após os 3 anos.
3. Vacinação contra hepatite B, anti-hemófilos e antipneumococos.
4. Hidroxiureia (antimetabólico e quimioterápico citotóxico): diminui as crises vaso-oclusivas, a necessidade de transfusão, os episódios de síndrome torácica aguda e a mortalidade.
5. Transplante de medula óssea.
6. Terapia gênica é possibilidade futura.

Tratamento das crises

1. Crise vaso-oclusiva dolorosa: hidratação EV, analgesia (paracetamol, dipirona, codeína, tramadol, morfina). Concentrado de hemácias apenas nas crises refratárias. Oxigênio suplementar apenas em casos de hipoxemia. Atenção com o uso de meperedina: seu metabólito (normeperidina) tem meia-vida longa, cujo acúmulo pode levar a complicações neurológicas (crises convulsivas, *delirium* e mioclonia).
2. Crise aplástica: transfusão de concentrado de hemácias leucorreduzidas lentamente (2 a 3 mL/kg, EV, até Hb chegar entre 6 e 9 g/dL). Curso geralmente autolimitado.
3. Crise de hiper-hemólise: transfusão de concentrado de hemácias.
4. Sequestro esplênico: hidratação venosa cuidadosa, transfusão de concentrado de hemácias de forma judiciosa e esplenectomia eventual.
5. Acidente vascular cerebral:
   - manter Hb S < 30%;
   - concentrado de hemácias (não elevar Hb para mais de 10 g/dL);
   - exsanguinotransfusão parcial se Htc > 30%.
6. Priapismo: hidratação EV, estímulo para urinar, analgesia e agentes adrenérgicos. Cirurgia apenas em casos prolongados.
7. Síndrome torácica aguda: hidratação, analgesia, oxigenoterapia, antibioticoterapia (ceftriaxona), óxido nítrico inalatório contínuo e transfusão sanguínea. Broncodilatadores em caso de hiper-reatividade brônquica.

89
Síndrome talassêmica (anemia do Mediterrâneo)

 O que é

Hemoglobinopatia de caráter hereditário autossômico recessivo resultante de mutações cromossômicas que afetam a síntese de hemoglobina com produção inadequada das cadeias de principalmente dois tipos de globulina:

1. Alfa (talassemia alfa – cromossomo 16). Tem 4 apresentações clínicas: portador silencioso (sem manifestações), traço talassêmico alfa (anemia leve), doença da hemoglobina H (anemia moderada a grave) e síndrome da hidropisia fetal da hemoglobina Bart's (anemia muito grave e incompatível com a vida).
2. Beta (talassemia beta – cromossomo 11). Tem 3 apresentações clínicas: talassemia beta menor/traço talassêmico beta (anemia leve), talassemia beta intermediária (anemia leve a grave, podendo necessitar de transfusões de sangue esporadicamente) e talassemia beta maior (anemia grave, necessitando de transfusões de sangue frequentes desde os primeiros meses de vida).

❓ Como suspeitar

1. Procedência (movimentos imigratórios):
   - talassemia alfa: países do mar Mediterrâneo, sudeste da Ásia, da África e da Índia;
   - talassemia beta: países do mar Mediterrâneo, Oriente Médio, Índia, Ásia central, sul da China, Extremo Oriente e norte da África.
2. Quadro clínico:
   - anemia;
   - icterícia;
   - fácies típica;
   - atraso de crescimento;
   - fraqueza;
   - adinamia;
   - infecções de repetição;
   - deformidades ósseas;
   - hepatoesplenomegalia.

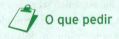

O que pedir

NA ROTINA

1. Hemograma:
   - hemoglobina (Hb) e hematócritos (Htc) diminuídos;
   - volume corpuscular médio (VCM), hemoglobina corpuscular média (HCM) e concentração de hemoglobina corpuscular média (CHCM) diminuídos (microcitose e hipocromia).
2. Reticulócitos normais ou aumentados (hiperproliferação).
3. Esfregaço periférico: hemácias em alvo.
4. Eletroforese de hemoglobina: presença de Hb de migração rápida (HbH), diminuição de HbA1 com aumento de HbF e HbA2.
5. Triagem neonatal: hemoglobina Bart's (talassemia alfa). O diagnóstico de talassemia beta menor não pode ser feito pela triagem neonatal.

NOS CASOS ESPECIAIS

1. Reação em cadeia de polimerase: estudo de DNA confirmatório.

Como tratar

1. Transfusão de glóbulos vermelhos para manter Hb entre 10 e 12 g/dL ou em casos de deformidades ósseas graves.
2. Quelante de ferro – opção: deferoxamina 20 a 40 mg/kg/dia, SC, em 8 a 12 h por meio de bomba de infusão 5 vezes/semana (se ferritina sérica > 1.000 mcg/dL e idade superior a 3 anos).
3. Esplenectomia.
4. Transplante de medula óssea.
5. Aconselhamento genético.

90
Esferocitose hereditária (EH)

 O que é

Anemia hemolítica hereditária caracterizada por hemácias osmoticamente frágeis e morfologicamente esféricas, resultante de alterações nas proteínas do citoesqueleto da célula (espectrina, anquirina, proteína 4.2, banda 3).

 Como suspeitar

1. Procedência (movimentos imigratórios): principalmente do norte da Europa.
2. História familiar de anemia, icterícia e esplenectomia.
3. Quadro clínico:
    - anemia;
    - palidez;
    - fadiga;
    - irritabilidade;
    - icterícia;
    - esplenomegalia;
    - atraso de crescimento;
    - déficit de maturação sexual;
    - fácies talassêmica.

 **O que pedir**

NA ROTINA

1. Hemograma:
   - hemoglobina (Hb) e hematócritos (Htc) diminuídos;
   - concentração de hemoglobina corpuscular média (CHCM) aumentada (> 36%) em cerca de 50% dos casos.
2. Reticulócitos:
   - aumentados (5 a 10%);
   - diminuídos na vigência de crise aplástica.
3. Bilirrubina indireta aumentada (hemólise).
4. Esfregaço periférico: esferócitos.
5. Teste de resistência globular osmótica (RGO) alterado.
6. Teste da antiglobulina direto negativo.

 **Como tratar**

1. Ácido fólico (2 a 5 mg/dia).
2. Transfusão sanguínea.
3. Esplenectomia na maioria dos pacientes com idade acima de 2 anos (preferencialmente, maiores de 6 anos).

TABELA 1   ACHADOS LABORATORIAIS

Classificação	Traço	Leve	Moderada	Grave
Hb (g/dL)	Normal	11 a 15	8 a 12	< 8
Reticulócitos	1 a 3	3 a 8	≥ 8	≥ 10
Bilirrubina (mg/dL)	0 a 1	1 a 2	≥ 2	≥ 3
RGO	Normal	Normal ou levemente aumentada	Aumentada	Aumentada

Hb: hemoglobina; RGO: resistência globular osmótica.

91
Síndrome de falência medular

 O que é

Diminuição ou interrupção da função medular caracterizada por alterações na célula-tronco que levam à substituição da medula óssea por tecido gorduroso em grau variável, com consequente pancitopenia no sangue periférico resultante da ação de doenças hereditárias ou adquiridas (mais frequentes).

ETIOLOGIA HEREDITÁRIA

Anemia de Fanconi, disqueratose congênita, anemia de Blackfan--Diamond, síndrome de Shwachman-Diamond, síndrome de Kostmann, trombocitopenia amegacariocítica, anemia diseritropoética congênita, disgenesia reticular, síndromes de Dubowitz, Seckel, Pearson e hipoplasia da cartilagem do cabelo.

ETIOLOGIA ADQUIRIDA

1. Medicamentos e agentes químicos por exposição regular ou idiossincrasia: alopurinol, anticonvulsivantes, antitireoidianos, benzenos,

butazonas, cloranfenicol, corticosteroides, diclofenaco, fenotiazinas, furosemida, indometacina, ouro, piroxicam, quimioterápicos e sulfonamidas.
2. Viroses: vírus Epstein-Barr (EBV), hepatite, parvovírus, HIV e citomegalovírus.
3. Doenças imunes: hipoimunoglobulinemia, fasciíte eosinofílica, timoma, carcinoma de timo e reação a enxerto.
4. Outras doenças: hemoglobinúria paroxística noturna.

 Como suspeitar

Anemia (palidez, fadiga, astenia e até mesmo dispneia), infecções consequentes à neutropenia (< 200 mm³) e hemorragia secundária à plaquetopenia (hematomas, petéquias, gengivorragias e epistaxes).

TABELA 1 SÍNDROMES HEREDITÁRIAS

Doença	Sinais
Anemia de Fanconi	Manchas café com leite, baixa estatura, microcefalia, alterações esqueléticas (polegar e rádio), hipo ou hiperpigmentação renal (rins em ferradura)
Disqueratose congênita	Distrofia das unhas, hipopigmentação macular ou reticular, leucoplaquia de mucosa
Síndrome de Shwachman-Diamond	Insuficiência pancreática exócrina, disostose metafiseal, baixa estatura, disfunção hepática
Anemia de Blackfan-Diamond	Anomalias congênitas (polegar), baixa estatura, alterações cardíacas (defeito de septo ventricular ou atrial)

 O que pedir

NA ROTINA

1. Pancitopenia no sangue periférico (hemoglobina menor de 10 g/dL, plaquetas < 50.000/mm³ e neutrófilos < 1.500/mm³), baixa contagem

de reticulócitos (abaixo do limite considerado normal pelo método) e medula óssea hipocelular à biópsia, com diminuição de todos os elementos hematopoéticos e seus precursores, na ausência de células estranhas à medula óssea, fibrose ou hematofagocitose.
2. Hemograma:
   - hemoglobina (Hb) e hematócritos (Htc) diminuídos;
   - volume corpuscular médio (VCM), hemoglobina corpuscular média (HCM) e concentração de hemoglobina corpuscular média (CHCM) normais (normocitose e normocromia);
   - neutropenia, plaquetopenia e reticulocitopenia.
3. Mielograma: poucas espículas, substituição do tecido medular por tecido gorduroso, linfocitose, granulocitopenia, ausência de megacariócitos, diminuição de eritroblastos.

NOS CASOS ESPECIAIS

1. Biópsia de medula óssea: hipoplasia intensa e substituição gordurosa.
2. Sorologias para infecções virais.
3. Eletroforese de hemoglobina (HbF): aumentada em aplasia hereditária.
4. Tripsina e amilase séricas diminuídas na síndrome de Shwachman-Diamond.
5. Teste de Ham/Ham com sacarose/CD59 por citometria de fluxo: positivos na hemoglobinúria paroxística noturna.
6. Radiografia simples: pesquisa de timoma e alterações esqueléticas (ausência, malformações e disostose metafisária).
7. Ultrassonografia (US) de abdome: pesquisa de alterações nos rins (anemia de Fanconi), baço e fígado (mielodisplasias).
8. Estudo citogenético.

CASOS GRAVES

1. Celularidade < 25% na medula óssea e depressão em pelo menos 2 séries sanguíneas, a saber:
   - neutrófilos < 500/mm³;

- plaquetas < 20.000/mm³;
- reticulócitos < 1% (corrigido).

$$\text{Reticulócitos corrigidos} = \frac{\text{hematócrito observado} \times \text{reticulócitos observados}}{\text{hematócrito esperado}}$$

2. Transplante de medula óssea alogênico, de sangue de cordão umbilical ou por doador HLA compatível.
3. Medicações imunossupressoras: globulina antitimocítica de cavalo (ATG), antilinfocitária de coelho (ALG) e ciclosporina A (CsA).
4. Corticosteroide oral: prednisona 2 mg/kg/dia.
5. Pulsoterapia: metilprednisolona 30 mg/kg/dia, EV, por 3 dias.
6. Androgênios: oximetalona 2 a 5 mg/kg/dia.
7. Transfusão sanguínea:
   - concentrado de hemácias: indicação baseada nos sintomas anêmicos;
   - concentrado de plaquetas: indicado quando a contagem plaquetária estiver abaixo de 10.000/mm³. Em casos de sangramento ativo ou febre: 20.000/mm³.
8. Antibioticoterapia para infecções vigentes e neutropenia febril.

92
Púrpuras e distúrbios da coagulação

 O que são

Síndromes hemorrágicas decorrentes de doença benigna ou manifestação de doenças graves associadas a trombocitopenia, disfunção plaquetária, defeito vascular ou deficiência de fator de coagulação.

DEFICIÊNCIA PLAQUETÁRIA/VASCULAR

1. Púrpura trombocitopênica idiopática (PTI): plaquetopenia induzida por mecanismo autoimune com formação de anticorpos antiplaquetários (IgG) e consequente destruição das plaquetas. Causa desconhecida, porém comumente associada à infecção viral pregressa ou à vacinação com vírus atenuado.
2. Distúrbios congênitos da função plaquetária: síndrome de Bernard-Soulier, tromboastenia de Glanzmann e síndrome de Wiskott-Aldrich.
3. Disfunção plaquetária induzida por medicamentos: ácido acetilsalicílico, ácido meclofenâmico, anti-histamínicos, carbenicilina, clorpromazina, derivados da pirimidina, fenilbutazona, guaiacolato de glicerila, hidroxicloroquina, indometacina, nitrofurantoína e sulfapirazona.

4. Púrpura de Henoch-Schönlein ou púrpura alérgica ou púrpura anafilactoide: vasculite asséptica precedida de quadro gripal resultante da deposição de imunocomplexos (IgA) na parede dos vasos, levando a lesões na pele (maculopápulas avermelhadas e coalescentes, principalmente nas faces extensoras de membros inferiores e nádegas), grandes articulações (artrite dolorosa), trato gastrintestinal (dores abdominais) e rins (proteinúria, hematúria e diminuição da função renal).

DEFICIÊNCIA DA COAGULAÇÃO

1. Hemofilia: doença hereditária recessiva ligada ao sexo, consequente à mutação de genes no braço longo do cromossomo X, caracterizada pela deficiência ou anormalidade da atividade coagulante dos fatores VIII (hemofilia A) e IX (hemofilia B).
2. Doença de von Willebrand (vW): defeito quantitativo ou qualitativo do fator proteico de vW de herança predominantemente autossômica dominante, que interrompe a hemostasia primária.

Como suspeitar

TABELA 1 PÚRPURAS E DISTÚRBIOS DA COAGULAÇÃO - SINAIS CLÍNICOS

Dados	Deficiência plaquetária/vascular	Deficiência da coagulação
História familiar	Geralmente ausente	Geralmente presente
Quadro clínico	Cutâneo: petéquias, púrpuras e equimoses Mucoso: epistaxes, sangramento gastrintestinal, menorragia e hematúria	Sangramento profundo, principalmente articular (hemartrose) e muscular (hematomas)
Sangramento em lesão superficial	Profuso e prolongado	Médio
Sangramento em lesão profunda	Imediato e curto	Tardio e persistente
Compressão local	Eficaz	Ineficaz

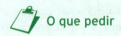 **O que pedir**

NA ROTINA

TABELA 2 PÚRPURAS E DISTÚRBIOS DA COAGULAÇÃO – ACHADOS LABORATORIAIS

Distúrbio	Plaquetas	TS	TP/AP	TTPA
Plaquetopenia	Diminuídas	Aumentado	Normal	Normal
Alteração qualitativa das plaquetas	Normais ou diminuídas	Aumentado	Normal	Normal
Vascular	Normais	Aumentado	Normal	Normal
Fatores da coagulação	Normais	Normal	Alterado (via extrínseca)	Alterado (via intrínseca)

TS: tempo de sangramento; TP/AP: tempo/atividade de protrombina; TTPA: tempo de tromboplastina parcial ativado.

NOS CASOS ESPECIAIS

1. Mielograma: normo ou hipercelularidade megacariocítica.
2. Sorologias para infecções virais: HIV, hepatite A, B e C.
3. Fundo de olho.
4. Dosagem de glicoproteínas: ausência de Ib, IIb e IIIa em distúrbios congênitos.
5. Dosagem de fatores de coagulação: VIII, IX, vW e cofator de ristocetina.
6. Trombopoetina sérica: normal.
7. Prova do laço: positiva nas púrpuras vasculares.
8. Ureia/creatinina.
9. Urina tipo I.

 **Como tratar**

DEFICIÊNCIA PLAQUETÁRIA/VASCULAR

1. Tratamento conservador baseado na prevenção de hemorragias (orientação, repouso e não uso de injeções, vacinação com vírus vivos e medicações que alteram a função plaquetária).

2. Vitamina C: 100 mg/dia (menores de 2 anos) e 200 mg/dia (maiores de 2 anos).
3. Corticosteroide oral: prednisona 1 a 2 mg/kg/dia, por 4 a 6 semanas.
4. Pulsoterapia: metilprednisolona 30 mg/kg/dia, EV, por 3 dias.
5. Gamaglobulina EV de 3ª geração.
6. Imunossupressores: azatioprina, danazol, ciclofosfamida, vimblastina e vincristina.
7. Terapias em estudo: globulina anti-Rh e ciclosporina.
8. Concentrado de plaquetas.
9. Transplante de medula óssea eventual.

DEFICIÊNCIA DA COAGULAÇÃO

1. Reposição específica do fator de coagulação (VIII – 25%, IX – 30%):

$$\text{Fator de coagulação (n}^\circ \text{ UI)} = \frac{\text{Peso (kg)} \times \text{\% fator desejado}}{2 \text{ (hemofilia A) ou 1 (hemofilia B)}}$$

2. Fator de vW: 20 a 50 UI/kg dependendo da gravidade do sangramento.
3. Crioprecipitado: 1 bolsa contém em média 100 UI de fator VIII. Dose: 1 a 2 UI para cada 10 kg de peso corporal em 4 h. Esta dose aumenta o nível de fibrinogênio de aproximadamente 60 a 100 mg/dL.
4. Plasma fresco congelado: 1 mL contém 1 UI de qualquer fator de coagulação (dose máxima: 15 a 20 mL/kg).
5. Medicamentos adjuvantes:
    - antifibrinolíticos: ácido tranexânico e ácido épsilon-aminocaproico;
    - analgésicos: paracetamol, dipirona e codeína;
    - anti-inflamatórios: evitar bloqueadores da cicloxigenase;
    - acetato de desmopressina (DDAVP) 0,3 mcg/kg, EV, diluído em 30 a 50 mL de SF, infusão em 15 a 30 min;
    - corticosteroides;
    - cola de fibrina.
6. Profilaxia dos sangramentos: não usar medicações que interfiram na homeostasia e não aplicar injeções intramusculares.

Bibliografia

1. American Academy of Pediatrics (AAP). Committee on Nutrition. Pediatric Nutrition Handbook. 5.ed. Washington, D.C.: AAP Press, 2004.
2. Berentsen S, Tjonnfjord GE. Diagnosis and treatment of cold agglutinin mediated autoimmune hemolytic anemia. Blood Rev 2012; 26(3):107-15.
3. Braga JAP, Tone LG, Loggetto SR. Hematologia para o pediatra. Série Atualizações Pediátricas. Departamento de Oncologia e Hematologia da Sociedade de Pediatria de São Paulo. São Paulo: Atheneu, 2007.
4. Brasil. Ministério da Saúde. Guia para uso de hemocomponentes. Série A. Normas e Manuais Técnicos. [texto na internet]. Brasília: Ministério da Saúde, 2010. Disponível em http://bvsms.saude.gov.br/bvs/publicacoes/guia_uso_hemocomponentes.pdf. Acessado em: 26/3/2017.
5. Brasil. Ministério da Saúde. Orientações para o diagnóstico e tratamento das talassemias beta. [texto na internet]. Disponível em: http://bvsms.saude.gov.br/bvs/publicacoes/orientacoes_diagnostico_tratamento_talassemias_beta.pdf. Acessado em: 27/3/2017.
6. Brasil. Ministério da Saúde. Protocolo clínico e diretrizes terapêuticas. Anemia hemolítica autoimune. [texto na internet]. Disponível em: http://portalarquivos.saude.gov.br/images/pdf/2014/abril/02/pcdt-anemia-hemol-autoimune-livro-2013.pdf. Acessado em: 26/3/2017.
7. Brasil. Ministério da Saúde. Protocolo clínico e diretrizes terapêuticas. Volume 2. Série A. Normas e Manuais Técnicos. [texto na internet]. Brasília: Ministério da Saúde, 2010. Disponível em: http://bvsms.saude.gov.br/bvs/publicacoes/protocolos_clinicos_diretrizes_terapeuticas_v2.pdf. Acessado em: 26/3/2017.
8. Brasil. Ministério da Saúde. Talassemias. Disponível em: http://bvsms.saude.gov.br/bvs/folder/talassemias_folder.pdf. Acessado em: 27/3/2017.
9. Brunetta DM, Clé DV, Haes TM, Roriz-Filho JS, Moriguti JC. Management of acute complications of sickle cell disease. Medicina (Ribeirão Preto) 2010; 43(3): 231-7.
10. Campos Júnior D, Burns DAR, Lopez FA. Tratado de Pediatria da Sociedade Brasileira de Pediatria. 3. ed. Barueri: Manole, 2014.
11. Center for Disease Control and Prevention (CDC). Iron deficiency, United States, 1999-2000. MMWR 2002; 51(40):897-9.

12. Konstantyner T, Taddei JAAC, Oliveira MN, Palma D, Colugnati FAB. Isolated and combined risks for anemia in children attending the nurseries of daycare centers. J Pediatr 2009; 85(3):209-16.
13. Lopez FA, Campos Júnior D. Tratado de Pediatria da Sociedade Brasileira de Pediatria. Barueri: Manole, 2007.
14. Marcondes E. Pediatria básica. 9.ed. São Paulo: Sarvier, 2002.
15. Marsh JC, Ball SE, Cavenagh J, Darbyshire P, Dokal I, Gordon-Smith EC et al. Guidelines for the diagnosis and management of aplastic anaemia. Br J Haematol 2009; 147(1):43-70.
16. Morais MB, Campos SO, Silvestrini WS. Guia de medicina ambulatorial e hospitalar da Unifesp/EPM – Pediatria. Barueri: Manole, 2005.
17. Murahovschi J. Pediatria: diagnóstico + tratamento. 6.ed. São Paulo: Sarvier, 2003.
18. Nóbrega FJ. Distúrbios da nutrição na infância e na adolescência. 2.ed. Rio de Janeiro: Revinter, 2007.
19. Nóbrega FJ. Medicamentos habitualmente usados em pediatria. São Paulo: Nestlé Nutrition, 2011.
20. Oliveira RAG. Hemograma – como fazer e interpretar. São Paulo: Livraria Médica Paulista, 2007.
21. Osório MM. Determinant factors of anemia in children. J Pediatr 2002; 78(4):269-78.
22. Ramakrishnan U. Nutritional anemias – CRC series in modern nutrition. Boca Raton: CRC Press, 2000.
23. Sociedade Brasileira de Pediatria (SBP). Departamento de Nutrologia. Anemia carencial ferropriva. Documento científico. Rio de Janeiro: SBP, 2007.
24. World Health Organization (WHO), Centers for Disease Control and Prevention (CDC). Assessing the iron status of populations. 2.ed. including literature reviews. Genevbra: WHO/CDC, 2007.
25. World Health Organization (WHO), Centers for Disease Control and Prevention (CDC).Worldwide prevalence of anaemia 1993-2005. WHO Global Databases on Anaemia. Genebra: WHO/CDC, 2008.
26. World Health Organization (WHO). Iron deficiency anaemia. Assessment, prevention, and control. A guide for programme managers. Genebra: WHO, 2001.
27. World Health Organization (WHO). Thalassaemia International Federation. Management of haemoglobin disorders: report of a joint WHO-TIF meeting, Nicosia, Cyprus, 16-18 november 2007. WHO Document Production Services. Geneva: WHO, 2008.

PARTE 10
Imunologia

93 Prevenção da doença alérgica
94 Alergia alimentar
95 Alergia medicamentosa
96 Urticária e angioedema
97 Imunodeficiência primária

93
Prevenção da doença alérgica

 O que é

Há três formas de prevenir a doença alérgica:

1. Prevenção primária: adoção de medidas que impedem a sensibilização atópica de crianças de risco.
2. Prevenção secundária: adoção de medidas que evitem a manifestação da doença atópica em crianças já sensibilizadas.
3. Prevenção terciária: adoção de medidas de controle, evitando exacerbações e sintomas crônicos.

A Tabela 1 apresenta os principais alérgenos IgE-mediados para orientação diagnóstica e avaliação imunológica (códigos para exame IgE alérgeno-específica – *radio allergo sorbent test* – Rast).

TABELA 1 PRINCIPAIS ALÉRGENOS

ALIMENTOS

Grupos de triagem	Código
Alimentos infantis (clara de ovo, leite, peixe, trigo, amendoim, soja)	fx5
Cereais (trigo, aveia, milho, gergelim, trigo-negro)	fx3
Frutos do mar (peixe, camarão, mexilhão-azul, atum, salmão)	fx2
Sementes oleaginosas (amendoim, avelã, castanha-do-pará, amêndoa, coco)	fx1

Isolados	Código	Isolados	Código
Abacate	f96	Cebola	f48
Abacaxi	f210	Cenoura	f31
Abóbora	f225	Cereja	f242
Alho	f47	Coco	f36
Alfalactalbumina	f76	Corante vermelho carmim (E120)	f340
Amêndoa	f20	Ervilha	f12
Amendoim	f13	Espinafre	f214
Arroz	f9	Feijão-branco	f15
Atum	f40	Galinha, carne de	f83
Aveia	f7	Gergelim	f10
Avelã	f17	Glúten	f79
Banana	f92	Kiwi	f84
Batata	f35	Lagosta	f80
Betalactoglobulina	f77	Laranja	f33
Cabra, leite de	f300	Leite	f2
Cacau	f93	Limão	f208
Camarão	f24	Lula	f58
Caranguejo	f23	Maçã	f49
Caseína	f78	Manga	f91
Castanha-do-pará	f18	Melão	f87
Mexilhão-azul	f37	Porco, carne de	f26
Milho	f8	Queijo (tipo camembert, brie, roquefort)	f82
Morango	f44	Queijo (tipo cheddar)	f81
Ovo	f245	Salmão	f41
Ovo, clara de	f1	Sardinha	f61

(continua)

TABELA 1 PRINCIPAIS ALÉRGENOS *(continuação)*

Isolados	Código	Isolados	Código
Ovo, gema de	f75	Soja	f14
Peixe	f3	Tomate	f25
Pera	f94	Trigo	f4
Pêssego	f95	Trigo-negro	f11
Polvo	f59	Vaca, carne de	f27

ÁCAROS E PÓ DOMÉSTICO

Grupos de triagem	Código
Poeira doméstica (*D. pteronyssinus*, *D. farinae*, pó caseiro, barata)	hx2

Isolados	Código	Isolados	Código
Pó caseiro	h2	*D. microceras*	d3
Acarus siro	d70	*D. pteronyssinus*	d1
Blomia tropicalis	d201	*Glycyphagus domesticus*	d73
D. farinae	d2		

DROGAS

Isoladas	Código	Isoladas	Código
Amoxicilina	c6	Insulina suína	c70
Ampicilina	c5	Penicilina G	c1
Insulina bovina	c71	Penicilina V	c2

EPITÉLIOS

Grupos de triagem	Código
Epitélio de animais (gato, cão, cavalo, vaca)	ex1
Penas de animais (ganso, galinha, pato, peru)	ex71

Isolados	Código	Isolados	Código
Caspa de cão	e5	Gato	e1
Cavalo	e3	Hamster	e84
Cobaia	e6	Vaca	e4
Galinha	e85		

FUNGOS

Grupos de triagem	Código
Fungos (*Penicillium* spp., *Cladosporium* spp., *Aspergillus* spp., *Candida* spp., *Alternaria* spp., *Helminthosporium* spp.)	mx2

(continua)

TABELA 1 PRINCIPAIS ALÉRGENOS *(continuação)*

Isolados	Código	Isolados	Código
Alternaria alternata	m6	*Cladosporium herbarum*	m2
Aspergillus fumigatus	m3	*Penicillium notatum*	m1
Candida albicans	m5		
Barata de esgoto	i206	Pernilongo	i71
Barata doméstica	i6	Veneno de abelha	i1
Formiga lava-pé	i70	Veneno de marimbondo/vespa	i4
Mutuca	i204		

MISCELÂNEA

Isolados	Código
Algodão	o1
Folha de tabaco	o201
Látex	k82

Outros	Código
Triagem para inalantes: poeira doméstica/ácaros, epitélios de animais, fungos, pólen	ImmunoCAP Phadiatop
Pólen de árvores	

Grupos de triagem	Código
Pólen de árvores (*Olea europaea, Salix caprea, Pinus strobus, Eucalyptus* spp., *Acacia longifolia, Melaleuca leucadendron*)	tx7

Pólen de gramíneas	Código
Gramíneas (*Cynodon dactylon, Lolium perenne, Phleum pratense, Poa pratensis, Sorghum halepense, Paspalum notatum*)	gx2

Como suspeitar

São fatores de risco para doença alérgica em crianças:

1. Ao nascimento: história familiar, sexo masculino, prematuridade, baixo peso ao nascer e tabagismo materno durante a gestação.
2. Após o nascimento: exposição aos alérgenos ambientais e alimentares, tabagismo passivo e ausência de aleitamento materno. Lactente de alto risco é definido como aquele que tem um ou mais familiares de 1º grau com doença alérgica comprovada.

O que pedir

1. Não há exames a serem solicitados como estratégia de prevenção da doença alérgica. O hemograma, comumente utilizado para investigação de diversas patologias infantis, pode levantar a suspeita dessa doença pela presença de eosinofilia.
2. A Tabela 2 apresenta os principais exames, *in vivo* e *in vitro*, que podem ser utilizados para subsidiar, de modo inicial e adicional, o diagnóstico das doenças de origem alérgica.

TABELA 2 AVALIAÇÃO LABORATORIAL DA CRIANÇA COM SUSPEITA DE DOENÇA ALÉRGICA

Exames de investigação inicial	
In vitro	Hemograma
	Citologia nasal
	Avaliações imunológicas (específica e inespecífica)
In vitro	Testes cutâneos
	Dieta de exclusão
	Testes de provocação
	Avaliação por imagem (radiografia paranasal do *cavum* e do pulmão)
	Provas de função pulmonar
Exames de investigação adicional	
In vitro	Avaliação imunológica
	IgE alérgeno-específica (Rast)
	Liberação de histamina leucocitária
	Outros (avaliação do diagnóstico diferencial ou sobreposição de doenças e para estudos clínicos)
In vitro	Avaliação por imagem (TC e US)
	Outros (avaliação do diagnóstico diferencial, monitoração ou sobreposição de doenças)

TC: tomografia computadorizada; US: ultrassonografia.

 **Como tratar**

1. Não há evidências de que a restrição dietética da mãe, tanto na gestação quanto na lactação, possa prevenir o surgimento de patologias alérgicas, entre elas as alergias alimentares.
2. Não há evidências convincentes de que a exclusão de alérgenos durante a lactação associa-se a qualquer efeito protetor.
3. A Organização Mundial da Saúde (OMS) recomenda a oferta de aleitamento materno exclusivo nos primeiros 6 meses de vida, complementado pelo menos até os 2 anos de idade. A amamentação protege o lactente de patologias infecciosas respiratórias e gastrintestinais que estimulam a sensibilização alérgica.
4. No consenso atual, a introdução da alimentação complementar não está relacionada a maior predisposição de atopia em lactentes de alto risco para doenças alérgicas, o que inclui os alimentos previamente considerados alergênicos, como ovos e peixes.
5. Fórmulas de soja: sua utilização para fins de prevenção de alergia em crianças menores de 6 meses não é recomendada.
6. Fórmulas parcialmente hidrolisadas: podem ser utilizadas na prevenção de doenças alérgicas, embora a relevância do efeito preventivo seja baixa.
7. Fórmulas extensamente hidrolisadas: são utilizadas em lactentes para tratamento da alergia ao leite de vaca previamente diagnosticada.
8. Prebióticos e probióticos: não há evidências suficientes para recomendar sua adição a alimentos infantis com o intuito de prevenir doenças alérgicas.
9. Controle de exposição aos agentes irritantes inespecíficos e/ou aeroalérgenos (alergia respiratória) no domicílio e no quarto de dormir, conforme as providências descritas na Tabela 3.

TABELA 3 PROVIDÊNCIAS A SEREM TOMADAS NO CONTROLE AMBIENTAL

Proibir tabagismo

Forrar colchões e travesseiros com capas impermeáveis aos ácaros

Evitar vassouras e espanadores; fazer a limpeza com pano úmido em todas as superfícies e usar aspirador semanalmente

Favorecer a ventilação

Usar desumidificador com cautela, evitando o ressecamento do ambiente

Não usar vaporizadores

Remover travesseiros de pena ou paina, cobertores de lã e edredom de plumas

Evitar tapetes, carpetes e cortinas

Preferir pisos laváveis e cortinas tipo persianas

Evitar objetos que acumulem poeira, como bichos de pelúcia e almofadas

Evitar mofo e umidade

Evitar animais com pelos – preferir peixes e tartarugas como animais de estimação

Evitar o uso de talcos, perfumes, desinfetantes e produtos de limpeza com odor forte

Não usar inseticida em *spray*

Evitar procriação de baratas: a dedetização periódica é recomendada

94
Alergia alimentar

 O que é

Reação adversa clinicamente anormal à ingestão de alimentos ou aditivos alimentares, consequente à participação de mecanismos imunológicos. A alergia alimentar envolve diferentes tipos de hipersensibilidade, sendo a mais comum a do tipo I (hipersensibilidade imediata ou mediada pela IgE). O leite de vaca (alfacaseína e betalactoglobulina), o ovo (ovomucoide) e a soja são importantes agentes desencadeantes nos 2 primeiros anos de vida. Nas crianças maiores, passam a ser importantes o trigo, o amendoim, as castanhas, as nozes, os peixes e os frutos do mar.

 Como suspeitar

1. História compatível e melhora com dieta de exclusão.
2. Investigar o alimento suspeito, a quantidade ingerida, o tempo entre a ingestão e o surgimento de sintomas e fatores associados, como ingestão de álcool ou prática de exercícios.

3. Realizar exame físico criterioso para avaliação de outros sinais de atopia ou alterações do estado nutricional como repercussão da doença.
4. Manifestações gastrintestinais: diarreia aguda ou crônica, com retardo do crescimento, vômitos, náuseas, flatulência, obstipação, distensão abdominal, enterorragia, cólicas, regurgitação, colite inespecífica e anemia ferropriva associada a sangramento intestinal.
5. Manifestações respiratórias: tosse, espirros, prurido e obstrução nasal, rinorreia persistente, prurido periocular, disfagia, disfonia, dificuldade respiratória, chiado, aperto no peito e broncoespasmo.
6. Manifestações cutâneas: urticária aguda (placas edematosas e eritematopruriginosas com ou sem angioedema) e dermatite atópica (ressecamento e pruridos cutâneos e lesões crônicas em face extensora de membros).
7. Manifestações graves: anafilaxia com sintomas iniciais, como sensação de ardor, prurido e edema da mucosa oral e dos lábios, urticária, vômitos, dor abdominal e choque.

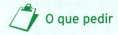

O que pedir

NA ROTINA

1. Hemograma: eosinofilia pode estar presente.
2. Testes sorológicos (*radio allergo sorbent test* – Rast): demonstra a concentração de IgE específica no sangue periférico.
3. Testes cutâneos de hipersensibilidade imediata (*prick test*): positivo com alimento suspeito (pápula maior que 3 mm de diâmetro). O resultado negativo exclui a possibilidade de o alimento ser responsável por reações alérgicas, quando mediadas por IgE.
4. Teste de provocação: administração de doses crescentes do alimento suspeito sob supervisão médica em ambiente hospitalar.

NOS CASOS ESPECÍFICOS

1. Testes cutâneos de contato (*patch test*): preditor de reação tardia mediada pelo linfócito T.
2. Biópsia cutânea: úteis no diagnóstico de alergia não mediada por IgE e no diagnóstico diferencial de dermatite atópica.

Como tratar

1. Tratamento dietético: exclusão do(s) alimento(s) suspeito(s) da dieta habitual por 1 a 6 semanas. Após esse período, para o grupo de pacientes que não tiveram melhora, retornar a dieta usual.
2. Para o grupo de pacientes com melhora da sintomatologia após a dieta de exclusão, programar a realização do teste de provocação oral.
3. Incentivo ao aleitamento materno, sobretudo nas crianças de maior risco.
4. Não se recomenda utilizar leite de cabra nos casos de alergia à proteína do leite de vaca, pelo alto risco de reação cruzada.
5. Tratamento medicamentoso: abordagem usual de asma, rinite alérgica, dermatite atópica e urticária, sem medidas especiais para a hipersensibilidade alimentar.
6. Para os pacientes que tiveram reações mais graves, recomenda-se a utilização de epinefrina autoinjetável (EpiPen® IM).
7. Anti-histamínicos podem ser utilizados para alívio do prurido e na prevenção do caráter bifásico da reação alérgica.

95
Alergia medicamentosa

 O que é

Reação adversa clinicamente anormal ao uso de medicação, consequente à participação de mecanismos imunológicos. O tipo de manifestação clínica da alergia depende do mecanismo de hipersensibilidade envolvido (Tabela 1).

TABELA 1 TIPOS DE HIPERSENSIBILIDADE RELACIONADOS AO USO DE MEDICAÇÃO

Tipo de hipersensibilidade	Características imunológicas
Reações anafiláticas (tipo I)	Mediadas por anticorpos da classe IgG
Reações citotóxicas (tipo II)	Resultam da ação de anticorpos contra tecidos e órgãos com os quais o medicamento tenha interagido
Reações por imunocomplexos (tipo III)	Doença do soro, mediada por anticorpos da classe IgG e IgM, com formação de complexos solúveis antígeno-anticorpo e ativação do sistema complemento
Reações mediadas por células (tipo IV)	Ocorrem por sensibilização de linfócitos e, em uma nova exposição, a alergia se instala

Há história de uso de medicações desencadeadoras e sintomatologia associada ao tipo de hipersensibilidade envolvida (Tabela 2).

TABELA 2 MANIFESTAÇÕES CLÍNICAS E FÁRMACOS ASSOCIADOS AOS TIPOS DE HIPERSENSIBILIDADE NA ALERGIA A MEDICAÇÃO

Tipos	Manifestações clínicas	Medicações associadas
Tipo I	Urticária, angioedema, rinite e/ou asma e choque anafilático	Penicilina, anestésicos locais, ácido acetilsalicílico, extratos alergênicos, soros heterólogos, gamaglobulina, asparaginase, insulina, toxoide tetânico e vacinas (ovo)
Tipo II	Sintomas associados aos órgãos acometidos (pele, rim, fígado, pulmão, coração, músculos e elementos formadores do sangue)	Penicilinas, cefalosporinas, cloranfenicol, sulfas, quinino, quinidina, fenacetina, aminopirina, fenilbutazona, clorotiazídicos, fenotiazinas, meprobamato, anticonvulsivantes e tobultamida
Tipo III	Febre, urticária, linfadenopatia, artrite e, ocasionalmente, neurite, vasculite e glomerulonefrite	Penicilina, sulfas, estreptomicina, furoxona, hidantoína, ácido acetilsalicílico, soros heterólogos e contrastes radiológicos
Tipo IV	Dermatite de contato	Sulfas, lanolina, compostos de mercúrio, benzocaína, etilenodiamina, timerosal, parabenos, formaldeído e neomicina

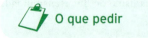

O que pedir

NA ROTINA

1. Prova de Coombs: avaliação de anemia hemolítica.
2. Dosagem de anticorpos IgM e IgG hemoaglutinantes.
3. Testes de provocação: indicados em história sugestiva, mas sempre em ambiente hospitalar.
4. Testes sorológicos (*radio allergo sorbent test* – Rast): valor limitado.
5. Testes cutâneos (puntura, subcutâneos e intradérmicos): confiáveis em investigação de sensibilidade a proteínas estranhas e a polipeptídios grandes (alergia à penicilina).

Como tratar

1. Interrupção do uso do medicamento suspeito.
2. Anti-histamínicos clássicos ou de 2ª geração: nos casos de prurido acentuado ou urticária.
3. Epinefrina: no choque anafilático.
4. Corticosteroides sistêmicos (prednisona, prednisolona, metilprednisolona e dexametasona): nas reações inflamatórias graves.
5. Corticosteroides tópicos (hidrocortisona): eficazes nas lesões eczematosas.
6. Dessensibilização ou indução de tolerância é indicada em casos especiais quando o medicamento é imprescindível e insubstituível.

96
Urticária e angioedema

 O que são

Manifestações clínicas na pele ou no tecido subcutâneo consequentes à reação de hipersensibilidade mediada por mecanismos imunológicos, podendo surgir isoladas ou combinadas.

 Como suspeitar

1. História clínica de uso de medicação, alimentos e aditivos alimentares, picada de insetos, contactantes, imunoterapia, inalantes, doenças sistêmicas (infecções, neoplasias, vasculites), desencadeantes físicos.
2. A urticária caracteriza-se por lesão eritematosa com bordas sobrelevadas, palidez central e prurido variável, principalmente no tronco, mas pode acometer qualquer lugar do corpo, com duração de 2 a 48 h.
3. O angioedema caracteriza-se por edema subcutâneo, raramente com prurido, em áreas de tecido conjuntivo frouxo, como face, pálpebras, lábios, orelhas e extremidades, podendo ser doloroso ou com sensação de queimação ou parestesia. O angioedema pode ser classificado como

adquirido, hereditário ou idiopático. A diferenciação em laboratório, durante os episódios de angioedema, é mostrada na Tabela 1.

TABELA 1 LABORATÓRIO DIFERENCIAL DO ANGIOEDEMA

Tipo	Nível do inibidor de C1 esterase	Função do inibidor de C1 esterase	Nível sérico de CH50	Nível sérico de C1	Nível sérico de C4
AH tipo I	↓	↓	↓	N	↓ ou N
AH tipo II	N	↓	↓	N	↓ ou N
AA tipo I	↓	↓	↓	↓	↓ ou N
AA tipo II	N	↓	↓	↓	↓ ou N
Idiopático	N	N	N	N	↓ ou N

AH: angioedema hereditário; AA: angioedema adquirido; N: normal.

O que pedir

NA ROTINA

1. Hemograma.
2. Velocidade de hemossedimentação (VHS).
3. Testes de função tireoidiana.
4. Pesquisa de autoanticorpos contra o inibidor de C1 esterase.
5. Dosagem de IgE específica ao antígeno suspeito.
6. Dosagem de complemento (C1, C3 e CH50).
7. Urina tipo I.
8. Parasitológico de fezes.
9. Testes cutâneos de leitura imediata.
10. Testes de desencadeamento.
11. Biópsia cutânea indicada para casos crônicos, como na presença de lesões maculosas residuais.

Como tratar

1. Afastar o agente etiológico.

2. Anti-histamínicos H1 ou clássicos: causam sedação e têm influência negativa sobre o aspecto cognitivo nos dias posteriores à utilização inicial:
   - dexclorfeniramina 0,15 mg/kg/dia (3 a 4 vezes/dia);
   - hidroxizina 1 mg/kg/dia (máx. 2 mg/kg/dia);
   - clemastina: 0,1 mg/kg/dia (2 a 3 vezes/dia).
3. Anti-histamínicos não clássicos: têm meia-vida mais longa e não atravessam a barreira hematoencefálica. É a terapêutica de escolha (Tabela 2).

TABELA 2   ANTI-HISTAMÍNICOS NÃO CLÁSSICOS

Medicamento	Apresentação	Posologia Crianças	Crianças maiores de 12 anos e adultos
Cetirizina	Gotas: 10 mg/mL Solução: 1 mg/mL Comprimidos: 10 mg	2 a 6 anos: 2,5 mg a cada 12 h 7 a 12 anos: 5 mg a cada 12 h	10 mg/dia
Desloratadina	Xarope: 0,5 mg/mL Comprimidos: 5 mg	2 a 5 anos: 1,25 mg/dia 6 a 11 anos: 2,5 mg/dia	5 mg/dia
Ebastina	Xarope: 1 mg/mL Comprimidos: 10 mg	2 a 6 anos: 2,5 mL/dia 7 a 12 anos: 5 mL/dia	10 mg/dia
Epinastina	Comprimidos: 10 e 20 mg	—	10 a 20 mg/dia
Fexofenadina	Cápsulas: 60 mg Comprimidos: 30, 120 e 180 mg	6 a 12 anos: 30 mg a cada 12 h	60 mg a cada 12 h ou 120 mg 1 vez/dia
Levocetirizina	Gotas: 5 mg/mL	2 a 6 anos: 2,5 mg/dia	5 mg/dia

4. Alfa-adrenérgicos: indicados em casos de urticária aguda associados a angioedema com risco de edema de glote e choque anafilático.
5. Corticosteroides sistêmicos (prednisona ou prednisolona 1 mg/kg/dose, 2 vezes/dia, máximo de 60 mg): indicados na urticária e/ou no angioedema agudos graves e na urticária e/ou angiodema sem resposta a outros medicamentos. Não exceder 2 semanas de utilização.
6. Imunosupressores: ciclosporina A em baixa dose é indicada em grupos de pacientes selecionados com urticária crônica grave que não responderam a anti-histamínicos.

97
Imunodeficiência primária

 O que é

Insuficiência do sistema imunológico em defender o corpo humano contra infecções causadas pelos mais variados patógenos e em distinguir entre o que é próprio ou não do organismo. Existem mais de 90 tipos de imunodeficiências primárias (IDP), que variam em relação ao setor do sistema imunológico acometido e à gravidade do quadro clínico, sendo a deficiência de IgA a mais comum em crianças. A Tabela 1 descreve a classificação das principais IDP.

TABELA 1   CLASSIFICAÇÃO DAS IDP DE ACORDO COM O COMITÊ DE ESPECIALISTAS DA OMS E DA IUIS

1. Deficiências predominantemente de anticorpos
Agamaglobulinemia ligada ao X
Imunodeficiência comum variável
Deficiência de IgA
Deficiência de subclasses de IgG
Síndrome da hiper-IgM (deficiência de CD145)
Hipogamaglobulinemia transitória da infância

(continua)

TABELA 1 CLASSIFICAÇÃO DAS IDP DE ACORDO COM O COMITÊ DE ESPECIALISTAS DA OMS E DA IUIS *(continuação)*

Deficiência de síntese de anticorpos com níveis normais de imunoglobulinas

Outras

2. Deficiências combinadas humorais e celulares graves – SCID

SCID ligada ao X

Deficiência de adenosina deaminase (ADA)

Deficiência de purino nucleosídeo fosforilase (PNP)

Disgenesia reticular

Síndrome de Omenn

Micobactérias

Outras

3. Deficiências humorais e celulares associadas a outras anormalidades

Ataxia-telangiectasia

Candidíase mucocutânea crônica

Síndrome de Wiskott-Aldrich

Anomalia de DiGeorge

Síndrome de Nijmegen

Outras

4. Imunodeficiências associadas com disfunções dos fagócitos

Síndrome da hiper-IgE

Síndrome de Chediak-Higashi

Deficiência de adesividade leucocitária (LAD1 e LAD2)

Asplenia

Outras

5. Disfunções fagocitárias

Doença granulomatosa crônica da infância

Neutropenia congênita (síndrome de Kostmann)

Neutropenia cíclica

Deficiência de G6PD

Outras

6. Deficiências do sistema complemento

Deficiência do inibidor da C1 esterase

Deficiência do C3

Deficiência do C2

Outras

OMS: Organização Mundial da Saúde; IUIS: International Union of Immunological Societies.

❓ Como suspeitar

Infecção bacteriana de repetição, dificuldade de tratamento e ausência de resposta à vacina na primeira infância.

A presença de mais de 1 dos 10 sinais de alerta para IDP (Tabela 2) indica a necessidade de investigação laboratorial.

TABELA 2 10 SINAIS DE ALERTA PARA IMUNODEFICIÊNCIAS PRIMÁRIAS

1. História de infecções graves
2. Infecções de repetição das vias aéreas superiores
3. Abscessos e/ou celulite
4. Diarreia persistente
5. Febre de origem indeterminada
6. Monilíase oral recorrente
7. História familiar de IDP, doenças autoimunes ou neoplasias
8. Dificuldade de ganhar peso
9. Consanguinidade
10. Infecções por germes oportunistas

Algumas deficiências apresentam particularidades no exame físico:

1. Hipogamaglobulinemia: ausência de tonsilas.
2. Ataxia-telangiectasia: telangiectasias.
3. Síndrome de Chediak-Higashi: cabelos prateados.
4. Deficiências de fagócitos: cicatrizes cutâneas e lesões orais.

O agente etiológico envolvido nos quadros infecciosos sugere o seguimento do sistema imunológico acometido, direcionando a investigação laboratorial (Tabela 3).

TABELA 3 PATÓGENOS MAIS FREQUENTES DE ACORDO COM A IMUNODEFICIÊNCIA

IDP	Agentes infecciosos
Defeito humoral	Bactérias extracelulares e enterovírus
Defeito celular	Bactérias intracelulares, fungos, vírus e *P. carinii*
Defeito de granulócitos	Bactérias intracelulares, extracelulares e fungos
Defeito de complemento	Bactérias extracelulares

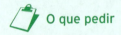 **O que pedir**

1. Hemograma.
2. Imunoglobulinas séricas.
3. Sorologia para antígenos vacinais (pneumococo, *Haemophilus influenzae* tipo B, rubéola e antígeno de superfície do vírus de hepatite B).
4. Complemento hemolítico total (CH50).
5. Sorologia para HIV.
6. Teste de redução do *nitroblue tetrazolium* (NBT) ou di-hidrorrodamina (DHR).
7. Subpopulações de linfócitos CD3, CD4 e CD8.
8. Testes cutâneos de hipersensibilidade tardia com derivado de proteína purificada (PPD) e candidina (levedurina).
9. Radiografia simples de tórax posteroanterior e perfil (para avaliar presença de sombra tímica).

SUSPEITA DE DEFICIÊNCIA HUMORAL

1. Dosagem de IgG, IgA e IgM séricas (Tabela 4).
2. Dosagem de IgE.
3. Dosagem de isoemaglutininas (IgM anti-A e/ou anti-B).
4. Dosagem de anticorpos vacinais, como rubéola, poliovírus e sarampo.
5. Níveis séricos de anticorpos após vacinas com antígenos polissacarídios (pneumococos).
6. Subclasses de IgG.
7. Quantificação de linfócitos (CD19).

TABELA 4 HIPÓTESES DIAGNÓSTICAS CONFORME NÍVEIS DE IMUNOGLOBULINAS SÉRICAS

IDP	IgG	IgA	IgM
Deficiência de IgA	Normal	↓	Normal
Deficiência de IgM	Normal	Normal	↓
Síndrome de hiper-IgM	↓	↓	↓
Hipogamaglobulinemia	↓	↓	↓

Suspeita de deficiência celular

1. Hemograma: morfologia e número de linfócitos, neutrófilos e monócitos, número de plaquetas.
2. Radiografia do *cavum*: imagem de tecidos adenoidianos.
3. Radiografia de tórax: imagem do timo.
4. Testes cutâneos de hipersensibilidade tardia: PPD, candidina, SK-SD, tétano.
5. Quantificação de linfócitos T: CD3, CD4 e CD8.
6. Resposta linfoproliferativa à fito-hemaglutinina (PHA).
7. Teste do NBT (*nitroblue tetrazolium*) ou teste da di-hidrorrodamina (DHR) 123: diagnóstico de defeitos de fagócitos (doença granulomatosa crônica).
8. Complemento hemolítico total (CH50), C3 e C4: diagnóstico de defeitos do complemento.
9. Anti-HIV (Elisa), antígeno P24 e carga viral: descartar Aids.

Como tratar

MEDIDAS GERAIS

1. Diminuição da exposição às infecções (retirada da creche, evitar contato com pessoas doentes); não aplicar vacinas de microrganismos vivos, mesmo que atenuados; fazer fisioterapia; praticar exercício físico; visitas regulares ao dentista e ao otorrinolaringologista; manutenção de bom estado nutricional.
2. Tratamento precoce de infecções com antibióticos específicos aos germes mais frequentes por tempo prolongado.
3. Estudo familiar, amniocentese e aconselhamento genético podem ser necessários, em razão do caráter hereditário de muitas IDP.

MEDIDAS ESPECÍFICAS

1. Gamaglobulina EV (400 mg/kg/dose, a cada 3 semanas) na deficiência de IgG e imunodeficiência grave combinada (SCID).
2. Transplante de medula óssea nos pacientes com SCID.

3. Profilaxia de infecção por *P. carinii* nas deficiências de células T: sulfametoxazol (SMZ) + trimetoprim (TMP), 3 vezes/semana, na dose de 20 mg/kg/dia de TMP, dividida em 2 tomadas.
4. Interferon-gama (50 mg/m², SC, 3 vezes/semana) e profilaxia contínua com SMZ + TMP (20 mg/kg/dia de TMP) nas crianças com doença granulomatosa crônica.
5. Plasma fresco em infecções graves de crianças com deficiência de complemento.

IMUNIZAÇÕES

1. Vacinas de agentes vivos: contraindicadas nas IDP humorais e celulares/combinadas graves.
2. BCG (bacilo Calmette-Guérin – vacina contra tuberculose): contraindicada na doença granulomatosa crônica.
3. Vacina antipneumocócica: indicada previamente à esplenectomia, na anemia falciforme e nos pacientes com imunidade humoral preservada com infecções respiratórias recorrentes.
4. Vacinas com toxoides ou com vírus incompletos: podem ser aplicadas em qualquer IDP, porém sua resposta pode ser incompleta.

Bibliografia

1. Carneiro-Sampaio MMSC, Grumach AS. Alergia e imunologia em pediatria. São Paulo: Sarvier, 1994.
2. de Vries E, Driessen G. Educational paper: primary immunodeficiencies in children: a diagnostic challenge. Eur J Pediatr 2011; 170(2):169-77.
3. Diniz EMA, Okay Y, Tobaldini R, Vaz FAC. Manual do residente de pediatria. Departamento de Pediatria da Faculdade de Medicina – Universidade de São Paulo. 2.ed. São Paulo: Atheneu, 2004.
4. Hauk PJ, Johnston RB, Liu AH. Immunodeficiency evaluation: primary considerations. In: Hay Jr. WW, Levin MJ, Sondheimer JM, Deterding RR (eds.). Current diagnosis and treatment: pediatrics. 20.ed. Columbus: Access Medicine, McGraw-Hill, 2011.
5. Joshi AY, Iyer VN, Hagan JB, St Sauver JL, Boyce TG. Incidence and temporal trends of primary immunodeficiency: a population-based cohort study. Mayo Clin Proc 2009; 84(1):16-22.
6. Kado R, Sanders G, McCune WJ. Diagnostic and therapeutic considerations in patients with hypogammaglobulinemia after rituximab therapy. Curr Opin Rheumatol 2017; 29(3):228-33.
7. Kim W. Immunology and allergy. In: Tschudy MM, Arcara KM (eds.). The Harriet Lane handbook: a manual for pediatric house officers. 19.ed. Philadelphia: Mosby Elsevier, 2012. p.354-69.
8. Lopez FA, Campos Júnior D. Tratado de pediatria da Sociedade Brasileira de Pediatria. Barueri: Manole, 2007.
9. Marcondes E. Pediatria básica. 9.ed. São Paulo: Sarvier, 2002.
10. Morais MB, Campos SO, Silvestrini WS. Guia de medicina ambulatorial e hospitalar da Unifesp/EPM – Pediatria. Barueri: Manole, 2005.
11. Murahovschi J. Pediatria: diagnóstico + tratamento. 6.ed. São Paulo: Sarvier, 2003.
12. Naspitz CK, Solé D. Guia de medicina ambulatorial e hospitalar da Unifesp/EPM – Alergia, inunologia e reumatologia em pediatria. 2.ed. Barueri: Manole, 2012.
13. Nóbrega FJ. Medicamentos habitualmente usados em pediatria. São Paulo: Nestlé Nutrition, 2011.

14. Notarangelo L, Casanova JL, Fischer A, Puck J, Rosen F, Seger R et al. Primary immunodeficiency disease: an update. Journal of Allergy and Clinical Immunology 2004; 114(3):677-87.
15. Sánchez Morillas L, Rojas Pérez-Ezquerra P, Reaño Martos M, Sanz ML, Laguna Martínez JJ. Urticaria due to antihistamines. J Investig Allergol Clin Immunol 2011; 21(1):66-8.
16. Sociedade Brasileira de Pediatria (SBP). Quando pensar em imunodeficiência primária. Recomendações. Atualização de Condutas em Pediatria, nº 40. Departamentos de Alergia e Imunologia da SPSP, gestão 2007-2009. Rio de Janeiro: SBP, 2009.
17. Vilela MMS, Lotufo JP. Alergia, imunologia e pneumologia. Série Atualizações Pediátricas. Departamento de Alergia e Imunologia e Departamento de Pneumologia da Sociedade de Pediatria de São Paulo. São Paulo: Atheneu, 2004.
18. World Health Organization (WHO). Joint FAO/WHO consultation recommends improving the way GMOs are tested in relation to food allergies. Genebra: WHO, 2001. 2p.

PARTE 11
Nefrologia

98 Infecção do trato urinário (ITU)
99 Síndrome nefrítica (GNDA)
100 Síndrome nefrótica
101 Hematúrias
102 Insuficiência renal aguda (IRA)
103 Insuficiência renal crônica (IRC)
104 Urolitíase

98
Infecção do trato urinário (ITU)

 O que é

Proliferação bacteriana na urina em qualquer segmento do trato urinário (normalmente estéril) com consequente resposta inflamatória resultante da contaminação via ascendente ou hematogênica. As enterobactérias são responsáveis por mais de 90% dos casos, e o sexo feminino é o mais afetado, podendo chegar a 20:1 casos:

- são bactérias causadoras de ITU na criança: *E. coli, Proteus, Klesbsiella, Staphylococcus saprophyticus, Enterococcus, Enterobacter, Pseudomonas, Streptococcus* do grupo B, *Staphylococcus aureus, Staphylococcus epidermidis* e *Haemophilus influenza*.
- constituem-se contaminantes comuns: *Lactobacillus* sp., *Corynebacterium* sp., *Staphylococcus* sp. coagulase-negativo e *Streptococcus* beta-hemolítico.

CLASSIFICAÇÃO

1. Bacteriúria assintomática: infecção por germes de baixa virulência e sem capacidade de aderência que não provocam inflamação no trato urinário.
2. Cistite: infecção limitada à bexiga (ITU baixa).
3. Pielonefrite: infecção que compromete os rins (ITU alta).

❓ Como suspeitar

1. Primeiro ano de vida com presença de fatores de risco:
    - funcionais: retenção urinária, retenção fecal, disfunção vesical, bexiga neurogênica;
    - fatores anatômicos: refluxo vesicoureteral, uropatia obstrutiva (cálculo renal, estenose da junção ureteropélvica [JUP], ureterocele, válvula de uretra posterior);
    - outros fatores: presença de prepúcio, fatores imunológicos (IgA secretora), grupo sanguíneo (fenótipos P1 e "não secretor"), má higiene, baixa imunidade do hospedeiro.
2. Lactente com febre como sinal único (mais que 72 h ou recidivante).
3. Febre alta (> 39,5°C) e tremores frios resultantes da bacteriemia.
4. Choro à micção (disúria).
5. Polaciúria (micções frequentes), urgência miccional.
6. Urina malcheirosa: pode estar relacionada a algum substrato da alimentação.
7. Mudança do padrão miccional, principalmente retenção de urina.
8. Ganho ponderal insatisfatório e anorexia com ou sem febre.
9. Antecedente de ITU.
10. Características clínicas por grupo etário:
    - recém-nascidos: queda do estado geral, febre, icterícia, palidez, cianose, irritabilidade, apatia, sepse e perda de peso ou ausência de ganho ponderal;
    - lactentes: febre, disúria, polaciúria, anorexia, irritabilidade, dor abdominal e vômitos;
    - pré-escolares e escolares: febre, dor abdominal e lombar, vômitos, urgência miccional, hematúria, disúria e polaciúria.

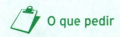
O que pedir

TABELA 1 SENSIBILIDADE E ESPECIFICIDADE DOS COMPONENTES DE EXAME DE URINA PARA O DIAGNÓSTICO DE ITU

	Sensibilidade	Especificidade
Esterase leucocitária	83%	78%
Nitritos positivos	50%	92%
Contagem leucocitária	73%	81%
Bacterioscopia	81%	83%
Gram	93%	95%

1. Urina tipo I: leucocitúria (> 100.000/mL = forte suspeita) e cilindrúria.
2. Bacterioscopia de urina: exame de triagem.
3. Urocultura (padrão-ouro): inicial e 48 a 72 h após o início do tratamento.
4. O diagnóstico de ITU por meio da urocultura baseia-se nos critérios de Kass:
   - urina coletada por via baixa: < 10.000 colônias/mL (contaminação), 10.000 a 100.000 colônias/mL (suspeito) e > 100.000 colônias/mL (bacteriúria significativa);
   - urina coletada por punção suprapúbica (PSP): 1 colônia/mL (bacteriúria significativa).
5. Investigação por imagem:
   - ultrassonografia (US) de vias urinárias: informações sobre a estrutura renal;
   - uretrocistografia miccional: pesquisa de válvula de uretra posterior e grau do refluxo vesicoureteral (Figura 1);
   - urografia excretora: ideal para vias excretoras;
   - cintilografia com ácido dimercaptosuccínico (DMSA): pesquisa de cicatrizes renais e avaliação da função tubular;
   - renograma isotópico com ácido dietilenotriaminopentacético (DTPA): avaliação da função glomerular e excretora;
   - estudo urodinâmico: avaliação do estado funcional da bexiga.

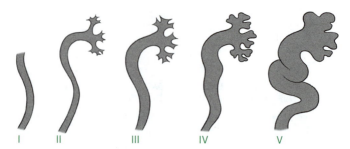

FIGURA 1 CARACTERÍSTICAS RADIOLÓGICAS DOS GRAUS DE REFLUXO VESICOURETERAL.

Como tratar

1. Orientações gerais: hábito urinário adequado (urinar ao acordar, a cada 3 h e com os pés apoiados), importância da ingestão hídrica e correção da obstipação.
2. O tratamento requer antibiótico com propriedades bactericidas e não deve ser inferior a 7 dias, preferencialmente, por 10 dias contínuos.
3. Recém-nascidos: internação hospitalar com antibioticoterapia EV.
4. Lactentes, pré-escolares e escolares:
   - pielonefrite: internação hospitalar com antibioticoterapia EV ou IM (Tabela 2);
   - cistite: acompanhamento ambulatorial com antibioticoterapia VO (Tabela 3).
5. Opção: sulfametoxazol + trimetoprim, porém com elevação da resistência bacteriana nos últimos anos.
6. Indicações de quimioprofilaxia e medicamentos (Tabela 4):
   - infecções de repetição: recidivas frequentes (> 2 episódios em 6 meses);
   - presença de disfunção miccional;
   - refluxo vesicoureteral de 3º grau ou maior;
   - pré-operatório de correção de processos obstrutivos;
   - presença de cicatriz renal.

TABELA 2 ANTIBIOTICOTERAPIA IM OU EV

Indicação	< 3 meses, evolução para pielonefrite e/ou septicemia (febre alta, toxemia)	
Medicamentos	**Dose**	**Cuidados**
Amicacina (1ª escolha)	15 mg/kg/dia, 1 vez/dia (máx. 1,5 g/dia) RNPT: 7,5 a 10 mg/kg/dia, 1 vez/dia	Manter níveis séricos de 20 a 30 mg/L
Gentamicina	7,5 mg/kg/dia, a cada 12 ou 24 h RNPT: 2,5 mg/kg/dose, a cada 12 ou 24 h	Manter níveis séricos de 8 a 10 mg/L
Cefotaxima	75 a 150 mg/kg/dia, a cada 24 h	Hipersensibilidade
Ceftazidina	100 a 150 mg/kg/dia, a cada 8 h	Hipersensibilidade
Ceftriaxona	75 a 150 mg/kg/dia, a cada 24 h (máx. 4 g/dia) RN: 25 a 50 mg/kg/dia, 1 vez/dia (máx. 125 mg)	Hipersensibilidade

RN: recém-nascido; RNPT: recém-nascido pré-termo.

TABELA 3 ANTIBIOTICOTERAPIA VO

Medicamento	Dose	Contraindicações
Amoxacilina + clavulanato	20 a 40 mg/kg/dia, a cada 8 h	Distúrbios gastrintestinais associados
Sulfametoxazol/trimetoprim	30 a 60 mg de sulfametoxazol/kg/dia, a cada 12 h	< 2 meses de vida Deficiência da G6PD, porfiria e anemia megaloblástica
Cefalexina (1ª geração)	50 a 100 mg/kg/dia, a cada 6 h	Altera a flora intestinal; alta resistência aos uropatógenos habituais
Cefprozil (2ª geração)	30 mg/kg/dia, a cada 12 h	Hipersensibilidade e < 6 meses de idade
Cefaclor (2ª geração) ou cefuroxima axetil (2ª geração)	20 a 40 mg/kg/dia, a cada 8 h 20 a 30 mg/kg/dia, a cada 12 h	Repercussão na flora intestinal Alergia a penicilinas

G6PD: glicose-6-fosfato-desidrogenase.

TABELA 4 FÁRMACOS UTILIZADOS NA PROFILAXIA DA ITU

Medicamento	Dose
Nitrofurantoína (1ª escolha) -	1 a 2 mg/kg/dia, dose única à noite (em crianças com enurese noturna, a cada 12 h). Não usar em < 2 meses de vida
Sulfametoxazol/trimetoprim	20 mg/kg/dia
Cefalexina	20 a 30 mg/kg/dia. Usar em < 2 meses de vida

99
Síndrome nefrítica (GNDA)

 O que é

Conjunto de sinais e sintomas caracterizado por hematúria, oligúria, edema e hipertensão, resultante de processo inflamatório agudo renal (glomerulonefrite) de origem imunológica, associado a infecções virais e bacterianas, sendo a mais comum e conhecida a causada pelo estreptococo beta-hemolítico do grupo A de Lancefield, que acarreta a glomerulonefrite difusa aguda pós-estreptocócica (GNDA). A sobrecarga de volume determinada pela queda da filtração glomerular acentuada pode acarretar insuficiência renal, insuficiência cardíaca congestiva (ICC) e encefalopatia hipertensiva.

 **Como suspeitar**

1. Criança entre 3 e 10 anos de idade com história de infecção, principalmente estreptocócica, nas últimas 6 semanas.

2. Indisposição, anorexia, náuseas, vômitos, cefaleia, edema periorbitário e de membros inferiores (raramente anasarca), hipertensão arterial, hematúria macroscópica, oligúria, proteinúria e urina avermelhada ou acastanhada (30 a 70% dos casos).

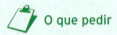

O que pedir

NA ROTINA

1. ASLO (antiestreptolisina O) e teste da estreptozima.
2. Urina tipo I: hematúria sempre (pode persistir por até 2 anos). Outros achados: leucocitúria, proteinúria, dismorfismo eritrocitário, hemoglobina livre, osmolaridade elevada e cilindros granulosos, leucocitários, hemáticos e hialinos.
3. Proteinúria < 50 mg/kg/dia.
4. Complemento sérico total (CH50) e frações C_3, C_5 e properdina diminuídos na fase aguda (normaliza após 2 a 8 semanas).
5. Hemograma: leucograma alterado e plaquetopenia eventual.

NOS CASOS ESPECIAIS

1. Coagulograma: alterado na fase aguda.
2. Ureia, creatinina, sódio e potássio.
3. Biópsia renal: apenas nos casos atípicos e de evolução prolongada ou investigação de doença sistêmica.
4. Radiografia de tórax: na suspeita de congestão cardiovascular.

Como tratar

1. Antibiótico: penicilina benzatina 25.000 a 50.000 UI/kg, IM, dose única (máx. 1.200.000 UI); ou eritromicina 30 a 50 mg/kg/dia, VO, a cada 6 h, por 10 dias (máx. 2 g/dia).

2. Medidas específicas (redução da sobrecarga hídrica e salina):
   - dieta com restrição de sal (2 g de NaCl/m²/dia, SC);
   - repouso na fase inicial;
   - restrição hídrica: perdas insensíveis (400 mL/m²/dia, SC) + 2/3 da diurese do dia anterior;
   - controle de peso, pressão arterial e diurese nas 24 h;
   - diurético: furosemida 1 a 6 mg/kg/dia, VO ou EV.
3. Anti-hipertensivo: nifedipina de liberação lenta (Adalat Retard®), 0,25 a 0,5 mg/kg/dose, VO, até a cada 6 h; ou anlodipino 0,1 a 0,5 mg/kg/dia, VO, dose única diária e nas emergências hipertensivas; ou nitroprussiato de sódio 0,3 a 0,8 mcg/kg/min, EV, contínuo (máx. 10 mcg/kg/dia).
4. Anticonvulsivante em encefalopatia hipertensiva.
5. Diálise (peritoneal ou hemodiálise) em oligúria acentuada ou anúria com hipervolemia e hiperpotassemia incontroláveis ao tratamento clínico.

100
Síndrome nefrótica

 O que é

Conjunto de sinais e sintomas caracterizado por proteinúria, hipoalbuminemia, hiperlipidemia e edema, predominante no sexo masculino e na faixa etária entre 2 e 6 anos. Ocorre pelo aumento da permeabilidade da membrana basal glomerular. Pode ser dividida em primária ou idiopática (90% dos casos) e secundária (causada por alguma outra doença).

 Como suspeitar

Indisposição geral, irritação, edema periorbitário e facial até anasarca, derrame pleural, ascite, oligúria, urina espumosa, desconforto abdominal, náuseas, vômitos e diarreia.

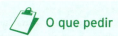
O que pedir

NA ROTINA

1. Ureia/creatinina: frequentemente normais.
2. Albumina sérica: abaixo de 2,5 g/dL.
3. Eletroforese de proteínas: albumina e proteínas totais diminuídas e aumento de alfa-2-globulina.
4. Colesterol total ≥ 240 mg/dL e triglicerídios > 200 mg/dL.
5. Sódio, potássio, cálcio e fósforo.
6. Urina tipo I: presença de proteínas, hematúria (desfavorece lesão mínima), leucocitúria de graus variados e lipidúria na luz polarizada.
7. Proteinúria quantitativa: > 50 mg/kg/dia ou 3,5 g/1,73 m²/dia ou 40 mg/h/m².
8. Índice proteinúria/creatininúria (IPC) acima de 2,0.

NOS CASOS ESPECIAIS

1. Biópsia renal: indicada nos casos de corticorresistência, recidiva frequente, hematúria, hipertensão arterial, incidência fora da faixa etária e insuficiência renal.

Como tratar

1. Medidas gerais:
   - dieta acloretada: ingesta de proteínas livre e restrição hídrica apenas na hiponatremia grave;
   - vitamina D e cálcio;
   - controle de complicações: infecções (*Streptococcus pneumoniae* e *Haemophilus*), hiperlipidemia (aumento da síntese das lipoproteínas) e hipercoagulabilidade (aumento de fatores de coagulação e fibrinogênio);
   - anti-helmínticos.

2. Tratamento do edema:
   - diuréticos: na ausência de hipovolemia, hipotensão postural, aumento dos níveis de ureia e creatinina ou de hematócrito > 40%
   – furosemida;
   - albumina 0,5 a 1 g/kg, EV, infusão lenta em 2 a 4 h.
3. Em caso de proteinúria maciça e hipoalbuminemia: enalapril 0,2 a 0,6 mg/kg/dia 1 ou 2 vezes/dia; losartana 0,4 a 1,4 mg/kg/dia, 1 vez/dia.
4. Tratamento específico:
   - esquema I: corticoterapia – prednisona 2 mg/kg/dia (máx. 60 mg/dia), VO, dose única matinal por 4 semanas (opção: 8 semanas na persistência de proteinúria). Posteriormente, dias alternados por mais 4 semanas e redução de 25% da dose, a cada 15 dias, até suspensão. Associar espironolactona 2 mg/kg/dia, VO, durante todo o período;
   - esquema II: ciclofosfamida 2 mg/kg/dia, VO, por 3 meses, no caso de resistência à corticoterapia. Associar N-acetilcisteína 100 mg, VO, 3 vezes/dia durante todo o período;
   - esquema III: ciclosporina, 4 a 5 mg/kg/dia, VO, a cada 12 h, por 6 meses; e metade da dose por mais 6 meses.
   - nos esquemas II e III, manter espironolactona 2 mg/kg/dia, VO, e prednisona 10 mg, VO, em dias alternados.

101
Hematúrias

 O que são

Aumento do número de eritrócitos na urina evidenciado pela presença de 5 ou mais hemácias por campo em pelo menos 3 amostras consecutivas obtidas com um intervalo de pelo menos 1 semana entre as coletas (hematúria microscópica) ou mais de 10.000 hemácias/mL na urina, tanto em crianças sintomáticas quanto em assintomáticas, consequente a manifestações gerais e do trato urinário ou a patologias específicas (Tabela 1). Quanto à frequência, podem ser classificadas como persistentes ou recorrentes.

TABELA 1 CAUSAS DE HEMATÚRIA

Localização	Etiologia	Características
Renal	Glomerular	GNDA pós-infecciosa, nefropatia por IgA, GN mesangiocapilar, GN lúpica, nefrite da púrpura anafilactoide, GN rapidamente progressiva, nefrite progressiva hereditária, hematúria benigna familiar, glomeruloesclerose focal, síndrome nefrótica de lesões mínimas, nefropatia membranosa, nefroesclerose hipertensiva, lesão vascular (microangiopatia, necrose cortical)

(continua)

TABELA 1 CAUSAS DE HEMATÚRIA *(continuação)*

Localização	Etiologia	Características
Renal	Extraglomerular	Nefropatia tubulointersticial: infecção (pielonefrite, tuberculose), metabólica (ácido úrico, oxalato, nefrocalcinose), vasculite alérgica, necrose tubular aguda Vascular: trombose venosa renal, nefropatia por anemia falciforme, malformações (hemangiomas, aneurismas, FAV) Tumor: Wilms, carcinoma de células renais, angiomioma Desenvolvimento: doença policística renal, cisto simples
Pelve renal e ureteral		Urolitíase, trauma, malformação vascular, infecção, vasculite, hidronefrose, necrose papilar
Vesical		Infecção e/ou inflamação, obstrução/dilatação, cálculos, trauma, medicamentos (ciclofosfamida), tumores, malformação vascular
Uretral		Infecção e/ou inflamação, trauma
Outras		Infecção do epidídimo ou prostática
Indefinida		Hipercalciúria, hematúria induzida pelo exercício

GN: glomerulonefrite; FAV: fístulas arteriovenosas; GNDA: glomerulonefrite difusa aguda.

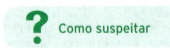

Como suspeitar

Hematúria macroscópica ou microscópica associada ou não a sinais e sintomas.

No exame físico, medir a pressão arterial, verificar a presença de edema, realizar punho-percussão lombar, procurar massas abdominais durante a palpação e investigar possíveis anormalidades na região perineal.

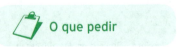

O que pedir

NA ROTINA

1. Urina tipo I: quantificação da hematúria, caracterização da morfologia dos eritrócitos, investigação de glicosúria e detecção de cilindros hemáticos.

2. Urocultura: investigação de infecção.
3. Hemograma.
4. Complemento sérico.
5. Eletroforese de hemoglobina.
6. Ureia, creatinina, proteínas totais e frações, sódio e potássio.
7. Proteinúria de 24 horas.
8. Anticorpos antinucleares, sorologias para hepatites B e C.
9. Ultrassonografia (US) renal e de vias urinárias.
10. Cálcio, ácido úrico, oxalato e cistina na urina.
11. Coagulograma: investigação de coagulopatias.

NOS CASOS ESPECIAIS

Biópsia renal: hematúrias com proteinúria persistente, glomerulonefrite difusa aguda (GNDA) atípica e de evolução prolongada, insuficiência renal, antecedente de doença renal crônica em familiares diretos.

Como tratar

O tratamento é baseado na etiologia da hematúria. Os tratamentos específicos da infecção de trato urinário (ITU) e da GNDA encontram-se nos Capítulos 98 e 99, respectivamente.

De qualquer forma, crianças com hematúria devem ser seguidas por 6 a 12 meses para monitoração de pressão arterial e função renal. Na suspeita de glomerulopatia (proteinúria, cilindros hemáticos ou dismorfismo eritrocitário), encaminhar ao nefrologista pediátrico.

102
Insuficiência renal aguda (IRA)

 O que é

Síndrome clínica caracterizada pela perda abrupta da habilidade renal de depurar os resíduos nitrogenados e de regular os equilíbrios hidreletrolítico e acidobásico. Geralmente, a IRA é secundária a outra doença, mas pode ser uma patologia renal primária, como a glomerulonefrite aguda (Tabela 1).

 **Como suspeitar**

1. História de uso de medicamentos nefrotóxicos.
2. Diminuição da diurese:
   - oligúria < 0,8 mL/kg/h em crianças e < 1 mL/kg/h em neonatos e lactentes jovens;
   - anúria < 0,5 mL/kg/h em qualquer faixa etária.
3. Situações clínicas: pacientes criticamente doentes, hipertensão arterial sistêmica (HAS), insuficiência cardíaca congestiva (ICC), edema agudo de pulmão ou anasarca.

TABELA 1 ETIOLOGIA DA IRA

Pré-renal (fluxo plasmático inadequado)	Choques hipovolêmico, traumático, cardiogênico e séptico, desidratação aguda, grandes queimados, doença suprarrenal e diabetes insípido central ou nefrogênico
Renal (perda de integridade do parênquima)	NTA, glomerulonefrite aguda, vasculite, pielonefrite, medicações nefrotóxicas (quimioterápicos), malformações renais, síndrome da lise tumoral e SHU
Pós-renal (dificuldade de eliminação da urina formada)	Uropatias obstrutivas: VUP, bexiga neurogênica, estenose de JUP bilateral, obstrução em rim único e obstrução ureteral bilateral

NTA: necrose tubular aguda; SHU: síndrome hemolítico-urêmica; VUP: válvula de uretra posterior; JUP: junção ureteropielocalicial.

O que pedir

NA ROTINA

1. Ureia/creatinina: elevadas.
2. Sódio diminuído (< 120 mEq/L) e potássio elevado (> 6 mEq/L).
3. Cálcio: diminuído.
4. Gasometria arterial: acidose metabólica (pH < 7,2 e bicarbonato < 10 mEq/L).
5. Fósforo, magnésio, ácido úrico, proteína total e frações.
6. Hemograma.
7. Urina tipo I e urocultura quando pertinente.
8. Critérios de pRIFLE: definição do grau da lesão renal aguda com base na redução do *clearance* de creatinina estimado (Ccr estimado) calculado a partir da fórmula de Schwartz ou na diminuição do débito urinário baseado no peso corporal por hora (Tabela 2).
9. *Clearance* de creatinina (Ccr) ou *clearance* de creatinina estimado pela creatinina plasmática:

$$Ccr\ (mL/min/1{,}73\ m^2) = (U \times V/P) \times 1{,}73\ m^2$$

em que U (mg/dL) = concentração urinária de creatinina; V (mL/min) = volume de urina coletada, dividido pelo tempo de coleta em minutos (24 h = 1.440 min); P (mg/dL) = creatinina no soro;

$$Ccr\ estimado\ (mL/min/1{,}73\ m^2) = KE/Pcr$$

em que K = constante (Tabela 3); E = estatura do paciente (cm); Pcr = creatinina plasmática (mg/dL).

TABELA 2 CRITÉRIO RIFLE MODIFICADO PARA CRIANÇAS (pRIFLE)

	Clearance de creatinina estimado (CCE)	Débito urinário
Risco para lesão renal	Redução do CCE em 25%	< 0,5 mL/kg/h durante 8 h
Lesão renal	Redução do CCE em 50%	< 0,5 mL/kg/h durante 16 h
Falência da função renal	Redução do CCE em 75% ou CCE < 35 mL/min/1,73 m²	< 0,3 mL/kg/h durante 12 h ou anúria por 12 h
Perda da função renal	Persistência da falência da função renal > 4 semanas	
Doença renal terminal	Persistência da falência da função renal > 3 meses	

TABELA 3 VALOR DA CONSTANTE EM CRIANÇAS

Tipo do paciente	Valor da constante (K)
RN MBP	0,29
RN de baixo peso, até 12 meses	0,33
RN a termo, AIG, até 15 meses	0,45
Crianças e meninas adolescentes	0,55
Meninos adolescentes	0,70

RN: recém-nascido; MBP: muito baixo peso; AIG: peso adequado para a idade gestacional.

NOS CASOS ESPECIAIS

1. Eletrocardiografia (ECG): onda T apiculada, QRS alargado na hiperpotassemia.
2. Ultrassonografia (US) de rins e vias urinárias.
3. Angiografia: suspeita de trombose arterial ou venosa do pedículo renal.
4. Biópsia renal: casos de anúria > 48 h e etiologias não esclarecidas.

TABELA 4 ÍNDICES URINÁRIOS DE ACORDO COM O TIPO DA IRA

Índice	Pré-renal	Renal	Pós-renal
Osmolaridade U/P	>2	<1	0,5
Na urinário (mEq/L)	<10	>60	>60
Ureia U/P	>10	3	5
Creatinina U/P	>40	<20	<15
IFR	<3	>1	–
FeNa	<1	>2	–

U: urinária; P: plasmática; Na: sódio; IFR: índice de falência renal; FeNa: fração de excreção de sódio.

Como tratar

1. Manter a criança hemodinamicamente estável e corrigir as causas primárias (reposição de volume e correções de distúrbios hidreletrolítico e acidobásico):
   - hiponatremia: infusão de Na, EV, em mEq = (Na desejado – Na encontrado) × 0,6 × peso (kg). (Na desejado = 125 mEq/L);
   - hiperpotassemia: conforme a Tabela 5.
2. Afastar retenção urinária de bexiga em pacientes hidratados sedados ou comatosos.
3. Nutrição adequada: aminoácidos essenciais, 0,2 g/kg/dia de nitrogênio e oferta calórica entre 120 e 150 kcal/kg/dia.
4. Diálise – indicação:
   - hiperpotassemia refratária à terapêutica ou alteração eletrocardiográfica;
   - acidose metabólica refratária à correção;
   - hiponatremia ou hipernatremia grave;
   - hipervolemias (hipertensão, ICC grau IV ou edema agudo de pulmão);
   - uremia;
   - azotemia progressiva (aumento dos níveis de ureia em 40 mg/dL/dia) ou piora clínica.
5. Diálise – tipos:

- diálise peritoneal intermitente (mais fácil, preferível) – 20 a 30 mL/kg/infusão com aumento gradativo até 50 mL/kg (adicionar 500 UI de heparina/L de solução). Usar cateter rígido ou de Tenckhoff;
- hemodiálise convencional (na impossibilidade ou ineficiência da diálise peritoneal).

TABELA 5 TRATAMENTO DA HIPERPOTASSEMIA NA IRA

Potassemia (mEq/L)	Alterações na ECG	Medicação	Dose
K = 6 a 6,5	Ausente	Resina de troca*	1 g/kg/dose, VO
K = 6,6 a 7	Onda T aumentada	Insulina + glicose EV ou bicarbonato de sódio albuterol EV	1 U/3 a 5 g de glicose, 1 a 2 mEq/kg, 30 min, 5 a 10 mg nebulizado
K > 7	Ausência de onda P Alargamento do QRS Arritmia	Gliconato de Ca 10% Diálise	0,5 a 1 mL/kg, EV, em 2 a 10 min
Acidose metabólica		(pH < 7,2 e bicarbonato < 10) (bicarbonato desejado - bicarbonato encontrado) × 0,3 × peso (kg) EV em 1 a 2 h	
Hipertensão arterial		Nifedipina 0,3 a 1 mg/kg/dia, a cada 6 a 8 h Captopril 0,5 a 2 mg/kg/dia, a cada 8 a 12 h Prazosina 0,1 a 0,4 mg/kg/dia, a cada 8 a 12 h	
Encefalopatia hipertensiva		Nitroprussiato de sódio, 0,5 a 1 mcg/kg/min até 8 mcg/kg/min Restrição hídrica na hipervolemia (300 a 400 mL/kg/dia + perdas)	

* Sorcal® diluído em sorbital a 70%. Bicarbonato desejado = 15.
ECG: eletrocardiografia.

103
Insuficiência renal crônica (IRC)

 O que é

Síndrome metabólica funcional provocada pelo declínio irreversível da taxa de filtração glomerular (TFG < 90 mL/min/1,73 m²) associada a um complexo de distúrbios bioquímicos, clínicos e fisiológicos resultantes da destruição progressiva dos néfrons. Glomerulonefrites em geral e pielonefrites/nefrites intersticiais são causas de 50 a 60% das IRC em crianças e adolescentes. A sugestão de cronicidade é determinada pela duração da lesão renal ou pela perda de função por um período superior a 3 meses. Os estágios da IRC são definidos para crianças com mais de 2 anos de acordo com o K/DOQI, 2002:

- estágio 1: TFG estimada ≥ 90 mL/min/1,73 m²;
- estágio 2: TFG estimada entre 60 e 89 mL/min/1,73 m²;
- estágio 3: TFG estimada entre 30 e 59 mL/min/1,73 m²;
- estágio 4: TFG estimada entre 15 e 29 mL/min/1,73 m²;
- estágio 5: TFG estimada < 15 mL/min/1,73 m².

O estágio 5 corresponde a IRC terminal, indicando a necessidade de terapias de substituição da função renal (diálise ou transplante).

Para crianças menores de 2 anos, considerar a queda de 50% como nível máximo de normalidade de acordo com a faixa de idade:

- 1ª semana: 40,6 ± 14,8 mL/min/1,73 m²;
- 2ª a 8ª semana: 65,8 ± 24,8 mL/min/1,73 m²;
- > 8 semanas e < 2 anos: 95,7 ± 21,7 mL/min/1,73 m².

Como suspeitar

Presença de doença renal em familiares (principalmente pais e irmãos), história de intercorrências perinatais e de uso de medicações nefrotóxicas e ocorrência de sinais e sintomas sugestivos (Tabela 1).

TABELA 1   SINAIS E SINTOMAS DE IRC CONFORME ÓRGÃOS E SISTEMAS

Renais	Poliúria, oligúria, noctúria, ITU de repetição
Neurológicos centrais	Alterações do sono, cefaleia, convulsão, irritabilidade, alterações da EEG, coma
Neurológicos periféricos	Parestesias, síndrome da perna inquieta, condução nervosa alterada, paralisias
Pulmonares	Pleurites, efusão pleural, taquipneia (associada à acidose metabólica)
Gastrintestinais	Anorexia, náuseas, vômito, hálito urêmico, úlcera péptica
Hematológicos	Anemia normocítica e normocrômica, alterações da coagulação
Endócrinos	Déficit de crescimento, hiperparatireoidismo
Cardiovasculares	Hipertensão arterial, ICC, coronariopatia, miocardite, pericardite
Ocular	Síndrome do olho vermelho
Dermatológicos	Palidez, prurido, escoriações, equimoses, púrpura, pele seca pigmentada
Metabólicos	Intolerância aos carboidratos, dislipidemia
Musculoesqueléticos	Fraqueza, osteodistrofia, baixa estatura, cãibras
Psicológicos	Ansiedade, depressão, psicose

IRC: insuficiência renal crônica; ITU: infecção do trato urinário; EEG: eletroencefalografia; ICC: insuficiência cardíaca congestiva.

 **O que pedir**

NA ROTINA

1. Hemograma.
2. Ureia/creatinina: elevadas.
3. Gasometria.
4. *Clearance* de creatinina ou *clearance* de creatinina estimado pela creatinina plasmática (ver Capítulo 102 – Insuficiência renal aguda).
5. Sódio, potássio, cálcio e fósforo.
6. Ultrassonografia (US): alteração da forma e diminuição do tamanho dos rins.

TABELA 2   DIFERENÇAS CLÍNICAS ENTRE A IRC E A IRA

IRC	IRA
História pregressa de nefropatias ou de doenças sistêmicas	Sem história pregressa
Sintomas mais leves, exceto se terminal	Clínica exuberante
Anemia	Ausência de anemia, salvo em caso de hemorragia
Diurese normal ou baixa	Oligoanúria
Retenção nitrogenada estável	Retenção nitrogenada progressiva
US: rins contraídos	US: rins normais ou aumentados

IRC: insuficiência renal crônica; IRA: insuficiência renal aguda; US: ultrassonografia.

 **Como tratar**

1. Tratamento conservador (diminuir a progressão da lesão renal):
   - orientação dietética: prescrição de suplementos e orientação alimentar individualizada;
   - controle da pressão arterial (PA): manter abaixo do percentil 90;
   - correção de anemia: eritropoetina recombinante humana (EPOrh) 25 a 100 UI/kg/dose, SC ou EV, 1 a 3 vezes/semana, associada à

reposição de ferro elementar, 4 a 6 mg/kg/dia, VO, ou de ferro via parenteral (nos não responsivos, VO);
- prevenção de osteodistrofia renal: correção de acidose metabólica, distúrbios do cálcio e fósforo e reposição de metabólitos ativos da vitamina D;
- adequação de doses de medicamentos de acordo com a função renal: *clearance* de creatinina individual;
- uso de medicamento que diminui a perda urinária de proteína (proteinúria).
2. Diálise peritoneal (utilização do peritônio como filtro: preferível para criança) ou hemodiálise (interposição de filtro de sangue em circulação extracorpórea).
3. Transplante renal (tratamento de escolha): menor impacto físico e psicossocial para a maioria das crianças e famílias, além de propiciar uma vida mais próxima da normalidade.

104
Urolitíase

O que é

Doença do trato urinário caracterizada predominantemente pela presença de cálculos de oxalato e fosfato de cálcio (75 a 80% dos casos), ácido úrico (7%), estruvita (fosfato-amônio-magnesiano hexa-hidratado) (15%) ou cistina (2%).

Como suspeitar

1. Dor abdominal difusa acompanhada ou não de hematúria, presença de polaciúria e/ou disúria. Cólica nefrética: rara na infância.
2. Sintomas inespecíficos (mal-estar, náuseas, anorexia e febre).
3. Presença de infecção urinária e distúrbios metabólicos (hipercalciúria, hiperuricosúria, hiperoxalúria, cistinúria e acidose tubular renal).

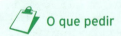 O que pedir

NA ROTINA

1. Urina tipo I.
2. Urina de 24 horas: concentrações:
   - de cálcio urinário > 4 mg/kg/dia (hipercalciúria);
   - de oxalato urinário > 50 mg/1,73 m²/dia (hiperoxalúria);
   - de cistina > 400 mg/dia (cistinúria);
   - de ácido úrico > 15 mg/kg/dia (pré-escolares), > 11 mg/kg/dia (escolares), > 9 mg/kg/dia (adolescentes).
3. Cálcio, ácido úrico, fósforo, ureia e creatinina no plasma.
4. Proporção cálcio/creatinina urinários > 0,21 em amostra isolada de urina é anormal.
5. Radiografia simples de abdome: cálculos de cálcio, cistina e estruvita são radiopacos.
6. Ultrassonografia (US) abdominal: cálculos radiotransparentes (ácido úrico e xantina).

NOS CASOS ESPECIAIS

1. Prova de sobrecarga oral de cálcio: investigação do tipo de hipercalciúria.
2. Prova de acidificação (pH, urina fresca): suspeita de acidose tubular.
3. Urocultura com antibiograma (pesquisa de germes aeróbios).
4. Dosagem de paratormônio: hiperparatireoidismo, se hipercalcemia, hipercalciúria e paratormônio plasmático elevado.
5. Urografia excretora.
6. Tomografia computadorizada (TC).

 Como tratar

1. Medidas gerais:

- aumento da ingestão hídrica: manutenção da urina diluída;

- dieta balanceada: adequação alimentar de nutrientes. Evitar excessos de:
    - proteína, que acidifica a urina e aumenta o teor urinário de cálcio, oxalato e ácido úrico;
    - alimentos gordurosos e ricos em açúcar, que levam a hipercalciúria e hiperoxalúria;
    - sódio, pois acarreta hipercalciúria;
    - alimentos ricos em purinas (frutos do mar, sardinha, vegetais leguminosos, como feijão e ervilha, e miúdos, como fígado e coração de galinha), que levam a hiperuricosúria;
- atividade física: redução da reabsorção óssea;
- alcalinização da urina (pH > 7,5) com bicarbonato de sódio ou citrato de sódio: cálculos de ácido úrico e cistina;
- acidificação da urina (pH < 6,0) com vitamina C ou fosfato ácido de sódio ou potássio: cálculos de estruvita;
- antibioticoterapia: infecções.

2. Medidas específicas:

- hipercalciúria renal: hidroclorotiazida 1 a 2 mg/kg/dia, 2 vezes/dia, ou clortalidona 2 mg/kg/dia, 2 vezes/dia;
- hipercalciúria absortiva:
    - alcalinização urinária com citrato de potássio 5 a 10 mEq/dia, a cada 12 a 24 h; bicarbonato de sódio ou solução de Scholl (1 mL = 1 mEq BicNa): ácido cítrico 140 g; citrato de sódio 90 g; e água q.s.p., 1.000 mL;
    - alopurinol 10 mg/kg/dia, 2 a 4 vezes/dia (reservado aos casos de hiperuricemia);
- hiperoxalúria:
    - hidratação adequada e eliminação de alimentos gordurosos;
    - piridoxina: reduz a síntese de oxalato endógeno e fosfato neutro e diminui o oxalato iônico urinário;
    - hidróxido de alumínio: reduz a absorção de oxalatos pelo intestino;
- cistinúria:
    - hidratação adequada;
    - alcalinização da urina com citratos: manter valores de pH urinário entre 7,0 e 8,0 por meses;
    - D-penicilamina 20 a 50 mg/kg/dia, a cada 6 h;
    - alternativa: alfa-mercaptopropionilglicina 10 a 15 mg/kg/dia; tem boa tolerância e boa eficiência.

3. Litotripsia extracorpórea: sucesso em 75% dos casos de cálculos > 6 mm.
4. Cirurgia (aberta, nefrolitotomia percutânea ou ureteropielotripsia): indicada em obstrução do sistema coletor, dor incapacitante, infecção persistente e intratável.
5. Cólica nefrética:
    - antiespasmódico: escopolamina (Buscopan®) 10 mg (pré-escolares) ou 20 mg (escolares), diluídos, EV;
    - sedação: morfina: 0,1 mg/kg/dose, diluída, EV (máx. de 15 mg/dia);
    - anti-inflamatório: diclofenaco 0,5 a 2 mg/kg/dose, IM, a cada 8 a 12 h, máximo de 50 mg/dose (risco de nefrite tubulointersticial).

Bibliografia

1. Alon US, Zimmerman H, Alon M. Evaluation and treatment of pediatric idiopathic urolithiasis-revisited. Pediatr Nephrol 2004; 19:516-20.
2. Andreoli SP. Acute kidney injury in children. Pediatr Nephrol 2009; 24(2):253-63.
3. Bates CM, Lin F. Future strategies in the treatment of acute renal failure: growth factors, stem cells and other novel therapies. Curr Opin Pediatr 2005; 17:215-20.
4. Bergstein J, Leiser J, Andreoli S. The clinical significance of asymptomatic gross and microscopic hematuria in children. Arch Pediatr Adolesc Med 2005; 159(4):353-5.
5. Brasil. Ministério da Saúde. Protocolo clínico e diretrizes terapêuticas. Síndrome nefrótica primária em crianças e adolescentes. Portaria SAS/MS n. 459, de 21/5/2012. Disponível em: http://conitec.gov.br/images/Protocolos/SindormeNefroticaPrimaria_CriancaseAdolescentes.pdf. Acessado em: 29/3/2017.
6. Campos Júnior D, Burns DAR, Lopez FA. Tratado de pediatria da Sociedade Brasileira de Pediatria. 3.ed. Barueri: Manole, 2014.
7. Freire KM, Bresolin NL, Farah AC, Carvalho FL, Góes JE. Acute kidney injury in children: incidence and prognostic factors in critical ill patients. Rev Bras Ter Intensiva 2010; 22(2):166-74.
8. Guidoni EBM, Toporovski J. Infecção urinária na adolescência. J Pediatr 2001; 77(8):165.
9. Koch VH, Zuccolotto SMC. Infecção do trato urinário: em busca das evidências. J Pediatr 2003; 79(7):97.
10. Lameire N. The pathophysiology of acute renal failure. Crit Care Clin 2005; 21:197-210.
11. National Kidney Foundation. K/DOQI Clinical practice guidelines for chronic kidney disease: evaluation, classification and stratification. Am J Kidney Dis 2002; 39(suppl 1):S1-S266.
12. Phadke KD, Vijayakumar M, Sharma J, Iyengar A, Indian Pediatric Nephrology Group. Consensus statement on evaluation of hematuria. Indian Pediatr 2006; 43(11):965-73.
13. Quigley R. Evaluation of hematuria and proteinuria: how should a pediatrician proceed? Curr Opin Pediatr 2008; 20(2):140-4.

14. Schwartz GJ, Brion LP, Spitzer A. The use of plasma creatinine concentration for estimating glomerular filtration rate in infants, children, and adolescents. Pediatr Clin North Am 1987; 34(3):571-90.
15. Sociedade Brasileira de Pediatria (SBP). Infecção do trato urinário. Documento Científico. Departamento Científico de Nefrologia, 2016. Disponível em: www.sbp.com.br/src/uploads/2016/12/Nefrologia-Infeccao-Trato-Urinario.pdf. Acessado em: 27/3/2017.
16. Sociedade Brasileira de Urologia. Projeto Diretrizes. Litíase renal em crianças. 2006. Disponível em: https://diretrizes.amb.org.br/BibliotecaAntiga/litiase-urinaria-em-crian%C3%A7a.pdf. Acessado em: 31/3/2017.
17. Sociedade de Pediatria de São Paulo (SPSP). Tratamento da infecção do trato urinário na infância. In: Recomendações – Atualização de condutas em pediatria. São Paulo: Departamento de Nefrologia Pediátrica da SPSP, 2007.
18. Toporovski J, Mello VR, Martini Filho D, Benini V, Andrade OVB. Nefrologia pediátrica. 2.ed. Rio de Janeiro: Guanabara Koogan, 2006.
19. Webb NJ, Lam C, Loeys T, Shainfar S, Strehlau J, Wells TG et al. Randomized, double-blind, controlled study of losartan in children with proteinuria. Clin J Am Soc Nephrol 2010; 5(3):417-24.

PARTE 12
Nutrologia

105 Classificação do estado nutricional
106 Desnutrição energético-proteica
107 Obesidade
108 Hipovitaminoses
109 Recomendações de nutrientes
110 Déficit de oligoelementos
111 Insuficiência de crescimento (*failure to thrive*)

105
Classificação do estado nutricional

 O que é

O estado nutricional é classificado principalmente por meio das dimensões corpóreas (antropometria). As medidas antropométricas mais utilizadas são peso, estatura, perímetro cefálico, medidas dos segmentos corpóreos (pacientes com limitações físicas), circunferências braquial e abdominal e dobras cutâneas. Os índices antropométricos mais frequentemente empregados e preconizados pela Organização Mundial da Saúde (OMS) são peso/idade, estatura/idade e peso/estatura, que podem ser expressos na forma de percentual de adequação ou de escores Z.

Atualmente, a OMS preconiza que sejam utilizados os escores Z e que se realize o acompanhamento pediátrico por meio de gráficos.

As curvas da OMS demonstram o crescimento de crianças que vivem em ambientes socioeconômicos adequados e foram submetidas a cuidados de saúde e alimentação compatíveis com um desenvolvimento sadio.

TABELA 1 CLASSIFICAÇÃO DA OMS*

	DEP	Risco de DEP	Normal	Sobrepeso	Obesidade
P/E**	Z < −2	−2 ≤ Z < −1	−1 ≤ Z ≤ 1	1 < Z ≤ 2	Z > 2
	Baixa estatura	Risco de baixa estatura	Normal	Risco de alta estatura	Alta estatura
E/I**	Z < −2	−2 ≤ Z < −1	−1 ≤ Z ≤ 1	1 < Z ≤ 2	Z > 2

* Baseada no escore Z das relações peso/estatura (P/E) e estatura/idade (E/I). Valores de Z e desvios-padrão por idade e sexo - ver Anexo 2.

** Valores de Z < −3 ou Z > 3 são considerados distúrbios nutricionais graves.

Escore Z: (Z) = medida (criança) − média de referência/desvio-padrão para idade e sexo.

DEP: desnutrição energético-proteica.

Para a classificação dos recém-nascidos (RN), utilizam-se o peso ao nascer e a idade gestacional, conforme apresentado na Parte 2 deste livro (Neonatologia).

Para a classificação dos adolescentes, recomenda-se a utilização do índice de massa corporal (IMC) ou índice de Quetelet (Tabela 2) associado à avaliação dos índices P/E e E/I dados em escore Z ou adequação percentual (Tabela 3) e ao estadiamento puberal de acordo com o método de Tanner (Figura 1).

TABELA 2 ÍNDICE DE MASSA CORPORAL*

	Risco de DEP	Normal	Sobrepeso	Obesidade
IMC**	< p5	p5 ≤ e ≤ p85	p85 < e < p95	≤ p95

* Distribuição em percentis do IMC por idade e sexo − ver Anexo 3. Valores de referência disponíveis a partir dos 6 anos de idade (Must et al., 1991[1]).

** IMC = peso (kg)/estatura^2 (m).

DEP: desnutrição energético-proteica.

TABELA 3 CLASSIFICAÇÃO DA OMS*

	DEP grave	DEP moderada	DEP leve	Normal	Sobrepeso	Obesidade
P/E	< 70	≤ 70 e < 80	≤ 80 e < 90	≤ 90 e < 110	≤ 110 e < 120	≤ 120
	Baixa estatura grave	Baixa estatura moderada	Baixa estatura leve	Normal		
E/I	< 85	≤ 85 e < 90	≤ 90 e < 95	≥ 95		

* Baseada na adequação percentual (%) de peso/estatura (P/E) e estatura/idade (E/I), padrão de referência NCHS.

FIGURA 1   MÉTODO DE TANNER: VELOCIDADE DE CRESCIMENTO ESTATURAL, EM CM/ANO, PELO ESTADIAMENTO PUBERAL.

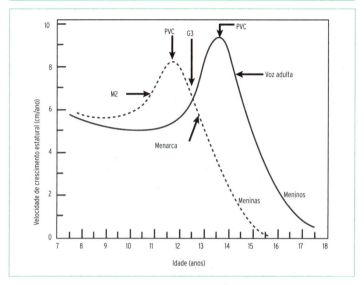

DEP: desnutrição energético-proteica.

TABELA 4   ÍNDICES ANTROPOMÉTRICOS ADOTADOS PELO MINISTÉRIO DA SAÚDE E PELA SOCIEDADE BRASILEIRA DE PEDIATRIA

Faixa etária	Crianças (0 a 5 anos incompletos)	Crianças (5 a 10 anos incompletos)	Adolescentes (10 a 19 anos)
Índice antropométrico	Peso para idade	Peso para idade	—
	Peso para estatura	—	—
	IMC para idade	IMC para idade	IMC para idade
	Estatura para idade	Estatura para idade	Estatura para idade

IMC: índice de massa corporal.

Avaliação da composição corporal

Há curvas separadas por sexo na faixa etária de 3 a 5 anos em forma de percentis e escore Z com valores de dobras cutâneas tricipital e subescapular.

FIGURA 2 TÉCNICA PARA OBTER A DOBRA CUTÂNEA.

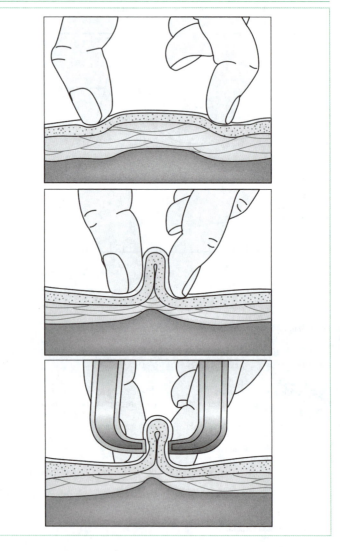

FIGURA 3   MEDIDA DA DOBRA TRICIPITAL.

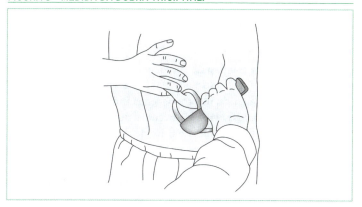

FIGURA 4   MEDIDA DA DOBRA SUBESCAPULAR.

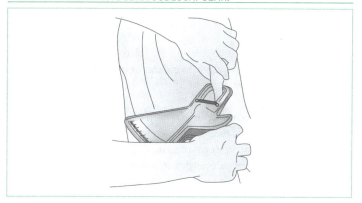

TABELA 5   PERCENTIS DE ACORDO COM ESTADO NUTRICIONAL

Dobras cutâneas	Valores
Normalidade	p5 e p95
Risco de desnutrição	p5 a 15
Risco de obesidade	p85 a 95
Desnutrição	< p5
Obesidade	> p95

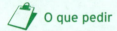
O que pedir

Para avaliação da composição corporal:

1. Bioimpedância elétrica: determina a quantidade de água corpórea total e estima a massa livre e o percentual de gordura.
2. Densitometria (DXA): processo físico de absorbância de dois feixes de raios X (DXA). Indica o estado nutricional do indivíduo e analisa a composição corpórea de massa magra e massa adiposa.
3. Tomografia computadorizada (TC) e ressonância magnética (RM): mensuram de forma mais precisa a massa magra, a massa gorda e outros tecidos, como o ósseo. Não são utilizadas como triagem de rotina, estando indicadas para fins de protocolo de pesquisa.

CONSIDERAÇÕES GERAIS

No acompanhamento do crescimento físico por meio das classificações estabelecidas, é importante considerar os seguintes recursos e estimativas antropométricas:

1. Curvas de crescimento: utilizadas na vigilância do crescimento, permitem a avaliação da tendência de crescimento, identificando acelerações (aumento do valor em percentis), desaceleração (diminuição) ou manutenção dos valores dos indicadores antropométricos em percentis ao longo da idade, conforme padrão de referência. Deve-se investigar a etiologia sempre que, em avaliações consecutivas, a criança perder ou não ganhar peso ou desacelerar o ganho de peso ou de estatura. Os gráficos estão disponíveis no site da OMS.[4] A avaliação de crianças portadoras de doenças crônicas necessita de curvas de crescimento específicas, que estão disponíveis na literatura (Tabela 6).
2. Velocidade de crescimento: estimada em gramas por dia/mês ou quilos por ano (peso) e centímetros por mês/ano (estatura) e comparada ao padrão de referência (mais precisa e mais importante nos 2 primeiros anos de vida).
3. A elevação da medida da circunferência abdominal (Cab) pode ser relacionada a maior risco cardiovascular e aumento significativo da prevalência de obesidade e síndrome metabólica em adolescentes. O emprego dessa medida em triagens auxilia a identificação em candidatos com potencial para manifestarem essas patologias na vida adulta.

TABELA 6 CURVAS DE CRESCIMENTO PARA CRIANÇAS PORTADORAS DE DOENÇAS CRÔNICAS

Doença	Curva de crescimento	Referência
Síndrome de Down	Peso e estatura para sexo e idade (0 a 18 anos)	Cronck et al., 1988[5]
Síndrome de Turner	Estatura para idade (feminino: 2 a 19 anos)	Lyon et al., 1985[6]
Paralisia cerebral	Peso e estatura para idade e sexo (0 a 120 meses) Peso para estatura e sexo (até 130 cm)	Krick et al., 1996[7]
Síndrome de Prader-Willi	Estatura para idade e sexo (3 a 25 anos)	Holm, 1995[8]
Acondroplasia	Estatura, perímetro cefálico e segmento superior/inferior para idade e sexo (0 a 18 anos)	Horton et al., 1978[9]
Síndrome de Noonan	Estatura para idade e sexo (2 a 20 anos)	Witt et al., 1986[10]

Estimativa de estatura de crianças e adolescentes com limitações físicas (Tabela 7), em que:

- comprimento superior do braço (CSB): distância do acrômio até a cabeça do rádio, medida com o membro superior fletido a 90°;
- comprimento tibial (CT): medida da borda superomedial da tíbia até a borda do maléolo medial inferior com fita inextensível;
- comprimento do membro inferior a partir do joelho (CJ): comprimento do joelho ao tornozelo.

TABELA 7 FÓRMULAS PARA ESTIMATIVA DE MEDIDAS ANTROPOMÉTRICAS EM INDIVÍDUOS COM LIMITAÇÕES FÍSICAS

Medida do segmento	Estatura estimada (cm)	Desvio-padrão (cm)
CSB	E = (4,35 × CSB) + 21,8	± 1,7
CT	E = (3,26 × CT) + 30,8	± 1,4
CJ	E = (2,69 × CJ) + 24,2	± 1,1

CSB: comprimento superior do braço; CT: comprimento tibial; CJ: comprimento do membro inferior a partir do joelho.

Fonte: Stevenson, 1995.[11]

A seguir, Anexos 1 a 5.

Anexo 1

FIGURA 1   PESO POR IDADE EM MENINOS. NASCIMENTO ATÉ OS 5 ANOS (ESCORES Z).

Fonte: adaptada de WHO Child Growth Standarts.

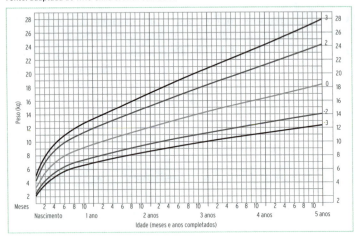

FIGURA 2 PESO POR IDADE EM MENINAS. NASCIMENTO ATÉ OS 5 ANOS (ESCORES Z).

Fonte: adaptada de WHO Child Growth Standarts.

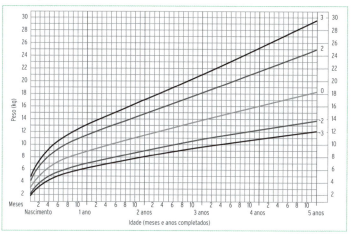

FIGURA 3 COMPRIMENTO/ALTURA POR IDADE EM MENINOS. NASCIMENTO ATÉ OS 5 ANOS (ESCORES Z).

Fonte: adaptada de WHO Child Growth Standarts.

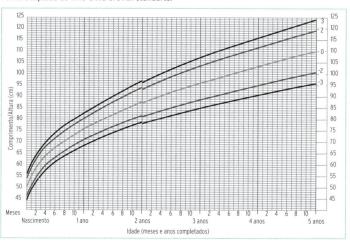

FIGURA 4 COMPRIMENTO/ALTURA POR IDADE EM MENINAS. NASCIMENTO ATÉ OS 5 ANOS (ESCORES Z).

Fonte: adaptada de WHO Child Growth Standarts.

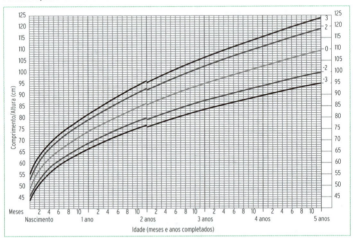

FIGURA 5 PESO POR COMPRIMENTO EM MENINOS. NASCIMENTO ATÉ OS 2 ANOS (ESCORES Z).

Fonte: adaptada de WHO Child Growth Standarts.

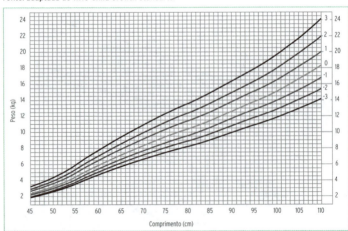

FIGURA 6 PESO POR COMPRIMENTO EM MENINAS. NASCIMENTO ATÉ OS 2 ANOS (ESCORES Z).

Fonte: adaptada de WHO Child Growth Standarts.

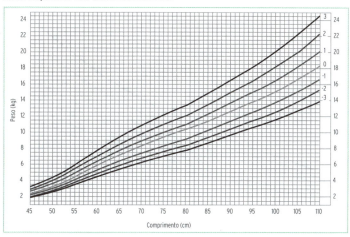

FIGURA 7 PESO POR ALTURA EM MENINOS. DE 2 ATÉ 5 ANOS (ESCORES Z).

Fonte: adaptada de WHO Child Growth Standarts.

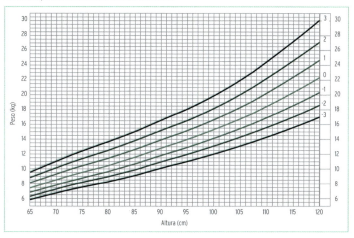

FIGURA 8 PESO POR ALTURA EM MENINAS. DE 2 ATÉ 5 ANOS (ESCORES Z).

Fonte: adaptada de WHO Child Growth Standarts.

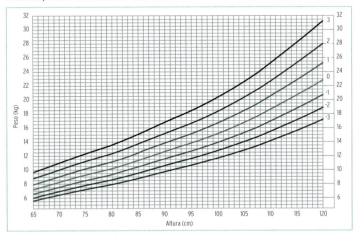

FIGURA 9 IMC POR IDADE EM MENINOS. NASCIMENTO ATÉ OS 5 ANOS (ESCORES Z).

Fonte: adaptada de WHO Child Growth Standarts.

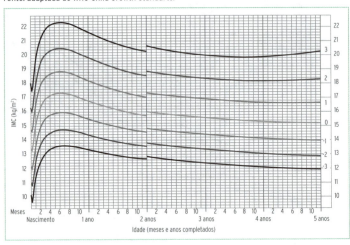

FIGURA 10 IMC POR IDADE EM MENINAS. NASCIMENTO ATÉ OS 5 ANOS (ESCORES Z).

Fonte: adaptada de WHO Child Growth Standarts.

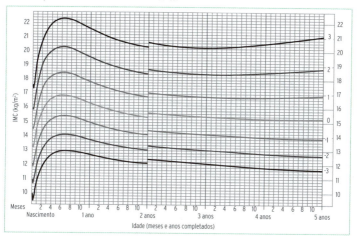

FIGURA 11 CIRCUNFERÊNCIA DA CABEÇA POR IDADE EM MENINOS. NASCIMENTO ATÉ OS 5 ANOS (ESCORES Z).

Fonte: adaptada de WHO Child Growth Standarts.

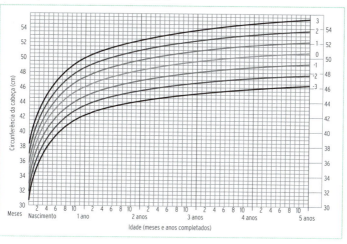

FIGURA 12 CIRCUNFERÊNCIA DA CABEÇA POR IDADE EM MENINAS. NASCIMENTO ATÉ OS 5 ANOS (ESCORES Z).

Fonte: adaptada de WHO Child Growth Standarts.

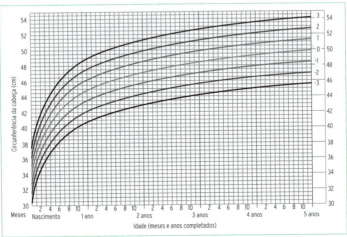

FIGURA 13 CIRCUNFERÊNCIA DO BRAÇO POR IDADE EM MENINOS. DOS 3 MESES ATÉ OS 5 ANOS (ESCORES Z).

Fonte: adaptada de WHO Child Growth Standarts.

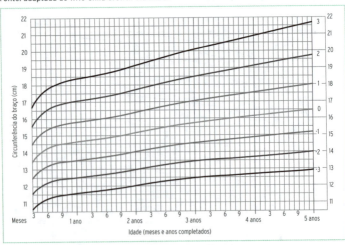

FIGURA 14   CIRCUNFERÊNCIA DO BRAÇO POR IDADE EM MENINAS. DOS 3 MESES ATÉ OS 5 ANOS (ESCORES Z).

Fonte: adaptada de WHO Child Growth Standarts.

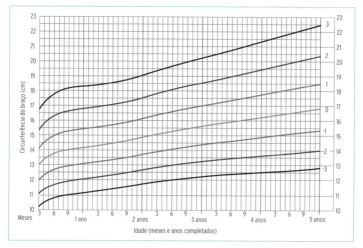

FIGURA 15   DOBRA CUTÂNEA SUBESCAPULAR POR IDADE EM MENINOS. DOS 3 MESES ATÉ OS 5 ANOS (ESCORES Z).

Fonte: adaptada de WHO Child Growth Standarts.

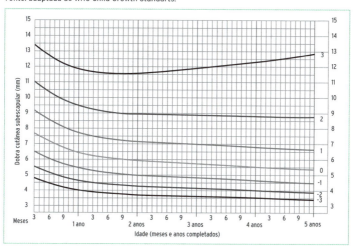

FIGURA 16 DOBRA CUTÂNEA SUBESCAPULAR POR IDADE EM MENINAS. DOS 3 MESES ATÉ OS 5 ANOS (ESCORES Z).

Fonte: adaptada de WHO Child Growth Standarts.

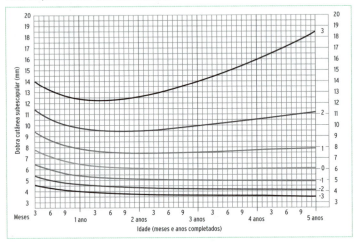

FIGURA 17 PREGA CUTÂNEA DO TRÍCEPS (MM) POR IDADE EM MENINOS. DOS 3 MESES ATÉ OS 5 ANOS (ESCORES Z).

Fonte: adaptada de WHO Child Growth Standarts.

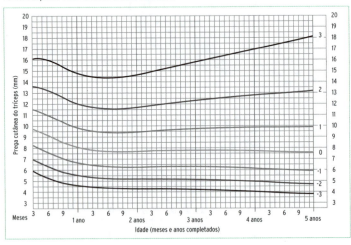

FIGURA 18 PREGA CUTÂNEA DO TRÍCEPS (MM) POR IDADE EM MENINAS. DOS 3 MESES ATÉ OS 5 ANOS (ESCORES Z).

Fonte: adaptada de WHO Child Growth Standarts.

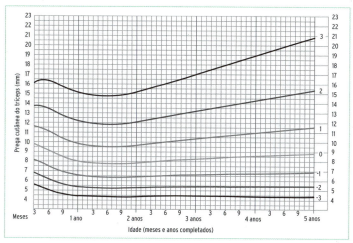

FIGURA 19 PESO POR IDADE EM MENINOS. DOS 5 AOS 10 ANOS (ESCORES Z).

Fonte: adaptada de WHO (2007)..

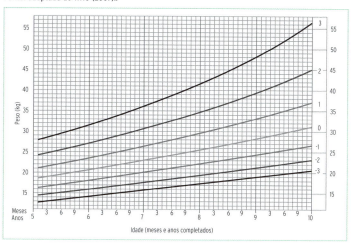

FIGURA 20 PESO POR IDADE EM MENINAS. DOS 5 AOS 10 ANOS (ESCORES Z).

Fonte: adaptada de WHO (2007).

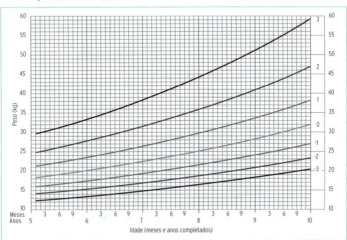

FIGURA 21 ALTURA POR IDADE EM MENINOS. DOS 5 AOS 19 ANOS (ESCORES Z).

Fonte: adaptada de WHO (2007).

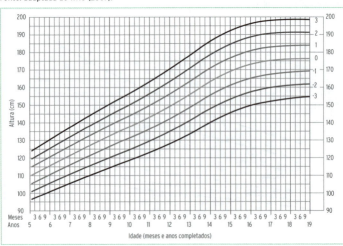

FIGURA 22 ALTURA POR IDADE EM MENINAS. DOS 5 AOS 19 ANOS (ESCORES Z).

Fonte: adaptada de WHO (2007).

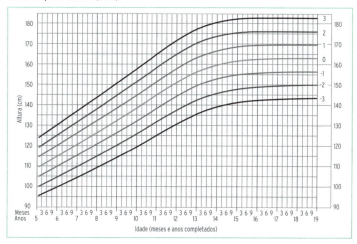

FIGURA 23 IMC POR IDADE EM MENINOS. DOS 5 AOS 19 ANOS (ESCORES Z).

Fonte: adaptada de WHO (2007).

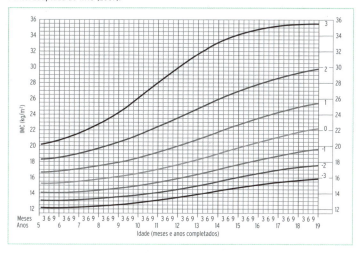

FIGURA 24 IMC POR IDADE EM MENINAS. DOS 5 AOS 19 ANOS (ESCORES Z).

Fonte: adaptada de WHO (2007).

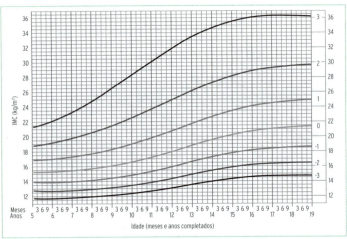

FIGURA 25 PREGA CUTÂNEA DO TRÍCEPS (MM) POR IDADE EM MENINOS. DOS 3 MESES ATÉ OS 5 ANOS (ESCORES Z).

Fonte: adaptada de WHO Child Growth Standarts.

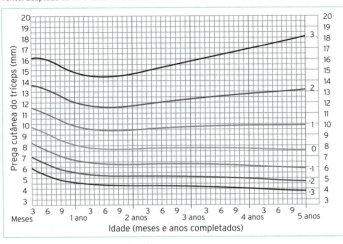

FIGURA 26 PREGA CUTÂNEA DO TRÍCEPS (MM) POR IDADE EM MENINAS. DOS 3 MESES ATÉ OS 5 ANOS (ESCORES Z).

Fonte: adaptada de WHO Child Growth Standarts.

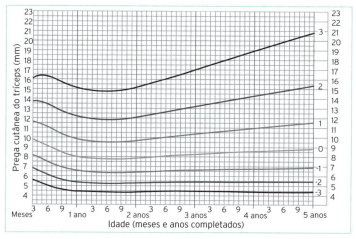

FIGURA 27 DOBRA CUTÂNEA SUBESCAPULAR POR IDADE EM MENINOS. DOS 3 MESES ATÉ OS 5 ANOS (ESCORES Z).

Fonte: adaptada de WHO Child Growth Standarts.

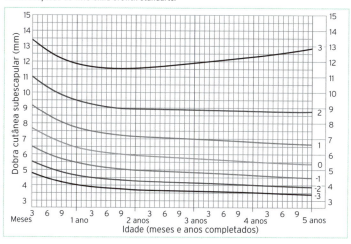

FIGURA 28 DOBRA CUTÂNEA SUBESCAPULAR POR IDADE EM MENINAS. DOS 3 MESES ATÉ OS 5 ANOS (ESCORES Z).

Fonte: adaptada de WHO Child Growth Standarts.

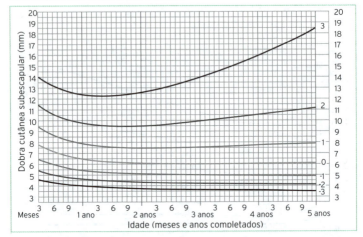

TABELA 1 CLASSIFICAÇÃO DO ESTADO NUTRICIONAL (0 A 10 ANOS)

Valores críticos	Índices antropométricos						
	Crianças de 0 a 5 anos incompletos				Crianças de 5 a 10 anos incompletos		
	Peso para idade	Peso para estatura	IMC para idade	Estatura para idade	Peso para idade	IMC para idade	Estatura para idade
< Percentil 0,1	Muito baixo	Magreza acentuada	Magreza acentuada	Muito baixa	Muito baixo	Magreza acentuada	Muito baixa
> Percentil 0,1 e < percentil 3	Baixo	Magreza	Magreza	Baixa	Baixa	Magreza	Baixa
≥ Percentil 3 e < percentil 15	Adequado	Eutrofia	Eutrofia	Adequada	Adequado	Eutrofia	Adequada
≥ Percentil 15 e ≤ percentil 85							
> Percentil 85 e ≤ percentil 97		Risco para sobrepeso	Risco para sobrepeso			Sobrepeso	
> Percentil 97 e ≤ percentil 99,9	Elevado	Sobrepeso	Sobrepeso		Elevado	Obesidade	
> Percentil 99,9		Obesidade	Obesidade			Obesidade grave	

Valores críticos (Escore z)							
< Escore z -3	Muito baixo	Magreza acentuada	Magreza acentuada	Muito baixa	Muito baixo	Magreza acentuada	Muito baixa
≥ Escore z -3 e < escore z -2	Baixo	Magreza	Magreza	Baixa	Baixa	Magreza	Baixa
≥ Escore z -2 e < escore z +1	Adequado	Eutrofia	Eutrofia	Adequada	Adequado	Eutrofia	Adequada
≥ Escore z -1 e ≤ escore z +1							
> Escore z +1 e ≤ escore z +2		Risco para sobrepeso	Risco para sobrepeso			Sobrepeso	
> Escore z +2 e ≤ escore z +3	Elevado	Sobrepeso	Sobrepeso		Elevado	Obesidade	
> Escore z +3		Obesidade	Obesidade			Obesidade grave	

IMC: índice de massa corporal.
Fonte: OMS, 2006-2007.

TABELA 2 CLASSIFICAÇÃO DO ESTADO NUTRICIONAL DE ADOLESCENTES

Valores críticos		Índices antropométricos para adolescentes	
		IMC para idade	Estatura para idade
< Percentil 0,1	< Escore z -3	Magreza acentuada	Muito baixa
> Percentil 0,1 e < percentil 3	≥ Escore z -3 e < escore z -2	Magreza	Baixa estatura
≥ Percentil 3 e < percentil 15	≥ Escore z -2 e < escore z +1	Eutrofia	Adequada
≥ Percentil 15 e ≤ percentil 85	≥ Escore z -1 e ≤ escore z +1		
> Percentil 85 e ≤ percentil 97	> Escore z +1 e ≤ escore z +2	Sobrepeso	
> Percentil 97 e ≤ percentil 99,9	> Escore z +2 e ≤ escore z +3	Obesidade	
> Percentil 99,9	> Escore z +3	Obesidade grave	

IMC: índice de massa corporal.
Fonte: OMS, 2007.

Anexo 2

ANEXO 2 MÉDIAS E DESVIOS-PADRÃO DE ESTATURA, PESO E PERÍMETRO CEFÁLICO (0 A 18 ANOS DE IDADE)

Sexo masculino						
	Comprimento[a] e estatura (cm)		Peso (kg)		Circunferência craniana (cm)	
Idade	Média	DP	Média	DP	Média	DP
Recém-nascido	50,0	1,94	3,50	0,53	36,00	1,97
3 meses	60,7	2,16	5,93	0,66	40,20	1,70
6 meses	68,2	2,34	7,90	0,80	43,65	1,60
9 meses	72,7	2,52	9,20	1,15	45,60	1,60
12 meses	76,3	2,69	10,20	1,01	46,65	1,60
1 ano e meio	82,1	3,01	11,60	1,17	48,10	1,49
2 anos	86,9/85,9[b]	3,30/3,30[b]	12,70	1,33	49,03	1,49
3 anos	94,2	3,83	14,70	1,61	50,37	1,41
4 anos	101,6	4,30	16,60	1,90	51,12	1,36
5 anos	108,3	4,74	18,50	2,17	51,60	1,33
6 anos	114,6	5,14	20,50	2,44	51,88	1,33
7 anos	120,5	5,46	22,60	2,75	52,12	1,33

(continua)

ANEXO 2 MÉDIAS E DESVIOS-PADRÃO DE ESTATURA, PESO E PERÍMETRO CEFÁLICO (0 A 18 ANOS DE IDADE) *(continuação)*

Sexo masculino

Idade	Comprimento[a] e estatura (cm) Média	DP	Peso (kg) Média	DP	Circunferência craniana (cm) Média	DP
8 anos	126,2	5,75	25,00	3,12	52,29	1,33
9 anos	131,6	6,00	27,50	5,98	52,43	1,36
10 anos	136,9	6,20	30,30	7,04	52,70	1,49
11 anos	142,0	6,37	33,30	7,78	53,10	1,46
12 anos	146,9	6,48	36,50	8,48	53,60	1,54
13 anos	152,2	6,55	40,70	8,47	54,10	1,54
14 anos	160,6	6,59	48,40	9,42	54,59	1,54
15 anos	168,7	6,61	56,30	9,52	54,85	1,49
16 anos	172,7	6,63	60,20	9,63	55,00	1,46
17 anos	174,3	6,65	62,10	9,60		
18 anos	174,7	6,65	63,00	9,69		

Sexo feminino

Idade	Comprimento[a] e estatura (cm) Média	DP	Peso (kg) Média	DP	Circunferência craniana (cm) Média	DP
Recém-nascido	49,5	1,94	3,40	0,57	36,00	1,97
3 meses	59,0	2,16	5,56	0,64	39,60	1,52
6 meses	65,5	2,34	7,39	0,80	42,60	1,44
9 meses	70,2	2,52	8,72	0,90	44,62	1,44
12 meses	74,2	2,69	9,70	1,01	45,45	1,41
1 ano e meio	80,5	3,01	11,10	1,12	46,90	1,38
2 anos	85,6/84,6[b]	3,3/3,8[b]	12,20	1,33	47,90	1,37
3 anos	93,0	3,83	14,30	1,54	49,33	1,25
4 anos	100,4	4,30	16,30	1,69	50,20	1,28
5 anos	108,3	4,74	18,30	2,65	50,80	1,28
6 anos	114,6	5,17	20,40	3,39	51,20	1,28
7 anos	120,5	5,46	22,60	4,23	51,50	1,28

(continua)

ANEXO 2 MÉDIAS E DESVIOS-PADRÃO DE ESTATURA, PESO E PERÍMETRO CEFÁLICO (0 A 18 ANOS DE IDADE) *(continuação)*

Sexo masculino						
	Comprimento[a] e estatura (cm)		Peso (kg)		Circunferência craniana (cm)	
Idade	Média	DP	Média	DP	Média	DP
8 anos	125,0	5,73	25,10	5,24	51,70	1,28
9 anos	130,5	5,86	27,70	6,34	51,90	1,28
10 anos	136,0	5,94	30,70	7,72	52,15	1,30
11 anos	141,7	5,96	34,20	8,68	52,65	1,33
12 anos	149,5	5,98	39,60	9,52	53,20	1,33
13 anos	156,8	6,00	47,80	9,79	53,62	1,28
14 anos	160,6	6,00	53,00	9,79	53,97	1,20
15 anos	161,9	6,00	55,20	9,79	54,18	1,14
16 anos	162,2	6,00	56,00	9,79	54,27	1,14
17 anos	162,2	6,00	56,40	9,79		
18 anos	162,2	6,00	56,60	9,79		

DP: desvio-padrão.
[a] Primeiros 2 anos de vida. [b] O primeiro número representa a estatura, o segundo, o peso.

Fonte: adaptado de Smith, 1977.[12]

Anexo 3

ANEXO 3 DISTRIBUIÇÃO EM PERCENTIS DO ÍNDICE DE MASSA CORPORAL (IMC)

Percentis de IMC						
Masculino						
Idade (anos)	n	5	15	50	85	95
6	165	12,86	13,43	14,54	16,64	18,02
7	164	13,24	13,85	15,07	17,37	19,18
8	149	13,63	14,28	15,62	18,11	20,33
9	177	14,03	14,71	16,17	18,85	21,47
10	177	14,42	15,15	16,72	19,60	22,60
11	169	14,83	15,59	17,28	20,35	23,73
12	204	15,24	16,06	17,87	21,12	24,89
13	177	15,73	16,62	18,53	21,93	25,93
14	173	16,18	17,20	19,22	22,77	26,93
15	175	16,59	17,76	19,92	23,63	27,76
16	172	17,01	18,32	20,63	24,45	28,53

(continua)

ANEXO 3 DISTRIBUIÇÃO EM PERCENTIS DO ÍNDICE DE MASSA CORPORAL (IMC) *(continuação)*

Percentis de IMC

Masculino

Idade (anos)	n	5	15	50	85	95
17	167	17,31	18,68	21,12	25,18	29,32
18	120	17,54	18,89	21,45	25,92	30,02
19	137	17,80	19,20	21,86	26,36	30,66
20-24	514	18,66	20,21	23,07	26,87	31,26
25-29	671	19,11	20,98	24,19	28,08	31,72
30-34	466	19,52	21,51	24,90	28,75	31,99
35-39	451	19,55	21,71	25,25	29,18	32,23
40-44	474	19,52	21,75	25,49	29,37	32,41
45-49	532	19,45	21,72	25,55	29,39	32,40
50-54	531	19,35	21,66	25,54	29,31	32,27
55-59	468	19,25	21,58	25,51	29,24	32,18
60-64	378	19,15	21,49	25,47	29,17	32,08
65-69	1.084	19,05	21,39	25,41	29,08	31,98
70-74	752	18,94	21,29	25,33	28,99	31,87

Feminino

Idade (anos)	n	5	15	50	85	95
6	161	12,83	13,37	14,31	16,17	17,49
7	174	13,17	13,79	14,98	17,17	18,93
8	153	13,51	14,22	15,66	18,18	20,36
9	173	13,87	14,66	16,33	19,19	21,78
10	194	14,23	15,09	17,00	20,19	23,20
11	163	14,60	15,53	17,67	21,18	24,59
12	177	14,98	15,98	18,35	22,17	25,95
13	199	15,36	16,43	18,95	23,08	27,07
14	192	15,67	16,79	19,32	23,88	27,97

(continua)

ANEXO 3 DISTRIBUIÇÃO EM PERCENTIS DO ÍNDICE DE MASSA CORPORAL (IMC) *(continuação)*

Percentis de IMC

Feminino

Idade (anos)	n	5	15	50	85	95
15	164	16,01	17,16	19,69	24,29	28,51
16	173	16,37	17,54	20,09	24,74	29,10
17	159	16,59	17,81	20,36	25,23	29,72
18	140	16,71	17,99	20,57	25,56	30,22
19	142	16,87	18,20	20,80	25,85	30,72
20-24	1.244	17,38	18,64	21,46	26,14	31,20
25-29	1.307	17,84	19,09	22,10	27,68	33,16
30-34	1.092	18,23	19,54	22,69	28,87	34,58
35-39	1.017	18,51	19,91	23,25	29,54	35,35
40-44	999	18,65	20,20	23,74	30,11	35,85
45-49	603	18,71	20,45	24,17	30,56	36,02
50-54	615	18,79	20,66	24,54	30,79	35,95
55-59	492	18,88	20,86	24,92	31,00	35,88
60-64	463	18,96	21,06	25,29	31,21	35,80
65-69	1.157	19,03	21,25	25,66	31,40	35,70
70-74	848	19,09	21,44	26,01	31,58	35,58

Fonte: Must *et al.*, 1991.[1]

Anexo 4

ANEXO 4 DRI: VITAMINAS C, E, A E K, SELÊNIO, CROMO, COBRE, FERRO, IODO, MOLIBDÊNIO E ZINCO

Faixa etária	Vit. C (mg/dia)	Vit. E (mg/dia)	Vit. A (mcg/dia)	Vit. K (mcg/dia)	Selênio (mcg/dia)	Cromo (mcg/dia)	Cobre (mcg/dia)	Ferro (mcg/dia)	Iodo (mcg/dia)	Molibdênio (mcg/dia)	Zinco (mg/dia)
0-6 meses	40	4	400	2	15	0,2	200	0,27	110	0,003	2
7-11 meses	50	5	500	2,5	20	5,5	220	11	130	0,6	3
1-3 anos	**15**	**6**	**300**	30	**20**	11	**340**	**7**	**90**	1,2	**3**
4-8 anos	**25**	**7**	**400**	55	**30**	15	**440**	**10**	**90**	1,5	**5**
Homens											
9-13 anos	**45**	**11**	**600**	60	**40**	25	**700**	**8**	**120**	1,9	**8**
14-18 anos	**75**	**15**	**900**	75	**55**	35	**890**	**11**	**150**	2,2	**11**
19-30 anos	**90**	**15**	**900**	120	**55**	35	**900**	**8**	**150**	2,3	**11**
31-50 anos	**90**	**15**	**900**	120	**55**	35	**900**	**8**	**150**	2,3	**11**
51-70 anos	**90**	**15**	**900**	120	**55**	30	**900**	**8**	**150**	2,3	**11**
>70 anos	**90**	**15**	**900**	120	**55**	30	**900**	**8**	**150**	2,3	**11**
Mulheres											
9-13 anos	**45**	**11**	**600**	60	**40**	21	**700**	**8**	**120**	1,6	**8**
14-18 anos	**65**	**15**	**700**	75	**55**	24	**890**	**15**	**150**	1,6	**9**

(continua)

ANEXO 4 DRI: VITAMINAS C, A E K, SELÊNIO, CROMO, COBRE, FERRO, IODO, MOLIBDÊNIO E ZINCO (continuação)

Faixa etária	Vit. C (mg/dia)	Vit. E (mg/dia)	Vit. A (mcg/dia)	Vit. K (mcg/dia)	Selênio (mcg/dia)	Cromo (mcg/dia)	Cobre (mcg/dia)	Ferro (mcg/dia)	Iodo (mcg/dia)	Molibdênio (mcg/dia)	Zinco (mg/dia)
19-30 anos	**75**	**15**	700	90	**55**	25	**900**	**18**	**150**	1,8	**8**
31-50 anos	**75**	**15**	700	90	**55**	25	**900**	**18**	**150**	1,8	**8**
51-70 anos	**75**	**15**	700	90	**55**	20	**900**	**8**	**150**	1,8	**8**
> 70 anos	**75**	**15**	700	90	**55**	20	**900**	**8**	**150**	1,8	**8**
Gravidez											
≤ 18 anos	**80**	**15**	750	75	**60**	29	**1.000**	**27**	**220**	2	**13**
19-30 anos	**85**	**15**	770	90	**60**	30	**1.000**	**27**	**220**	2	**11**
31-50 anos	**85**	**15**	770	90	**60**	30	**1.000**	**27**	**220**	2	**11**
Lactação											
≤ 18 anos	**115**	**19**	1.200	75	**70**	44	**1.300**	**10**	**290**	2,6	**14**
19-30 anos	**120**	**19**	1.300	90	**70**	45	**1.300**	**9**	**290**	26	**12**
31-50 anos	**120**	**19**	1.300	90	**70**	45	**1.300**	**9**	**290**		**12**

RDAs são apresentadas em negrito e AIs em caracteres normais.

Fonte: Institute of Medicine, 2001.[13]

Anexo 5

ANEXO 5 NECESSIDADES ENERGÉTICAS ESTIMADAS PARA MENINOS E MENINAS DE 3 A 18 ANOS

Idade	Peso	Altura	Necessidade energética estimada (kcal/dia)			
	Referência (kg)	Referência (m)	NAF	NAF	NAF	NAF
			Sedentário	Pouco ativo	Ativo	Muito ativo
Meninas						
3	13,9	0,94	1.080	1.243	1.395	1.649
4	15,8	1,01	1.133	1.310	1.475	1.750
5	17,9	1,08	1.189	1.379	1.557	1.854
6	20,2	1,15	1.247	1.451	1.642	1.961
7	22,8	1,21	1.298	1.515	1.719	2.058
8	25,6	1,28	1.360	1.593	1.810	2.173
9	29,0	1,33	1.415	1.660	1.890	2.273
10	32,9	1,38	1.470	1.729	1.972	2.376

(continua)

ANEXO 5 NECESSIDADES ENERGÉTICAS ESTIMADAS PARA MENINOS E MENINAS DE 3 A 18 ANOS (continuação)

Idade	Peso	Altura	Necessidade energética estimada (kcal/dia)			
	Referência (kg)	Referência (m)	NAF Sedentário	NAF Pouco ativo	NAF Ativo	NAF Muito ativo
11	37,2	1,44	1.538	1.813	2.071	2.500
12	41,6	1,51	1.617	1.909	2.183	2.640
13	45,8	1,57	1.684	1.992	2.281	2.762
14	49,4	1,60	1.718	2.036	2.334	2.831
15	52,0	1,62	1.731	2.057	2.362	2.870
16	53,9	1,63	1.729	2.059	2.368	2.883
17	55,1	1,63	1.710	2.042	2.353	2.871
18	56,2	1,63	1.690	2.024	2.336	2.858
Meninos						
3	14,3	0,95	1.162	1.324	1.485	1.683
4	16,2	1,02	1.215	1.390	1.566	1.783
5	18,4	1,09	1.275	1.466	1.658	1.894
6	20,7	1,15	1.328	1.535	1.742	1.997
7	23,1	1,22	1.393	1.617	1.840	2.115
8	25,6	1,28	1.453	1.692	1.931	2.225
9	28,6	1,34	1.530	1.787	2.043	2.359
10	31,9	1,39	1.601	1.875	2.149	2.486
11	35,9	1,44	1.691	1.985	2.279	2.640
12	40,5	1,49	1.798	2.113	2.428	2.817
13	45,6	1,56	1.935	2.276	2.618	3.038
14	51,0	1,64	2.090	2.459	2.829	3.283
15	56,3	1,70	2.223	2.618	3.013	3.499

(continua)

ANEXO 5 NECESSIDADES ENERGÉTICAS ESTIMADAS PARA MENINOS E MENINAS DE 3 A 18 ANOS *(continuação)*

Idade	Peso	Altura	Necessidade energética estimada (kcal/dia)			
	Referência (kg)	Referência (m)	NAF Sedentário	NAF Pouco ativo	NAF Ativo	NAF Muito ativo
16	60,9	1,74	2.320	2.736	3.152	3.663
17	64,6	1,75	2.366	2.796	3.226	3.754
18	67,2	1,76	2.383	2.823	3.263	3.804

NAF: nível de atividade física.

Fonte: adaptado de Institute of Medicine, 2002.[14]

106
Desnutrição energético-proteica

 O que é

A desnutrição energético-proteica (DEP) é um estado clínico-metabólico caracterizado pela falta concomitante de calorias e proteínas em proporções variáveis, resultante da deficiência de ingestão, transporte e/ou utilização de nutrientes. A origem da DEP pode ser primária, quando não há doença associada, relacionada à insegurança alimentar, ou secundária quando há patologia relacionada (p. ex., cardiopatias congênitas, fibrose cística ou neuropatias).

 **Como suspeitar**

Os fatores de risco associados são:

- baixo nível socioeconômico e cultural;
- baixa estimulação ambiental;
- desajustamento familiar;
- saneamento básico inadequado ou ausente;

- fraco vínculo mãe-filho;
- abandono precoce ao aleitamento materno exclusivo e total;
- baixo peso (< 2.500 g) ou peso insuficiente (< 3.000 g) ao nascer;
- dificuldade de acesso a serviços de saúde;
- dieta de transição inadequada;
- frequência maior de infecções respiratórias e/ou gastrintestinais.

AVALIAÇÃO ANTROPOMÉTRICA

1. Calcular o escore Z de peso para idade, estatura para idade e o índice de massa corpórea (IMC) para idade.
2. Valores abaixo de 2 escores Z para qualquer um dos três índices são indicativos de agravo nutricional.

TABELA 1　CLASSIFICAÇÃO ANTROPOMÉTRICA (ESCORE Z) DA DESNUTRIÇÃO E BAIXA ESTATURA (BE)

	DEP moderada	DEP grave
Z P/E	−3 ≤ −2	≤ −3
	BE moderada	BE grave
Z E/I	−3 ≤ −2	≤ −3

Z P/E: escore Z do índice de peso para estatura; Z E/I: escore Z do índice de estatura para idade; DEP: desnutrição energético-proteica.

Fonte: WHO, 1999.[15]

EXAME FÍSICO

- Emagrecimento intenso visível;
- alteração dos cabelos (mais secos, finos e alopecia);
- hipo/hiperpigmentação;
- manchas ásperas (hiperqueratose);
- estomatite angular;
- glossite com perda de papilas;
- diminuição muscular na região glútea;
- perda de gordura subcutânea.

TABELA 2 CARACTERÍSTICAS CLÍNICAS DAS FORMAS GRAVES DE DEP

Forma grave	Características clínicas
Kwashiorkor	Pré-escolares (< 2 anos), apatia, irritabilidade, anorexia intensa, edema, lesões descamativas em pele, despigmentação cutânea, queilite angular ao redor da boca, cabelos secos, quebradiços, discrômicos (sinal da bandeira) e de fácil queda, hepatomegalia
Marasmo	Lactentes jovens (< 1 ano), desaparecimento do tecido celular subcutâneo e muscular, apatia, emagrecimento intenso sem a presença de edema clínico e de lesões importantes de pele, cabelos escassos e finos, aspecto envelhecido (fácies senil ou simiesca)
Kwashiorkor marasmático	Lactentes entre 1 e 2 anos de idade com sinais e sintomas de apresentação mista

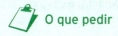

O que pedir

NA ROTINA

1. Hemoglobina e hematócrito: investigação de anemia.
2. Leucograma: linfócitos periféricos circulantes podem estar reduzidos (< 1.200/mm^3).
3. Glicemia: avaliar presença de hipoglicemia.
4. Eletrólitos: aumento do sódio intracelular e diminuição de potássio e magnésio intracelulares com baixa habitual do sódio plasmático (diluição).
5. Urina tipo I e urocultura: investigação de infecção do trato urinário.
6. Proteínas totais e albumina sérica: reduzidas nas formas edematosas e normais ou moderadamente baixas no marasmo.
7. Fosfatase alcalina, fósforo e cálcio.
8. Protoparasitológico de fezes (PPF): investigação de parasitoses intestinais.
9. Radiografia de tórax (anteroposterior – AP e perfil).

NOS CASOS ESPECIAIS

1. Ácidos graxos livres: elevados no Kwashiorkor.
2. Relação plasmática entre aminoácidos não essenciais e essenciais: elevada no Kwashiorkor e baixa no marasmo.

3. Sorologia para o HIV.
4. Esfregaço sanguíneo para pesquisa de malária: indicado em áreas endêmicas.
5. Nitrogênio da ureia sanguínea e excreção de 3-metil-histidina: reduzidos, principalmente na forma edematosa.
6. Testes cutâneos (derivado de proteína purificada [PPD] – reação de Mantoux): negativos em desnutridos graves.
7. Líquido cefalorraquidiano (LCR).

Como tratar

O Ministério da Saúde e a Organização Mundial da Saúde (OMS) orientam 10 etapas para o manejo do desnutrido grave hospitalizado.

1. Tratar e prevenir a hipoglicemia.
2. Tratar e prevenir a hipotermia.
3. Corrigir a desidratação e tratar o choque séptico.
4. Corrigir os distúrbios hidreletrolíticos.
5. Pesquisar e tratar focos infecciosos.
6. Corrigir as deficiências de micronutrientes.
7. Reiniciar a alimentação cuidadosamente.
8. Reconstruir os tecidos perdidos (fase de reabilitação ou de crescimento rápido).
9. Oferecer afetividade, estimulação, recreação e cuidado.
10. Preparar para alta e o acompanhamento após a alta.

FASES DO MANEJO DO DESNUTRIDO GRAVE HOSPITALIZADO

1. Primeira fase – o objetivo não é a recuperação do estado nutricional, mas a estabilização clínico-metabólica:
   - corrigir deficiências nutricionais específicas;
   - reparar alterações metabólicas;
   - começar a alimentação com, no máximo, 100 kcal/kg/dia (iniciando com taxa metabólica basal acrescida de fator de estresse 10 a 30%);
   - realizar aporte gradual, iniciando com 50 a 60 kcal/kg/dia no primeiro dia e aumentando conforme o acompanhamento clínico e laboratorial do paciente;

- se ocorrer diminuição de Na, K, Mg e P, a suspeita clínica é de síndrome da realimentação. Realizar, então, a progressão calórica de forma mais lenta;
- oferta hídrica estimada em 130 mL/kg/dia;.
- valor calórico total de 1 a 1,5 g de proteína/kg/dia;
- utilizar dieta de baixa osmolaridade (abaixo de 280 mOsmol/L), menor teor de lactose (abaixo de 13 g/L) e de sódio.

2. Segunda fase – reabilitação:
   - ofertar alimentação em maior quantidade com objetivo de recuperação ponderal;
   - prover estimulação emocional e física;
   - ofertar 1,5 vez a recomendação para nutrientes (oferta calórica de 150 kcal/kg/dia, hídrica de 150 a 200 mL/kg/dia e proteica de 3 a 4 g/kg/dia) com dieta com menor teor de lactose;
   - pode-se utilizar preparado artesanal sugerido pela OMS denominado F100 (100 kcal e 2,9 g de proteína para cada 100 mL), fórmula infantil com menor conteúdo de lactose ou dieta enteral polimérica pediátrica isenta de lactose para faixa etária de menores que 1 ano (1 kcal/mL);
   - para adequação da densidade energética de fórmulas infantis (0,7 kcal/mL), utilizar módulos de polímeros de glicose e lipídios (óleos vegetais), com adição máxima de 3%;
   - oferecer preparados com multivitaminas (1,5 vez a recomendação para crianças eutróficas) e micronutrientes como zinco, cobre e ferro;
   - a suplementação de vitamina A é preconizada em regiões de alta prevalência dessa deficiência.

TABELA 3 COMPOSIÇÃO DAS DIETAS (POR 100 ML) F75 E F100

Constituintes	F75	F100
Energia	75 kcal	100 kcal
Proteína	0,9 g	2,9 g
Lactose	1,3 g	4,2 g
Potássio	3,6 mmol	5,9 mmol
Sódio	0,6 mmol	1,9 mmol

(continua)

TABELA 3 COMPOSIÇÃO DAS DIETAS (POR 100 ML) F75 E F100 (continuação)

Constituintes	F75	F100
Magnésio	0,43 mmol	0,73 mmol
Zinco	2 mg	2,3 mg
Cobre	0,25 mg	0,25 mg
% de energia de		
Proteína	5%	12%
Gordura	32%	53%
Osmolalidade	333 mOsm/L	419 mOsm/L

Fonte: WHO, 1999.

TABELA 4 PREPARO PRÁTICO PARA 1.000 ML DAS FÓRMULAS F75 E F100

Ingredientes	F75	F100
Leite	35 g	110 g
Açúcar	100 g	50 g
Óleo vegetal	20 g	30 g
Solução de eletrólitos e minerais	20 mL	20 mL

Fonte: WHO, 1999.

TABELA 5 SUPLEMENTAÇÃO DE MICRONUTRIENTES

Micronutrientes	Reposição diária
Multivitaminas	1,5 vez*
Ferro	3 mg/kg
Zinco	2 mg/kg
Cobre	0,2 mg/kg
Ácido fólico	1 mg**

* 1,5 vez a quantidade recomendada para crianças saudáveis.

** No primeiro dia, administrar 5 mg.

Fonte: adaptada de WHO, 1999.[15]

TABELA 6 SUPLEMENTAÇÃO DE VITAMINA A

Idade	Cápsulas*
Inferior a 6 meses	1
6 a 12 meses	2
1 a 5 anos	4

* 1 cápsula = 50.000 UI de vitamina A.

Fonte: WHO, 1999.[15]

TABELA 7 COMPOSIÇÃO DO MIX DE VITAMINAS

Vitaminas	Quantidade por litro da dieta
Hidrossolúveis	
Tiamina	0,7 mg
Riboflavina	2 mg
Ácido nicotínico	10 mg
Piridoxina	0,7 mg
Cianocobalamina	1 µg
Ácido fólico	0,35 mg
Ácido ascórbico	100 mg
Ácido pantotênico	3 mg
Biotina	1 mg
Lipossolúveis	
Retinol	1,5 mg
Calciferol	30 µg
Alfa tocoferol	22 mg
Vitamina K	40 µg

Fonte: WHO, 1999.

3. Terceira fase – acompanhamento ambulatorial:
   - objetiva prosseguir com a orientação nutricional e a monitoração do crescimento e do desenvolvimento por meio dos indicadores peso por estatura e estatura por idade;
   - intensifica o trabalho da equipe multidisciplinar para vigilância do desenvolvimento da criança.

FIGURA 1 MANEJO DO DESNUTRIDO DE ACORDO COM O TEMPO DE HOSPITALIZAÇÃO.

Fonte: adaptada do Ministério da Saúde, 2005.

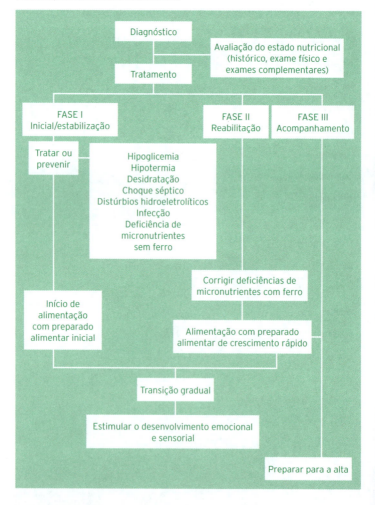

TABELA 8 ETAPAS NO TRATAMENTO DA DEP GRAVE

Atividade	Fase de estabilização		Fase de reabilitação	Seguimento
	1 a 2 dias	3 a 7 dias	2 a 6 semanas	7 a 26 semanas
Tratar e prevenir				
Hipoglicemia	→			
Hipotermia	→			
Desidratação	→			
Correção hidroeletrolítica	———————————→			
Tratamento de infecção	———————→			
Correção de deficiências de micronutrientes	——————|——————→			
	Sem ferro		Com ferro	
Iniciar a alimentação	———————→			
Recuperação nutricional			————————————→	
Estimulação (emocional, sensorial, desenvolvimento)	——————————————————————→			
Preparação para a alta	——————————————————————→			

Fonte: adaptada de WHO, 1999.

107
Obesidade

 O que é

Doença crônica, complexa e multifatorial, caracterizada pelo excesso de gordura corpórea em relação à massa magra, resultante de distúrbio do metabolismo energético. Entre 95 e 98% dos casos ocorrem por associação de fatores genéticos, ambientais e comportamentais (obesidade primária ou exógena), e apenas 2 a 5% têm outras causas (obesidade secundária ou endógena), como síndromes genéticas (p. ex., Prader-Willi e Bardet-Biedl), tumores do sistema nervoso central (SNC) (p. ex., craniofaringioma) e distúrbios endócrinos (p. ex., hipotireoidismo e síndrome de Cushing).

 Como suspeitar

História familiar de obesidade, sedentarismo, baixo consumo de alimentos ricos em fibras e alto consumo de alimentos com valor calórico elevado.

Ganho de peso excessivo de acordo com os índices antropométricos, presença de sinais e sintomas sugestivos e alterações, no exame físico, relacionadas ao excesso de peso e às comorbidades.

Para as crianças de 0 a 5 anos, utilizar peso/estatura (P/E) ou índice de massa corporal/idade (IMC/I). Consideram-se:

- em risco de sobrepeso: entre os percentis 85 e 97 ou com escore Z entre +1 e +2;
- com sobrepeso: entre os percentis 97 e 99,9 ou com escore Z entre +2 e +3;
- com obesidade: percentil maior que 99,9 ou com escore Z maior que +3.

Para as maiores de 5 anos, utilizar apenas IMC/I. Consideram-se:

- sobrepeso: valores entre os percentis 85 e 97 ou escore Z entre +1 e +2;
- obesidade: valores entre os percentis 97 e 99,9 ou escore Z entre +2 e +3;
- obesidade grave: valores acima do percentil 99,9 ou escore Z maior que +3.

1. Sinais e sintomas: respiração oral, roncos, parada respiratória noturna, sibilância, fadiga ao esforço, lesões de pele, dor ou edema em articulações, dor abdominal, retroesternal e constipação intestinal, alterações menstruais, incontinência urinária, sono agitado, sonolência diurna e alterações psicossociais e comportamentais.
2. Exame físico: aumento das pregas cutâneas, do volume e da circunferência abdominal (CA), hiperlordose lombar, acantose *nigrican*s (hiperpigmentação da pele de axilas e pescoço), intertrigo, estrias, celulite, acne, hirsutismo e furunculose, joelho valgo (*genu valgum*), osteocondrites, artrites degenerativas, pé plano, hipertensão arterial sistêmica, pubarca precoce. Relação CA/E > 0,5 indica adiposidade central.

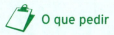

O que pedir

NA ROTINA

1. Insulina basal e glicemia de jejum: relação insulina/glicemia ≥ 0,5.

2. Índice de HOMA-IR (*Homeostasis Model Assessment*): glicemia de jejum (mol/dL) × insulina de jejum (mcUI/mL)/22,5 > 3,14 – indica resistência à insulina. Para conversão da glicemia de mg/dL para mmol/L, basta multiplicar o valor por 0,05.
3. Triglicerídios, colesterol total e frações (Tabela 1).
4. Transaminases (AST e ALT), gamaglutamiltransferase.
5. Ultrassonografia (US) abdominal: investigação de esteatose hepática.

TABELA 1   VALORES DE PERFIL LIPÍDICO EM CRIANÇAS E ADOLESCENTES (ACIMA DE 2 ANOS)

Lipoproteínas (mg/dL)	Desejáveis	Limítrofes	Aumentados
Colesterol total	< 150	150 a 169	> 170
LDL-colesterol	< 100	100 a 129	≥ 130
HDL-colesterol	≥ 45	–	–
Triglicerídios	< 100	100 a 129	≥ 130

LDL-colesterol: lipoproteína de baixa densidade; HDL-colesterol: lipoproteína de alta densidade.

Fonte: Giuliano *et al.*, 2005.[18]

NOS CASOS ESPECIAIS

1. Bioimpedanciometria (BIA): avaliação da composição corpórea (percentual de gordura e massa magra). Aplicabilidade restrita na faixa etária pediátrica, não devendo ser empregada em crianças menores de 6 anos.
2. Densitometria (DXA – *dual-energy x-ray absorptiometry*): avaliação da composição corpórea (percentual de gordura e massa magra) e da distribuição da gordura corpórea.

Como tratar

1. Acompanhamento ambulatorial:
    - abordagem multidisciplinar e individualizada com pediatra, nutricionista, psicólogo e educador físico;
    - monitoração frequente dos índices antropométricos;

- orientações em etapas com atenção a autoestima e adesão: iniciar com esclarecimentos e desmistificação de conceitos inadequados. Posteriormente, recomendar mudanças de hábito e de comportamento. Apenas após isso, modificar a alimentação com mudanças quantitativas e, por fim, mudanças qualitativas;
- envolver a família: mudança do estilo de vida.

2. Alimentação:
   - definição de horários das refeições;
   - não repetição de porções dos alimentos;
   - adequação da mastigação;
   - aumentar a proporção de alimentos ricos em fibras e com menor densidade energética (frutas e hortaliças);
   - diminuir a proporção de gorduras e de carboidratos;
   - diminuição da ingestão de sal nos hipertensos.
3. Rotina de vida:
   - estimular a prática regular de atividade física;
   - diminuir o tempo destinado a programas televisivos.
4. Psicoterapia de apoio:
   - acompanhamento individual e em grupo;
   - incentivo ao controle do peso e à prática de exercícios físicos;
   - aumento do convívio social.

108
Hipovitaminoses

 O que são

Deficiências de vitaminas acarretadas por sua baixa ingestão ou má absorção. Os fatores de risco associados são: desmame precoce, menores faixas etárias, mães com hipovitaminose, erro alimentar qualitativo, tabus alimentares, síndromes de má absorção e uso de medicações antagonistas.

TABELA 1 CAUSAS DAS HIPOVITAMINOSES

Vitamina	Causas
Retinol (vitamina A₁)	Dieta à base de farinha ou carente de gorduras, leite de vaca diluído ou de soja, esteatorreia*, hepatopatias, doenças infecciosas e hipotireoidismo
Colecalciferol (vitamina D₃)	Ausência de leite materno, prematuridade, recém-nascidos pequenos para idade gestacional, doença celíaca, fibrose cística, doença hepática crônica, dieta carente em peixes e em gema de ovo, uso de anticonvulsivantes e pouca exposição aos raios solares
Tocoferol (vitamina E)	Esteatorreia* e prematuridade

(continua)

Hipovitaminoses

TABELA 1 CAUSAS DAS HIPOVITAMINOSES (continuação)

Vitamina	Causas
Vitamina K	Imaturidade hepática do recém-nascido, alteração da flora intestinal e síndrome de má absorção
Ácido ascórbico (vitamina C)	Dieta carente de hortaliças (folhas verdes) e frutas frescas
Tiamina (vitamina B$_1$)	Dieta carente de cereais, frutas, legumes e carnes em geral
Riboflavina (vitamina B$_2$)	Dieta carente de carne, peixes, leite, vegetais, trigo, ovos, cereais e hortaliças em geral
Niacina/nicotinamida (vitamina B$_3$)	Dieta carente de carne, leite e ovos
Piridoxina (vitamina B$_6$)	Dieta carente de carne, leite, vegetais, gema de ovo, frutas e fígado
Cianocobalamina (vitamina B$_{12}$)	Dieta carente de carne, leite, ovos, moluscos e fígado
Folacina (ácido fólico)	Dieta carente de vegetais verdes, carne, leite, cereais e fígado

* Esteatorreia: fibrose cística, doença celíaca e atresia de vias biliares.

Como suspeitar

TABELA 2 MANIFESTAÇÕES CLÍNICAS DAS HIPOVITAMINOSES

Vitamina	Manifestações clínicas
A$_1$	Pele seca, áspera e descamativa, queda de cabelo, cegueira noturna, queratomalácia, xeroftalmia, manchas de Biot, retardo de crescimento, anorexia, apatia, epistaxe, deficiência mental, xerose cutânea, hiperqueratose folicular e infecções de repetição
D$_3$	Raquitismo – lesões ósseas simétricas, indolores e localizadas nas zonas de crescimento, craniotabes, fontanelas e suturas alargadas, rosário costal, sulcos de Harrison, cifose dorsolombar, escoliose, "punhos de boneca", joelho valgo e joelho varo, atraso e irregularidades na erupção dentária, hipotonia muscular, ventre de batráquio e hérnias, irritabilidade, mau humor, sudorese, hiperexcitabilidade periférica, tetania, estridor laríngeo, redução da velocidade de crescimento, laringoespasmo e infecções de repetição

(continua)

TABELA 2 MANIFESTAÇÕES CLÍNICAS DAS HIPOVITAMINOSES (continuação)

Vitamina	Manifestações clínicas
E	Irritabilidade, anemia hemolítica, deficiência neurológica progressiva e queda da imunidade
K	Doença hemorrágica do RN, hemorragias digestiva e intracraniana
C	Escorbuto – palidez, anorexia, febre, dores em membros inferiores, edema, pseudoparalisias, rosário costal, posição de batráquio, hemorragia gengival, hematúria, petéquias, equimoses, anemia microcítica e hipocrômica
B_1	Beribéri – vômitos, irritabilidade, anorexia, insônia (três formas clínicas): insuficiência cardíaca (2 a 4 meses), afonia e paralisia do nervo laríngeo (5 a 7 meses), meningismo e hipertensão intracraniana (8 a 10 meses). Neuropatia periférica (formigamento nas pernas), sonolência e falta de concentração e de memória
B_2	Fraqueza, fadiga, dores na boca, queilite angular, queimação nos olhos, língua vermelha e inflamada, disfunções cerebrais, lesões de pele, fotofobia, ceratite e catarata
B_3	Pelagra (dermatite, demência e diarreia). Eritema, hiperpigmentação, queilite, fissura em órgãos genitais, língua vermelha e edemaciada, estomatite, gastrite, diarreia, vômitos, ataxia, cefaleia, fadiga, síndrome parkinsoniana, alterações psicológicas e neurológicas (depressão e perda de memória)
B_6	Convulsões no RN, dermatite seborreica, glossite, estomatite, queilite, neuropatia periférica, anemia normo ou macrocítica
B_{12}	Anemia megaloblástica, anorexia, diarreia, hiperpigmentação da pele, parestesia simétrica em extremidades de mãos e pés, ataxia, espasticidade, hiper-reflexia, alteração da sensibilidade profunda, distúrbios mentais ou psiquiátricos, irritabilidade, regressão no DNPM, tontura, torpor e coma
Folacina	Anemia megaloblástica, estomatite, glossite, dermatite, eczema, acne, alterações neurológicas (irritabilidade e cefaleia), da função cognitiva (dificuldade de raciocínio e perda de memória) e do trato gastrintestinal

RN: recém-nascido; DNPM: desenvolvimento neuropsicomotor.

O que pedir

TABELA 3 EXAMES COMPLEMENTARES NAS HIPOVITAMINOSES

Vitamina	Exames
A_1	Retinol sérico < 20 mcg/mL, proteína carreadora de retinol < 20 mcg/mL, esfregaço de células conjuntivais com células queratinizadas, teste de função dos bastonetes (avaliação oftalmológica) e eletrorretinografia
D_3	Fósforo < 4,5 mg/%, cálcio normal ou limítrofe (9 a 11 mg/%), fosfatase alcalina > 115 UI, 25(OH)D_3 < 25 mg/mL, PTH aumentado, hiperfosfatúria com *clearance* de fósforo normal, excreção fecal aumentada para cálcio e fósforo Radiologia: alargamento das extremidades epifisárias e das metáfises (aspecto de "taça de champanhe"), osteoporose, atraso na calcificação, fraturas, linhas de Mickman-Lasser (zonas densas e claras, transversais e ao longo das diáfises), dupla linha perióstica e zona densa terminal
E	Tocoferol sérico < 0,7 mg/100 mL, Hb < 11 g/dL, bilirrubina indireta aumentada, creatinina e CPK aumentadas
K	TS e TC aumentados, TP diminuído
C	Ácido ascórbico plasmático < 0,2 mg/dL Ácido ascórbico nos leucócitos < 30 mg/100 mL, Hb < 11 g/dL Radiologia: osteoporose, linha densa distal, linha de Frankel, linha de Pelkan, sinal do esporão, epifisiólise, cortical adelgaçada, hemorragia subperiostal, espessamento do periósteo
B_{12}	Hemograma e índices hematimétricos. Cianocobalamina sérica < 150 picogramas/mL, teste de Schilling (reabsorção de vitamina B_{12} marcada)
Folacina	Hemograma e índices hematimétricos, folato sérico < 5 mcg/mL, folato eritrocitário < 140 mg/mL, Hb < 11 g/dL, excreção urinária de ácido formiminoglutâmico (FIGLU) aumentada

CPK: creatinofosfoquinase; TS: tempo de sangramento; TC: tempo de coagulação; TP: tempo de protrombina; Hb: hemoglobina; PTH: paratormônio.

Como tratar

TABELA 4 TRATAMENTO DAS HIPOVITAMINOSES

Vitamina	Tratamento
A_1	0 a 5 meses: 50.000 UI 6 a 11 meses: 100.000 UI, VO, dose única > 1 ano: o dobro da dose, repetir após 4 a 6 semanas (Aerovit® frascos de 20 mL – 150.00 UI/mL)
D_3	50.000 UI, VO, dose semanal ou 2.000 UI, VO, dose diária, por 6 a 8 semanas (a maioria dos preparados de vitamina D contém 200 UI/gota)
E	25 UI, VO (Ephynal® – cápsulas 400 mg de acetato de alfatocoferol)
K	1 a 2 mg, IM (Kanakion® – ampolas 1 mL/10 mg de fitometadiona)
C	300 a 500 mg/dia por 3 meses (Redoxon®, Cewin® – frascos com 200 mg/mL)
B_1	5 a 20 mg/dia, VO (Benerva® – 1 comprimido = 300 mg de cloridrato de tiamina)
B_2	1 a 3 mg/dia, VO
B_3	50 a 100 mg/dia, VO
B_6	2 a 10 mg/dia, VO 100 mg IM no caso de convulsões
B_{12}	0,5 a 2 mcg/dia, VO. Opção: 100 a 300 mcg/dia ou dias alternados, IM, por 2 semanas; 100 mcg/mês após (Rubranova® – ampolas 2 mL com 5.000 e 15.000 mcg de hidroxicobalamina)
Folacina	1 a 5 mg/dia, VO, por 3 semanas; 0,25 a 1 mg/dia, VO, após (ácido fólico [Furp], 1 comprimido = 5 mg, ou Endofolin® gotas – 1 mL/0,2 mg e 5 mL/2 mg de ácido fólico)

*Atenção: a suplementação profilática medicamentosa oral de vitamina D é altamente recomendada a partir da 1ª semana de vida até 12 meses (400 UI/dia) e no 2º ano de vida (600 UI/dia), inclusive para crianças em aleitamento materno exclusivo. No entanto, preparados combinados de vitamina A + D podem provocar hipervitaminose A pelas altas concentrações de retinol na composição (p. ex., Ad-Til, que contém em 1 gota 250 UI de vitamina D e 1.250 UI de vitamina A). Utilizar suplementos compostos apenas por vitamina D (p. ex., Addera D3, que contém 132 UI de colecalciferol em 1 gota).

109
Recomendações de nutrientes

 O que são

A ingestão dietética de referência (IDR) – ou *dietary references intakes* (DRI) – significa valores de referência utilizados para o planejamento e a avaliação das dietas de populações e indivíduos saudáveis. Representam um novo enfoque adotado pelo Conselho de Nutrição e Alimentação e incorporam o necessário para prevenir não apenas as deficiências, mas também doenças crônicas, compreendendo 4 referências de ingestão:

1. Recomendação média estimada (*estimated average requeriment* – EAR): valor estimado de ingestão de nutrientes para atender às necessidades de 50% dos indivíduos em determinados estágios da vida e conforme o sexo. Considera a biodisponibilidade e inclui conceitos contemporâneos de redução de risco de doenças, estando entre os fatores de referência apenas na prevenção da deficiência. É mais utilizado em nível individual.
2. Ingestão dietética recomendada (*recommended dietary allowances* – RDA): valor para ser utilizado como meta para a alimentação saudável do indivíduo. É mais empregada em nível individual.

3. Ingestão adequada (*adequate intake* – AI): estabelecida no lugar de uma RDA, se não estão disponíveis evidências científicas para calcular uma EAR. É a ingestão de meta de um indivíduo.
4. Limite tolerável de máxima ingestão (*tolerable upper intake level* – UL): é o maior nível de ingestão diária de um nutriente, que se acredita não colocar a população em risco de saúde (não existem benefícios estabelecidos para a saúde associados com a ingestão de nutrientes acima das RDA ou AI).

As necessidades energéticas sugeridas pelas DRI para crianças e adolescentes incluem a energia associada ao depósito de tecidos em uma taxa consistente com a manutenção da saúde, taxa de crescimento e atividade física. As necessidades energéticas são estimadas por idade e sexo, com base no nível de atividade física (NAF) calculado pela fórmula NAF = GET/GEB, em que GET = gasto energético total em kcal/dia e GEB = gasto energético basal em kcal/dia:

- sedentário: NAF estimado ≥ 1 < 1,4;
- pouco ativo: NAF estimado ≥ 1,4 < 1,6;
- ativo: NAF estimado ≥ 1,6 < 1,9;
- muito ativo: NAF estimado ≥ 2,5.

Além disso, foram estimadas faixas de distribuição adequadas de macronutrientes (FDAM), expressas na forma de percentual da energia consumida. Se os indivíduos consomem acima ou abaixo das faixas sugeridas, há risco potencial de desenvolvimento de doenças crônicas ou de consumo insuficiente de outros nutrientes (Tabela 1).

TABELA 1 FAIXAS DE DISTRIBUIÇÃO ADEQUADAS DE MACRONUTRIENTES PARA CRIANÇAS

Macronutrientes	Crianças de 1 a 3 anos	Crianças de 4 a 18 anos
Carboidratos	45 a 65%	45 a 65%
Proteínas	5 a 20%	10 a 30%
Lipídios	30 a 40%	25 a 35%

Fonte: Institute of Medicine, 2002.[14]

110
Déficit de oligoelementos

 O que é

Os oligoelementos ou elementos-traço são micronutrientes que constituem menos de 0,01% do peso corpóreo, porém participam dos processos fisiológicos de forma essencial. Deficiências nutricionais específicas consequentes à falta de ingestão desses elementos, por carência alimentar, nutrição parenteral prolongada, dietas sintéticas ou semissintéticas, resultam em doenças e/ou danos ao crescimento e ao desenvolvimento infantis.

Como suspeitar

TABELA 1   CARACTERÍSTICAS CLÍNICAS DAS DEFICIÊNCIAS DE OLIGOELEMENTOS

Elemento-traço	Características clínicas
Zinco	Diminuição da velocidade de crescimento, baixa estatura, acrodermatite enteropática, dermatite bolhosa pustular, dermatite orificial, alopecia, distúrbios mentais, distúrbios emocionais (irritabilidade, letargia e depressão), infecções recorrentes (diarreias e pneumonias), hipogonadismo no sexo masculino, distúrbios do apetite, cegueira noturna, fotofobia
Cobre	Osteoporose com fraturas metafisárias, artrites, perda de pigmentação da pele e dos cabelos, doença arterial miocárdica, pouco desenvolvimento corporal e alterações neurológicas
Selênio	Cardiomiopatia, dor muscular, fraqueza, aumento da incidência de doença maligna e depressão do sistema imune
Flúor	Presença de cáries, distúrbio do desenvolvimento dentário e ósseo

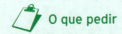
O que pedir

TABELA 2   DIAGNÓSTICO DAS DEFICIÊNCIAS DE OLIGOELEMENTOS

Elemento-traço	Exames
Zinco	Pouco específicos: zinco plasmático < 70 mcg/dL, eritrocitário ou leucocitário < 40 mcg/Hb, enzimático, no cabelo, nas unhas e na urina de 24 h
Cobre	Sensíveis apenas nas deficiências graves (cobre sérico, ceruloplasmina e superóxido dismutase eritrocitária); alterações possíveis (colesterol aumentado, anemia hipocrômica, leucopenia e neutropenia)
Selênio	Selênio sérico, atividade de glutationa-peroxidase, selenoproteína P, selênio nas unhas, colesterol aumentado
Flúor	–

Como tratar

TABELA 3 TRATAMENTO DAS DEFICIÊNCIAS DE OLIGOELEMENTOS

Elemento-traço	Tratamento
Zinco	*Carne, fígado, ovos, ostra e folhas verdes Zinco elementar – 0,5 a 1 mg/kg/dia, VO, por 3 a 6 meses (preferir o mineral aminoácido quelato - mais efetivo e isento de efeitos colaterais)
Cobre	*Ostras, moluscos, nozes, cereais, peixes, aves, verduras, frutas e carne Cobre elementar – 80 mcg/kg/dia (sulfato de cobre)
Selênio	*Frutos do mar, vísceras, carne, castanha-do-pará, cereais e grãos Selênio – 20 a 50 mcg/dia de acordo com a idade
Flúor	*Água fluoretada, peixes, frango e gelatina Flúor – 0,5 a 1 mg/dia de acordo com a idade

* Orientação dietética.

111
Insuficiência de crescimento (*failure to thrive*)

 O que é

1. Estado em que o ganho de peso e o crescimento de um recém-nascido ou criança estão muito abaixo dos níveis normais para idade e sexo.
2. O padrão de referência mais recente é o elaborado pela Organização Mundial da Saúde (OMS).[19]
3. A baixa estatura pode ser expressa na forma de percentual de adequação, escore Z ou percentil (curvas de crescimento).
4. O desafio é discriminar a baixa estatura como variante da normalidade de baixa estatura e como manifestação de doença.

TABELA 1　CRITÉRIOS DE DISCRIMINAÇÃO DE BAIXA ESTATURA

Variantes da normalidade
Familiar (filhos de pais baixos com idade óssea e velocidade de crescimento normal)
Constitucional ou maturação lenta (crescem mais devagar que outras crianças por atraso de idade óssea ou puberal)
Prematuridade e baixo peso ao nascer (iniciação constitucional precoce sem patologia associada, que necessita de período de recuperação, o qual pode chegar a 2 anos)

(continua)

TABELA 1 CRITÉRIOS DE DISCRIMINAÇÃO DE BAIXA ESTATURA (continuação)

Manifestações de doença
Desnutrição intraútero e/ou pós-natal
Desnutrição atual, recuperação nutricional
Deficiência de zinco ou vitamina D (raquitismo)
Hipotireoidismo
Deficiência de hormônio de crescimento (GH) (nanismo hipofisário)
Síndromes genéticas (p. ex., Turner, Noonan, Seckel, Silver-Russel)
Insuficiência renal crônica
Síndrome de má absorção
Neuropatias, cardiopatias e pneumopatias crônicas
Uso de medicamentos (p. ex., corticosteroides)

Como suspeitar

Baixa estatura sem causa aparente ou associada a manifestações clínicas de doença identificada ou em investigação.

TABELA 2 AVALIAÇÃO DA BAIXA ESTATURA

Anamnese	Exame físico
Peso e comprimento ao nascer	Peso, estatura e perímetro cefálico (comparação com os padrões de referência)
Estatura dos pais	Relação segmento superior/segmento inferior alterada (doenças ósseas, raquitismo, síndromes genéticas e dismórficas, hipotireoidismo)
Época de maturação sexual de pais e irmãos	Fácies alterada (doenças genéticas)
	Clinodactilia do 5º dedo (nanismo dismórfico)
	Genitália alterada (doenças genéticas ou hormonais)

TABELA 3 CLASSIFICAÇÃO DE BAIXA ESTATURA

Baseada na adequação percentual (%) de estatura/idade (E/I)

	Baixa estatura grave	Baixa estatura moderada	Baixa estatura leve	Normal
E/I	< 85	≥ 85 e < 90	≥ 90 e < 95	≥ 95

Baseada no escore Z da relação estatura/idade (E/I)

	Baixa estatura	Risco de baixa estatura	Normal	Risco de alta estatura	Alta estatura
E/I*	Z < −2	−2 ≤ Z < −1	−1 ≤ Z ≤ 1	1 < Z ≤ 2	Z > 2

Baseada no percentil da relação estatura/idade (E/I)

	Muito baixa estatura	Baixa estatura	Normal	Risco de alta estatura	Alta estatura
E/I	p < 0,1	0,1 ≤ p < 3	3 ≤ p ≤ 85	85 < p ≤ 97	p > 97

* Valores de Z < −3 ou Z > 3 são considerados distúrbios nutricionais graves. Embora alta estatura não necessariamente represente um problema de saúde, investigar doenças específicas como síndrome de Klinefelter, síndrome de Marfan e síndrome do X-frágil.

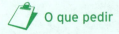

O que pedir

1. Velocidade de crescimento: medida em centímetros por mês/ano (estatura) e comparada ao padrão de referência (mais precisa e mais importante nos 2 primeiros anos de vida):
   - 1º ano = 25 cm/ano;
   - 2º ano = 15 cm/ano;
   - 3º ano até puberdade = 5 a 7 cm/ano (risco se ≤ 4 cm/ano do 3º ano até a puberdade).
2. Estatura-alvo: altura da mãe + altura do pai/2 (somar 6,5 no sexo masculino e subtrair 6,5 no sexo feminino). Trata-se da estatura estimada final da criança, baseada no seu potencial genético.
3. Canal parental: estatura-alvo ± 10 cm (intervalo de 20 cm). A altura da criança deve estar em um percentil entre os percentis determinados por essa variação, aos 18 anos de idade.
4. Radiografia de mão e de punho esquerdo para leitura da idade óssea (método de Greulich e Pyle ou TW2): normal se variação estiver entre ± 2 anos da idade cronológica.
5. Hemograma, urina tipo I, parasitológico de fezes, proteínas totais e frações.

6. Ureia, creatinina, sódio, potássio, fosfatase alcalina, cálcio e fósforo.
7. Zinco plasmático, eritrocitário, leucocitário, presente em cabelo, unhas, urina de 24 horas e enzimas que o contêm (pouco específicos).
8. Gasometria: doenças renais tubulares ou intersticiais que cursam com insuficiência renal crônica.
9. Glicemia de jejum: hipoglicemia em crianças com hipopituitarismo.
10. Radiografia de crânio (sela túrcica).
11. Cariótipo (p. ex., síndrome de Turner em meninas).
12. Hormônios tireoidianos: tri-iodotironina (T3), tiroxina (T4) e estimulante da tireoide (TSH).
13. Fator de crescimento insulina-símile (IGF-I) e proteína carreadora (IGFBP-3) para triagem de deficiência de hormônio de crescimento (GH).

Importante: na interpretação dos resultados, deve-se sempre levar em consideração o método laboratorial usado, o estado nutricional, o sexo e o estadiamento puberal, e não apenas a idade cronológica.

Como tratar

1. Imperativo: não precipitar diagnósticos e tratar a doença de base.
2. Todos os casos (mesmo para casos variantes da normalidade):
   - acompanhamento clínico regular;
   - atividade física;
   - suporte psicológico;
   - orientação alimentar e nutricional;
   - hormônio do crescimento (GH): apenas em casos de deficiência constatada ou doença crônica documentada responsiva à reposição hormonal.

Bibliografia

REFERÊNCIAS BIBLIOGRÁFICAS

1. Sarni ROS, Souza FIS. Avaliação nutricional. In: Oliveira FLC, Leite HP, Sarni ROS, Palma D. Manual de terapia nutricional pediátrica. Barueri: Manole, 2014. p.2-15.
2. In: Almeida CAN, de Mello ED. Nutrologia pediátrica: prática baseada em evidências. Barueri: Manole, 2016. p.12-38.
3. Organização Mundial da Saúde (OMS). Gráficos de curva de crescimento. Disponível em: www.who.int/childgrowth/standards.
4. Cronck C, Crocker AC, Pueschel SM, Shea AM, Zackai E, Pickens G. Growth charts for children with Down syndrome: 1 month to 18 years age. Pediatrics 1988;81(1):102-10.
5. Lyon AJ, Preece MA, Grant DB. Growth curve for girls with Turner syndrome. Arch Dis Child 1985;60:932-5.
6. Krick J, Murphy-Miller P, Zeger S. Pattern of growth in children with cerebral palsy. J Am Diet Assoc 1996;96:680-5.
7. Holm VA. Growth charts for Prader-Willi syndrome. In: Greenswag LR, Alexander RC (eds.). Management of Prader-Willi syndrome. 2.ed. New York: Springer-Verlag, 1995.
8. Horton WA, Rotter JL, Rimoin JL. Standard growth curves for achondroplasia. J Ped 1978;93:435-8.
9. Witt DR, Keene BA, Hill JG. Growth curves for height in Noonan syndrome. Clin Genetics 1986;30:150-3.
10. Stevenson RD. Use of segmental measures to estimate stature in children with cerebral palsy. Arch Pediatr Adolesc Med 1995;149:658-62.
11. Smith DW. Growth and its disorders. Major problems in clinical pediatrics. v.15. Philadelphia: Saunders, 1977.
12. Institute of Medicine (IOM). Dietary reference intakes for vitamin A, vitamin K, arsenic, boron, chromium, copper, iodine, iron, manganese, molybdenium, nickel, silicon, vanadium and zinc. Washington (DC): National Academy Press, 2001.

13. Institute of Medicine (IOM). Dietary reference intakes for energy carbohydrates, fiber, fat, fatty acids, cholesterol, protein and amino acids (macronutrients). Washington (DC): National Academy Press, 2002.
14. World Health Organization (WHO). Management of severe malnutrition: a manual for physicians and other senior health workers. Genebra: WHO, 1999.
15. Sarni ROS, Souza FIS. Desnutrição energético-proteica moderada e grave. In: Oliveira FLC, Leite HP, Sarni ROS, Palma D. Manual de terapia nutricional pediátrica. Barueri: Manole, 2014. p.125-39.
16. Benzecry SG. Desnutrição energético-proteica. In: Almeida CAN, de Mello ED, Nutrologia pediátrica: prática baseada em evidências. Barueri: Manole, 2016. p.126-33.
17. Giuliano ICB, Caramelli B, Pellanda L, Duncan B, Mattos S, Fonseca FH. I Diretriz da Sociedade Brasileira de Cardiologia (SBC) sobre prevenção da aterosclerose na infância e na adolescência. Arq Bras Cardiol 2005;85(6).
18. World Health Organization (WHO). Child growth standards: length/height-for-age, weight-for-age, weight-for-length, weight-for-height and body mass index-for-age: methods and development. Genebra: WHO, 2006. 312p.

BIBLIOGRAFIA

1. American Academy of Pediatrics (AAP). Pediatric nutrition handbook. Committe on Nutrition 2007-2008. 6.ed. Elk Grove Village: AAP, 2009.
2. American Heart Association Nutrition Committee, Lichtenstein AH, Appel LJ, Brands M, Carnethon M, Daniels S et al. Diet and lifestyle recommendations revision 2006: a scientific statement from the American Heart Association Nutrition Committee. Circulation. 2006;114(1):82-96.
3. Antwi S. Asssesment and management of severe malnutrition children. WAJM 2011;30(1):11-8.
4. Campos Júnior D, Burns DAR, Lopez FA. Tratado de pediatria da Sociedade Brasileira de Pediatria. 3.ed. Barueri: Manole, 2014.
5. Cole TJ. Galton's midparent height revisited. Ann Hum Biol 2000;27:401-50.
6. Escrivão MA, Taddei JA. Obesidade na infância e adolescência. In: Nóbrega FJ. Distúrbios da nutrição na infância e na adolescência. Rio de Janeiro: Revinter, 2007.
7. Fredriks AM, van Buuren S, van Heel WJM, Dijkman-Neerincx RHM, Verloove-Vanhorick SP, Wit JM. Nationwide age references for sitting height, leg length, and sitting height/height ratio, and their diagnostic value for disproportionate growth disorders. Arch Dis Child 2005;90:807-12.
8. Garza C. Fetal, neonatal, infant, and child international growth standards: an unprecedented opportunity for an integrated approach to assess growth and development. Adv Nutr 2015;6(4):383-90.
9. Gomez F, Galvan R, Frenk S, Cravioto J, Chavez R, Vasquez J. Mortality in second and third degree malnutrition. J Trop Pediatr 1995;71(3):141-4.
10. Greer FR. Update on nutritional recommendations for the pediatric patient. Adv Pediatr 2011;58:27-39.
11. Institute of Medicine (IOM). Dietary reference intakes for calcium, phosphorus, magnesium, vitamin D and fluoride. Washington (DC): National Academy Press, 1999.
12. Institute of Medicine (IOM). Dietary reference intakes for vitamin C, vitamin E, selenium and carotenoids. Washington (DC): National Academy Press, 2000.
13. Joosten KFM, Hulst JM. Malnutrion in pediatric hospital patientes: current issue. Nutrition 2011;27:133-7.
14. Kabalo MY, Seifu CN. Treatment outcomes of severe acute malnutrition in children treated within Outpatient Therapeutic Program (OTP) at Wolaita Zone, Southern Ethiopia: retrospective cross-sectional study. J Health Popul Nutr 2017;36(1):7.

15. Kochi C, Longui CA. Critérios de avaliação do crescimento normal. In: Endocrinologia para o pediatra. 3.ed. São Paulo: Atheneu, 2006. p.31-6.
16. Natale V, Rajagopalan A. Worldwide variation in human growth and the World Health Organization growth standards: a systematic review. BMJ Open 2014;4(1):e003735.
17. Reiter OE, Rosenfeld RG. Normal and aberrant growth. In: Wilson JD, Foster DW, Kronenberg HM, Larsen PR (eds.). Williams textbook of endocrinology. 9.ed. Philadelphia: W.B. Saunders, 1998. p.1427-507.
18. Sociedade Brasileira de Cardiologia (SBC). IV Diretriz Brasileira Sobre Dislipidemias e Prevenção da Aterosclerose. Arq Bras Cardiol 2007;89:e24-79.
19. Sociedade Brasileira de Pediatria (SBP). Avaliação nutricional da criança e do adolescente: manual de orientação. Rio de Janeiro: SBP, 2009.
20. Sociedade Brasileira de Pediatria (SBP). Avaliação nutricional da criança e do adolescente: manual de orientação. Departamento de Nutrologia. São Paulo: Sociedade Brasileira de Pediatria, 2009.
21. Sociedade Brasileira de Pediatria (SBP). Hipovitaminose D em pediatria: recomendações para o diagnóstico, tratamento e prevenção. Guia prático de atualização. Departamento Científico de Endocrinologia. 2016;(1). Disponível em: www.sbp.com.br/fileadmin/user_upload/2016/12/Endcrino-Hipovitaminose-D.pdf. Acessado em: 3/7/2017.
22. Sociedade Brasileira de Pediatria (SBP). Manual prático de atendimento em consultório e ambulatório de puericultura. Departamento de Pediatria Ambulatorial. São Paulo: Sociedade Brasileira de Pediatria, 2006.
23. Sociedade Brasileira de Pediatria (SBP). Obesidade na infância e adolescência: manual de orientação. Departamento de Nutrologia. 2.ed. 2012 Disponível em: www.sbp.com.br/src/uploads/2015/02/14297c1-man_nutrologia_completo.pdf. Acessado em: 17/6/2017.
24. Taddei JA, Lang RMF, Longo Silva G, Toloni MHA (eds.). Nutrição em saúde pública. Rio de Janeiro: Rubio, 2011.
25. Victora CG, Leal MC, Barreto ML, Schmidt MI, Monteiro CA. Saúde no Brasil, a série The Lancet, 2011. Rio de Janeiro: Fiocruz, 2011.
26. Waterlow JC, Buzina R, Keller W, Lane JM, Nichaman NG, Tanner JM. The presentation and use of height and weight data for comparing the nutritional status of groups of children under the age of 10 years. Bull WHO 1977;55(4):489-98.
27. World Health Organization (WHO). Child growth standards – Methods and development: head circumference-for-age, arm circumference for-age, triceps skinfold-for--age and subscapular skinfold-for-age. Genebra: WHO, 2007.
28. World Obesity Federation. Resources. Disponível em: www.worldobesity.org/resources/. Acessado em: 29/6/2017.
29. Zimmet P, Alberti G, Kaufman F, Tajima N, Silink M, Arslanian S et al. The metabolic syndrome in children and adolescents. Lancet 2007;369:2059-61.

PARTE 13
Oncologia

112 Massas abdominais na infância
113 Doença de Hodgkin
114 Linfoma não Hodgkin
115 Emergências oncológicas
116 Neuroblastoma
117 Síndrome de lise tumoral
118 Síndrome pseudotumoral
119 Leucemias

112
Massas abdominais na infância

 O que são

As massas abdominais na infância são classificadas como malignas primárias ou metastáticas e benignas. Além disso, podem ser de origem intra ou retroperitoneal (Tabela 1).

TABELA 1 MASSAS ABDOMINAIS E PÉLVICAS NA INFÂNCIA

Abdominais – Origem intraperitoneal			
	Malignas	Metastáticas	Benignas
Fígado	Hepatoblastoma e hepatocarcinoma	Wilms e neuroblastoma	Doenças metabólicas, cistos, abscessos e hamartoma
Gastrintestinal	Linfoma		Pólipos, síndrome de Peutz-Jeghers
Baço	Linfoma	Leucemia	Doenças metabólicas, pseudocistos e hemangioma

(continua)

649

TABELA 1   MASSAS ABDOMINAIS E PÉLVICAS NA INFÂNCIA (continuação)

Abdominais – Origem retroperitoneal

	Malignas	Metastáticas	Benignas
Rim	Wilms, sarcomas e carcinoma	Linfoma	Hidronefrose e nefroma mesoblástico
Suprarrenal	Neuroblastoma e carcinoma		Ganglioneuroma e adenoma
Linfonodos	Linfoma		Doenças inflamatórias

Pélvicas

	Malignas	Metastáticas	Benignas
Ovário	Disgerminoma e CA embrionário	Linfoma e leucemia	Teratoma e cisto
Útero e vagina	Rabdomiossarcoma e CA embrionário		Papiloma
Bexiga	Rabdomiossarcoma		Pólipos e leiomioma
Sacrococcígeo	Neuroblastoma e CA embrionário		Teratoma e ganglioneuroma
Testículo	CA embrionário, células de Leydig e seminoma	Linfoma e leucemia	Teratoma

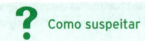

Como suspeitar

A palpação de massa abdominal, a dor abdominal e a parada de evacuação com distensão do abdome são os achados mais comuns de tumores sólidos abdominais malignos em crianças. Os sinais, os sintomas e as anomalias associadas que orientam o diagnóstico diferencial são:

1. Equimose palpebral e exoftalmia: neuroblastoma ("sinal do guaxinim").
2. Dor óssea/articular e anemia: neuroblastoma e linfoma.
3. Hipertensão arterial sistêmica: neuroblastoma e tumor de Wilms.
4. Hematúria: rabdomiossarcoma e tumor de Wilms.
5. Sangramento vaginal: rabdomiossarcoma.
6. Anomalias geniturinárias e aniridia: tumor de Wilms.
7. Hemi-hipertrofia: tumor de Wilms, hepatoblastoma e carcinoma de suprarrenal.
8. Opsomioclônus, heterocromia e anisocromia: neuroblastoma.
9. Crescimento de linfonodos por mais de 2 semanas: linfoma.

10. Febre prolongada de causa indeterminada: linfomas, leucemias, neuroblastoma e sarcoma de Ewing.

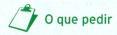

O que pedir

NA ROTINA

1. Sinais de alerta: seguir fluxograma da Figura 1.
2. Radiografia simples: calcificações.
3. Ultrassonografia (US), tomografia computadorizada (TC) e ressonância magnética (RM) de abdome: aumento de volume, distorções anatômicas e alterações de consistência (cística ou sólida).

FIGURA 1   FLUXOGRAMA DE AÇÃO PARA SINAIS DE ALERTA DAS MASSAS ABDOMINAIS.

US: ultrassonografia.
Fonte: Brasil, 2009.[1]

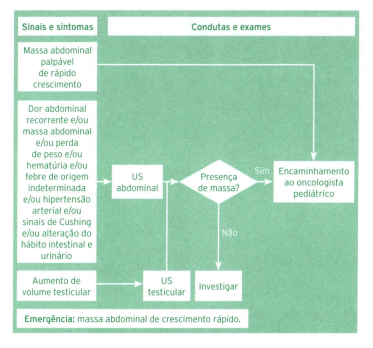

NOS CASOS ESPECIAIS

1. Hemograma, desidrogenase lática (DHL), alfafetoproteína, ácido vanilmandélico (VMA), ácido homovanílico (HVA) e urina tipo I.
2. Mielograma e biópsias (punções, laparoscopia ou cirurgia).

 **Como tratar**

1. Encaminhar a centro de referência oncológico pediátrico.
2. Primeiro passo: diagnóstico definitivo e estadiamento (extensão clínica da doença).
3. Cirurgia: ressecção do tumor.
4. Quimioterapia e/ou radioterapia conforme idade da criança, tamanho e histologia tumoral.

113
Doença de Hodgkin

 O que é

Neoplasia maligna caracterizada por linfoproliferação e aumento progressivo dos linfonodos com disseminação por meio do sistema linfático. O estadiamento clínico mais utilizado é o de Ann Arbor (Tabela 1).

TABELA 1 ESTADIAMENTO CLÍNICO PARA A CLASSIFICAÇÃO DE DOENÇA DE HODGKIN

Estádio	Definição
I	Envolvimento de um único linfonodo (I) ou de um único órgão ou sítio extralinfático (IE)
II	Envolvimento de duas ou mais regiões de linfonodos do mesmo lado do diafragma (II) ou envolvimento localizado de um órgão extralinfático e uma ou mais regiões linfonodais do mesmo lado do diafragma (IIE)
III	Envolvimento de áreas linfonodais em ambos os lados do diafragma (III), que pode ser acompanhado pelo envolvimento do baço (IIIs); ou envolvimento localizado de órgão extralinfático (IIIE); ou ambos (IIIsE)
IV	Envolvimento difuso ou disseminado de um ou mais órgãos extralinfáticos ou tecidos, com ou sem envolvimento de linfonodos associados

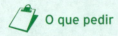
Como suspeitar

Desenvolvimento de adenomegalia não dolorosa, de consistência firme e fibroelástica e de crescimento rápido por mais de 2 semanas nas regiões cervical, supraclavicular e mediastinal (70% dos casos). Ocorre mais em crianças do sexo masculino (3:2), mais comumente em maiores de 10 anos. Apenas 20 a 30% dos casos apresentam sintomas ao diagnóstico (febre diária > 38°C, emagrecimento, fadiga, prurido, urticária, anorexia ou sudorese noturna de caráter profuso).

O envolvimento mediastinal pode provocar tosse, dispneia e sintomas de obstrução das vias aéreas.

O que pedir

NA ROTINA

1. Sinais de alerta para linfomas: seguir fluxograma da Figura 1.
2. Hemograma: leucocitose e linfopenia, às vezes linfocitose ou monocitose.
3. Velocidade de hemossedimentação (VHS).
4. Sorologias: afastar causas infecciosas de adenomegalias (toxoplasmose, rubéola, HIV, citomegalovirose, mononucleose, sífilis).
5. Biópsia a "céu aberto" do linfonodo acometido com imuno-histoquímica: presença de células de Reed-Sternberg no exame anatomopatológico.
6. Radiografia de tórax: investigação de acometimento mediastinal.
7. Tomografia computadorizada (TC) de pescoço e de tórax: investigação de acometimento do anel de Waldeyer por gânglios cervicais e das estruturas intratorácicas.

Doença de Hodgkin

FIGURA 1 FLUXOGRAMA DE AÇÃO PARA SINAIS DE ALERTA DOS LINFOMAS.
Fonte: Brasil, 2009.[1]

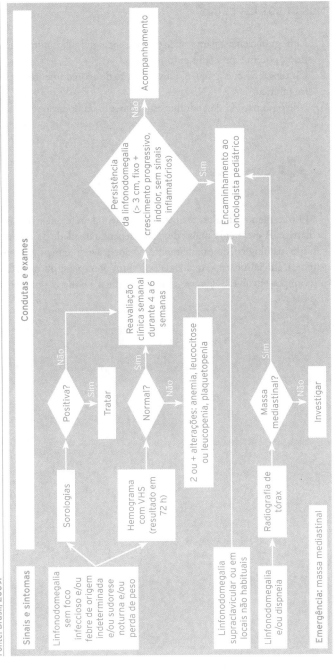

NOS CASOS ESPECIAIS

1. Linfografia: eficaz para visualização dos gânglios abdominais acometidos, porém é procedimento invasivo.
2. Cintilografia com gálio-67: investigação de acometimento supradiafragmático.
3. Mielograma, TC de abdome: estadiamento da doença.

Como tratar

O tratamento deve ser realizado em centro de referência oncológico pediátrico. A estratégia mais adequada depende da idade da criança, do subtipo histológico, do estadiamento da doença e do tamanho da massa tumoral. Inicialmente, é realizada poliquimioterapia e/ou radioterapia nos campos envolvidos (*involved field*) durante 3 a 6 meses (cura em 85% dos casos).

114
Linfoma não Hodgkin

 O que é

Caracteriza-se por proliferações monoclonais malignas de linfonodos T ou B com vários graus de infiltração ganglionar e de manifestação sistêmica localizada mais comumente no abdome (60% dos casos), no mediastino, na rinofaringe e nos gânglios periféricos (Tabela 1). A classificação da Real (Revisão Europeia-americana da Classificação dos Linfomas) divide os linfomas não Hodgkin (LNH) pediátricos em 3 grupos histológicos distintos: Burkitt, linfoblástico e de grandes células.

 **Como suspeitar**

Crianças do sexo masculino (2:1) com pico de incidência entre 4 e 11 anos de idade, com fatores de risco genéticos (ataxia, telangiectasia, síndrome de Wiskott-Aldrich, agamaglobulinemias), imunossuprimidas pós-transplante, irradiadas para tratamento de doença de Hodgkin, com uso de medicamentos imunossupressores (hidantoína) ou com infecções virais por Epstein-Barr (EBV), HIV ou vírus linfotrópicos de células T humanas (HTLV).

TABELA 1 MANIFESTAÇÕES CLÍNICAS DOS LINFOMAS NÃO HODGKIN

Local	Manifestações clínicas
Abdome	Aumento do volume abdominal com ou sem dor, vômitos, alterações do hábito intestinal e massa abdominal de crescimento rápido, que pode evoluir para abdome agudo
Mediastino	Tosse seca com rápida piora, dispneia intensa e aumento das fossas supraclaviculares, síndrome de compressão da veia cava superior (edema de face, ingurgitamento venoso e disfagia)
Gânglios periféricos	Aumento do volume de linfonodos em uma ou mais cadeias ganglionares sem sinais flogísticos
Cabeça e pescoço	Edema e dor no local acometido e sintomas respiratórios

O que pedir

NA ROTINA

1. Sinais de alerta para linfomas: seguir fluxograma da Figura 1 do Capítulo 113 – Doença de Hodgkin.
2. Biópsia do linfonodo a "céu aberto" com imuno-histoquímica.
3. Radiografia de tórax: massa mediastinal anterior e derrame pleural.
4. Hemograma, sódio, potássio, cálcio, magnésio, fósforo, ureia, creatinina, ácido úrico, AST, ALT, bilirrubinas e desidrogenase lática (DHL).
5. Sorologias: EBV, HIV, hepatites A, B e C, herpes e varicela.

NOS CASOS ESPECIAIS

1. Pesquisa de células neoplásicas: medula óssea, líquido cefalorraquidiano (LCR), líquido pleural e ascite.
2. Ultrassonografia (US) e tomografia computadorizada (TC) de abdome: estadiamento da doença.
3. Cintilografia óssea.
4. Cintilografia com gálio-67.

Como tratar

1. O tratamento deve ser realizado em centro de referência oncológico pediátrico.
2. A terapêutica depende das condições clínicas da criança e da extensão e dos sítios da doença conforme estadiamento clínico (Tabela 2).
3. Poliquimioterapia com ciclofosfamida, prednisona, vincristina e metotrexato por algumas semanas, meses e até 2 anos, conforme o tipo histológico (cura em 80% dos casos). Eventualmente, usar citarabina, etoposídeo, ifosfamida e doxorrubicina.

TABELA 2 ESTADIAMENTO CLÍNICO PARA A CLASSIFICAÇÃO DE LINFOMA NÃO HODGKIN

Estádio	Descrição
I	Um único tumor (extranodal) ou única área (nodal), excluindo mediastino ou abdome
II	Um único tumor (extranodal) e envolvimento de nódulos regionais do mesmo lado do diafragma A) Duas ou mais áreas nodais B) Dois únicos tumores (extranodais) com ou sem envolvimento nodal regional Tumor primário do trato gastrintestinal (em geral ileocecal) com ou sem envolvimento de nódulos mesentéricos, macroscopicamente ressecados
III	Ambos os lados do diafragma A) Dois únicos tumores (extranodais) B) Duas ou mais áreas nodais Todos os tumores extratorácicos (mediastino, pleura e timo) Todos os tumores abdominais irressecáveis Todos os tumores paraespinais ou epidurais, independentemente de outros sítios
IV	Envolvimento do SNC ou da medula óssea (mais que 25%)

SNC: sistema nervoso central.

115
Emergências oncológicas

SÍNDROME DA VEIA CAVA SUPERIOR

 O que é

Conjunto de sinais e sintomas resultante do aumento da pressão da veia cava superior e suas tributárias, consequente à sua compressão extrínseca, que pode ocorrer na presença de tumores mediastinais.

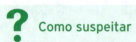 **Como suspeitar**

1. Tosse, estridor, dispneia, dor torácica, ortopneia, ansiedade, confusão mental, sonolência, cefaleia, distúrbios visuais, síncopes, pletora e cianose de face, pescoço e tórax anterior, edema de face, tecido conjuntivo, pescoço e porção superior do tórax.
2. Papiledema, distensão da parede torácica com circulação colateral visível, empastamento de fossa supraclavicular e aumento do pulso paradoxal também caracterizam o quadro e estão relacionados à gravidade deste.

O que pedir

NA ROTINA

1. Hemograma.
2. Ureia, ácido úrico, desidrogenase lática (DHL).
3. Radiografia de tórax: massa mediastinal com desvio de traqueia, derrame pleural e/ou pericárdico.

NOS CASOS ESPECIAIS

1. Alfafetoproteína e gonadotrofina coriônica.
2. Ecocardiografia.
3. Tomografia computadorizada (TC) de tórax: visualização da massa tumoral e grau de comprometimento e compressão das estruturas adjacentes.
4. Mielograma: investigação de leucemia e linfoma.
5. Pleurocentese: identificação do tipo de neoplasia em caso de derrame pleural.
6. Alfafetoproteína e beta-HCG: investigação de tumores de células germinativas.
7. Biópsia ganglionar.

Como tratar

1. Observação em unidade de terapia intensiva, decúbito elevado e oxigenoterapia.
2. Acesso venoso efetivo e hiper-hidratação.
3. Dexametasona 6 mg/m²/dia, EV, a cada 8 h.
4. Radioterapia: dose diária de 200 a 400 cGy.
5. Quimioterapia (ciclofosfamida).
6. Estreptocinase 200 UI/kg/h, em caso de obstrução secundária a cateter venoso central.

COMPRESSÃO MEDULAR

 O que são

Compressão da medula espinal consequente à infiltração no forame intervertebral e ao envolvimento da massa tumoral no corpo vertebral.

 Como suspeitar

Dor local ou radicular na região dorsal (80% dos casos) com piora progressiva, paresia, paraplegia, tetraplegia, incontinência urinária e/ou fecal. Distúrbios sensitivos, redução da força muscular em extremidades, alterações de tônus e reflexos.

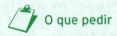 **O que pedir**

1. Radiografia de coluna: anormalidades em menos de 50% dos casos.
2. Mielograma.
3. TC: pouco sensível.
4. Ressonância magnética (RM): avaliação do parênquima medular e do envolvimento paraespinal.
5. Líquido cefalorraquidiano (LCR): investigação de doença subaracnóidea, leucemia meníngea e carcinomatose. Proteinorraquia elevada em caso de compressão medular completa.

 **Como tratar**

1. Quimioterapia, radioterapia e descompressão cirúrgica (laminectomia), isoladas ou combinadas.
2. Dexametasona 1 a 2 mg/kg/dia, EV, para redução do edema medular.

HIPERLEUCOCITOSE

 O que é

Contagem de leucócitos no sangue periférico acima de 100.000/mm³. Ocorre nas crianças com leucemia linfoide aguda (LLA) e leucemia mieloide aguda (LMA) e na maioria das leucemias mieloides crônicas (LMC).

 Como suspeitar

Sinais e sintomas de leucostase (aumento da viscosidade sanguínea): hipóxia, acidose, cianose, pletora, papiledema, dispneia, confusão mental, sonolência, borramento visual, cefaleia e priapismo.

Eventualmente, há sangramentos (nasal, oral, gastrintestinal e/ou uterino), insuficiência cardíaca congestiva, angina, arritmias, insuficiência respiratória e hemorragia intracraniana.

 **O que pedir**

Hemograma: leucocitose acima de 100.000/mm³.

 **Como tratar**

1. Acesso venoso central.
2. Leucoaférese ou exsanguinotransfusão: nos casos de LLA com leucócitos acima de 200.000/mm³, LMA com leucometria acima de 100.000/mm³ ou se houver sinais de estase.
3. Medidas para síndrome de lise tumoral: hiperidratação, alcalinização, uso de alopurinol, controle de diurese e pH urinário.

SÍNDROMES HEMORRÁGICAS

 O que são

Eventos hemorrágicos consequentes à evolução natural da doença oncológica ou ao tratamento com quimioterapia (ciclofosfamida, ifosfamida) e medicamentos que interferem no metabolismo dos fatores de coagulação (L-asparaginase).

 Como suspeitar

Perda sanguínea aguda ou contínua geralmente no trato gastrintestinal ou respiratório e distúrbios de coagulação. Anemia aguda de difícil correção ou estabilização, taquicardia, hipotensão e choque.

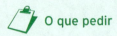 **O que pedir**

NA ROTINA

1. Hemograma: hemoglobina (Hb), hematócrito e dosagem de plaquetas.
2. Prova de coagulação: tempo de protrombina (TP), tempo de tromboplastina parcial ativado (TTPA), fibrinogênio, fragilidade vascular e concentração de produtos de degradação da fibrina.

NOS CASOS ESPECIAIS

1. Ultrassonografia (US) e radiografia: investigação de sítios ocultos de hemorragias.

Como tratar

1. Acesso venoso central: reposição de volume intravascular nos casos de choque.
2. Concentrado de hemácias irradiadas e com filtro de deleucotização: 3 a 10 mL/kg – perda aguda de 15% da volemia ou Hb inferior a 8 g/dL (pré-operatório, aplasia medular e anemia crônica sintomática), a 10 g/dL (ventilação mecânica) ou 13 g/dL (doença cardiopulmonar grave).
3. Concentrado de plaquetas: 4 UI/m² de SC – plaquetopenia inferior a 50.000/mm³ e sangramento ativo ou pré-procedimento invasivo, ou plaquetopenia inferior a 20.000/mm³ sem sangramento.
4. Plasma fresco congelado: 15 mL/kg a cada 6 ou 12 h em hepatopatias, coagulação intravascular disseminada (CIVD) ou pacientes que recebem anticoagulantes tipo varfarina.
5. Crioprecipitado: eventualmente – fonte de fator VIII, fator de von Willebrand e fibrinogênio.
6. Reposição de vitamina K: jejum prolongado, procedimentos cirúrgicos e/ou antibioticoterapia prolongada.
7. Reposição de cálcio: nos politransfundidos graves e/ou em uso de bloqueadores de canais de cálcio.

116
Neuroblastoma

O que é

Tumor maligno sólido extracraniano mais comum na infância, que se origina de células primitivas da crista neural, precursoras do sistema nervoso simpático (cadeia simpática paravertebral, gânglios simpáticos e região medular da suprarrenal).

Como suspeitar

1. Massa abdominal, dor óssea, febre, emagrecimento, nódulos subcutâneos, opsomioclônus, sintomas de compressão medular (dor radicular, paraplegia, incontinência fecal e/ou urinária).
2. Raramente, hipertensão, sudorese e taquicardia.
3. Sintomas relacionados à doença disseminada aparecem conforme comprometimento metastático (olho, osso, fígado e gânglios linfáticos). Proptose e equimose periorbitária são resultantes da infiltração retrobulbar ou orbital.

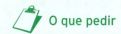 **O que pedir**

NA ROTINA

1. Marcadores biológicos: ácido vanilmandélico (VMA), ácido homovanílico (HVA), enolase neurônio-específica (NSE), ferritina e desidrogenase lática (DHL).
2. Radiografia simples do esqueleto.

NOS CASOS ESPECIAIS

1. Cintilografia óssea com tecnécio^{99} e/ou cintilografia corpórea com metaiodobenzilguanidina (MIBG).
2. Biópsia de tecido tumoral.
3. A exigência mínima para o diagnóstico compreende:
   - exame anatomopatológico inequívoco de neuroblastoma (NBL); ou
   - presença inequívoca de NBL em medula óssea e níveis elevados de metabólitos das catecolaminas na urina VMA e/ou HVA.

Uma vez confirmado o diagnóstico, a criança portadora de NBL necessita de avaliação das dimensões do tumor primário e de focos metastáticos (Tabela 1).

TABELA 1 EXAMES REQUERIDOS PARA AVALIAÇÃO DA CRIANÇA COM NEUROBLASTOMA

Neuroblastoma	Testes recomendados
Tumor primário	Suprarrenal: US e TC e/ou URO EXC Outros locais: TC e/ou RM
Metástases	**Testes recomendados**
Medula óssea	Aspirado e biópsia de medula óssea bilateral
Osso	Mapeamento com MIBG: se for negativo ou não disponível, mapeamento com tecnécio^{99} Radiografia simples das lesões positivas

(continua)

TABELA 1 EXAMES REQUERIDOS PARA AVALIAÇÃO DA CRIANÇA COM NEUROBLASTOMA (continuação)

Metástases	Testes recomendados
Linfonodos	Confirmação histológica dos casos suspeitos
Abdome e fígado	TC e/ou RM e/ou US
Tórax	Radiografia AP e lateral, TC se radiografia positiva
Marcadores biológicos	VMA, HVA urinários e outros

US: ultrassonografia; TC: tomografia computadorizada; URO EXC: urografia excretora; MIBG: metaiodobenzilguanidina; RM: ressonância magnética; AP: anteroposterior; VMA: ácido vanilmandélico; HVA: ácido homovanílico.

Como tratar

1. Remoção cirúrgica: na ausência de risco de comprometimento funcional, estético e de estruturas vitais.
2. Compressão medular aguda: descompressão cirúrgica (laminectomia) ou radioterapia.
3. Neuroblastoma não ressecável: quimioterapia (ciclofosfamida, cisplatina, adriamicina, ifosfamida ou carboplatina).
4. Megaquimioterapia + transplante de medula óssea, com ou sem irradiação corpórea total e/ou MIBG.

117
Síndrome de lise tumoral

 O que é

Emergência metabólica que ocorre durante o tratamento de neoplasias malignas com quimioterapia e rápida destruição de massas celulares ou tumores com alta taxa de proliferação celular, consequente à liberação rápida de metabólitos intracelulares (ácido úrico, potássio e fosfato) em quantidades que excedem a excreção renal. Além da quimioterapia citotóxica, a lise espontânea pode estar associada ao uso de radioterapia, à manipulação cirúrgica de grandes massas tumorais e ao tratamento de meningite linfomatosa com metotrexato intratecal. As alterações mais importantes são: hiperfosfatemia, hipocalcemia, hiperpotassemia, hiperuricemia e insuficiência renal secundária a desidratação e/ou precipitação de ácido úrico e fosfato nos túbulos renais.

Como suspeitar

1. Presença de neoplasias extensas e/ou com grande número de células imaturas que estão em constante divisão celular, como o linfoma não Hodgkin e as leucemias linfoides.

2. Dor abdominal ou lombar.
3. Sinais de hiperpotassemia: anorexia, vômitos, fraqueza, arritmia cardíaca e assistolia.
4. Sinais de hiperfosfatemia e hipocalcemia: anorexia, vômitos, cãibras, tetania, convulsão, insuficiência renal e cardíaca, arritmias, necrose da pele, inflamação ocular e articular, alterações do trato gastrintestinal e morte súbita.
5. Sinais de hiperuricemia: letargia, náuseas, vômitos, cólica renal, hematúria e insuficiência renal.

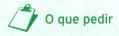

O que pedir

NA ROTINA

1. Hemograma: hiperleucocitose (> 50.000 leucócitos/mm^3).
2. Dosagem sérica: sódio, potássio, cálcio, magnésio, fósforo, ureia, creatinina, ácido úrico e desidrogenase lática (DHL).
3. Gasometria arterial: pH sanguíneo e íon bicarbonato.
4. Urina tipo I: hematúria e pH urinário.

NOS CASOS ESPECIAIS

1. Eletrocardiografia (ECG): sinais de hiperpotassemia.
2. Ultrassonografia (US) abdominal: investigação da morfologia renal e da massa tumoral.

Como tratar

1. Correção do distúrbio metabólico:
   - hiperpotassemia (potássio acima de 7 mEq/L ou alterações eletrocardiográficas):
     - suspensão do potássio parenteral e dietético;
     - poliestireno sulfonato de sódio VO, 1 a 2 g/kg/dia, a cada 6 h;

- bicarbonato de sódio EV, 0,5 a 1 mEq/kg/dose;
- solução polarizante: insulina + glicose; 1 UI de insulina para 3 a 4 g de glicose (2 mL/kg de glicose a 25%);
- hiperfosfatemia: restrição da ingestão (800 a 1.000 mg/dia), aumento do fluxo renal (hiperidratação + diuréticos) e aumento da excreção nas fezes (hidróxido de alumínio VO, 100 a 150 mg/kg/dia, a cada 8 h);
- hipocalcemia: reposição de cálcio apenas na presença de sintomas;
- hiperuricemia: hiperidratação, alcalinização da urina e alopurinol (VO, 300 mg/m²/dia, a cada 8 h) ou uratoxidase (EV, 0,2 mg/kg/dia).

2. Hiperidratação e alcalinização da urina (pH entre 6,5 e 7): 2 a 5 mL/m²/dia de SG 5% e 40 a 80 mEq/L de bicarbonato de sódio. Manter a densidade urinária menor que 1.010.
3. Diuréticos: furosemida 1 a 4 mg/kg/dia, EV, a cada 4 h, para manter a diurese em 100 a 300 mL/m²/h. Opção: manitol 0,5 g/kg, EV, a cada 6 h. Evitar se houver hipovolemia.
4. Diálise: preferir hemodiálise (mais eficiente). A peritoneal é contraindicada em caso de tumor abdominal. Os critérios para indicar a diálise são:
- ácido úrico > 10 mg/dL;
- potássio > 6 a 7 mEq/L;
- creatinina > 10 vezes o normal;
- hipervolemia;
- hipocalcemia sintomática;
- uremia;
- hipertensão arterial de difícil controle;
- fosfato > 10 mg/dL.

118
Síndrome pseudotumoral

 O que é

Conjunto de sinais e sintomas que mimetiza a presença de neoplasia maligna, porém está relacionado à patologia de outra natureza.

 Como suspeitar

Presença de sinais clínicos inespecíficos de patologia de evolução crônica, cujo diagnóstico não foi definitivamente esclarecido: cefaleia, irritabilidade, distúrbio do sono, vômitos, púrpuras, sangramentos, dores osteoarticulares e distúrbios visuais.

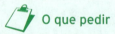 **O que pedir**

1. Hemograma (p. ex., osteoartrites inflamatórias secundárias).
2. Coagulograma (p. ex., púrpura trombocitopênica idiopática).

3. Mielograma (p. ex., leucemia).
4. Fundo de olho (p. ex., leucocoria da toxocaríase).
5. Sorologias específicas (p. ex., doença de Lyme).
6. Exames de imagem conforme localização dos sintomas: radiografia, ultrassonografia (US), tomografia computadorizada (TC) e ressonância magnética (RM) (p. ex., abscesso cerebral).

Como tratar

1. A estratégia fundamental é identificar a doença de base para instituir o tratamento adequado.
2. Psicoterapia de apoio.

119
Leucemias

LEUCEMIA LINFOIDE AGUDA (LLA)

O que é

Neoplasia da medula óssea caracterizada pela mutação espontânea das células progenitoras linfoides (B e T). Corresponde a 80% das leucemias em menores de 15 anos (pico de incidência entre 2 e 5 anos) e pode associar-se a doenças virais (p. ex., vírus linfotrópicos de células T humanas tipo 1 [HTLV-1]) e genéticas ou hereditárias, como síndrome de Down e neurofibromatose.

Como suspeitar

Palidez, febre, astenia, sangramentos, dores ósseas, massa mediastinal, hepatomegalia, adenomegalia, esplenomegalia e, menos frequentemente, infiltração testicular.

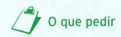 **O que pedir**

NA ROTINA

1. Sinais de alerta para leucemias agudas: seguir fluxograma da Figura 1.
2. Hemograma: hemoglobina (Hb) < 8 g/dL (50% dos casos), leucopenia ou leucocitose (> 100.000/mm^3), neutropenia grave (< 500/mm^3) e plaquetas < 10.000 mm^3. A porcentagem de blastos é variável.
3. Mielograma: 25% ou mais de substituição do parênquima normal por blastos (critério diagnóstico).
4. Sódio, potássio, cálcio, fósforo, magnésio, ureia, creatinina, ácido úrico, desidrogenase lática (DHL) e transaminases.

NOS CASOS ESPECIAIS

1. Imunofenotipagem: anticorpos monoclonais e citometria de fluxo.
2. Citogenética ou biologia molecular dos blastos.
3. Radiografia de tórax.
4. Líquido cefalorraquidiano (LCR): infiltração celular em 5% dos casos (indicador de pior prognóstico).

 **Como tratar**

1. Indução da remissão: restaurar a hematopoese normal. Utilizam-se corticosteroides, vincristina, asparaginase e daunorrubicina associados a suporte anti-infeccioso, metabólico e hemoterápico.
2. Consolidação: evitar o surgimento de clones resistentes ao tratamento. Utilizam-se altas doses de metotrexato e citarabina, epipodofilotoxinas ou asparaginase por tempo prolongado.
3. Manutenção: metotrexato semanal e 6-mercaptopurina diária. Opção: pulsos periódicos de corticosteroide e vincristina.
4. Tratamento e profilaxia do sistema nervoso central (SNC): aplicações intratecais periódicas de metotrexato/citarabina e dexametasona. Radioterapia apenas para crianças com alto risco de recaídas e invasão do SNC ao diagnóstico.

FIGURA 1 FLUXOGRAMA DE AÇÃO PARA SINAIS DE ALERTA DAS LEUCEMIAS AGUDAS.
Fonte: Brasil, 2009.[1]

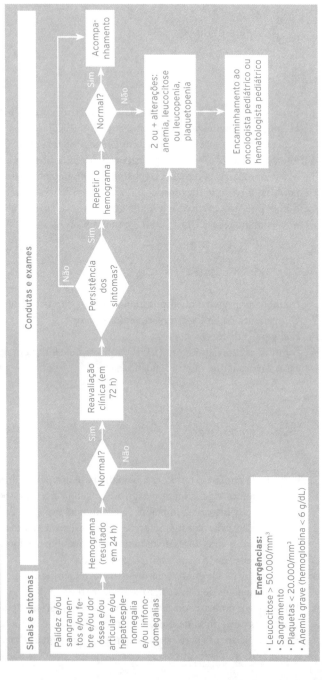

LEUCEMIA MIELOIDE AGUDA (LMA)

 O que é

Neoplasia da medula óssea heterogênea caracterizada pela mutação espontânea dos precursores mieloides, monócitos, eritroides e megacariócitos. Corresponde a 15% das leucemias em indivíduos menores de 15 anos (pico de incidência em recém-nascidos) e pode associar-se a doenças genéticas ou hereditárias (p. ex., síndrome de Down e anemia de Fanconi) e a fatores ambientais (p. ex., exposição a radiação ionizante e pesticidas).

 Como suspeitar

Palidez, febre, anorexia, perda de peso, fadiga, dor de garganta, dor torácica, dor osteoarticular, artrite, dispneia, sangramentos, linfadenopatia, hepatomegalia, esplenomegalia, alterações neurológicas, hipertrofia gengival, lesões de pele (pápulas pequenas e avermelhadas ou púrpuras) e infecções recorrentes.

 O que pedir

NA ROTINA

1. Sinais de alerta para leucemias agudas: seguir fluxograma da Figura 1.
2. Hemograma: Hb < 8 g/dL (50% dos casos), leucopenia inicial ou leucócitos > 100.000/mm^3 (20 a 25% dos casos) e plaquetas < 50.000 mm^3 (50% dos casos).
3. Coagulograma: TP e TTPA prolongados.
4. Fibrinogênio: diminuído.
5. Mielograma: 20% ou mais de substituição do parênquima normal por blastos (critério diagnóstico).
6. Sódio, potássio, cálcio, fósforo, magnésio, ureia, creatinina, ácido úrico, DHL e transaminases.

NOS CASOS ESPECIAIS

1. Imunofenotipagem: anticorpos monoclonais e citometria de fluxo.
2. Citogenética ou biologia molecular dos blastos: alterações genéticas clássicas (t[8;21], AML1/ETO) permitem fazer o diagnóstico com porcentagem de blastos < 20%.
3. Radiografia de tórax.

Como tratar

SUPORTE GERAL

1. Concentrado de hemácias se Hb < 10 g/dL.
2. Concentrado de plaquetas se < 30.000/mm^3.
3. Leucoaférese (ou exsanguinotransfusão) se leucometria inicial > 100.000/mm^3.
4. Antibioticoterapia de amplo espectro e coleta de culturas se T > 37,8°C.
5. Heparinização com hipofibrinogenemia, dímeros +, produtos de degradação de fibrina (PDF) +, se coagulograma estiver alterado.

SUPORTE ESPECÍFICO

1. Quimioterapia conforme alteração genética (citarabina isolada ou associada a mitoxantrona ou antracíclicos).
2. Ácido retinoico no subtipo M3.
3. Transplante alogênico de medula óssea.

LEUCEMIA MIELOIDE CRÔNICA (LMC)

O que é

Doença mieloproliferativa caracterizada por hiperplasia mieloide da medula óssea, hematopoese extramedular, leucocitose com presença de precursores mieloides no sangue periférico e marcador citogenético específico, o cromossomo Philadelphia (Ph). Corresponde a cerca de 2 a 5% das leucemias em menores de 15 anos (incidência aumenta com a idade) e pode associar-se a fatores ambientais (radiação ionizante).

Como suspeitar

1. Sintomas: astenia, desconforto abdominal, perda de peso, sangramento, febre, dor óssea, dor abdominal, dor torácica, cefaleia, distúrbios auditivos e/ou visuais, náuseas, vômitos, anorexia, convulsão e ataxia.
2. Sinais: esplenomegalia, palidez cutaneomucosa, hepatomegalia, linfadenopatia, priapismo, púrpura, papiledema e cloroma.

O que pedir

NA ROTINA

1. Hemograma: hiperleucocitose ($> 100.000/mm^3$), plaquetose ($> 400.000/mm^3$), hemoglobina variável entre 8 e 12 g/dL. Presença de células mieloides sem hiato leucêmico.
2. Ácido úrico, DHL e transcobalamina 1 (proteína ligante de vitamina B_{12}): aumentados.
3. Fosfatase alcalina leucocitária (LAP – *leukocyte alkaline phosphatase*): atividade reduzida.
4. Mielograma: hiperplasia das séries granulocítica e megacariocítica, eosinofilia e basofilia.

NOS CASOS ESPECIAIS

1. Citogenética: cromossomo Philadelphia (Ph) em 90 a 95% dos casos.

# Como tratar

1. Interferon-alfa isolado ou em associação com hidroxiureia ou citarabina em doses baixas.
2. Mesilato de imatinibe (inibidor da tirosinoquinase): opção promissora, porém pouco testada em crianças.
3. Transplante alogênico de medula óssea (tratamento de escolha).

TRANSPLANTE DE CÉLULAS-TRONCO HEMATOPOÉTICAS (TCTH)

1. Opção terapêutica para um grande número de crianças com doenças malignas.
2. Desafios: determinar indicações absolutas, realizar diagnóstico precoce e instituir o tratamento quimioterápico adequado.
3. Considerar indicação de TCTH em Pediatria nas doenças malignas listadas na Tabela 1.

TABELA 1 DOENÇAS EM QUE HÁ INDICAÇÃO DE TCTH

Leucemia linfoide aguda em 1ª remissão, se há alto risco de recidiva, como t(9;22); LLA-T com resposta pobre à prednisona; altos níveis de doença residual mínima a partir da 2ª remissão
Leucemia mieloide aguda a partir da 1ª remissão
Leucemia mieloide crônica
Síndromes mielodisplásicas e leucemia mielomonocítica juvenil
Linfoma não Hodgkin a partir da 2ª remissão
Linfoma de Hodgkin a partir da 2ª remissão
Linfoistiocitose hemofagocítica

Fonte: adaptada de Locatelli *et al.*, 2008.[2]

Bibliografia

REFERÊNCIAS BIBLIOGRÁFICAS

1. Brasil. Ministério da Saúde. Instituto Nacional de Câncer José Alencar Gomes da Silva (Inca); Instituto Ronald McDonald. Diagnóstico precoce do câncer na criança e no adolescente. Rio de Janeiro: Inca, 2009. Disponível em: http://ftp.medicina.ufmg.br/observaped/eixo_oncologiapediatrica/diagnosticoprecocecanceradolesccrianca%20institutoronald_23_10_2013.pdf. Acessado em: 7/4/2017.
2. Locatelli F, Giorgiani G, Di-Cesare-Merlone A, Merli P, Sparta V, Moretta F. The changing role of stem cell transplantation in childhood. Bone Marrow Transplant 2008; 41(2):S3-7.

BIBLIOGRAFIA

1. Arguelles GJR. Fundamentos de hematologia. 2.ed. Antizapan de Zaragoza: Editorial Médica Panamericana, 2000.
2. Barton CD, Waugh LK, Nielsen MJ, Paulus S. Febrile neutropenia in children treated for malignancy. J Infect 2015; 71 Suppl 1:S27-35.
3. Braga JAP, Tone LG, Loggetto SR. Hematologia para o pediatra. Série Atualizações Pediátricas. Departamento de Oncologia e Hematologia da Sociedade de Pediatria de São Paulo. São Paulo: Atheneu, 2007.
4. Brasil. Ministério da Saúde. Secretaria de Atenção à Saúde. Departamento de Atenção Especializada e Temática. Protocolo de diagnóstico precoce para oncologia pediátrica. Brasília: Ministério da Saúde, 2017. Disponível em http://portalarquivos.saude.gov.br/images/pdf/2017/fevereiro/17/Protocolo-de-Diagnostico-Precoce-do--Cancer-Pediatrico.pdf. Acessado em: 6/4/2017.
5. Campos Júnior D, Burns DAR, Lopez FA. Tratado de pediatria da Sociedade Brasileira de Pediatria. 3. ed. Barueri: Manole, 2014.

6. Chung EM, Pavio M. Pediatric extranodal lymphoma. Radiol Clin North Am 2016; 54(4):727-46.
7. Del Giglio A, Kaliks R. Princípios de hematologia clínica. Barueri: Manole, 2007.
8. Hamerschlak N. Leucemia: fatores prognósticos e genética. J Pediatr 2008;84(4):S52-7.
9. Jaffe ES, Harris NL, Stein H, Vardiman JW (eds.). World Health Organization classification of tumors, pathology and genetics of tumors of hematopoietic and lymphoid tissues. IARC Press Lyon, 2001.
10. Nóbrega FJ. Medicamentos habitualmente usados em pediatria. São Paulo: Nestlé Nutrition, 20112012/2013.
11. Oliveira RAG. Hemograma – como fazer e interpretar. São Paulo: Livraria Médica Paulista, 2007.
12. Pizzo PA, Poplack DG (eds.). Principles and practice of pediatrics oncology. 6. ed. Philadelphia: Lippincott Williams & Wilkins, 2011. 1531p.
13. Quixabeira VBL, Saddi VAS. A importância da imunofenotipagem e da citogenética no diagnóstico das leucemias: uma revisão da literatura. Rev Bras Anal Clín 2008; 40(3):199-202.
14. Schreiber-Dietrich DG, Leuschner I, Tannapfel A, Franke D, Stenzel M, Juengert J et al. Primary liver tumours in childhood. Z Gastroenterol 2015; 53(11):1267-75.
15. Seber A. O transplante de células-tronco hematopoéticas na infância: situação atual e perspectivas. Rev Bras Hematol Hemoter 2009; 31(1):59-67.
16. Seth R, Singh A. Leukemias in children. Indian J Pediatr 2015; 82(9):817-24.
17. Sociedade Brasileira de Pediatria (SBP). Atuação do pediatra: epidemiologia e diagnóstico precoce do câncer pediátrico. Documento Científico, Departamento Científico de Nefrologia, 2017. Disponível em: www.sbp.com.br/documentos-cientificos/. Acessado em: 6/4/2017.
18. Taga T, Tomizawa D, Takahashi H, Adachi S. Acute myeloid leukemia in children: Current status and future directions. Pediatr Int 2016; 58(2):71-80.
19. Zwaan CM, Kolb EA, Reinhardt D, Abrahamsson J, Adachi S, Aplenc R et al. Collaborative efforts driving progress in pediatric acute myeloid leukemia. J Clin Oncol 2015; 33(27):2949-62.

PARTE 14
Reumatologia

120 Artrite idiopática juvenil
121 Dermatomiosite juvenil (DMJ)
122 Esclerodermia
123 Febre reumática
124 Lúpus eritematoso sistêmico
125 Hipermobilidade articular
126 Vasculites
127 Osteoporose na infância
128 Fibromialgia juvenil

120
Artrite idiopática juvenil

O que é

Doença crônica e multissistêmica, de causa desconhecida, cuja característica principal é a sinovite transitória com envolvimento de articulações periféricas sinoviais, distribuição simétrica e potencial deformante variável, sendo associada a edema de partes moles e derrame articular. Classifica-se em oligoarticular, poliarticular e doença de início sistêmico.

Como suspeitar

1. O diagnóstico é clínico, sendo auxiliado pelos critérios do American College of Rheumatology, e sua subclassificação se dá pelo curso da doença e exclusão de outras doenças articulares.
2. Baseia-se também no diagnóstico com história compatível de doença inflamatória articular e exame físico que confirme a presença de artrite.

3. O diagnóstico é sugerido por anormalidades laboratoriais, como anemia, doenças crônicas, como leucocitose, e aumento dos marcadores de inflamação, como velocidade de hemossedimentação (VHS) e proteína C reativa.
4. A forma oligoarticular afeta as articulações das extremidades inferiores, como joelhos e tornozelos. Pode-se observar o comprometimento de grandes articulações das extremidades superiores.
5. Na forma poliarticular, ocorre o comprometimento de grandes e pequenas articulações, no número de 20 a 40. Nódulos reumatoides podem ser encontrados no joelho e no cotovelo e associam-se com um curso mais grave.
6. A doença de início sistêmico manifesta-se com artrite junto a comprometimento visceral, hepatoesplenomegalia, serosite, linfadenopatia e febre de 39°C com picos diários. Em geral, a febre é acompanhada de eritema macular evanescente, com coloração salmão característica, distribuído habitualmente no tronco (Tabela 1).

TABELA 1   ARTRITE IDIOPÁTICA JUVENIL

Idade na apresentação < 16 anos
Artrite (edema ou derrame, ou presença de 2 ou mais dos seguintes sinais: limitação da amplitude de movimento, sensibilidade ou dor ao movimento e calor local) em 1 ou mais articulações
Duração da doença ≥ 6 semanas
Tipo de início definido pelo tipo de doença nos primeiros 6 meses: Poliartrite: 5 ou mais articulações inflamadas Oligoartrite: menos de 5 articulações inflamadas Sistêmica: artrite com febre característica
Exclusão de outras formas de artrite juvenil

Fonte: modificada de Cassidy et al., 1986.[1]

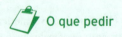

O que pedir

NA ROTINA

1. VHS, mucoproteínas e proteína C reativa: marcadores que acompanham a atividade inflamatória da doença, avaliando sua gravidade.

2. Hemograma: aumento de leucócitos e plaquetas e diminuição da concentração de hemoglobina e volume corpuscular médio, refletindo o grau de inflamação articular ou sistêmica.
3. Alfa-1-glicoproteína ácida: alterada no tipo sistêmico e poliarticular.
4. Eletroforese de hemoglobina: pode mostrar diminuição da albumina e aumento da alfa-2-globulina e da fração gamaglobulina.
5. Pesquisa do fator reumatoide (prova do látex ou Waaler-Rose, podendo estar positivo no início da doença poliarticular): nos pacientes em uso de imunossupressores, deve-se realizar avaliação hepática (transaminases) e renal (urina tipo I, ureia e creatinina).
6. Imunoglobulinas séricas: também estão aumentadas.
7. Radiografia de mãos para visualizar progressão da destruição articular.

NOS CASOS ESPECIAIS

1. Estudo de ressonância magnética para avaliar partes moles e articulações.
2. Ecocardiografia com Doppler: avaliar possibilidade de comprometimento cardíaco como nas pericardites.

Como tratar

1. Os medicamentos são introduzidos de acordo com o padrão de acometimento articular e a presença de fatores de risco, como comprometimento de punho e quadril, má resposta ao tratamento convencional, fator reumatoide positivo, cistos e erosões subcondrais. O tratamento pode ser modificado de acordo com a evolução da doença, o subtipo e a gravidade.
2. O objetivo da terapia é estabelecer um padrão de adaptação próximo da normalidade, com o mínimo de efeitos adversos.
3. Para a escolha dos medicamentos, pode-se seguir uma pirâmide terapêutica (Figura 1), iniciando-se na base com medicações menos tóxicas e terminando no ápice com imunossupressores e medicações experimentais, reservadas para casos específicos, em razão de sua toxicidade e risco para a saúde da população pediátrica.

4. As medicações de primeira linha são os anti-inflamatórios não hormonais (AINH) (Tabela 2), responsáveis pelo alívio da dor e pela diminuição do processo inflamatório.
5. As medicações de segunda linha auxiliam no controle do processo inflamatório, incluindo hidroxiquinina, sulfassalazina e imunossupressores, como o metotrexato. Ciclosporina, azatioprina e ciclofosfamida são indicadas em pacientes com início sistêmico com evolução poliarticular ou início poliarticular com fatores de risco. Utiliza-se a hidroxicloroquina na dose de 5 mg/kg/dia para quadros leves e moderados, sendo necessário realizar acompanhamento com fundoscopia.
6. O metotrexato é o fármaco de escolha em pacientes com artrite reumatoide juvenil (ARJ) e comprometimento articular moderado e grave, na dose de 0,5 a 1 mg/kg/semana, VO, IM ou SC, sendo necessário realizar acompanhamento com hemograma e enzimas hepáticas. Administra-se ácido fólico, 1 mg/dia, na prevenção de efeitos colaterais do uso de metotrexato.
7. Os corticosteroides devem ser usados com indicação precisa, como febre não responsiva aos AINH, pericardite ou pleurite moderada ou grave, poliartrite progressiva e dolorosa e iridociclite crônica não responsiva ao tratamento tópico. Podem ser utilizados como ponte terapêutica, em doses baixas em conjunto com outros medicamentos, como o metotrexato, para pacientes que não responderam.
8. A ciclosporina na posologia de 5 mg/kg/dia é eficaz no controle das infecções sistêmicas resistentes a corticoterapia.
9. Agentes biológicos:
   - adalimumabe: anticorpo humanizado anti-TNF-alfa;
   - infliximabe: anticorpo quimérico IgG1 anti-TNF-alfa;
   - anti-interleucina 6 (IL-6) tocilizumabe: indicado para pacientes com AIJ sistêmica;
   - antifator de necrose tumoral alfa (anti-TNF-alfa).
10. As complicações ortopédicas, como a diferença de comprimento entre os membros inferiores, podem ser tratadas com compensação do solado, para prevenir a escoliose secundária. Para contraturas, são necessários o controle clínico da artrite e o programa de fisioterapia promovendo o alongamento.
11. Atuar com a equipe pediátrica de acompanhamento psicológico, dadas as complicações psicológicas da doença crônica.

FIGURA 1 A "PIRÂMIDE TERAPÊUTICA" DA ARTRITE REUMATOIDE.

AINH: anti-inflamatórios não hormonais.
Fonte: adaptada de Cassidy e Petty, 1995.[2]

TABELA 2 ANTI-INFLAMATÓRIOS NÃO HORMONAIS

Medicamento	Dose	Frequência
Ácido acetilsalicílico	80 a 100 mg/kg/dia	3 a 4 vezes diárias
Naproxeno	15 a 20 mg/kg/dia	2 vezes diárias
Ibuprofeno	30 a 45 mg/kg/dia	3 a 4 vezes diárias
Indometacina	1 a 3 mg/kg/dia	2 a 4 vezes diárias
Diclofenaco	2 a 3 mg/kg/dia	3 a 4 vezes diárias
Piroxicam	0,3 a 0,8 mg/kg/dia	1 vez diária

121
Dermatomiosite juvenil (DMJ)

 O que é

Mais comum das miopatias inflamatórias pediátricas, é uma vasculopatia sistêmica com áreas focais de miosite e alterações cutâneas características. Caracteriza-se pelo acometimento em crianças de todas as faixas etárias, com predomínio em escolares e pré-adolescentes. A média de idade para início é de 6 a 7 anos.

 Como suspeitar

1. A patologia tem início insidioso com sintomas como fadiga, febre baixa, perda de peso e irritabilidade. Podem ocorrer artralgia e dor abdominal.
2. O eritema característico ocorre em áreas expostas ao sol, como a região superior do dorso, as superfícies extensoras de braços e pernas, os maléolos mediais dos tornozelos e as nádegas.
3. A coloração da pele sobre as articulações interfalângicas proximais e metacarpofalângicas pode ser hipertrófica e avermelhada (pápulas de

Gottron), ocorrendo durante a doença ativa, com aparência papular da pele.
4. O eritema violáceo periorbitário (heliótropo) pode atravessar a ponte nasal.
5. A fraqueza da musculatura proximal ocorre em média em um período de 2 meses e é detectada com a dificuldade de subir escadas, levantar quando em posição sentada e pentear os cabelos. Surge o sinal de Growers, em que o paciente não se levanta sozinho do chão sem escalar o próprio corpo.
6. A detecção de rouquidão, voz anasalada e dificuldade de eliminar secreções indica comprometimento das vias aéreas superiores.
7. O dano à musculatura lisa gastrintestinal pode indicar diarreia ou sangramento gastrintestinal oculto que pode progredir para risco de morte.
8. Pode ocorrer envolvimento cardíaco com anormalidades na condução.

Para o diagnóstico, é necessária a presença de vasculite cutânea, junto a outros 4 critérios entre os seguintes:

1. Vasculite cutânea (heliótropo, exantema facial e pápulas de Gottron).
2. Fraqueza muscular proximal.
3. Elevação de enzimas musculares.
4. Eletromiografia com padrão miopático (a realização da eletromiografia não é obrigatória em todos os casos).
5. Biópsia muscular: atrofia muscular perivascular e infiltrado perivascular.

O que pedir

NA ROTINA

1. Hemograma.
2. AST, ALT e gamaglutamiltransferase.
3. Ureia/creatinina.
4. Enzimas musculares: creatininafosfocinase (CPK), aldolase, desidrogenase lática (DHL), transaminases.
5. Anticorpo antinuclear (AAN) está presente em mais de 60% das crianças.

6. Pesquisa de sangue oculto.
7. Eletrocardiografia se houver envolvimento cardíaco para detectar anormalidades no sistema de condução.

NOS CASOS ESPECIAIS

1. Prova de função pulmonar da capacidade de difusão do monóxido de carbono: utilizada em crianças maiores de 6 anos, podendo demonstrar diminuição da força respiratória e fibrose alveolar.
2. Densitometria óssea: pode ocorrer pela doença ativa com diminuição da densidade mineral óssea.
3. Eletromiografia.
4. Ressonância magnética (RM): para orientação da biópsia muscular. Em caso de uso de imunossupressores, realizar a monitoração hematológica, hepática e renal.
5. Biópsia: pode demonstrar atividade e cronicidade da doença que não são sugeridas pelas enzimas séricas.

Como tratar

1. Deve-se prescrever protetores solares com fator de proteção acima de 30 e livres de ácido p-aminobenzoico, que proporcionam proteção máxima contra raios ultravioleta A e B.
2. Realiza-se a suplementação de vitamina D em dose apropriada para o peso e uma dieta rica em cálcio, prevenindo a osteopenia e minimizando o risco de fraturas ósseas.
3. A hidroxiquinina pode ser utilizada em crianças com achados cutâneos discretos, história familiar negativa de cegueira para cores e marcadores imunológicos e sorológicos normais, tendo ação fotoprotetora. A dose utilizada é de 5 mg/kg/dia (dose máxima).
4. Para o tratamento da vasculite cutânea e da miosite, utiliza-se a corticoterapia com prednisona ou prednisolona, na dose de 1 a 2 mg/kg/dia pela manhã, para minimizar efeitos adversos.
5. A pulsoterapia com corticosteroide EV, como a metilprednisolona 30 mg/kg/dia, por 3 dias (máximo de 1 g), tem alta ação anti-inflamatória e permite a utilização em doses mais baixas dos corticosteroides orais, 0,5 mg/kg/dia, nos dias em que não for realizada a pul-

soterapia. A administração da pulsoterapia varia de até 3 vezes/semana, dependendo da normalização dos indicadores de inflamação. Esta pode promover a rápida normalização das enzimas musculares.

6. Nos casos graves e naqueles em que não há resposta aos corticosteroides e não ocorre normalização dos valores laboratoriais na velocidade esperada, indica-se a utilização do metotrexato 15 a 20 mg/m^2, administrando-o com o ácido fólico 1 mg/dia, para prevenção dos efeitos colaterais.
7. A ciclofosfamida 500 a 1.000 mg/m^2, em forma de pulsoterapia EV, pode ser utilizada em pacientes que não respondem a metilprednisolona, metotrexato e nos casos de vasculite cutânea grave e/ou difusa com formação de úlceras.
8. Pode-se tratar a imunossupressão associada que resulta em níveis baixos de IgG < 300 mg/dL, com reposição de imunoglobulina a 0,4 g/kg/mês, prevenindo infecções.
9. A plasmaférese reduz a quantidade de anticorpos circulantes e a deposição tecidual de imunoglobulinas, porém sua eficácia na DMJ ainda está em análise.
10. Deve-se instituir dieta pastosa ou alimentação via sonda nasogástrica em pacientes com disfagia até a restauração de uma via aérea protegida e funcional.
11. Em casos de vasculite gastrintestinal, podem ser necessárias a alimentação parenteral e a administração IV de medicamentos.
12. A fisioterapia, a terapia ocupacional e o alongamento passivo são indicados para melhorar o ganho de força e a amplitude dos movimentos. O repouso no leito não é indicado, dado o risco de diminuição da densidade mineral óssea.

122
Esclerodermia

 O que é

Doença crônica de etiologia desconhecida do tecido conjuntivo, caracterizada por fibrose da derme e artérias dos pulmões, dos rins e do aparelho gastrintestinal.

Classifica-se de acordo com o padrão de envolvimento da pele e dos órgãos internos (Tabela 1).

TABELA 1   CLASSIFICAÇÃO DA ESCLERODERMIA

Esclerose sistêmica
Difusa: fibrose cutânea sistêmica e disseminada, incluindo membros proximais, tronco e face; envolvimento precoce dos órgãos internos
Limitada (Crest): envolvimento sistêmico da pele distal, em geral face, com envolvimento tardio, se houver, dos órgãos internos
Superposição: alterações esclerodérmicas da pele com características de outros distúrbios do tecido conjuntivo

(continua)

TABELA 1 CLASSIFICAÇÃO DA ESCLERODERMIA *(continuação)*

Esclerodermia localizada
Morfeia
Morfeia generalizada
Esclerodermia linear
Na face, na testa ou no couro cabeludo ("golpe de sabre")
Na extremidade
Fasciíte eosinofílica
Formas secundárias
Induzida por medicamentos
Quimicamente induzida
Pseudoesclerodermia

Fonte: adaptada de Uzie *et al.*, 1995.[3]

❓ Como suspeitar

1. A primeira manifestação é o fenômeno de Raynaud, que culmina no espasmo arterial digital e pode anteceder o envolvimento extenso de pele e órgãos internos em meses e anos. Pode ser desencadeado pelo frio e acompanha-se de três estágios: palidez, cianose e, por último, eritema com duração de episódios (minutos a horas).
2. A síndrome de Crest apresenta calcinose, fenômeno de Raynaud, envolvimento esofágico, esclerose de pele e telangiectasias.
3. Na esclerodermia localizada, o envolvimento restringe-se à pele, sendo rara a progressão para esclerose sistêmica. A morfeia é uma forma de esclerodermia localizada, com lesões discretas ocorrendo em qualquer local do corpo, particularmente na face.
4. Na fasciíte eosinofílica, as alterações são similares à esclerodermia localizada, porém ocorrem eosinofilia e elevação da velocidade de hemossedimentação (VHS). A biópsia de toda a pele revela predomínio de eosinófilos.
5. A pseudoesclerodermia compreende doenças não relacionadas a fibrose cutânea difusa, sem outras manifestações da esclerodermia.

6. O diagnóstico é sugerido em pacientes que desenvolvem o fenômeno de Raynaud acompanhado de alterações cutâneas de esclerodactilia (dedos das mãos assumem aparência afiliada associada ao endurecimento da pele). É comum também a perda de mímica facial.
7. Para o diagnóstico de esclerodermia, é necessária a presença do critério maior ou 2 dos 3 critérios menores (Tabela 2).

TABELA 2 — CRITÉRIOS PARA O DIAGNÓSTICO DE ESCLERODERMIA

Critério maior

1. Esclerodermia proximal: alterações cutâneas esclerodermatosas típicas (endurecimento, espessamento e enduração, excluindo formas localizadas de esclerodermia) envolvendo áreas proximais às articulações metacarpofalângicas ou metatarsofalângicas

Critérios menores

1. Esclerodactilia: alterações esclerodermatosas da pele limitadas aos dedos
2. Cicatrizes com depressão nos dedos, resultantes de isquemia
3. Fibrose pulmonar bibasal não atribuída à doença pulmonar primária

Fonte: adaptada de American Rheumatism Association, 1980.[4]

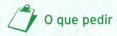

O que pedir

NA ROTINA

1. Hemograma: pode demonstrar anemia com eosinofilia no início da doença.
2. Avaliação hepática (TGO, TGP e gama-GT) para pacientes em uso de imunossupressores.
3. Anti-SCL70: são específicos para topoisomerase I, indicando processo autoimune na patogênese da doença.

NOS CASOS ESPECIAIS

Para avaliação do curso da doença na forma de esclerose sistêmica que culmina em diminuição da tolerância ao esforço e dispneia ao repouso, pode-se solicitar:

1. Radiografia de tórax: pouco sensível nas fases iniciais da doença.
2. Prova de função pulmonar: avalia comprometimento pulmonar com padrão restritivo (fibrose).
3. Tomografia computadorizada (TC) de tórax: detecta alterações associadas com a doença intersticial antes de estarem visíveis à radiografia de tórax.
4. Ureia/creatinina: avaliar função renal se houver envolvimento do órgão.
5. Eletrocardiografia (ECG): a fibrose cardíaca pode resultar em arritmias.
6. Ecocardiografia: avaliar a função cardíaca em caso de fibrose.
7. Capilaroscopia de leito ungueal: em pacientes com fenômeno de Raynaud, pode demonstrar o desaparecimento ou a dilatação dos capilares decorrentes da vasculopatia.
8. Cinevideodeglutograma: avaliação da motilidade esofágica e do comprometimento do terço distal da musculatura do esôfago.
9. Biópsia de pele para confirmação diagnóstica em casos duvidosos.

Como tratar

1. Não há tratamento específico, porém imunossupressores na fase inicial da doença, como metotrexato e corticosteroides, são úteis para reduzir a inflamação.
2. O calcipotriol tópico é opção terapêutica para casos leves.
3. Em casos de artrite, utilizam-se anti-inflamatórios não hormonais (AINH), como naproxeno 15 a 20 mg/kg/dia, a cada 12 h, ou ibuprofeno 30 a 45 mg/kg/dia, a cada 8 h.
4. Os corticosteroides são utilizados na fase edematosa do comprometimento cutâneo (prednisona 1 a 2 mg/kg/dia). Se houver comprometimento visceral e microcirculatório, realizar pulsoterapia mensal (metilprednisolona 30 mg/kg, EV, por 3 dias). Pode se associar com imunossupressores, como ciclofosfamida e azatioprina.
5. Na forma localizada de esclerodermia, utiliza-se o metotrexato 0,5 a 1 mg/kg/semana, em dose única VO ou SC, além de cremes hidratantes.
6. Nos casos graves com vasculite intensa e de rápida progressão, recomenda-se a ciclofosfamida preferencialmente em pulsoterapia na dose de 500 mg/m^2.

7. O ambiente multidisciplinar tem grande utilidade para o paciente, com importância dada à fisioterapia e à terapia ocupacional, objetivando melhorar as contraturas em flexão e a manutenção da força muscular.
8. Para o fenômeno de Raynaud, utilizam-se medidas locais, como manter mãos aquecidas durante a exposição ao frio, com luvas de couro de carneiro, e terapia com vasodilatadores tópicos como pasta de nitroglicerina. Pode-se também utilizar vasodilatadores como bloqueadores do canal de cálcio, como a nifedipina de ação lenta na posologia de 20 a 30 mg/dia.
9. Se houver comprometimento vascular que cause risco de gangrena, pode-se recorrer à administração parenteral da prostaglandina E1 (alfaprostadil).
10. A patologia pode evoluir com remissão após períodos variáveis com desaparecimento das áreas de esclerose, ou desenvolver progressão da doença com acometimento cardíaco, renal e pulmonar em estágios terminais.

123
Febre reumática

O que é

Doença inflamatória multissistêmica que ocorre como uma sequela tardia da infecção da orofaringe pelo estreptococo beta-hemolítico do grupo A, com acometimento da faixa etária entre 5 e 15 anos e adultos jovens. Caracteriza-se pelo acometimento do coração, das articulações, do sistema nervoso central (SNC), do tecido celular subcutâneo e da pele. Há um período de latência de, em média, 21 dias entre os sintomas da faringite e da febre reumática. Com exceção do coração, os demais órgãos têm acometimento transitório.

Quando suspeitar

Seu diagnóstico é clínico, não existindo sinal patognomônico ou exame específico. Os critérios de Jones continuam sendo considerados o padrão-ouro para o diagnóstico do primeiro surto da febre reumática. A divisão dos critérios em maiores e menores é baseada na especificidade, e não na frequência da manifestação.

1. Evidência de infecção recente pelo estreptococo, como escarlatina, cultura de orofaringe positiva para estreptococo do tipo A e títulos de anticorpos estreptocócicos elevados.
2. Documentar a presença ou persistência de um processo inflamatório. Deve-se pesquisar o preenchimento dos critérios de Jones (Tabela 1).
3. Para o diagnóstico, são necessários 2 ou mais critérios maiores ou 1 maior e 2 menores associados à evidência de infecção estreptocócica.

TABELA 1 CRITÉRIOS DE JONES

Critérios maiores	Critérios menores
Artrite: envolve grandes articulações e apresenta a característica de ser poliartrite migratória	Febre
Cardite: característica de pancardite envolvendo todos os folhetos cardíacos	Artralgia
Coreia de Sydenham: movimentos irregulares acompanhados de fraqueza e instabilidade emocional; desaparecimento durante o sono	Elevação das provas inflamatórias VHS e proteína C reativa
Nódulos subcutâneos: localizam-se sobre proeminências ósseas e tendões e nas superfícies extensoras	Aumento do intervalo PR na ECG
Eritema marginado: *rash* cutâneo, lesões róseas em anel, de caráter serpiginoso, localizando-se principalmente no tronco	

VHS: velocidade de hemossedimentação; ECG: eletrocardiografia.

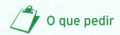

O que pedir

NA ROTINA

1. Hemograma: pode mostrar leucocitose com neutrofilia ou anemia, usualmente normocrômica e normocítica.
2. Velocidade de hemossedimentação (VHS).
3. Provas de atividade inflamatória estão sempre alteradas na fase aguda da febre reumática, com exceção da coreia isolada. Utilizadas para

acompanhar a efetividade terapêutica na supressão do processo inflamatório.
4. Proteína C reativa.
5. Alfa-1-glicoproteína ácida. Eleva-se na fase aguda da doença e mantém-se elevada por tempo prolongado.
6. Alfa-2-globulina.
7. ASLO (antiestreptolisina O): realizar determinação seriada com intervalo de 15 dias para comprovar o aumento dos títulos, que ocorre em 80% dos casos. Permanece elevada por mais tempo.
8. Teste de aglutinação com látex: serve para identificação rápida do estreptococo.
9. Cultura de orofaringe para detecção da infecção do estreptococo.

NOS CASOS ESPECIAIS

1. Anti-DNAse B, anti-hialuronidase, antiestreptoquinase: demonstra-se aumento dos anticorpos.
2. Radiografia de tórax e eletrocardiografia (ECG): auxiliam no diagnóstico de cardite.
3. Ecocardiografia: útil para avaliar o desempenho cardíaco, o diagnóstico de valvulopatias e a disfunção miocárdica.
4. Análise do líquido sinovial: líquido tipo inflamatório não séptico.
5. Eletroencefalografia (EEG): na coreia, demonstra ondas lentas e anormais.

Como tratar

1. Deve-se realizar a erradicação do estreptococo com penicilina benzatina 600.000 UI, para pacientes com menos de 25 kg; e 1.200.000 UI para aqueles com peso maior. A posologia ideal é de 50.000 UI/kg.
2. Em caso de alergia a penicilinas, utiliza-se eritromicina 30 a 40 mg/kg/dia, a cada 6 h, por 10 dias.
3. Para a artrite, utiliza-se o ácido acetilsalicílico 80 a 100 mg/kg/dia (máximo 3 g/dia), em até 3 tomadas, por 4 a 8 semanas, dependendo da melhora dos sintomas e da normalização das provas inflamatórias. Pode-se utilizar também o naproxeno, 10 a 15 mg/kg/dia, VO, a cada 12 h; ou indometacina 2 a 3 mg/kg/dia, VO, a cada 6 h.

4. Utiliza-se a corticoterapia (prednisona 1 a 2 mg/kg/dia, VO), em 2 a 3 doses diárias na 1ª semana e, depois, em dose única pela manhã para pacientes com cardite, independentemente do grau. O corticosteroide é mantido por 14 a 21 dias até melhora clínica e laboratorial e, em seguida, a dose é lentamente reduzida para completar o tratamento de 2 a 3 meses.
5. Digitálicos e diuréticos estão indicados em caso de insuficiência cardíaca.
6. Na coreia, está indicado o uso do haloperidol (1 mg/dia), podendo-se aumentar até 5 mg/dia; ou ácido valproico (30 a 40 mg/kg/dia). A retirada dessas medicações ocorre em aproximadamente 3 meses, esperando o completo desaparecimento dos sintomas. Outra opção terapêutica é a pimozida (1 a 6 mg/dia).
7. Após o surto inicial, recomenda-se manter a profilaxia secundária, visando a prevenir as recorrências reumáticas. Utiliza-se a penicilina benzatina nas doses citadas, a cada 21 dias. Se houver alergia à penicilina, recomenda-se o uso da sulfadiazina, na dose de 500 mg/dia, em crianças até 20 kg; e 1.000 mg/dia em crianças com peso superior.
8. Manter a profilaxia em pacientes com cardite leve e que evoluíram sem sequelas até os 25 anos ou por, no mínimo, 10 anos. Se houver comprometimento cardíaco com sequelas, a profilaxia se mantém por tempo indeterminado.
9. Em pacientes que não apresentaram cardite, a profilaxia está indicada até os 18 anos de idade ou por, no mínimo, 5 anos nos adolescentes.
10. Para profilaxia da endocardite, utiliza-se amoxicilina (50 mg/kg), em dose única, 1 h antes do procedimento cirúrgico ou dentário, para pacientes com cardiopatia reumática.

124
Lúpus eritematoso sistêmico

 O que é

Doença autoimune de etiologia desconhecida, caracterizada pela presença de anticorpos antinucleares (AAN) e dano inflamatório de órgãos-alvo como rins, sistema hematopoético e sistema nervoso central (SNC), com maior predominância feminina.

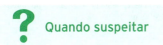 **Quando suspeitar**

Os pacientes apresentam várias manifestações iniciais:

1. Constitucionais: fadiga, anorexia, perda progressiva de peso, linfadenopatia e febre prolongada.
2. Cardiovasculares: tamponamento cardíaco e pericardite.
3. Pulmonares: hemorragia pulmonar e dor pleurítica.
4. Neurológicas: convulsões, psicose, síncope, meningite asséptica, coreia, déficits cognitivos globais, neurite periférica e mielite transversa.
5. Hematológicas: anemia, doença crônica, anemia hemolítica Coombs-positiva, trombocitopenia e leucopenia.

6. Renais: glomerunefrite, síndrome nefrótica, hipertensão e insuficiência renal.
7. Musculoesqueléticas: artralgia e artrite.
8. Pele: eritema malar, livedo reticular e lesões discoides.
9. Deve-se realizar história detalhada e exames físico e laboratorial para diagnóstico e tratamento precoce.
10. A presença do AAN não é necessária para o diagnóstico, porém sua ausência é rara.
11. A hipocomplementemia não faz isoladamente o diagnóstico. Níveis baixos ou ausência de complemento total sugerem a possibilidade de deficiência de complemento.
12. O diagnóstico necessita de 4 dos 11 critérios, de modo seriado ou simultâneo, estabelecidos pelo American College of Rheumatology (Tabela 1).

TABELA 1 CRITÉRIOS PARA DIAGNÓSTICO DO LÚPUS ERITEMATOSO SISTÊMICO

Eritema em "asa de borboleta"
Lúpus discoide
Fotossensibilidade
Ulceração em nasofaringe ou mucosa oral
Artrite não erosiva
Serosite (pleurite/pericardite)
Alteração no sedimento urinário: proteinúria 0,5 g/dia e/ou hematúria e/ou cilindrúria
Sintomas neurológicos: psicose e/ou convulsões
Alterações hematológicas: anemia hemolítica ou leucopenia (< 4.000/mm³) ou linfopenia (< 1.500/mm³) ou trombocitopenia (< 100.000/mm³)
Presença de AAN
Achados imunológicos: anti-DNA nativo ou antiantígeno Sm ou reação falso-positiva para sífilis, anticardiolipina

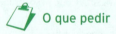
O que pedir

NA ROTINA

1. Hemograma: pode-se observar anemia normocrômica e normocítica de doença crônica e leucopenia e trombocitopenia.

2. Velocidade de hemossedimentação (VHS): útil para separar a febre originária do lúpus da resultante de infecção associada.
3. Coagulograma: avaliar alterações na coagulação pela presença de autoanticorpos.
4. Urina tipo I: avaliação do sedimento urinário – a extensão do envolvimento renal pode ser desproporcional aos achados do sedimento urinário.
5. Ureia/creatinina: avaliação da função renal.

NOS CASOS ESPECIAIS

1. Proteinúria de 24 horas: avaliar proteinúria em caso de nefrite lúpica.
2. Anti-DNA dupla-hélice: mais específico para lúpus, refletindo o grau de atividade da doença, e está associado à nefrite.
3. Anticorpo anti-Smith (anti-Sm): específico para lúpus, não medindo a atividade da doença.
4. Anticardiolipina: com incidência de 50% na doença, associada com aumento do risco de tromboses e VDRL falso-positivo.
5. AAN: ótimo exame para triagem, porém pouco específico, sendo associado também com outras doenças reumatológicas.
6. Teste sorológico para sífilis: um falso-positivo é encontrado em 10 a 30% dos pacientes com lúpus.
7. Complemento hemolítico total (CH50), C3 e C4: estão diminuídos na doença ativa, dada a deposição de imunocomplexos nos glomérulos, e são um modo de quantificar a atividade da doença.
8. Derivado de proteína purificada (PPD) e controle: realizar antes da terapia com corticosteroides.
9. Avaliação da acuidade visual, fundoscopia: se houver terapêutica com antimaláricos, realizar controle a cada 6 meses.
10. Biópsia renal: utilizada para confirmar o diagnóstico de nefrite lúpica e determinar o tratamento; seus achados têm relação com a morbidade e a mortalidade da doença. É indicada para todos os pacientes com manifestações clínicas e alterações laboratoriais de nefrite lúpica.

Como tratar

1. O tratamento depende da gravidade da doença e dos sistemas acometidos.
2. Orienta-se dieta hipossódica para controle da pressão arterial (PA). Pode-se associar diuréticos e inibidores da enzima conversora de angiotensina (ECA) e bloqueadores do canal de cálcio para o tratamento da hipertensão arterial.
3. Recomenda-se o uso de protetor solar com fator igual ou acima de 30 e proteção das extremidades contra o frio no caso do fenômeno de Raynaud.
4. Para o eritema facial leve, recomendam-se pomadas à base de corticosteroides, como a hidrocortisona a 1%.
5. Com o intuito de controlar a artrite, utiliza-se o naproxeno 15 a 20 mg/kg/dia, a cada 12 h. Deve-se ter atenção especial na prescrição de anti-inflamatórios, uma vez que os pacientes são mais suscetíveis à hepatotoxicidade.
6. Em caso de acometimento cardíaco ou articular, utilizam-se os antimaláricos, como a hidroxicloroquina 5 mg/kg/dia, em uma tomada diária, no máximo de 400 mg/dia.
7. A doença ativa requer inicialmente o tratamento com corticosteroides, na dose de 1 a 2 mg/kg/dia de prednisona ou prednisolona. Quando ocorre normalização do complemento, a dose pode ser diminuída até a menor dose efetiva. Deve-se atentar para os efeitos colaterais como hipertensão arterial, imunossupressão, osteopenia e osteoporose, e diminuição da velocidade de crescimento.
8. Indica-se a pulsoterapia na nefropatia lúpica, em alterações neurológicas, vasculites graves e alterações hematológicas, como anemia hemolítica, linfopenia e trombocitopenia. Utiliza-se a metilprednisolona 30 mg/kg/dia, durante 60 min, por 3 dias.
9. Os imunossupressores são indicados na presença de corticodependência, doença grave e efeitos colaterais aos anti-inflamatórios não hormonais (AINH) e aos corticosteroides. Utiliza-se azatioprina 1 a 2 mg/kg/dia, ou metotrexato (MTX) 0,4 mg/kg/semana. Associa-se ao MTX o uso de ácido fólico 1 mg/dia, para prevenir seus efeitos colaterais.

10. Para pacientes com comprometimento renal e do SNC, indica-se a ciclofosfamida em forma de pulsoterapia mensal, na dose de 0,5 até 1 g/m², com base no nível de glóbulos brancos. [Fórmula da superfície corpórea: (peso × 4) + 7 /(peso + 90) = resultado em m²]
11. Deve-se realizar reavaliação clínica e laboratorial frequente dos pacientes, especialmente para o acometimento renal e sorológico da patologia. O tratamento da exacerbação é fundamental para a sobrevida da doença.
12. A plasmaférese e as imunoglobulinas EV são utilizadas em casos refratários ao tratamento. Outras formas de tratamento abrangem imunoglobulina endovenosa, micofenolato mofetil, talidomida e anticorpos monoclonais (anti-CD20).
13. A terapia hormonal e o transplante autólogo e de células-tronco estão em processo de estudo com pacientes adultos.

125
Hipermobilidade articular

 O que é

Capacidade de realizar movimentos articulares com amplitude maior que o normal. É uma causa frequente de dor em membros na infância e no início da adolescência. Pode estar associada a patologias hereditárias do tecido conjuntivo, como a síndrome de Ehlers-Danlos ou a doença de Marfan, ou ser uma situação de normalidade, como uma condição benigna em pediatria. Tem prevalência de 10 a 20% na população, sendo mais frequente em pessoas da etnia negra.

 Quando suspeitar

1. Presença de dor em membros ou artralgia com evolução de pelo menos 3 meses associada a hipermobilidade.
2. Pode se associar a situações clínicas, como luxação congênita do quadril, escoliose idiopática, pronação de cotovelos e deslocamento de patela/ombro, ou se restringir a articulações como joelhos (*genu recurvatum*).

3. O diagnóstico se faz com a pesquisa de sinais associados a hipermobilidade, porém deve-se afastar outras etiologias de dores em membros pela anamnese e pelo exame físico. A presença de 4 de 9 pontos relacionados às manobras ilustradas nas Figuras 1 a 4, em que apenas uma delas é aferida unilateralmente, permite a caracterização de hipermobilidade generalizada segundo os critérios de Beighton (Tabela 1).
4. A síndrome da hipermobilidade articular benigna (SHAB) é caracterizada pelo somatório de lesões de tecidos moles, subluxações e deslocamentos recorrentes que se inicia na infância ou adolescência, persistindo na vida adulta com caráter benigno. Os critérios diagnósticos estão na Tabela 2 e levam em consideração pacientes com hipermobilidade de 1 ou poucas articulações.
5. A SHAB é idêntica à síndrome de Ehlers-Danlos tipo 3 (forma hiperimóvel) (Tabela 2).

TABELA 1 CRITÉRIOS DE BEIGHTON PARA HIPERMOBILIDADE ARTICULAR

1. Dorsiflexão passiva da 5ª articulação metacarpofalângica
2. Aposição passiva do polegar na face anterior do antebraço
3. Hiperextensão dos cotovelos $\geq 10°$
4. Hiperextensão dos joelhos $\geq 10°$
5. Colocação das palmas das mãos no chão, sem flexão dos joelhos

Manobras 1 a 4: 1 ponto para cada lado (esquerdo e direito)

Manobra 5: 1 ponto

Total possível: 9 pontos

Hipermobilidade articular generalizada: pontuação > 4

TABELA 2 CRITÉRIOS DIAGNÓSTICOS REVISADOS DE SHAB

Critérios maiores

Escore de Beighton ≥ 4

Artralgia por mais de 3 meses em pelo menos 4 articulações

Critérios menores

Escore de Beighton ≥ 3

Artralgia por mais de 3 meses em menos de 3 articulações

Dor nas costas ou espondilólise

(continua)

TABELA 2   CRITÉRIOS DIAGNÓSTICOS REVISADOS DE SHAB (continuação)

Deslocamento ou subluxação em ≥ 1 articulação ou em 1 articulação mais de uma vez

≥ 3 lesões reumáticas de partes moles

Habitus marfanoide

Anormalidades cutâneas, como estrias

Hiperextensibilidade ou pele fina

Alterações oculares, como pálpebras caídas e miopia

Varizes

Hérnias ou prolapsos retal/uterino

Diagnóstico de SHAB: 2 critérios maiores ou 1 critério maior e 2 menores ou 4 critérios menores. Excluir síndromes de Marfan e de Ehlers-Danlos (exceto tipo 3).

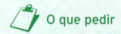

O que pedir

NA ROTINA

Pode-se realizar a quantificação angular das articulações por meio do goniômetro.

FIGURA 1   HIPEREXTENSÃO DOS COTOVELOS: ACIMA DE 10°.

FIGURA 2 DORSIFLEXÃO PASSIVA DO 5º QUIRODÁCTILO: ACIMA DE 90º.

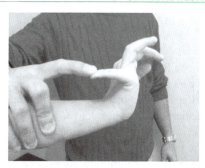

FIGURA 3 APOSIÇÃO PASSIVA DO POLEGAR NA FACE ANTERIOR DO ANTEBRAÇO.

FIGURA 4 HIPEREXTENSÃO DOS JOELHOS ACIMA DE 10º E COLOCAÇÃO DAS PALMAS DAS MÃOS NO CHÃO SEM FLEXÃO DOS JOELHOS.

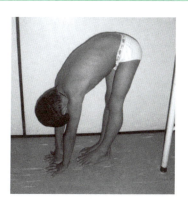

# Como tratar

1. Recomendam-se fisioterapia e terapia ocupacional para pacientes sintomáticos para fortalecimento dos músculos extensores dos antebraços, quadríceps e abdominais, de modo a diminuir a instabilidade articular e melhorar os sintomas álgicos.
2. Pode-se ainda associar a prática de natação e hidroginástica para o fortalecimento muscular.
3. Evitar atividades físicas de impacto, como ginástica olímpica, basquete e balé.
4. Na adolescência, ocorre melhora da instabilidade articular e dos sintomas álgicos, dado o aumento do tônus muscular.

126
Vasculites

 O que são

Caracterizam-se por inflamação e necrose dos vasos sanguíneos, podendo acometer vasos de grande ou pequeno calibre com oclusão arteriolar e capilar. São classificadas de acordo com a manifestação clínica, o tamanho do vaso acometido e a patogênese envolvida. Serão abordadas neste capítulo a púrpura de Henoch-Schönlein e a síndrome de Kawasaki.

 **Como tratar**

PÚRPURA DE HENOCH-SCHÖNLEIN

1. É uma vasculite de pequenos vasos.
2. Seu diagnóstico é feito por meio de 2 ou mais critérios em pacientes com púrpura palpável de acordo com o American College of Rheumatology (Tabela 1).
3. Causa mais comum de púrpura não trombocitopênica, ocorrendo em pré-escolares e escolares com idade média de 6 anos.

4. Inicia-se com eritema maculopapular de cor rósea que progride para petéquia e púrpura. Ocorre evolução do vermelho para o purpúrico e, posteriormente, para a coloração ferrugem, antes de desaparecer.
5. A localização preferencial é em membros inferiores e nádegas.
6. As lesões ocorrem em surtos com duração de 3 a 10 dias e podem aparecer em intervalos de dias a meses.
7. A artrite ou a artralgia ocorrem em mais de 2/3 das crianças com púrpura e localizam-se geralmente nos joelhos e tornozelos.
8. Pode ocorrer comprometimento gastrintestinal caracterizado por dor abdominal, náuseas, vômitos, hematêmese ou melena.
9. A intussuscepção deve ser suspeitada caso a palpação do quadrante inferior direito seja vazio e haja fezes em "geleia de groselha".
10. Pode ocorrer envolvimento renal com hematúria microscópica e proteinúria transitória.
11. O envolvimento do sistema nervoso central (SNC) é raro, com manifestações clínicas como cefaleia, apatia e hiperatividade.

TABELA 1   CRITÉRIOS PARA DIAGNÓSTICO DE PÚRPURA DE HENOCH-SCHÖNLEIN

Critérios	Definições
Púrpura palpável	Púrpuras elevadas, não relacionadas à plaquetopenia
Idade de início inferior a 20 anos	Idade de início dos sintomas inferior a 20 anos
Angina abdominal	Dor abdominal difusa que se intensifica às refeições ou sangramento intestinal
Alterações na biópsia cutânea	Histologia evidenciando granulócitos em paredes de arteríolas ou vênulas

SÍNDROME DE KAWASAKI

1. É uma arterite necrotizante que acomete artérias de pequeno e médio calibres.
2. Tem etiologia desconhecida.
3. Mais prevalente em crianças de origem asiática menores de 5 anos, do sexo masculino.
4. A suspeita deve ocorrer em pacientes com exantema, febre por mais de 5 dias e irritabilidade mantida.
5. Pode ocorrer linfadenopatia, geralmente menos frequente e unilateral.

6. O exantema é polimórfico, podendo apresentar-se como maculopapular, urticariforme ou eritema polimórfico.
7. O diagnóstico é clínico, sem necessidade da solicitação de exames complementares.
8. É necessária a presença de febre por mais de 5 dias associada a 4 de 6 critérios propostos (Tabela 2).

TABELA 2 CRITÉRIOS PARA DIAGNÓSTICO DE SÍNDROME DE KAWASAKI

Febre por mais de 5 dias
Hiperemia conjuntival bilateral
Alterações de mucosa: eritema labial e/ou fissura labial e/ou eritema difuso em orofaringe e/ou língua "em framboesa"
Alterações de extremidades: edema endurado de mãos e pés e/ou eritema palmoplantar e/ou descamação periungueal
Exantema polimorfo
Adenomegalia cervical com diâmetro superior a 1,5 cm

O que pedir

PÚRPURA DE HENOCH-SCHÖNLEIN

1. Na rotina:
   - hemograma (HMG): pode demonstrar leucocitose, trombocitose ou anemia em razão de sangramentos gastrintestinais;
   - a velocidade de hemossedimentação (VHS) pode estar aumentada;
   - anticorpo anticardiolipina e antifosfolípide: pode estar presente e favorecer a coagulopatia intravascular;
   - urina tipo I: pesquisa de alterações de sedimento como leucocitúria, proteinúria ou cilindrúria.
2. Nos casos especiais:
   - ureia/creatinina (avaliar a função renal);
   - proteinúria de 24 horas;
   - ultrassonografia (US) de abdome se houver invaginação intestinal;
   - biópsia de lesão cutânea: confirma o diagnóstico demonstrando angiite leucocitoclástica.

SÍNDROME DE KAWASAKI

1. Na rotina:
   - HMG: pode demonstrar anemia aguda, leucocitose acima de 15.000 e plaquetose (plaquetas entre 40.000 e 300.000, a partir da 2ª semana da doença);
   - transaminases e níveis de bilirrubinas podem estar alterados;
   - VHS e proteína C reativa: elevação das proteínas de fase aguda;
   - urina tipo I: pode demonstrar leucocitúria inespecífica;
   - líquido cefalorraquidiano (LCR): aumento da celularidade com padrão linfomonocitário (meningite asséptica).
2. Nos casos especiais:
   - ecocardiografia com Doppler: teste de escolha para pesquisa de aneurisma coronariano. Realizar no 7º dia de febre. Repetir na 2ª semana da fase aguda e no 1º e 6º mês de evolução;
   - angiografia: avalia a morfologia dos vasos afetados e os aneurismas.

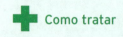
Como tratar

PÚRPURA DE HENOCH-SCHÖNLEIN

1. O tratamento é de suporte, devendo-se afastar agentes desencadeantes, como vacinas, medicamentos e alimentos.
2. Para casos leves e moderados com manifestações cutâneas e articulares, recomendam-se dieta leve, hidratação adequada e analgésicos como naproxeno 15 a 20 mg/kg/dia, ou ibuprofeno 40 a 60 mg/kg/dia.
3. Para complicações gastrintestinais potencialmente fatais (hemorragia, obstrução e intussuscepção), recomenda-se o uso de prednisona ou prednisolona 1 a 2 mg/kg/dia, por 7 dias, seguido de redução gradual em 15 a 21 dias. Pode-se associar ainda ranitidina 1 a 2 mg/kg/dia, a cada 12 h, em casos de dor abdominal.
4. Se houver envolvimento renal com nefrite leve (hematúria e proteinúria < 500 mg/dia), não se indica tratamento. Utilizam-se corticosteroides em casos graves, como glomerulonefrites crescentes classes III, IV e V.
5. A plasmaférese e/ou gamaglobulina endovenosa associada a corticosteroides e imunossupressores é indicada nos casos de nefrite ra-

pidamente progressiva e vasculite cerebral associada a púrpura de Henoch-Schönlein.
6. Os corticosteroides têm sido utilizados em casos de comprometimento do SNC e hemorragia pulmonar.
7. Para os casos com dor abdominal crônica e nefrite sem resposta à corticoterapia, pode-se utilizar gamaglobulina (2 g/kg/mês, dose única) por 4 meses.

SÍNDROME DE KAWASAKI

1. Para sua terapêutica, recomenda-se o uso de gamaglobulina venosa 2 g/kg, em infusão contínua por 10 h, e ácido acetilsalicílico (AAS) em dose anti-inflamatória, 80 a 100 mg/kg/dia, fracionados em 4 tomadas (máximo de 500 mg a cada 6 h).
2. Utiliza-se a dose anti-inflamatória até o momento em que o paciente estiver afebril (geralmente 24 a 72 h da administração da gamaglobulina). Em seguida, reduz-se a dose para 3 a 5 mg/kg/dia, dose antiagregante plaquetária, com manutenção em torno de 6 a 8 semanas de seguimento, até que se demonstre ausência de alterações coronarianas. Se estas estiverem presentes, a dose deve ser mantida.
3. Considera-se falha terapêutica a recorrência da febre ou manutenção após 36 h do término de infusão de gamaglobulina. Pode-se repetir a infusão 1 a 2 vezes de gamaglobulina; em casos persistentemente refratários, indica-se a pulsoterapia com metilprednisolona 30 mg/kg/dia, EV, por 3 dias, administrada durante 2 h.
4. Para pacientes com alterações coronarianas, deve-se prevenir a trombose com ácido acetilsalicílico 3 a 5 mg/kg/dia, dose única diária, associado ou não ao dipiridamol 2 a 6 mg/kg/dia, a cada 8 h, ou clopidogrel 1 mg/kg/dia, dose única. Utiliza-se também terapia anticoagulante com dicumarínico 0,05 a 0,34 mg/kg/dia, 1 vez/dia, mantendo a razão normatizada internacional (RNI) entre 2 e 2,5; ou a heparina de baixo peso molecular 1 a 1,5 mg/kg/dia, SC, a cada 12 h.
5. A utilização de imunossupressores e agentes biológicos, como o antifator de necrose tumoral alfa (anti-TNF-alfa), limita-se a casos da resposta insatisfatória a imunoglobulina IV (IGIV).
6. Realizar dose de manutenção do ácido acetilsalicílico de 3 a 5 mg/kg/dia enquanto existirem alterações ecocardiográficas.

127
Osteoporose na infância

 O que é

Segundo a Organização Mundial da Saúde (OMS), a osteoporose é uma doença óssea metabólica sistêmica com diminuição da massa óssea, deterioração de sua microarquitetura e aumento da fragilidade óssea.

Em Pediatria, pode apresentar-se em sua forma primária, denominada osteoporose idiopática juvenil, ou na forma secundária, como em patologias endócrinas, induzida por fármaco e nos erros inatos do metabolismo, como a doença de Gaucher.

 Como suspeitar

OSTEOPOROSE IDIOPÁTICA JUVENIL

1. Aparece entre 8 e 14 anos de idade para ambos os sexos.
2. Início lento e insidioso.
3. Evolução para fraturas metafisárias de ossos longos e achatamento vertebral.

4. Pode cursar com deformidades ou achatamento funcional.
5. Remissão espontânea completa durante a puberdade.
6. Dor em região lombar em membros inferiores.
7. Múltiplas fraturas em metáfises e vértebras, excluindo-se outras etiologias da osteoporose.
8. Claudicação.
9. Estudo radiológico demonstrando osteopenia.

Nos casos leves, ocorre a presença de:

- lombalgia;
- mialgia;
- fraqueza muscular;
- dor em pelve, joelhos, tornozelos e pés.

Nos casos graves, as manifestações clínicas são:

- claudicação;
- restrição de movimento;
- deformidades;
- redução de estatura secundária a fraturas vertebrais.

OSTEOPOROSE SECUNDÁRIA

1. Os sinais e sintomas clínicos predominantes são resultados da patologia de base, como a artrite reumatoide juvenil (ARJ).
2. Pacientes geralmente assintomáticos.
3. Diagnóstico baseado em achados radiográficos e na absortometria por raios X (DXA).

O que pedir

EXAMES GERAIS

1. Hemograma.
2. Velocidade de hemossedimentação (VHS).
3. Desidrogenase lática (DHL).

4. Cálcio/fósforo séricos e fosfatase alcalina: os marcadores bioquímicos são utilizados para acompanhar a resposta imediata ao tratamento ou à sua suspensão, pela comparação de valores anteriores e atuais.
5. Calciúria e fosfatúria de 24 horas.
6. Radiografia de mãos e punhos para idade óssea. As radiografias são pouco sensíveis, sendo necessária 30 a 40% de perda óssea para se tornar evidente.
7. Hormônio estimulante da tireoide (TSH) e tiroxina (T4) livre e IGF-I: indicados para pacientes de baixa estatura e atraso na idade óssea.

EXAMES ESPECÍFICOS

1. DXA: é o padrão-ouro para acompanhamento de patologias osteometabólicas e osteopenia e avaliação da resposta terapêutica.
2. Ultrassonografia US quantitativa (QUS): utilizada para avaliar a densidade mineral óssea em calcâneo e falanges e como método de triagem. Tem baixo custo e é de fácil realização.
3. Tomografia computadorizada TC quantitativa (QTC): avalia separadamente o osso trabecular e o cortical, e a densidade volumétrica real (g/cm^3).

Como tratar

1. Orientação dietética:
    - dieta rica em alimentos com alto teor de cálcio e pobre em fosfatos e proteínas encontrados em carnes vermelhas, cereais e refrigerantes;
    - leite e seus derivados têm a maior proporção de cálcio biodisponível, sendo encontrados também em outras fontes, como sardinha em lata, espinafre, brócolis e peixe assado;
    - recomenda-se restrição na ingestão de sódio, dado que sua ingestão em grandes quantidades aumenta a excreção renal de cálcio;
    - as ingestões diárias recomendadas de cálcio estão descritas na Tabela 1.

2. Em pacientes com osteopenia ou uso crônico de corticosteroides e que não atingem a ingestão dietética de referência (DRI), recomenda-se suplementação de:
   - cálcio 500 a 1.000 mg/dia, VO, associado à vitamina D 400 a 800 UI;
   - formas ativas de vitamina D (calcitriol ou alfacalcitriol), na dose de 0,5 a 1 mcg/dia, indicadas em alterações hepáticas e renais.
3. Orientar adolescentes sobre os efeitos deletérios de café, álcool e tabaco sobre a densidade mineral óssea.
4. Estimular a exposição solar sempre que possível e a atividade física regular (3 a 4 vezes/semana, por 30 min), uma vez que esta estimula a atividade osteoblástica.
5. Os bifosfonados são uma possibilidade terapêutica para os pacientes com osteoporose definida, fraturas e deformidades, pois atuam inibindo a atividade osteoclástica e a reabsorção óssea. O alendronato é utilizado nas doses de 5 mg (peso < 10 kg) e 10 mg (peso > 10 kg).

TABELA 1 INGESTÃO DIÁRIA RECOMENDADA DE CÁLCIO

Idade	Quantidade
1 a 3 anos	700 mg/dia
4 a 8 anos	1.000 mg/dia
9 a 18 anos	1.300 mg/dia

Fonte: Abrams, 2011.[5]

6. Realizar o seguimento dos pacientes com osteoporose idiopática juvenil e osteoporose secundária no suporte nutricional, controle da dor e prevenção de deformidades.
7. O prognóstico da osteoporose idiopática juvenil é promissor, com remissão da patologia após a puberdade.
8. A densitometria deve ser realizada no momento do diagnóstico e repetida a cada 1 a 2 anos. Em pacientes em corticoterapia, repetir o exame em 6 meses.

128
Fibromialgia juvenil

 O que é

Caracteriza-se por dor musculoesquelética difusa e crônica de etiologia não inflamatória. É causa importante de incapacidade física em crianças e adolescentes, justificando intervenção terapêutica precoce e focada em resultados.

 **Como suspeitar**

1. Presença de pontos dolorosos em locais anatômicos específicos.
2. Fadiga.
3. Parestesias.
4. Sensação subjetiva de edema.
5. Distúrbios cognitivos.
6. O diagnóstico é clínico, baseado na anamnese e no exame físico.

FIGURA 1   PONTOS DOLOROSOS DA FIBROMIALGIA.

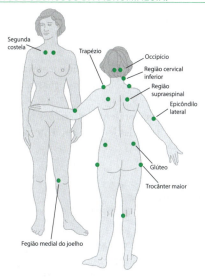

TABELA 1   CRITÉRIOS DO COLÉGIO AMERICANO DE REUMATOLOGIA PARA O DIAGNÓSTICO DE FIBROMIALGIA

1. História de dor difusa	Ocorre dos lados direito e esquerdo do corpo, acima e abaixo da cintura. Deve estar presente também dor no esqueleto axial
2. Dor em 11 de 18 pontos à palpação axial	Occipital, bilateral e na inserção do músculo suboccipital Paravertebral cervical, entre os processos C5 e C7 Borda superior do trapézio (ponto médio) Segunda junção costocondral (na superfície das costelas) Epicôndilos laterais dos cotovelos (2 cm distalmente dos epicôndilos) Glúteos médios (no quadrante superior externo) Trocânteres maiores dos fêmures (posteriormente às proeminências) Interlinhas médias dos joelhos (no coxim gorduroso medial)

Realizar a palpação com a força de aproximadamente 4 kg. Para o ponto ser considerado "positivo", o paciente deve referir que a palpação foi dolorosa.
Para propósitos de classificação, são necessários 2 critérios. A dor difusa deve existir por pelo menos 3 meses. A presença de outra doença não exclui o diagnóstico de fibromialgia.

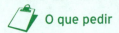 **O que pedir**

O diagnóstico de fibromialgia é exclusivamente clínico, e os eventuais exames subsidiários podem ser solicitados apenas para diagnóstico diferencial.

A polissonografia pode apresentar alterações típicas, como redução da quantidade de sono de ondas lentas e aumento dos despertares.

 **Como tratar**

O tratamento ideal da fibromialgia requer uma abordagem multidisciplinar, com a combinação do tratamento farmacológico e não farmacológico para controle da dor e melhora da qualidade de vida.

TRATAMENTO NÃO MEDICAMENTOSO

1. Estímulo a exercício físico aeróbico de baixo impacto, como natação e hidroginástica, de 30 a 60 min diários.
2. A terapia cognitivo-comportamental é benéfica para alguns pacientes. O suporte psicoterápico pode ser utilizado dependendo das necessidades de cada paciente.
3. A reabilitação, a fisioterapia e o relaxamento podem ser empregados como terapia adjuvante.
4. Não há evidências científicas de que infiltrações em pontos dolorosos da fibromialgia sejam eficazes.

TRATAMENTO MEDICAMENTOSO

Analgésicos simples e opiáceos leves, como o tramadol, podem ser recomendados no controle da dor e nas fases de exacerbação da doença:

- posologia: 1 a 2 mg/kg/dose, a cada 4 a 6 horas; máximo de 400 mg/dia;

- adolescentes e adultos: 50 a 100 mg, a cada 4 a 6 h; máximo de 400 mg/dia.

Os anti-inflamatórios não hormonais (AINH) não devem ser utilizados como medicamentos de primeira linha. Não se recomenda a utilização de corticoidoterapia.

Entre os compostos tricíclicos, a amitriptilina e a ciclobenzaprina reduzem a dor e melhoram a capacidade residual funcional. Não existem estudos controlados sobre a utilização desses medicamentos na faixa etária pediátrica.

- Posologia: amitriptilina 0,5 mg/kg/dia; ciclobenzapina 5 a 10 mg/dia.

Entre os neuromoduladores, a gabapentina e a pregabalina são eficazes na redução da dor.

Bibliografia

REFERÊNCIAS BIBLIOGRÁFICAS

1. Cassidy JT, Levison JE, Bass JC, Baum J, Brewer Jr. EJ, Fink CW. A study of classification criteria for a diagnosis of juvenile rheumatoid arthritis. Arthritis Rheum 1986; 29:174.
2. Cassidy JT, Petty RE. Juvenile rheumatoid arthritis. In: Cassidy JT, Petty RE (eds.). Textbook of pediatric rheumatology. 3.ed. Philadelphia: WB Saunders, 1995.
3. Uzie Y, Miller ML, Laxer RM. Scleroderma in children. Pediatr Clin North Am 1995; 42:1171.
4. American Rheumatism Association – Subcommittee for Scleroderma Criteria. Diagnostic and therapeutic criteria committee: preliminary criteria for the classification of systemic sclerosis (scleroderma). Arthritis Rheum 1980; 23:581.
5. Abrams AS. Dietary guidelines for calcium and vitamin D: a new era. Pediatrics 2011; 127(3):566-8.

BIBLIOGRAFIA

1. Arnold LM, Clauw DJ, McCarberg BH, FibroCollaborative. Improving the recognition and diagnosis of fibromyalgia. Mayo Clin Proc 2011; 86(5):457-64.
2. Behrman RE, Kliegman RM, Jenson HB. Nelson – Tratado de pediatria. 17.ed. Rio de Janeiro: Elsevier, 2005.
3. Breda L, Marzetti V, Gaspari S, Del Torto M, Chiarelli F, Altobelli E. Population-based study of incidence and clinical characteristics of rheumatic fever in Abruzzo, central Italy, 2000-2009. J Pediatr 2012; 160(5):832-6.
4. Çakan M, Gemici H, Aktay-Ayaz N, Keskindemirci G, Bornaun H, İkizoğlu T et al. Kawasaki disease shock syndrome: a rare and severe complication of Kawasaki disease. Turk J Pediatr 2016; 58(4):415-8.

5. Clauw DJ, Arnold LM, McCarberg BH, FibroCollaborative. The science of fibromyalgia. Mayo Clin Proc 2011; 86(9):907-11.
6. Consenso Brasileiro do Tratamento de Fibromialgia. Rev Bras Reumatol 2010; 50(1)56-66.
7. Diniz EMA, Okay Y, Tobaldini R, Vaz FAC. Manual do residente de pediatria. Departamento de Pediatria da Faculdade de Medicina – Universidade de São Paulo. 2.ed. São Paulo: Atheneu, 2004.
8. Eriksson JG, Kajantie E, Phillips DI, Osmond C, Thornburg KL, Barker DJ. The developmental origins of chronic rheumatic heart disease. Am J Hum Biol 2013; 25(5):655-8.
9. Feng D, Huang WY, Hao S, Niu XL, Wang P, Wu Y et al. A single-center analysis of Henoch-Schonlein purpura nephritis with nephrotic proteinuria in children. Pediatr Rheumatol Online J 2017; 15(1):15.
10. Fitzcharles MA, Faregh N, Ste-Marie PA, Shir Y. Opioid use in fibromyalgia is associated with negative health related measures in a prospective cohort study. Pain Res Treat 2013; 2013:898493.
11. Häuser W, Klose P, Langhorst J, Moradi B, Steinbach M, Schiltenwolf M et al. Efficacy of different types of aerobic exercise in fibromyalgia syndrome: a systematic review and meta-analysis of randomised controlled trials. Arthritis Res Ther 2010; 12(3):R79.
12. Hilário MOE, Barbosa CMPL. Febre reumática. In: Campos Junior D, Burns DAR, Lopes FA. Tratado de pediatria da Sociedade Brasileira de Pediatria. 3.ed. Barueri: Manole, 2014. p.2583-91.
13. Lopez FA, Campos Junior D. Tratado de pediatria da Sociedade Brasileira de Pediatria. 2.ed. Barueri: Manole, 2010. p.2251-5.
14. Joseph N, Madi D, Kumar GS, Nelliyanil M, Saralaya V, Rai S. Clinical spectrum of rheumatic fever and rheumatic heart disease: a 10 year experience in an urban area of South India. N Am J Med Sci 2013; 5(11):647-52.
15. Klein GL, University of Kentucky, College of Medicine, Kentucky Pediatric Research Institute. Osteoporosis. Medscape's Continually Updated Clinical Reference, 2010.
16. Kliegman RM, Behrman RE, Jenson HB, Stanton BMD. Nelson – Textbook of pediatrics. 18.ed. Philadelphia: Saunders, 2007. p.1555-7; 1680-90.
17. Len CA, Terreri MTRA. Síndromes de amplificação da dor musculoesquelética (SAD). In: Campos Junior D, Burns DAR, Lopes FA. Tratado de pediatria da Sociedade Brasileira de Pediatria. 3.ed. Barueri: Manole, 2014. p.2695-9.
18. Marino LHC, Lamari N, Marino Jr. NW. Hipermobilidade articular nos joelhos da criança. Arq Cienc Saúde 2004; 11(2):124-7.
19. Marrani E, Giani T, Simonini G, Cimaz R. Pediatric osteoporosis: diagnosis and treatment considerations. Drugs 2017; 77(6):679-95.
20. Mauro A, Rigante D, Cimaz R. Investigational drugs for treatment of juvenile idiopathic arthritis. Expert Opin Investig Drugs 2017; 26(4):381-7.
21. Mucumbitsi J, Bulwer B, Mutesa L, Ndahindwa V, Semakula M, Rusingiza E et al. Prevalence of rheumatic valvular heart disease in Rwandan school children: echocardiographic evaluation using the World Heart Federation criteria. Cardiovasc J Afr 2017; 28:1-8.
22. Parks T, Smeesters PR, Steer AC. Streptococcal skin infection and rheumatic heart disease. Curr Opin Infect Dis 2012; 25(2):145-53.
23. Petrarca L, Nenna R, Versacci P, Frassanito A, Cangiano G, Nicolai A et al. Difficult diagnosis of atypical kawasaki disease in an infant younger than six months: a case report. Ital J Pediatr 2017; 43(1):30.
24. Seckeler MD, Hoke TR. The worldwide epidemiology of acute rheumatic fever and rheumatic heart disease. Clin Epidemiol 2011; 3:67-84.
25. Shulman ST. Rheumatic heart disease in developing countries. N Engl J Med 2007; 357(20):2089.

26. Skare TL. Reumatologia – Princípios e prática. Rio de Janeiro: Guanabara Koogan, 1999.
27. Sztajnbok FR, Serra CRB, Rodrigues MCF, Mendoza E. Doenças reumáticas na adolescência. J Pediatr 2001; 77(2):S234-44.
28. Taketomo CK, Hodding JH, Kraus DM. Pediatric dosage handbook. 17.ed. Lexi-Comp, 2010.
29. Valões CC, Novak GV, Brunelli JB, Kozu KT, Toma RK, Silva CA. Esophageal abnormalities in juvenile localized scleroderma: is it associated with other extracutaneous manifestations? Rev Bras Reumatol 2016; pii: S0482-5004(16)30071-7.
30. Wilson W, Taubert KA, Gewitz M, Lockhart PB, Baddour LM, Levison M et al. Prevention of infective endocarditis: a guideline from the American Heart Association Rheumatic Fever, Endocarditis and Kawasaki Disease Committee, Council on Cardiovascular Disease in the Young, and the Council on Clinical Cardiology, Council on Cardiovascular Surgery and Anesthesia, and the Quality of Care and Outcomes Research Interdisciplinary Working Group. J Am Dent Assoc 2008; 139 Suppl:3S-24S.
31. Wolfe F, Clauw DJ, Fitzcharles MA, Goldenberg DL, Katz RS, Mease P et al. The American College of Rheumatology preliminary diagnostic criteria for fibromyalgia and measurement of symptom severity. Arthritis Care Res (Hoboken). 2010; 62(5):600-10.

PARTE 15
Neurologia

129 Acidente vascular cerebral na infância
130 Ataxias
131 Transtornos de déficit de atenção/hiperatividade
132 Paralisia cerebral
133 Neuropatias agudas
134 Cefaleias
135 Convulsão febril
136 Convulsão e estado de mal epiléptico
137 Epilepsia na infância

129
Acidente vascular cerebral na infância

 O que é

Disfunção aguda do território vascular cerebral de início súbito e duração superior a 24 h, associada a mecanismo isquêmico ou hemorrágico, com pequena incidência na infância.

 **Como suspeitar**

O paciente apresenta alteração no exame neurológico. Deve-se também realizar anamnese detalhada para verificar se os seguintes sintomas ocorreram de forma progressiva:

- afasia;
- irritabilidade;
- alteração no nível de consciência;
- cefaleia;
- déficit motor focal.

As causas de acidente vascular cerebral (AVC) na infância são mostradas na Tabela 1.

TABELA 1 CAUSAS DE AVC EM CRIANÇAS

I. Doenças cardíacas

A. Congênitas

1. Estenose aórtica
2. Estenose mitral, prolapso mitral
3. Comunicações interventriculares
4. Ducto arterial patente
5. Cardiopatia congênita cianótica envolvendo *shunt* da direita para a esquerda

B. Adquiridas

1. Endocardite (bacteriana, lúpus eritematoso sistêmico)
2. Doença de Kawasaki
3. Miocardiopatia
4. Mixoma atrial
5. Arritmia
6. Embolia paradoxal através de forame oval patente
7. Febre reumática
8. Prótese de valva cardíaca

II. Anormalidades hematológicas

A. Hemoglobinopatias

1. Doenças de células falciformes (SS)
2. Doença falciforme (SC)

B. Policitemia

C. Leucemia/linfoma

D. Trombocitopenia

E. Trombocitose

F. Distúrbios da coagulação

1. Deficiência de proteína C
2. Deficiência de proteína S
3. Fator V de Leiden
4. Deficiência de antitrombina III
5. Anticoagulante lúpico
6. Uso de contraceptivos orais

(continua)

TABELA 1 CAUSAS DE AVC EM CRIANÇAS *(continuação)*

7. Gravidez e pós-parto
8. Coagulação intravascular disseminada
9. Hemoglobinúria noturna paroxística
10. Enteropatia inflamatória (trombose)

III. Distúrbios inflamatórios

A. Meningite
   1. Viral
   2. Bacteriana
   3. Tuberculosa

B. Infecção sistêmica
   1. Viremia
   2. Bacteriana
   3. Infecções locais de cabeça e pescoço

C. Inflamação induzida por medicamentos
   1. Anfetamina
   2. Cocaína

E. Doenças autoimunes
   1. Lúpus eritematoso sistêmico
   2. Artrite reumatoide juvenil
   3. Arterite de Takayasu
   4. Doença mista do tecido conjuntivo
   5. Poliarterite nodosa
   6. Vasculite primária do SNC
   7. Sarcoidose
   8. Síndrome de Behçet
   9. Granulomatose de Wegener

IV. Doença metabólica associada ao AVC

A. Homocistinúria
B. Pseudoxantoma elástico
C. Doença de Fabry
D. Deficiência de sulfito-oxidase
E. Distúrbios mitocondriais
   1. MELAS
   2. Síndrome de Leigh

(continua)

TABELA 1   CAUSAS DE AVC EM CRIANÇAS *(continuação)*

F. Deficiência de ornitina transcarbamilase

V. **Processos vasculares intracerebrais**

  A. Aneurisma roto

  B. Malformação arteriovenosa

  C. Displasia fibromuscular

  D. Doença de Moyamoya

  E. Enxaqueca

  F. Vasoespasmo pós-hemorragia subaracnóidea

  G. Telangiectasia hemorrágica hereditária

  H. Síndrome de Sturge-Weber

  I. Dissecção da artéria carótida

  J. Pós-varicela

VI. **Trauma e outras causas externas**

  A. Maus-tratos à criança

  B. Traumatismo craniano/trauma cervical

  C. Trauma oral

  D. Embolia placentária

  E. Terapia com Omec

Omec: oxigenação por membrana extracorpórea; MELAS: encefalomiopatia mitocondrial, acidose lática e AVC.

Fonte: adaptada de Riukin, 1996.[3]

1. Trombose e embolia arterial da carótida interna: usualmente decorrem de trauma contuso na parte posterior da faringe por lápis ou vareta colocada na boca da criança. O início dos sintomas pode levar 24 h, com hemiplegia flácida oscilante e letargia, se envolvido o hemisfério dominante. Podem ocorrer crises epilépticas.
2. Doença falciforme: causa comum de AVC em crianças negras associada à estenose de grandes vasos, à artéria cerebral média ou à carótida interna distal.
3. Distúrbios de coagulação: fator de risco para AVC em recém-nascidos (RN) e crianças, como deficiência de proteína C, proteína S e antitrombina III, e mutações no fator V de Leiden e protrombina, identificados em 50% das crianças com tromboembolismo cerebral.
4. Trombose venosa: as causas de trombose do seio venoso dividem-se em sépticas, como encefalite, meningite bacteriana e mastoidite, e assépticas, que se apresentam como desidratação grave nos primeiros

2 anos de vida. Os sintomas e sinais evoluem em poucos dias, como crises epilépticas e sinais neurológicos difusos. Podem ser encontrados dilatação de veias do couro cabeludo, fontanela anterior abaulada e sinais de hipertensão intracraniana.

5. Hemorragia intracraniana: pode ocorrer no espaço subaracnoide ou no parênquima cerebral. A hemorragia subaracnóidea apresenta sinais neurológicos focais e crises epilépticas. Ocorrem rigidez de nuca, perda progressiva de consciência e hemorragia intracerebral. Já a hemorragia craniana surge mais comumente em recém-nascido pré-termo de muito baixo peso, com quadro clínico de redução ou ausência do reflexo de Moro, sonolência, letargia e apneia.
6. Malformações arteriovenosas: decorrem de falhas no desenvolvimento do leito normal entre as artérias e veias durante a embriogênese. As crianças com malformação arteriovenosa têm história de cefaleia semelhante à enxaqueca. Pode-se auscultar sopro no crânio. A ruptura ocasiona cefaleia, vômitos, rigidez de nuca, hemiparesia progressiva e crise epiléptica focal ou generalizada.

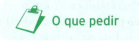

O que pedir

NA ROTINA

1. Hemograma e velocidade de hemossedimentação (VHS) para pesquisa infecciosa.
2. Coagulograma: pesquisas de distúrbios da coagulação.
3. Eletroforese de hemoglobinas: para pesquisa de hemoglobinopatias como doença falciforme (SC).
4. Ultrassonografia (US) de crânio em lactentes com a fontanela bregmática aberta.
5. Doppler de carótida e transcraniano: úteis na investigação etiológica e avaliação de fluxo sanguíneo.

NOS CASOS ESPECIAIS

1. Angiografia cerebral ou angiorressonância: podem demonstrar oclusão de artéria, como da carótida interna.

2. Tomografia computadorizada (TC) e ressonância magnética (RM) de crânio: podem mostrar região hipodensa delimitando a área do infarto.
3. Cintilografia de perfusão cerebral (*Spect*): tem alta sensibilidade para detectar a perfusão cerebral e complementa a TC e a RM.
4. Pesquisa de erros inatos e síndrome genética para determinar a etiologia.

Como tratar

1. Na fase aguda, objetivam-se limitar a extensão da lesão, prevenir as complicações e minimizar o déficit funcional.
2. Assegurar para o paciente, como cuidados iniciais, as vias aéreas, a circulação e a perfusão. Realizar exame neurológico e avaliar o grau de disfunção.
3. Terapia específica inclui heparina de baixo peso molecular para trombose de seio venoso e prevenção da embolia cardíaca recorrente.
4. O tratamento trombolítico (ativador do plasminogênio tecidual) é indicado para adultos, mas ainda não estudado em crianças.
5. As contraindicações para uso de antitrombótico incluem hemorragia cerebral e hipertensão.
6. Para a doença falciforme, transfusões regulares reduzem a incidência de AVC.
7. Outro exemplo de terapia específica é a imunossupressão para vasculites ou remoção cirúrgica de um coágulo sanguíneo.
8. Em geral, é necessária reabilitação após o AVC, preferencialmente em ambiente multidisciplinar, com fonoaudiologia, terapia ocupacional, fisioterapia motora e apoio psicológico.

130
Ataxias

O que são

Correspondem à incapacidade de fazer movimentos homogêneos com precisão e coordenados, em geral por conta de um distúrbio do cerebelo ou de vias sensitivas posteriores da coluna vertebral. As ataxias podem ser generalizadas ou afetar primariamente a marcha, as mãos e os membros superiores.

Como suspeitar

1. Ataxias sensitivas: comprometimento dos nervos periféricos levando a alterações da propriocepção. Detecta-se esse comprometimento pelo sinal de Romberg (o teste baseia-se na tendência para queda do paciente com olhos fechados e pés juntos).
2. Ataxias cerebelares: são acompanhadas de sinais de comprometimento cerebelar, como dismetria, disdiadococinesia, decomposição dos movimentos e hipotonia muscular.
3. Síndrome de opsoclônus-mioclônus (síndrome de Kinsbourne): afeta crianças com cerca de 2 anos de idade, tem início abrupto e é

caracterizada pela tríade ataxia cerebelar do tronco e da marcha, movimentos oculares anárquicos (opsoclônus) e abalos musculares erráticos (mioclonias), acompanhados de irritabilidade. Cerca de 50% dos casos estão associados a neuroblastoma usualmente torácico.

4. Anomalias congênitas da fossa posterior: síndrome de Dandy-Walker, malformação de Chiari e encefalocele. As patologias anteriores associam-se à ataxia por destruição ou substituição do cerebelo.
5. Agenesia de *vermis cerebelar*: apresenta-se nos 2 primeiros anos de vida com hipotonia generalizada e diminuição dos reflexos profundos.
6. Causas infecciosas de ataxia: incluem o abscesso cerebelar, labirintite e ataxia cerebelar aguda. A cerebelite aguda infecciosa ocorre em crianças na faixa etária de 1 a 3 anos de idade, 2 a 3 semanas após uma doença viral, como varicela, coxsackievírus ou echovírus, e deve apresentar uma resposta autoimune ao agente viral que afeta o cerebelo. É acompanhada de distúrbios da motricidade ocular. Frequentemente, a criança apresenta náuseas, vômitos e irritabilidade.
7. Causas tóxicas de ataxia: incluem álcool, tálio e medicações antiepilépticas, como a fenitoína, quando os níveis alcançam 30 mcg/mL.
8. Tumores cerebrais: os do cerebelo e do lobo frontal (destruição das fibras conectadas ao cerebelo), como o neuroblastoma, podem se manifestar como ataxia.
9. Distúrbios metabólicos: a abetalipoproteinemia inicia-se na infância com esteatorreia e atraso do crescimento. O esfregaço de sangue pode demonstrar acantocitose e diminuição dos níveis de colesterol e triglicerídios e betalipoproteínas ausentes. Na adolescência, os sinais neurológicos tornam-se evidentes, como fraqueza muscular e retardo mental.
10. Doenças degenerativas do sistema nervoso central (SNC): ataxia-telangiectasia – patologia autossômica recessiva que se manifesta como ataxia, inicia-se em torno de 2 anos de idade, evoluindo até a perda da deambulação na adolescência. É frequente o nistagmo horizontal.

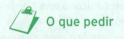

O que pedir

Os exames devem ser guiados conforme a etiologia da ataxia.

NA ROTINA

1. Gasometria venosa.
2. Hemograma.
3. Função hepática e renal.
4. Exame toxicológico.
5. Dosagem de lactato.
6. Pesquisa viral de agentes como poliovírus, echovírus, coxsackie B, varicela, sarampo, caxumba e herpes simples no caso da cerebelite aguda pós-infecciosa.
7. Líquido cefalorraquidiano (LCR): exame usualmente normal no início da ataxia por cerebelite aguda pós-infecciosa. Depois, pode ocorrer pleocitose, pelo predomínio linfocitário.

NOS CASOS ESPECIAIS

1. Eletroencefalografia (EEG): detecta anormalidades inespecíficas para etiologia metabólica ou exposição a substâncias tóxicas.
2. Pesquisa de erros inatos do metabolismo, se necessária, e dosagem de marcadores específicos, como o ácido vanilmandélico, que tem sua dosagem urinária aumentada na síndrome de Kinsbourne.
3. Tomografia computadorizada (TC) de crânio e ressonância magnética (RM) utilizadas para investigar anormalidades congênitas do cerebelo, *vermis* e das estruturas relacionadas e visualizar possíveis neoplasias. Pode visualizar também atrofia cerebelar e hipodensidade cerebelar em alguns casos de cerebelite aguda pós-infecciosa.

Como tratar

1. O tratamento deve ser feito conforme a etiologia da ataxia.
2. Na cerebelite pós-infecciosa e na ataxia tóxica, realizam-se medidas de suporte. Nesta última, deve-se retirar os agentes tóxicos.
3. Na síndrome de Kinsbourne, o tratamento preconizado é prednisona (1 a 2 mg/kg/dia) e a ressecção do neuroblastoma. Pode-se associar imunoglobulina hiperimune 400 mg/kg/dia, EV, para reduzir o tempo de corticoterapia.
4. A maioria dos casos tem boa evolução clínica com regressão dos sintomas em 6 a 8 semanas, e podem ocorrer sequelas de sinais cerebelares leves em 20 a 25% dos casos.

131
Transtorno do déficit de atenção e hiperatividade (TDAH)

O que são

O transtorno do déficit de atenção e hiperatividade (TDAH) é um transtorno do neurodesenvolvimento que cursa com a tríade sintomatológica clássica caracterizada por desatenção, hiperatividade e impulsividade que acarreta intenso prejuízo cognitivo, comportamental e emocional a seus portadores.

O Diagnostic and Statistical Manual of Mental Disorders – 4ª edição (DSM-IV) divide o TDAH em três tipos:

1. TDAH com predomínio de sintomas de desatenção: mais frequente no sexo feminino e cursa com maior prejuízo acadêmico com o tipo combinado.
2. TDAH com predomínio dos sintomas de hiperatividade/impulsividade: as crianças com esse tipo de TDAH usualmente são mais agressivas e impulsivas que os outros dois tipos e tendem a apresentar impopularidade e rejeição pelos colegas.
3. TDAH combinado: apresenta maior prejuízo de funcionamento global se comparado aos outros dois grupos.

Algumas modificações foram propostas para a quinta edição do DSM: mudança da idade de início de até 7 anos para até 12 anos; modificação dos três subtipos para três apresentações atuais; remoção do transtorno global do desenvolvimento dos critérios de exclusão.

Como suspeitar

O pediatra, por ser o profissional de saúde que acompanha o paciente a longo prazo, tem a possibilidade de identificar os sinais e sintomas que podem sugerir o TDAH, assim como a história clássica.

TABELA 1 SINTOMAS DE HIPERATIVIDADE CONFORME A FAIXA ETÁRIA

Lactente	Bebê "difícil", insaciável, irritado, de difícil consolo, maior prevalência de cólicas, dificuldades de alimentação e sono
Pré-escolar	Atividade aumentada ao usual, dificuldades de ajustamento, teimoso, irritado e extremamente difícil de satisfazer
Escolar/elementar	Incapacidade de colocar foco, distração, impulsivo, desempenho inconsciente, presença ou não de hiperatividade
Adolescência	Inquieto, desempenho inconsistente, sem conseguir colocar foco, dificuldades de memória na escola, abuso de substância, acidentes

TABELA 2 CRITÉRIOS DIAGNÓSTICOS DO TDAH, SEGUNDO O DSM-IV-TR

A. Ou (1) ou (2)

(1) 6 (ou mais) dos seguintes sintomas de desatenção persistiram por, pelo menos, 6 meses, em grau mal-adaptativo e inconsistente com o nível de desenvolvimento:

Desatenção

Frequentemente deixa de prestar atenção a detalhes ou comete erros por descuido em atividades escolares, de trabalho ou outras

Com frequência tem dificuldades para manter a atenção em tarefas ou atividades lúdicas

Com frequência parece não escutar quando lhe dirigem a palavra

Com frequência não segue instruções e não termina seus deveres escolares, tarefas domésticas ou deveres profissionais (não decorrente de comportamento de oposição ou incapacidade de compreender instruções)

Com frequência tem dificuldade para organizar tarefas e atividades

Com frequência evita, antipatiza ou reluta em se envolver em tarefas que exijam esforço mental constante (como tarefas escolares ou deveres de casa)

(continua)

TABELA 2 SINTOMAS DE DESANTENÇÃO E HIPERATIVIDADE/IMPULSIVIDADE PARA O DIAGNÓSTICO DE TDAH *(continuação)*

Com frequência perde coisas necessárias para tarefas ou atividades (p. ex., brinquedos, tarefas escolares, lápis, livros ou outros materiais)
É facilmente distraído por estímulos alheios às tarefas
Com frequência apresenta esquecimento em atividades diárias
(2) 6 (ou mais) dos seguintes sintomas de hiperatividade persistiram por, pelo menos, 6 meses, em grau mal-adaptativo e inconsistente com o nível de desenvolvimento:
Hiperatividade
Frequentemente agita as mãos, os pés ou se remexe na cadeira
Frequentemente abandona sua cadeira em sala de aula ou outras situações nas quais se espera que permaneça sentado
Frequentemente corre ou escala em demasia, em situações em que isso é inapropriado (em adolescentes e adultos, pode estar limitado a sensações subjetivas de inquietação)
Com frequência tem dificuldade para brincar ou se envolver silenciosamente em atividades de lazer
Está frequentemente "a mil" ou muitas vezes age como se estivesse "a todo vapor"
Frequentemente fala em demasia
Impulsividade
Frequentemente dá respostas precipitadas, antes de as perguntas terem sido completadas
Com frequência tem dificuldade para aguardar a sua vez
Frequentemente interrompe ou se intromete em assuntos de outros (p. ex., intromete-se em conversas ou brincadeiras)
B. Alguns sintomas de hiperatividade/impulsividade ou desatenção que causaram prejuízo estavam presentes antes dos 7 anos de idade
C. Algum prejuízo causado pelos sintomas está presente em 2 ou mais contextos (p. ex., na escola [ou trabalho] e em casa)
D. Deve haver claras evidências de prejuízo clinicamente significativo no funcionamento social, acadêmico ou ocupacional
E. Os sintomas não ocorrem exclusivamente durante o curso de um transtorno invasivo do desenvolvimento, esquizofrenia ou outro transtorno psicótico, e não são mais bem explicados por outro transtorno mental (p. ex., transtorno do humor, transtorno de ansiedade, transtorno dissociativo ou um transtorno da personalidade)

Como atividades mais intensas são características de pré-escolares, o diagnóstico de TDAH deve ser feito com muita cautela antes dos 6 anos de idade, devendo-se conhecer as etapas de desenvolvimento normal de cada faixa etária.

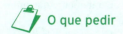
O que pedir

Os déficits de funções sensoriais podem determinar dificuldades atencionais e de hiperatividade, daí a necessidade de excluir alterações visuais ou auditivas.

NA ROTINA

1. Avaliação audiológica como audiometria.
2. Avaliação oftalmológica.

NOS CASOS ESPECIAIS

Avaliação neurológica ou neuroimagem, como tomografia computadorizada (TC) e ressonância magnética (RM), para excluir patologias neurológicas que mimetizem o TDAH.

Como tratar

1. O tratamento envolve uma abordagem múltipla, englobando intervenções psicossociais e psicofarmacológicas, devendo ser um planejamento individualizado baseado nos sintomas e comorbidades, considerando as preferências da família e do paciente.
2. Deve-se realizar um programa de treinamento com os pais com ênfase nas intervenções comportamentais, a fim de ensiná-los a manejar os sintomas dos filhos.
3. A decisão quanto à terapia farmacológica baseia-se na gravidade dos sinais e sintomas. Estes devem ser persistentes e causar alteração funcional (domiciliar, escolar ou convívio social). De preferência, a idade do paciente deve ser acima de 6 anos.
4. O foco do tratamento é a melhora comportamental, e não a obtenção de melhores notas nas escolas; estas podem ser resultados de outros fatores, como os distúrbios específicos do aprendizado.

5. O pediatra deve estabelecer um programa de tratamento que promova o TDAH como uma condição crônica.
6. O tratamento reeducativo psicomotor pode ser indicado para melhorar o controle do movimento.
7. As principais medicações utilizadas foram a classe dos estimulantes do SNC.
8. O metilfenidato é o medicamento mais utilizado para a terapêutica do TDAH no Brasil. Atua na inibição dos transportadores de dopamina no neurônio pré-sináptico, aumentando sua concentração na fenda sináptica (Tabela 3).
9. Os principais efeitos colaterais são insônia, irritabilidade, perda de apetite, cefaleia e distúrbios gastrintestinais.
10. Os empregos dos estimulantes do SNC melhoram de forma significativa os sintomas de desatenção e hiperatividade. Os efeitos colaterais são dose-dependentes, ocorrendo diminuição do apetite em 80% dos casos e insônia em 30 a 85% dos casos.
11. Os antidepressivos tricíclicos (imipramina e nortriptilina) são tão efetivos quanto os estimulantes no controle dos distúrbios comportamentais, porém têm menor efeito na melhora das alterações cognitivas que os estimulantes. São utilizados como medicamento de segunda escolha. Os efeitos adversos são principalmente ganho de peso, sedação, náuseas e hipotensão postural.
12. Caso o tratamento não atinja os objetivos propostos, devem-se rever o diagnóstico original, verificar a adesão ao tratamento e a presença de comorbidades.

TABELA 3   MEDICAMENTOS APROVADOS PELO FOOD AND DRUG ADMINISTRATION DISPONÍVEIS NO BRASIL

Nome genérico	Formulação disponível	Posologia inicial usual	Dose máxima (FDA)
Metilfenidato de liberação imediata	10 mg	5 mg, 2 vezes/dia	60 mg
Metilfenidato de ação prolongada	10, 20, 30, 40 mg	20 mg, 1 vez/dia	60 mg
Metilfenidato de ação prolongada	18, 36, 54 mg	18 mg, 1 vez/dia	72 mg
Lisdexanfetamina	30, 50, 70 mg	30 mg, 1 vez/dia	70 mg
Atomoxetina	10, 18, 25, 40, 60, 80, 100 mg	0,5 mg/kg/dia	Até 1,4 mg/kg ou 100 mg

Fonte: adaptada de diretrizes da American Academy of Child and Adolescent Psychiatry.[4]

132
Paralisia cerebral

 O que é

Sequela de agressão encefálica que se caracteriza por um transtorno persistente, variável ou não, do tônus, da postura e do movimento que ocorre no cérebro em desenvolvimento. A classificação das encefalopatias crônicas da infância pode ser feita de várias formas, levando em conta o momento lesional, a etiologia, a distribuição topográfica da lesão e a sintomatologia.

Uma classificação baseada em aspectos anatômicos e clínicos que enfatiza o sintoma motor, elemento principal do quadro clínico, divide a paralisia cerebral em:

- espásticas ou piramidais;
- coreoatetósicas ou extrapiramidais;
- atáxicas;
- mistas.

 **Como suspeitar**

Para o diagnóstico de paralisia cerebral (PC), é importante verificar:

1. História de comprometimento predominantemente motor não evolutivo.
2. Realização de exame neurológico capaz de identificar o tipo de PC.
3. Na forma mais frequente, espástica, como achados físicos encontram-se hipertonia muscular extensora e adutora dos membros inferiores, hiper-reflexia profunda e sinal de Babinski. Pode-se também encontrar déficit localizado ou generalizado de força, dependendo da extensão do comprometimento. Manifesta-se por monoplegia, hemiplegia, diplegia, triplegia ou tetraplegia, dependendo da localização de lesão.
4. Nas formas coreoatetósicas, observam-se movimentos involuntários característicos e alterações do tônus muscular do tipo distonia, durante a movimentação ou na manutenção da postura.
5. Nas formas atáxicas, encontram-se importantes alterações da coordenação motora e do equilíbrio associadas à musculatura hipotônica.

ETIOLOGIA DA PARALISIA CEREBRAL

1. Causas pré-natais:
   - diminuição da pressão parcial de oxigênio;
   - diminuição da concentração de hemoglobina;
   - superfície placentária menor;
   - alterações da circulação materna;
   - tumores uterinos;
   - nó de cordão;
   - cordão curto;
   - malformações de cordão;
   - prolapso ou pinçamento de cordão.

2. Causas perinatais:
   - fatores maternos:
     - idade da mãe;
     - desproporção cefalopélvica;
     - anomalias da placenta;
     - anomalias do cordão;
     - anomalias da contração uterina;
     - narcose e anestesia.
   - fatores fetais:
     - primogenidade;
     - prematuridade;
     - dismaturidade;

- gemelaridade;
- malformações fetais;
- macrossomia fetal;
■ fatores de parto:
  - parto instrumental;
  - anomalias de posição;
  - duração do trabalho de parto.

3. Causas pós-natais:
   - anóxia anêmica;
   - anóxia por estase;
   - anóxia anoxêmica;
   - anóxia histotóxica.

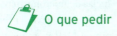
O que pedir

NA ROTINA

1. Hemograma, ferro, ferritina e transferrina.
2. Cálcio, fósforo e fosfatase alcalina: avaliar osteopenia e reabsorção óssea.
3. Lactato, piruvato e amônia.
4. Sorologias para infecções congênitas: diagnóstico etiológico.
5. Avaliação da acuidade visual e auditiva: fundoscopia, audiometria.
6. Radiografia de ossos longos: visualizar possíveis áreas de desmineralização óssea, porém não as quantificar.
7. Radiografia simples de crânio: pode evidenciar calcificações comuns na toxoplasmose e citomegalovírus.

NOS CASOS ESPECIAIS

1. Densitometria óssea *duo* energética (Dexa): para diagnosticar osteopenia e osteoporose comum.
2. Eletroencefalografia (EEG) nos casos em que há epilepsia associada.
3. Tomografia computadorizada (TC) e ressonância magnética (RM) de crânio para demonstrar alterações nas estruturas cerebrais. Pode-se encontrar atrofia cortical e leucomalácia, e a RM pode ser útil para identificar a época da lesão ou da malformação.

Como tratar

1. A criança com PC deve ser estimulada para atingir o máximo de seu potencial.
2. O paciente com PC deve ser tratado por equipe multidisciplinar com enfoque importante na fisioterapia. Esta intervém com programas de atividade terapêutica adequada, visando à prevenção da osteopenia e osteoporose. Um dos métodos utilizados é o de Bobath, que se baseia na inibição dos reflexos primitivos e dos padrões patológicos de movimentos.
3. O papel do terapeuta ocupacional e do fonoaudiólogo também é fundamental no complemento do papel fisioterápico.
4. Deve-se atentar para a prevenção das deficiências de micronutrientes. O tratamento farmacológico dos casos de osteoporose deve ser feito por meio da suplementação de cálcio e vitamina D. Recomenda-se a reposição de 500 a 1.000 mg/dia de cálcio, que deve ser ingerido às refeições, para facilitar a absorção; a vitamina D deve ser prescrita na dose de 400 a 800 unidades/dia. As formas ativas de vitamina D (calcitriol ou alfacalcitriol) na posologia de 0,5 a 1 mcg/dia podem ser utilizadas em casos específicos que cursam com alterações renais ou hepáticas.
5. Se a epilepsia está associada, o tratamento medicamentoso baseia-se no uso de anticonvulsivos com indicações específicas para cada tipo de epilepsia (Tabela 1).
6. Para o tratamento da espasticidade, estão listados os medicamentos na Tabela 2. Os fármacos antiespásticos agem no sistema gabaérgico, no fluxo iônico, nas monoaminas e no sistema glutaminérgico.
7. O baclofeno tem sido usado VO como intratecal em crianças com PC com espasticidade grave, podendo alcançar níveis maiores que a VO, com menores efeitos secundários. Contudo, com a terapêutica, podem ocorrer náuseas, vômitos, sedação, cefaleia, fístula liquórica e migração do cateter. Utilizado em crianças maiores que 2 anos de idade, com dose inicial de 5 mg/dia e com aumento gradual de 10 a 15 mg/dia, divididos em 3 tomadas. Dose máxima até 8 anos: 40 mg/dia. Acima de 8 anos de idade, 60 mg/dia. Intratecal: 25 a 50 mcg e repetir até completar 100 mcg.
8. Em casos de PC espástica associada à epilepsia refratária, indica-se a gabapentina.

9. A toxina botulínica, em casos bem selecionados, tem se mostrado útil na prevenção das deformidades secundárias à espasticidade. A dose é calculada pelo peso da criança e o tamanho do músculo a ser injetado. A eficácia pode ser observada entre 48 e 72 h, e o efeito se mantém por 2 a 4 meses.
10. O atendimento deve ser focado na relação pai-mãe-filho, familiares, escola e comunidade, atuando-se de maneira global com a criança com PC.
11. É importante, também, o foco na prevenção da PC com identificação precoce dos eventos que levam à lesão cerebral e o uso, se necessário, de fatores de proteção neuronal, possibilitando maiores resultados em relação à plasticidade neuronal.

TABELA 1 TRATAMENTO MEDICAMENTOSO DA PC COM EPILEPSIA ASSOCIADA

Droga	Dose (kg/dia)	Tipos de crise epiléptica
Fenobarbital	2 a 5 mg	Parciais e generalizadas
Fenitoína	5 a 7 mg	Parciais e generalizadas
Carbamazepina	15 a 20 mg	Parciais e generalizadas
Oxcarbazepina	30 a 40 mg	Parciais e generalizadas
Valproato de sódio	30 a 80 mg	Generalizadas
Lamotrigina	2 a 10 mg	Generalizadas
Vigabatrina	50 a 100 mg	Síndrome de West
Topiramato	2 a 5 mg	Parciais

TABELA 2 MEDICAMENTOS PARA TRATAMENTO DA ESPASTICIDADE

Ação sobre	Fármaco
Sistema gabaérgico	Diazepam
	Baclofeno
	Piracetam
	Progabide
Fluxo iônico	Dantroleno
	Lamotrigina
	Riluzole
Monoaminas	Tizanidina
	Clonidina
	Betabloqueadores
Sistema glutaminérgico	Citrato de orfenadrina

DEFICIÊNCIA MENTAL

1. Define indivíduos com funcionamento intelectual abaixo da média, gerando padrões de comportamento adaptativo atrasados em relação à idade.
2. É um distúrbio neurológico não progressivo que se originou durante o período de desenvolvimento, como a PC.
3. Quantifica-se o déficit por meio de testes psicométricos que avaliam o quociente intelectual (QI).
4. De acordo com o QI, é classificada em leve, moderada, grave e profunda.
5. Tem etiologia multifatorial, porém fatores como desnutrição, falta de assistência médica, baixo nível socioeconômico e de qualidade educacional agravam o quadro.
6. Aos 2 anos de idade, evidenciam-se o déficit intelectual associado a distúrbios de fala e de linguagem, déficits sensoriais, motores e comportamentais. Podem ocorrer crises epilépticas.
7. Distinguir de quadros de surdez, cegueira e patologias ortopédicas.
8. Avaliar também a história familiar para retardos específicos de linguagem.
9. É preconizado o tratamento multiprofissional (médicos, fisioterapeutas, terapeutas ocupacionais e fonoaudiólogos), para que os pacientes atinjam o máximo de seu potencial.
10. Se necessário, pode-se utilizar medicações anticonvulsivas ou relaxantes musculares.

133
Neuropatias agudas

 O que são

Afecções que comprometem os nervos periféricos resultando no quadro clínico de alteração na sensibilidade proximal ou profunda, fraqueza muscular de graus variados e arreflexia tendínea.

 Como suspeitar

1. Neuropatias tóxicas: diversas substâncias químicas são capazes de causar neuropatia periférica, como os metais pesados, por suas neurotoxinas. Deve-se suspeitar de intoxicação por chumbo quando se desenvolve uma neuropatia motora que envolve os grandes nervos (fibular, radial ou mediano). Já a intoxicação por arsênico cursa com parestesia em queimação dolorosa e polineuropatia motora. As medicações antineoplásicas, como vincristina, cisplatina e taxol, cursam com polineuropatias como complicações. A uremia crônica associa-se à neuropatia e à miopatia tóxica.
2. Neuropatias idiopáticas: síndrome de Guillain-Barré (polineuropatia pós-infecciosa com envolvimento dos nervos motores e, às vezes,

sensoriais e autonômicos). A paralisia ocorre, em média, 10 dias após uma infecção viral inespecífica, sendo comuns infecções do trato gastrintestinal por *Campylobacter jejuni* ou do trato respiratório por *Mycoplasma pneumoniae*. Envolve primeiro as extremidades inferiores, com ascendência para o tronco e as extremidades superiores. Pode ocorrer envolvimento dos músculos bulbares com insuficiência respiratória. A maioria dos casos apresenta evolução clínica benigna, ocorrendo recuperação em 2 a 3 semanas. Os reflexos profundos são geralmente os últimos a serem recuperados.

3. Neuropatias traumáticas ou por compressão: decorrem de lesões do plexo braquial, em razão do parto, ou lesões do nervo ciático durante aplicações. A lesão do plexo braquial pode levar à paralisia de todo o braço, bem como da parte superior. São lesões comuns em recém-nascidos macrossômicos, quando se exerce tração excessiva nos ombros. Na paralisia de Erb-Duchenne, a lesão se limita ao V e VI nervos cervicais, ocorrendo perda da capacidade de abdução do braço desde o ombro, rotação externa e supinação do antebraço. Na paralisia de Kumpke, ocorre lesão do VII e VIII nervos cervicais e I nervo torácico, levando à paralisia da mão e ptose e miose ipsilateral (síndrome de Horner).

4. Neuropatias associadas a doenças sistêmicas: decorrentes de patologias como colagenases, leucemias, linfomas ou sarcoidose.

5. Neuropatias por deficiência nutricional: deficiência de vitamina B_{12} (cobalamina) e de tiamina (beribéri). A deficiência de vitamina B_{12} manifesta-se com sinais neurológicos, como parestesias, déficits sensoriais, hipotonia, tontura, retardo no desenvolvimento e até mesmo mudanças neuropsiquiátricas. Já a carência de tiamina inclui neurite periférica, parestesias dos dedos das mãos e dos pés, diminuição dos reflexos tendinosos profundos e perda no sentido da vibração.

6. Neuropatias infecciosas: difteria, mononucleose e doença de Lyme. Na difteria, as complicações neurológicas são paralelas à extensão da infecção primária pelo *Corynebacterium diphtheriae*. Têm característica multifásica, com hipoestesia e paralisia local do palato mole, paresia do nervo facial, faríngeo posterior e laríngeo, levando a dificuldade de deglutição e risco de morte por aspiração. Ocorre usualmente entre 2 e 3 semanas após inflamação orofaríngea. As neuropatias cranianas surgem na 5ª semana, levando a paralisias do nervo oculomotor e ciliar, manifestadas como estrabismo, visão embaçada e dificuldade de acomodação. A polineuropatia simétrica ocorre entre 10 dias e 3 meses após a infecção orofaríngea, cursando com déficit motor e diminuição dos reflexos tendinosos profundos.

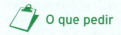 **O que pedir**

NA ROTINA

1. Hemograma: para detectar manifestações hematológicas específicas das deficiências vitamínicas, como anemia macrocítica da deficiência de vitamina B_{12}.

NOS CASOS ESPECIAIS

1. Testes sorológicos para *Campylobacter* auxiliam para estabelecer a etiologia, porém não alteram a direção do tratamento.
2. Cultura do nariz e da garganta e lesões mucocutâneas para *C. diphtheriae* em suspeita da neuropatia.
3. Eletroneuromiografia (ENMG): avalia a velocidade de condução sensitivo-motora.
4. Creatinofosfoquinase (CPK): pode estar discretamente elevada na síndrome de Guillain-Barré.
5. Líquido cefalorraquidiano (LCR): útil para o diagnóstico da síndrome de Guillain-Barré, na qual ocorrem dissociação proteína-citológica (aumento das proteínas com baixa celularidade) e aumento das gamaglobulinas de fase tardia. Os resultados das culturas bacterianas são negativos e as culturas virais raramente isolam agentes.

 **Como tratar**

1. O tratamento depende principalmente da etiologia.
2. Pode-se utilizar a carbamazepina (10 a 20 mg/kg/dia, a cada 8 h) em caso de associação das neuropatias com sintomas álgicos.
3. Para o tratamento da neuropatia por uso prolongado da isoniazida, utiliza-se a piridoxina (vitamina B_6), 260 mg/dia, VO ou EV.
4. Nas hipovitaminoses por deficiência de vitamina B_{12}, recomenda-se a administração semanal de 10.000 a 15.000 UI dessa vitamina, IM, por 21 dias. Após, preconiza-se uma dose mensal por 12 meses, seguida de uma dose semestral até o controle total da carência. Para a

carência de tiamina, recomenda-se a dose de 10 mg/dia para crianças e, para mães lactantes, 50 mg/dia. O tratamento deve ser para a mãe e o filho. Na ausência de distúrbio gastrintestinal, a administração oral é eficaz. O tratamento segue-se com grande melhora, porém são necessárias algumas semanas. Em crianças com insuficiência cardíaca, administra-se a tiamina IM ou IV. Os pacientes com beribéri têm carências de outras vitaminas do complexo B, por isso é necessário administrá-las em conjunto.

5. Para o tratamento da polirradioneurite inflamatória, utilizam-se gamaglobulinas na dose de 300 a 400 mg/kg/dia por 3 a 5 dias ou plasmaférese. A corticoterapia tem mostrado recidivas do quadro clínico. Pacientes com síndrome de Guillain-Barré nos estágios da doença aguda devem ser internados por, no mínimo, 24 h, pois a paralisia ascendente pode envolver os músculos respiratórios. Se houver paralisia ascendente rapidamente progressiva, utiliza-se a gamaglobulina intravenosa (IGIV), administrada por 2 a 5 dias.

6. Para o tratamento da paralisia braquial, preconizam-se a imobilização parcial e o adequado posicionamento para prevenir a formação de contraturas. A imobilização deve ser intermitente durante o dia, entre o sono e a amamentação. Massagem e exercícios leves devem ser iniciados entre 7 e 10 dias de vida. Pode-se realizar exercícios ativos e passivos. Caso a paralisia persista, sem melhora durante 3 a 6 meses, outras opções terapêuticas são neurólise, neuroplastia e enxerto nervoso.

7. Para a difteria, preconiza-se a antitoxina diftérica na dose única empírica de 20.000 a 120.000 UI, com base no grau de toxicidade, local e duração da doença. A terapia antibiótica está indicada para interromper a produção de toxina, tratar a infecção local e prevenir a transmissão do microrganismo aos contactantes. Recomendam-se eritromicina 40 a 50 mg/kg/dia, VO ou IV, a cada 6 h (máx. 2 g/dia); penicilina G cristalina 100.000 a 150.000 UI/kg/dia, IV ou IM, divididas a cada 5 h ou a penicilina procaína 25.000 a 50.000 UI/kg/dia, IM, a cada 12 h. A terapia antibiótica não substitui a terapia antitoxina, devendo ser realizada por 14 dias. Deve-se coletar culturas da nasofaringe após o tratamento. Repetir o tratamento com eritromicina se as culturas forem positivas.

134
Cefaleias

O que são

Classificam-se em primárias e secundárias conforme sua etiologia. As cefaleias primárias são a cefaleia do tipo tensional, as cefaleias trigêmino-autonômicas e a migrânea. As cefaleias secundárias são decorrentes de determinada doença, agressão sistêmica ou neurológica, como cefaleia pós-traumática ou resultante de tumor cerebral.

Como suspeitar

O diagnóstico é realizado pela anamnese e pelo exame neurológico completo.

1. Anamnese: realizar o diário da cefaleia com as principais características da dor: intensidade, horário, localização, sintomas associados, tipo, uso de medicação e fatores desencadeantes (Tabela 1).

TABELA 1 ANAMNESE PEDIÁTRICA DOS PACIENTES COM CEFALEIA

Como se iniciaram as dores de cabeça?

Há quanto tempo elas estão presentes?

As dores estão piorando?

Quais são sua frequência e duração?

Qual a localização da dor?

Existe algum sintoma acompanhando a cefaleia?

Há necessidade de interromper as atividades durante a cefaleia?

As dores são precedidas por algum sintoma específico?

Existe alguma medicação que alivia ou melhora a dor?

Alguém mais na família tem cefaleia?

Existe alguma atividade que piora a dor?

Qual a qualidade da dor?

As dores ocorrem em alguma circunstância ou época específica?

Existe um único tipo ou mais de um tipo de cefaleia?

2. Exame físico: excluir patologia sistêmica. No exame físico específico de cabeça e pescoço, pesquisar sinais de sinusopatia, traumas e doenças do couro cabeludo, doenças odontológicas e musculares, como distúrbios da articulação temporomandibular.

TABELA 2 MANIFESTAÇÕES CLÍNICAS DAS CEFALEIAS

Cefaleia tipo tensional	Cefaleia trigêmino-autonômica
Ausência de pródromos	Dor de forte intensidade, unilateral, de localização orbitária, supraorbitária ou temporal
Geralmente bilateral	Duração de 10 min a 3 h
Sem acompanhamento de sinais focais, náuseas e vômitos	Sudorese frontal e facial homolateral
Seguida de distúrbios da ansiedade, como estresse, medo ou irritabilidade	Edema palpebral
	Congestão conjuntival
	Crises frequentes durante o dia, que podem cessar e reaparecer posteriormente

Migrânea é a causa mais frequente de cefaleia aguda recorrente pediátrica. A Tabela 3 apresenta os critérios diagnósticos da migrânea conforme a International Headache Society adaptados para Pediatria.

TABELA 3 CRITÉRIOS DIAGNÓSTICOS DE MIGRÂNEA DA INTERNATIONAL HEADACHE SOCIETY ADAPTADOS PARA PEDIATRIA

Migrânea sem aura em crianças (menores de 18 anos)	Migrânea com aura
A. 5 ou mais episódios com as características a seguir:	A. Pelo menos 2 crises preenchendo os critérios B a C
B. Crises durando de 2 a 72 h	B. 1 ou mais dos seguintes sintomas de aura totalmente reversíveis:
C. Pelo menos 2 das 4 características:	1. Visuais com características positivas (luzes tremulantes, manchas ou linhas) e/ou negativas (perda de visão)
1. Localização bi ou unilateral (frontal/temporal)	2. Sensitivos, incluindo características positivas (formigamento) e/ou negativas (dormência)
2. Pulsátil (ou latejante)	3. Fala e/ou linguagem
3. Intensidade moderada a grave	4. Motor
4. Agravada pela atividade física (verificado pelo comportamento da criança)	5. Tronco cerebral
D. Pelo menos 1 dos seguintes concomitantes:	6. Retiniano
1. Náuseas e/ou vômitos	C. Pelo menos 2 dos seguintes:
2. Fotofobia e fonofobia (verificado pelo comportamento da criança)	1. Pelo menos 1 sintoma de aura alastra gradualmente em 5 ou mais min e/ou 2 ou mais sintomas aparecem sucessivamente
	2. Cada sintoma individual de aura dura de 5 a 60 min
	3. Pelo menos 1 sintoma de aura é unilateral
	4. A aura é acompanhada, ou seguida em 60 min, por cefaleia
	D. Não é mais bem explicada por outro diagnóstico da ICHD-3 Beta* e foi excluído um acidente isquêmico transitório

*International Classification of Headache Disorders.

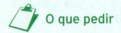

O que pedir

1. Eletroencefalografia (EEG): não é indicada de rotina. É reservada para casos específicos com sinais neurológicos focais paroxísticos, epilepsia ou afasia.
2. Exames de neuroimagem.

TABELA 4 CRITÉRIOS DE INDICAÇÃO SEGUNDO A INTERNATIONAL HEADCHE SOCIETY

Exame neurológico anormal
Cefaleia progressiva ou crônica de início súbito
Modificação na frequência, intensidade e característica da cefaleia
Sintomas neurológicos persistentes
Má resposta terapêutica
Hemicrania persistente ipsilateral com sintomas neurológicos contralaterais
Lesão cerebral focal encontrada na EEG
Cefaleia de forte intensidade de instalação súbita

Fonte: adaptada de Ohlweiler e Sebben, 2005.

Como tratar

1. Cefaleia do tipo tensional: costuma ser de fraca intensidade. O tratamento abrange técnicas de relaxamento, psicoterapia, acupuntura, fisioterapia, antidepressivos tricíclicos e miorrelaxantes (tizanidina).
2. Cefaleia trigêmino-autonômica: preconizam-se fonte de oxigênio a 100% 7 a 10 L/min por 10 min; sumatripano 6 mg, SC ou 20 mg, intranasal (IN); di-hidroergotamina 0,5 a 1 mg, SC, EV ou IM, no começo da crise.
3. Tratamento não farmacológico da migrânea: repouso em ambiente confortável, restrição de ruídos, luz e odores e compressas frias nas regiões frontal e temporal.
4. Tratamento farmacológico da migrânea: sintomático para fase álgica.

TABELA 5 DOSAGENS DE ANALGÉSICOS COMUNS E DE ANTI-INFLAMATÓRIOS NÃO HORMONAIS (AINH)

Analgésicos	Dosagem
Paracetamol	10 a 15 mg/kg
Dipirona	6 a 10 mg/kg/dose em crianças < 6 anos Até 2 g/dia em crianças entre 6 e 12 anos Até 3 g/dia em crianças > 12 anos
Ácido acetilsalicílico*	7 a 10 mg/kg
Ibuprofeno	10 mg/kg
Naproxeno	10 mg/kg
Diclofenaco	0,5 a 2 mg/kg

*Utilização não recomendada para crianças com menos de 12 anos de idade.

5. Profiláticos: a Sociedade Brasileira de Cefaleia recomenda alguns critérios para introdução da profilaxia:
   - a dor interfere nas atividades cotidianas e na qualidade de vida;
   - frequência de 3 ou mais crises/mês;
   - risco de abuso de medicação sintomática;
   - ineficácia da profilaxia não medicamentosa;
   - subtipos especiais de enxaqueca, como as com aura prolongada e com auras frequentes e atípicas.

A posologia dos profiláticos é diária, por um período de 6 a 12 meses.

TABELA 6 PRINCIPAIS FÁRMACOS USADOS NO TRATAMENTO PROFILÁTICO DA MIGRÂNEA

Fármaco	Dosagem
Propranolol	1 a 2 mg/kg/dia
Flunarizina	2,5 a 10 mg/dia
Divalproato de sódio	10 a 20 mg/kg/dia
Amitriptilina	10 a 50 mg/dia
Pizotifeno	0,5 a 1,5 mg/dia
Ciproeptadina	4 a 12 mg/dia

6. A terapêutica das cefaleias de origem secundária é direcionada para a etiologia de base.

135
Convulsão febril

 O que é

Segundo o *Consensus Development Meeting on Long-term Management of Febrile Seizures*, convulsão febril é um evento neuropediátrico próprio da infância, associado a febre, na idade de 3 meses a 5 anos, com pico de incidência dos 14 aos 18 meses, sem doença neurológica aguda adjacente e não precedido por crises convulsivas afebris.

 Como suspeitar

1. Parentes de 1º grau com histórico familiar de convulsão febril.
2. Aumento rápido de temperatura, usualmente até 39°C, podendo a convulsão ocorrer em temperaturas inferiores.
3. Geralmente são tônico-clônicas generalizadas de curta duração, únicas em 24 h, não acompanhadas de eventos neurológicos posteriores.

4. Excluir no exame físico sinais de meningite, como abaulamento de fontanela, rigidez de nuca, torpor ou irritabilidade.
5. Pesquisar etiologias infecciosas comuns, como otite média aguda, infecções virais respiratórias ou roséola.

O que pedir

EXAMES GERAI

Devem-se pesquisar a etiologia da febre e excluir infecções do sistema nervoso central (SNC).

1. Hemograma e velocidade de hemossedimentação (VHS).
2. Urina tipo I e urocultura.
3. Eletrólitos.
4. Glicemia.
5. Gasometria arterial.

EXAMES ESPECÍFICOS

1. Líquido cefalorraquidiano (LCR):
   - para crianças de 6 a 12 meses de idade sem vacinação completa para *Haemophilus influenzae* e *Streptococcus pneumonie* e com informações incompletas sobre o calendário vacinal;
   - na suspeita de meningite;
   - em crise febril com história de uso prévio de antibióticos.
2. Eletroencefalografia (EEG): indicada para pacientes com crises febris prolongadas ou com características atípicas ou com fatores de risco para epilepsia.
3. Exames de neuroimagem: tomografia computadorizada (TC) e ressonância magnética (RM) são indicadas nas crises atípicas recorrentes ou na pesquisa de exame neurológico anormal.

Como tratar

1. Pesquisar sempre a etiologia de febre.
2. Utilizar antitérmicos na fase aguda, como dipirona ou paracetamol.
3. Atendimento pré-hospitalar:
   - estabilização inicial e local seguro;
   - ABC – vias aéreas, respiração e circulação;
   - diazepam 0,5 mg/kg, VR;
   - dextro.
4. Atendimento hospitalar
   - lorazepam 0,1 mg/kg, IV (não disponível no Brasil) ou
   - diazepam 0,3 mg/kg, IV; repetir em 5 min, se necessário;
   - coleta de exames gerais.
5. O uso profilático de anticonvulsivantes é controverso e não recomendado para prevenir crises convulsivas febris na maioria dos casos.

136
Convulsão e estado de mal epiléptico

 O que são

Convulsão é um estado clínico decorrente da sincronização anormal da atividade elétrica cerebral, que leva à alteração paroxística da atividade motora. Pode cursar ou não com alteração da consciência.

Estado de mal epiléptico (EME) é uma emergência pediátrica com uma crise convulsiva única ou crises recorrentes com duração maior que 30 min ou mais sem recuperação do nível de consciência.

O estado de mal epiléptico convulsivo refratário (EMECR) ocorre com uma crise com duração maior que 60 min, mesmo com terapia medicamentosa adequada.

O estado de mal epilético não convulsivo (EMENC) é caracterizado quando o paciente melhora da sintomatologia motora com o tratamento medicamentoso, mas não recupera a consciência.

 **Como suspeitar**

1. História clínica detalhada com enfoque direcionado para:
   - uso de medicamentos e pesquisa de intoxicação exógena;
   - traumas ou infecções recentes;

- história neonatal e desenvolvimento neuropsicomotor;
- antecedentes pessoais: em pacientes epilépticos devem ser descartados falha no uso de medicação e quadro infeccioso associado;
- internações anteriores;
- antecedentes familiares.
2. Exame físico completo: procura de focos de infecção.
3. Exame neurológico.

TABELA 1   CLASSIFICAÇÃO DO ESTADO EPILÉPTICO (EE) E O TIPO DE CRISE

Tipo de crise	Características clínicas
EE convulsivo generalizado (EEGG)	Convulsões contínuas ou convulsões recorrentes sem recuperação da consciência
EE parcial simples (EEPS)	Fenômeno motor ou sensorial persistente que continua circunscrito em uma área do corpo
EE mioclônico (EEM)	Abalos mioclônicos repetitivos (focal ou generalizado)
EE parcial complexo (EEPS)	Crises parciais complexas prolongadas sem convulsões
EE de ausência (EEA)	Pausas prolongadas na fala, frequentemente com responsividade parcial
EE não convulsivo (EENC)	Responsividade ausente ou diminuída associada usualmente a outras doenças

Fonte: adaptada de Bleck, 2005.[2]

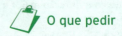

NA ROTINA

1. Gasometria arterial e lactato: afastar distúrbios acidobásicos.
2. Eletrólitos: sódio, potássio, cálcio total e ionizável, magnésio, cloro.
3. Glicemia.
4. Urina tipo I: verificação de cetose.

NOS CASOS ESPECIAIS

1. Líquido cefalorraquidiano (LCE): coletado na suspeita de infecção do sistema nervoso central (SNC).
2. Neuroimagem: realizada se houver suspeita de processo expansivo ou lesão aguda do SNC.

3. Eletroencefalografia (EEG): exame auxiliar no diagnóstico e no tratamento.
4. Nível sérico de anticonvulsivantes.
5. Exame toxicológico.

# Como tratar

1. Avaliação e estabilização de vias aéreas.
2. Posicionamento e aspiração de secreções.
3. Oxigenação e ventilação adequadas.
4. Avaliar frequência cardíaca, pressão arterial sistêmica e ritmo cardíaco. Obter acesso venoso.
5. Exame neurológico para identificar sinais focais.
6. Exame detalhado para avaliar trauma decorrente da crise.
7. Terapia farmacológica:
   - benzodiazepínicos: diazepam 0,3 mg mg/kg/dose, IV, podendo ser repetido até 3 vezes a cada 10 min no máximo de 10 mg. Como segunda escolha, utiliza-se o midazolam 0,05 a 0,2 mg/kg/dose, EV, IM ou nasal, no máximo de 5 mg;
   - se as crises não cessarem, usar fenitoína 20 mg/kg/dose, IV ou intraósseo (IO), máximo de 1.000 mg e velocidade máxima de 50 mg/min. Diluir em água destilada ou soro fisiológico;
   - se as crises não cessarem, usar fenobarbital 20 a 25 mg/kg/dose, IV ou IO, máximo de 1.000 mg e velocidade de infusão de 100 mg/min;
   - ácido valproico 20 a 40 mg/kg, IV, diluído 1:1 com soro fisiológico ou glicose 5%, durante 5 a 10 min. É indicado no tratamento do EME no grupo de pacientes refratários às medicações anticonvulsivantes de primeira linha.
8. No caso do EMECR, o tratamento será indução ao coma, entubação orotraqueal, ventilação mecânica, expansão com SF e internação em unidade de terapia intensiva. Utilização de anestésicos inalatórios (isofluorano, halotano) ou barbitúricos (tiopental sódico 3 a 5 mg/kg, IV como dose de ataque e infusão contínua IV de 20 a 200 mcg/kg/min, aumento rápido de 20 mcg/kg/min a cada 5 min).
9. Realização de EEG contínua, se disponível.
10. Anestesia continuada por 12 a 24 h após as crises.
11. Aprimorar as medicações antiepilépticas de manutenção.

137
Epilepsia na infância

 O que é

A epilepsia é um distúrbio cerebral de etiologia variada caracterizada por crises recorrentes produzidas por descarga elétrica excessiva e anormal neuronal.

Segundo a International League Against Epilepsy (ILAE), são critérios para a caracterização de epilepsia:

- pelo menos 2 crises convulsivas não provocadas (ou reflexas) em um período maior de 24 h de diferença;
- 1 convulsão não provocada (ou reflexa) que apresente probabilidade de crises posteriores, semelhantemente aos que tiveram 2 crises convulsivas não provocadas;
- diagnóstico de síndrome epiléptica.

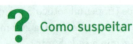 **Como suspeitar**

1. Pesquisar etiologia da primeira crise, como traumatismo, sepse ou intoxicações.

2. Inquirir sobre a ocorrência de aura antes da crise, como desconforto epigástrico e sensação de medo.
3. Identificar na história fatores que desencadearam a crise, descrever o tipo de crise e o estado pós-ictal; avaliar sonolência e perda do controle dos esfíncteres e cefaleia.
4. Documentar a duração da crise e o estado de consciência posterior. Interrogar se ocorreu comprometimento.
5. Dirigir o exame físico da criança para pesquisa de causa orgânica. Realizar a antropometria e aferir o perímetro cefálico para verificar se estão nos percentis de normalidade. Realizar exame físico completo e neurológico.
6. Achados físicos anormais, como hepatoesplenomegalia, apontam para doença metabólica ou de armazenamento.
7. Pesquisar achados neurocutâneos como manchas café com leite ou nevo com mancha cor de vinho.

TABELA 1 CLASSIFICAÇÃO DAS CRISES EPILÉPTICAS

CP	
CPS	Com sintomas motores
	Com sintomas sensitivos, somatossensoriais ou especiais
	Com sinais ou sintomas autonômicos
	Com sintomas psíquicos
CPC	Início como CPS, seguida de alteração da consciência
	Alteração da consciência desde o início
CG secundária	CPS evoluindo para CTCG
	CPC evoluindo para CTCG
	CPS evoluindo para CPC e, então, para CTCG
CG	CTCG
	Ausências
	Ausências atípicas
	Crises mioclônicas
	Crises tônicas
	Crises clônicas
	Crises atônicas
	Crises não classificáveis (informações incompletas ou inadequadas)

CP: crises parciais; CPS: crises parciais simples; CPC: crises parciais complexas; CG secundária: crises secundariamente generalizadas; CTCG: crises tônico-clônicas generalizadas; CG: crises generalizadas.

Fonte: Fontenelle, 2014.[1]

FIGURA 1 ABORDAGEM DA CRIANÇA COM SUSPEITA DE EPILEPSIA.

EEG: eletroencefalografia; TC: tomografia computadorizada; RM: ressonância magnética; LCR: líquido cefalorraquidiano; SNC: sistema nervoso central.

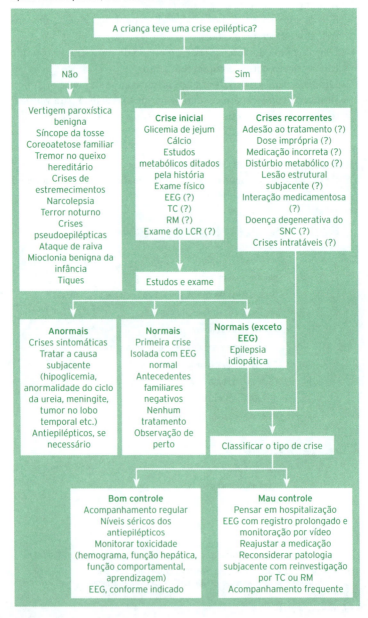

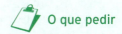 **O que pedir**

NA ROTINA

1. Hemograma e velocidade de hemossedimentação (VHS): triagem infecciosa para convulsão febril.
2. Função hepática: ALT e AST – monitoração da toxicidade hepática dos medicamentos antiepilépticos.
3. Glicemia e eletrólitos: avaliar distúrbios metabólicos que podem ter precipitado a crise.
4. Fundoscopia: descartar causas orgânicas realizando pesquisa de papiledema, hemorragias retinianas, coriorretinite e alterações maculares.
5. Líquido cefalorraquidiano (LCR) e culturas: nas convulsões febris, deve-se sempre descartar meningite e determinar a etiologia da febre.

NOS CASOS ESPECIAIS

1. Eletroencefalografia (EEG) intercrítica: confirma o diagnóstico e define se a crise é parcial ou generalizada.
2. Tomografia computadorizada (TC) ou ressonância magnética (RM): investigar patologias subjacentes ao quadro epiléptico.

 **Como tratar**

1. Na urgência, avaliar no lactente ou na criança a integridade das vias aéreas, ventilação e função cardiovascular.
2. Buscar no paciente doença ativa atual (meningite, sepse, distúrbio metabólico, intoxicações).
3. Em pacientes crônicos, considerar falta de ingestão de fármacos antiepilépticos ou inadequação da dose para crises que se reiniciaram.
4. Após a crise, o paciente deve ficar em repouso e em observação no tempo necessário para acordar espontaneamente.
5. Para o tratamento ambulatorial, faz-se necessário o diagnóstico preciso das crises epilépticas para a escolha da medicação antiepiléptica.

6. A escolha do anticonvulsivante depende do tipo de crise e dos achados da EEG. A medicação de escolha preferencialmente deve ser bem tolerada pela criança, com menor número de doses diárias para facilitar a adesão ao tratamento, além de custo acessível.
7. No início do tratamento, é importante dosar o nível sérico do medicamento para ver se atinge o nível terapêutico.
8. Sempre que possível, encaminhar o paciente para acompanhamento junto à equipe multidisciplinar, uma vez que a epilepsia é uma condição crônica e depende da adesão do paciente ao tratamento.

TABELA 2   ANTICONVULSIVANTES: PRINCIPAIS INDICAÇÕES E DOSAGENS

Medicamento antiepiléptico	Indicação (ordem decrescente)	Dosagens
Fenobarbital	Crises neonatais	5 mg/kg/dia, 1 vez/dia
	CG	
	CG secundária	
Fenitoína	CP	5 mg/kg/dia, 2 vezes/dia
	CG secundária	
	CG	
Carbamazepina	CP	10 a 20 mg/kg/dia, 2 a 3 vezes/dia
	CG secundária	
	CG	
Oxcarbazepina	CP	15 a 30 mg/kg/dia, 2 a 3 vezes/dia
	CG secundária	
	CG	
Valproato	Ausências	20 a 40 mg/kg/dia, 2 a 3 vezes/dia
	CG	
	CP	
Primidona	CG	10 a 20 mg/kg/dia, 1 a 2 vezes/dia
	CG secundária	
Lamotrigina	Ausências	5 a 15 mg/kg/dia, 2 vezes/dia
	CG	
	CP	
Topiramato	CG	5 a 9 mg/kg/dia, 2 vezes/dia
	CP	
Vigabatrina	Espasmos infantis	100 a 150 mg/kg/dia, 1 vez/dia

CG: crises generalizadas; CG secundária: crises secundariamente generalizadas; CP: crises parciais.

Fonte: Fontenelle, 2014.[1]

Bibliografia

REFERÊNCIAS BIBLIOGRÁFICAS

1. Fontenelle LMC. Epilepsia e estado de mal epiléptico. In: Campos Junior D, Burns DAR, Lopez FA. Tratado de pediatria da Sociedade Brasileira de Pediatria. 3.ed. Barueri: Manole, 2014. p.1945-8.
2. Bleck TP. Refratory status epilepticus. Current Opinion in Critical Care 2005; 11(2):117-20.
3. Riukin M. In: Kliegman R (eds.). Practical strategies in pediatric diagnosis and therapy. Philadelphia: WB Saunders, 1996.

BIBLIOGRAFIA

1. Agrawal J, Poudel P, Shah GS, Yadav S, Chaudhary S, Kafle S. Recurrence risk of febrile seizures in children. J Nepal Health Res Counc 2016; 14(34):192-6.
2. Armiento R, Kornberg AJ. Altered conscious state as a presentation of the syndrome of transient headache and neurological deficits with cerebrospinal fluid lymphocytosis (HaNDL syndrome) in a paediatric patient. J Paediatr Child Health 2016; 52(7):774-6.
3. Behrman RE, Kliegman RM, Jenson HB. Nelson – Tratado de pediatria. 17.ed. Rio de Janeiro: Elsevier, 2005.
4. Béjot Y, Delpont B, Blanc C, Darmency V, Huet F, Giroud M. Epidemiology of strokes in pediatry. Soins Pediatr Pueric 2017; 38(295):12-3.
5. Béjot Y, Giroud M, Moreau T, Benatru I. Clinical spectrum of movement disorders after stroke in childhood and adulthood. Eur Neurol 2012; 68(1):59-64.
6. Bloemen M, Van Wely L, Mollema J, Dallmeijer A, de Groot J. Evidence for increasing physical activity in children with physical disabilities: a systematic review. Dev

Med Child Neurol 2017 Apr 4. doi: 10.1111/dmcn.13422. [Epub ahead of print] Review.
7. Bordini BJ, Monrad P. Differentiating familial neuropathies from Guillain-Barré syndrome. Pediatr Clin North Am 2017; 64(1):231-52.
8. Cerutti R, Presaghi F, Spensieri V, Valastro C, Guidetti V. The potential impact of internet and mobile use on headache and other somatic symptoms in adolescence. A population-based cross-sectional study. Headache 2016; 56(7):1161-70.
9. Comission on Classification and Terminology of the International League against Epilepsy. Proporsal for revised classification of epilepsies NAD epileptic syndromes. Epilepsia 1989; 30:389-99.
10. Dias TGC, Rosenfeld MG, Rohde LAP, Polanczyk GV. Transtorno de déficit de atenção/hiperatividade. In: Campos Junior D, Burns DAR, Lopez FA. Tratado de pediatria da Sociedade Brasileira de Pediatria. 3.ed. Barueri: Manole, 2014. p.449-54.
11. Dubey D, Kalita J, Misra UK. Status epilepticus: refractory and super-refractory. Neurol India 2017; 65(Supplement):S12-S17.
12. Ekiz T, Demir SÖ, Sümer HG, Özgirgin N. Wheelchair appropriateness in children with cerebral palsy: a single center experience. J Back Musculoskelet Rehabil 2017 Mar 31. doi: 10.3233/BMR-150522.
13. Enokizono T, Nemoto K, Fujiwara J, Tanaka R, Ohto T. Cyclic vomiting syndrome after acute autonomic and sensory neuropathy. Pediatr Int 2017; 59(4):503-5.
14. Fray S, Ben Ali N, Kchaou M, Chebbi S, Belal S. Predictors factors of refractory epilepsy in childhood. Rev Neurol (Paris) 2015; 171(10):730-5.
15. Gherpelli JLD. Cefaleias. In: Campos Junior D, Burns DAR, Lopez FA. Tratado de pediatria da Sociedade Brasileira de Pediatria. 3.ed. Barueri: Manole, 2014. p.1941-4.
16. Gilio AE, Escobar AMU, Grisi S. Pediatria geral – Neonatologia, pediatria clínica, terapia intensiva – Hospital Universitário da Universidade de São Paulo. Rio de Janeiro: Atheneu, 2011. p.350-6.
17. Goetz M, Schwabova JP, Hlavka Z, Ptacek R, Surman CB. Dynamic balance in children with attention-deficit hyperactivity disorder and its relationship with cognitive functions and cerebellum. Neuropsychiatr Dis Treat 2017; 13:873-80.
18. Goulardins JB, Marques JC, De Oliveira JA. Attention deficit hyperactivity disorder and motor impairment. Percept Mot Skills 2017; 124(2):425-40.
19. Guilhoto LMFF. Ataxias. In: Gilio AE, Grisi SJFE, Bousso A, De Paulis M (eds.). Urgências e emergências em pediatria geral – Hospital Universitário da Universidade de São Paulo. São Paulo: Atheneu, 2015. p.359-65.
20. Gümüş YY, Çakin Memik N, Ağaoğlu B. Anxiety disorders comorbidity in children and adolescents with attention deficit hyperactivity disorder. Noro Psikiyatr Ars 2015; 52(2):185-93.
21. Haddad N, McMinn B, Hartley L. Headache meets neurology and psychiatry: a framework for diagnosis. Arch Dis Child Educ Pract Ed 2016; pii: edpract-2015-309066.
22. Hsin SH, Guilhoto LMFF. Convulsão e estado de mal epiléptico. In: Gilio AE, Grisi SJFE, Bousso A, De Paulis M (eds.). Urgências e emergências em pediatria geral – Hospital Universitário da Universidade de São Paulo. São Paulo: Atheneu, 2015. p.323-31.
23. Kaminska A, Cheliout-Heraut F, Eisermann M, Touzery de Villepin A, Lamblin MD. EEG in children, in the laboratory or at the patient's bedside. Neurophysiol Clin 2015; 45(1):65-74.
24. Lago PM, Ferreira CT, de Mello ED, Pinto LA, Epifanio M. Pediatria baseada em evidências. Barueri: Manole, 2016. p.389-400.
25. Lago PM, Ferreira CT, de Mello ED, Pinto LA, Epifanio M. Pediatria baseada em evidências. Barueri: Manole, 2016. p.411-9.
26. Liphaus BL, Silva CAA. Osteoporose na infância e adolescência. Pediatria 2004; 26(3):137-9.
27. Junior DC, Burns DAR, Lopez FA. Tratado de Pediatria. 3.ed. Barueri: Manole, 2014,

28. Markus TE, Zeharia A, Cohen YH, Konen O. Persistent headache and cephalic allodynia attributed to head trauma in children and adolescents. J Child Neurol 2016; pii: 0883073816650036.
29. Martínez-Ferrández C, Martínez-Salcedo E, Casas-Fernández C, Alarcón-Martínez H, Ibáñez-Micó S, Domingo-Jiménez R. Long-term prognosis of childhood absence epilepsy. Neurologia 2017; pii: S0213-4853(17)30021-X.
30. Meneses V, Gonzalez-Castillo Z, Edgar VB, Augustyn M. supporting a youth with cerebellar ataxia into adolescence. J Dev Behav Pediatr 2017; 38(3):240-2.
31. Morais MB, Campos SO, Silvestrini WS. Guia de medicina ambulatorial e hospitalar da Unifesp/EPM – Pediatria. Barueri: Manole, 2005.
32. Oliveira RG. BlackBook Pediatria. 3.ed. Belo Horizonte: Black Book Editora, 2005.
33. Pavone P, Praticò AD, Pavone V, Lubrano R, Falsaperla R, Rizzo R et al. Ataxia in children: early recognition and clinical evaluation. Ital J Pediatr 2017; 43(1):6.
34. Pichler M, Hocker S. Management of status epilepticus. Handb Clin Neurol 2017; 140:131-51.
35. Pruszczynski B, Sees J, Hulbert R, Church C, Henley J, Niiler T et al. The effect of continuous intrathecal baclofen therapy on ambulatory children with cerebral palsy. J Pediatr Orthop B 2017 Apr 4. doi: 10.1097/BPB.0000000000000462.
36. Rohde LA, Barbosa G, Tramontina S, Polanczyk GV. Transtorno de déficit de atenção/hiperatividade. Rev Bras Psiquiatr 2000; 22(Supl.2):7-11.
37. Rohde LA, Halpern RJ. Transtorno de déficit de atenção/hiperatividade. Pediatr (Rio J) 2004; 80(2 Supl):S61-S70.
38. Rotta NT. Paralisia cerebral, novas perspectivas terapêuticas. J Pediatr (Rio J) 2002; 78 (Supl.1):S48-S54.
39. Whelan H, Harmelink M, Chou E, Sallowm D, Khan N, Patil R et al. Complex febrile seizures. A systematic review. Dis Mon 2017; 63(1):5-23.
40. Zaccara G, Giannasi G, Oggioni R, Rosati E, Tramacere L, Palumbo P. Challenges in the treatment of convulsive status epilepticus; convulsive status epilepticus study group of the uslcentro Toscana, Italy. Seizure 2017; 47:17-24.

PARTE 16
Dermatologia

138 Dermatite atópica
139 Dermatite de fraldas
140 Dermatite seborreica
141 Dermatozooparasitoses
142 Doenças sexualmente transmissíveis (DST)
143 Eritema polimorfo
144 Infecções de pele e tecido celular subcutâneo
145 Micoses superficiais
146 Miliária
147 Verrugas e molusco contagioso

138
Dermatite atópica

O que é

Patologia inflamatória crônica da pele em que há uma manifestação eczematosa típica. É a causa mais frequente de eczema na infância, com o aparecimento das lesões até os 5 anos de vida, e 50% dos pacientes desenvolvem as lesões no 1º ano de vida.

Como suspeitar

1. Prurido intenso: sintoma predominante em todas as fases da dermatite atópica (DA).
2. Morfotopografia: localização típica das lesões na dermatite atópica.
3. Tendência à cronicidade e recidivas frequentes.
4. História familiar e pessoal de atopia, como asma, rinite alérgica e alergia alimentar. Crianças portadoras de DA são predispostas a desenvolver no futuro a marcha atópica, com o aparecimento de manifestações clínicas respiratórias, como as da asma e da rinite alérgica.

A morfologia e a distribuição das lesões variam com a idade, e as manifestações clínicas são divididas em infantis, pré-púberes e do adolescente e adulto.

DERMATITE ATÓPICA INFANTIL

1. Manifesta-se do 3º mês aos 2 anos de vida.
2. Acometimento facial com lesões eczematosas em fronte e regiões malares, poupando o maciço centrofacial, e da região antecubital e de extensão dos membros inferiores (Figura 1).
3. Surtos com prurido intenso, mas usualmente sem liquenificação (Figura 2).

FIGURA 1 DERMATITE ATÓPICA TIPO ECZEMA INFANTIL: MACIÇO CENTROFACIAL POUPADO E LESÕES VESICULOSSECRETANTES E CROSTOSAS EM REGIÕES MALARES.

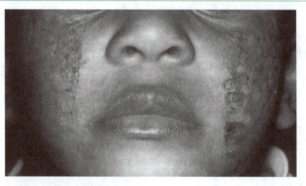

FIGURA 2 DERMATITE ATÓPICA INFANTIL: LESÕES DIFUSAS COM ACOMETIMENTO PREFERENCIAL ANTECUBITAL.

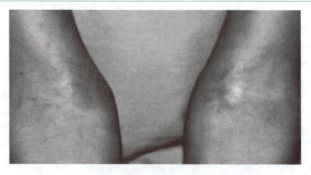

DERMATITE ATÓPICA PRÉ-PUBERAL

1. Ocorre entre 2 e 12 anos.
2. As lesões localizam-se em dobras antecubitais e poplíteas.
3. Lesões eritematodescamativas e liquenificadas.
4. Ocorrem surtos, podendo desaparecer ou persistir na puberdade.

DERMATITE ATÓPICA DO ADOLESCENTE E ADULTO

1. Aparece a partir dos 12 anos de vida.
2. Assemelha-se à dermatite pré-puberal, com liquenificação e prurido mais intenso.
3. Ocorre também acometimento da nuca, da região periorbital e periorbicular e do abdome (Figura 3).

FIGURA 3 LESÕES DISSEMINADAS EM TRONCO COM PLACAS ECZEMATOSAS SUBAGUDAS E CRÔNICAS.

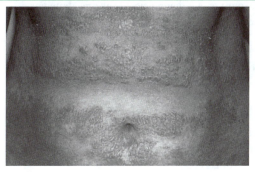

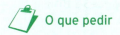 **O que pedir**

EXAMES GERAIS

Não há testes laboratoriais específicos para o diagnóstico.

1. Hemograma: demonstra eosinofilia na maioria dos pacientes.
2. Indicados na utilização de imunossupressores:
   - função hepática;

- coagulograma;
- glicemia;
- acido úrico;
- eletrólitos.
3. IgE total e IgE específica a antígenos: auxiliam o diagnóstico. Quando a IgE total está aumentada, identificam-se os alérgenos a que o paciente está sensibilizado.

EXAMES ESPECÍFICOS

1. Exame histológico: não é patognomônico; na histologia, encontra-se eczema.
2. Testes farmacológicos: injeções intradérmicas de histamina e acetilcolina demonstram vasculorreatividade, porém na prática são pouco utilizadas.
3. Provocação oral: útil para determinar a reatividade clínica a determinado alérgeno alimentar. O teste duplo cego placebo controlado é o padrão-ouro para o diagnóstico de alergia alimentar.

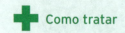

1. Como não há cura, os objetivos do tratamento são: controle do prurido, redução da inflamação cutânea, controle da xerose cutânea e identificação e eliminação dos fatores desencadeantes das crises.
2. Como medidas gerais, recomendam-se:
   - evitar exposição ao frio e ao calor excessivos;
   - tomar banhos mornos de curta duração, de 5 a 10 min;
   - usar sabonetes neutros;
   - fazer a hidratação após o banho;
   - banhar-se com ducha imediatamente após o uso de piscinas para remoção do cloro;
   - optar pelo vestuário de roupas folgadas e de algodão para permitir a ventilação da pele;
   - evitar contato da pele com lã e fibras sintéticas;
   - cortar as unhas adequadamente, 2 vezes/semana, para evitar as escoriações;
   - optar por lençóis e colchas de algodão.

3. Hidratação:
   - utilizar substâncias emolientes ou lubrificantes à base de vaselina ou óleo de amêndoas (*cold creams*);
   - hidratar a pele diariamente e várias vezes ao dia;
   - são exemplos de hidratantes: Fisiogel®, Ureadin® a 3%, Cetrilan® Loção, *cold cream*.
4. Anti-histamínicos:
   - indicada a utilização dos anti-histamínicos sedantes de 1ª geração (anti-H1), pois facilitam o sono e diminuem o prurido (hidroxizina, difenidramina, desxclorfeniramina, ciproeptadina);
   - associar também, se necessário, os não sedantes (cetirizina, levocitirizina, loratadina, desloratina, epinastina, fexofenadina);
   - bloqueiam primariamente os receptores H1 e o prurido induzido pela histamina.
5. Corticosteroides tópicos:
   - reduzem a inflamação e o prurido;
   - a escolha baseia-se na distribuição e na gravidade das lesões;
   - na prática, recomenda-se o corticosteroide de menor potência e mais efetivo por curto período, como a hidrocortisona a 1% ou desonida; para as formas graves, podem ser utilizados os de potência moderada (mometasona, triancinolona). O efeito é mais rápido, diminuindo o tempo de uso;
   - o uso crônico da corticoterapia leva a atrofia da pele, telangiectasias, hipopigmentação, absorção sistêmica e rebote (principalmente os corticosteroides de alta potência, como a mometasona).
6. Corticosteroides sistêmicos:
   - é um recurso de exceção; o seu uso é associado ao efeito rebote após a sua retirada; em situações especiais, são utilizados na dermatite atópica refratária a corticosteroides tópicos e inibidores da calcineurina;
   - o medicamento de escolha é a prednisona (1 a 2 mg/kg/dia), com doses regressivas assim que ocorrer melhora clínica.
7. Antibióticos:
   - indicados na suspeita de infecção com surgimento de eritema, secreção ou aparecimento de pústulas;
   - indica-se cefalexina 50 mg/kg/dia, a cada 8 h, por 7 a 10 dias; ou
   - eritromicina 40 mg/kg/dia, a cada 6 h, por 7 a 10 dias.
8. Imunomoduladores: inibidores tópicos da calcineurina:
   - pimecrolimo e tacrolimo;
   - utilizar em curtos períodos até o desaparecimento das manifestações clínicas.

9. Imunossupressores:
    - são efetivos na terapêutica da dermatite atópica grave, mas têm utilização limitada pelo risco de efeitos adversos e efeito rebote;
    - verificar a possibilidade de imunodeficiência antes de sua utilização;
    - a ciclosporina é utilizada na dermatite atópica refratária à terapêutica convencional, na dose inicial de 3 a 5 mg/kg/dia divididos em duas tomadas, por curto período e na menor dose necessária;
    - realizar exames laboratoriais de acompanhamento a cada 2 semanas e acompanhamento pressórico nos primeiros 2 meses e depois mensalmente até o final do tratamento;
    - reduzir a dose em 25% se houver evidência de hipertensão, duplicação do valor de enzimas hepáticas e aumento de 25% da creatinina basal;
    - suspender a terapia se a alteração não normalizar em 15 dias ou não ocorrer melhora da doença em 15 dias de tratamento.
10. Fototerapia: ultravioleta A (UVA), UVA + psoraleno (PUVA), UVA + ultravioleta B (UVB) são indicados em formas crônicas e resistentes;
11. Terapias experimentais:
    - anticorpo monoclonal anti-IGE livre circulante (omalizumabe):
        - liga-se ao IgE livre circulante;
        - inibe a expressão de receptores de alta afinidade em mastócitos, basófilos e células apresentadoras de antígenos;
    - imunoglobulina humana endovenosa:
        - 2 g/kg apresentam efeito imunomodulador, levando à melhora da dermatite atípica em crianças.
12. Hospitalização:
    - indicada em casos graves, resistentes, com infecções secundárias e generalizadas;
    - isola o paciente dos fatores agravantes.

139
Dermatite de fraldas

 ## O que é

Dermatite de contato com inflamação aguda, nas regiões delimitadas pelas fraldas, frequente em crianças menores de 2 anos de idade, com maior incidência entre 8 e 12 meses de vida.

 ## Como suspeitar

Ao exame físico:

- observa-se eritema confluente;
- podem ocorrer também edema, pápulas eritematosas, vesiculação, erosões e ulcerações;
- em fases mais tardias, ocorre descamação na convexidade das regiões glúteas, na região medial das coxas, no períneo, nos lábios maiores ou no escroto e no abdome inferior;
- é frequente a presença de *Candida albicans*, que se apresenta clinicamente com eritema papular confluente com pápulas eritematosas

satélites que salpicam a pele contígua, sendo característica de infecções localizadas (Figura 1).

FIGURA 1   DERMATITE DE FRALDAS COM CANDIDÍASE.

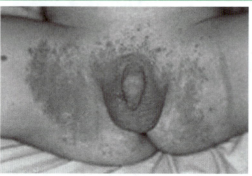

O que pedir

1. Utilização de preparações de hidróxido de potássio (KOH) ou cultura local para estabelecer o diagnóstico diferencial de outras erupções que podem coexistir com a *Candida albicans*.
2. Estudo da acidez das fezes e da alcalinidade da urina: solicitar em casos de resistência à terapêutica. Se confirmadas a alcalinidade excessiva da urina e a acidez das fezes, deve-se promover a mudança do regime alimentar.

Como tratar

1. Orientar os pais a realizarem troca de fraldas de forma mais frequente e deixarem a criança por curtos períodos sem fralda.
2. Evitar excesso de roupas para não ocorrer o aumento da temperatura local.
3. Realizar a higienização local após a troca de fraldas com toalha limpa ou chumaço de algodão umedecido com água morna ou solução fisiológica.

4. Eliminação dos sabonetes do banho enquanto existirem lesões e substituí-los por banhos com solução de permanganato de potássio a 1/40.000.
5. No caso da utilização de fraldas de pano, eliminar detergentes líquidos ou em pó para sua limpeza, optando-se por lavagem com sabão de coco. Manter essas fraldas em balde de água limpa e um copo de vinagre por 24 h.
6. Realizar limpeza suave evitando lenços umedecidos e produtos perfumados e uso frequente e abundante de cremes de barreira.
7. Aumentar a frequência da troca de fralda.
8. Nos casos de monilíase perianal associada, utilizar pomada antifúngica (nistatina, miconazol, clotrimazol, cetoconazol) a cada troca de fralda ou em 4 aplicações diárias.
9. Para reduzir a inflamação, pode ser necessário utilizar pomada antifúngica associada a corticosteroide tópico de baixa potência (hidrocortisona a 1%) por curto período para evitar o favorecimento de infecções bacterianas ou candidíase secundária. Contraindica-se o uso de corticoterapia de alta potência.
10. Recomenda-se proteger também a área de contato com as fraldas por meio da aplicação de pasta de zinco (óxido de zinco) sobreadjacente ao antifúngico, propiciando também efeito anti-inflamatório e proteção contra a alcalinidade da urina ou a acidez das fezes.

140
Dermatite seborreica

O que é

Patologia eczematosa crônica frequente na infância e na adolescência, recorrente em regiões cutâneas ricas em glândulas sebáceas e nas regiões intertriginosas.

Como suspeitar

1. A patologia pode se iniciar no 1º mês de vida e se acentuar durante o 1º ano.
2. Ainda tem etiologia desconhecida, porém atribui-se à *Malassezia furfur* a função de agente causal.
3. O "capuz do berço" (descamação e crostas difusas ou focais em couro cabeludo) pode ser a única manifestação clínica ou a inicial.
4. Ocorrência de lesões eritematoescamosas em face, tronco e áreas intertriginosas como axilas, região genitoanal e inguinal (Figura 1).
5. Na adolescência, apresenta-se de forma localizada, podendo permanecer no couro cabeludo e em áreas intertriginosas. Caracteriza-se

por áreas de crostas amareladas graxentas, espessas ou descamação difusa e aderente.
6. Pode ocorrer alopecia e o prurido ser intenso ou ausente (Figuras 2 e 3).
7. Está presente em pacientes HIV-positivos, sendo comum em adultos jovens a ocorrência de placas eritematosas e hiperqueratóticas em face, tórax e genitais.
8. É possível a ocorrência de blefarite e o comprometimento do canal auditivo externo.
9. Pode se exacerbar nas situações de estresse, higiene deficiente e transpiração excessiva.
10. Deve-se suspeitar de doença de Leiner (dermatite seborreica tipo intratável) em crianças que apresentam diarreia crônica, vômitos, febre, anemia e baixos índices antropométricos decorrentes da deficiência congênita do complemento C5.

FIGURA 1   DERMATITE SEBORREICA: LESÕES NO COURO CABELUDO E NA REGIÃO MEDIOFACIAL.

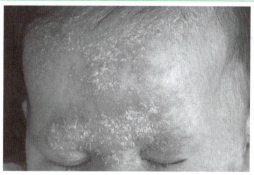

FIGURA 2   ECZEMA SEBORREICO DA CRIANÇA.

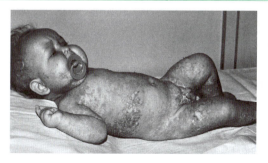

FIGURA 3 LESÕES ERITEMATODESCAMATIVAS DA DERMATITE SEBORREICA.

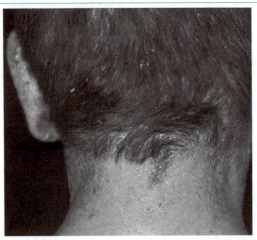

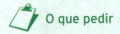
O que pedir

1. O diagnóstico é feito, em geral, sem dificuldades.
2. Análise histopatológica: dermatite crônica com áreas de paraqueratose, com discretas acantose e espongiose. Ocorrem ainda exocitose e infiltrado mononuclear na derme.
3. Exame micológico direto para exclusão de candidose e dermatofitose, quando necessário.
4. Sorologia para HIV nos casos suspeitos.

Como tratar

DERMATITE SEBORREICA DOS LACTENTES

1. Para os lactentes, evitar o excesso de roupa e o superaquecimento, utilizando roupas de algodão ou linho.

2. Aumentar a frequência de troca de fraldas. Em casos extremos, preconiza-se sua eliminação.
3. No couro cabeludo, removem-se as escamas com óleos vegetais, como de amêndoas doces, ou minerais (vaselina líquida). Realizar a lavagem com xampus compostos de enxofre, ácido salicílico e cetoconazol.
4. Na face, no tronco e em áreas intertriginosas, utilizam-se soluções antissépticas como a solução de Burow a 1:30 em água ou água boricada a 2%. Procede-se então à aplicação de cremes de óxido de zinco ou cetoconazol.
5. Em caso de eritema relacionado, associam-se corticosteroides de baixa potência, como a hidrocortisona a 1% por alguns dias.
6. Inibidores de calcineurina (pimecrolimo e tacrolimo) são efetivos e não provocam os efeitos colaterais dos corticosteroides.
7. Para casos intensos, indica-se corticoterapia com prednisona 0,5 a 1 mg/kg/dia, por curto período e em doses regressivas.
8. Recomenda-se a internação para a doença de Leiner, com manutenção do estado hidreletrolítico, transfusão de plasma e sangue total e antibioticoterapia, se necessário. Realizar banhos com permanganato de potássio 1:30.000 seguidos da aplicação hidrocortisona a 1% nas áreas afetadas.

DERMATITE SEBORREICA DO ADOLESCENTE E DO ADULTO

1. No couro cabeludo, utilizar xampus com enxofre, ácido salicílico, sulfeto de selênio, zinco-piridione, coaltar e cetoconazol a 2%, aplicados 3 vezes/semana. Associar, em casos resistentes, loções com corticosteroides.
2. Na face, aplicar creme de corticosteroide não fluorado como hidrocortisona a 1%, podendo-se alternar com cetoconazol a 2%.
3. No tronco, pode-se utilizar sabonete de enxofre e ácido salicílico, além de cremes de corticosteroides.
4. Nas áreas intertriginosas, utilizar pomadas contendo corticosteroide com antibacteriano e antifúngico por tempo determinado e fazer limpeza com água boricada. Realizar a manutenção com creme de pasta de zinco com antifúngico e antibacteriano.
5. Outra opção efetiva é a prescrição dos inibidores da calcineurina, como pimecrolimo e tacrolimo.
6. Nas formas disseminadas, utilizar corticoterapia com prednisona, na dose inicial de 1 mg/kg/dia por período limitado, e em casos graves e resistentes, usar a isotretinoína na dose de 0,5 a 1 mg/kg/dia.

141
Dermatozooparasitoses

O que são

Lesões cutâneas ou de mucosas causadas comumente por insetos, helmintos, protozoários ou ácaros, de caráter temporário ou permanente.

Como suspeitar

PEDICULOSE

1. Causada pelo *Pediculus humanus*, var. *capitis*.
2. Presença de prurido em couro cabeludo, região retroauricular e nuca, proporcional ao número de lêndeas.
3. Pode ocorrer linfadenopatia cervical e occipital.
4. Ocorre usualmente em crianças em idade escolar com cabelos longos.
5. O contágio acontece de forma direta entre as pessoas ou por objetos contaminados, como pentes, bonés, toalhas e roupas.

6. O diagnóstico confirma-se pela presença dos ovos (lêndeas), nódulos ovais de aproximadamente 1 mm, esbranquiçados e aderentes à haste do cabelo.
7. Podem ocorrer lesões e infecção secundária decorrentes de coçadura.

ESCABIOSE

1. É causada pelo ácaro *Sarcoptes scabiei*, var. *hominis*, transmitido exclusivamente de ser humano para ser humano.
2. Início insidioso com surgimento de lesões papulovesiculares eritematosas com disseminação (Figura 1).
3. Presença de prurido intenso à noite no paciente e em familiares.
4. Pesquisar, na inspeção estática, a presença de três elementos: sulcos, distribuição e lesões secundárias.
5. O sulco é escavado, com saliência linear de aproximadamente 1 cm. Apresenta em uma das extremidades uma vesícula perlácea, onde se pode localizar a fêmea do ácaro.
6. Distribui-se por espaços digitais das mãos, palmas, plantas, axilas, cintura, nádegas, face, couro cabeludo, pescoço e pés.
7. Podem ocorrer lesões secundárias como escoriações e piodermites, além de áreas de eczematização geralmente em crianças.

FIGURA 1   ESCABIOSE.

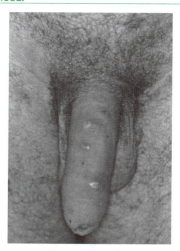

LARVA MIGRANS (DERMATITE LINEAR SERPIGINOSA)

1. Causada pela penetração do *Ancylostoma brasiliensis* ou do *Ancylostoma caninum* na pele.
2. Ocorre prurido intenso no momento da penetração.
3. A penetração das larvas na pele e sua posterior migração produzem a formação de traçados serpiginosos, elevados e eritematosos, com formação de pápula na porção linear terminal, onde se localiza a larva (Figura 2).
4. As lesões são únicas ou numerosas, podendo se localizar em regiões de contato com areia contaminada, como dorso, nádegas, joelhos e pés.

FIGURA 2 LARVA *MIGRANS*.

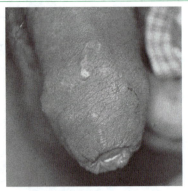

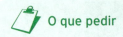

O que pedir

PEDICULOSE

O encontro de lêndeas no exame objetivo compõe o diagnóstico, não sendo necessários exames subsidiários.

ESCABIOSE

Em casos atípicos, pode-se realizar pesquisa de ácaros, ovos ou fezes do *Sarcoptes scabiei*, var. *hominis* nos sulcos ou nas pápulas suspeitas (o exame negativo não descarta o diagnóstico).

LARVA MIGRANS

1. O diagnóstico é feito por meio da inspeção da pele.
2. No hemograma, pode ocorrer eosinofilia.

Como tratar

PEDICULOSE

São comumente utilizados e de igual eficiência:

- xampu de lindano a 1%, xampu de permetrina a 1%, xampu de deltametrina a 0,02%: aplica-se durante 2 a 3 dias e repete-se o tratamento após 7 dias. Permanecer com a medicação por 5 a 10 min antes de enxaguar;
- remover as lêndeas com pente fino embebido em água morna acidulada com 30 a 50% de vinagre;
- a terapêutica sistêmica é feita com a utilização da ivermectina em dose única VO e repetição do esquema após 7 a 10 dias.

ESCABIOSE

1. Deve-se tratar todas as pessoas que residem no mesmo domicílio.
2. A roupa em contato com o corpo nos dias habituais deve ser lavada e não necessita ser fervida.
3. Enxofre (precipitado a 5%), loção, creme: aplicar medicação de escolha para crianças e adolescentes 1 vez/dia, durante 5 dias. Realiza-se pausa de 5 dias e aplica-se por mais 5 dias.
4. Permetrina, loção a 5%: aplicar por 8 a 12 h do pescoço para baixo, poupando a face.
5. Hexaclorogamabenzeno (lindano): aplica-se 1 vez em pele seca a solução ou o creme a 1% e repete-se o tratamento após 7 dias. Não é necessário aplicar na face.
6. Ivermectina (100 a 200 mcg/kg, em dose única, VO): não se recomenda em crianças menores de 5 anos (Tabela 1).
7. O prurido pode permanecer por várias semanas após o tratamento. Utilizar corticosteroide tópico para alívio da sintomatologia, como

o valerato de betametasona diluído em loção cremosa a 0,03% e anti-histamínicos sedativos como hidroxizina 0,5 a 0,6 mg/kg à noite.
8. O benzoato de benzila deixou de ser utilizado, pois pode produzir dermatite de contato irritativa.

TABELA 1   POSOLOGIA DA IVERMECTINA

Peso corpóreo	Dose única recomendada
15 a 24 kg	1/2 cp VO
25 a 35 kg	1 cp VO
36 a 50 kg	1 e 1/2 cp VO
51 a 65 kg	2 cp VO
66 a 79 kg	2 e 1/2 cp VO
> 80 kg	200 mcg/kg

Cp: comprimido.

Fonte: Laboratório Solvay Farma.[1]

LARVA MIGRANS

1. Na ausência de tratamento, as larvas morrem entre 2 e 8 semanas.
2. A medicação de escolha é o tiabendazol tópico a 5% em creme, 2 vezes/dia, por 10 dias.
3. A dose recomendada do tiabendazol oral é de 25 a 50 mg/kg/dia, durante 2 a 4 dias. Solução de 250 mg/5 mL e cápsulas de 500 mg.
4. Outra opção é o albendazol 400 mg, VO, para crianças maiores de 2 anos e adultos.
5. A ivermectina pode ser utilizada realizando-se o mesmo tratamento para a escabiose.

142
Doenças sexualmente transmissíveis (DST)

 O que são

Um grupo de patologias que apresenta principalmente transmissão sexual com prevalência na faixa etária de 10 a 24 anos, segundo a Organização Mundial da Saúde (OMS). Sua ocorrência na faixa etária pediátrica deve-se à transmissão vertical, à atividade sexual precoce ou à violência sexual.

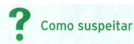 **Como suspeitar**

SÍFILIS

Sífilis adquirida

1. Causada pelo *Treponema pallidum*.
2. As lesões primárias do cancro duro surgem de 1 a 3 semanas após o contágio e são caracterizadas por 1 ou mais úlceras endurecidas na pele ou nas mucosas, no ponto de inoculação, geralmente em região genital ou em outro local de contato, como a região anal.

3. Ocorre adenopatia satélite.
4. O período secundário é caracterizado pelo aparecimento de lesões generalizadas em pele e mucosas, 4 a 8 semanas após o aparecimento do cancro duro. Essas lesões podem ser papulosas palmoplantares, placas mucosas ou pápulas vegetantes perianais (condilomas), além de alopecia em clareira (Figuras 1 e 2).
5. Podem ocorrer sintomas como febre, astenia, fraqueza, cefaleia e dores ósseas.

FIGURA 1   ALOPECIA EM CLAREIRA: SÍFILIS SECUNDÁRIA.

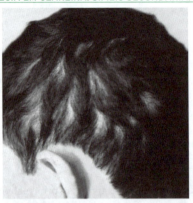

FIGURA 2   SÍFILIS SECUNDÁRIA.

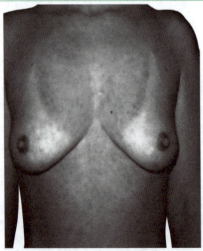

6. A infecção sem tratamento entra na fase de latência, em que o diagnóstico realiza-se apenas com a identificação dos anticorpos sanguíneos.
7. O desenvolvimento da sífilis tardia secundária (neurossífilis e sífilis cardiovascular) ocorre após um período de 5 a 20 anos em pacientes com sífilis primária sem tratamento.

Sífilis congênita

1. Ocorre pela transmissão transplacentária do *T. pallidum*.
2. A infecção ao nascimento pode ser assintomática ou sintomática e adquirida em qualquer momento da gestação.
3. Pode ocorrer meningoencefalite em 60% dos casos.
4. A forma disseminada da infecção compreende:
    - comprometimento difuso de pele e mucosas;
    - exantema maculopapular e bolhoso que alcança extremidades;
    - encontro de pênfigo palmoplantar e lesões bolhosas de mãos e pés;
    - acometimento sistêmico: hepatomegalia, esplenomegalia, anemia, meningoencefalite e pneumonia alba.
5. Os sinais da sífilis congênita precoce são:
    - lesões papulodescamativas em face, pescoço e tronco (Figura 3);
    - lesões plantares (Figura 4) e perianais;
    - rinite serossanguinolenta;
    - obstrução nasal;
    - osteocondrite;
    - choro ao manuseio;
    - pseudoparalisia de Parrot;
    - hepatoesplenomegalia;
    - icterícia;
    - hidropisia fetal;
    - anemia grave;
    - fissura orificial;
    - condiloma plano.
6. Os sinais da sífilis congênita tardia (aparecem após os 2 primeiros anos de vida) são:
    - fronte olímpica;
    - cicatrizes nasolabiais das rágades em face;
    - nariz em sela;
    - maxila curta;
    - molares em amora;

- alargamento da clavícula;
- dentes de Hutchinson (Figura 5);
- tíbia em sabre;
- palato em ogiva;
- hidrocefalia;
- retardo mental.

FIGURA 3   SÍFILIS CONGÊNITA RECENTE: LESÕES PAPULODESCAMATIVAS EM FACE, PESCOÇO E TRONCO.

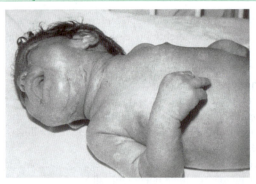

FIGURA 4   SÍFILIS CONGÊNITA RECENTE: LESÕES PLANTARES.

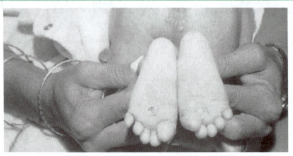

FIGURA 5   DENTES DE HUTCHINSON: SÍFILIS CONGÊNITA TARDIA.

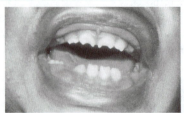

GONORREIA

1. Causada pela *Neisseria gonorrhoeae*.
2. É a doença sexualmente transmitida mais frequente em crianças vítimas de abuso sexual.
3. Em geral, está associada com a *Chlamydia trachomatis* e é causa frequente de uretrite.
4. Tem período de incubação de 24 h a dias.
5. Nas mulheres pré-púberes, observa-se vulvovaginite com descarga vaginal purulenta, com vulva edemaciada, sensível e escoriada.
6. Podem ocorrer disúria associada e dispareunia em mulheres pós-púberes.
7. A periepatite pode se dar por extensão da salpingite à cápsula e à superfície hepática.
8. Pode ocorrer saída de material purulento da uretra ou das glândulas vestibulares maiores (de Bartholin).
9. No sexo masculino, podem-se evidenciar uretrite com ocorrência de descarga purulenta e disúria sem urgência urinária ou polaciúria (Figura 6).
10. A orofaringite ocorre por contaminação do coito oral.
11. Podem ocorrer também prostatite e epididimite.
12. A gonorreia retal usualmente assintomática pode cursar com tenesmo, dor, constipação, sangramento e prurido.
13. Na forma da infecção gonocócica disseminada, o quadro inicia-se geralmente com artralgia e febre. Podem ocorrer artralgia assimétrica, lesões de pele como petéquias ou pústulas, artrite supurativa e, raramente, meningite, cardite e osteomielite.

FIGURA 6   BLENORRAGIA.

Fonte: www.colegiosaofrancisco.com.br/alfa/gonorreia.[2]

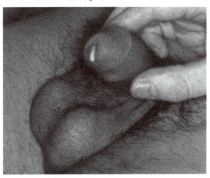

14. Na transmissão vertical, a conjuntivite ocorre em 30 a 35% dos nascidos por parto vaginal.
15. Geralmente, em 24 h, após o período de incubação de 2 a 5 dias, há edema palpebral e secreção purulenta bilateral (Figura 7).

FIGURA 7   CONJUNTIVITE GONOCÓCICA.
Fonte: www.2.aids.gov.br/dst/imagem41.htm.[3]

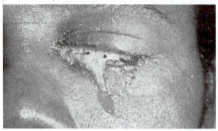

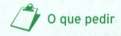

O que pedir

SÍFILIS

São métodos definitivos para o diagnóstico da sífilis:

- proteína C reativa: útil no diagnóstico de sífilis congênita;
- microscopia de campo escuro;
- imunofluorescência direta;
- teste de infectividade do agente: padrão-ouro de identificação do agente.

Os métodos presuntivos ou de triagem na presença de lesões cutaneomucosas são:

- hemograma: pode ocorrer anemia ou plaquetopenia;
- bilirrubinas, enzimas hepáticas e função renal: solicitar conforme a necessidade clínica;
- reações não treponêmicas ou de triagem: investigam a presença de anticorpos não específicos denominados reaginas; VDRL permite acompanhar a evolução e a resposta à terapêutica;

- reações treponêmicas FTA-abs: confirmam a infecção rastreada pelo VLDR;
- teste Western blot: identifica anticorpos IgM na sífilis congênita;
- teste rápido por imunocromatografia: realizado em 15 min; tem sensibilidade de 93,5% e especificidade de 92,5%;
- radiografia de ossos longos: pesquisa de periostite, metafisite e osteocondrite;
- ultrassonografia (US) transfontanelar: pesquisa de hidrocefalia na sífilis congênita;
- fundoscopia: realizar na sífilis congênita para avaliar possibilidade de coriorretinite;
- líquido cefalorraquidiano (LCR): em casos de fracasso ao tratamento, anormalidades neurológicas, sífilis latente tardia, sífilis em tratamento sem a utilização de penicilina.

GONORREIA

1. Exame direto do corado ao Gram para identificação do gonococo.
2. Cultura e hibridização de ácido nucleico em *swab* de secreção vaginal ou uretral. Difícil obtenção, porém, dada a implicação legal do diagnóstico de infecção pela N. *gonorrhoeae* em Pediatria, a cultura permanece a metodologia preferida.
3. Para a gonorreia presumida ou provada, solicitar outras sorologias, como sífilis, HIV e hepatite.
4. Antibiograma em razão da resistência antimicrobiana observada em algumas cepas.
5. Auxotipagem e sorotipagem: caracterizam as cepas de gonococos.

SÍFILIS

1. Utiliza-se a penicilina para os vários estágios e formas de contaminação da sífilis.
2. Para cada fase da sífilis, existe uma terapêutica específica:

- sífilis recente (primária, secundária ou lactente recente): penicilina benzatina na dose de 2,4 milhões de UI, IM, em dose única. Em caso de hipersensibilidade à penicilina em crianças e adolescentes não gestantes: ceftriaxona IM ou IV, por 10 a 14 dias; em crianças com sífilis adquirida, utilizar penicilina benzatina na dose de 50.000 UI/kg de peso até a dose do adulto (2,4 milhões de UI);
- sífilis tardia não neurológica: penicilina benzatina, 2,4 milhões de UI/semana, IM, por 3 semanas. Controle de VDRL aos 3, 6, 12 e 24 meses; se não houver queda dos títulos após os 2 primeiros controles, considera-se a possibilidade de neurossífilis;
- neurossífilis: penicilina G cristalina, 20 milhões de UI/dia (3 a 4 milhões de UI a cada 4 h), IV, por 20 dias; ou ceftriaxona 1 g/dia, IM ou IV, por 14 dias. Repetir LCR a cada 6 meses até a normalização. Repetir o tratamento se:
- títulos de anticorpos não treponêmicos aumentam em 4 vezes;
- sinais clínicos persistem ou recorrem;
- LCR não melhora em 6 meses e não se normaliza em 2 anos;
- quando os títulos sorológicos altos não baixam em 1/8 em 1 ano.

A. Nos recém-nascidos (RN) de mães com sífilis não tratada ou inadequadamente tratada, independentemente do resultado do VDRL do RN, solicitar:
  - hemograma;
  - radiografia de ossos longos;
  - punção lombar (na impossibilidade de solicitação, tratar o caso como neurossífilis) conforme a avaliação clínica e os exames complementares.
  A.1. Se existirem alterações clínicas e/ou sorológicas e/ou radiológicas e/ou hematológicas, o tratamento deve ser feito com penicilina G cristalina na dose de 50.000 UI/kg/dose, EV, a cada 12 h (nos primeiros 7 dias de vida) e a cada 8 h (após 7 dias de vida), durante 10 dias; ou penicilina G procaína 50.000 UI/kg, IM, dose única diária, por 10 dias.
  A.2. Se houver alteração no LCR, tratar com penicilina G cristalina, na posologia de 50.000 UI/kg/dose, EV, a cada 12 h (nos primeiros 7 dias de vida) e a cada 8 h (após 7 dias de vida), durante 10 dias.
  A.3. Se não existirem alterações clínicas, radiológicas, hematológicas e/ou no LCR e a sorologia for negativa, deve-se realizar o tratamento com penicilina G benzatina 50.000 UI/kg, IM, dose única. O acompanhamento é obrigatório,

Doenças sexualmente transmissíveis (DST)

FIGURA 8 CONDUTA PRECONIZADA PELO MINISTÉRIO DA SAÚDE PARA GESTANTES COM SÍFILIS.

Fonte: Lago et al., 2016.⁴

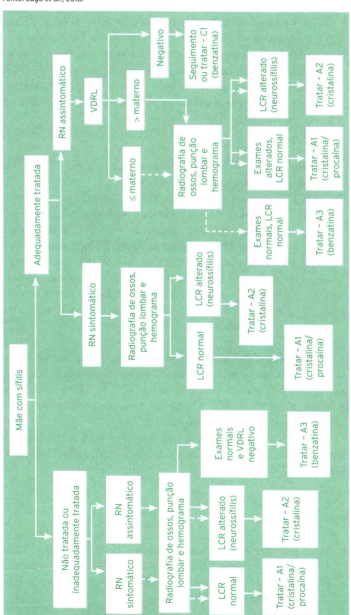

incluindo o seguimento com VDRL sérico após o término do tratamento. Se impossível garantir o tratamento, o RN deve ser tratado com esquema A1.
B. RN de mães adequadamente tratadas: solicitar o VDRL em amostras de sangue periférico do RN; se este for reagente com titulação maior que a materna e/ou na presença de alterações clínicas, realizar hemograma, radiografia de ossos longos e LCR:
  B.1. Se houver alterações clínicas e/ou radiológicas e/ou hematológicas sem alterações no LCR, o tratamento deve ser feito como A1.
  B.2. Se houver alteração no LCR, o tratamento deve ser feito como A2.
C. Nos RN de mães adequadamente tratadas: realizar o VDRL em amostra de sangue periférico do RN:
  C.1. Se for assintomático e o VDRL não reagente, realizar seguimento clínico-laboratorial. Na impossibilidade de garantir o acompanhamento, deve-se realizar o tratamento com penicilina G benzatina 50.000 UI/kg, IM, dose única.
  C.2. Caso seja assintomático e tenha o VDRL reagente, com título igual ou menor que o materno, acompanhar clinicamente. Na impossibilidade de seguimento clínico, investigar e tratar como A1 (sem alterações no LCR) ou A2 (se houver alterações no LCR).

Segundo orientação do Ministério da Saúde, o acompanhamento dos pacientes tratados no período neonatal inclui consultas ambulatoriais mensais até o 6º mês de vida e bimestrais do 6º ao 12º mês de vida, realização do VDRL com 1, 3, 6, 12 e 18 meses de idade (suspender se 2 exames seguidos forem negativos).

Realizar reavaliação do LCR a cada 6 meses até a normalização e acompanhamento oftalmológico, neurológico e audiológico semestral por 2 anos.

GONORREIA

1. Período neonatal: ceftriaxona na posologia de 25 a 50 mg/kg IM ou IV em dose única (não ultrapassando 125 mg) se o RN tiver apenas conjuntivite; por 7 dias nas outras infecções gonocócicas; por 10 a 14 dias nas meningites:

- cefotaxima na posologia de 25 mg/kg/IV ou IM a cada 12 h por 7 dias, ou por 10 a 14 dias, quando existir meningite;
- quando a mãe tem infecção gonocócica não tratada, realizar a profilaxia do RN com ceftriaxona na posologia de 25 a 50 mg/kg IM ou IV em dose única (não ultrapassando 125 mg).

2. Para as infecções gonocócicas não complicadas (cérvice, uretra e reto), utiliza-se ceftriaxona 25 a 50 mg/kg, dose única, IM ou IV, máximo de 250 mg. Outras opções são de única dosagem:
   - cefixima 400 mg, VO;
   - ciprofloxacino 500 mg, VO;
   - ofloxacino 400 mg, VO;
   - levofloxacino 250 mg, VO.

3. Pacientes pediátricos com bacteriemia ou artrite: utilizar ceftriaxona 50 mg/kg/dia; máximo de 1 g/dia, por 7 dias.

4. É necessária internação hospitalar para infecção gonocócica generalizada:
   - ceftriaxona 1 g/dia, IM ou IV, por 10 a 14 dias na meningite, e 1 a 2 g/dia por 4 semanas na endocardite.

5. Para oftalmia gonocócica neonatal, utiliza-se ceftriaxona 50 mg/kg, dose única, máximo de 125 mg; ou cefotaxima 100 mg/kg, dose única (recomendada para neonatos com hiperbilirrubinemia).

6. Para se evitar a conjuntivite neonatal, institui-se o nitrato de prata a 1% ocular em toda criança nascida por via vaginal. Esse fármaco não trata a lesão instalada intraútero que ocorreu por via ascendente.

7. Realizar tratamento concomitante para *Chlamydia trachomatis* frequentemente associada a infecção gonocócica e causa frequente de uretrite:
   - crianças menores que 45 kg: eritromicina 50 mg/kg/dia, VO, 4 vezes/dia, por 14 dias;
   - crianças maiores que 45 kg e menores que 8 anos: azitromicina 1 g, dose única;
   - crianças com mais de 45 kg e maiores que 8 anos: esquema adulto com azitromicina 1 g dose única ou doxicilina 100 mg, 2 vezes/dia, por 7 dias.

143
Eritema polimorfo

 O que é

Distúrbio vesicobolhoso com o surgimento imediato de lesões eritematosas, vesiculares e bolhosas na pele e nas mucosas. Divide-se nas formas *minor* (sintomas discretos e evolução benigna) e *major* ou síndrome de Stevens-Johnson (sintomas sistêmicos com comprometimento de pele e mucosas). Ocorre comumente na faixa etária entre 10 e 30 anos.

 Como suspeitar

1. Tem muitas causas que devem ser direcionadas na anamnese detalhada, como ingestão ou exposição a fármacos (analgésicos, barbitúricos, antibióticos e anticonvulsivantes: sulfas, sulfonamidas, ibuprofeno, salicilatos, penicilina, tetraciclinas e fenitoinato).
2. Micoses: histoplasmose e coccidioidomicose.
3. Presença de doenças reumatológicas como colagenoses.
4. Infecções virais e bacterianas recentes: a síndrome surge em geral de 2 a 3 semanas após infecção bacteriana com febre, dores musculares,

atralgia e anorexia, caracterizando a forma reumática do eritema multiforme.

5. Na forma *minor*, pesquisar infecção estreptocócica e o vírus herpes simples, e nas formas *major*, investigar infecção pelo *Mycoplasma pneumoniae*.
6. Nas formas graves, podem ocorrer rinite, conjuntivite, dores torácicas, vômitos e evacuações líquidas.
7. Sensação de ardor, edema e eritema nos lábios costumam ser os primeiros sinais.
8. Segue-se então, de forma fulminante, o aparecimento de lesões eritematovesicobolhosas ou purpúricas, isoladas ou confluentes, com acometimento de duas ou mais superfícies mucosas, como olhos, cavidade oral e vias aéreas superiores (Figura 1).
9. As lesões são em número variável com disposição geralmente simétrica, distribuição centrípeta, com predomínio em extremidades e em face.
10. Pode ocorrer comprometimento de mucosas, como na cavidade bucal, nas conjuntivas e nos genitais, com aparecimento de enantema, erosões ou ruptura de bolhas.

FIGURA 1   SÍNDROME DE STEVENS-JOHNSON COM FOTOSSENSIBILIDADE E LESÕES DE MUCOSAS.

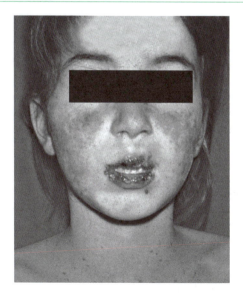

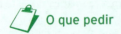

O que pedir

1. Os exames devem ser guiados pela necessidade de vigilância clínica e laboratorial do paciente e elucidação diagnóstica:
   - hemograma: apresenta-se com leucocitose moderada;
   - velocidade de hemossedimentação (VHS): apresenta discreto aumento;
   - AST/ALT: pode ocorrer aumento de transaminases;
   - albumina: pode ocorrer diminuição dos níveis séricos na síndrome de Stevens-Johnson;
   - gasometria arterial e eletrólitos: possivelmente alterados nas formas graves;
   - urina tipo I: avaliação do sedimento urinário para excluir hematúria;
   - ureia/creatinina: pode ocorrer aumento na forma *major*;
   - exame histopatológico e imunofluorescência: ajuda a excluir outras dermatoses bolhosas.
2. Na análise histopatológica, encontra-se infiltrado perivascular composto de células mononucleares com presença ou não de eosinófilos. Nas formas graves, pode ocorrer necrose eosinofílica dos queratinócitos.

Como tratar

1. Realizar avaliação detalhada do paciente para, se possível, identificar o agente etiológico. Dessa forma, tratam-se as infecções e suspende-se o uso de medicações suspeitas.
2. Não utilizar medicamentos anti-inflamatórios com potencial sensibilizante como diclofenaco, piroxicam, indometacina e analgésicos como dipirona e fenilbutazona.
3. Para a terapêutica das formas *minor*, podem-se usar anti-histamínicos para o prurido e, se necessário, analgésicos. A recuperação geralmente é completa, com curso de 2 a 3 semanas.
4. Em áreas erosivas, fazer limpeza com água boricada ou permanganato de potássio (0,1 g em 3 L de água). Utilizam-se também cremes de corticosteroide associados a antibiótico.

5. Internar pacientes em formas graves, como na síndrome de Stevens-
-Johnson, em unidade de terapia intensiva para:
   - monitoração do estado vital e hidreletrolítica;
   - detecção precoce de complicações secundárias, como infecções e uso de antibioticoterapia apropriada;
   - corticoterapia sistêmica tem utilização controversa, predominando a recomendação de não utilizá-la;
   - suporte nutricional e analgesia;
   - leito com colchão "caixa de ovo" ou cama de água;
   - realização diária de compressas com SF ou solução de Burrow nas lesões, curativos com gaze vaselinada ou hidrogel nas áreas erodidas;
   - tratamento da mucosa oral com água oxigenada a 10% diluída em 1:15 em água. Na suspeita de infecção por *Candida*, associar nistatina. Nos quadros álgicos, associar lidocaína gel antes das refeições;
   - compressas com SF em pálpebras, olhos e nariz;
   - sondagem urinária, se necessário;
   - avaliação oftalmológica, dada a possibilidade de perda visual e sequelas oculares, e de outros especialistas, quando necessário;
   - as terapias biológicas, como a gamaglobulina endovenosa, os anticorpos monoclonais e a imunoglobulina endovenosa, são utilizadas com limitações;
   - a cura completa pode ocorrer em 4 a 6 semanas ou pode haver novas lesões em surtos.

144
Infecções de pele e tecido celular subcutâneo

 O que são

As dermatoses infecciosas resultam da patologia primária da pele ou de uma manifestação clínica cutânea secundária a uma patologia de outro órgão.

 **Quando suspeitar**

IMPETIGO

1. Divide-se clinicamente em forma bolhosa (causada por estafilococos) e não bolhosa (causada por estreptococos e estafilococos).
2. Frequente na infância, sendo a higiene deficiente um fator predisponente.
3. Outros fatores que anteveem seu aparecimento são picadas de insetos, escoriações, varicela, escabiose, pediculose e queimaduras.
4. A lesão inicial é uma mácula eritematosa que evolui para vesícula-pápula ou bolha purulenta superficial.

5. Ocorre posterior saída do conteúdo seroso ou seropurulento, resultando em crosta melicérica (característica do impetigo) (Figura 1).
6. Pode-se visualizar linfadenopatia regional.
7. Geralmente, o aparecimento é em face e extremidades, mas pode ocorrer em qualquer região corpórea.

ERISIPELA

1. Infecção que abrange os vasos superficiais da pele e os vasos linfáticos cutâneos.
2. Maioria dos casos causada pelos estreptococos do grupo A.
3. Pode se originar por porta de entrada, como trauma, úlceras crônicas dos membros inferiores ou incisão cirúrgica.
4. É uma urgência dermatológica que cursa com febre alta e sintomas constitucionais acompanhada do surgimento de área edematosa, eritematosa, quente e dolorosa com bordas bem definidas (Figura 2).

FIGURA 1   IMPETIGO.

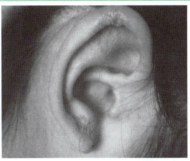

FIGURA 2   ERISIPELA.

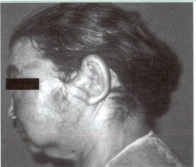

5. Pode evoluir com vesículas e bolhas de conteúdo seroso.
6. Ocorre adenite satélite próxima à região acometida.

CELULITE

1. Infecção e inflamação do tecido conjuntivo frouxo com comprometimento da derme e do tecido celular subcutâneo além dela.
2. Os agentes mais comuns são o estreptococo beta-hemolítico do grupo A e o *S. aureus*.
3. Pode haver porta de entrada para infecção por meio de uma solução de continuidade da pele, como trauma prévio, lesão cutânea ou cirurgia.
4. Apresenta-se como área de edema, calor e dor à palpação sem margens laterais definidas, uma vez que o processo é profundo na pele.
5. Geralmente, ocorrem adenopatia regional, febre, calafrios e mal-estar.
6. Ao se aplicar pressão no local, pode surgir o cacifo (Figura 3).

FIGURA 3 CELULITE: INFILTRAÇÃO LOCALIZADA COM BORDAS MAL DEFINIDAS.

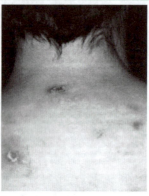

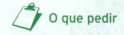 O que pedir

IMPETIGO

O diagnóstico do impetigo é clínico, porém pode-se utilizar exames complementares que ajudam na identificação do agente etiológico:

- bacterioscopia;
- cultura;
- hemocultura (em caso de deterioração do estado clínico).

Erisipela

O diagnóstico laboratorial é desnecessário. Pode-se tentar isolar o estreptococo.

Celulite

O agente etiológico é identificado em aproximadamente 25% dos casos, uma vez que está em baixo número de microrganismos presentes na lesão.
Pode-se então solicitar:

- hemograma e velocidade de hemossedimentação (VHS);
- hemocultura (tem positividade menor que 5%);
- aspirados do local da inflamação;
- punção de biópsia de pele.

IMPETIGO

1. Realizar limpeza local com antissépticos, como clorexidina ou iodo povidona.
2. Remover crostas utilizando compressas de água morna ou permanganato de potássio.
3. Indica-se antibioticoterapia sistêmica se:
    - número de lesões maior que 5;
    - acometimento do tecido celular subcutâneo ou da fáscia muscular;
    - febre;
    - linfadenopatia;
    - faringite associada a infecções próximas a boca ou couro cabeludo;
    - antibióticos sistêmicos com cobertura de estafilococos e estreptococos:
        - cefalexina 25 a 50 mg/kg/dia, VO, a cada 6 h, por 7 a 10 dias;
        - cefadroxil 30 mg/kg/dia, VO, a cada 12 h, por 7 a 10 dias;

- eritromicina 30 a 50 mg/kg/dia, VO, a cada 6 h por 7 a 10 dias;
- azitromicina 10 mg/kg/dia, VO, a cada 24 h, por 3 a 5 dias;
- claritromicina 15 mg/kg/dia, VO, a cada 12 h, por 7 a 10 dias;
- amoxicilina + ácido clavulânico (formulação 7:1) 45 mg/kg/dia, VO, a cada 12 h, por 7 a 10 dias.

4. Para o impetigo localizado, recomendam-se os antibióticos tópicos como a mupirocina ou o ácido fusídico (primeira escolha). Outra possibilidade é a utilização de neomicina e bacitracina, utilizadas 2 a 3 vezes/dia, por 5 a 14 dias.

ERISIPELA

1. Recomendam-se o repouso no leito e a elevação de membros inferiores se a patologia incidir sobre eles.
2. Em casos graves, realizar a terapia com fármacos parenterais inicialmente, com posterior troca para medicações VO.
3. Casos leves: utiliza-se medicação VO.
4. O tratamento de escolha é a penicilina G cristalina, EV, ou penicilina G procaína, IM.
5. Casos com hipersensibilidade: as penicilinas podem associar vancomicina com aminoglicosídeo:
   - penicilina G cristalina para recém-nascido (RN) até 7 dias: 50.000 UI/kg/dia, EV, a cada 12 h;
   - penicilina G cristalina para RN com mais de 7 dias: 75.000 UI/kg/dia, EV, a cada 8 h;
   - penicilina G cristalina para crianças acima de 4 semanas: 50.000 a 250.000 UI/kg/dia, EV, a cada 4 h;
   - penicilina G procaína para crianças de qualquer idade: 25.000 a 50.000 UI/kg/dia, IM, em 1 ou 2 aplicações;
   - penicilina V para crianças de qualquer idade: 25.000 a 50.000 UI/kg/dia, VO, a cada 6 ou 8 h;
   - cefalosporinas de 1ª geração ou macrolídeos: ver tratamento do impetigo;
   - vancomicina para RN até 7 dias: 30 mg/kg/dia, EV, a cada 12 h;
   - vancomicina para RN de 1 a 4 semanas: 30 a 45 mg/kg/dia, EV, a cada 8 h;
   - vancomicina para crianças acima de 4 semanas: 40 mg/kg/dia, EV, a cada 6 ou 12 h;
   - amicacina: 15 mg/kg/dia, EV, a cada 8 ou 12 h;

- gentamicina para prematuros ou RN até 7 dias: 5 a 6 mg/kg/dia, EV, a cada 12 h;
- gentamicina para RN com mais de 7 dias e crianças até 12 anos: 7,5 mg/kg/dia, EV, a cada 8 h.

CELULITE

Condutas gerais

1. Direciona-se a terapêutica conforme a idade do paciente, o estado imunológico, a localização e a característica da celulite.
2. Imobilizar e levantar o membro afetado no início do tratamento ajuda a reduzir o edema e a dor.
3. Em imunodeprimidos, recomendam-se a hospitalização com o uso de antibioticoterapia de largo espectro e a cobertura para agentes Gram-negativos.

Condutas específicas

1. Celulite pós-mordedura humana:
   - bactérias aeróbias (*Streptococcus* e *Staphylococus aureus*) e bactérias anaeróbias (*Eikenella*, *Fusobacterium*, *Peptostrepcoccus*, *Prevotella* e *Porphromonas* sp);
   - terapêutica de escolha: amoxicilina + clavulanato. Evitar cefalexina ou eritromicina, pois esses agentes não têm atividade para *Eikenella*;
   - realizar profilaxia para tétano.
2. Celulite pós-mordedura de cachorro ou gato:
   - realizar profilaxia com amoxicilina + clavulanato, durante 3 a 5 dias;
   - tratamento de feridas graves ou profundas com antibioticoterapia parenteral, com ampicilina + sulbactam ou piperacilina + tazobactam ou ticarcilina + clavulanato ou cefalosporina de 3ª geração associada a metronidazol.
3. Celulite pós-picada de cobra: penicilina, cloranfenicol e sulfametoxazol-trimetoprim (SMT-TMP).
4. Celulite após exposição à agua:
   - história de trauma associado à exposição à água;
   - utilizar cefalexina de 1ª geração ou clindamicina associada a levofloxacino.

145
Micoses superficiais

 O que são

São afecções causadas por fungos que abrangem pele, mucosas, unhas e pelos, podendo acometer faixa etária ampla de lactentes a adultos. Os grupos mais comuns são a pitiríase versicolor, a candidíase e a dermatofitose.

 Como suspeitar

PITIRÍASE VERSICOLOR

1. Causada pela *Malassezia furfur* na camada córnea da epiderme.
2. Muitas vezes assintomática, sendo visível após exposição solar, quando surgem máculas discrômicas na pele.
3. Presença de hipopigmentação da pele com máculas de coloração variável, múltiplas, que podem confluir e sofrer descamação e abranger grandes superfícies da pele.

4. Habitualmente, as lesões estão no pescoço, no tórax e nos membros superiores.
5. Pode ocorrer prurido ocasional.
6. Nunca ocorre o acometimento de regiões plantares, palmares e mucosas.
7. Pesquisar o sinal de Besnier: descamação furfurácea ao se aplicar a unha sobre a mancha.
8. Pesquisar o sinal de Zileri: surgimento da descamação ao se estirar a pele.

CANDIDÍASE

Ver Capítulo 156, na Parte 19 – Infectologia.

DERMATOFITOSE OU TINHA

São micoses superficiais causadas por fungos de três gêneros (Microsporum, Trichophyton e Epidermophyton) que parasitam porções queratinizadas ou semiqueratinizadas da pele, dos pelos e das unhas.

São fatores que favorecem a infecção:

1. Higiene precária.
2. Uso de calçados oclusivos.
3. Obesidade.
4. Desnutrição.
5. Estados e doenças de imunossupressão.

TINHA DE COURO CABELUDO (FIGURA 1)

1. Presente em crianças, sendo rara após a puberdade.
2. Frequente em creches e abrigos, sendo mais presente no sexo masculino.
3. Pode apresentar-se clinicamente com:
   - descamação de couro cabeludo com pouca ou nenhuma alopecia associada;
   - placa de tonsura única ou múltipla;
   - eritema de grau variado, escamas finas e aderentes e pontos negros na superfície.
4. Pode ocorrer linfadenopatia ou infecção bacteriana secundária.

TINHA DE UNHA (FIGURA 2)

1. Infecção da lâmina ungueal por dermatófito.
2. A unha apresenta-se de forma distrófica, descolorida e descolada no seu leito.
3. Pode ocorrer comprometimento de uma única unha ou várias.
4. Ocorrem espessamento e hiperqueratose subungueal.
5. O exame micológico é imprescindível para o diagnóstico, sendo encontrado o dermatófito na positividade.

FIGURA 1   TINHA DE COURO CABELUDO.

FIGURA 2   UNHAS ESPESSADAS COM HIPERQUERATOSE SUBUNGUEAL.

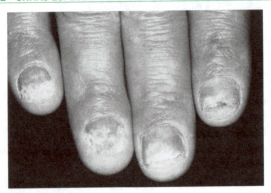

O que pedir

PITIRÍASE VERSICOLOR

O diagnóstico clínico é evidente, porém em casos duvidosos:
- realizar confirmação diagnóstica por meio da luz de Wood em que se visualiza fluorescência rósea dourada característica;
- exame micológico do raspado da lesão: encontro de hifas e pseudo-hifas;
- exame histológico: presença de hifas e pseudo-hifas na camada córnea, ácido periódico de Schiff (PAS) – positivas e basófilas pela hematoxilina-eosina;
- cultura: crescimento de colônia leveduriforme;
- biópsia de pele: com colorações com PAS ou prata-metenamina, encontram-se esporos e pequenas hifas abundantes na camada córnea. Este método raramente é necessário para o diagnóstico.

DERMATOFITOSE OU TINHA

1. Exame micológico direto: nos pelos, observa-se a presença de hifas e agrupamento de esporos. Na tinha de unha, verifica-se dermatófito.
2. Cultura: em meio de ágar, permite identificar o gênero e a espécie do dermatófito.
3. Luz de Wood: visualiza a fluorescência emitida que sinaliza a presença do fungo e auxilia nos diagnósticos diferenciais.

Como tratar

PITIRÍASE VERSICOLOR

A terapêutica tópica é suficiente na maioria dos casos:

1. Xampu de sulfeto de selênio a 2,5% é forma efetiva de tratamento em pacientes mais jovens.

2. Aplicar uma fina camada sobre as lesões por 10 min antes de enxaguar, por 1 a 2 semanas, utilizando aplicações intermitentes como manutenção.
3. O tratamento pode ser realizado com imidazólicos tópicos como cetoconazol, tioconazol, isoconazol e ciclopirox em 2 aplicações diárias por um período de 14 dias.
4. A terapêutica sistêmica é indicada nas formas extensas, utilizando cetoconazol por 10 dias, itraconazol por 5 dias ou fluconazol em doses semanais por 2 a 4 semanas, todos VO.

TINHA DE COURO CABELUDO (TINEA CAPITIS)

1. Griseofulvina é o medicamento de escolha na dose de 20 a 25 mg/kg/dose, 2 vezes/dia, por 6 a 8 semanas. Utilizar após refeição gordurosa para aumentar sua absorção.
2. Em adolescentes e adultos, recomenda-se itraconazol 100 mg/dia, durante 5 semanas, ou fluconazol 150 mg/semana, durante 4 semanas. Outra opção é a terbinafina, eficaz contra o *M. canis:*
   - 62,5 mg/dia para peso entre 10 e 20 kg;
   - 125 mg/dia para peso entre 20 e 40 kg;
   - 250 mg/dia para peso acima de 40 kg.
3. A pulsoterapia com a mesma posologia diária por 7 dias a cada 3 a 4 semanas também é efetiva.
4. Realizar tratamento concomitante com xampu antifúngico, como cetoconazol a 2% e o sulfeto de selênio a 1%, 2 a 3 vezes/semana.

TINHA UNGUEAL

1. A terapia pode ser iniciada após exame micológico positivo, devendo ser sistêmica e tópica ou eventualmente apenas tópica.
2. Na forma inicial da tinha ungueal, utiliza-se tratamento tópico com amolrofina a 5% em esmalte, ciclopirox-olamina a 8%.
3. Indica-se para o tratamento sistêmico:
   - griseofulvina 15 a 20 mg/kg/dia durante 4 a 6 meses (mãos) e 6 a 12 meses (pés);
   - fluconazol (adolescentes e adultos) 150 mg, 1 vez/semana, durante 3 a 4 meses (mãos) e 4 a 6 meses (pés).

146
Miliária

O que é

Erupção originada da obstrução dos ductos sudoríparos, resultando em sua ruptura e extravasamento do suor na pele, que ocorre geralmente em recém-nascidos e lactentes. Há três tipos de miliária: cristalina ou sudamina, rubra (brotoeja) (Figura 1) e miliária profunda.

FIGURA 1 MILIÁRIA RUBRA.

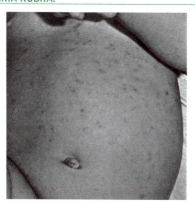

MILIÁRIA CRISTALINA

1. A obstrução ou ruptura ocorre na camada córnea com pequenas vesículas de 1 a 2 mm de diâmetro.
2. A erupção é em surtos, assintomática e constitui-se de vesículas claras, não inflamatórias.
3. Acomete usualmente o tronco.
4. Frequente em lactentes e recém-nascidos, dadas a imaturidade e a desobstrução retardada do ducto sudoríparo ou em razão de estarem sob cuidados em condições quentes e úmidas.

MILIÁRIA RUBRA

1. A obstrução e a ruptura ocorrem na camada malpighiana.
2. Ocorrem pápulas e vesículas com halo eritematoso monomórficas e a erupção é pruriginosa (Figura 2).
3. Localizam-se frequentemente em áreas flexurais e de fricção com roupas.
4. Presença em crianças e adolescentes com sudorese excessiva.
5. Precipitada por temperatura ambiental elevada com alto teor de umidade, banhos prolongados, surtos febris e excesso de roupas no verão.
6. Substâncias químicas, como repelentes, pomadas e óleos, podem desencadear o quadro.
7. Pode ocorrer infecção bacteriana secundária.

MILIÁRIA PROFUNDA

1. A obstrução e a ruptura ocorrem na junção dermoepidérmica.
2. Presença de pápulas róseas claras de 1 a 3 mm não pruriginosas.
3. Acometimento de tronco e os membros com menor frequência.
4. O quadro pode se associar com a miliária rubra, instalando-se após os surtos repetidos desta.

O que pedir

O diagnóstico é pelo exame dermatológico, porém, para evitar dúvida diagnóstica, pode-se realizar o exame histopatológico:

- miliária cristalina: presença de vesícula intracórnea ou subcórnea em comunicação com o ducto sudoríparo;
- miliária rubra: áreas focais de espongiose e formação de vesículas espongióticas em proximidade com o ducto sudoríparo;
- miliária profunda: ruptura do ducto sudoríparo no nível da junção dermoepidérmica.

Como tratar

1. Todas as formas de miliária respondem a situações que diminuem a produção de suor, como o resfriamento do paciente e a regulação da temperatura ambiental.
2. Em especial em lactentes e crianças, preconizam-se evitar roupas em excesso e administrar antipiréticos, se houver febre.
3. Recomenda-se também a realização de banhos quentes e rápidos 2 ou mais vezes/dia sem sabonete ou usando sabonetes suaves em pouca quantidade e sem fricção local.
4. Não utilizar substâncias tópicas potenciais irritantes que possam acarretar oclusão da pele.
5. Pode-se utilizar alguns medicamentos, como:
   - solução de Burrow diluída a 1:15 ou permanganato de potássio a 1:15.000 em solução aquosa, especialmente na miliária rubra, realizando compressas;
   - pasta d'água;
   - hidrocortisona a 1% em caso de presença de prurido intenso ou eczematização; associar a anti-histamínicos;
   - soluções de calamina ou loções com mentol;
   - se houver infecção secundária, utilizar antibióticos tópicos (mupirocina, ácido fusídico, retamulina) ou sistêmicos, como cefalosporinas de 1ª geração ou macrolídeos;
   - na fase de resolução em que se inicia a descamação, utilizar emolientes brandos.

147
Verrugas e molusco contagioso

 O que são

VERRUGAS

Proliferações epiteliais da pele e da mucosa caracterizadas por lesões ceratósicas de tamanho, forma e número variados. São originadas por diversos tipos de HPV, ocorrendo em maior frequência em crianças e adolescentes na faixa etária de 10 a 19 anos.

MOLUSCO CONTAGIOSO

Lesões de pele usualmente de 200 a 300 nm, causadas por um vírus DNA bifilamentar do grupo poxvírus de distribuição universal, com predomínio na faixa etária de 3 a 16 anos. O período de incubação varia de 2 semanas a 6 meses. A patologia é adquirida por contato direto com indivíduo infectado, por meio de fômites, e disseminada por autoinoculação.

Como suspeitar

VERRUGAS

1. Trata-se de uma lesão autoinoculável com tempo de incubação em torno de 1 a 6 meses.
2. De acordo com o estado imunitário, podem involuir ou aumentar em número ou tamanho.
3. O contágio é direto ou indireto por exposição a lugares (praias, piscinas, banheiros) ou objetos contaminados.
4. Pode ocorrer o desaparecimento espontâneo das lesões em 50% dos casos dentro de 2 anos, mas a falta da terapêutica pode promover sua disseminação.
5. Dividem-se em verrugas:
   - vulgares:
     - consistem em pápula ou nódulo de consistência firme de superfície dura hiperqueratósica (Figura 1);
     - na superfície, ocorrem pontos escuros decorrentes da trombose dos capilares dérmicos;
     - podem ocorrer em qualquer área, sendo encontradas em dorso de mãos e dedos, inclusive no leito ungueal e nas dobras periungueais.
   - filiformes:
     - de característica cornificada semelhante a espículas, com disposição perpendicular ou oblíqua à superfície cutânea;
     - localização preferencialmente em face, pescoço e boca;
     - frequentemente ocorre na face de adolescentes e adultos (Figura 2).
   - plantares:
     - pouco salientes pela área de pressão;
     - caracterizam-se por área central anfractuosa rodeada por anel hiperqueratósico (Figura 3);
     - vulgarmente conhecidas como olho-de-peixe;
     - se ocorrer penetração na derme, a deambulação se torna dolorosa, sendo esse tipo denominado mirmécia (Figura 4).
   - planas:
     - pápulas de 1 a 5 mm de diâmetro, amareladas e pouco salientes (Figura 5);
     - prevalência em crianças e adolescentes;

- localização em dorso de mãos, face e antebraço.
- condiloma acuminado:
  - lesões vegetantes de superfície irregular com forma, número e tamanho variados (Figura 6);
  - quando não tratada a lesão, conflui formando massas semelhantes a couve-flor;
  - pode ocorrer pela passagem do canal de parto infectado;
  - excluir sempre a possibilidade de abuso sexual na infância.

MOLUSCO CONTAGIOSO

1. A inspeção estática do paciente visualiza pápula semiesférica, séssil, usualmente umbilicada ou com leve depressão central (Figura 7).
2. As lesões geralmente se localizam em tronco, membros e genitália, podendo também ser encontradas em lábios, línguas, mucosa oral e conjuntiva ocular.
3. Tem característica assintomática e raramente dolorosa.
4. Nas crianças atópicas, é comum a ocorrência de uma área de eczema ao redor da pápula do molusco.
5. Em pacientes imunodeprimidos, portadores de dermatite atópica e em uso de corticoterapia sistêmica, as lesões são geralmente disseminadas, maiores e numerosas.

FIGURA 1 VERRUGA VULGAR: PÁPULA QUERATÓSICA AMARELADA NA REGIÃO PALMAR.

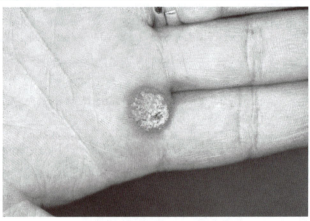

FIGURA 2   VERRUGAS FILIFORMES POR HPV.

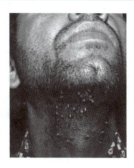

FIGURA 3   VERRUGAS PLANTARES.

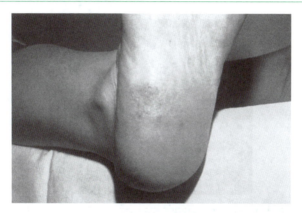

FIGURA 4   VERRUGAS PLANTARES.

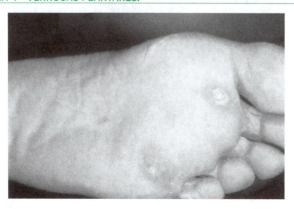

FIGURA 5   VERRUGAS PLANAS.

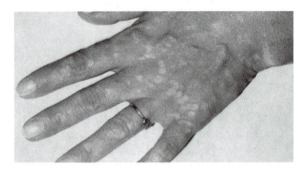

FIGURA 6   CONDILOMA ACUMINADO SIMULANDO *HIRSUTIO CORONA PENIS*.

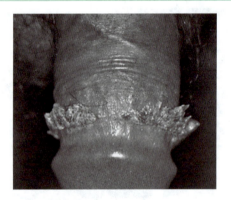

FIGURA 7   MOLUSCO CONTAGIOSO GIGANTE.

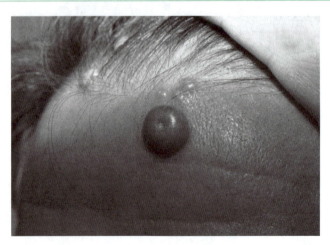

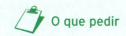 **O que pedir**

VERRUGAS

O diagnóstico é clínico, dado o aspecto característico, porém, em casos duvidosos, realiza-se a análise histopatológica da lesão.

MOLUSCO CONTAGIOSO

O exame físico dermatológico é característico, sendo necessário, em casos duvidosos, realizar a confirmação diagnóstica por meio de:

- exame histopatológico: presença de material viral eosinofílico que ocupa o citoplasma e desloca o núcleo de queratinócitos para a periferia;
- método de coleta: espreme-se a pápula entre duas lâminas e realiza-se a coloração com Giemsa ou Leishman;
- detecção do anticorpo específico contra o vírus do molusco contagioso (presente na maioria dos indivíduos infectados).

 **Como tratar**

VERRUGAS

Verrugas vulgares

1. Na faixa etária pediátrica, recomenda-se a eletrocoagulação precedida da anestesia infiltrativa e local com lidocaína e prilocaína.
2. Curativo local com álcool iodato e, em 15 dias, aguardar a cicatrização.
3. Cauterização química com aplicações semanais de ácido nítrico fumegante.
4. O uso diário, pelo paciente, de soluções contendo ácido lático e ácido salicílico seguido de oclusão é geralmente associado a cauterização química.

5. A crioterapia com nitrogênio líquido é dolorosa e deve ser realizada em várias aplicações.
6. O *laser* de CO_2 apresenta a mesma eficácia que a eletrocoagulação, porém é mais custoso.
7. Não se realizam exérese nem sutura da lesão, pois ocorre disseminação do vírus ao redor da verruga retirada.

Verrugas periungueais

1. Em lesões menores, realizam-se a eletrocoagulação e a curetagem eletiva.
2. Outra opção é a utilização de cantaridina a 0,7% em acetona e colódio flexível utilizado a cada 2 dias, sob acompanhamento médico.

Verrugas filiformes

Realiza-se anestesia tópica e infiltrativa, secciona-se a verruga e eletrocoagula-se a base.

Verrugas plantares

1. Realiza-se aplicação de ácido nítrico fumegante após raspagem da verruga, realizando lavagem com água e gelo se houver dor. Acompanha-se o paciente de 2 a 3 dias. Após a alta, marcar retornos periódicos para, em caso de recidiva, repetir o tratamento.
2. Não se realizam eletrocoagulação e curetagem, dadas a cicatrização demorada e a cicatriz dolorosa permanente.

Verrugas planas

1. Tretinoína a 0,05 a 0,1% (gel ou creme) à noite, de forma diária, por 4 a 6 semanas sendo a primeira escolha no seu tratamento.
2. A eletrocoagulação superficial utilizada após tretinoína é também efetiva.
3. Outra opção são as aplicações semanais de ácido tricloroacético 30 a 50%.
4. O *laser* de CO_2 também pode ser utilizado.

Condiloma acuminado

1. Utiliza-se podofilina a 25% em solução alcoólica com aplicação de 1 a 2 vezes/semana.
2. Antes da aplicação, proteger ao redor das lesões com vaselina.
3. Lavar o local com água corrente 6 a 8 h após a aplicação.
4. No caso de lesões muito numerosas, sugere-se a utilização de imunomodulador:
    - creme de imiquimod a 5%, 3 vezes/semana, deixado na pele por 6 a 10 h e lavado em seguida. A duração do tratamento é de 4 a 16 semanas.
5. Outros métodos são o uso do ácido tricloroacético 30 a 50%, crioterapia e eletrocoagulação.

Molusco contagioso

1. A escolha da terapêutica deve ser estudada para cada caso de acordo com o número, a topografia das lesões e o melhor resultado dermatológico possível.
2. Recomendam-se a curetagem das lesões e a aplicação de tintura de iodo e sua posterior compressão com haste com ponta de algodão. Esse é o método de eleição, por ser mais rápido, mais efetivo e menos doloroso.
3. Na faixa etária pediátrica, preconiza-se anestesia local com lidocaína-prilocaína, 2 h antes do procedimento.
4. A crioterapia com a utilização do nitrogênio líquido é eficaz, porém utilizam-se 2 ou 3 aplicações em intervalo de 2 a 4 semanas.
5. O uso de cáusticos, como ácido tricloacético a 30 ou 50% ou fenol, não é efetivo, sendo doloroso à aplicação e necessitando de inúmeras aplicações. Pode ocorrer toxicidade por absorção.
6. Deve-se recomendar aos portadores evitar compartilhar banhos e toalhas até o tratamento ou o desaparecimento da infecção autolimitada entre 6 e 9 meses. O período isento de pápulas por 4 meses pode ser interpretado como cura.

Bibliografia

REFERÊNCIA BIBLIOGRÁFICA

1. Lago PM, Ferreira CT, Mello ED, Pinto LA, Epifanio M. Pediatria baseada em evidências. Barueri: Manole, 2016. p.251-7.

BIBLIOGRAFIA

1. Avelino MM, Pimentel AM, Gusmao-Filho FAR. Doenças sexualmente transmissíveis. In: Campos Júnior D, Burns DAR, Lopez FA. Tratado de pediatria da Sociedade Brasileira de Pediatria. 3.ed. Barueri: Manole, 2014. p.1615-35.
2. Behrman RE, Kliegman RM, Jenson HB. Nelson – Tratado de pediatria. 17.ed. Rio de Janeiro: Elsevier, 2005.
3. Borda LJ, Wikramanayake TC. Seborrheic dermatitis and dandruff: a comprehensive review. J Clin Investig Dermatol 2015; 3(2).
4. Brasil. Ministério da Saúde. Diretrizes para controle da sífilis congênita: manual de bolso. Brasília: Ministério da Saúde, 2006. 72p.
5. Capote AM, Ferrara G, Panizo MM, García N, Alarcón V, Reviakina V et al. Superficial mycoses: casuistry of the Mycology Department of the Instituto Nacional de Higiene "Rafael Rangel", Caracas, Venezuela (2001-2014). Invest Clin 2016; 57(1):47-58.
6. Castelo-Soccio L, McMahon P. Pediatric dermatology. J Clin Aesthet Dermatol 2017; 10(3):S8-S15.
7. Chokoeva AA, Zisova L, Sotiriou E, Miteva-Katrandzhieva T. Tinea capitis: a retrospective epidemiological comparative study. Wien Med Wochenschr 2017; 167(3-4):51-7.

8. Dibek Misirlioglu E, Guvenir H, Bahceci S, Haktanir Abul M, Can D, Usta Guc BE et al. Severe cutaneous adverse drug reactions in pediatric patients: a multicenter study. J Allergy Clin Immunol Pract 2017; pii: S2213-2198(17)30101-0.
9. Egawa N, Doorbar J. The low-risk papillomaviruses. Virus Res 2017; 231:119-27.
10. Guinnsburg R, dos Santos AMN. Critérios diagnósticos e tratamento da sífilis congênita. Documento científico do Departamento de Neonatologia. São Paulo: Sociedade Brasileira de Pediatria, 2010.
11. Gupta AK, Versteeg SG. Topical treatment of facial seborrheic dermatitis: a systematic review. Am J Clin Dermatol 2017; 18(2):193-213.
12. Kellogg ND, Melville JD, Lukefahr JL, Nienow SM, Russell EL. Genital and extragenital gonorrhea and chlamydia in children and adolescents evaluated for sexual abuse. Pediatr Emerg Care 2017 Jan 9. doi: 10.1097/PEC.0000000000001014.
13. Kliegman RM, Behrman RE, Jenson HB, Stanton BMD. Nelson – Textbook of pediatrics. 18.ed. Philadelphia: Saunders, 2007. p.1555-7, 1680-90.
14. Krafchik BR. Atopic dermatitis,. Department of Pediatrics, Section of Dermatology, University of Toronto. Medscape's Continually Updated Clinical Reference, 2011.
15. Lazarini FM, Barbosa DA. Educational intervention in primary care for the prevention of congenital syphilis. Rev Lat Am Enfermagem 2017; 25:e2845.
16. Long SS. Optimizing antimicrobial therapy in children. J Infect 2016; 72 Suppl:S91-7.
17. Lopez FA, Júnior DC. Tratado de pediatria da Sociedade Brasileira de Pediatria. Barueri: Manole, 2007.
18. MacGillivray ME, Fiorillo L. An unanticipated complication of atopic dermatitis. Pediatr Emerg Care 2017 Apr 18. doi: 10.1097/PEC.0000000000001105
19. Mendes RC, Menezes MCS, Forte WCN. Dermatite atópica grave. In: La Torre FPF, Storni JG, Chicuto LAD, Cesar RG, Pecchini R. UTI pediátrica. Barueri: Manole, 2015. p.675-81.
20. Meza R, Rada G, Varas P. Are steroids effective in toxic epidermal necrolysis and Stevens-Johnson syndrome? Medwave 2017; 17(Suppl2):e6894.
21. Moraes MB, Campos SO, Hilário MO. Pediatria – Diagnóstico e tratamento. Barueri: Manole, 2013.
22. Morais MB, Campos SO, Silvestrini WS. Guia de medicina ambulatorial e hospitalar da Unifesp/EPM – Pediatria. Barueri: Manole, 2005.
23. Olson D, Abbott J, Lin C, Prok L, Dominguez SR. Characterization of children with recurrent episodes of Stevens Johnson syndrome. J Pediatric Infect Dis Soc 2017 Jan 19. doi: 10.1093/jpids/piw085.
24. Rayala BZ, Morrell DS. Common skin conditions in children: neonatal skin lesions. FP Essent 2017; 453:11-7.
25. Rayala BZ, Morrell DS. Common skin conditions in children: skin infections. FP Essent 2017; 453:26-32.
26. Rotta O (coord). Guia de medicina ambulatorial e hospitalar da Unifesp/EPM – Dermatologia. 2.ed. Barueri: Manole, 2007.
27. Rotta O. Guia de medicina ambulatorial e hospitalar da Unifesp-EPM – Dermatologia clínica, cirúrgica e cosmiátrica. Barueri: Manole, 2008.
28. Rotta O. Guia de medicina ambulatorial e hospitalar da Unifesp-EPM – Dermatologia clínica, cirúrgica e cosmiátrica. Barueri: Manole, 2008.
29. Rzany B. Too many instruments for measuring Quality of Life in Atopic Dermatitis. J Eur Acad Dermatol Venereol 2017; 31(4):574.
30. Sampaio SAP, Rivitti EA. Dermatologia. 2.ed. São Paulo: Artes Médicas, 2001.
31. Silva AP. Micoses superficiais. In: Campos Júnior D, Burns DAR, Lopez FA. Tratado de pediatria da Sociedade Brasileira de Pediatria. 3.ed. Barueri: Manole, 2014. p.845-52.
32. Simoni AGP. Piodermites. In: Campos Júnior D, Burns DAR, Lopez FA. Tratado de pediatria da Sociedade Brasileira de Pediatria. 3.ed. Barueri: Manole, 2014. p.833-43.

33. Spagnola CC. Pediatric atopic dermatites. Department of Allergy and Immunology, Kaiser Permanente South Bay. Medscape's Continually Updated Clinical Reference, 2010.
34. Yanamandra U, Khadwal A, Malhotra P, Varma S. Miliaria crystallina: relevance in patients with hemato-oncological febrile neutropenia. BMJ Case Rep 2015; 2015. pii: bcr2015212231. doi: 10.1136/bcr-2015-212231.
35. Yoshioka CRM. Abscessos, celulite e erisipela. In: Gilio AE, Grisi SJFE, Bousso A, De Paulis M (eds.). Urgências e emergências em pediatria geral – Hospital Universitário da Universidade de São Paulo. São Paulo: Atheneu, 2015. p.419-21.
36. Zawar V, Goyal T, Doda D. Woronoff ring: a novel manifestation of molluscum contagiosum. Skinmed 2016; 14(5):349-52.

PARTE 17
Genética

148 Erros inatos do metabolismo
149 Síndrome de Down

148
Erros inatos do metabolismo

 O que são

Os erros inatos do metabolismo (EIM) causam as doenças metabólicas hereditárias (DMH), que resultam da falta de atividade de uma ou mais enzimas específicas ou de defeitos de transporte de proteínas. As DMH são, na maioria, de herança autossômica recessiva, sendo apenas algumas de herança ligada ao X ou a doenças mitocondriais.

 Como suspeitar

A suspeita se faz na presença de história familiar positiva e de qualquer quadro clínico crônico, progressivo ou intermitente, em que não se consiga explicar o motivo com base na fisiopatologia das doenças mais comuns, como citado na Tabela 1.

As DMH são classificadas em três grupos:

1. Grupo I – doenças de moléculas complexas: defeito na síntese ou no catabolismo de moléculas complexas (glicoproteínas, glicolipídios,

glicosaminoglicanos, oligossacarídios e outros), caracterizado por sinais e sintomas permanentes e progressivos, sem relação com intercorrências ou ingestão alimentar, que são hepatomegalia e/ou esplenomegalia, alterações oculares, infiltrado em tecido celular subcutâneo, fácies grosseira, anormalidades esqueléticas e comprometimento do sistema nervoso central (SNC).

2. Grupo II – doenças que cursam com intoxicação: defeito no metabolismo intermediário, levando a quadros de intoxicação aguda (desidratação, vômitos, acidose metabólica, hipoglicemia, letargia, coma e insuficiência hepática) e crônica (atraso do desenvolvimento neuropsicomotor [DNPM], dificuldade de crescimento, luxação de cristalino, fenômenos tromboembólicos e convulsão), estando relacionado a ingestão alimentar e intercorrências.

3. Grupo III – doenças que envolvem o metabolismo energético: defeito na produção e/ou na utilização de energia, comprometendo fígado e/ou músculo e/ou cérebro. Os sintomas incluem: dificuldade de crescimento, hipoglicemia, hiperlacticemia, hipotonia, miopatia, cardiomiopatia, insuficiência cardíaca, síndrome de morte súbita e malformações do SNC.

TABELA 1   QUANDO PENSAR EM ERROS INATOS DO METABOLISMO

História familiar positiva, consanguinidade
Involução ou atraso do desenvolvimento neuropsicomotor
Convulsões, síndrome de West e ataxia
Hipotonia ou hipertonia
Hipoglicemia
Acidose metabólica
Discrasias sanguíneas
Hepatomegalia e/ou esplenomegalia
Letargia, coma
Estado neurológico flutuante
Anormalidades oculares*
Anormalidades de cabelos**
Odor anormal – urina e suor

(continua)

Erros inatos do metabolismo

TABELA 1 QUANDO PENSAR EM ERROS INATOS DO METABOLISMO *(continuação)*

Quadro psiquiátrico sem etiologia definida em qualquer idade

No recém-nascido: hipotonia, letargia, hiporreflexia, convulsões refratárias ao tratamento, soluços, sucção débil e insuficiência respiratória

* Catarata, retinopatia, mancha vermelho-cereja, opacidades da córnea, luxação do cristalino e movimentos oculares.

** Cabelos esparsos, alteração da textura, fios quebradiços.

O que pedir

TRIAGEM URINÁRIA

Reações para detecção de substâncias redutoras na urina (Clinitest® ou reação de Benedict), de cetoácidos (teste da dinitrofenil-hidrazina e do cloreto férrico), de dissulfetos (teste do cianetonitroprussiato), de tirosina (teste do nitrosonaftol) e de glicosaminoglicanos (teste do brometo cetiltrimetilamônio e do azul de toluidina).

TRIAGEM SANGUÍNEA

Hemograma, gasometria venosa, sódio, potássio, cloro, glicemia de jejum, transaminases hepáticas, colesterol total e frações, triglicerídios, ácido úrico, lactato, piruvato e amônia.

EXAMES ESPECÍFICOS

1. Cálculo do ânion *gap* – (Na + K) – (HCO$_3$ + Cl): realizar na presença de acidose metabólica. Se < 16, suspeita de acidúria orgânica.
2. Cromatografia plasmática qualitativa de aminoácidos, dosagem de ácidos orgânicos e dosagens enzimáticas são solicitadas de acordo com a suspeita clínica e os resultados dos exames de triagem.

A Tabela 2 relaciona os dados clínicos e laboratoriais mais comuns a determinados EIM. Essa tabela pode ser um guia na investigação diagnóstica e ser utilizada para afastar, com relativa segurança, a possibilidade de um EIM em uma criança.

TABELA 2 RESUMO DE DADOS CLÍNICOS E LABORATORIAIS RELACIONADOS AOS TIPOS DE DEFEITOS (LOCAL OU SUBSTÂNCIA ENVOLVIDA) DOS EIM

Clínica e laboratório	A	B	C	D	E	F	G	H	I	J
Episódico	–	–	++	++	++	++	++	+	++	–
Dificuldade alimentar	+	+	++	+	++	+	+	+	+	+
Odor anormal	–	–	+	+	–	–	–	–	–	–
Letargia, coma	–	–	+	+	++	+	+	+	+	–
Convulsões	++	+	+	+	+	+	+	+	+	+
Regressão do DNPM	++	++	–	+	+	–	–	+	–	–
Hepatomegalia	++	+	+	+	+	+	++	+	+	–
Hepatoesplenomegalia	++	+	–	–	–	–	+	–	–	–
Esplenomegalia	+	–	–	–	–	–	–	–	–	–
Hipotonia	+	+	+	+	+	+	+	+	+	++
Cardiomiopatia	+	–	–	+	–	–	+	++	+	–
Fácies grotesca	+	–	–	–	–	–	–	–	–	–
Hipoglicemia	–	–	+	+	–	++	++	+	++	–
Hiperglicemia	–	–	–	++	–	–	–	–	–	–
Acidose metabólica	–	–	+	++	+	++	++	+	+	+
Alcalose respiratória	–	–	–	–	++	–	–	–	–	–
Hiperamonemia	–	–	+	+	++	–	–	–	+	–
Hiperlactatemia	–	–	–	++	–	+	++	++	+	++
Cetose	–	–	+	+	+	+	+	–	–	–

++: geralmente presente; +: pode estar presente; –: geralmente ausente; A: lisossomos; B: peroxissomos; C: aminoácidos; D: ácidos orgânicos; E: ciclo da ureia; F: açúcares; G: glicogênio; H: mitocôndria; I: ácidos graxos; J: ácido lático.

Como tratar

PRINCÍPIOS DO TRATAMENTO

Prevenir o catabolismo, limitar a oferta de substâncias tóxicas, aumentar a excreção de metabólitos tóxicos e aumentar a atividade residual da enzima (cofatores).

Cada doença deve ser manejada de acordo com o defeito existente. Nas patologias do grupo I (doenças de depósito, lisossomais e peroxissomiais), o tratamento nutricional não interfere no curso das doenças. Por sua vez, algumas patologias dos grupos II e III são tratáveis por dietas restritivas (exclusão parcial ou completa de um ou mais nutrientes) e uso de depuradores, saturadores de receptores, quelantes, coenzimas ou cofatores específicos. Além disso, pode ser necessária a suplementação de nutrientes (vitaminas, minerais e ácidos graxos) e de produtos finais, que completam a via metabólica interrompida.

PRESENÇA DE ENCEFALOPATIA AGUDA

1. Jejum, hidratação EV e velocidade de infusão de glicose (VIG) entre 8 e 10.
2. Insulina (0,05 UI/kg/dose) em caso de hiperglicemia.
3. Convulsões na ausência de acidose e hiperamonemia: piridoxina (B_6) (150 mg, EV), biotina (5 a 20 mg/dia), vitamina B_{12} (1 a 2 mg/dia, IM) e riboflavina (200 a 300 mg/dia).

PRESENÇA DE ACIDOSE COM ÂNION GAP AUMENTADO (> 16)

Correção com bicarbonato de sódio e L-carnitina (100 a 200 mg/kg/dia).

PRESENÇA DE HIPERAMONEMIA

Benzoato de sódio (250 a 500 mg/kg/dia) e fenilacetato de sódio, por sonda nasogástrica ou EV.

Em caso de hiperamonemia grave (acima de 500 mcmol/L), realizar hemodiálise.

149
Síndrome de Down

O que é

Anomalia cromossômica autossômica mais frequente (trissomia do cromossomo 21) e responsável pela maior causa de deficiência mental e de cardiopatia congênita em humanos. Há 3 mecanismos genéticos para a trissomia do cromossomo 21:

1. Não disjunção com um cromossomo 21 inteiro a mais em todas as células (95% dos casos).
2. Translocação do cromossomo 21 para outro autossomo acrocêntrico (4%).
3. Mosaico da síndrome de Down, quando uma linhagem de células trissômicas e outra de células normais aparecem juntas (1%).

Como suspeitar

Destacadamente, o principal fator de risco associado à síndrome de Down é a maior idade materna (Tabela 1).

A suspeita se faz pela observação clínica dos sinais cardinais estabelecidos por Hall[1] (Tabela 2) e pela presença de anomalias congênitas e outras manifestações associadas (Tabela 3).

TABELA 1 RISCO ESTIMADO DE SÍNDROME DE DOWN A CADA 1.000 NASCIDOS VIVOS (NV), DE ACORDO COM A IDADE MATERNA

Idade materna (anos)	Recém-nascidos (a cada 1.000 NV)
20 a 29	0,58 a 1
30 a 35	1,04 a 2,58
36 a 39	3 a 7,07
40 e 41	9,09
42 e 43	15,4
44 e 45	24,89
46	41,22

TABELA 2 SINAIS CARDINAIS DA SÍNDROME DE DOWN EM RECÉM-NASCIDOS

Sinal/sintoma	%
Reflexo de Moro abolido ou diminuído	85
Hipotonia	80
Face com perfil achatado	90
Fendas palpebrais oblíquas para cima	80
Orelhas pequenas com a hélice dobrada	60
Excesso de pele na nuca	80
Prega transversa completa nas mãos	45
Hiperextensibilidade articular	80
Pelve com anormalidades morfológicas	70
Hipoplasia da falange média do 5º dedo (clinodactilia, prega única de flexão)	60

Fonte: Hall, 1964.[1]

TABELA 3 DEFEITOS CONGÊNITOS E OUTRAS ALTERAÇÕES ASSOCIADAS À SÍNDROME DE DOWN

Condições associadas	%
Cardiopatias congênitas: AVC (50%), CIV (19%), CIA (9%), tetralogia de Fallot (6%)	40 a 60
Doenças cardíacas: prolapso de valva mitral (57%), regurgitação aórtica (10%)	40 a 60
Anomalias gastrintestinais: atresia duodenal (2 a 5%), estenose pilórica, fístula traqueoesofágica, megacólon, ânus imperfurado	12
IAA	10 a 20
IAA sintomática	1 a 2
Catarata congênita	3
Outras afecções oculares: erros de refração (49%), estrabismo, ambliopia, ceratocone (15%), catarata (17%)	61
Convulsões	8
Deficiência auditiva	80
Disfunção tireoidiana	20 a 40
Hipotireoidismo neonatal	1,4
Suscetibilidade a infecções	Alta
Deficiência imunológica	*
Leucemia	1
Policitemia neonatal	64
Reação leucemoide neonatal	10
Distúrbios de atenção e hiperatividade	22
Doença de Alzheimer	95**
Demência	13

AVC: acidente vascular cerebral; CIV: coagulação intravascular; CIA: comunicação interatrial; IAA: instabilidade atlantoaxial.

* Evidências controversas: hipoplasia tímica; diversas alterações de linfócitos T; HbsAg + em maior frequência.

** Variação entre 2,5 e 95%, dependendo da idade e dos métodos diagnósticos.

O quadro clínico característico compreende olhos com inclinação mongoloide, pregas epicânticas, perfil achatado, nariz rebaixado, protrusão da língua, orelhas pequenas, hipotonia global, pregas palmares simiescas, distância aumentada entre o hálux e o 2º artelho e retardo mental.

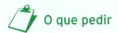

O que pedir

1. Cariótipo:
   - pré-natal: biópsia de vilosidades coriônicas (10ª a 11ª semana) ou do cultivo de células obtidas por amniocentese (14ª a 16ª semana);
   - pós-natal: cultura de linfócitos.
2. 1º mês: ecocardiografia, ultrassonografia de quadril, triagem auditiva e oftalmológica, hormônios tireoidianos.
3. 1º ano de vida: hemograma completo, avaliação de especialistas (neurologia, cardiologia, otorrinolaringologia, oftalmologia, ortopedia, odontologia, genética).

Como tratar

1. Estimulação para aquisição de habilidades de acordo com a fase de desenvolvimento:
   - fisioterapia: desenvolvimento de habilidade motora fina e grossa;
   - terapia ocupacional: desenvolvimento cognitivo e sensorial;
   - fonoaudiologia: desenvolvimento socioafetivo e da linguagem;
   - psicologia: desenvolvimento psicoafetivo e comportamental.
2. Programa escolar normal com reforço pedagógico.
3. Seguimento especializado para atender a necessidades médicas.
4. Avaliação em programa vocacional e oportunidades de trabalho.
5. Vacinação antipneumocócica e anti-*Haemophilus influenzae*.
6. Aconselhamento genético: idade materna e caráter citogenético.

Bibliografia

REFERÊNCIA BIBLIOGRÁFICA

1. Hall B. Mongolism in newborns. A clinical and cytogenetic study. Acta Paediatr Suppl 1964; 154(Suppl. 154):1-95.

BIBLIOGRAFIA

1. Albuquerque EV, Scalco RC, Jorge AA. Management of endocrine disease: diagnostic and therapeutic approach of tall stature. Eur J Endocrinol 2017; 176(6):R339-R353.
2. Arumugam A, Raja K, Venugopalan M, Chandrasekaran B, Kovanur Sampath K, Muthusamy H et al. Down syndrome – A narrative review with a focus on anatomical features. Clin Anat 2016; 29(5):568-77.
3. Bertapelli F, Pitetti K, Agiovlasitis S, Guerra-Junior G. Overweight and obesity in children and adolescents with Down syndrome-prevalence, determinants, consequences, and interventions: A literature review. Res Dev Disabil 2016;57:181-92.
4. Coppedè F. Risk factors for Down syndrome. Arch Toxicol 2016; 90(12):2917-29.
5. Cuckle HS. Primary prevention of Down's syndrome. Int J Med Sci 2005; 2:93-9.
6. Júnior DC, Burns DAR, Lopez FA. Tratado de Pediatria – Sociedade Brasileira de Pediatria. 3. Ed. Barueri: Manole, 2014.
7. Lee NC, Chien YH, Hwu WL. Integrated care for Down syndrome. Congenit Anom (Kyoto) 2016; 56(3):104-6.
8. McDowell KM, Craven DI. Pulmonary complications of Down syndrome during childhood. J Pediatr 2011; 158(2):319-25.
9. Mustacchi Z, Rozone G. Síndrome de Down: aspectos clínicos e odontológicos. São Paulo: CID, 1990.
10. Stojkovic T. Hereditary neuropathies: an update. Rev Neurol (Paris) 2016; 172(12):775-8.
11. Weijerman ME, de Winter JP. Clinical practice: the care of children with Down syndrome. Eur J Pediatr 2010; 169(12):1445-52.

PARTE 18
Higiene mental

150 Anorexia e bulimia nervosa

151 Depressão

152 Distúrbios do sono

153 Encoprese

154 Enurese

150
Anorexia e bulimia nervosa

 O que são

A anorexia é um transtorno alimentar caracterizado pela busca rigorosa da magreza. Acomete 9 mulheres para cada homem. Ocorrem comportamentos direcionados ao controle de peso com intensa restrição alimentar, resultando em desnutrição e desequilíbrio metabólico. A percepção do tamanho e da forma do corpo fica distorcida, levando o paciente a sentir-se usualmente com sobrepeso ou obesidade.

A bulimia nervosa é caracterizada, em sua forma clássica, pela ingestão exagerada, compulsiva e rápida de grandes quantidades de alimento, com pouco ou nenhum prazer, alternada com comportamentos para evitar o ganho de peso (provocação de vômitos, uso de laxantes e diuréticos ou privação alimentar importante). Também apresenta maior prevalência em mulheres, e 30% dos pacientes com este transtorno apresentam história anterior de anorexia.

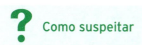 **Como suspeitar**

Os critérios do Manual Diagnóstico e Estatístico de Transtornos Mentais – 5ª edição (DSM-V) estão descritos nas Tabelas 1 e 2.

TABELA 1 CRITÉRIOS PARA DIAGNÓSTICO DE ANOREXIA E BULIMIA

Anorexia	Bulimia
Restrição da ingestão calórica em relação às necessidades, levando a peso corporal menor do que o minimamente esperado para idade, gênero, fase do desenvolvimento e saúde física	Episódios recorrentes de compulsão alimentar no mínimo 1 vez/semana durante 3 meses. Um episódio de compulsão alimentar é caracterizado pelos seguintes aspectos: 1. Ingestão, em um período determinado (p. ex., a cada 2 h), de uma quantidade de alimento definitivamente maior do que a maioria dos indivíduos consumiria no mesmo período sob circunstâncias semelhantes. 2. Sensação de falta de controle sobre a ingestão durante o episódio (p. ex., sentimento de não conseguir parar de comer ou controlar o que e o quanto se está ingerindo)
Medo intenso de ganhar peso ou de engordar ou comportamento persistente que interfere no ganho de peso, mesmo com o peso significativamente baixo	Comportamentos compensatórios inapropriados recorrentes no mínimo 1 vez/semana durante 3 meses a fim de impedir o ganho de peso, como vômitos autoinduzidos, uso indevido de laxantes, diuréticos ou outros medicamentos, jejum ou exercício em excesso
Perturbação no modo como o próprio peso ou a forma corporal são vivenciados, influência indevida do peso ou da forma corporal na autoavaliação ou ausência persistente de reconhecimento da gravidade do baixo peso corporal atual	A autoavaliação é indevidamente influenciada pela forma e pelo peso corporais e a perturbação não ocorre exclusivamente durante episódios de anorexia nervosa

TABELA 2 CARACTERÍSTICAS DIFERENCIAIS DA ANOREXIA E DA BULIMIA NERVOSAS

Anorexia nervosa	Bulimia nervosa
Perda de peso grave	Em geral, peso normal
Início mais precoce	Início mais tardio
Características de introversão	Características de extroversão
Não se sente doente	Sente-se doente
Nega a fome	Sente fome
Sexualmente inativa	Sexualmente ativa
Mais traços obsessivos	Mais traços de impulsividade
Amenorreia	Menstruação normal ou irregular

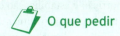

O que pedir

NA ROTINA

1. Hemograma (pode-se detectar anemia, leucopenia e trombocitopenia) e perfil lipídico (é frequente a hipercolesterolemia em pacientes anoréticas).
2. Eletrólitos: hiponatremia, hipopotassemia, hipocloremia, hipomagnesemia e hipofosfatemia estão ocasionalmente presentes.
3. Enzimas hepáticas: podem estar elevadas.
4. Gasometria venosa: alcalose metabólica em caso de vômitos autoinduzidos e acidose metabólica em caso de uso de laxantes e/ou diuréticos.

NOS CASOS ESPECIAIS

1. Albumina sérica: usualmente baixa.
2. Amilase: por vezes aumentada.
3. Hormônios: T4 e T3 normais ou baixos, estrogênio baixo nas meninas e testosterona baixa nos meninos.
4. Eletrocardiografia (ECG): bradicardia sinusal é comum. Arritmia é rara. Possível encontrar alterações no intervalo QT corrigido (QTc) com o seu prolongamento.
5. Massa óssea: osteopenia e osteoporose.
6. Calorimetria: redução significativa do gasto calórico.

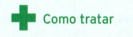

Como tratar

ANOREXIA NERVOSA

1. Sua terapia deve visar, primeiro, à recuperação nutricional, ao estabelecimento dos hábitos alimentares a médio e longo prazo e ao tratamento de alterações psíquicas. Substituir atitudes e pensamentos anoréticos com terapia cognitiva.
2. Terapia nutricional de fase educacional: coletar a história alimentar do paciente, estabelecer relação de colaboração e confiança, definir

princípios e conceitos sobre alimentos, nutrição e estabilização de peso, fazendo o paciente entender os efeitos da purgação alimentar sobre o organismo. Cabe à equipe multidisciplinar aliviar as tensões da família sobre os hábitos alimentares do paciente. Fornecer manuais sobre nutrição e exercícios ao paciente.

3. Terapia nutricional de fase experimental: visa ao aumento do peso e à sua manutenção e ao incremento das mudanças de comportamento alimentar.
4. Acompanhamento da qualidade dietética por meio do registro alimentar (realização de diário alimentar) e, se necessário, utilizar suplementos nutricionais específicos.
5. Promover ganho de 200 a 500 calorias adicionais por semana, lembrando que os pacientes têm um decréscimo de 50% de seu metabolismo basal.
6. A prescrição calórica inicial deve ser ao redor de 1.000 a 1.400 kcal/dia e aumenta-se diariamente em 100 a 200 kcal (final do tratamento), promovendo o ganho de peso. Alguns autores sugerem fornecer 20 a 30 kcal/kg de peso real/dia, outros, que se acrescente 500 kcal ao gasto energético basal. Considerar alimentos com alta densidade calórica em pequeno volume.
7. Realizar distribuição adequada de nutrientes: proteínas, segundo a RDA (*recommended dietary allowances*), visando ao anabolismo e à síntese proteica. Carboidratos fornecendo 50 a 60% das calorias totais. Lipídios devem ser oferecidos em 30% do valor calórico total (10% ácidos graxos poli-insaturados, 10 a 15% ácidos graxos monoinsaturados e menos de 10% de ácidos graxos saturados). Vitaminas e minerais: deve-se oferecer, durante a recuperação nutricional, variedade de nutrientes e, se necessário, o uso de suplementos nutricionais.
8. Hidratação: realizar estímulo para a ingestão de 1 mL de água/kcal/dia.
9. Tratamento psicológico com abordagem cognitiva e comportamental. Atenção: risco de suicídio.
10. Utilização da psicofarmacologia com o uso de antidepressivos tricíclicos cujos efeitos colaterais sejam ganho de peso e estímulo do apetite.
11. É necessário atentar-se para a síndrome de realimentação, que se caracteriza por hipofosfatemia grave e súbita, queda de potássio e magnésio, intolerância à glicose, hipocalcemia e disfunção gastrintestinal.
12. Atentar para fatores preditivos de mortalidade, como duração maior da doença, perda de peso intensa e recorrências múltiplas.

BULIMIA NERVOSA

1. O tratamento da bulimia é semelhante em diversos aspectos ao da anorexia nervosa. Deve-se dar ênfase a aspectos como:
   - regularização dos horários das refeições nutricionalmente balanceadas;
   - adequação dos níveis de energia para manutenção do peso;
   - evitar comportamentos de restrição alimentar, além de exercícios excessivos;
   - controle antropométrico em intervalos agendados;
   - analisar os registros dietéticos para avaliar progressos e estratégias de planejamento;
   - adequação da ingestão de fibras e gorduras para promover a saciedade;
   - atenção: risco de suicídio.

151
Depressão

 O que é

Conduta que se manifesta de formas distintas dependendo da etapa evolutiva, da personalidade e do ambiente da criança e do adolescente. Os transtornos depressivos têm apresentado alta e crescente prevalência na população em geral. A Organização Mundial da Saúde (OMS) prevê mudanças da necessidade de saúde da população mundial nas próximas duas décadas, em que a depressão e as cardiopatias substituirão os tradicionais problemas de saúde, como a desnutrição e as doenças infecciosas. Considera-se que a depressão maior na infância e na adolescência apresenta natureza duradoura, afeta múltiplas funções e causa significativos danos psicossociais.

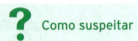 **Como suspeitar**

Segundo o DSM-I, os sintomas básicos de um episódio depressivo maior são os mesmos em crianças, adolescentes e adultos. O diagnóstico dos estados depressivos deve levar em conta, antes de tudo, se os sintomas depressivos são primários ou secundários a doenças físicas e/ou ao uso de drogas e medicamentos (Tabela 1).

TABELA 1 AGENTES FARMACOLÓGICOS E DOENÇAS QUE PODEM ESTAR ASSOCIADOS AOS SINTOMAS DEPRESSIVOS

Agentes farmacológicos

Anti-hipertensivos: reserpina, alfametildopa, propranolol e clonidina

Neurolépticos e antiparkinsonianos: levodopa, carbidopa, amantadina

Corticosteroides: interrupção do uso de anfetamina, cocaína e álcool

Outros: cicloserina, vincristina, vimblastina, cimetidina, indometacina etc.

Doenças endócrinas

Tireoide: hipo e hipertireoidismo

Paratireoide: hiperparatireoidismo

Hipófise: hipopituitarismo

Suprarrenal: hipercortisolismo e doença de Addison

Pâncreas: diabetes melito

Doenças neurológicas

Esclerose múltipla, Parkinson, epilepsia, apneia de sono, tumores, doença cerebrovascular, demências

Doenças do colágeno

Lúpus eritematoso, artrite reumatoide

Doenças nutricionais

Pelagra, anemia perniciosa, hipervitaminose A, beribéri etc.

Doenças infecciosas

Sífilis terciária, toxoplasmose, mononucleose, hepatite, encefalite, Aids etc.

Neoplasias

Neoplasias abdominais, carcinomatose etc.

Segundo os critérios diagnósticos do DSM-V[1] para depressão maior, 5 ou mais dos 9 sintomas listados a seguir devem estar presentes por, no mínimo, 2 semanas ou mais (pelo menos um dos sintomas deve ser humor deprimido ou perda de interesse ou prazer). Os sintomas causam sofrimento clinicamente significativo ou prejuízo no funcionamento social, profissional ou em outras áreas importantes da vida do indivíduo. Não incluir sintomas nitidamente decorrentes de outra condição médica.

SINTOMAS DO EPISÓDIO DEPRESSIVO MAIOR, SEGUNDO O DSM-V

1. Humor deprimido ou irritável (parece choroso e sente-se triste, vazio e sem esperança).
2. Interesse ou prazer acentuadamente diminuídos.
3. Perda ou ganho significativo de peso ou diminuição ou aumento de apetite.
4. Insônia ou hipersonia.
5. Agitação ou retardo psicomotor.
6. Fadiga e perda de energia.
7. Sentimento de inutilidade e culpa excessiva ou inapropriada, que podem ser delirantes.
8. Capacidade diminuída de pensar ou concentrar-se ou indecisão.
9. Pensamentos de morte recorrentes, ideação suicida, tentativa ou plano suicida.

SINTOMAS DE DEPRESSÃO EM CRIANÇAS PRÉ-ESCOLARES

1. Dores (de cabeça e abdominais).
2. Prazer de brincar e ir à pré-escola diminuído.
3. Dificuldade nas aquisições de habilidades sociais da idade.
4. Ansiedade.
5. Fobias.
6. Agitação ou hiperatividade.
7. Irritabilidade.
8. Diminuição do apetite.
9. Alterações de sono.

SINTOMAS DE DEPRESSÃO EM CRIANÇAS ESCOLARES

1. Tristeza, irritabilidade e/ou tédio.
2. Falta de habilidade em se divertir.

3. Aparência triste.
4. Choro fácil.
5. Fadiga.
6. Isolamento com fraco relacionamento com seus pares.
7. Baixa autoestima.
8. Declínio ou desempenho escolar fraco.
9. Ansiedade de separação.
10. Fobias.
11. Desejo ou fantasias de morte.

Sintomas de depressão em adolescentes

1. Irritabilidade e instabilidade.
2. Humor deprimido.
3. Perda de energia.
4. Desmotivação e desinteresse importante.
5. Retardo psicomotor.
6. Sentimentos de desesperança e/ou culpa.
7. Alterações do sono.
8. Isolamento.
9. Dificuldade de concentração.
10. Prejuízo no desempenho escolar.
11. Baixa autoestima.
12. Ideias e tentativas de suicídio.
13. Problemas graves de comportamento.

Como tratar

1. O tratamento antidepressivo deve ser realizado de forma globalizada, considerando a criança e o adolescente como um todo e incluindo suas dimensões biológica, psicológica e social.
2. Eliminar as causas contribuintes: ambientais, agentes químicos como cafeína, avaliar a dinâmica familiar.
3. A terapia pode utilizar mudanças no estilo de vida e terapia farmacológica.
4. O tratamento é dividido na fase aguda (remissão dos sintomas), continuação (até 6 meses) e preventiva (após 6 meses).

5. Realizar intervenção psicoterápica com psicoterapia de apoio, psicodinâmica leve, terapia interpessoal, terapia cognitiva comportamental e em grupo.
6. A escolha dos antidepressivos deve ser baseada nas características da depressão, nos efeitos colaterais e no risco de suicídio, na terapia concomitante, na tolerabilidade, no custo e nos danos cognitivos.
7. As classes mais utilizadas são os antidepressivos tricíclicos e os inibidores seletivos da recaptação de serotonina (ISRS). A maioria dos antidepressivos atua nos sistemas noradrenérgico, serotonérgico e dopaminérgico ou em combinação destes.
8. Os efeitos colaterais são a principal variável relacionada à não adesão dos pacientes. Logo, a redução destes é fundamental para o sucesso do tratamento.
9. Antes do uso de medicações antidepressivas, é necessário investigar comorbidades de doenças clínicas, como hiper/hipotireoidismo, doença de Addison, doenças nutricionais e outras patologias.
10. O antidepressivo ideal deve: ser eficaz em todas as formas de depressão, até as mais graves; não ter efeito colateral; ter baixo custo e poucas interações medicamentosas; poder ser aplicado a todas as idades; melhorar a qualidade de sono sem efeitos colaterais; ter posologia fácil e efeito ansiolítico. Obviamente, tal medicamento não existe, de forma que decidir o que prescrever ou não para o paciente é uma questão essencial para a prática psiquiátrica.

152
Distúrbios do sono

 O que são

Atualmente, conhece-se melhor os distúrbios do sono ou parassonias. Definem-se como comportamentos noturnos episódicos que usualmente envolvem desorientação cognitiva e distúrbio dos músculos autonômicos e esqueléticos. Muitos deles se associam à imaturidade do sistema nervoso central (SNC), sendo mais comuns na faixa etária pediátrica, tendendo a desaparecer com a idade.

Na classificação internacional dos distúrbios do sono, estão incluídos:

- distúrbios do despertar: sonambulismo, terror noturno e despertar confusional;
- parassonias do sono REM (*rapid eye movement* – movimentos oculares rápidos característicos da fase do sono denominada sono paradoxal): pesadelos, distúrbio comportamental do sono REM;
- distúrbios da transição sono-vigília: sonilóquio, distúrbio rítmico do movimento;
- outras parassonias: bruxismo.

TABELA 1 DIFERENCIAÇÃO DE FENÔMENOS NOTURNOS EPISÓDICOS

Características	Sonambulismo	Terror noturno	Pesadelos	Crises epilépticas noturnas
Momento da noite	Primeiro terço	Primeiro terço	Último terço	Variável; muitas vezes na transição sono-vigília
Fase do sono	SOL	SOL	REM	Não REM
Descrição clínica				
A criança desloca-se da cama	Habitual durante o evento	Pode ocorrer durante o evento	Ocasionais depois do evento	Incomum
Excitação autônoma/agitação	Baixa e moderada	Alta e extrema	Moderada a alta	Variável
Comportamento estereotipado/repetitivo	Variável/comportamento complexo	Variável	Ausente; pequeno comportamento motor	Comum
Limiar de excitação	Alto; a criança fica agitada se for acordada	Alto; a criança fica agitada se for acordada	Baixo; criança acorda e fica agitada depois do evento	Alto; criança acorda e fica confusa depois do evento
Sonolência diurna associada	Ausente	Ausente	Sim, se os despertares noturnos forem prolongados	Provável
Lembrança do evento	Ausente ou fragmentar	Ausente ou fragmentar	Frequente, vívida	Ausente
Incidência	Comum (20% com pelo menos um episódio; cronicidade em 1 a 6%)	Raro (1 a 6%); incide em 10% dos sonâmbulos	Muito comuns	Infrequentes
Antecedentes familiares	Comuns	Comuns	Não	Variáveis

SOL: sono de ondas lentas; REM: *rapid eye movement* – movimentos oculares rápidos.

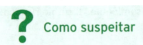

Como suspeitar

1. Investigar sobre as características do sono da criança: tipo, duração e intensidade.

2. Dificuldade de iniciar ou manter o sono, o que é visto como um problema pela criança ou pelos cuidadores.
3. Prejuízo nas atividades diurnas da criança em razão da gravidade, cronicidade e frequência.
4. Presença de prostração e sonolência excessiva durante o dia.
5. À inspeção estática: atitude e expressão cansadas.
6. Verificar deformidades craniofaciais e torácicas.
7. Pesquisar alterações neuromusculares e quadros sindrômicos.

DISTÚRBIOS DO DESPERTAR

Ocorre um despertar parcial durante o sono não REM, fase que apresenta atividade cerebral lenta e sincronizada, principalmente nos estágios mais profundos.

SONAMBULISMO

1. Definido como episódios de comportamento motor de baixa complexidade iniciados durante a fase III ou IV do sono de ondas lentas, quando pode haver manifestações motoras.
2. Início dos episódios após 2 anos de idade com pico entre 4 e 8 anos praticamente desaparecendo ao redor de 10 anos.
3. História familiar de sonambulismo em 25% dos casos e prevalência de 1 a 6% na população pré-escolar.
4. Não cursa com alterações eletroencefalográficas.
5. Pode variar desde o sonâmbulo se levantar da cama até realizar atividades automáticas com os olhos abertos, olhar fixo, deslocando-se em uma marcha incerta.
6. Duração do episódio em torno de alguns minutos a meia hora.
7. Termina com despertar espontâneo, seguido ou não de confusão.
8. Ocorre redução do estado de alerta e responsividade.
9. A criança fala ou até mesmo responde a perguntas, porém o diálogo é raro.
10. Ocorre amnésia completa do episódio.
11. Pode ocorrer com ou sem fatores desencadeantes, como febre, privação do sono, atividade física e uso de neurolépticos.
12. A preocupação maior é o risco de acidentes durante a deambulação. Deve-se instituir medidas de segurança, como instalar alarme na porta do quarto, trancar portas e janelas e bloquear as escadas.

TERROR NOTURNO

1. Ocorre em 1 a 3% das crianças, mais frequentemente entre 3 e 6 anos de idade, tendendo a desaparecer aos 10 a 12 anos de idade, sendo mais comum no sexo masculino.
2. Ocorre no primeiro terço do sono (fase 4 do sono de ondas lentas – SOL).
3. Início súbito em que a criança grita, aparenta medo ou vocaliza incoerências.
4. Duração de 1 a 20 min.
5. Sinais autonômicos presentes com o episódio: dilatação pupilar, taquicardia, sudorese, tônus muscular aumentado e hiperventilação.
6. Nos episódios, a criança dificilmente é consolada e, quando acorda, está confusa.
7. A criança fica indiferente à presença dos pais e não responde a suas tentativas de consolo, nem recorda o ocorrido (amnésia).
8. Estudos eletroencefalográficos sem atividade epileptogênica nos episódios.
9. É possível a ocorrência do terror noturno e do sonambulismo.
10. O tratamento do terror noturno é de suporte psíquico à família.
11. Em casos intensos ou frequentes, despertar o paciente 30 a 45 min antes do horário previsto da ocorrência do evento.
12. Raros pacientes demandam o uso de fármacos benzodiazepínicos, como o clonazepam.

DESPERTAR CONFUSIONAL

1. Assemelha-se ao terror noturno.
2. Ocorre na fase não REM no período final do sono.
3. Acomete pré-escolares e escolares com evolução favorável, desaparecendo na adolescência.
4. Paciente com fala arrastada, sudorese e comportamento inadequado, como choro inconsolável ou movimentos e atitudes agressivas.
5. Duração de minutos ou horas com amnésia posterior ao evento.
6. O diagnóstico é clínico, podendo ser comprovado pela polissonografia.
7. O tratamento é realizado com estimulantes, como cafeína.

PARASSONIAS DO SONO REM

Pesadelos

1. É experiência onírica carregada de ansiedade ou pavor.
2. Caracteriza-se por despertar súbito.
3. São frequentes entre 3 e 6 anos de idade, desencadeados espontaneamente ou por agravos psíquicos.
4. Cursam com pequena alteração autonômica com pouca fala ou movimentação.
5. O indivíduo desperta fácil e é capaz de relatar os sonhos vividos.
6. A criança relata as imagens amedrontadoras e conversa sobre o episódio durante o dia.
7. Ocorre no sono REM da segunda metade da noite.
8. A recordação do episódio usualmente é completa.
9. Em geral, envolve temas contendo ameaças à sobrevivência e à segurança.
10. Diferencia-se do terror noturno pela polissonografia, uma vez que este ocorre no sono não REM.
11. Não necessita de tratamento.
12. Introduzir pensamentos agradáveis ao deitar contando histórias em que a criança supera uma situação difícil.
13. Caso ocorram pesadelos frequentes e persistentes em crianças, faz-se necessária maior investigação. Pesquisar possibilidade de trauma, como abuso sexual, ou pesquisa de transtornos ansiosos.

Distúrbio comportamental do sono REM

1. Caracteriza-se por movimentação abrupta durante o sono em que usualmente ocorre atonia muscular.
2. O paciente vivencia o sono gerando comportamentos motores em geral violentos.
3. Pode acompanhar lesões neurológicas.
4. Ocorre lembrança do sonho ao ser acordado.
5. Pouco frequente em pacientes pediátricos.
6. Requer atenção ao ambiente para evitar acidentes.

DISTÚRBIOS DA TRANSIÇÃO SONO-VIGÍLIA

Sonilóquio

1. Manifesta-se frequentemente em crianças que falam adormecidas, murmurando frases desordenadas e sem sentido.
2. Inicia-se geralmente a partir dos 3 anos de idade.
3. Desencadeante de sobrecarga física, febre e distúrbios afetivos, sem base orgânica.
4. Cursa com amnésia no dia seguinte.
5. Abrange frases incompletas ou expressão de algumas palavras.
6. Em geral, apresenta-se associado ao bruxismo.
7. Geralmente está associado à ansiedade e corresponde à fase evolutiva da criança normal.
8. Se houver persistência por longo período, pesquisar possível associação com distúrbio neurológico ou emocional.
9. Não é necessária a utilização de fármacos.

DISTÚRBIO RÍTMICO DO MOVIMENTO

1. Balanço repetido que envolve o seguimento cefálico ou lateral no sentido anteroposterior ou lateral.
2. Início nos 8 a 9 meses de vida e raramente persiste após os 4 anos de idade.
3. Duração de 5 a 15 min na transição de vigília para sono superficial (não REM estágio 1 e 2).
4. Ocorre geralmente em crianças pouco estimuladas, com agravos emocionais e nos neuropatas.
5. Se houver movimentos rigorosos, podem ocorrer traumatismos cranianos.
6. Deve-se realizar cuidado ambiental profilático e o quadro tende a desaparecer com a remoção do agravo emocional.

OUTRAS PARASSONIAS

Bruxismo

1. É o ranger dos dentes durante o sono.
2. Manifestação estomatognática inconsciente e automática.

3. Similar aos mecanismos de produção do soniloquio.
4. A maioria dos casos de bruxismo é de etiologia primária.
5. Elevada frequência de antecedentes familiares positivos.
6. Bruxismo secundário pode estar associado a outros distúrbios do movimento (doença de Parkinson, doença de Huntington, entre outros).
7. Em geral, aparece a partir dos 3 anos de idade, acometendo 14 a 20% das crianças com menos de 11 anos. Tem incidência maior em crianças com retardo mental ou paralisia cerebral.
8. Pode ser acompanhado de outros sintomas, como a enurese.
9. A maioria dos episódios de ranger de dentes ocorre nos estágios 1 e 2 do sono não REM e raramente em sono profundo.
10. Pode ocorrer cefaleia ou dor facial como decorrência do esforço muscular do masseter.
11. Indica-se o controle da função mandibular quando ocorrer repetição do bruxismo, podendo levar a alterações de ortodontia (desgaste de superfícies oclusais ou sobrecarga de alteração temporomandibular).
12. Como tratamento ortodôntico, utiliza-se o ajuste oclusal com ortodontia ou uso de dispositivos intraorais (placas).
13. Como tratamento comportamental, incluem-se medidas de higiene do sono e técnicas para controle de estresse.
14. Diversas medicações já foram sugeridas para o tratamento farmacológico, mas existem apenas alguns poucos estudos controlados que avaliam eficácia, segurança farmacológica e repercussões sobre o bruxismo.
15. Outra opção terapêutica é a utilização da toxina botulínica para relaxamento muscular.
16. Em geral, desaparece na adolescência.

O que pedir

Os exames devem ter indicação criteriosa, sendo pouco indicados em pacientes com quadro recente e pouco intenso e sem repercussão nas atividades diurnas e no sono dos familiares.

NOS CASOS ESPECIAIS

1. Sensor de áudio: registra palavras e ruídos pelo microfone. Detecta ronco, soniloquio e expressões de medo do terror noturno.

2. Eletroencefalografia (EEG): avalia as fases do sono e a ocorrência de descargas elétricas e despertares.
3. Polissonografia: avalia diversas variáveis biológicas do sono. Pode diferenciar o terror noturno do pesadelo, uma vez que o primeiro ocorre no sono não REM.
4. Videopolissonografia: filma a criança durante o sono, permitindo registrar movimentos anômalos e sonambulismo.
5. Eletromiografia de superfície da região submentoniana: registra a atividade elétrica muscular local. Auxilia no diagnóstico de bruxismo e distúrbio comportamental do sono REM.
6. Registro contínuo do pH esofágico: por meio do balão esofágico, diagnostica a ocorrência de refluxo gastresofágico (RGE) e a sua provável relação com distúrbios do sono.

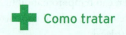

Como tratar

MEDIDAS GERAIS

O tratamento das parassonias envolve geralmente orientação e tranquilização dos pais e realização das medidas de higiene do sono.

1. Estabelecer horário de dormir e uma rotina para o sono das crianças.
2. Deve haver semelhança entre o horário de dormir no período de férias e das aulas.
3. Evitar atividades de alta energia ao se deitar, como brincadeiras agitadas e atividades estimulantes, como televisão.
4. Recomenda-se atividade de curta duração com leitura de história infantil de 15 min.
5. Verificar se a criança não está com fome ao se deitar, realizando refeições leves antes de dormir.
6. Não utilizar produtos com cafeína ao se deitar, como café, chás e chocolate.
7. Manter o ambiente de sono silencioso e escuro.
8. Caso a criança apresente medo intenso, os pais podem sentar perto da cama até a criança se acalmar e afastar-se de forma gradativa com o iniciar do sono.
9. Para os medos imaginários da idade, encenar o uso do "*spray* antimonstro".

10. Optar por temperatura agradável no dormitório, em torno de 24°C.
11. Não deixar o quarto ser usado para brincar nem como lugar de castigo.
12. Manter a televisão fora do quarto para que as crianças não desenvolvam o mau hábito somente adormecer ao assisti-la.
13. Se necessário, encaminhar para o neurologista, caso haja dúvida quanto ao diagnóstico ou doenças do sistema nervoso central e neuromusculares.

153
Encoprese

O que é

Conforme o Diagnostic and Statistical Manual of Mental Disorders (DSM-V),[1] a encoprese é a eliminação involuntária ou intencional de fezes em locais impróprios, ocorrendo pelo menos 1 vez/mês por, no mínimo, 3 meses, em crianças com idade cronológica de 4 anos ou nível de desenvolvimento mental equivalente.

Como suspeitar

1. Anamnese completa (história clínica, ambiente social e familiar da criança), verificando fatores que justifiquem os sintomas. Avaliar a idade em que a criança foi treinada para ir ao banheiro, a frequência das evacuações, a história de constipação e a descrição das fezes.
2. Exame físico: avaliar antropometria da criança, exame neurológico para avaliar os reflexos tendíneos profundos dos membros inferiores, percussão, palpação superficial e profunda do abdome e a realização

do toque retal que pode revelar fezes ao alcance do examinador. Pesquisar anormalidades ao redor da região anal.
3. Diagnóstico:
   - história clínica compatível com evacuações repetidas de fezes em lugares inadequados ou de forma intencional;
   - retenção fisiológica, envolvendo impactação de fezes e escape fecal secundário.
   - consequência de um distúrbio psicológico, na presença de controle esfinctérico fisiologicamente normal ou dificuldade em adaptar-se às normas sociais de defecação em locais adequados.

 O que pedir

NA ROTINA

1. Radiografia simples de abdome: avaliar presença de fezes no abdome se o exame retal for negativo.
2. Provas de função tireoidiana: pesquisar associação de hipotireoidismo com constipação.

NOS CASOS ESPECIAIS

1. Eletromiografia: avaliar anormalidades do esfíncter anal.
2. Biópsia: se houver evidência de megacólon ganglionar.

 Como tratar

1. A intervenção inicial é o tratamento da constipação.
2. Realizar desimpactação fecal inicial com a utilização de enemas com soluções fosfatadas (2 a 4 dias) seguida da terapêutica laxativa oral.
3. Introduzir terapia de manutenção da constipação com dieta rica em fibras e a utilização de laxantes (Tabela 1).

TABELA 1   LAXANTES DISPONÍVEIS PARA UTILIZAÇÃO NA POPULAÇÃO PEDIÁTRICA

	Dose	Observações
Lactulose (laxante osmótico)	1 a 3 mL/kg/dia	Bem tolerado no longo prazo
Leite de magnésia (laxante osmótico)	1 a 3 mL/kg/dia	Efeito osmótico; libera colecistoquinina, que estimula a secreção e a motilidade intestinal
Óleo mineral (laxante lubrificante)	1 a 3 mL/kg/dia	Não prescrever para lactentes e portadores de neuropatias; perda anal indica dose superior à necessária; causa pneumonia lipoídica
Polietilenoglicol 3350 (laxante osmótico)	1 g/kg/dia	Apresentação com eletrólitos (p. ex., Muvinlax®); bem tolerado, não há evidências sobre a segurança em lactentes
Bisacodil	3 a 10 anos: 5 mg/dia > 10 anos: 5 a 10 mg/dia	Pode cursar com dor abdominal e hipopotassemia
Enema fosfatado	6 mL/kg (até 135 mL)	Atentar ao risco de trauma mecânico à parede abdominal; evitar a utilização em menores de 2 anos

4. Tratamento comportamental concomitante: estimular a criança a sentar-se ao vaso após as refeições, visando ao estímulo do reflexo gastrocólico.
5. Estímulo positivo dos pais sobre a criança, visando a eliminar a culpa de ambos e a desmitificar as origens do problema.
6. Evitar que a criança sinta-se envergonhada e participar colaborativamente da higiene do paciente de forma não punitiva.
7. Psicoterapia individual ou em grupo, se necessário.
8. Se houver causas orgânicas como megacólon, encaminhar ao gastroenterologista.

154
Enurese

 O que é

Definida como a micção involuntária em crianças sem anomalia congênita ou adquirida do trato urinário ou do sistema nervoso, em idade cronológica de 5 anos ou desenvolvimento equivalente, na frequência mínima de 2 vezes/semana por pelo menos 3 meses.

Considera-se a idade em torno de 3 anos para o controle vesical diurno e ao redor de 4 a 5 anos para o controle noturno.

TABELA 1   CLASSIFICAÇÃO DA ENURESE

Quanto à evolução	Quanto aos sintomas
Primária: a criança sempre teve enurese e nunca teve período de continência noturna. Possível etiologia no retardo de maturação neurológica	Simples ou monossintomática: quando a enurese noturna não se associa a nenhum sintoma miccional ou vesical diurno, nem a anormalidades neurológicas e do trato urinário
Secundária: a criança volta a apresentar enurese após um período de controle miccional de pelo menos 6 meses; relacionada a eventos familiares e sociais estressantes	Polissintomática: quando a enurese associa-se a sintomatologia diurna com micções infrequentes, polaciúria, urgência, incontinência de urgência e jato miccional fraco. Podem estar presentes infecção urinária, obstipação intestinal e encoprese. Possível presença de anormalidades no exame neurológico e no trato urinário baixo

❓ Como suspeitar

Realizar anamnese detalhada e direcionada.

1. Inquérito do fator hereditário (a história familiar é positiva em 50% dos casos) e idade de controle esfinctérico dos pais.
2. Quantificação da ingestão de líquido à noite.
3. Período (diurno ou noturno) em que ocorre a micção e a frequência semanal.
4. Descrição do jato urinário.
5. Pesquisa de causas orgânicas, como diabetes insípido, doença renal e diabetes melito, que levam a alto débito urinário e polidipsia compensatória. Avaliar possibilidade de infecção do trato urinário (ITU), bexiga neurogênica e apneia do sono secundária ao aumento de adenoides.
6. Análise de fatores psicológicos marcantes na vida da criança, como entrada na escola, separação dos pais e nascimento de um irmão.

Exame físico completo

1. Pesquisar condições físicas que impeçam o controle esfinctérico: bexigomas, fecalomas, vulvovaginite e espinha bífida. Realizar exame retal pós-miccional para avaliar possibilidade de bexiga cronicamente distendida.
2. Para o diagnóstico, a micção deve ocorrer no mínimo 2 vezes/semana por, no mínimo, 3 meses, ou causar sofrimento ou prejuízo significativo no funcionamento social.

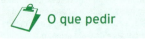

O que pedir

NA ROTINA

1. Urianálise: avaliar a osmolaridade urinária assegurando que a capacidade de concentração urinária está preservada. Confirmar ausência de glicosúria.
2. Urocultura.

NOS CASOS ESPECIAIS

1. Ultrassonografia (US) de rins e vias urinárias.
2. Estudo urodinâmico se houver suspeita de alterações neurológicas ou alterações no padrão miccional ou na baixa resposta ao tratamento convencional após período de 1 ano ou mais.

Como tratar

O tratamento da enurese primária e da secundária segue os mesmos princípios, embora seja preciso um conhecimento maior do substrato psicológico da enurese secundária.

1. Terapia comportamental: deve ser a primeira linha para tratamento:
   - motivar a criança a estabelecer o controle esfinctérico;
   - para pré-escolares, estimular com "estrelas de ouro" para noite seca;
   - orientar os pais para não punir ou envergonhar a criança;
   - evitar o uso de fraldas;
   - moderar a quantidade de líquidos ingeridos à noite – até 60 mL se a criança pesar menos que 30 kg e até 90 mL se pesar entre 30 e 35 kg;
   - aumentar a ingestão hídrica diurna;
   - estimular micções diurnas regulares (no máximo, a cada 3 h);
   - realizar esvaziamento vesical antes de dormir;
   - fazer psicoterapia para resolver problemas de causa emocional e, se necessário, análise da dinâmica familiar da criança;
   - a resolução ocorre espontaneamente com o tempo, e o tratamento acelera a cura.
2. Terapia de condicionamento: utilização de alarme sonoro conectado à roupa íntima. O alarme soa se houver a micção e acorda a criança para ir ao banheiro. Essa técnica tem sucesso relatado de 30 a 60% e demonstra ser mais eficaz em crianças mais velhas.
3. Terapia medicamentosa: indicada na falha da terapia comportamental e na redução sintomatologia da enurese:
- acetato de desmopressina (DDAVP): análogo sintético do hormônio antidiurético que diminui a produção de urina à noite. Recomendado a partir de 6 anos de idade:

- apresentação: comprimidos de 100 mcg (0,1 mg) e *spray* nasal com 10 mcg por aplicação;
- dose terapêutica inicial: 100 a 200 mcg VO e 10 a 20 mcg intranasal (IN), administrados 30 a 45 minutos antes de se deitar;
- dose máxima: 600 mcg VO e 40 mcg IN;
- limitar a ingestão de líquidos até 250 mL nas noites em que o medicamento é utilizado.

- oxibutinina (anticolinérgico): indicada em casos de enurese que não responderam ao tratamento com desmopressina; tem efeito comprovado nos casos em que a enurese está associada à diminuição da capacidade vesical em virtude da hiperatividade noturna do detrusor. A principal indicação é para os casos de enurese polissintomática, bem como os casos de enurese monossintomática que não responderam ao tratamento com DDAVP. Sua eficácia chega a 80% ou mais nos casos de hiperatividade detrusora. Em casos refratários, pode-se associar desmopressina com anticolinérgicos. Posologia de 5 mg, 2 a 3 vezes/dia em crianças maiores que 7 anos de idade;
- imipramina (antidepressivo tricíclico): sua eficácia deve-se a ação anticolinérgica e relaxante muscular na bexiga, além de efeitos facilitadores simpatomiméticos e noradrenérgicos centrais. Tem potenciais efeitos adversos, como o risco de morte com superdosagem. Sua utilização é recomendada atualmente como de segunda linha, apenas em crianças maiores, que não responderam a outras formas de terapia. Posologia recomendada: 25 mg para crianças menores de 8 anos, e de 50 a 75 mg para crianças mais velhas (0,8 a 1,6 mg/kg/dia), administrados antes de dormir.

Bibliografia

REFERÊNCIA BIBLIOGRÁFICA

1. Associação Brasileira de Psiquiatria (ABP). Manual diagnóstico e estatístico de transtornos mentais – DSM-5. 5.ed. Porto Alegre: Artmed, 2014.

BIBLIOGRAFIA

1. Afrashtehfar KI, Huynh N. Five things to know about sleep bruxism. J N J Dent Assoc 2016; 87(1):14.
2. Aloé F, Gonçalves LR, Azevedo A, Barbosa RC. Bruxismo durante o sono. Rev Neurociências 2003; 11(1):4-17.
3. Alves RSC, Ejzenberg B, Okay Y. Revisão das desordens do sono com excessiva movimentação, insônia e sonolência na criança. Pediatria 2002; 24(1/2):50-64.
4. Arena S, Patricolo M. Primary nocturnal enuresis: a review of assessment and treatment in a single referral centre3. Pediatr Int 2017 Apr 17. doi: 10.1111/ped.13298.
5. Bahls SC. Aspectos clínicos da depressão em crianças e adolescentes. Jornal de Pediatria 2002; 78(5):359-66.
6. Behrman RE, Kliegman RM, Jenson HB. Nelson – Tratado de pediatria. 17.ed. Rio de Janeiro: Elsevier, 2005.
7. Call NA, Mevers JL, McElhanon BO, Scheithauer MC. A multidisciplinary treatment for encopresis in children with developmental disabilities. J Appl Behav Anal 2017; 50(2):332-44.
8. Campos Júnior D, Burns DAR, Lopez FA. Tratado de pediatria da Sociedade Brasileira de Pediatria. 3.ed. Barueri: Manole, 2014.
9. Dalrymple RA, Wacogne ID. Gradual withdrawal of desmopressin in patients with enuresis leads to fewer relapses than an abrupt withdrawal. Arch Dis Child Educ Pract Ed 2017; pii: edpract-2017-313000. doi: 10.1136/archdischild-2017-313000.
10. Del Porto JA. Depressão: conceito e diagnóstico. Rev Bras Psiquiatr 1999; 21:6-11.

11. Diniz EMA, Okay Y, Tobaldini R, Vaz FAC. Manual do residente de pediatria. Departamento de Pediatria da Faculdade de Medicina – Universidade de São Paulo. 2.ed. São Paulo: Atheneu, 2004.
12. Douglas CR. Tratado de fisiologia aplicada à ciência da saúde. 4.ed. São Paulo: Probel, 1999-2000.
13. Dworkin PH. The National medical series for independent study. 3.ed. Rio de Janeiro: Guanabara Koogan, 2001.
14. Fonseca LF, Cunha Filho JM, Pianetti G, Val Filho JAC. Manual de neurologia infantil. Rio de Janeiro: Guanabara Koogan, 2006.
15. Hintze JP, Paruthi S. Sleep in the pediatric population. Sleep Med Clin 2016; 11(1):91-103.
16. Hay Jr. WW, Levin MJ, Sondheimer JM, Deterding RR. Current diagnosis & Treatment: Pediatric. 20.ed. Mc Graw Hill Medical, 2011.
17. Lago PM, Ferreira CT, de Mello ED, Pinto LA, Epifanio M. Pediatria baseada em evidências. Barueri: Manole, 2016.
18. Moraes MB, Campos SO, Hilário MOE. Pediatria – Diagnóstico e tratamento. Barueri: Manole, 2013.
19. Lippi JRS. Depressão na infância. São Paulo: Biogalênica, 1986.
20. Mari JJ, Razzouk D, Peres MFT, Porto JAD. Guia de medicina ambulatorial e hospitalar da Unifesp/EPM – Psiquiatria. Barueri: Manole, 2005.
21. Martins G, Domingos MS, Penteado PRMB. Enurese noturna na criança e no adolescente: uma revisão bibliográfica. Revista Fafibe On Line 2007; 3.
22. Maski K, Owens JA. Insomnia, parasomnias, and narcolepsy in children: clinical features, diagnosis, and management. Lancet Neurol 2016; 15(11):1170-81.
23. Monteiro KCC, Lage AMV. A depressão na adolescência. Psicol Est 2007; 12(2):257-65.
24. Morais MB, Campos SO, Silvestrini WS. Guia de medicina ambulatorial e hospitalar da Unifesp/EPM – Pediatria. Barueri: Manole, 2005.
25. Murahovschi J. Pediatria: diagnóstico e tratamento. 7.ed. São Paulo: Sarvier, 2013. p.192-5.
26. Nóbrega FJ. Distúrbios da nutrição na infância e adolescência. 2.ed. Rio de Janeiro: Revinter, 2007.
27. Olaru C, Diaconescu S, Trandafir L, Gimiga N, Olaru RA, Stefanescu G et al. Chronic functional constipation and encopresis in children in relationship with the psychosocial environment. Gastroenterol Res Pract 2016; 2016:7828576.
28. Polin RA, Ditmar MF. Segredos em pediatria. 4.ed. São Paulo: Artmed, 2007.
29. Sampaio AS, Fraga LG, Salomão BA, Oliveira JB, Seixas CL, Veiga ML et al. Are lower urinary tract symptoms in children associated with urinary symptoms in their mothers? J Pediatr Urol 2017; pii: S1477-5131(17)30037-2.
30. Shepard JA, Poler Jr. JE, Grabman JH. Evidence-based psychosocial treatments for pediatric elimination disorders. J Clin Child Adolesc Psychol 2016; 2:1-31.
31. Sociedade Brasileira de Urologia. Enurese: diagnóstico e tratamento. Projeto Diretrizes. Associação Médica Brasileira, 2006. p.1-12.
32. Spoerri TH. Introdução à psiquiatria. 8.ed. São Paulo: Atheneu, 2000.

PARTE 19
Infectologia

155 Linfadenomegalia

156 Candidíase

157 Caxumba

158 Coqueluche

159 Dengue, zika e chikungunya

160 Difteria

161 Doença da arranhadura do gato

162 Doença de Kawasaki

163 Febre sem sinais de localização

164 Herpes simples

165 Roséola

166 Infecções por clamídia

167 Infecção por Influenza A (H1N1)

168 Leishmaniose visceral

169 Leptospirose

170 Malária

171 Meningites

172 Osteomielite e artrite séptica
173 Síndrome da imunodeficiência adquirida
174 Tétano
175 Toxocaríase
176 Toxoplasmose
177 Tuberculose
178 Varicela-zóster
Anexo – Calendário vacinal

155
Linfadenomegalia

 O que é

1. Linfonodos anormalmente aumentados e palpáveis em recém-nascidos (qualquer tamanho) e nos lactentes e crianças maiores, com mais de 1 cm de diâmetro na região cervical, mais de 1,5 cm na região inguinal e mais de 0,5 cm em qualquer outra cadeia ganglionar.
2. É um achado comum na infância, pois a criança apresenta maior quantidade de tecido linfoide do que o adulto em relação a sua superfície corpórea e tem uma resposta linfoide mais exacerbada a antígenos externos.
3. Desafio: realizar o diagnóstico etiológico.
4. Etiologias da linfadenomegalia regional: aumento de um linfonodo ou grupo de linfonodos que drenam uma única região anatômica (Tabela 1).
5. Etiologias da linfadenomegalia generalizada: aumento de linfonodos em 2 ou mais cadeias linfáticas não contíguas (Tabela 2).

TABELA 1 ETIOLOGIAS DA LINFADENOMEGALIA REGIONAL

Linfonodos occipitais e retroauriculares	Absorção séptica (pediculose, *tinea capitis*, dermatite seborreica), viral (rubéola)
Linfonodos pré-auriculares	Infecções virais e bacterianas causando síndrome oculoglandular: clamídia, adenovírus, tularemia, listeriose, TB, esporotricose, arranhadura do gato, herpes simples
Linfonodos submandibulares e submentuais	Absorção séptica de inflamação ou infecção local; infecções virais e bacterianas: *S. aureus*, *Mycoplasma hominis*, arranhadura do gato, TB, micobactérias atípicas
Linfonodos cervicais	Infecções virais: IVAS, vírus Epstein-Barr, citomegalovírus; infecções bacterianas: *S. aureus*, *Streptococcus* do grupo A, *Haemophilus influenzae*, difteria, TB, tularemia; infecções fúngicas: histoplasmose, candidíase, esporotricose; infecções parasitárias: toxoplasmose, leptospirose; neoplasias: Hodgkin, linfoma não Hodgkin, rabdomiossarcoma, leucemia; histiocitose; miscelânea: doença de Kawasaki, linfonodo sentinela, pós-vacinação
Linfonodos supraclaviculares	À esquerda: lesões intra-abdominais (infecções, neoplasias); à direita: lesões torácicas (infecções, neoplasias)
Linfonodos mediastinais	Infecções bacterianas: TB, micobactérias atípicas; infecções fúngicas: histoplasmose, coccidioidomicose; neoplasias: linfoma; miscelânea: fibrose cística, sarcoidose
Linfonodos axilares	Absorção séptica de infecções bacterianas (não específicas, específicas, arranhadura do gato); neoplasias; linfadenite pós-BCG
Linfonodos epitrocleares	Absorção séptica de infecções bacterianas (sífilis, arranhadura do gato)
Linfonodos inguinais	Absorção séptica de infecções bacterianas; neoplasias; histiocitose
Linfonodos poplíteos	Absorção séptica

TB: tuberculose; IVAS: infecção de vias aéreas superiores; BCG: bacilo Calmette-Guérin – vacina contra tuberculose.

TABELA 2 ETIOLOGIAS DA LINFADENOMEGALIA GENERALIZADA

Infecções	Bacterianas (piogênicas, TB etc.); virais (citomegalovírus, vírus Epstein-Barr, sarampo, rubéola, HIV, outros vírus); fúngicas (histoplasmose, paracoccidioidomicose); parasitárias (toxoplasmose, toxocaríase, doença de Chagas)

(continua)

TABELA 2 ETIOLOGIAS DA LINFADENOMEGALIA GENERALIZADA (continuação)

Doenças autoimunes	Artrite reumatoide juvenil, lúpus eritematoso sistêmico, doença do soro, reações a drogas, doenças granulomatosas
Neoplasias	Primárias dos linfonodos: doença de Hodgkin, linfoma não Hodgkin; metastáticas: leucemias, neuroblastoma; histiocitoses
Doenças de armazenamento	Doença de Niemann-Pick, doença de Gaucher
Reações a medicamentos	Fenitoínas, pirimetamina, antitireoidianos, fenilbutazona, alopurinol, isoniazida
Miscelânea	Linfadenopatia dermatopática, hipertireoidismo, disgamaglobulinemia primária com linfadenopatia

Como suspeitar

1. Anamnese: conhecer o tempo de aparecimento do linfonodo, a velocidade com que aumentou de tamanho e os dados epidemiológicos (contato com animais ou pessoas doentes ou uso crônico de medicamentos).
2. Sinais e sintomas: febre, exantema ou lesões de pele, emagrecimento, adinamia, palidez, hepatoesplenomegalia, tosse (caracterizar bem para poder direcionar a investigação diagnóstica).
3. Propedêutica dos linfonodos: mensuração, localização, consistência, presença de dor, aderência a planos profundos, rubor, calor e presença de fístulas:
   - linfonodos elásticos, móveis, não coalescentes, não aderentes a planos profundos (criança em bom estado geral, ativa, sem perda de peso): patologias benignas e transitórias, como infecções virais ou resposta do sistema linfoide a processos inflamatórios localizados;
   - linfadenopatia localizada com linfonodo muito aumentado, endurecido, doloroso, eritematoso: infecção bacteriana localizada (linfadenite aguda supurativa).
4. Atenção ao risco de patologia grave: linfadenomegalia associada a quadro de palidez cutaneomucosa, perda de peso, adinamia, hepatoesplenomegalia e febre prolongada.

5. Localizações de maior risco: cervical inferior, mediastinal (pois drenam estruturas profundas), supraclavicular (à esquerda, drena a região abdominal e, à direita, a região torácica), axilares e epitrocleares.
6. Diagnóstico diferencial: massas não linfoides, costelas cervicais, higromas, hemangiomas, cisto de tireoglosso, cistos branquiais e neoplasias não linfoides (de tireoide, de parótida, sarcomas).
7. Diagnóstico de exclusão: linfadenopatia reacional (linfonodo diminui de tamanho em 4 a 6 semanas e a criança permanece em ótimo estado geral).

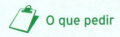

O que pedir

AVALIAÇÃO INICIAL

1. Hemograma completo com contagem de plaquetas e linfócitos atípicos.
2. Leucocitose com neutrofilia: linfadenite aguda supurativa.
3. Linfocitose com atipia: infecções virais (mononucleose infecciosa e citomegalovirose).
4. Plaquetopenia, anemia e distorções nas contagens leucocitárias (com desvio à esquerda não escalonado e predomínio de formas blásticas): neoplasia.
5. Radiografia de tórax: adenomegalia mediastinal na doença granulomatosa (tuberculose, sarcoidose etc.) e neoplásica (linfomas e neuroblastomas torácicos).
6. Velocidade de hemossedimentação (VHS): inespecífica.
7. Sorologias para toxoplasmose, citomegalovírus e mononucleose (quadros de linfadenopatia generalizada associada a febre, exantema, faringoamidalite, hepatoesplenomegalia, linfocitose com atipia linfocitária [síndrome mononucleose-*like*]).
8. Sorologias para rubéola, HIV e outras mais específicas, como para toxocaríase e micoses profundas (na suspeita clínica).
9. As Figuras 1 e 2 mostram os algoritmos referentes às linfadenomegalias generalizada e regional para o raciocínio clínico e diagnóstico da etiologia.
10. Evitar: biópsias ganglionares desnecessárias e não conclusivas.

FIGURA 1 LINFADENOMEGALIA GENERALIZADA.

CMV: citomegalovírus; EBV: vírus Epstein-Barr; PPD: derivado de proteína purificada; VHS: velocidade de hemossedimentação.
Fonte: Petrilli, Vieira e Volc, 2002.[1]

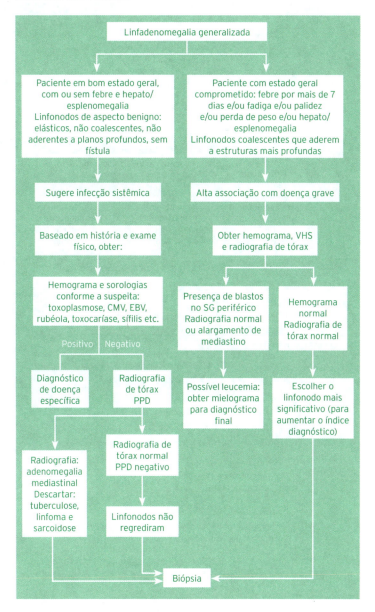

FIGURA 2   LINFADENOMEGALIA REGIONAL.

BCG: bacilo Calmette-Guérin - vacina contra tuberculose; VHS: velocidade de hemossedimentação; PPD: derivado de proteína purificada.
Fonte: Petrilli, Vieira e Volc, 2002.[1]

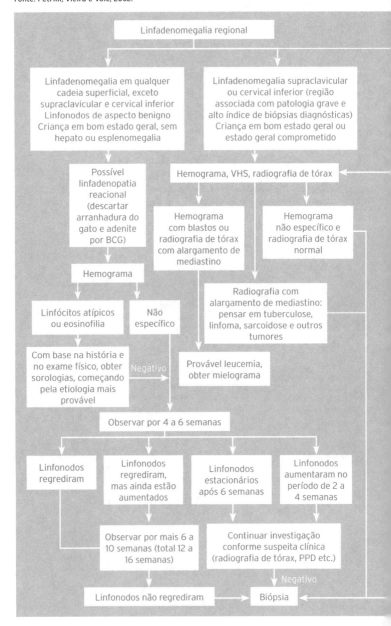

Linfadenomegalia

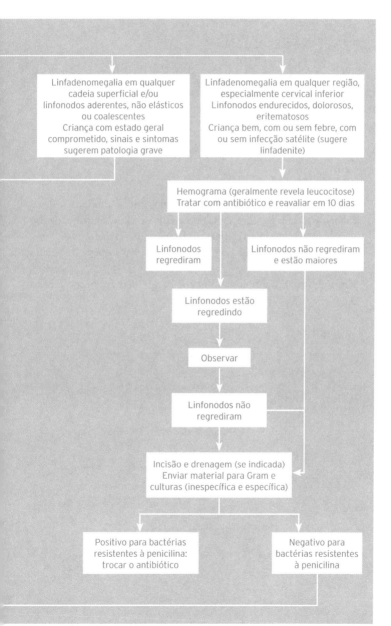

 **Como tratar**

ACOMPANHAR A EVOLUÇÃO

Adenomegalia localizada, linfonodos móveis, fibroelásticos, indolores, não coalescentes em crianças sempre em ótimo estado geral, muitas vezes sem nenhum diagnóstico firmado na avaliação inicial (considerar hiperplasia reacional).

ANTIBIÓTICOS

1. Adenomegalias localizadas com sinais flogísticos (dor local, calor e rubor), associadas a febre, queda do estado geral e acompanhadas ou não de foco infeccioso regional (linfadenite bacteriana).
2. Procurar porta de entrada e/ou foco oculto para suspeita do agente envolvido.
3. Em âmbito geral: antibiótico VO por 10 a 14 dias, conforme Tabelas 3 e 4.

TABELA 3   1ª OPÇÃO: AMOXICILINA + CLAVULANATO DE POTÁSSIO

Idade	Dose
< 3 meses	20 a 30 mg/kg/dia, a cada 12 h
3 meses a 12 anos	50 mg/kg/dia, a cada 8 h
≥ 12 anos	500 mg, a cada 8 h, ou 875 mg, a cada 12 h

TABELA 4   2ª OPÇÃO: CEFALEXINA

Idade	Dose
< 12 anos	50 a 100 mg/kg/dia, a cada 6 h
≥ 12 anos	500 mg, a cada 6 h

4. Se não houver melhora clínica ou sinais de infecção sistêmica, administrar antibiótico EV:
   - 1ª escolha: oxacilina 200 mg/kg/dia, EV, a cada 6 h (dose máxima 12 g/dia);
   - 2ª escolha: cefalotina 80 a 160 mg/kg/dia, a cada 6 h.
5. Se houver sinais de flutuação, realizar drenagem cirúrgica e cultura das bordas da lesão.
6. Se não ocorrer regressão em 15 dias, realizar biópsia.
7. Investigar adenomegalia não compatível com linfadenite ou adenomegalia reacional + características não indicam biópsia de imediato (ver Figuras 1 e 2).

BIOPSIAR UM LINFONODO - INDICAR COM CRITÉRIO

1. Adenomegalias supraclaviculares e cervicais inferiores.
2. Características desfavoráveis (linfonodo aderido a planos profundo, pouco doloroso ou indolor e consistência endurecida).
3. Adenomegalia que não regride após tratamento específico.
4. Adenomegalia com investigação negativa, que não começa a regredir após observação de 4 a 6 semanas.

156
Candidíase

 O que é

Infecção micótica, aguda ou crônica, superficial ou profunda, causada por leveduras do gênero *Candida* sp., que fazem parte da flora normal do indivíduo, mas se tornam patogênicas quando os mecanismos de defesa naturais são alterados, acarretando diferentes formas de apresentação clínica (Tabela 1).

TABELA 1 TIPOS DE CANDIDÍASE E SUAS CARACTERÍSTICAS CLÍNICAS

Apresentação	Sinais, sintomas e condições associadas
Forma oral (estomatite cremosa ou "sapinho")	Menores de 1 ano em uso de leite artificial, mamadeiras e chupetas, com placas esbranquiçadas sobre a mucosa oral e língua, facilmente removíveis, que podem determinar dor e desconforto para mamar
Forma genital (vulvovaginite, balanopostite ou monilíase perineal)	Edema brilhante com descamação fina, induto esbranquiçado e lesões satélites papulovesiculares nas regiões cobertas pelas fraldas ou prurido genital intenso. Ardor e leucorreia esbranquiçada, escassa, inodora e com grumos em adolescentes
Forma cutânea (intertrigo)	Erupção (eczema) entre duas superfícies cutâneas em aposição com pústulas rodeadas por eritema que se rompem, deixando superfície cruenta com descamação

(continua)

TABELA 1 TIPOS DE CANDIDÍASE E SUAS CARACTERÍSTICAS CLÍNICAS
(continuação)

Apresentação	Sinais, sintomas e condições associadas
Forma esofágica	Disfagia, dor retroesternal, febre e queda do estado geral, mais frequente em crianças com imunossupressão
Forma sistêmica (candidemia)	Crianças internadas em unidade de terapia intensiva submetidas a procedimentos invasivos e antibioticoterapia prolongada

Como suspeitar

Crianças que vivem em ambientes quentes e úmidos, em uso de imunossupressores, antibioticoterapia de amplo espectro ou corticoterapia tópica, sistêmica ou inalatória, portadoras de hiperidrose, obesidade ou doenças debilitantes, submetidas a procedimentos técnicos invasivos, radioterapia ou cirurgias.

O que pedir

Exame micológico direto (presença de células leveduriformes com ou sem pseudo-hifas) e cultura (colônias brancas ou acinzentadas, de superfície lisa e brilhante), conforme Tabela 2.

TABELA 2 EXAMES UTILIZADOS PARA O DIAGNÓSTICO DAS CANDIDÍASES

Apresentação	Exames
Forma oral (estomatite cremosa ou "sapinho")	Raspado das lesões com microscopia direta em preparações com hidróxido de potássio (KOH) a 10% e cultura (colônias cremosas brancas, em 24 a 48 h)
Forma genital e cutânea	Raspado das lesões com microscopia direta em preparações com KOH a 10% ou esfregaço corado com método de Gram, Papanicolaou, Giemsa ou azul-de-cresil
Forma esofágica	Visualização das lesões e coleta de material por endoscopia e identificação por microscopia direta
Forma sistêmica (candidemia)	Hemocultura em meio de Sabouraud

 **Como tratar**

FORMA ORAL

1. Higiene cuidadosa das chupetas e dos bicos de mamadeira.
2. Nistatina solução oral, 100.000 UI (1 mL), colocada nos cantos da boca com auxílio de conta-gotas, 4 vezes/dia (a cada 6 h), mantendo por 10 dias ou mínimo de 5 dias após o desaparecimento das placas.
3. Fluconazol 6 mg/kg/dia, ou cetoconazol 5 a 10 mg/kg/dia, dose única diária, VO, por 10 dias, nas formas extensas ou resistentes ao tratamento tópico.

FORMA CUTÂNEA

1. Cremes à base de nistatina ou derivados imidazólicos (clotrimazol, cetoconazol, econazol, miconazol, tinidazol, terconazol, isoconazol, itraconazol) por 14 dias.
2. Fluconazol 150 mg, VO, dose única; itraconazol 200 mg, VO, a cada 12 h em 1 dia (dose total: 400 mg); ou cetoconazol 400 mg, VO, dose única diária por 5 dias, em casos de difícil controle ou recorrentes (≥ 4 episódios/ano) em adolescentes.

FORMA ESOFÁGICA

1. Fluconazol ou cetoconazol VO, nas doses descritas para forma oral.
2. Se não houver possibilidade de uso de medicamentos VO, piora ou gravidade clínica, usar tratamento EV como descrito para forma sistêmica.

FORMA SISTÊMICA

1. Fluconazol 6 mg/kg, em dose única diária, por mínimo de 10 dias; ou anfotericina B diluída em SG 5%, iniciando com 0,25 mg/kg e aumento gradual até atingir as doses de 0,5 a 1 mg/kg, em dose única diária, em infusão lenta por 4 a 6 h, por tempo de tratamento variável, podendo-se utilizar a dose acumulada de 21 mg/kg como referência.
2. Recomenda-se a associação de 5-fluorcitosina com a finalidade de diminuir a dose da anfotericina B na meningite por *Candida*.

157
Caxumba

 O que é

Infecção viral aguda e generalizada, caracterizada pelo aumento doloroso das glândulas salivares, especialmente as parótidas. Causada por um vírus RNA do gênero *Paramyxovirus* transmitido por via respiratória, sendo o homem o único hospedeiro natural conhecido.

 Como suspeitar

PRÓDROMO

Febre baixa, cefaleia, anorexia, mal-estar e dor muscular, principalmente no pescoço.

SINAIS E SINTOMAS

Dor e edema em uma ou ambas as parótidas de rápida progressão, atingindo seu máximo em 1 a 3 dias. No exame clínico, lobo da orelha desviado para cima e para fora e ângulo da mandíbula apagado. Podem ocorrer também edema das glândulas submandibulares e sublinguais, otalgia e *rash* eritematoso.

O que pedir

1. Amilase sérica: aumentada.
2. Hemograma mostra leucopenia com linfocitose relativa.
3. Duas amostras de sorologia com intervalo de 15 dias.
4. Líquido cefalorraquidiano (LCR) pode apresentar aumento da celularidade até 2.000 células/mm^3, com predomínio de linfomononucleares e glicorraquia diminuída.
5. Isolamento viral em *swab* de saliva, urina, LCR e sangue.

Como tratar

Repouso + tratamento sintomático de suporte com anti-inflamatórios não hormonais (AINH) e analgésicos.

158
Coqueluche

 O que é

Infecção aguda do trato respiratório, altamente contagiosa, causada pelo bacilo Gram-negativo *Bordetella pertussis* ou, mais raramente, *Bordetella parapertussis*.

 **Como suspeitar**

História de contágio, tosse por pelo menos 2 semanas com paroxismo, estridor característico e guincho inspiratório. Apresenta quadro clássico em 3 fases (Tabela 1).

TABELA 1 FASES CLÍNICAS DA COQUELUCHE

Fase catarral	Tosse, rinorreia, febre baixa e mal-estar
Fase paroxística (espasmódica)	Tosse, guincho, som agudo característico acompanhado ou não de vômitos, hemorragia subconjuntival, cianose ou apneia
Fase de convalescença	Remissão lenta da tosse em 6 a 10 semanas

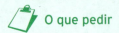

O que pedir

1. Hemograma: leucocitose até 50.000 células/mm³ com linfocitose.
2. Cultura de material de oro ou nasofaringe, obtida por *swab* de alginato de cálcio, em meios adequados como Bordet-Gengou ou Reagan-Lowe: muito específica, menos sensível.
3. Dosagem de antígenos por imunofluorescência direta.
4. Sorologia (IgA/IgG): específica, mas baixa sensibilidade e oferece diagnóstico tardio. Não realizar em imunizados há menos de 2 anos.
5. Reação em cadeia de polimerase de secreção respiratória: positiva para *B. pertussis*. Mais sensível e resultado rápido (< 48 h).
6. Radiografia de tórax: imagem de "coração felpudo" com infiltrado intersticial e espessamento peribrônquico.
7. Pesquisa de vírus sincicial respiratório em secreção respiratória: diagnóstico diferencial com bronquiolite em lactentes jovens.

Como tratar

1. Eritromicina: 40 a 50 mg/kg/dia (máximo de 2 g/dia) divididos a cada 6 h, por 14 dias. Alternativas: azitromicina, clindamicina e sulfametoxazol-trimetoprim (Tabela 2).
2. Corticosteroides parecem beneficiar o controle das crises, mas devem ser usados com cautela.
3. Ambiente calmo, refeições pequenas e frequentes para diminuir as crises paroxísticas. Repouso em posição deitada e de bruços para prevenir aspirações.
4. Hospitalização em menores de 1 ano para monitorar sinais vitais e tratamento de eventuais complicações.

TABELA 2 TRATAMENTO DA COQUELUCHE

Idade	Medicações recomendadas			Alternativa
	Azitromicina	Eritromicina	Clindamicina	SMX-TMP
< 1 mês	10 mg/kg/dia, 1 vez/dia, por 5 dias	40 a 50 mg/kg/dia, 4 vezes/dia, por 14 dias*	Não recomendada	Contraindicada em menores de 2 meses
1 a 5 meses	10 mg/kg/dia, 1 vez/dia, por 5 dias	40 a 50 mg/kg/dia, 4 vezes/dia, por 14 dias	15 mg/kg/dia, 2 vezes/dia, por 7 dias	> 2 meses: TMP 8 mg/kg/dia, 2 vezes/dia, por 14 dias
> 6 meses	10 mg/kg/dia, 1 vez/dia, por 5 dias	40 a 50 mg/kg/dia, 4 vezes/dia, por 14 dias	15 mg/kg/dia, 2 vezes/dia, por 7 dias (máx. 1 g/dia)	TMP 8 mg/kg/dia, 2 vezes/dia, por 14 dias
Adolescentes	500 mg, 1 vez/dia, por 5 dias	500 mg, 4 vezes/dia, por 14 dias	500 mg, 2 vezes/dia, por 7 dias	TMP 160 mg, 2 vezes/dia, por 14 dias

* Em menores de 1 mês, preferir azitromicina, pelo risco maior de estenose hipertrófica de piloro com eritromicina.

SMX-TMP: sulfametoxazol-trimetoprim.

159
Dengue, zika e chikungunya

 O que são

Infecções virais sistêmicas em expansão no Brasil transmitidas por mosquitos (arboviroses), particularmente por *Aedes aegypti* e *Aedes albopictus*, com potencial de levar a epidemias em áreas urbanas infestadas pelo vetor. Geralmente são benignas e de curta duração, porém podem apresentar complicações e levar à morte. Especificamente em gestantes, podem resultar em malformações congênitas nos recém-nascidos, com destaque para a zika, que acarreta malformação do sistema nervoso central (SNC), principalmente microcefalia.

 Como suspeitar

1. Toda criança que apresenta doença febril aguda, com duração máxima de 7 dias, acompanhada de pelo menos 2 dos seguintes sinais ou sintomas: cefaleia, mialgia, artralgia, prostração, exantema e hipertrofia ganglionar.

2. Deve apresentar história epidemiológica positiva e ter estado, nos últimos 15 dias, em área onde ocorra transmissão ou tenha presença do mosquito vetor.
3. Quando crianças provenientes ou residentes em área endêmica apresentam quadro febril, sem sinais de localização da doença ou na ausência de sintomas respiratórios.

TABELA 1 PRINCIPAIS DIFERENÇAS DOS SINAIS E SINTOMAS ENTRE DENGUE, ZIKA E CHIKUNGUNYA

Sinais/sintomas	Dengue	Zika	Chikungunya
Febre (duração)	Acima de 38°C (4 a 7 dias)	Sem febre ou subfebril < 38°C (1 a 2 dias subfebril)	Febre alta > 38°C (2 a 3 dias)
Manchas na pele (frequência)	A partir do 4º dia (30 a 50% dos casos)	No 1º ou 2º dia (90 a 100% dos casos)	2º ao 5º dia (50% dos casos)
Dor muscular (frequência)	+++/+++	++/+++	+/+++
Dor articular (frequência)	+/+++	++/+++	+++/+++
Intensidade da dor articular	Leve	Leve/moderada	Moderada/intensa
Edema articular	Raro	Frequente e de intensidade leve	Frequente e de intensidade moderada a intensa
Conjuntivite	Rara	50 a 90% dos casos	30% dos casos
Dor de cabeça (frequência e intensidade)	+++	++	++
Coceira	Leve	Moderada/intensa	Leve
Hipertrofia ganglionar (frequência)	Leve	Intensa	Moderada
Discrasia sanguínea (frequência)	Moderada	Ausente	Leve
Acometimento neurológico	Raro	Mais frequente que dengue e chikungunya	Raro (predominante em neonatos)

DENGUE CLÁSSICA

Conta com amplo espectro de apresentações, desde ausência de sintomas até febre, dores generalizadas e *rash* cutâneo. A forma típica apresenta febre alta de início súbito, cefaleia intensa, dor retro-orbital, *rash* macular, artralgia, mialgia intensa e generalizada e, menos frequentemente, anorexia, náuseas, vômitos e diarreia. Na evolução clínica, pode ocorrer um segundo exantema, maculopapular morbiliforme, durando de 1 a 5 dias, dor abdominal, raramente com hepatomegalia, astenia, bradicardia, extrassístoles ventriculares, epistaxes e gengivorragias.

FEBRE HEMORRÁGICA DA DENGUE (FHD) E SÍNDROME DO CHOQUE DA DENGUE (SCD)

Manifestações clínicas iniciais são indistinguíveis da forma clássica, porém, evolutivamente, ocorrem hipotensão, taquicardia, palidez, diminuição do tempo de enchimento capilar, manifestações hemorrágicas com prova do laço positiva (número de petéquias na área de uma polpa digital maior que 20 sob manguito na pressão média por 3 a 5 min) e choque.

Os sinais de alarme são:

- dor abdominal intensa e contínua;
- vômitos persistentes;
- hipotensão postural e/ou lipotimia;
- sonolência e/ou irritabilidade;
- hepatomegalia dolorosa;
- hemorragias importantes (hematêmese e/ou melena);
- diminuição da diurese;
- diminuição repentina da temperatura corpórea ou hipotermia (< 36°C);
- desconforto respiratório;
- aumento repentino do hematócrito;
- queda abrupta das plaquetas.

Infecção aguda por zika vírus

Apresenta período de incubação variado entre 3 e 12 dias depois da picada do mosquito. A maioria das infecções é assintomática (60 a 80%). Quando presentes, os sinais e sintomas ocasionados pelo zika vírus incluem quadro exantemático acentuado e hiperemia conjuntival, com pouca alteração da concentração de leucócitos e plaquetas circulantes. Os sintomas desaparecem após 3 a 7 dias de seu início. No entanto, a artralgia pode persistir por até 1 mês. Recentemente, foi observada uma possível correlação entre a infecção por zika vírus e o aumento de ocorrência de síndrome de Guillain-Barré.

Sinal de alarme no recém-nascido – microcefalia (perímetro cefálico inferior ao esperado para a idade e o sexo):

- recém-nascido com menos de 37 semanas de idade gestacional com medida do PC menor que -2 desvios-padrão, segundo a tabela do Intergrowth para idade gestacional e sexo;[2]
- recém-nascido com 37 semanas ou mais de idade gestacional com medida do PC menor ou igual a 31,5 cm para meninas e 31,9 cm para meninos e equivalente a menor que -2 desvios-padrão para idade a idade gestacional e sexo, segundo a tabela da OMS.[2]

INFECÇÃO AGUDA POR CHIKUNGUNYA

Caracteriza-se por um curto período de incubação de 2 a 6 dias (média 12 dias) com uma fase aguda de início súbito com febre alta, exantema e artralgia, afetando principalmente as pequenas e grandes articulações e que pode evoluir para uma fase subaguda com recrudescência das artralgias; também podem estar presentes astenia, prurido generalizado e exantema maculopapular em tronco, membros e região palmoplantar. Há descrição de lesões purpúricas, vesiculares e bolhosas. Uma terceira fase ocorre em alguns casos que evoluem para a forma crônica da doença se os sintomas persistirem por mais de 3 meses, com desaparecimento da febre e persistência da poliartralgia, que assume caráter incapacitante por semanas ou anos, em alguns grupos de pacientes, particularmente com doença articular preexistente.

TABELA 2   FORMAS ATÍPICAS E GRAVES DE CHIKUNGUNYA

Sistema/órgão	Manifestações
Nervoso	Meningoencefalite, encefalopatia, convulsão, síndrome de Guillain-Barré, síndrome cerebelar, paresias, paralisias e neuropatias
Olho	Neurite óptica, iridociclite, episclerite, retinite e uveíte
Cardiovascular	Miocardite, pericardite, insuficiência cardíaca, arritmia e instabilidade hemodinâmica
Pele	Hiperpigmentação por fotossensibilidade, dermatoses vesiculobolhosas e ulcerações aftosas-*like*
Rins	Nefrite e insuficiência renal aguda
Outros	Discrasia sanguínea, pneumonia, insuficiência respiratória, hepatite, pancreatite, síndrome da secreção inapropriada do hormônio antidiurético e insuficiência adrenal

Fonte: Brasil, 2015.[3]

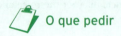 **O que pedir**

DENGUE

1. Hemograma:
   - forma clássica: leucopenia, podendo apresentar linfocitose relativa com atipia linfocitária e plaquetopenia ocasional;
   - forma hemorrágica: leucopenia até leucocitose leve, hemoconcentração (elevação de 20% do hematócrito habitual – maior que 38%) e plaquetopenia < 100.000/mm^3.
2. Albumina, eletrólitos, transaminases, coagulograma, ureia e creatinina.
3. Radiografia de tórax.
4. Isolamento viral (até o 5º dia da doença) por meio de imunofluorescência indireta com anticorpos monoclonais ou cultura do vírus.
5. Sorologia (após o 5º dia da doença) por meio da reação imunoenzimática de captura de IgM, Mac e Elisa (IgM), com sensibilidade de 98,5% e especificidade de 97,6%.

ZIKA

1. Detecção do RNA viral em saliva, sangue ou urina durante os primeiros 3 a 5 dias depois do início dos sintomas.
2. Sorologia (ELISA ou imunofluorescência): pesquisa de anticorpos IgM e IgG anti-zika a partir do 5º dia de evolução clínica. Atenção a possíveis reações cruzadas com outros flavivírus (vírus da dengue e da febre amarela).
3. Hemograma completo, dosagens séricas de aminotransferases hepáticas (AST/TGO e ALT/TGP), bilirrubinas, desidrogenase láctica, proteína C reativa, ferritina, ureia e creatinina.
4. No recém-nascido:
   - ultrassonografia transfontanelar (US-TF), indicada para crianças com fontanela aberta, o que se verifica geralmente até os 6 meses de idade;
   - tomografia computadorizada de crânio (TCC), sem contraste, para RN cujo tamanho da fontanela impossibilite a US-TF e para aqueles em que, após a US-TF, ainda persista dúvida diagnóstica.

CHIKUNGUNYA

1. Hemograma: leucopenia com linfopenia (< 1.000 cel/mm^3) e plaquetopenia (< 100.000 cel/mm^3) é rara.
2. Proteína C reativa e VHS: geralmente elevadas.
3. Isolamento viral ou do genoma, com base no período mais longo de viremia no ser humano (duração de até 10 dias).
4. Sorologia: mais precoce (a partir do 3º dia).
5. Bioquímica (casos graves): albumina, eletrólitos, ureia, creatinina e transaminases.

Como tratar

1. Tratamento de suporte com controle dos sintomas.
2. Antitérmicos e analgésicos:
   - dipirona 10 a 15 mg/kg/dose, a cada 6 h;
   - paracetamol 10 a 15 mg/kg/dose, a cada 6 h (respeitar dose máxima para peso e idade – 4 g/dia ou 5 doses/24 h).

Atenção: os salicilatos são contraindicados e não devem ser administrados, pois podem causar ou agravar sangramentos. Os anti-inflamatórios não hormonais (AINH), como cetoprofeno, ibuprofeno, diclofenaco, nimesulida e outros, e os medicamentos com potencial hemorrágico não devem ser utilizados.

1. Repouso e hidratação VO em todos os casos.
2. Na suspeita de dengue hemorrágica, tratar conforme fluxograma do Centro de Vigilância Epidemiológica (CVE) – Secretaria de Saúde do Estado de São Paulo (Figuras 1 e 2).

FIGURA 1 ALGORITMO PARA O TRATAMENTO DA DENGUE HEMORRÁGICA OU DO CHOQUE.

Htc: hematócritos; RL: Ringer lactato; PVC: pressão venosa central; ICC: insuficiência cardíaca congestiva; PA: pressão arterial; FC: frequência cardíaca; SF: soro fisiológico; SG: soro glicosado.

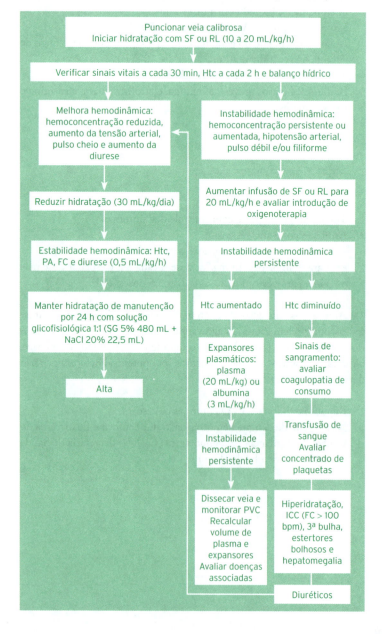

FIGURA 2   ATENDIMENTO AMBULATORIAL NO CASO DE SUSPEITA DE DENGUE HEMORRÁGICA.

Htc: hematócrito; PA: pressão arterial.

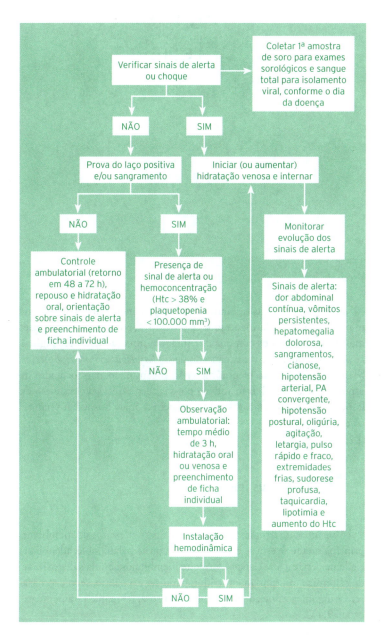

160
Difteria

 O que é

Infecção bacteriana respiratória aguda, geralmente uma nasofaringite membranosa ou laringotraqueíte obstrutiva, em que podem ocorrer manifestações menos comuns que incluem infecção cutânea, vaginal, conjuntival ou auditiva. É causada pelo *Corynebacterium diphtheriae*, bacilo Gram-positivo pleomórfico não encapsulado, não formador de esporos e não móvel, transmitido por via respiratória ou exsudato de lesões cutâneas infectadas, sendo o homem o único hospedeiro natural conhecido.

 Como suspeitar

Tonsilite ou faringite pouco dolorosa com presença de membrana, principalmente se esta se estender à úvula ou ao palato mole, adenopatia e edema cervical associados à faringite membranosa e sinais de toxicidade sistêmica, rouquidão e estridor, paralisia do palato, secreção nasal serossanguínea associada à membrana mucosa, febre que raramente excede 39,4°C.

O que pedir

Cultura de material coletado da área abaixo da membrana da narina, da orofaringe ou de qualquer outra lesão cutânea ou mucosa, obtido por *swab*. Transportar o material em meio enriquecido com telurito.

Como tratar

1. Antitoxina equina: EV após teste de sensibilização, conforme Tabela 1.
2. Complicações cardíacas: antiarrítmicos nos casos de distúrbios de condução e digitálicos na falência miocárdica.

TABELA 1   DOSE DE ANTITOXINA EQUINA NO TRATAMENTO DA DIFTERIA

Manifestação clínica	Dose
Doença laríngea/faríngea com tempo ≤ 48 h de evolução	20.000 a 40.000 UI
Lesões nasofaríngeas	40.000 a 60.000 UI
Doença grave com ≥ 3 dias de duração ou edema difuso de pescoço	80.000 a 120.000 UI
Difteria cutânea	20.000 a 40.000 UI

FISIOTERAPIA RESPIRATÓRIA

1. Traqueostomia: nos casos de difteria laríngea, pode ser realizada como prevenção de complicações respiratórias.
2. Antibioticoterapia por 14 dias:
    - eritromicina 40 a 50 mg/kg/dia (máximo 2 g/dia), VO ou EV, a cada 6 h; ou
    - penicilina G cristalina 100.000 a 150.000 UI/kg/dia, a cada 6 h; ou
    - penicilina procaína 25.000 a 50.000 UI/kg/dia (máx. 1.200.000 UI/dia), a cada 12 h.

3. Tratamento de expostos (contato próximo do caso-índice):
    - observação clínica por 7 dias;
    - coleta de material de orofaringe para cultura;
    - antibioticoterapia profilática: eritromicina oral por 7 dias, ou penicilina G benzatina IM, 600.000 UI (< 30 kg), e 1.200.000 UI (> 30 kg e adultos);
    - imunização ativa: dose de reforço de acordo com a idade, se a última dose da vacina tiver sido dada há mais de 5 anos.

161
Doença da arranhadura do gato

 O que é

Doença benigna de etiologia infecciosa, caracterizada por linfadenite regional após inoculação cutânea da *Bartonella henselae* ou da *Bartonella quintana*, bactérias Gram-negativas, possivelmente pela lambedura, mordedura, arranhadura ou participação de pulgas como vetor de transmissão do gato para o homem. Apresenta evolução subaguda e autolimitada, eventualmente com complicações sistêmicas.

 **Como suspeitar**

História de contato com gato presente em 95% dos casos, com cachorro em 4% e ausência de contato com animal em 1%.

LESÃO

Pápulas eritematosas de 1 a 5 mm de diâmetro, que representam o local de inoculação e evoluem, em um período de 1 a 3 dias, para vesículas preenchidas por líquido opaco e, a seguir, crostas que permanecem até várias semanas.

LINFADENOPATIA REGIONAL

Linfonodos móveis, dolorosos, fibroelásticos e não aderentes a planos profundos de 1 a 5 cm de diâmetro. A pele que os recobre pode estar tensa, eritematosa e quente. Supuração ocorre em 15% dos casos. Os mais acometidos são axilares, cervicais, submandibulares, inguinais, pré-auriculares, femorais e epitrocleares.

Febre geralmente baixa, mal-estar, anorexia e, mais raramente, dor abdominal, cefaleia e náuseas.

MANIFESTAÇÕES ATÍPICAS

Síndrome oculoglandular de Parinaud (conjuntivite leve a moderada acompanhando a lesão primária), neurorretinite, lesão granulomatosa em fígado e baço com vários abscessos, trombose da veia porta, ascite, comprometimento do sistema nervoso central (SNC) (encefalite e síndrome convulsiva), mielite transversa, disfunção de pares cranianos, lesões osteolíticas e *rash* cutâneo.

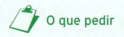

O que pedir

1. Sorologia: imunofluorescência indireta e Elisa.
2. Exame histológico da lesão de inoculação ou do linfonodo acometido mostra área necrótica central avascular, circundada por linfócitos com algumas células gigantes e histiócitos. Nas colorações de Warthin-Starry e Brown-Hopps, pode-se evidenciar bacilos no tecido.

3. Reação em cadeia de polimerase no material de linfonodos, líquido cefalorraquidiano (LCR), sangue, tecidos e urina têm sensibilidade e especificidade altas.
4. Radiografia de tórax com infiltrado pulmonar persistente em alguns casos.

Como tratar

1. Conduta expectante, pois a terapêutica não parece alterar a evolução dos quadros típicos.
2. Antimicrobianos como rifampicina, ciprofloxacino, sulfametoxazol--trimetoprim, azitromicina e claritromicina são recomendados nas doses habituais, por 7 a 14 dias, nos pacientes com manifestações sistêmicas e graves. Gentamicina é uma opção EV ou IM. Doxiciclina e eritromicina são indicadas por períodos prolongados em pacientes imunodeprimidos e com angiomatose bacilar.

162
Doença de Kawasaki

 O que é

Vasculite sistêmica aguda, autolimitada e de etiologia desconhecida que afeta artérias de pequeno e médio calibres, principalmente as coronárias. Hipoteticamente, é resultado da ação de toxinas bacterianas ou, ainda, da exacerbação da resposta imunomediada, acometendo predominantemente crianças entre 6 meses de vida e 5 anos de idade (80% dos casos).

 Como suspeitar

Febre alta e persistente, que pode ser o único sintoma por até 1 semana, seguida de linfadenopatia cervical dolorosa, hiperemia de orofaringe, "língua em framboesa", conjuntivite sem secreção, fissuras labiais e mucosites anal e vaginal ou balanoprepucial. Posteriormente, surge edema de mãos e pés, sem sinais flogísticos, e exantema polimorfo.

Após 2 a 3 semanas do início do quadro, ocorre descamação das mãos e dos pés no sentido proximal e há comprometimento cardíaco, como aneurismas das artérias coronárias, pericardite e, mais raramente, trombose coronariana, angina e isquemia miocárdica. Clinicamente, o diagnóstico confirma-se na presença de 5 dos 6 critérios apresentados na Tabela 1.

TABELA 1 CRITÉRIOS PARA O DIAGNÓSTICO DE DOENÇA DE KAWASAKI*

1. Febre por 5 dias ou mais nos casos não tratados
2. Hiperemia conjuntival bilateral, indolor e não purulenta
3. Eritema ou fissura labial e/ou eritema difuso em orofaringe e/ou "língua em framboesa"
4. Edema duro de mãos e pés e/ou eritema palmoplantar e/ou descamação periungueal e/ou linhas de Beau
5. Exantema polimorfo, mas não vesiculoso
6. Adenomegalia cervical unilateral (> 1,5 cm de diâmetro)

* Caso haja evidência de alterações coronarianas, são necessários apenas 4 critérios.

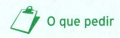

O que pedir

1. Hemograma: anemia leve normocrômica/normocítica e leucocitose ($\geq$ 15.000/mm^3) com neutrofilia e desvio à esquerda. Plaquetas normais no início, porém elevação progressiva a mais de 1.000.000/mm^3.
2. Velocidade de hemossedimentação (VHS), proteína C reativa e alfa-1-glicoproteína ácida aumentadas.
3. Albumina < 3 g/dL.
4. Urina tipo I com leucocitúria estéril ($\geq$ 10/campo).
5. Importante: não há um marcador laboratorial específico.
6. Eletrocardiografia: isquemia miocárdica.
7. Ecocardiografia: pericardite, miocardite, valvulite e coronarite.
8. Arteriografia: não indicada de rotina.

Como tratar

1. Gamaglobulina EV: 2 g/kg, dose única em infusão lenta (6 a 12 h). Se persistência da febre, repetir após 48 h.

2. Ácido acetilsalicílico em dose moderada: 30 a 50 mg/kg/dia, em 4 doses até remissão da febre. Após o período febril, usar 3 a 5 mg/kg/dia (dose antiagregante plaquetária) até normalização da VHS e das plaquetas.
3. Casos refratários (10%) com febre persistente após 3 dias da terapêutica anterior: pulsoterapia com prednisolona por 3 dias.
4. Anti-TNF (infliximabe): pode ser considerado em caso de doença resistente.
5. Angioplastia e agentes trombolíticos (estreptoquinase) são considerados em caso de trombose coronariana e infarto do miocárdio.
6. Antibióticos não são efetivos.

163
Febre sem sinais de localização

 O que é

1. Febre com menos de 7 dias de duração que, mesmo após exame físico cuidadoso, não tem o diagnóstico definido.
2. Desafio: dificuldade em discriminar as doenças bacterianas graves dos quadros de infecções virais de evolução autolimitada.
3. Atenção: bacteriemia oculta.
4. Cerca de 6% das crianças febris com idade inferior a 2 anos revelam consequentes doenças graves, como pneumonia e meningite.
5. Bacteriemia oculta: presença de bactéria em circulação sanguínea em uma criança com febre sem sinal de localização e com estado geral preservado, que permite o manejo ambulatorial.
6. Principais bactérias envolvidas: *S. pneumoniae*, *Salmonella* spp., *N. meningitidis* e *H. influenzae*.

 **Como suspeitar**

1. Menor faixa etária = maior risco.

2. Quanto mais intensa a febre, maior risco de bacteriemia; porém, febre elevada que demora a baixar também pode representar infecção viral.
3. Faixa de alto risco: temperatura ≥ 39,4°C.
4. Faixa de reflexão: entre 39 e 39,3°C.
5. Temperatura < 38,9°C: bacteriemia é rara.
6. Recém-nascido com risco de infecção intrauterina, perinatal, hospitalar, comunitária ou resultante de alterações anatômicas.
7. Lactentes < 3 meses: critérios de Rochester (Tabela 1).

São considerados fatores de decisão na primeira avaliação:

- idade;
- contato com doenças infecciosas;
- medicamentos recebidos ou em uso;
- história vacinal;
- intensidade da febre;
- presença de outros sintomas;
- vínculo com o profissional para reavaliação oportuna;
- relato familiar: se a criança se apresenta bem (brinca? está se alimentando?);
- presença de doenças prévias;
- características socioculturais da família.

TABELA 1 CRITÉRIOS DE ROCHESTER: AVALIAÇÃO DE BAIXO RISCO EM LACTENTES FEBRIS

Bom estado geral
Previamente sadio – parto a termo, não recebeu nem está recebendo antibióticos, não ficou hospitalizado após a alta materna
Sem hospitalização prévia
Não apresentou hiperbilirrubinemia não explicada
Não tem doença crônica
Não tem evidência de infecções localizadas em ossos, partes moles, articulações ou ouvido médio
Hemograma – leucócitos entre 5.000 e 15.000 cél./mm^3
Bastonetes < 1.500 cél./mm^3
Sedimento urinário < 10 leucócitos/campo
Microscopia de fezes < 5 leucócitos/campo

O que pedir

1. Crianças que devem ser sempre avaliadas laboratorialmente:
   - lactentes < 3 meses;
   - temperatura > 39,5°C;
   - crianças com fatores de risco para doença invasiva;
   - lactentes com foco infeccioso definido, mas com quadro clínico grave;
   - crianças com quadro clínico suspeito de infecção grave.
2. Hemograma: sugestivo de etiologia bacteriana se leucocitose > 15.000 mm³ ou leucopenia < 5.000 mm³ e/ou aumento de células jovens e/ou presença de vacuolização e/ou granulações tóxicas nos leucócitos.
3. Hemocultura.
4. Radiografia de tórax (principalmente se taquipneia): nem sempre é elucidativa para diferenciar etiologia viral de bacteriana; pode evidenciar infiltrado intersticial localizado ou difuso ou presença de áreas de condensação.
5. Velocidade de hemossedimentação (VHS) > 30 mm/h e proteína C reativa positiva em diluição acima de 1/50 ou 40 mg/L.
6. Citocinas: interleucina 1,6 e fator de necrose tumoral.
7. Líquido cefalorraquidiano (LCR): quimiocitológico, bacterioscopia e cultura.
8. Sedimento urinário > 10.000 leucócitos/mm³.
9. Bacterioscopia e urocultura.

Como tratar

1. Recém-nascido: hospitalização, investigação e observação clínica rigorosa. Iniciar antibioticoterapia (ver Capítulo 12 – Sepse e Meningite Neonatal na Parte 2 – Neonatologia) após coleta de culturas (sangue, urina e LCR).
2. Crianças entre 30 e 90 dias, se baixo risco (Rochester), podem ser observadas em casa.
3. Antibioticoterapia empírica até definição do foco e obtenção das culturas: alto risco para bacteriemia oculta, lactentes < 3 meses.

FIGURA 1   CONDUTA EM FEBRE SEM SINAIS DE LOCALIZAÇÃO.

LCR: líquido cefalorraquidiano.
Fonte: modificada de Sur e Bukont, 2007.4

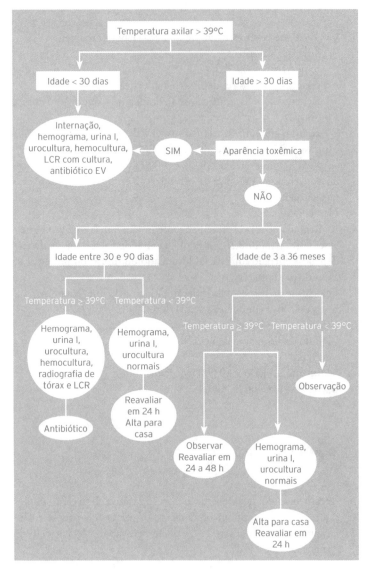

TABELA 2 INDICAÇÃO DE ANTIBIOTICOTERAPIA CONFORME A IDADE

Idade	Antibióticos	Dose
30 a 90 dias (ambulatório)*	Ceftriaxona	50 a 75 mg/kg/dia, IM, única diária
30 a 90 dias (hospital)	Ampicilina** + ceftriaxona	200 mg/kg/dia, EV, a cada 6 h 80 a 100 mg/kg/dia, a cada 12 h
> 90 dias (ambulatório)*	Amoxicilina ou amoxicilina + clavulanato de potássio ou ceftriaxona	100 a 150 mg/kg/dia, VO 50 a 75 mg/kg/dia, VO 50 a 75 mg/kg/dia, IM, única diária
> 90 dias (hospital)	Ceftriaxona	80 a 100 mg/kg/dia, a cada 12 h

* Retorno em até 24 h.
** Para cobertura de agentes comuns ao período neonatal.

164
Herpes simples

O que é

Infecção viral frequente, caracterizada por vesículas agrupadas em cachos sobre uma base eritematosa em pele ou mucosa, causada pelo *Herpesvirus hominis* ou vírus *Herpes simplex* (HSV) tipos I e II. Clinicamente, apresenta-se sob três formas (Tabela 1).

Como suspeitar

TABELA 1 APRESENTAÇÕES CLÍNICAS DO HERPES SIMPLES*

Forma clínica	Sinais, sintomas e condições associadas
1. Primária	Geralmente subclínica – 1% dos infectados apresenta erupção mucosa dolorosa de curta duração com vesículas umbilicadas sobre base eritematosa, que se rompem facilmente, formando ulcerações e crostas sero-hemáticas, gengivoestomatite, vulvovaginite, erupção variceliforme de Kaposi ou meningoencefalite

(continua)

TABELA 1 APRESENTAÇÕES CLÍNICAS DO HERPES SIMPLES* *(continuação)*

Forma clínica	Sinais, sintomas e condições associadas
2. Recorrente	Lesões de mesma característica em lábios, genitais ou pele (mamilos, nádegas, ânus etc.)
3. Latente	Assintomática

* Podem estar presentes febre, irritabilidade, halitose, adenopatia sublingual e inguinal e disúria.

O que pedir

1. Citologia microscópica eletrônica ou teste rápido de imunofluorescência em material raspado das úlceras.
2. Esfregaço de Tzanck positivo para células epiteliais gigantes multinucleadas e inclusões intranucleares (60 a 70% de sensibilidade).
3. Reação em cadeia de polimerase em material obtido em vesículas.
4. Cultura viral de material das lesões ou líquidos biológicos é pouco utilizada.

Como tratar

Antissépticos e compressas nas lesões e antibiótico tópico em caso de infecção secundária.

ACICLOVIR

Indicado para imunossuprimidos, na fase inicial do surto, em casos de grande recorrência ou na primoinfecção de HSV genital dolorosa, 20 mg/kg/dia, VO, a cada 4 h, omitindo-se a tomada da madrugada, durante 5 a 10 dias. A forma creme a 5%, 5 vezes/dia, é indicada para herpes genital inicial ou HSV mucocutâneo em imunossuprimidos. A forma em pó liofilizado para administração EV (10 mg/kg/dose, a cada 8 h, por 5 a 7 dias) é indicada em imunossuprimidos, com encefalite herpética e herpes genital grave com complicações como retenção urinária ou meningite asséptica. No herpes neonatal, 30 mg/kg/dia, EV, a cada 8 h, por 14 a 21 dias.

As opções de antivirais anti-herpéticos são o fanciclovir, o valaciclovir e a vidarabina.

165
Roséola

O que é

Roséola (exantema súbito) é uma doença exantemática febril aguda causada pelo herpesvírus humano 6 (HVH6) e 7 (HVH7). Incide em lactentes menores de 3 anos de idade, com pico de incidência de 6 a 15 meses.

Como suspeitar

1. Transmissão: perdigotos (partículas de saliva lançadas durante a fala, tosse ou espirro) com HVH6 e HVH7.
2. Contágio: durante o período febril.
3. Incubação: 5 a 15 dias, com média de 10 dias.
4. Período prodrômico: sinais de infecção do trato respiratório superior, como rinorreia, hiperemia conjuntival e da orofaringe.
5. Período patológico:
   - febre alta, usualmente de 37,9 a 40°C, com duração de 3 a 5 dias;
   - presença de irritabilidade e anorexia sem toxemia;

- linfonodomegalia cervical e hiperemia de *cavum* são frequentes;
- a febre cessa de forma abrupta e surge exantema de forma súbita com lesões maculopapulares rosadas que aparecem no tronco e disseminam-se para a cabeça e as extremidades. O *rash* desaparece em 24 a 72 h sem presença de descamação.

O diagnóstico é baseado na anamnese, na idade e nos achados clínicos.

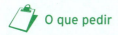

O que pedir

1. Hemograma: presença de leucopenia e linfopenia.
2. Líquido cefalorraquidiano (LCR): indicado para casos associados com convulsão febril e para exclusão de meningite bacteriana.
3. Detecção do herpesvírus humano (HVH) 6 e 7 no sangue periférico por meio de anticorpos. É importante excluir infecção crônica pelo herpes.
4. Cultura para HVH6 e HVH7.
5. Reação em cadeia de polimerase para HVH6.

Como tratar

1. A terapêutica tem o objetivo de controlar a febre e oferecer suporte hídrico, uma vez que a patologia tem evolução benigna.
2. Para casos associados com convulsão febril, pode-se adicionar o controle da temperatura com ibuprofeno e paracetamol.
3. Deve-se observar as pessoas que tiveram contato com o lactente durante o período febril.
4. Não é necessário isolamento do paciente.
5. O exantema viral pode ser atribuído erroneamente à alergia medicamentosa em lactentes que receberam antibióticos de forma inapropriada ou outros fármacos no início do quadro febril.
6. Para pacientes imunocomprometidos com infecções graves associadas com o HVH6 e o HVH7, utilizam-se antirretrovirais, como o ganciclovir e o ciclofovir. A duração da terapia é de 2 a 3 semanas.

166
Infecções por clamídia

O que são

Infecções causadas por grupos *Chlamydia*, que são bactérias Gram-negativas. Do ponto de vista de patologia humana, são importantes a *Chlamydia tracomatis*, responsável pelas 3 principais infecções pediátricas (Tabela 1), além de uretrite não gonocócica, salpingite, cervicite e linfogranuloma venéreo, a *Chlamydia pneumoniae*, responsável por pneumonia em adolescentes, e a *Chlamydia psittaci*, responsável pela psitacose.

Como suspeitar

TABELA 1   PRINCIPAIS INFECÇÕES PEDIÁTRICAS CAUSADAS POR CLAMÍDIA

Doença	Características clínicas e condições associadas
Conjuntivite de inclusão	História de parto vaginal e inflamação conjuntival purulenta, particularmente das pálpebras inferiores do RN

(continua)

TABELA 1 PRINCIPAIS INFECÇÕES PEDIÁTRICAS CAUSADAS POR CLAMÍDIA (continuação)

Doença	Características clínicas e condições associadas
Pneumonia do lactente	História de parto vaginal e inflamação intersticial pulmonar até os 6 meses de vida com tosse progressiva quintosa ou coqueluchoide, que acarreta vômitos. Taquidispneia moderada e afebril com bom estado geral. Ausculta com estertores finos disseminados e sem sibilos
Tracoma	Ceratoconjuntivite crônica com lacrimejamento, secreção mucopurulenta e irritabilidade ocular, que acarreta formação de "pano", podendo levar ao desenvolvimento de cicatriz e cegueira

RN: recém-nascido.

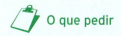

O que pedir

1. Conjuntivite de inclusão e tracoma:
   - isolamento: inclusões citoplasmáticas típicas das clamídias em células epiteliais de raspado da conjuntiva, corado pelo Giemsa;
   - identificação de anticorpos fluorescentes no raspado conjuntival;
   - sorologia (imunofluorescência).
2. Pneumonia do lactente:
   - hemograma: eosinofilia > 400 cél./mm^3;
   - sorologia (fixação de complemento, Elisa, dosagem de imunoglobulinas);
   - radiografia de tórax: infiltrado intersticial bilateral e hiperinsuflação pulmonar.

Como tratar

TABELA 2 TRATAMENTO DAS PRINCIPAIS INFECÇÕES PEDIÁTRICAS CAUSADAS POR CLAMÍDIA

Doença	Tratamento
Conjuntivite de inclusão	Tetraciclina – colírio, 4 vezes/dia por, no mínimo, 2 semanas Eritromicina VO*

(continua)

TABELA 2   TRATAMENTO DAS PRINCIPAIS INFECÇÕES PEDIÁTRICAS CAUSADAS POR CLAMÍDIA *(continuação)*

Doença	Tratamento
Pneumonia do lactente	Eritromicina VO*
Tracoma	Sulfonamida sistêmica por 3 semanas + tetraciclina - colírio, 4 vezes/dia, por 6 semanas

* Dose de 40 mg/kg/dia, dividida em 4 doses (a cada 6 h) por 14 dias.

167
Infecção por Influenza A (H1N1)

 O que é

Síndrome respiratória febril aguda causada pelo vírus A (H1N1 e H3N2 são os subtipos que estão circulando no Brasil), transmitido pela inalação de gotículas produzidas durante a tosse e/ou espirros e que infecta as células do epitélio colunar do trato respiratório. Geralmente, tem evolução benigna e autolimitada, mas pode apresentar manifestações clínicas diversas desde casos leves até óbito. A taxa de letalidade é de 2 a 9% para casos hospitalizados e predomina na população infantil, principalmente nos menores de 2 anos.

 **Como suspeitar**

1. Contato com indivíduo com infecção respiratória sem causa aparente, principalmente em tempo de pandemia.
2. Período de incubação varia entre 1 e 7 dias (média 4 dias).
3. Período de transmissibilidade é de 1 dia antes até 14 dias após o início dos sintomas.

4. Atenção com lactentes na ausência de outro diagnóstico específico: febre de início súbito e sintomas respiratórios (tosse, coriza e obstrução nasal).

TABELA 1 MANIFESTAÇÕES CLÍNICAS

Síndrome gripal	Doença aguda com duração máxima de 5 dias, febre (ainda que referida), tosse seca, coriza e dor de garganta
Síndrome respiratória aguda grave	Febre, tosse e dispneia acompanhada ou não de: aumento da frequência respiratória, hipotensão, batimento de asas de nariz, cianose, tiragem intercostal, desidratação e inapetência

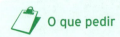

O que pedir

1. Hemograma: leucocitose, leucopenia ou neutrofilia podem estar presentes.
2. Bioquímica do sangue: alterações enzimáticas, musculares e hepáticas.
3. Radiografia de tórax: nem sempre é elucidativo, pode evidenciar infiltrado intersticial localizado ou difuso ou presença de áreas de condensação.
4. Reação em cadeia de polimerase – transcriptase reversa para identificação do vírus A (H1N1) em secreção respiratória.

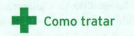

Como tratar

1. Controle dos sintomas gerais e monitoração clínica.
2. Hospitalização em casos graves com insuficiência respiratória.
3. Isolamento respiratório de 14 dias ou até mesmo proteína C reativa indetectável.
4. Oseltamivir (Tamiflu®) indicado por 5 ou mais dias para pacientes com doença grave, complicada e/ou progressiva cujo início dos sintomas tenha ocorrido no período de 48 h, ou a critério médico para crianças com imunossupressão, doença crônica ou menores de 2 anos.
5. Apresentações: solução com 12 ou 15 mg/mL e comprimidos de 75 mg.
6. Alternativa (apenas para crianças com 7 anos ou mais): zanamivir (Relenza®), 2 inalações de 5 mg, a cada 12 h, por 5 dias.

TABELA 2   DOSES RECOMENDADAS DE OSELTAMIVIR

Idade/peso	Tratamento - 5 dias*
< 1 ano	
0 a 8 meses	3 mg/kg, VO, 2 vezes/dia
9 a 11 meses	3,5 mg/kg, VO, 2 vezes/dia
≥ 1 ano	
≤ 15 kg	30 mg, VO, 2 vezes/dia
> 15 a 23 kg	45 mg, VO, 2 vezes/dia
> 23 a 40 kg	60 mg, VO, 2 vezes/dia
> 40 kg	75 mg, VO, 2 vezes/dia

* Casos graves em unidades de terapia intensiva podem requerer 10 dias de tratamento com o dobro da dose diária.

7. Período neonatal:
   - < 38 semanas de idade gestacional (IG): 1 mg/kg/dose a cada 12 h;
   - de 38 a 40 semanas de IG: 1,5 mg/kg/dose a cada 12 h;
   - em recém-nascido com IG > 40 semanas: 3 mg/kg/dose a cada 12 h.

TABELA 3   RECOMENDAÇÕES PARA RECÉM-NASCIDO (RN)

Procedimentos	
RN potencialmente infectado	Início dos sintomas maternos 2 dias antes até 7 dias após o parto
RN assintomático e mãe estável	Manter em quarto privativo com precaução-padrão e isolamento para gotículas (14 dias ou até a alta) Mãe deve usar máscara cirúrgica e lavar as mãos antes de amamentar Coleta de secreção respiratória no 2º dia de vida
RN assintomático e mãe na UTI com quadro suspeito ou confirmado	Manter em incubadora com precaução-padrão e isolamento para gotículas (14 dias ou até a alta) Coleta de secreção respiratória no 2º dia de vida
RN sintomático	Manter em incubadora em unidade de terapia intensiva neonatal com precaução-padrão e isolamento para gotículas (14 dias ou até a alta) Iniciar oseltamivir 3 mg/kg, a cada 12 h, por 5 dias Coleta de secreção respiratória

* Retirar do isolamento se reação em cadeia de polimerase negativa.

168
Leishmaniose visceral

 O que é

Antropozoonose endemoepidêmica conhecida por uma diversa sinonímia (febre dum-dum, calazar, esplenomegalia tropical, febre negra, febre de Assam etc.). Causada por três espécies de protozoários do gênero Leishmania, família Tripanosomatidae: *Leishmania donovani* (Ásia), *Leishmania infantum* (Ásia, Europa e África) e *Leishmania chagasi* (Américas). Transmitida pelo inseto da espécie *Lutzomyia longipalpis* da família Phlebotominae de hábitos peridomiciliares e de atividade crepuscular favorecida pelo calor e pela umidade, típicos das regiões tropicais. O cão é o reservatório doméstico.

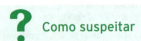 **Como suspeitar**

1. História de residência ou viagens a áreas endêmicas.
2. Predomina em menores de 5 anos e desnutridos.
3. Forma oligossintomática: febre, tosse seca persistente, diarreia intermitente por mais de 3 semanas, sudorese, adinamia, aumento discreto do fígado e do baço.

4. Forma aguda disentérica: febre alta, tosse e diarreia acentuada, podendo haver hepatoesplenomegalia discreta.
5. Calazar clássico:
   - início insidioso com febre prolongada, adinamia, sonolência, mal-estar e emagrecimento, evoluindo com palidez, desnutrição, edemas, abdome globoso à custa de volumosa hepatoesplenomegalia, cabelos quebradiços e cílios alongados;
   - podem estar associados distúrbios gastrintestinais (diarreia ou obstipação, náuseas e vômitos), manifestações hemorrágicas (epistaxe, petéquias e sangramento gengival) e manifestações respiratórias que lembram um resfriado comum.
6. Os casos graves apresentam sopro sistólico plurifocal, insuficiência cardíaca, caquexia, hemorragias agudas e coagulopatias pós-transfusionais.

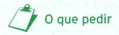

O que pedir

1. Hemograma: anemia normocrômica e normocítica (hemoglobina < 10 g/dL), leucopenia acentuada com neutropenia, anaeosinofilia, linfocitose relativa e plaquetopenia (< 100.000 céls./mm^3 e, frequentemente, < 40.000 céls./mm^3).
2. Velocidade de hemossedimentação (VHS): aumentada.
3. Coagulograma: normal ou discretamente alterado.
4. Transaminases: em geral 2 vezes o valor normal.
5. Bilirrubinas: pouco elevadas.
6. Atividade de protrombina entre 60 e 80%.
7. Eletroforese de proteínas: queda de albumina (< 3,5 g%) e elevação das frações gama (até 10 g%).
8. Urina tipo I: hematúria e proteinúria.
9. Sorologia com títulos elevados (Elisa e imunofluorescência indireta).
10. Aspirado de medula óssea ou baço para visualização da forma amastigota das leishmânias.
11. Cultura da medula óssea e sangue em meio de Novy, McNeal e Nicolle (NNN).

Como tratar

1. Tratamento de suporte: dieta hiperproteica e hipercalórica.
2. Antimoniato de N-metil-glucamina (Glucantime®): ampolas com 5 mL (1 mL = 85 mg de antimônio pentavalente – SbV). Dose: 20 mg de SbV/kg/dia, EV ou IM, por 20 dias (máximo de 4 ampolas/dia), repetir por mais 20 dias, se necessário.
3. Anfotericina B em casos resistentes: 1 mg/kg/dia, por 30 dias (opção: pentamidina).
4. Imunoterapia com interferon-gama recombinante humano (H1FN-gama) é uma alternativa disponível (Actimine®).
5. Fator estimulante de crescimento de colônias (GM-CSF) em pacientes com neutropenia grave (< 1.500/mm^3): parece reduzir o número de complicações bacterianas.
6. Antibioticoterapia e transfusões sanguíneas, se necessário.

169
Leptospirose

 O que é

Antropozoonose de ampla distribuição mundial e de elevada prevalência, principalmente nos meses quentes e chuvosos, em virtude das enchentes e do contato humano com urina de rato contaminada com espiroquetas do gênero Leptospira, com mais de 170 sorotipos, que penetram no organismo por meio de solução de continuidade da pele ou mucosas íntegras.

 Como suspeitar

As manifestações clínicas variam desde sinais e sintomas não aparentes até quadros graves com prognóstico ruim.

1. Período inicial: febre elevada, calafrios, sudorese, cefaleia, mialgia intensa (principalmente panturrilhas), hiperemia de conjuntivas, icterícia, oligúria, anúria e poliúria, taquipneia, manifestações digestivas (anorexia, náuseas, vômitos, dor epigástrica e no hipocôndrio direito)

e manifestações hemorrágicas (escarro hemóptico, sufusões hemorrágicas, púrpura).
2. Período de estado: persistência dos sintomas iniciais, hepatomegalia, icterícia colestática, prurido, colúria, manifestações neurológicas (insônia, confusão mental, meningismo, torpor, coma), manifestações cardíacas (taquicardia, hipotensão, fibrilação atrial, extrassistolias supraventriculares e ventriculares) e choque.
3. Período de convalescença: manifestações hemorrágicas e icterícia por até 40 dias.
4. Síndrome de Weil: forma menos comum, porém a mais grave, caracterizada por insuficiência renal, disfunção hepática, hemorragias generalizadas, desequilíbrio hemodinâmico, acometimento cardíaco e choque.

O que pedir

1. Hemograma completo: anemia hipocrômica, leucocitose, neutrofilia e desvio à esquerda. Plaquetas normais ou diminuídas.
2. Velocidade de hemossedimentação (VHS): aumentada.
3. Transaminases: normais ou elevadas.
4. Bilirrubinas: bem elevadas, geralmente em torno de 20 mg/dL.
5. Fosfatase alcalina e amilase: elevadas na maioria dos casos.
6. Ureia/creatinina: elevadas de acordo com o comprometimento renal.
7. Potássio: normal ou diminuído.
8. Sódio: varia de acordo com a hidratação.
9. Creatinofosfoquinase (CPK) e creatinaquinase MB (CK-MB): aumentadas conforme a intensidade da lesão muscular.
10. Gamaglutamiltransferase: normal ou elevada.
11. Gasometria arterial: acidose metabólica e hipoxemia.
12. Urina tipo I: densidade urinária baixa, hematúria microscópica, leucocitúria e proteinúria são encontradas com frequência.
13. De acordo com a evolução clínica: radiografia de tórax (normal ou com infiltrado intersticial segmentar ou difuso), eletrocardiografia (alterado em 60% das formas graves), líquido cefalorraquidiano (LCR), ecocardiografia, ultrassonografia (US) hepática e de vias biliares, tomografia computadorizada (TC) de crânio.
14. Sorologia com títulos elevados – Elisa-IgM e teste de aglutinação microscópica (MAT): 2 coletas de sangue (no primeiro atendimento

e 14 dias após o início do quadro; máximo 60 dias). O MAT é o teste padrão-ouro recomendado pela Organização Mundial da Saúde (OMS).
15. Hemocultura no meio de Fletcher: fase aguda da doença (preferencialmente antes de tratamento antibiótico, ideal até o 7º dia do início dos sintomas).
16. Pesquisa direta de *Leptospira* em sangue, urina, LCR e macerados de tecidos infectados.

Como tratar

1. Casos leves (fase precoce): repouso, hidratação e amoxicilina 30 a 50 mg/kg/dia, VO, a cada 8 h, por 5 a 7 dias.
2. Casos moderados e graves: internação em unidade de terapia intensiva com monitoração clínica rigorosa.
3. Oxigenoterapia.
4. Reposição hidreletrolítica.
5. Antibioticoterapia por pelo menos 7 dias: penicilina cristalina 50 a 100.000 UI/kg/dia, EV, a cada 4 ou 6 h. Opção: ceftriaxona 80 a 100 mg/kg/dia, em 1 ou 2 doses, ou cefotaxima 50 a 100 mg/kg/dia, em 2 ou 4 doses.
6. Ranitidina ou omeprazol para prevenção de sangramento digestivo.
7. Podem ser necessários: uso de vitamina K, medicações vasoativas e antiarrítmicos, transfusão de glóbulos, plasma fresco ou plaquetas e diálise.

170
Malária

 O que é

A forma humana desta antroponose é causada por 4 espécies de protozoários do gênero Plasmodium: *P. vivax*, *P. falciparum*, *P. malariae* e *P. ovale*, predominante em países tropicais e subtropicais. O *P. vivax* é a espécie de maior prevalência no Brasil, que tem 99,4% de seus casos notificados na Amazônia. A transmissão ocorre pela picada das fêmeas dos mosquitos do gênero Anopheles, por transfusão sanguínea, transplante de órgãos, acidentes perfurocortantes e via transplacentária.

 **Como suspeitar**

Crianças que viajaram a áreas endêmicas ou foram submetidas a transfusões sanguíneas ou transplantes de órgãos.

O quadro clínico é incaracterístico nos lactentes. Nas crianças maiores, cursa com mal-estar, astenia, mialgia, anorexia e febre, que, no início, é irregular ou contínua, passa a intermitente no final da 1ª semana, aparecendo a cada 3 dias (febre terçã benigna – *P. vivax*, febre terçã maligna – *P. falciparum*) ou a cada 4 dias (febre quartã – *P. malariae*).

O acesso clínico clássico é caracterizado por tremores e sensação de frio que duram até 1 h, quando aparecem palidez e cianose consequente à vasoconstrição periférica. Há elevação rápida da temperatura (40 a 41°C), durando até 8 h. Na fase de defervescência, ocorre sudorese profusa e fadiga, e, no período entre os acessos de febre, a criança costuma se sentir bem.

Podem acontecer cefaleia, náuseas, vômitos, diarreia, dores articulares, lombalgia, icterícia, hepatoesplenomegalia, colúria, dispneia, desidratação, hipovolemia, hipotensão, perfusão tecidual inadequada, desequilíbrio acidobásico, insuficiência renal, coagulação intravascular disseminada (CIVD) e confusão mental, principalmente na malária causada pelo *P. falciparum*, responsável pelas infecções mais graves.

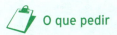

O que pedir

1. Hemograma (anemia grave), glicemia (hipoglicemia), ureia/creatinina (insuficiência renal), eletrólitos (distúrbio eletrolítico) e gasometria arterial (acidose metabólica).
2. Radiografia de tórax: edema pulmonar.
3. Gota espessa (coloração de Walker): coleta por punção digital, identificação no sangue da morfologia, viabilidade, espécie e do índice de parasitemia do agente causador. Padrão-ouro.
4. Imunofluorescência indireta e Elisa.
5. Método dos capilares: pesquisa do parasita pela coloração acridina-laranja.
6. Testes rápidos imunocromatográficos – ParaSigth-F® e ICT Malaria Pf®: pesquisa do parasita por meio de tiras de nitrocelulose com anticorpos monoclonais conjugados a lipossomos contra os antígenos do *P. falciparum*.

Como tratar

As recomendações apresentadas nas Tabelas 1 e 2 traduzem as orientações do Ministério da Saúde, para o tratamento ambulatorial e hospitalar da malária causada pelo *P. vivax* e pelo *P. ovale*.

TABELA 1   TRATAMENTO AMBULATORIAL PARA P. VIVAX E P. OVALE (ESQUEMA CURTO)

Idade/peso	Número de comprimidos por medicamento por dia							
	1º dia		2º dia		3º dia	4º ao 7º dias	
	Cloroquina	Primaquina INFANTIL	Cloroquina	Primaquina INFANTIL	Cloroquina	Primaquina INFANTIL	Primaquina INFANTIL
6 a 11 meses 5 a 9 kg	1/2	1	1/4	1	1/4	1	1/2
1 a 3 anos 10 a 14 kg	1	2	1/2	1	1/2	1	1
4 a 8 anos 15 a 24 kg	1	2	1	2	1	2	2
Idade/peso	Cloroquina	Primaquina ADULTO	Cloroquina	Primaquina ADULTO	Cloroquina	Primaquina ADULTO	Primaquina ADULTO
9 a 11 anos 25 a 34 kg	2	1	2	1	2	1	1
12 a 14 anos 35 a 49 kg	3	2	2	2	2	2	1
≥ 15 anos ≥ 50 kg	4	2	3	2	3	2	2

Cloroquina: comprimidos de 150 mg; primaquina infantil: comprimidos de 5 mg. Sempre dar preferência ao peso para a escolha da dose. Todos os medicamentos devem ser administrados em dose única diária, preferencialmente às refeições. Não administrar primaquina para crianças menores de 6 meses (ver Tabela 3). Se surgir icterícia, suspender a primaquina.

TABELA 2 TRATAMENTO HOSPITALAR COM CLOROQUINA PARA *P. VIVAX* E *P. OVALE* (ESQUEMA LONGO)

Idade/peso	Número de comprimidos por medicamento por dia							
	1º dia		2º dia		3º dia		4º ao 7º dias
	Cloroquina	Primaquina INFANTIL	Cloroquina	Primaquina INFANTIL	Cloroquina	Primaquina INFANTIL	Primaquina INFANTIL
6 a 11 meses 5 a 9 kg	1/2	1/2	1/4	1/2	1/4	1/2	1/4
1 a 3 anos 10 a 14 kg	1	1	1/2	1/2	1/2	1/2	1/2
4 a 8 anos 15 a 24 kg	1	1	1	1	1	1	1
Idade/peso	**Cloroquina**	**Primaquina ADULTO**	**Cloroquina**	**Primaquina ADULTO**	**Cloroquina**	**Primaquina ADULTO**	**Primaquina ADULTO**
9 a 11 anos 25 a 34 kg	2	1/2	2	1/2	2	1/2	1/2
12 a 14 anos 35 a 49 kg	3	1	2	1	2	1	1/2
≥ 15 anos ≥ 50 kg	4	1	3	1	3	1	1

Cloroquina: comprimidos de 150 mg; primaquina infantil: comprimidos de 5 mg. Sempre dar preferência ao peso para a escolha da dose. Todos os medicamentos devem ser administrados em dose única diária, preferencialmente às refeições. Não administrar primaquina para crianças menores de 6 meses (ver Tabela 3). Se surgir icterícia, suspender a primaquina.

TABELA 3 TRATAMENTO DAS INFECÇÕES PELO *P. MALARIAE* E DAS INFECÇÕES POR *P. VIVAX* OU *P. OVALE* EM CRIANÇAS COM MENOS DE 6 MESES, COM CLOROQUINA EM 3 DIAS

Idade/Peso	Número de comprimidos por medicamento por dia		
	Cloroquina		
	1º dia	2º dia	3º dia
< 6 meses 1 a 4 kg	1/4	1/4	1/4
6 a 11 meses 5 a 9 kg	1/2	1/4	1/4
1 a 3 anos 10 a 14 kg	1	1/2	1/2
4 a 8 anos 15 a 24 kg	1	1	1
9 a 11 anos 25 a 34 kg	2	2	2
12 a 14 anos 35 a 49 kg	3	2	2
≥ 15 anos ≥ 50 kg	4	3	3

Cloroquina: comprimidos de 150 mg. Sempre dar preferência ao peso para a escolha da dose. Todos os medicamentos devem ser administrados em dose única diária, preferencialmente às refeições. Não administrar primaquina para crianças menores de 6 meses.

O tratamento da malária por *P. malariae* é feito apenas com cloroquina em 3 dias (Tabela 3), não havendo necessidade do uso da primaquina.

A Tabela 4 apresenta o tratamento da malária por *P. falciparum* conforme a idade da criança e o medicamento utilizado.

Crianças maiores de 8 anos podem ser tratadas opcionalmente com sulfato de quinino 15 a 30 mg/kg/dia, a cada 8 h, por 3 a 4 dias, associado à tetraciclina 250 mg (entre 20 e 40 kg) e 500 mg (> 40 kg), a cada 8 h, por 7 dias.

Crianças maiores de 6 meses e com infecções graves (tratamento hospitalar) devem ser tratadas com um derivado de artemisinina associado à clindamicina conforme esquema a seguir:

1. Artesunato 1 mg/kg, EV, diluído em 5 mL de glicose hipertônica, nos tempos 0, 4, 24 e 48 h.

2. Clindamicina (no 3º dia) 20 mg/kg/dia, EV, diluída em 100 mL de SF, a cada 12 h, por 7 dias. OU
3. Arteméter 3,2 mg/kg, IM, nos tempos 0 e 24 h; e 1,6 mg/kg, IM, nos tempos 48, 72 e 96 h.
4. Clindamicina (no 6º dia) 20 mg/kg/dia, EV, diluída em 100 mL de SF, a cada 12 h, por 7 dias.

TABELA 4   TRATAMENTO DA MALÁRIA POR *P. FALCIPARUM*

Idade	Fármacos	Doses
< 3 meses	Sulfato de quinino + clindamicina	15 a 30 mg/kg, a cada 8 h, por 3 a 4 dias 20 mg/kg/dia, a cada 12 h, por 7 dias
3 a 35 meses	Mefloquina	125 mg*
3 a 5 anos	Mefloquina	250 mg*
6 a 9 anos	Mefloquina	500 mg*
10 a 15 anos	Mefloquina	750 mg*
> 15 anos	Mefloquina	1.000 mg*

* Dose única.

171
Meningites

 O que são

A meningite bacteriana é uma doença infecciosa consequente à colonização do espaço subaracnoide por bactérias, que acomete preferencialmente crianças menores de 5 anos e adolescentes. A Tabela 1 apresenta os agentes etiológicos mais frequentes de acordo com a faixa etária.

A meningite viral ocorre preferencialmente em crianças entre 2 e 7 anos, embora possa acontecer em qualquer idade. É causada mais frequentemente pelo grupo de echovírus, seguido por alguns tipos de vírus coxsackie.

TABELA 1 ETIOLOGIA DAS MENINGITES BACTERIANAS NA INFÂNCIA

Idade	Agente etiológico
0 a 2 meses	*Streptococcus* do grupo B (SGB)
	Bacilos Gram-negativos entéricos (*Escherichia coli* K1 e outras *Enterobacteriaceas*)
	Listeria monocytogenes
3 meses a 5 anos	Meningococos A, B e C
	Hemófilos influenza capsulados do grupo B
	Pneumococo (*Streptococcus pneumoniae*)
> 5 anos	Meningococos A, B e C
	Pneumococo (*Streptococcus pneumoniae*)

❓ Como suspeitar

1. Quadro agudo com febre elevada, seguida de vômitos e cefaleia ou irritabilidade e choro monótono, associados a prostração, sonolência, obnubilação ou coma.
2. Irritação radicular: sinais de Kernig, Brudzinski e rigidez de nuca.
3. Abaulamento de fontanela em recém-nascidos e lactentes.
4. O quadro clínico da meningite viral é muito parecido com a bacteriana, exceto pelo fato de que, nesta, a criança não evolui para coma ou choque.

TABELA 2 QUADRO CLÍNICO DE ACORDO COM A FAIXA DE IDADE

Lactentes	Crianças
Instabilidade térmica (febre versus hipotermia)	Febre, arrepio, vômitos, náuseas
"Sensação de doença"	Cefaleias, fotofobia
Recusa alimentar	Exantema petequial ou purpúrica*
Gemido, irritabilidade, choro gritado, intolerância a ruído/fonofobia	Rigidez da nuca, sinal de Kernig e Brudzinsky
Letargia, hipotonia, convulsões	Convulsões, sinais neurológicos focais
Vômitos, diarreia, icterícia	Paresia de pares cranianos
Fontanela anterior abaulada (sinal tardio só em 30%)	Edema da papila, confusão, alteração da consciência, coma, ataxia
Sinais meníngeos (podem estar ausentes antes dos 12 a 18 meses)	Letargia, irritabilidade

No RN e no pequeno lactente, a clínica pode ser sutil e inespecífica.
* Observar se aparece exantema macular ou maculopapular nas primeiras 24 h de febre.

O que pedir

1. Hemograma.
2. Proteína C reativa.
3. Ionograma.

4. Ureia e creatinina.
5. Gasometria arterial.
6. Glicemia.
7. Lactato.
8. Urina I.
9. Hemocultura (2 amostras coletadas em diferentes sítios).
10. Líquido cefalorraquidiano (LCR) (Tabelas 3 e 4).

TABELA 3 — EXAME DO LCR PARA DIAGNÓSTICO DA MENINGITE

Exame	Meningite bacteriana	Meningite viral
Citologia	Pleiocitose de 1.000 até > 20.000 céls./mm³ (predomínio de polimorfonucleares ≥ 80%)	Pleiocitose de 300 a 400 céls./mm³ (predomínio de linfomononucleares)
Bioquímica	Proteína elevada (geralmente acima de 100 mg%) e glicose baixa (geralmente inferior a 10 mg%)	Proteína e glicose normais
Bacteriologia*	Positiva	Negativa

* Bacterioscopia, cultura e provas sorológicas (látex** e contraimunoeletroforese).
** A prova do látex fornece a identificação do agente bacteriano em 2 h, com sensibilidade e especificidade superiores a 90%.

TABELA 4 — VALORES NORMAIS DO EXAME CITOQUÍMICO DO LCR

LCR	RN pré-termo	RN termo	1 a 12 meses	> 12 meses
Leucócitos (mm³)	0 a 32	0 a 29 (60% PMN)	0 a 5	< 5 (60 a 70% de linfócitos)
Proteínas (mg/dL)	65 a 150	20 a 170	< 60	20 a 40
Glicose (mg/dL)	55 a 105	44 a 150	> 50% da glicemia	

LCR: líquido cefalorraquidiano; RN: recém-nascido; PMN: polimorfonucleares.

Como tratar

A Tabela 5 apresenta o esquema inicial recomendado para o tratamento da meningite bacteriana, podendo ser modificado de acordo com o agente etiológico identificado.

A quimioprofilaxia está indicada no caso de meningite meningocócica com uso de rifampicina 20 mg/kg/dia, a cada 12 h, por 2 dias, e ausência de contatos próximos com pessoas de qualquer idade (dose máxima para crianças: 600 mg; para adultos, 1.200 mg).

No caso de meningite por hemófilos, a dose de rifampicina recomendada é a mesma, porém, por um período de 4 dias, não se deve estabelecer contatos próximos com menores de 5 anos e adultos que tenham contato com crianças menores de 5 anos.

Crianças institucionalizadas, como as de abrigos e frequentadoras de centros e escolas de educação infantil, são sempre consideradas de contatos próximos.

Na meningite viral, a punção do LCR provoca reversão dos sintomas clínicos de cefaleia e vômito, consequente ao alívio da pressão intracraniana, não havendo nenhuma recomendação para o uso de corticoterapia.

TABELA 5 TRATAMENTO INICIAL DA MENINGITE BACTERIANA NA INFÂNCIA

Idade	Drogas	Doses
0 a 2 meses	Ampicilina + cefotaxima	200 mg/kg/dia 150 mg/kg/dia
3 meses a 5 anos	Dexametasona* + ceftriaxona	0,15 mg/kg/dose, a cada 6 h, por 2 dias 100 mg/kg/dia, a cada 24 h
> 5 anos	Dexametasona* + ampicilina	0,15 mg/kg/dose, a cada 6 h, por 2 dias 300 mg/kg/dia

Tipo de meningite	Duração do tratamento
Meningite neonatal	21 dias
Meningite meningocócica	7 dias
Meningite por hemófilos	10 a 14 dias
Meningite pneumocócica	21 dias
Doença meningocócica	14 dias

* Comprovadamente eficaz em infecções por *H. influenzae*, diminuindo a perda da audição. Efeito máximo se administrada 1 a 2 h antes da 1ª dose de antibiótico, mas também eficaz se administrada simultaneamente. Não usar em menores de 6 semanas de idade, meningite parcialmente tratada, meningites bacterianas ou por Gram-negativos e anomalias do sistema nervoso central.

172
Osteomielite e artrite séptica

 O que são

Infecções nos ossos e nas articulações associadas frequentemente a alterações transitórias ou permanentes do sistema imune (neonatos, anestesias, cirurgias, desnutrição, Aids, anemia falciforme e infecções virais e bacterianas). As Tabelas 1 e 2 apresentam as prevalências dos agentes bacterianos envolvidos na osteomielite e na artrite séptica, respectivamente.

TABELA 1 ETIOLOGIA DA OSTEOMIELITE HEMATOGÊNICA AGUDA EM CRIANÇAS

Microrganismo	Frequência (%)	
	Lactentes (< 2 anos)	Crianças (> 5 anos)
Staphylococcus aureus	50	80
Streptococcus do grupo B	10	5
Haemophilus influenzae	10	2
Salmonella sp.	1	4
Streptococcus pneumoniae	4	1
Pseudomonas aeruginosa	1	3
Outros	24	5

Situações especiais: anêmico-falciforme com focos múltiplos = *Salmonella*; crianças que vivem sem calçados em ambiente de terra com foco em calcâneo = *Pseudomonas aeruginosa*.

TABELA 2 ETIOLOGIA DA ARTRITE SÉPTICA EM CRIANÇAS

Idade (meses)	Microrganismo
0 a 2	*Staphylococcus aureus*, Gram-negativos entéricos e *Streptococcus* do grupo B
3 a 5	*Staphylococcus aureus*, Gram-negativos entéricos e *Haemophilus influenzae*
6 a 36	*Staphylococcus aureus* e *Haemophilus influenzae*
> 36	*Staphylococcus aureus* e, raramente, *Streptococcus pneumoniae* e *Streptococcus pyogenes*

Fonte: Terreri e Sacchetti, 2008.[5]

Situações especiais: inoculação direta acidental = enterococo oportunista; adolescentes que iniciaram atividade sexual, considerar *Neisseria gonorrhoeae*.

Como suspeitar

1. História de trauma e presença de infecções podem estar associadas.
2. Queda do estado geral, dor local, irritabilidade à palpação e à percussão, edema, pseudoparalisia pela impotência funcional, febre de intensidade variável, mal-estar.
3. Na artrite séptica, ocorrem sinais locais como edema, calor, rubor e dor durante movimentação ativa e passiva.

O que pedir

1. Hemograma: leucocitose com desvio à esquerda.
2. Velocidade de hemossedimentação (VHS) sempre elevada.
3. Hemocultura positiva em apenas 40 a 50% dos casos.
4. Punção óssea ou do líquido articular com positividade em torno de 70 a 80% em crianças sem uso prévio de antibióticos.
5. Na osteomielite, a radiografia é um método tardio de diagnóstico. Lesões periostais e osteolíticas aparecem apenas após o 7º dia de evolução.
6. Na artrite coxofemoral, radiografia e ultrassonografia (US) podem evidenciar alargamento do espaço articular e deslocamento lateral da cabeça do fêmur.

7. Cintilografia óssea com isótopos radioativos (tecnécio-99 ou citrato de gálio-67): método mais sensível e mais rápido para o diagnóstico de osteomielite, tendo pouca utilidade para artrite séptica.
8. Ressonância magnética (RM) e tomografia computadorizada (TC) são recomendadas apenas na suspeita de osteomielite de coluna ou pelve e em casos de interpretação comprometida da cintilografia.

Como tratar

OSTEOMIELITE

Cuidados gerais, antibioticoterapia (Tabela 3) e terapêutica ortopédica (imobilização ou punção com drenagem cirúrgica e lavagem contínua com SF).

ARTRITE SÉPTICA

Drenagem cirúrgica e antibioticoterapia. A Tabela 3 apresenta o tratamento antimicrobiano de acordo com a faixa etária e as condições associadas.

TABELA 3 TRATAMENTO ANTIMICROBIANO DA OSTEOMIELITE HEMATOGÊNICA AGUDA E DA ARTRITE SÉPTICA EM CRIANÇAS

Idade (meses)	Osteomielite	Artrite séptica
0 a 5	Oxacilina + amicacina	
6 a 36	Oxacilina	Oxacilina + ceftriaxona
> 36	Oxacilina	
Situações especiais	Osteomielite	Artrite séptica
Anemia falciforme	Oxacilina + ceftriaxona	–
Infecção em calcâneo	Oxacilina + ceftazidima + amicacina	–
Infecção hospitalar	Vancomicina ou teicoplanina	–
Inoculação acidental	–	Ampicilina + amicacina

Oxacilina 200 mg/kg/dia, EV, a cada 6 h; amicacina 15 mg/kg/dia, EV, a cada 6 h; ceftriaxona 100 mg/kg/dia, EV, a cada 24 h; vancomicina 50 mg/kg/dia, EV, a cada 6 h; teicoplanina 8 mg/kg/dia, EV ou IM, a cada 12 h, por 2 dias (dose de ataque), seguindo-se 6 mg/kg/dia a cada 24 h; ampicilina 200 mg/kg/dia, EV, a cada 6 h.

173
Síndrome da imunodeficiência adquirida

 O que é

Doença grave causada pelos vírus HIV-1 e HIV-2, retrovírus pertencentes à subfamília Lentivirinae. Acomete principalmente os linfócitos T auxiliares, levando a alterações imunológicas graves e consequentes neoplasias e infecções múltiplas e recorrentes. A transmissão acontece por meio de contato com sangue e secreções ou leite humano contaminado.

 Como suspeitar

Baixo peso ao nascer, ganho ponderal insuficiente, hepatoesplenomegalia, adenopatia difusa, candidíase oral persistente, parotidite, atraso do desenvolvimento neuropsicomotor, diarreia crônica, eczema, otite média recorrente, microcefalia e alta suscetibilidade a infecções bacterianas.

A Tabela 1 apresenta a classificação clínica proposta pelo Centers for Disease Control and Prevention (CDC) para infecção pelo HIV em crianças em 1994.

CRIANÇA NÃO INFECTADA

Uma criança menor de 18 meses de idade com duas cargas virais indetectáveis, sendo a segunda após 4 meses de idade, é considerada não infectada pelo HIV, e não mais "provavelmente não infectada". Neste caso, a sorologia após os 12 meses de idade é solicitada apenas para documentar a soronegatividade para o HIV.

No diagnóstico de crianças menores de 18 meses de idade, resultados detectáveis de carga viral abaixo de 5.000 cópias/mL devem ser cuidadosamente analisados e repetidos em virtude da possibilidade de um resultado falso-positivo.

CRIANÇA INFECTADA

1. Idade ≤ 18 meses com dois resultados positivos da cultura do HIV, reação em cadeia de polimerase para HIV ou antígeno p24 e critérios definidores de Aids.[6]
2. Idade > 18 meses com dois resultados positivos de sorologia (Elisa) e teste confirmatório (Western blot) e qualquer critério do grupo 1A, de acordo com o CDC-1987.[6]

CRIANÇA COM EXPOSIÇÃO PERINATAL

1. Idade < 18 meses com Elisa e Western blot positivos.
2. Nascida de mãe sabidamente HIV-positiva.

TABELA 1 CLASSIFICAÇÃO CLÍNICA PARA INFECÇÃO PELO HIV EM CRIANÇAS

Categorias imunológicas	Categorias clínicas/sinais ou sintomas			
	N: ausentes	A: leves	B: moderadas	C: graves
Sem supressão	N1	A1	B1	C1
Moderada supressão	N2	A2	B2	C2
Grave supressão	N3	A3	B3	C3

Fonte: CDC, 1987.[6]

CRIANÇA SOROCONVERSORA

Nascida de mãe HIV-positiva com 2 ou mais resultados negativos no Elisa entre 6 e 18 meses, um resultado negativo após os 18 meses, sem outra evidência laboratorial de infecção ou sem condição clínica definidora de Aids, conforme o CDC-1987.[6]

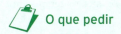
O que pedir

1. Hemograma: anemia e leucopenia progressiva com linfopenia.
2. Linfócitos CD4 e CD8 diminuídos.
3. Relação CD4/CD8 invertida (< 2).
4. Hipergamaglobulinemia.
5. Beta-2-microglobulina aumentadas.
6. Cultura viral positiva.
7. Reação imunoenzimática (antígeno p24 positivo).
8. PCR-DNA viral positivo.
9. Sorologia positiva (Elisa e Western blot).

A Tabela 2 apresenta a classificação imunológica em categorias proposta pelo CDC em 1994, conforme contagem de linfócitos CD4+.

Os anticorpos séricos são detectados até 15 meses de vida em crianças não infectadas nascidas de mãe HIV-positiva, consequente à presença de anticorpos maternos passados pela via transplacentária.

TABELA 2   CATEGORIAS IMUNOLÓGICAS CONFORME CONTAGEM DE LINFÓCITOS CD4+*

Categoria	Idade		
	< 12 meses	1 a 5 anos	6 a 12 anos
1. Sem imunossupressão	≥ 1.500	≥ 1.000	≥ 500
2. Imunossupressão moderada	750 a 1.499	500 a 999	200 a 499
3. Imunossupressão grave	< 750	< 500	< 200

* Unidade de medida = n/mcL.
Fonte: CDC, 1994.[7]

 **Como tratar**

QUANDO INICIAR

1. Em todos os menores de 12 meses, independentemente de sintomatologia clínica, classificação imunológica ou carga viral.
2. Em crianças entre 1 e 4 anos, recomenda-se iniciar a terapia antirretroviral (TARV) em:
   - pacientes sintomáticos, classificados nas categorias B do CDC (exceto aqueles com um único episódio de pneumonia bacteriana) ou C;
   - paciente com percentual de LT-CD4+ < 25%; ou
   - pacientes com carga viral ≥ 100.000 cópias/mL.
3. Nos pacientes acima de 5 anos:
   - pacientes sintomáticos, classificados nas categorias B (exceto aqueles com um único episódio de pneumonia bacteriana) ou C;
   - pacientes com contagem de LT-CD4+ < 500 céls./mm^3; ou
   - pacientes com carga viral ≥ 100.000 cópias/mL.

ESQUEMA DE TERAPIA ANTIRRETROVIRAL (TARV)

1. Primeira linha: 2 ITRN e 1 ITRNN. Em crianças com mais de 35 kg de peso corporal, o esquema inicial deve ser TDF+3TC+EFZ.
2. Segunda linha: 2 ITRN e 1 IP/r. Utilizar na terapia inicial nas crianças com histórico de exposição intraútero ou perinatal à nevirapina, pelo maior risco de infecção por cepa resistente à nevirapina, ou nas situações em que o uso de efavirenz e nevirapina esteja impossibilitado. Considerar nos casos em que o lactente é gravemente sintomático ou a carga viral é muito elevada.
3. Alternativa: atazanavir/r prescrito como IP/r em crianças a partir de 6 anos de idade e fosamprenavir/r a partir de 2 anos de idade.
4. Atenção: estavudina (d4T) é associada com alta incidência de acidose lática, lipoatrofia, hiperlipidemia e neuropatia periférica, devendo ser utilizada somente na ausência de outras opções, raramente na terapia inicial.

TABELA 3 ESQUEMAS ANTIRRETROVIRAIS PARA TERAPIA INICIAL

Esquema preferencial

2 ITRN + 1 ITRNN

NVP: crianças < 3 anos

EFV: crianças > 3 anos e adolescentes

Esquema alternativo

2 ITRN + 1 IP/r

IP preferencial: LPV/r

IP alternativos: ATV/r*, FPV**, FPV/r*, NFV

Uso em situações especiais

2 ITRN + SQV/r em adolescentes em estágio Tanner 4-5

AZT + 3TC + ABC como tratamento inicial na coinfecção HIV/tuberculose

* Para maiores de 6 anos de idade
** Para maiores de 2 anos de idade.
ITRN: inibidor da transcriptase reversa análogo de nucleosídeo; ITRNN: inibidor da transcriptase reversa não análogo de nucleosídeo; NVP: nevirapina; EFV: efavirenz; IP: inibidor da protease; IP/r: inibidores da protease com reforço de ritonavir; LPV/r: lopinavir com reforço de ritonavir; ATV/r: atazanavir com reforço de ritonavir; FPV: fosamprenavir; FPV/r: fosamprenavir com reforço de ritonavir; NFV: nelfinavir; SQV/r: saquinavir com reforço de ritonavir; AZT: zidovudina; 3TC: lamivudina; ABC: abacavir.

TABELA 4 ASSOCIAÇÕES DE DOIS INIBIDORES DA TRANSCRIPTASE REVERSA ANÁLOGOS DE NUCLEOSÍDEOS PARA USO COMBINADO COM ITRNN OU IP

Associações preferenciais

Crianças e adolescentes < 40 kg	Crianças e adolescentes > 40 kg
AZT + 3TC ou ABC + 3TC	AZT + 3TC ou ABC + 3TC ou TDF + 3TC

Associações alternativas

AZT + ABC ou AZT + ddI

Uso em circunstâncias especiais

d4T + 3TC

IP: inibidor da protease; ITRNN: inibidor da transcriptase reversa não análogo de nucleosídeo; ABC: abacavir; AZT: zidovudina; 3TC: lamivudina; TDF: tenofovir; ddI: didanosina; d4T: estavudina.

TABELA 5 INDICAÇÃO DE ARV NO RECÉM-NASCIDO PARA PROFILAXIA DA TRANSMISSÃO VERTICAL DO HIV

Cenários	Indicação	ARV	Posologia
1	Uso de ARV no pré-natal e periparto, com CV documentada < 1.000 cópias/mL no 3º trimestre	AZT	RN ≥ 35 sem de IG: 4 mg/kg/dose a cada 12 h RN entre 30 e 35 sem de IG: 2 mg/kg/dose a cada 12 h nos primeiros 14 dias e 3 mg/kg/dose a cada 12 h a partir do 15º dia RN < 30 sem de IG: 2 mg/kg/dose a cada 12 h
2	Não utilização de ARV durante a gestação, independentemente do uso de AZT periparto Uso de ARV na gestação, com CV desconhecida ou ≥ 1.000 cópias/mL no 3º trimestre	AZT + NVP	AZT: RN ≥ 35 sem de IG: 4 mg/kg/dose a cada 12 h RN entre 30 e 35 sem de IG: 2 mg/kg/dose a cada 12 h nos primeiros 14 dias e 3 mg/kg/dose a cada 12h a partir do 15º dia RN < 30 sem de IG: 2 mg/kg/dose a cada 12 h NVP: PN > 2 kg: 12 mg/dose (1,2 mL) PN 1,5 a 2 kg: 8 mg/dose (0,8 mL) PN < 1,5 kg: não usar NVP

ARV: antirretroviral; CV: carga viral; AZT: zidovudina; NVP: nevirapina; RN: recém-nascido; sem: semanas; IG: idade gestacional; PN: peso de nascimento.
O AZT deve ser iniciado nas primeiras 4 h de vida e a NVP antes de 48 h de vida.

174
Tétano

 O que é

Doença infecciosa consequente à ação da toxina do bacilo Gram-positivo anaeróbio *Clostridium tetani* no sistema nervoso central (SNC), encontrado sob a forma de esporo no solo, poeira doméstica, fezes de animais e humanas, materiais metálicos enferrujados e fios de categute não estéreis, infectando o hospedeiro por meio de ferimentos na pele.

 Como suspeitar

1. Indivíduos não vacinados ou com esquema vacinal incompleto.
2. Presença de espasmos da musculatura estriada próximo a ferimento contaminado, como rigidez da parede abdominal, opistótono, trismo e convulsões, que podem ser intensos e agravados por estímulos externos (luz, som, manipulação, alimentação e micção).

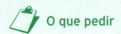 **O que pedir**

Cultura em meio anaeróbio do material do ferimento: baixa positividade.

 **Como tratar**

ASSEPSIA

Limpeza com água e sabão, retirada de corpos estranhos e debridamento do ferimento. Não retirar o coto umbilical em caso de tétano neonatal.

ELIMINAÇÃO DO BACILO

1. Metronidazol 30 mg/kg/dia, VO ou EV, a cada 6 h.
2. Ou penicilina cristalina 100.000 UI/kg/dia, EV, a cada 4 h, por 10 a 14 dias.

CONTROLE DOS SINTOMAS

1. Benzodiazepínicos (diazepam ou midazolam) 1 a 2 mg/kg/dia, EV, a cada 6 h.
2. Ou clorpromazina 1 mg/kg/dia, EV.
3. Ou, se necessário, curarização e ventilação mecânica.

IMUNIZAÇÃO PASSIVA

1. Imunoglobulina humana antitetânica (IgAT): 3.000 a 6.000 UI (500 UI no tétano neonatal), IM, dose única (parte da dose pode ser infiltrada ao redor do ferimento).
2. Ou soro antitetânico: 50.000 a 100.000 UI, IM (parte da dose, 20.000 UI, deve ser aplicada EV).

IMUNIZAÇÃO ATIVA

Vacinação antitetânica na convalescença, pois a doença normalmente não confere imunidade.

PROFILAXIA

Segue-se o indicado na Tabela 1, com a avaliação do ferimento e da imunização prévia contra o tétano.

TABELA 1   CONDUTA NA PROFILAXIA DO TÉTANO

Vacinação	Imunização	Tétano	Ferimento limpo	Outros ferimentos*
	Vacina	I passiva**	Vacina	I passiva
Incerta ou < 3 doses***	Sim	Não	Sim	Sim
3 ou + doses (última menos de 5 anos)****	Não	Não	Não	Não
3 ou + doses (última entre 5 e 10 anos)	Não	Não	Sim	Não
3 ou + doses (última mais de 10 anos)	Sim	Não	Sim	Não

* Ferimentos contaminados com poeira, terra, fezes ou saliva, ferimentos perfurantes, presença de tecido desvitalizado e queimaduras.

** I passiva: imunoglobulina humana antitetânica 250 UI, IM; na sua falta, soro antitetânico 3.000 a 5.000 UI, IM, em local diferente da vacina e após teste de sensibilização.

*** Vacina – crianças menores de 7 anos: tríplice (DPT ou DTaT) ou dupla infantil (DT), quando indicada; com 7 anos ou mais, vacina dupla adulta (dT) ou, na falta desta, antitetânica (TT).

**** Completar o esquema de vacinação, se necessário.

175
Toxocaríase

 O que é

Zoonose parasitária causada pelo nematódeo *Toxocara canis*, que tem o cachorro como hospedeiro definitivo. Os principais fatores de risco em crianças são a geofagia e o contato com filhotes do hospedeiro. A infecção acontece com a ingestão de água ou alimentos contaminados pelos ovos contendo larvas em estágio infectante (L2). Após a eclosão dos ovos, as larvas penetram na mucosa do intestino delgado, seguem a circulação e atingem especialmente fígado, pulmões, olhos, coração e tecido muscular.

 Como suspeitar

1. Febre, palidez, hepatomegalia, tosse, crises de dispneia frequentes com roncos, sibilos e expiração prolongada na ausculta pulmonar.
2. Manifestações oculares: perda progressiva da visão, geralmente unilateral e indolor, acometendo crianças maiores (14 anos, em média), consequente à presença de granuloma periférico ou endoftalmite.

TABELA 1 CLASSIFICAÇÃO DAS FORMAS CLÍNICAS DE TOXOCARÍASE HUMANA E JUSTIFICATIVA PARA TRATAMENTO CLÍNICO E PREVENTIVO

Formas clínicas	Características clínicas do paciente (intensidade)					Justificativa do tratamento	
	Sintomas	Sinais	Sorologia	Eosinofilia	IgE	Clínico*	Preventivo
LMV clássica	Altos	Moderados	Alta	Alta	Moderada	Sim**	–
LMV incompleta	Leves	Leves	Moderada	Moderada	Leve	Sim	Sim***
LMO	Altos	Altos	Leve	Duvidosa	Duvidosa	Sim	–
LMN	Leves	Leves	Leve	Duvidosa	Duvidosa	Sim	–
Toxocaríase oculta	Duvidosos	Leves	Moderada	Duvidosa	Moderada	Sim	Sim***
Toxocaríase assintomática	Nenhum	Nenhum	Leve	Duvidosa	Duvidosa	Não	Ser considerado***

LMV: larva *migrans* visceral; IgE: imunoglobulina E; LMO: larva *migrans* ocular; LMN: larva *migrans* neurológica.
* Um curso de albendazol de 15 mg/kg/dia por 5 dias.
** Em alguns casos, o tratamento precisa ser repetido.
*** Se sorologia for positiva e eosinofilia > 400/mm³.

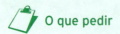

O que pedir

1. Hemograma: leucocitose de até 100.000/mm³, com 50 a 90% de eosinófilos.
2. Albumina: baixa.
3. Fator reumatoide: positivo em até 50% dos casos.
4. Imunoglobulina sérica: aumento de IgG, IgM e IgE.
5. Reação imunoenzimática (Elisa): sensibilidade de 80% e especificidade de 90%.
6. Fundoscopia: massa esbranquiçada central ou periférica.
7. Radiografia de tórax: infiltrado pulmonar transitório.
8. Biópsia hepática: granulomas com cristais de Charcot-Leyden.

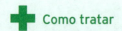

Como tratar

1. Tiabendazol 25 a 50 mg/kg/dia, VO, a cada 12 h, durante 10 dias.
2. Ou albendazol 10 mg/kg/dia, VO, a cada 12 h, durante 5 dias.
3. *Laser* e corticoterapia nas manifestações oftálmicas.

176
Toxoplasmose

 O que é

Doença infecciosa causada pelo *Toxoplasma gondii*, consequente à ingestão de carne malcozida de animais que contêm cistos em seus tecidos, ingestão ou inalação de oocistos eliminados pelas fezes de gatos, transmissão materno-fetal e, raramente, por transfusão sanguínea ou transplante de órgãos.

 **Como suspeitar**

1. A forma assintomática é mais frequente.
2. Sinais e sintomas: linfadenopatia geralmente cervical, febre, fadiga, cefaleia, mal-estar, mialgia, dor de garganta e hepatoesplenomegalia.
3. Pneumonite, miocardite e meningoencefalite aparecem em crianças imunodeprimidas.
4. Forma congênita assintomática: em torno de 85% dos recém-nascidos infectados, podendo desenvolver, depois de meses ou anos, com-

plicações como coriorretinite, cegueira, estrabismo, hidrocefalia, surdez e atraso no desenvolvimento neuropsicomotor.
5. Forma congênita sintomática: comprometimento neurológico evidente, microcefalia, hidrocefalia, convulsões, coriorretinite, hepatoesplenomegalia, linfadenopatia e icterícia.
6. O comprometimento ocular inclui hiperemia conjuntival, dor, fotofobia, estrabismo, nistagmo, leucocoria, baixa acuidade, embaçamento e diminuição do campo visual.

O que pedir

1. Velocidade de hemossedimentação (VHS) e mucoproteínas aumentadas.
2. Sorologia: hemaglutinação por imunoabsorção (Isaga), teste de avidez de IgG, fixação de complemento, imunofluorescência indireta e reação imunoenzimática (Elisa).
3. Técnica do Elisa "duplo sanduíche" ou teste de captura de IgM.
4. Pesquisa direta do protozoário em fluidos orgânicos ou material de biópsia.
5. Detecção de antigenemia: reação em cadeia de polimerase em fluidos orgânicos e material de biópsia.

NA FORMA CONGÊNITA

1. Radiografia de crânio: calcificações cranianas difusas.
2. Hemograma: anemia e plaquetopenia.
3. Bilirrubinas: aumentadas.
4. Líquido cefalorraquidiano (LCR): proteinorraquia aumentada.
5. Reação em cadeia de polimerase no líquido amniótico: sensibilidade de 96% e especificidade de 100%.

Como tratar

Dispensável em crianças imunocompetentes, exceto nos casos muito sintomáticos, prolongados ou com comprometimento de órgãos vitais.

O uso de medicamentos é indicado para recém-nascidos com a forma congênita, crianças com manifestações específicas e imunodeprimidas (Tabela 1).

TABELA 1 — TRATAMENTO DA TOXOPLASMOSE ADQUIRIDA EM CRIANÇAS

Situação	Medicação	Dose (mg/kg/dia)	Duração
Recém-nascidos	Pirimetamina +	Inicial: 2 mg/kg/dia, VO, 2 vezes/dia (máx. 50 mg), por 2 dias; depois: 1 mg/kg/dia (máx. 25 mg/dia)	1 ano
	Sulfadiazina +	75 a 100 mg/kg/dia, VO, 2 vezes/dia (máx. 6 g/dia)	
	Ácido folínico	5 a 10 mg, VO, 2 vezes/semana	
Coriorretinite ativa	Pirimetamina +	Inicial: 2 mg/kg/dia, VO, 2 vezes/dia (máx. 50 mg), por 2 dias; depois: 1 mg/kg/dia (máx. 25 mg/dia)	1 a 2 semanas após resolução Até resolução
	Sulfadiazina +	75 a 100 mg/kg/dia, VO, 2 vezes/dia (máx. 6 g/dia)	
	Prednisona	1 mg/kg/dia, 2 vezes/dia	
Crianças normais	Sem tratamento ou pirimetamina + sulfadiazina	Doses acima, sem corticosteroide	4 a 6 semanas
Opções	Espiramicina	100 mg/kg/dia, VO, 2 vezes/dia (máx. 3 g/dia)	30 dias

Sulfadiazina (Sulfadiazina®, 1 comprimido = 500 mg); pirimetamina (Daraprim®, 1 comprimido = 25 mg); ácido folínico (Leucovorin® ou Tecnovorin®, 1 comprimido = 15 mg); espiramicina (Rovamicina®, 1 comprimido = 250 mg); prednisona (Meticorten®, 1 comprimido = 5 ou 20 mg).

177
Tuberculose

 O que é

Doença infecciosa endêmica causada pelo *Mycobacterium tuberculosis*, um aeróbio estrito de crescimento lento, resistente aos agentes químicos e sensível a agentes físicos como calor e radiação.

A transmissão ocorre pelo ar, por meio de gotículas contendo bacilos expelidos por indivíduo com tuberculose pulmonar ao tossir, espirrar ou falar. Os bacilos multiplicam-se nos alvéolos e, pela corrente sanguínea, disseminam-se para outros órgãos. Na criança, são mais frequentemente acometidos os pulmões, as meninges, os ossos e os linfonodos.

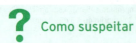 **Como suspeitar**

1. Crianças imunocomprometidas, como desnutridos, usuários de corticosteroides por tempo prolongado, terapia imunossupressora, infectados pelo HIV, indivíduos com diabetes melito e doenças crônicas renais, hepáticas e reumatológicas.
2. Contato intradomiciliar ou repetido com indivíduo tuberculoso.

3. Adolescentes com queixa de tosse e expectoração por 3 semanas ou mais.
4. Febre prolongada vespertina, geralmente por mais de 15 dias, irritabilidade, tosse, dispneia, dor torácica, astenia, perda de peso e sudorese noturna.
5. Pneumonia de evolução lenta ou desfavorável com tratamento habitual.
6. História de tratamento para tuberculose.

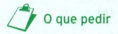

O que pedir

1. Baciloscopia direta: positividade rara em crianças.
2. Cultura do escarro, lavado gástrico e alveolar.
3. Prova tuberculínica (derivado de proteína purificada – PPD): indica infecção e não permite o diagnóstico de doença (Tabela 1).
4. Radiografia de tórax: bastante inespecífico, pode evidenciar adenomegalias hilares e/ou paratraqueais, ou padrão miliar.

TABELA 1 LEITURA DO PPD APÓS 72 A 96 H DA APLICAÇÃO

Diâmetro	Significado
0 a 4 mm	Não reator, indivíduo não infectado ou com hipersensibilidade reduzida
5 a 9 mm	Reator fraco, vacinado com BCG ou infectado pelo *M. tuberculosis* ou por outras micobactérias
> 9 mm	Reator forte, infectado pelo *M. tuberculosis*, com doença ou não, e indivíduos vacinados com BCG nos últimos 2 anos

BCG: bacilo Calmette-Guérin – vacina contra tuberculose.

O diagnóstico da tuberculose pulmonar é realizado por meio de critério de pontuação preconizado pelo Ministério da Saúde (Tabela 2).

TABELA 2 DIAGNÓSTICO DE TUBERCULOSE PULMONAR EM CRIANÇAS E ADOLESCENTES

Quadro clínico-radiológico		Contato com adulto tuberculoso	Teste tuberculínico* e vacinação BCG	Estado nutricional
Febre ou sintomas como tosse, adinamia, expectoração, emagrecimento e sudorese por mais de 2 semanas Adicionar 15 pts	Adenomegalia hilar ou padrão miliar, condensação ou infiltrado (com ou sem escavação), inalterado por mais de 2 semanas ou evoluindo com piora ou sem melhora com antibióticos para germes comuns Adicionar 15 pts	Próximo, nos últimos 2 anos Adicionar 10 pts	Vacinados há mais de 2 anos Menor de 5 mm: adicionar 0 pt 5 a 9 mm: adicionar 5 pts 10 a 14 mm: adicionar 10 pts 15 mm ou mais: adicionar 15 pts	Desnutrição grave ou peso abaixo do percentil 10 (Sisvan) Adicionar 5 pts
Assintomático ou com sintomas por mais de 2 semanas Adicionar 0 pt	Condensação ou infiltrado de qualquer tipo por mais de 2 semanas Adicionar 5 pts		Vacinados há menos de 2 anos Menor de 10 mm: adicionar 0 pt 10 a 14 mm: adicionar 5 pts 15 mm ou mais: adicionar 15 pts	
Infecção respiratória com melhora após uso de antibióticos para germes comuns ou sem antibióticos Subtrair 10 pts	Radiografia normal Subtrair 5 pts	Ocasional ou negativo Adicionar 0 pt	Não vacinados Menor de 5 mm: adicionar 0 pt 5 a 9 mm: adicionar 5 pts 10 mm ou mais: adicionar 15 pts	Peso igual ou acima do percentil 10 Adicionar 0 pt

BCG: bacilo de Calmette-Guérin (vacina contra tuberculose); pt(s): ponto(s); Sisvan: Sistema de Vigilância Alimentar e Nutricional (MS/1997).
* Esta interpretação não se aplica a revacinados em BCG.

- Diagnóstico muito provável: ≥ 40 pontos;
- Diagnóstico possível: entre 30 e 35 pontos;
- Diagnóstico pouco provável: ≤ 25 pontos.

Como tratar

1. Casos novos: sem tratamento anterior, tratamento por menos de 30 dias ou tratamento anterior por mais de 5 anos (Tabela 3).
2. Casos antigos: recidiva após cura ou retorno após abandono do esquema I (Tabela 4).
3. Prednisona: 1 a 2 mg/kg/dia (máx. 30 mg/dia), por 1 a 4 meses no início do tratamento da tuberculose meningoencefálica.

TABELA 3 ESQUEMA BÁSICO (ESQUEMA I)

Fases do tratamento	Medicamentos	Até 20 kg (mg/dia)	21 a 35 kg (mg/dia)	36 a 45 kg (mg/dia)	> 45 kg (mg/dia)
RHZ 2 meses	R	10	300	450	600
	H	10	200	300	400
	Z	35	1.000	1.500	2.000
RH 4 meses	R	10	300	450	600
	H	10	200	300	400

R: rifampicina; H: isoniazida; Z: pirazinamida.

As medicações devem ser administradas preferencialmente em jejum, em dose única diária. Em caso de intolerância, pode-se administrar junto com refeição.

O tempo pode ser prolongado por mais 3 meses nos casos extrapulmonares, como na tuberculose meningoencefálica (2 RHZ/7 RH).

TABELA 4 ESQUEMA BÁSICO + ETAMBUTOL (ESQUEMA IR)

Fases do tratamento	Medicamentos	Até 20 kg (mg/dia)	21 a 35 kg (mg/dia)	36 a 45 kg (mg/dia)	> 45 kg (mg/dia)
RHZE 2 meses	R	10	300	450	600
	H	10	200	300	400
	Z	35	1.000	1.500	2.000
	E	25	600	800	1.200
RHE 4 meses	R	10	300	450	600
	H	10	200	300	400
	E	25	600	800	1.200

R: rifampicina; H: isoniazida; Z: pirazinamida; E: etambutol.

178
Varicela-zóster

 O que é

Doença infecciosa aguda de distribuição universal, altamente contagiosa, geralmente benigna e autolimitada em imunocompetentes, causada pelo vírus DNA varicela-zóster do grupo herpes, que é transmitido por contato direto com as vesículas ou secreções respiratórias e, indiretamente, por objetos.

 Como suspeitar

1. História: contato com indivíduo doente entre 10 e 21 dias do início dos sintomas (período de incubação – média de 14 dias).
2. Período prodrômico: geralmente inexistente ou com febre e sintomas inespecíficos de 1 a 2 dias.
3. Pele: exantema maculoso que evolui para pápulas e vesículas, com formação de crostas em apenas 8 h. Erupção pruriginosa distribuída de forma centrípeta, predominando no tronco, seguindo para pescoço, face, segmentos proximais dos membros e podendo acometer

couro cabeludo, mucosa oral, conjuntiva, órgãos genitais e o reto, frequentemente associada à adenomegalia regional.
4. Complicações: infecção bacteriana secundária das lesões (impetigo, celulite, erisipela, osteomielite, fasciíte necrosante e choque séptico), pneumonia, púrpura, miocardite, hepatite, glomerulonefrite, orquite, artrite, conjuntivite, ceratite, iridociclite, meningite asséptica, encefalite, cerebelite, mielite transversa, síndrome de Guillain-Barré, síndrome de Reye e neuropatia periférica.

O que pedir

1. Pesquisa do vírus no líquido das vesículas.
2. Pesquisa de DNA viral por reação em cadeia de polimerase.
3. Testes sorológicos: fixação de complemento, anticorpo fluorescente para antígeno de membrana (Fama), Elisa e radioimunoensaio.
4. Líquido cefalorraquidiano (LCR): pleiocitose.

Como tratar

1. Manter unhas limpas e aparadas.
2. Anti-histamínico oral para minimizar o prurido.
3. Banhos de permanganato de potássio 1:40.000.
4. Antitérmico: paracetamol ou dipirona (evitar ácido acetilsalicílico, pelo risco de síndrome de Reye).
5. Antibioticoterapia: penicilina ou cefalosporina de 1ª geração nas infecções secundárias de pele.
6. Isolamento respiratório e de contato.
7. Aciclovir para diminuir o risco de disseminação viral e nos casos de pneumonite ou encefalite:
   - recém-nascidos e imunodeprimidos: 30 mg/kg/dia, EV, a cada 8 h, por 7 a 14 dias;
   - crianças infectadas pelo HIV: 80 mg/kg/dia, VO, em 5 doses, a cada 4 h (sem a dose da madrugada), por 10 dias.

Anexo – Calendário vacinal

FIGURA 1 CALENDÁRIO VACINAL DE 2016 – RECOMENDAÇÃO DA SOCIEDADE BRASILEIRA DE PEDIATRIA.[8]

	\multicolumn{12}{c	}{IDADE}
	Ao nascer	2 meses	3 meses	4 meses	5 meses	6 meses	7 meses	12 meses	15 meses	18 meses	4 a 6 anos	11 anos	14 anos
BCG ID[1]	●												
Hepatite B[2]	●	●		●		●							
DTP/DTPa[3]		●		●		●			●		●		
dT/dTpa[4]												●	
Hib[5]		●		●		●			●				
VIP/VOP[6]		●		●		●			●		●		
Pneumocócica conjugada[7]		●		●		●		●					
Meningocócica C e A, C, W, Y conjugadas[8]			●		●			●			●	●	
Meningocócica B recombinante[9]			●		●			●					
Rotavírus[10]		●		●									
Influenza[11]						●	●						
SCR/varicela/SCRV[12]								●	●		●		
Hepatite A[13]								●		●			
Febre amarela[14]	\multicolumn{12}{l	}{A partir dos 9 meses de idade}
HPV[15]	\multicolumn{12}{l	}{Meninos e meninas a partir dos 9 anos de idade}
Dengue[16]	\multicolumn{12}{l	}{Para crianças e adolescentes a partir de 9 anos de idade}

NOTAS EXPLICATIVAS

1. **BCG** – tuberculose: deve ser aplicada em dose única. Uma segunda dose da vacina está recomendada quando, após 6 meses da primeira dose, não se observa cicatriz no local da aplicação. Hanseníase: em comunicantes domiciliares de hanseníase, independentemente da forma clínica, uma segunda dose pode ser aplicada com intervalo mínimo de 6 meses após a primeira (ver norma específica). Em recém-nascidos filhos de mães que utilizaram imunossupressores na gestação, pode estar indicado o adiamento da vacinação.

2. **Hepatite B** – a primeira dose da vacina contra hepatite B deve ser idealmente aplicada nas primeiras 12 h de vida. A segunda dose está indicada com 1 ou 2 meses de idade, e a terceira dose aos 6 meses. Desde 2012, no Programa Nacional de Imunizações (PNI), a vacina combinada DTP/Hib/HB (denominada pelo Ministério da Saúde de Penta) foi incorporada no calendário aos 2, 4 e 6 meses de vida. Dessa forma, os lactentes que fizerem uso desta vacina recebem 4 doses da vacina contra hepatite B. Aqueles que forem vacinados em clínicas privadas podem manter o esquema de 3 doses – primeira ao nascimento, segunda dose aos 2 meses e terceira dose aos 6 meses de idade. Nestas duas doses, pode-se utilizar vacinas combinadas acelulares – DTPa/IPV/Hib/HB. Crianças com peso de nascimento igual ou inferior a 2 kg ou idade gestacional < 33 semanas devem receber, obrigatoriamente, além da dose de vacina ao nascer, mais 3 doses da vacina (total de 4 doses – 0, 2, 4 e 6 meses). Crianças maiores de 6 meses e adolescentes não vacinados devem receber 3 doses da vacina no esquema 0, 1 e 6 meses. A vacina combinada contra hepatite A+B (apresentação adulto) pode ser utilizada na primovacinação de crianças de 1 a 15 anos de idade, em 2 doses com intervalo de 6 meses. Acima de 16 anos, o esquema deve ser com 3 doses (0, 1 e 6 meses). Em circunstâncias excepcionais, em que não exista tempo suficiente para completar o esquema de vacinação padrão de 0, 1 e 6 meses, pode ser utilizado um esquema de 3 doses aos 0, 7 e 21 dias (esquema acelerado). Nesses casos, uma quarta dose deverá ser feita, 12 meses após a primeira, para garantir a indução de imunidade em longo prazo. Recém-nascidos filhos de mães portadoras do vírus da hepatite B (HbsAg positivas) devem receber, ao nascer, além da vacina, a imunoglobulina específica para hepatite B (HBIG), na dose de 0,5 mL no membro inferior contralateral.

3. **DTP/DTPa** – difteria, tétano e *pertussis* (coqueluche) (tríplice bacteriana). A vacina DTPa (acelular), quando possível, deve substituir

a DTP (células inteiras), pois tem eficácia similar e é menos reatogênica. O segundo reforço pode ser aplicado entre 4 e 6 anos de idade.
4. **dT/dTpa** – adolescentes com esquema primário de DTP ou DTPa completo devem receber um reforço com dT ou dTpa, preferencialmente com a formulação tríplice acelular. No caso de esquema primário para tétano incompleto, este deverá ser completado com 1 ou 2 doses da vacina contendo o componente tetânico, sendo uma delas preferencialmente com a vacina tríplice acelular. Crianças com 7 anos ou mais, nunca imunizadas ou com histórico vacinal desconhecido, devem receber 3 doses da vacina contendo o componente tetânico, sendo uma delas preferencialmente com a vacina acelular com intervalo de 2 meses entre elas (0, 2 e 4 meses – intervalo mínimo de 4 semanas). Gestantes devem receber, a cada gravidez, uma dose da vacina dTpa entre 26 e 37 semanas de idade gestacional.
5. **Hib** – a Penta do Ministério da Saúde é uma vacina combinada contra difteria, tétano, coqueluche, hepatite B e *Haemophilus influenzae* tipo B (conjugada). A vacina é recomendada em 3 doses, aos 2, 4 e 6 meses de idade. Quando utilizada pelo menos 1 dose de vacina combinada com componente *pertussis* acelular (DTPa/Hib/IPV, DTPa/Hib, DTPa/Hib/IPV, HB etc.), disponíveis em clínicas privadas, uma quarta dose da Hib deve ser aplicada aos 15 meses de vida. Essa quarta dose contribui para diminuir o risco de ressurgimento das doenças invasivas causadas pelo Hib em longo prazo.
6. **VIP/VOP** – as três primeiras doses, aos 2, 4 e 6 meses, devem ser feitas obrigatoriamente com a vacina pólio inativada (VIP). A recomendação para as doses subsequentes é que sejam feitas preferencialmente também com a vacina inativada (VIP). Nesta fase de transição da vacina pólio oral atenuada (VOP) para a vacina pólio inativada (VIP), é aceitável o esquema atual recomendado pelo PNI que oferece 3+ doses iniciais de VIP (2, 4 e 6 meses de idade) seguidas de 2 doses de VOP (15 meses e 4 anos de idade). As doses de VOP são feitas, desde 2016, com a vacina bivalente, contendo os sorotipos 1 e 3, e podem ser administradas na rotina ou nos Dias Nacionais de Vacinação. Crianças podem receber doses adicionais de vacina VOP nas campanhas, desde que já tenham recebido pelo menos 3 doses de VIP anteriormente. Evitar VOP em todas as crianças imunocomprometidas e nos seus contatos domiciliares; nessas circunstâncias, utilizar a VIP.
7. **Pneumocócica conjugada** – está indicada para todas as crianças até 5 anos de idade. Recomendam-se 3 doses da vacina pneumocócica

conjugada no 1º ano de vida (2, 4, 6 meses), e uma dose de reforço entre 12 e 15 meses de vida. Crianças saudáveis com esquema completo com as vacinas 7 ou 10-valente podem receber uma dose adicional da vacina 13-valente, até os 5 anos de idade. O Ministério da Saúde reduziu, em 2016, o esquema da vacina pneumocócica 10-valente para 2 doses, administradas aos 2 e 4 meses, seguidas de um reforço, preferencialmente aos 12 meses de idade, podendo ser aplicada até os 4 anos e 11 meses de idade. Essa recomendação foi feita em virtude de os estudos mostrarem que o esquema de 2 doses mais 1 reforço tem efetividade semelhante ao esquema de 3 doses mais reforço. Crianças com risco aumentado para doença pneumocócica invasiva devem receber também a vacina polissacarídica 23-valente, com intervalo de 2 meses entre elas (vide recomendações no manual do CRIE – Centro de Referência de Imunobiológicos Especiais), a partir dos 2 anos de idade. Nesses casos, aplicar preferencialmente uma dose da vacina 13-valente 2 meses antes da vacina 23-valente.

8. **Meningocócica conjugada** – recomenda-se o uso rotineiro das vacinas meningocócicas conjugadas para lactentes maiores de 2 meses de idade, crianças e adolescentes. Sempre que possível, utilizar preferencialmente a vacina MenACWY pelo maior espectro de proteção, inclusive para os reforços de crianças previamente vacinadas com MenC. Crianças com esquema vacinal completo com a vacina MenC podem se beneficiar com 1 dose da vacina MenACWY a qualquer momento, respeitando-se o intervalo mínimo de 1 mês entre as doses. No Brasil, estão licenciadas as vacinas MenC e MenACWY-CRM a partir dos 2 meses de idade e a MenACWY-TT a partir de 1 ano de idade. O esquema de doses varia conforme a vacina utilizada. MenC: 2 doses, aos 3 e 5 meses de idade e reforço entre 12 e 15 meses. Iniciando após 1 ano de idade: dose única. MenACWYCRM: 3 doses aos 3, 5 e 7 meses de idade e reforço entre 12 e 15 meses. Iniciando entre 7 e 23 meses de idade: 2 doses, devendo a segunda dose ser obrigatoriamente aplicada após a idade de 1 ano (mínimo 2 meses de intervalo). Iniciando após os 24 meses de idade: dose única. MenACWY-TT: dose única a partir dos 12 meses de idade. A recomendação de doses de reforço 5 anos depois (entre 5 e 6 anos de idade para os vacinados no 1º ano de vida) e na adolescência (a partir dos 11 anos de idade) é baseada na rápida diminuição dos títulos de anticorpos associados à proteção, evidenciada com todas as vacinas meningocócicas conjugadas.

9. **Meningocócica B recombinante** – recomenda-se o uso da vacina meningocócica B recombinante para lactentes a partir de 2 meses de

idade, crianças e adolescentes. Para os lactentes que iniciam a vacinação entre 2 e 5 meses de idade, são recomendadas 3 doses, com a primeira a partir dos 2 meses e com pelo menos 2 meses de intervalo entre elas, e uma dose de reforço entre 12 e 23 meses de idade. Para os lactentes que iniciam a vacinação entre 6 e 11 meses, 2 doses da vacina são recomendadas, com 2 meses de intervalo, e 1 dose de reforço no 2º ano de vida. Para crianças que iniciam a vacinação entre 1 e 10 anos de idade, são indicadas 2 doses, com 2 meses de intervalo entre elas. Finalmente, para os adolescentes e adultos, são indicadas duas doses com 1 mês de intervalo. Não se conhecem a duração da proteção conferida pela vacina e a eventual necessidade de doses de reforço.

10. **Rotavírus** – existem duas vacinas licenciadas. A vacina monovalente incluída no PNI, é indicada em 2 doses, seguindo os limites de faixa etária: primeira dose aos 2 meses (limites de 1 mês e 15 dias até, no máximo, 3 meses e 15 dias) e a segunda dose aos 4 meses (limites de 3 meses e 15 dias até no máximo 7 meses e 29 dias). A vacina pentavalente, disponível na rede privada, é recomendada em 3 doses, aos 2, 4 e 6 meses. A primeira dose deverá ser administrada no máximo até 3 meses e 15 dias, e a terceira dose até 7 meses e 29 dias. O intervalo mínimo é de 4 semanas entre as doses. Se a criança regurgitar, cuspir ou vomitar durante a administração da vacina ou depois dela, a dose não deve ser repetida. Recomenda-se completar o esquema com a vacina do mesmo laboratório produtor.

11. **Influenza** – está indicada para todas as crianças e adolescentes a partir dos 6 meses de idade. A primovacinação de crianças com idade inferior a 9 anos deve ser feita com 2 doses, com intervalo de 1 mês entre elas. A dose para crianças com idade entre 6 e 35 meses é de 0,25 mL; para crianças a partir de 3 anos, a dose é de 0,5 mL. Estão disponíveis 2 vacinas influenza: tri e quadrivalente; a segunda contempla uma segunda variante da cepa B. A vacina deve ser feita anualmente e, como a influenza é uma doença sazonal, a vacina deve ser aplicada antes do período de maior circulação do vírus. Sempre que possível, utilizar preferencialmente vacinas quadrivalentes, pelo maior espectro de proteção.

12. **Sarampo, Caxumba, Rubéola e Varicela** (vacinas tríplice viral – SCR; tetraviral – SCRV; varicela). Aos 12 meses de idade: devem ser feitas, na mesma visita, as primeiras doses das vacinas tríplice viral (SCR) e varicela, em administrações separadas, ou a vacina tetraviral (SCRV). A vacina SCRV se mostrou associada com uma maior frequência de febre em lactentes que receberam a primeira dose com esta vacina,

quando comparados com os que recebem as vacinas varicela e tríplice viral em injeções separadas. Aos 15 meses de idade, deverá ser feita a segunda dose, preferencialmente com a vacina SCRV, com intervalo mínimo de 3 meses da última dose de varicela e SCR ou SCRV. Em situações de risco, por exemplo, surtos ou exposição domiciliar ao sarampo, é possível vacinar crianças imunocompetentes de 6 a 12 meses com a vacina SCR. Em casos de surtos ou contato íntimo com caso de varicela, a vacina varicela pode ser utilizada a partir de 9 meses de vida. Nesses casos, doses aplicadas antes dos 12 meses de idade não são consideradas válidas, e a aplicação de mais 2 doses após a idade de 1 ano é necessária. O PNI introduziu a vacina varicela em dose única, e, embora este esquema tenha se mostrado altamente eficaz para prevenção de formas graves da doença, recomenda-se uma segunda dose para otimizar a eficácia da vacina, especialmente para a prevenção de formas leves e surtos da doença. A vacina varicela pode ser indicada na profilaxia pós-exposição dentro de 5 dias após o contato, preferencialmente nas primeiras 72 h.
13. **Hepatite A** – a vacina deve ser administrada em 2 doses, a partir dos 12 meses de idade. O intervalo mínimo entre as doses é de 6 meses.
14. **Febre amarela** – indicada para residentes ou viajantes para as áreas com recomendação da vacina (pelo menos 10 dias antes da data da viagem). Indicada também para pessoas que se deslocam para países em situação epidemiológica de risco. Nas áreas com recomendação da vacina, de acordo com o Ministério da Saúde, indica-se um esquema de 2 doses, aos 9 meses e aos 4 anos de idade, sem necessidade de doses de reforço. Em situações excepcionais (p. ex., surtos), a vacina pode ser administrada a partir dos 6 meses de idade com reforço aos 4 anos, também sem necessidade de doses adicionais. A OMS recomenda atualmente apenas 1 dose sem necessidade de reforço a cada 10 anos. Para viagens internacionais, prevalecem as recomendações da OMS com comprovação de apenas 1 dose. Em mulheres lactantes inadvertidamente vacinadas, o aleitamento materno deve ser suspenso, preferencialmente por 28 dias após a vacinação e, no mínimo, por 15 dias. A vacina contra febre amarela não deve ser administrada no mesmo dia que a vacina tríplice viral (SCR) em crianças menores de 2 anos, em virtude da possível interferência na resposta imune. Recomenda-se que estas vacinas sejam aplicadas com intervalo de 30 dias.
15. **HPV** – existem duas vacinas disponíveis no Brasil contra o HPV (papilomavírus humano). A vacina com as VLP ("*virus-like particle*" – partículas semelhantes aos vírus) dos tipos 16 e 18 está indicada para meninas maiores de 9 anos de idade, adolescentes e mulheres,

em 3 doses. A segunda dose deve ser feita após 1 mês, e a terceira dose, 6 meses após a primeira. A vacina com as VLP dos tipos 6, 11, 16 e 18 está indicada para meninas e mulheres entre 9 e 45 anos e para meninos e homens entre 9 e 26 anos de idade, em 3 doses. A segunda dose deve ser administrada após 2 meses, e a terceira dose, 6 meses após a primeira. Um esquema alternativo de vacinação para indivíduos entre 9 e 13 anos de idade é feito com 2 doses, sendo a segunda dose 6 meses após a primeira. A vacina disponível no PNI, exclusivamente para o sexo feminino entre 9 e 13 anos de idade, é aquela com as VLP 6, 11, 16 e 18, que, a partir de 2016, é oferecida no esquema de 2 doses, sendo que a menina recebe a segunda dose 6 meses após a primeira. Os estudos recentes mostram que o esquema com 2 doses apresenta uma resposta de anticorpos em meninas saudáveis de 9 a 13 anos de idade não inferior quando comparada com a resposta imune de mulheres de 16 a 26 anos que receberam 3 doses. As meninas e mulheres vivendo com HIV entre 9 e 26 anos de idade devem continuar recebendo o esquema de 3 doses.

16. **Dengue** – a vacina contra dengue foi recentemente licenciada no Brasil no esquema de 3 doses (0, 6 e 12 meses) e está recomendada rotineiramente para crianças e adolescentes a partir de 9 anos até, no máximo, 45 anos de idade, em regiões endêmicas. Está contraindicada para gestantes, mulheres que amamentam e portadores de imunodeficiências.

17. **Vacinação do adolescente e adulto** – a vacinação de adolescentes e adultos contribui para a redução de casos de doenças imunopreveníveis na criança. Levar sempre em conta o histórico vacinal prévio.

Bibliografia

REFERÊNCIAS BIBLIOGRÁFICAS

1. Petrilli AS, Vieira TCA, Volc SM. Linfadenomegalia periférica na infância. Rev Diagn Trat 2002; 7(4):22-8.
2. Brasil. Ministério da Saúde. Secretaria de Atenção à Saúde. Protocolo de atenção à saúde e resposta à ocorrência de microcefalia. Brasília: Ministério da Saúde, 2016. Disponível em: http://combateaedes.saude.gov.br/images/sala-de-situacao/04-04_protocolo-SAS.pdf. Acessado em: 14/4/2017.
3. Brasil. Ministério da Saúde. Secretaria de Vigilância em Saúde. Departamento de Vigilância das Doenças Transmissíveis. Febre de Chikungunya: manejo clínico. Brasília: Ministério da Saúde, 2015. Disponível em: http://bvsms.saude.gov.br/bvs/publicacoes/febre_chikungunya_manejo_clinico.pdf. Acessado em: 21/4/2017.
4. Sur DK, Bukont EL. Evaluating fever of unidentifiable source in young children. American Family Physician 2007; 75(12):1805-11.
5. Terreri MTRA, Sacchetti SB. Reumatologia para o pediatra. Série Atualizações Pediátricas. Departamento de Reumatologia da Sociedade de Pediatria de São Paulo. São Paulo: Atheneu, 2008.
6. Centers for Disease Control and Prevention (CDC). Classification system for human immunodeficiency virus (HIV) infection in children under 13 years of age. MMWR 1987; 36:225-36.
7. Centers for Disease Control and Prevention (CDC), 1994.
8. Sociedade Brasileira de Pediatria (SBP). Calendário de vacinação da SBP 2016. Departamento de Imunizações e Departamento de Infectologia. Documento Científico, 2016. Disponível em: www.sbp.com.br/src/uploads/2016/08/Calendario-Vacinacao-2016-19out16.pdf. Acessado em: 14/4/2017.

BIBLIOGRAFIA

1. American Academy of Pediatrics. Pickering LK (ed.). Redbook: 2003 Report of the Committee on Infectious disease. 26.ed. Elk Grove Village: AAP, 2003. 927p.
2. Brasil. Ministério da Saúde. Dengue: diagnóstico e manejo clínico: criança. Normas e Manuais Técnicos. Brasília: Ministério da Saúde, 2011. [Série A].
3. Brasil. Ministério da Saúde. Dengue: recomendações para terapia antirretroviral em crianças e adolescentes infectados pelo HIV. Brasília: Ministério da Saúde, 2009. [Série Manuais n. 85].
4. Brasil. Ministério da Saúde. Diretrizes nacionais para prevenção e controle de epidemias de dengue. Brasília: Ministério da Saúde, 2009.
5. Brasil. Ministério da Saúde. Manual de vigilância e controle da leishmaniose visceral. Brasília: Ministério da Saúde, 2003. 122p.
6. Brasil. Ministério da Saúde. Protocolo de manejo clínico da síndrome respiratória aguda grave (SRAG). Brasília: Ministério da Saúde, 2010.
7. Brasil. Ministério da Saúde. Secretaria de Vigilância em Saúde. Departamento de DST, Aids e Hepatites Virais. Protocolo clínico e diretrizes terapêuticas para manejo da infecção pelo HIV em crianças e adolescentes. Brasília: Ministério da Saúde, 2014. Disponível em: www.aids.gov.br/sites/default/files/anexos/publicacao/2014/55939/19_06_2015_protocolo_pediatrico_pdf_25296.pdf. Acessado em: 22/4/2017.
8. Brasil. Ministério da Saúde. Secretaria de Vigilância em Saúde. Departamento de Vigilância das Doenças Transmissíveis. Dengue: diagnóstico e manejo clínico: adulto e criança. 5.ed. Brasília: Ministério da Saúde, 2016. Disponível em: http://portalarquivos.saude.gov.br/images/pdf/2016/janeiro/14/dengue-manejo-adulto-crianca-5d.pdf. Acessado em: 14/4/2017.
9. Brasil. Ministério da Saúde. Secretaria de Vigilância em Saúde. Departamento de Vigilância das Doenças Transmissíveis. Protocolo de tratamento de Influenza: 2015. Brasília: Ministério da Saúde, 2015. Disponível em: http://portalarquivos.saude.gov.br/images/pdf/2015/dezembro/17/protocolo-influenza2015-16dez15-isbn.pdf. Acessado em: 22/4/2017.
10. Brasil. Ministério da Saúde. Secretaria de Vigilância em Saúde. Departamento de Vigilância das Doenças Transmissíveis. Leptospirose: diagnóstico e manejo clínico. Brasília: Ministério da Saúde, 2014. [texto na internet].Disponível em: http://portalarquivos.saude.gov.br/images/pdf/2015/julho/14/Lepto-Diagnostico-e-Manejo-Clinico-4.pdf. Acessado em: 22/4/2017.
11. Brasil. Ministério da Saúde. Secretaria de Vigilância em Saúde. Departamento de Vigilância Epidemiológica. Guia prático de tratamento da malária no Brasil (Série A. Normas e Manuais Técnicos). Brasília: Ministério da Saúde, 2010. Disponível em: http://bvsms.saude.gov.br/bvs/publicacoes/guia_pratico_malaria.pdf. Acessado em: 22/4/2017.
12. Brasil. Ministério da Saúde. Secretaria de Vigilância em Saúde. Departamento de Vigilância Epidemiológica. Manual de recomendações para o controle da tuberculose no Brasil. Brasília: Ministério da Saúde, 2011. Disponível em: http://bvsms.saude.gov.br/bvs/publicacoes/manual_recomendacoes_controle_tuberculose_brasil.pdf.
13. Brasil. Ministério da Saúde. Secretaria de Vigilância em Saúde. Programa Nacional de DST e Aids. Manual de rotinas para assistência a adolescentes vivendo com HIV/Aids. Brasília: Ministério da Saúde, 2006.
14. Brasil. Ministério da Saúde. Secretaria de Vigilância em Saúde. Programa Nacional de DST-Aids. Bol Epidem Aids e DST 2005; 1(1).
15. Brasil. Ministério da Saúde. Tuberculose: guia de vigilância epidemiológica. Brasília, DF: Funasa, 2002. 98p.
16. Brasil. Ministério da Saúde. Vigilância epidemiológica e atenção ao doente. Manual de Dengue. Brasília: Ministério da Saúde, 1996.

17. Breunig RC, Nascimento RF, Zavascki AP. Febre de origem indeterminada. Acta Méd 2009; 30:562-70.
18. Bricks LF, Cervi MC. Atualidades em doenças infecciosas – manejo e prevenção. Série Atualizações Pediátricas. Departamento de Pediatria Ambulatorial e de Cuidados Primários e Departamento de Infectologia da Sociedade de Pediatria de São Paulo. São Paulo: Atheneu, 2002.
19. Campos Júnior D, Burns DAR, Lopez FA. Tratado de pediatria da Sociedade Brasileira de Pediatria. 3.ed. Barueri: Manole, 2014.
20. Capdevilla Cogul E, Luaces Cubells C. Adenopatías: actitud diagnóstica y terapeútica en pediatría. Ped Rur Ext 2003; 32:37-41.
21. Carvalho EAA, Rocha RL. Toxocaríase: larva migrans visceral em crianças e adolescentes. J Pediatr 2011; 87(2):100-10.
22. Centers for Disease Control and Prevention (CDC). Prevention and control of seasonal influenza with vaccines. Recommendations of the Advisory Committee on Immunization Practices (ACIP). MMWR 2009; 58(RR-8):1-52.
23. Centers for Disease Control and Prevention (CDC). Prevention and control of meningococcal disease: recommendations of the ACIP. MMWR 2005; 54:RR-7.
24. Centers for Disease Control and Prevention (CDC). Sexually transmitted diseases treatment guidelines. Atlanta: CDC, 2002.
25. Centers for Diseases Control and Prevention (CDC). Antiviral agents for the treatment and chemoprophylaxis of Influenza recommendations of the Advisory Committee on Immunization Practices (ACIP). Recommendations and Reports 2011; [S.l.]60(1). Disponível em: www.cdc.gov/mmwr/pdf/rr/rr6001.pdf. Acessado em: 22/4/2017.
26. Diniz EMA, Okay Y, Tobaldini R, Vaz FAC. Manual do residente de pediatria. Departamento de Pediatria da Faculdade de Medicina da Universidade de São Paulo. 2.ed. São Paulo: Atheneu, 2004.
27. European Medicines Agency. Science Medicines Health. Tenth pandemic pharmacovi- gilance weekly update. Disponível em: www.ema.europa.eu/docs/en_GB/document_library/Report/2010/02/WC500073557.pdf. Acessado em: 11/5/2011.
28. Feigin MD, Ralph D, Cherry MD, Demmler-Harrison J (eds.). Feigin and Cherrys's textbook of pediatric infectious diseases. 6.ed. Saunders, 2009.
29. Garcia CG, McCracken GH Jr. Acute bacterial meningitis beyond the neonatal period. In: Long SS, Pickering LK, Prober GP (eds.). Pediatric infectious diseases. 4.ed. Elsevier Saunders, 2012. p.272.
30. Gilbert DN, Moellering RC, Eliopoulos GM, Sande MA. The Sanford guide to antimicrobial therapy. 35.ed. Hyde Park: Antimicrobial Therapy, Inc., 2005. 158p.
31. Guerra GP, Mesones FH, Meza JG, Gutiérrez MO, Ramón CL. Adenopatías cervicales en niños. Rev Peru Pediatr 2009; 62(1):29-33.
32. Ilurdoz MS, Molina J. Diagnóstico diferencial de las adenopatías en la infancia. Bol S Vasco-nav Pediatr 2000; 34:30-7.
33. Leung AK, Robson W. Childhood cervical lymphadenopaty. J Pediatr Health Care 2004; 18:3-7.
34. Morais MB, Campos SO, Silvestrini WS. Guia de medicina ambulatorial e hospitalar da Unifesp/EPM – Pediatria. Barueri: Manole, 2005.
35. Motta F, Cunha J. Coqueluche: revisão atual de uma antiga doença. Boletim Científico de Pediatria 2012; 1(2):42-6.
36. Pazo AC, Martín PA. Bacteriemia oculta. Arch Venezol Puericult Pediatr 2000; 63(1).
37. São Paulo. Secretaria Municipal de Saúde. Informe Técnico: Dengue, Chikungunya e Zika Vírus 2015 Disponível em: www.prefeitura.sp.gov.br/cidade/secretarias/upload/chamadas/informe_tecnico_zika,_dengue_e_chikungunya_-_julho_1454253848.2015_2. Acessado em: 14/4/2017.
38. Sociedade Brasileira de Pediatria (SBP). Prevenção de Dengue – Vacina. Departamento de Imunizações e Departamento de Infectologia. Documento Científico, 2016.

Disponível em: www.sbp.com.br/src/uploads/2016/08/OS19009A-Folheto-Preveno--da-Dengue-Vacina.indd_.pdf. Acessado em: 14/4/2017.
39. Trotta EA, Gilio AE. Febre aguda sem sinais de localização em crianças menores de 36 meses de idade. J Pediatr 1999; 75(2):S214-22.
40. World Health Organization (WHO). Antiretroviral treatment on HIV infection in infants and children in resource-limited settings. Genebra: WHO, 2005. 86p.
41. World Health Organization (WHO). WHO informal consultation on laboratory methods for quality assurance of malaria rapid diagnostic tests. 07/2004. Report n. RS/2004/GE/26(PHL).

PARTE 20
Otorrinolaringologia

179 Infecção de vias aéreas superiores (IVAS)
180 Corpo estranho nasal e rinolitíase
181 Epistaxe
182 Estridor laríngeo
183 Adenoidite e hipertrofia de adenoide
184 Rinossinusites

179
Infecção de vias aéreas superiores (IVAS)

 O que é

Patologia inflamatória de origem infecciosa das vias aéreas superiores, frequente na infância, principalmente entre 6 meses de vida e 3 anos de idade. Os principais agentes causadores são rinovírus (mais de 100 sorotipos), adenovírus, coronavírus, influenza, parainfluenza e enterovírus. A transmissão ocorre de pessoa a pessoa via respiratória ou pelas mãos contaminadas com secreções. Cerca de 10% dos quadros podem evoluir para complicações bacterianas agudas (Tabelas 1, 2 e 3).

TABELA 1 EPIDEMIOLOGIA DAS COMPLICAÇÕES BACTERIANAS DA IVAS

Complicação	Faixa etária	Agentes etiológicos
Tonsilite aguda	Pré-escolar e escolar, rara em < 3 anos	*Streptococcus pyogenes* (beta-hemolítico do grupo A de Lancefield)
Rinossinusite aguda	Pré-escolar e escolar	*Streptococcus pneumoniae* (pneumoco-co), *Haemophilus influenzae*, *Moraxella catarrhalis* e *Staphylococcus aureus*
Otite média aguda	< 5 anos*	

* Principalmente < 2 anos.
IVAS: infecções de vias aéreas superiores.

TABELA 2 CARACTERÍSTICAS CLÍNICAS DAS COMPLICAÇÕES BACTERIANAS DA IVAS

Complicação	Características clínicas
Tonsilite aguda	Febre, prostração, toxemia, dor de garganta, odinofagia, voz empastada, hipertrofia e hiperemia tonsilar, presença de exsudato purulento, petéquias em palato e linfadenopatia dolorosa (retromandibular e cervical anterior)
Rinossinusite aguda	Congestão e obstrução nasal, febre, secreção nasal persistente purulenta anterior ou posterior, halitose, tosse, cefaleia, hiposmia, dor facial, fadiga, otalgia, edema periorbitário, pigarro, dor gengival ou dentária
Otite média aguda	Febre, dor, anorexia, distúrbios do sono, tosse, secreção nasal, abaulamento timpânico com secreção purulenta

TABELA 3 INVESTIGAÇÃO DIAGNÓSTICA ESPECÍFICA DAS COMPLICAÇÕES BACTERIANAS DA IVAS

Complicação	Exames
Tonsilite aguda	Teste rápido colorimétrico em látex (detecção de antígenos – sensibilidade de 90% e especificidade de 95%) e cultura de secreção de orofaringe
Rinossinusite aguda	TC e RM dos seios paranasais – opacificação, nível hidroaéreo e espessamento mucoso (> 4 mm)
Otite média aguda	Otoscopia

TC: tomografia computadorizada; RM: ressonância magnética.

As otites médias agudas (OMA) podem evoluir para:

- otite média recorrente (OMR): presença de 3 ou mais episódios de otite em 6 meses ou 4 em 12 meses com remissão dos sintomas entre os quadros agudos;
- otite média com efusão (OME): presença de secreção no ouvido médio na ausência de sinais e sintomas de infecção aguda, porém com perda auditiva;
- otite média supurativa (OMS): perfuração timpânica e otorreia persistente por período > 6 semanas.

❓ Como suspeitar

Anorexia, astenia, cefaleia, mialgia, febre, dor na garganta ao deglutir, tosse, vômitos pós-tosse, congestão nasal, espirros, coriza inicialmente aquosa, podendo se tornar hialina ou mucosa.

Sinais de complicação bacteriana:

- secreção amarelo-esverdeada (mucopurulenta) por mais de 3 dias;
- febre > 38,5°C com calafrios (bacteriemia);
- gemência, abatimento, choro persistente e irritabilidade;
- tosse persistente sem melhora (> 10 dias) com agravamento noturno.

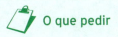

O que pedir

NA ROTINA

Não há exames objetivos para a IVAS de origem viral. A investigação de complicação bacteriana na rotina inclui:

- hemograma: leucocitose (> 15.000/mm^3) com neutrofilia e desvio à esquerda;
- proteína C reativa: elevada.

Como tratar (Tabela 4)

IVAS VIRAL

- Repouso e oferta de líquidos;
- remoção de secreções e uso de SF nasal;
- antitérmico: paracetamol 50 a 500 mg/dose, VO, a cada 6 h (de acordo com a faixa etária).

COMPLICAÇÕES BACTERIANAS

1. OMR e OME:
   - controle adequado dos surtos agudos;
   - antibioticoterapia profilática com amoxicilina, metade da dose 1 vez/dia, por 3 a 6 meses (pouco eficaz – indicação restrita);
   - vacinação contra a gripe e vacina antipneumocócica, polissacarídica 23-valente (Pn-23V);
   - controlar fatores de risco: mamadas noturnas e exposição ao fumo;
   - avaliação com otorrinolaringologista: investigação de perda auditiva, colocação de tubos de ventilação e/ou realização de adenoidectomia.
2. OMS:
   - limpar o ouvido com algodão seco;
   - uso de gotas otológicas com antibiótico, 3 a 4 vezes/dia.

TABELA 4 TRATAMENTO ANTIMICROBIANO DAS COMPLICAÇÕES BACTERIANAS DA IVAS

Complicação	Tratamento*
Tonsilite aguda	Penicilina benzatina 25.000 a 50.000 UI/kg, dose única, IM (máx. 1.200.000 UI); ou amoxicilina 50 a 80 mg/kg/dia, VO, a cada 8 a 12 h, por 10 dias Alternativa: eritromicina 30 a 50 mg/kg/dia, VO, a cada 6 h, por 7 a 10 dias; ou azitromicina 10 mg/kg/dia, VO, 1 vez/dia, por 5 dias Má evolução/recorrência: amoxicilina-clavulanato 50 a 80 mg/kg/dia, a cada 8 a 12 h; ou clindamicina 20 a 40 mg/kg/dia, a cada 6 a 8 h, ambos VO, por 10 dias
OMA	Amoxicilina 50 a 80 mg/kg/dia, VO, a cada 8 a 12 h, por 7 a 14 dias Má evolução/recorrência: amoxicilina-clavulanato 50 a 80 mg/kg/dia, a cada 8 a 12 h; ou cefuroxima-axetil 30 a 40 mg/kg/dia, a cada 12 h, ambos VO, por 10 a 14 dias Ou ceftriaxona 50 mg/kg/dia, por 1 a 3 dias

* Internação e tratamento EV estão indicados na obstrução de vias aéreas, impossibilidade de ingestão oral com desidratação, abscessos, infecção de sítio contíguo, meningite e sepse.

180
Corpo estranho nasal e rinolitíase

 O que são

Distúrbio nasal adquirido após a introdução de corpos estranhos em uma ou ambas as narinas, frequente na faixa etária de 1 a 5 anos de idade.

Rinolitíase ocorre quando um pequeno corpo estranho passa despercebido e, decorridos meses a anos, depositam-se sais calcários ao seu redor, constituindo o rinólito.

 Como suspeitar

Os corpos estranhos pertencem a dois grupos:

- inanimados: contas de colar, pedaços de papel, borracha, esponja, sementes (ervilha, feijão, milho), peças de brinquedo, pontas de lápis, entre outros;
- animados: decorrentes de parasitoses, como miíase nasal e ascaridíase, em que a larva ganha a topografia nasal após o reflexo de tosse ou vômito.

Os sintomas iniciais compreendem espirros, obstrução local e, raramente, dor.

O desconforto pode aumentar com o tempo e surge secreção purulenta, fétida ou até mesmo sanguinolenta, unilateral ou, raramente, bilateral.

Pode ocorrer bromidrose: odor corpóreo generalizado.

Os corpos estranhos na laringe e na hipofaringe ocasionam estridor respiratório. Na traqueia, assemelha-se clinicamente ao quadro de crupe.

Na rinolitíase, o rinólito apresenta tamanho variado, superfície irregular, consistência pétrea e coloração cinza-escura.

No decorrer dos anos, podem aumentar de tamanho, surgindo a obstrução nasal e a rinorreia purulenta unilateral ocasionalmente acompanhada de epistaxe, fetidez e cefaleia.

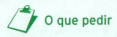

O que pedir

1. Realizar exame especular nasal ou com a colocação de um otoscópio para visualizar o corpo estranho.
2. Radiografia de seios paranasais: muitas vezes, não há possibilidade de visualizar o objeto, uma vez que a maioria deles é radiotransparente.
3. Nasofibroscopia: visualizar o corpo estranho.

Como tratar

O procedimento recomendado é a remoção do corpo estranho. Conforme o grau de colaboração da criança, o procedimento pode ser realizado com ou sem anestesia geral.

Objetos duros podem ser removidos com a utilização de gancho curvo (sonda de Itard) ou estilete abotoado e curvo, de modo que se realize a extração de forma suave (Figuras 1 e 2).

Para remoção de corpos estranhos compressíveis, como esponjas, pode-se utilizar a pinça de Hartmann.

Em pacientes com miíase nasal, utiliza-se iodofórmio tópico ou ivermectina 200 mcg/kg, VO, dose única.

A terapêutica da ascaridíase baseia-se na remoção do parasita das narinas e na utilização de mebendazol 100 mg, VO, a cada 12 h, por 3 dias, ou albendazol 400 mg, VO, dose única.

O diagnóstico de rinolitíase realiza-se por meio da rinoscopia anterior. A técnica de remoção é escolhida conforme o volume do rinólito:

- se de pequenas dimensões, pode-se removê-lo de modo semelhante ao de corpos estranhos;
- quando atingem grandes dimensões, recorre-se à fragmentação com pinça;
- em casos raros, é necessária a rinotomia para acesso à fossa nasal.

FIGURA 1 RETIRADA DE CORPO ESTRANHO DA FOSSA NASAL: INTRODUÇÃO DA SONDA DE ITARD E SUA PASSAGEM POR CIMA DO CORPO ESTRANHO.

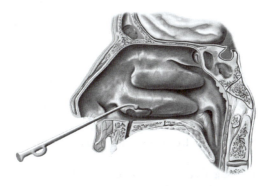

FIGURA 2 RETIRADA DE CORPO ESTRANHO DA FOSSA NASAL: A EXTREMIDADE DA SONDA ALCANÇA O SOALHO DA FOSSA NASAL POR TRÁS DO CORPO ESTRANHO; EM SEGUIDA, A SONDA É TRACIONADA NO SENTIDO DA SETA.

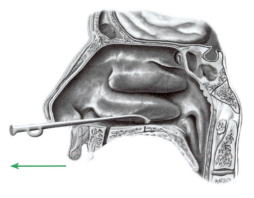

181
Epistaxe

 O que é

Urgência otorrinolaringológica definida como qualquer sangramento originado da mucosa nasal. Tem distribuição igual entre os sexos, é rara no período neonatal, comum na infância e mais rara após a puberdade.

Nas crianças, a maioria dos casos é originada na região anterior da cavidade nasal no plexo de Kiesselbach.

Na maior parte dos casos em Pediatria, ocorre de forma espontânea, com o sangramento fluindo lentamente por uma das narinas ou por ambas, originado por alterações locais e de fácil controle.

Em crianças com lesões prévias nasais, o sangramento pode ocorrer após o exercício.

Em caso de epistaxe noturna, o sangue pode ser deglutido, aparecendo nas fezes ou em vômitos.

A epistaxe posterior pode apresentar-se com sangramento nasal copioso ou o paciente pode apresentar vômitos com sangue como sintoma inicial, eventualmente referindo deglutição de sangue.

As causas comuns de epistaxe são:

- espontânea: originada por coçar, espirrar ou assoar o nariz; apresenta diminuição com o crescimento;

- trauma: manipulação nasal e lesão acidental;
- iatrogênica: após procedimentos cirúrgicos, como pós-operatório de adenoidectomia;
- inflamação: por infecções de vias aéreas superiores (IVAS), como rinossinusite, alergia e irritação química, comum em pacientes com rinite e em uso de vasoconstritores nasais;
- doenças granulomatosas nasais: blastomicose e leishmaniose;
- doenças parasitárias: miíase e ascaridíases;
- corpo estranho: secreção purulenta unilateral e epistaxe unilateral;
- fatores ambientes: ar frio, ar seco e temperatura que alteram o batimento ciliar;
- neoplasias: nasoangiofibroma juvenil frequente em pacientes com epistaxe de repetição;
- discrasias sanguíneas: doença de von Willebrand, tumores, hemofilias, trombocitopenia;
- medicamentos: antiagregantes plaquetários (salicilatos), anti-inflamatórios não hormonais (AINH) e anticoagulantes.

O que pedir

1. Hemograma: pesquisar anemia. Em caso de suspeita de distúrbios de coagulação e outras patologias concomitantes:
   - tempo de protrombina e tromboplastina parcial ativado;
   - tempo de sangramento;
   - fator de von Willebrand;
   - produtos de degradação de fibrina;
   - D-dímero;
   - sorologia para doenças granulomatosas e biópsia nasal: se forem encontradas lesões nasais granulomatosas ou perfurações septais não traumáticas.
2. Imagem:
   - radiografia de seios da face e osso nasal: pesquisa de fraturas e corpos estranhos radiopacos;
   - nasofibroscopia: utilizada para localização de corpos estranhos e de sangramentos de difícil identificação;
   - tomografia computadorizada (TC) e ressonância magnética (RM): permitem avaliar anomalias anatômicas nos tecidos moles ou neoplasias nasofaríngeas.

Como tratar

Verificar na anamnese dirigida e no exame físico admissional:

- história familiar de epistaxe na infância;
- duração do sangramento;
- perda sanguínea estimada;
- verificar presença de sintomas ortostáticos ou hipovolêmicos, pressão arterial (PA), frequência cardíaca (FC), frequência respiratória (FR), temperatura e tempo de enchimento capilar;
- utilização de cumarínicos prévios ou AINH e salicilatos.

A maioria dos sangramentos do septo anterior cessa espontaneamente em poucos minutos:

- realizar compressão das narinas por 5 a 10 min na criança em pé, com o corpo levemente inclinado para a frente a fim de evitar a deglutição;
- aplicar compressas geladas sobre o nariz;
- antes da manipulação nasal, utilizar anestesia local com lidocaína a 10% em *spray*;
- aspirar os coágulos com aspirador nasal;
- caso o sangramento persista, utilizar vasoconstritores nasais, como solução de oximetazolina a 0,05% ou solução de epinefrina com concentração 1:100 (1 ampola em 100 mL de SF);
- após a diminuição do sangramento, localizar o ponto de hemorragia por meio da rinoscopia anterior;
- caso o sangramento persista, realizar cauterização química local com nitrato de prata;
- caso a hemorragia seja ainda refratária, pode-se utilizar o eletrocautério na criança sedada ou sob anestesia;
- no insucesso das medidas anteriores, utiliza-se a colocação do tampão anterior ou posterior ou a combinação destes (Figuras 1 e 2);
- se o sangramento persistir com a utilização dos tampões, outras opções são ligadura arterial, cauterização endoscópica e embolização, esta frequentemente utilizada em tumores nasais vasculares.

Consideram-se ainda outras condutas com base na etiologia e na intensidade do sangramento, como:

- utilização de hemoderivados, se houver instabilidade hemodinâmica;
- vitamina K;
- suplementação de oxigênio;
- cardiotônicos.

FIGURA 1 TAMPONAMENTO ANTERIOR.

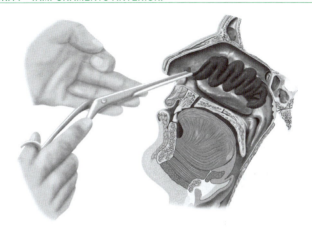

FIGURA 2 TAMPONAMENTO POSTERIOR.

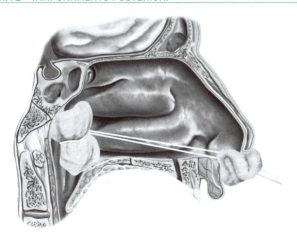

182
Estridor laríngeo

 O que é

Estridor é um ruído agudo produzido por fluxo de ar turbulento ou vibração dos tecidos em pontos de estreitamento funcional ou estrutural, em região anatômica compreendida entre a cavidade oral e os brônquios distais durante a respiração.

 Como suspeitar

1. Estridor inspiratório: reflete obstrução de ar acima ou na altura das cordas vocais. É de alta frequência nas pregas vocais e baixa frequência acima das pregas vocais.
2. Estridor expiratório: ocorre por limitação ao fluxo de ar nos ramos traqueobrônquicos distais (intratorácicos), com ruído prolongado e bem sonoro.
3. Estridor bifásico: ocorre na inspiração e na expiração, com obstrução abaixo das pregas vocais ou na região proximal extratorácica da traqueia.
4. A história e o exame físico permitem identificar anormalidades nas vias aéreas na maioria dos casos.

FIGURA 1 CAVIDADE OROTRAQUEAL. A. VISÃO ANTERIOR. B. VISÃO POSTERIOR. C. VISÃO LATERAL INTERNA.

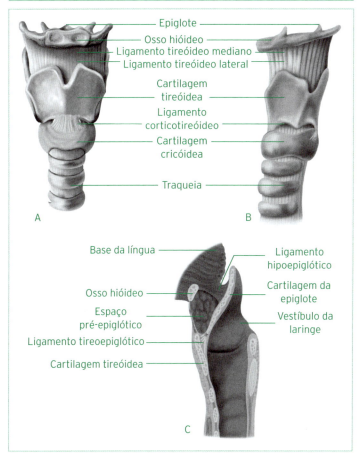

ANAMNESE

Na anamnese, deve-se avaliar:

- o início e a duração dos sintomas, fatores que iniciam e que aliviam os sintomas;
- fatores associados: febre, tosse, apneia, dificuldade de alimentação e dificuldade de deglutição, fácies de angústia e agitação;
- mudança do estridor de acordo com a posição, a voz e o choro.

EXAME FÍSICO

Avaliar a qualidade do estridor e a relação com a respiração.

Detectar sinais de desconforto respiratório como taquipneia, taquicardia e retrações intercostais.

Observar sinais de agitação ou confusão mental.

TABELA 1 DIAGNÓSTICO DIFERENCIAL DOS ESTRIDORES

Patologia	Idade	Características
Laringotraqueíte viral	3 a 36 meses	Estridor e tosse ladrante gradual após IVAS
Supraglotite O diagnóstico é confirmado pela visualização de epiglote em "cereja" na laringoscopia direta	Escolar	Sensação de engasgo e voz abafada ("batata quente") Toxemia precoce Odinofagia e disfagia intensas com desconforto respiratório progressivo, salivação profusa, irritabilidade Posição tripoide de defesa das vias aéreas com inclinação do corpo para a frente, hiperextensão do pescoço e protrusão do queixo

IVAS: infecção de vias aéreas superiores.

TABELA 2 ESCORE CLÍNICO DE WESTELY PARA LARINGITE

Nível de consciência	Entrada de ar
Normal ou dormindo: 0	Normal: 0
Desorientado: 5	Diminuída: 1
Cianose	Muito diminuída: 2
Nenhuma: 0	**Retrações**
Com agitação: 4	Nenhuma: 0
Em repouso: 5	Leve: 1
Estridor	Moderada: 2
Nenhum: 0	**Escore total**
Com agitação: 1	Grave: 3
Em repouso: 2	Leve ≤ 2 Moderado: 3 a 7 Grave ≥ 8

 **O que pedir**

EXAMES GERAIS

Estudo radiográfico com exames não invasivos para avaliar a etiologia do estridor.

1. Radiografia simples de pescoço (anteroposterior e lateral) e de tórax durante a inspiração e a expiração pode evidenciar edema supraglótico ou subglótico, estreitamento traqueal, deslocamento de traqueia e mediastino.

EXAMES ESPECÍFICOS

1. Laringoscopia flexível: bem tolerada em lactentes e crianças e confirma a etiologia do estridor em grande parte dos casos.
2. Broncoscopia: útil para identificar anormalidade de vias aéreas distais.
3. Endoscopia rígida: realizada sob anestesia para diagnóstico e terapêutica (como no caso de remoção de corpos estranhos) ou terapia a *laser*.
4. Painel viral: identificação dos vírus em casos de etiologia duvidosa.

 **Como tratar**

MEDIDAS GERAIS

1. Avaliar a permeabilidade das vias aéreas, o grau de esforço respiratório e a efetividade da ventilação:
   - obstrução completa das vias aéreas: a voz e a tosse não são audíveis, não existem movimentos respiratórios e o paciente se mobiliza na tentativa de desobstruir a via aérea;
   - obstrução parcial: esforço respiratório com tiragem ou batimento de asa de nariz, coloração acinzentada ou cianótica, alteração do sensório com obnubilação e frequência respiratória alterada com bradipneia ou taquipneia.

FIGURA 2 AVALIAÇÃO E CONDUTA NOS CASOS DE OBSTRUÇÃO COMPLETA DE VIA AÉREA ALTA.

Adaptado de: Loftis LL. Emergent evaluation of acute upper airway obstruction in children. Uptodate; 2013.

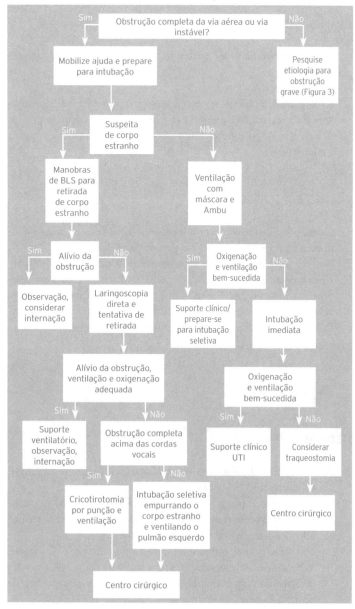

FIGURA 3 AVALIAÇÃO E CONDUTA NOS CASOS DE OBSTRUÇÃO PARCIAL DE VIA AÉREA ALTA.

Adaptado de: Loftis LL. Emergent evaluation of acute upper airway obstruction in children. Uptodate; 2013.

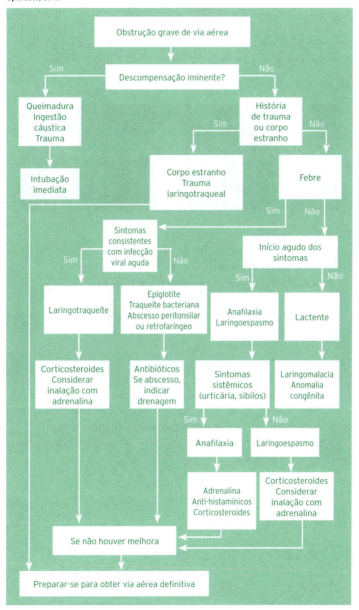

CAUSAS CONGÊNITAS DE ESTRIDOR

Laringomalácia (Figura 4)

Na maior parte dos casos, a conduta é expectante até o 1º ano de vida. Em crianças com quadros de gravidade, recomenda-se a ariepiglotoplastia endoscópica; para casos de maior gravidade, a traqueostomia.

FIGURA 4   LARINGOMALÁCIA.

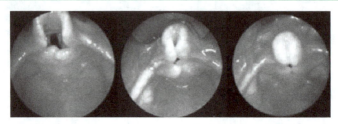

Paralisia congênita das cordas vocais

1. Sem insuficiência respiratória: a conduta é expectante, uma vez que pode haver melhora entre 6 meses e 1 ano. Se não ocorrer melhora, pode-se optar pela aritenoidectomia parcial ou cordectomia posterior.
2. Com insuficiência respiratória: recomendam-se a entubação e a traqueostomia.

Estenose subglótica

Na maioria dos portadores, os sintomas desaparecem no 1º ano de vida.

Em casos persistentes após esse período, utilizam-se a terapêutica com *laser* e dilatação, na tentativa de se evitar a traqueostomia.

Em casos com estenose da luz acima de 70%, a reconstrução aberta também é recomendada.

CONDIÇÕES INFLAMATÓRIAS E INFECCIOSAS QUE PRODUZEM OBSTRUÇÃO DE VIAS AÉREAS

Supraglotite

Pode levar à obstrução total da epiglote e, por ser uma emergência médica, recomendam-se:

- não examinar a orofaringe e não colocar o paciente na posição deitada;
- oxigenoterapia: 2 a 4 L/min, em nebulização;
- ventilação com máscara;
- entubação traqueal por equipe experiente com cânula traqueal de 0,5 a 1 mm menor que a prevista para a idade do paciente e utilizar lâmina curva para não danificar a epiglote;
- antibioticoterapia venosa para cobertura do Hib: cefalosporina de 2ª geração (cefuroxima) e 3ª geração (ceftriaxona ou cefotaxima);
- não se recomenda corticoterapia ou epinefrina inalatória;
- caso a insuficiência respiratória persista, considerar traqueostomia.

Laringotraqueíte viral

1. Nebulização com fonte de oxigênio: indicada se detectada hipoxemia. Contraindicada se a criança tornar-se agitada.
2. Corticosteroides: reduzem a gravidade dos sintomas e o tempo de hospitalização:
   - dexametasona, dose única de 0,15 mg/kg (crupe leve) a 0,6 mg/kg (crupe grave);
   - alternativa: budesonida inalatório, de ação semelhante a dexametasona nos casos de crupe leve e moderado, na dose de 2 mg por via inalatória.
3. Nebulização com epinefrina na dose de 3 a 5 mL/1:1.000 (3 a 5 ampolas de epinefrina sem diluição). Indicada nos casos moderados ou graves ou crianças com procedimento ou manipulação prévia da via aérea. Realizar monitoração cardíaca na necessidade de nebulização repetida. O efeito da medicação é breve (2 h), com redução dos seus efeitos após esse período. Manter o paciente em observação por 4 a 6 h.
4. Entubação: caso necessário, o diâmetro da cânula traqueal deve ser 0,5 mm menor que o diâmetro ideal calculado para a idade da criança.
5. Critérios de alta: ausência de estridor de repouso e hipoxemia, respiração, ventilação adequadas e nível de consciência normal com boa aceitação de líquidos VO.

Etiologia traumática ou idiopática

Corpos estranhos: pode-se utilizar a broncoscopia ou a nasofibrolaringoscopia para seu achado; a remoção é endoscópica.

183
Adenoidite e hipertrofia de adenoide

 O que são

ADENOIDITE

Processo inflamatório da vegetação adenoidiana.

HIPERTROFIA ADENOIDIANA

Aumento das adenoides, divide-se em graus conforme o comprometimento das coanas, segundo a avaliação de Wormald & Prescott:

- grau I: quando compromete até 1/3 da coana; tem como limite inferior o rebordo superior do tórus tubário e é o padrão considerado normal encontrado em crianças;
- grau II: quando compromete até 2/3 da coana, podendo causar compressão do óstio faríngeo da tuba auditiva;
- grau III: quando compromete acima de 2/3 da coana, podendo causar obstrução extrínseca da tuba auditiva.

❓ Como suspeitar

ADENOIDITE AGUDA

São sintomas e sinais semelhantes às infecções virais ou bacterianas do trato respiratório superior:

- evolução de 8 dias até 2 semanas;
- febre;
- rinorreia purulenta;
- obstrução nasal;
- otalgia.

ADENOIDITE CRÔNICA

- Presença de secreção nasal posterior;
- tosse crônica e tosse noturna;
- halitose.

FIGURA 1   SECÇÃO TRANSVERSA DA BOCA E DO NARIZ.

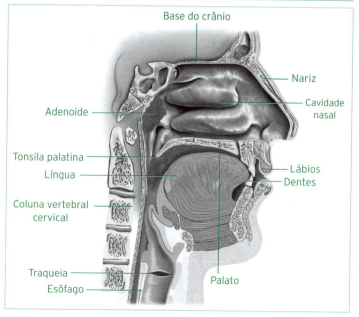

Se associada com obstrução nasofaríngea secundária, é possível os pacientes apresentarem:

- fácies adenoidiana;
- roncos;
- respiração bucal;
- sintomas de otite média e sinusite.

HIPERTROFIA DE ADENOIDE

Causa mais comum de obstrução nasal na infância. O diagnóstico é realizado pela anamnese:

- respiração bucal;
- rinorreia;
- voz anasalada;
- sialorreia;
- roncos noturnos;
- sono agitado;
- sudorese noturna.

Ao exame otorrinolaringológico:

- rinoscopia anterior: cavidade nasal está livre;
- rinoscopia posterior: presença de massa na cavidade nasal;
- pode resultar em fácies adenoidiana, cujas características são:
    - estreita;
    - alongada;
    - protrusão dos dentes;
    - retrognatia;
    - maloclusão;
    - posição aberta dos lábios;
    - lábio superior curto e lábio inferior maior;
    - nariz pequeno;
    - palato ogival.

FIGURA 2 FÁCIES CARACTERÍSTICA DO RESPIRADOR BUCAL.

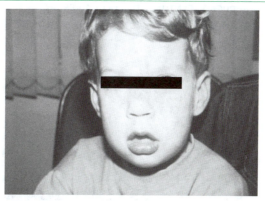

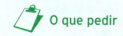 **O que pedir**

ADENOIDITE

1. Hemograma: é inespecífico; se ocorrerem quadros bacterianos, encontra-se leucocitose com neutrofilia.
2. Cultura de secreção faríngea: útil para identificação do agente e escolha de antibioticoterapia.

HIPERTROFIA DE ADENOIDE

1. Radiografia de *cavum* ou lateral de nasofaringe: avalia o tamanho das adenoides e da coluna aérea, observando-se massa que reduz a coluna aérea (Figura 3).
2. Nasofibroscopia: possibilidade de visualização direta da vegetação adenoide, sendo método de escolha para sua avaliação.
3. Polissonografia: padrão-ouro para diagnóstico da síndrome da apneia obstrutiva do sono (SAOS).
4. Avalia a correlação da sintomatologia e as alterações do sono. É útil para identificar os pacientes que se beneficiarão com a cirurgia.

FIGURA 3 RADIOGRAFIA DE *CAVUM* MOSTRANDO HIPERTROFIA ADENOIDIANA COM REDUÇÃO ACENTUADA DA COLUNA AÉREA.

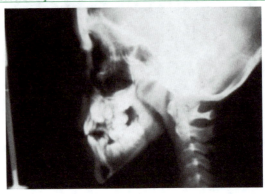

 **Como tratar**

ADENOIDITE VIRAL

Repouso, lavagem com SF, analgesia e antipirese.

ADENOIDITE BACTERIANA

Acrescenta-se antibioticoterapia ao tratamento, com amoxicilina em dose usual (50 a 80 mg/kg/dia), a cada 12 h, ou cefalosporinas de 2ª geração, como cefuroxima (20 a 30 mg/kg/dia), a cada 12 h, por 10 dias.

Nas adenoidites não responsivas ao tratamento clínico, pode-se realizar a adenoidectomia.

HIPERTROFIA DE ADENOIDE

As indicações propostas de adenoidectomia são:

- obstrução nasal causada por hiperplasia das tonsilas faríngeas;
- sintomas rinossinusais recorrentes ou persistentes;
- adenoidite recorrente ou crônica pela presença de bactérias isoladas ou agrupadas sob a forma de biofilmes no cório de tonsilas faríngeas.

184
Rinossinusites

 O que são

Inflamação concomitante da mucosa nasal e dos seios paranasais. O termo rinossinusite substituiu sinusite, já que rinite e sinusite são uma patologia em contiguidade. De acordo com a sintomatologia e a duração dos sintomas, as rinossinusites são classificadas conforme exposto na Tabela 1.

TABELA 1   CLASSIFICAÇÃO DAS RINOSSINUSITES

Aguda	Duração de até 2 semanas, desaparece completamente após a terapêutica instituída
Recorrente	6 ou mais episódios agudos ao ano
Crônica	Duração maior que 12 semanas

 **Como suspeitar**

As manifestações clínicas variam conforme a idade. É critério diagnóstico principal a presença de:

- rinorreia purulenta anterior ou posterior;
- obstrução nasal;
- tosse diurna ou noturna;
- achados endoscópicos de rinorreia mucopurulenta em meato médio ou edema de mucosa nasal;
- alterações tomográficas com bloqueio do óstio meatal e/ou dos seios paranasais;
- podem-se também encontrar: cefaleia, dor facial, halitose, fadiga, febre.

É importante recordar que apenas o seio etmoidal e o maxilar estão presentes ao nascimento, mas somente o etmoidal está pneumatizado; a aeração do seio maxilar ocorre aos 4 anos, o seio esfenoidal encontra-se presente aos 5 anos e o desenvolvimento do seio frontal inicia-se entre os 7 e 8 anos, completando-se na adolescência.

FIGURA 1   VISTA INTERNA DOS SEIOS DA FACE.

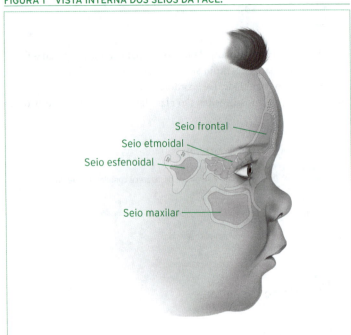

 **O que pedir**

EXAMES GERAIS

1. Culturas: não são necessárias para o diagnóstico. A cultura da secreção nasal pode não se correlacionar às culturas do aspirado sinusal.
2. Hemocultura: indicada para pacientes hospitalizados por rinossinusite.
3. Radiografia de seios da face: não é recomendada para o número de resultados falso-negativos e positivos.

EXAMES ESPECÍFICOS

1. Endoscopia nasal: indicada para identificação de edema, hiperemia, pólipos, crostas ou secreção purulenta em meato médio. Indicada na rinossinusite recorrente e crônica.
2. Tomografia computadorizada (TC) de seios da face: é a modalidade de escolha para a avaliação das rinossinusites, indicada para a visualização da anatomia óssea, na rinossinusite crônica e em casos refratários ao tratamento clínico.
3. Ressonância magnética (RM) de seios da face: utilização mais restrita para os seios paranasais, pois tem menor visibilidade óssea que a TC; indicada para neoplasias associadas a sinusite ou complicações orbitárias.
4. Dosagem de IgA/IgG: pesquisa de imunodeficiências nos pacientes com rinossinusite recorrente ou crônica.

 **Como tratar**

RINOSSINUSITE AGUDA

1. Embora em torno de 40% dos casos apresentem cura espontânea, indica-se antibioticoterapia para os casos de evolução clínica insatisfatória em 10 dias do início, com secreção nasal purulenta por mais de 3 dias e com febre alta e persistente associada com queda do estado geral.
2. A escolha da terapia antimicrobiana é empírica, devendo ter cobertura para os patógenos mais encontrados na infecção sinusal aguda, como *Streptococcus pneumoniae*, *Haemophilus influenza* (não tipável), *Moraxella catarrhalis*, *Streptococcus* beta-hemolítico e anaeróbio. De-

ve-se basear também na gravidade da doença, no uso recente de antibióticos e no risco de complicações.
3. O tempo de tratamento é de 10 a 14 dias.
4. Para pacientes com sintomatologia leve a moderada, sem uso de antibioticoterapia recente, a amoxicilina (50 a 90 mg/kg/dia) é o tratamento de primeira escolha.
5. Para os casos com sintomatologia grave, uso de antibioticoterapia de 1 a 3 meses antecedentes, recomenda-se a utilização de alta dose de amoxicilina (90 mg/kg/dia) com clavulanato 6,4 mg/kg/dia, a cada 12 h. Para pacientes com hipersensibilidade a amoxicilina, recomenda-se cefuroxima 30 mg/kg/dia, a cada 12 h. Para pacientes com reação anafilática à penicilina, recomendam-se os macrolídeos:
    - azitromicina 10 mg/kg no 1º dia e 5 mg/kg nos 4 dias sequenciais, em dose única diária;
    - claritromicina 15 mg/kg/dia, a cada 12 h.
6. Para pacientes com toxemia ou com complicações no sistema nervoso central (SNC), deve-se providenciar a hospitalização e iniciar antibioticoterapia com cefalosporina de 3ª geração, como cefotaxima.
7. Como terapia adjuvante, recomenda-se a irrigação da mucosa nasal com solução salina ou hipertônica, pois aumenta o batimento mucociliar e reduz o edema da mucosa nasal. Recomenda-se também a associação de corticosteroide intranasal tópico com antibioticoterapia na terapêutica das rinossinusites agudas.
8. Evitar o uso de descongestionantes tópicos, dados os efeitos adversos, como diminuição da função mucociliar e diminuição da perfusão da mucosa.

RINOSSINUSITE RECORRENTE E CRÔNICA

Na rinossinusite recorrente e crônica, realizar pesquisa de fatores de risco como:

- infecções das vias aéreas superiores (IVAS) de repetição;
- hipertrofia de adenoide;
- discinesia ciliar;
- refluxo gastroesofágico;
- variações anatômicas: desvio de septo, pólipo ou corpo estranho.

Investigar fatores etiológicos da recorrência e cronicidade por meio de endoscopia nasal e TC dos seios da face.
Devem-se direcionar a terapêutica para agentes etiológicos da rinossinusite aguda e ampliar o espectro para anaeróbios e *S. aureus*.

Bibliografia

REFERÊNCIA BIBLIOGRÁFICA

1. Hein N, Silva RYR. Obstrução de vias aéreas superiores. In: Gilio AE, Grisi SJFE, Bousso A, De Paulis M (eds.). Urgências e emergências em pediatria geral – Hospital Universitário da Universidade de São Paulo. São Paulo: Atheneu, 2015. p.207-14.

BIBLIOGRAFIA

1. Aljebab F, Alanazi M, Choonara I, Conroy S. Tolerability of prednisolone and dexamethasone in children in Saudi Arabia. Arch Dis Child 2016; 101(9):e2.
2. Barenkamp SJ, Chonmaitree T, Hakansson AP, Heikkinen T, King S, Nokso-Koivisto J et al. Panel 4: Report of the Microbiology Panel. Otolaryngol Head Neck Surg 2017; 156(4_suppl):S51-S62.
3. Becking BE, Verweij JP, Kalf-Scholte SM, Valkenburg C, Bakker EW, van Merkesteyn JP. Impact of adenotonsillectomy on the dentofacial development of obstructed children: a systematic review and meta-analysis. Eur J Orthod 2017 Apr 3. doi: 10.1093/ejo/cjx005.
4. Behrman RE, Kliegman RM, Jenson HB. Nelson – Tratado de pediatria. 17.ed. Rio de Janeiro: Elsevier, 2005.
5. Benninger MS, Holy CE, Trask DK. acute rhinosinusitis: prescription patterns in a real-world setting. Otolaryngol Head Neck Surg 2016; 154(5):957-62.
6. DeLaroche AM, Tigchelaar H, Kannikeswaran N. a rare but important entity: epistaxis in infants. J Emerg Med 2017; 52(1):89-92.
7. Dogan M, Dogan DO, Duger C, Polat S, Muderris S. Recurrent rhinolithiasis: a case report with review of the literature. West Indian Med J 2012;6 1(7):760-3. Review.
8. El Boussaadni Y, Babakhouya A, Amrani R, Rkain M, Benajiba N. Leeches: An unusual cause of epistaxis in children. Presse Med 2017; pii: S0755-4982(17)30106-9.

9. Fukuda Y. Guia de medicina ambulatorial e hospitalar da Unifesp/EPM – Otorrinolaringologia. Barueri: Manole, 2003.
10. Geißler K, Guntinas-Lichius O. Allergic rhinitis in the context of chronic rhinosinusitis. Laryngorhinootologie 2015; 94(4):250-66; quiz 267-9.
11. Hungria H. Otorrinolaringologia. 7.ed. Rio de Janeiro: Guanabara Koogan, 1995.
12. I Consenso Brasileiro sobre Rinossinusite. Rev Bras ORL 1999; 65(3):6-30.
13. Gilio AE, Escobar AM, Crisi S. Pediatria geral – Hospital Universitário da Universidade de São Paulo – Neonatologia, pediatria clínica, terapia intensiva. Rio de Janeiro: Atheneu, 2011. p.126-31.
14. Hay WW, Levin MJ, Sondheimer JM, Deterding RR. Current diagnosis & treatment pediatrics. 19.ed. New York: Lange, 2009. p.453-7.
15. Lopez FA, Campos Júnior D. Tratado de pediatria da Sociedade Brasileira de Pediatria. 2.ed. Barueri: Manole, 2010. p.1937-9.
16. Isaiah A, Hamdan H, Johnson RF, Naqvi K, Mitchell RB. Very severe obstructive sleep apnea in children: outcomes of adenotonsillectomy and risk factors for persistence. Otolaryngol Head Neck Surg 2017 Apr 1:194599817700370. doi: 10.1177/0194599817700370.
17. Jafek BW, Murrow BW. Segredos em otorrinolaringologia. 2.ed. Porto Alegre: Artmed, 2006.
18. Kliegman RM, Behrman RE, Jenson HB, Stanton BMD. Nelson – |Textbook of pediatrics. 18.ed. Philadelphia: Saunders, 2007. p.1555-7, 1680-90.
19. Lopez FA, Campos Júnior D. Tratado de pediatria da Sociedade Brasileira de Pediatria. Barueri: Manole, 2007.
20. Manica D, Sekine L, Abreu LS, Manzini M, Rabaioli L, Valério MM et al. Influence of dietary and physical activity restriction on pediatric adenotonsillectomy postoperative care in Brazil: a randomized clinical trial. Braz J Otorhinolaryngol 2017; pii: S1808-8694(17)30029-0. doi: 10.1016/j.bjorl.2017.01.007.
21. Meltzer EO, Hamilos DL, Hadley JA, Lanza DC, Marple BF, Nicklas RA et al. Rhinosinusitis: establishing definitions for clinical research and patient care. Otolaryngol Head and Neck Surg 2004; 131:S1-62.
22. Miniti A, Bento RF, Butugan O. Otorrinolaringologia – clínica e cirúrgica. 2.ed. São Paulo: Atheneu, 2000.
23. Morais MB, Campos SO, Silvestrini WS. Guia de medicina ambulatorial e hospitalar da Unifesp/EPM – Pediatria. Barueri: Manole, 2005.
24. Pádua FG, Pilan R, Voegels RL. Rinossinusite aguda. Prática Hospitalar 2007; 9(54).
25. Patel NA, Garber D, Hu S, Kamat A. Systematic review and case report: intracranial complications of pediatric sinusitis. Int J Pediatr Otorhinolaryngol 2016; 86:200-12.
26. Pereira MBR, Pereira MR. Cirurgia das tonsilas. In: Campos Júnior D, Burns DAR, Lopez FA. Tratado de pediatria da Sociedade Brasileira de Pediatria. 3.ed. Barueri: Manole, 2014. p.2403-6.
27. Petrocheilou A, Tanou K, Kalampouka E, Malakasioti G, Giannios C, Kaditis AG. Viral croup: diagnosis and a treatment algorithm. Pediatr Pulmonol 2014; 49(5):421-9.
28. Rodrigues JC, Adde FV, Silva Filho LVRF. Doenças respiratórias. Coleção Pediatria. Instituto da Criança. Hospital das Clínicas. 2.ed. Barueri: Manole, 2011. p.234-49.
29. Santos RS, Cipolotti R, D'Ávila JS, Gurgel RQ. Escolares submetidos a videonasofaringoscopia na escola: achados e aceitação. J Pediat 2005; 81(6):443-6.
30. Send T, Jakob M, Eichhorn KW. Multiple causes for rhinolithiasis. Rhinology 2014; 52(2):183-6.
31. Swamy MA, Malhotra B, Reddy PV, Tiwari JK, Kumar N, Gupta ML. Trends of respiratory syncytial virus sub-types in children hospitalised at a tertiary care centre in Jaipur during 2012-2014. Indian J Med Microbiol 2017; 35(1):134-6.
32. Taketomo CK, Hodding JH, Kraus DM. Pediatric dosage handbook with International Trade Names Index 17.ed. : LexiComp, 2010.

PARTE 21
Oftalmologia

185 Amniocele
186 Conjuntivite
187 Dacriocistite
188 Traumatismo canalicular
189 Reflexo vermelho
190 Catarata congênita

185
Amniocele

 O que é

Aumento do saco lacrimal durante o parto pela entrada do líquido amniótico.

 Como suspeitar

Decorre da obstrução do ducto nasolacrimal e da semiobstrução valvulada do canalículo comum, levando à entrada de líquido e ao impedimento de seu escape para a conjuntiva.

Ao exame ocular, constatam-se:

- presença de massa flutuante abaixo do ligamento palpebral medial;
- possibilidade de leve inflamação local;
- ocorrência de epífora (raramente).

FIGURA 1   SISTEMA DE ESCOAMENTO LACRIMAL.

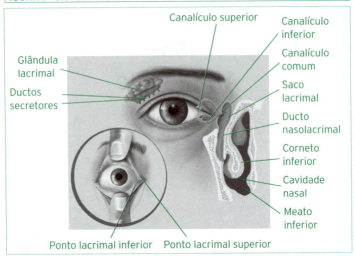

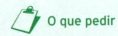

O que pedir

- Radiografia: normal;
- ultrassonografia (US): encontra-se espaço de baixa reflexibilidade;
- aspiração local: conteúdo líquido.

Como tratar

Como terapêutica inicial, realizam-se compressas mornas e massagem suave do saco lacrimal.

O tratamento expectante pode levar ao risco de aquisição de infecção pelo paciente. Se ocorrer infecção, é necessário o uso de antibioticoterapia sistêmica.

Deve-se proceder com a desobstrução do sistema nasolacrimal por meio da sondagem para prevenir o desenvolvimento de infecções e abscessos.

186
Conjuntivite

 O que é

Inflamação da conjuntiva, frequente na infância, que pode ser ou não de origem infecciosa. Quando ocorre dentro do 1º mês de vida, denomina-se conjuntivite neonatal ou *oftalmia neonatorum*.

 **Como suspeitar**

SINTOMAS GERAIS

- Vermelhidão;
- lacrimejamento;
- secreção com exsudação;
- quemose (edema de conjuntiva);
- sensação de corpo estranho (raspadura);
- prurido;
- queimação;
- fotofobia;
- dor ocular.

FIGURA 1 OLHO NORMAL.

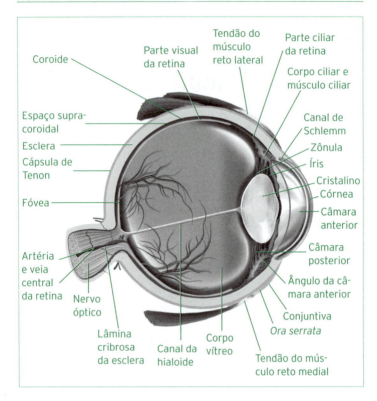

FIGURA 2 CONJUNTIVA.

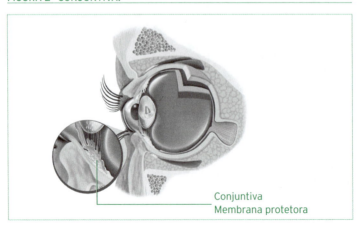

CONJUNTIVITE FOLICULAR AGUDA: FEBRE FARINGOCONJUNTIVAL

Frequente em Pediatria, sendo, muitas vezes causada pelo adenovírus do tipo 3 e, ocasionalmente, pelos tipos 4 e 5. A sintomatologia é a descrita a seguir:

- lacrimejamento;
- irritação;
- fotofobia;
- sensação de corpo estranho ocular.

Pesquisar na história e no exame físico:

- dor de garganta recente associada com febre;
- contato com indivíduos com conjuntivite ou ter estado em piscinas mal cloradas (transmissão do adenovírus);
- sintomas gerais como mal-estar, mialgia, cefaleia e alterações gastrintestinais;
- linfadenopatia pré-auricular e submandibular;
- ao exame oftalmológico, as pupilas, a pressão ocular e a câmara anterior estão normais.

CONJUNTIVITE GONOCÓCICA NEONATAL

É causada pela transmissão materna da *Neisseria gonorrhoeae*. Inicia-se entre o 2º e o 7º dia de vida do recém-nascido.

Atualmente, é pouco frequente, dada a profilaxia com aplicação do método de Credé (nitrato de prata a 1% no fundo de saco conjuntival ao nascimento). Inicia-se unilateralmente com rápido envolvimento bilateral.

Ao exame oftalmológico, nota-se a presença de edema intenso de pálpebras, quemose e exsudação purulenta ou mucopurulenta.

CONJUNTIVITE QUÍMICA NEONATAL

Causada nas primeiras 24 h de vida pelo nitrato de prata a 1%. O neonato apresenta hiperemia conjuntival que desaparece em 24 a 36 h.

CONJUNTIVITE BACTERIANA

Presença de hiperemia conjuntival, edema, exsudato mucopurulento e graus variados de desconforto ocular.
Pode ocorrer leve alteração da acuidade visual.
Os agentes mais frequentes são pneumococos, estafilococos estreptococos e *Haemophilus influenzae*.
Ao exame oftalmológico, estão preservados a pressão ocular, a câmara anterior e os reflexos pupilares. Na lâmpada de fenda, observa-se hiperemia conjuntival moderada a intensa.
Não se nota linfadenopatia pré-auricular ou submandibular.

CONJUNTIVITE FOLICULAR AGUDA: FEBRE FARINGOCONJUNTIVAL

1. Exame biomicroscópico: conjuntivite folicular, hiperemia moderada e quemose.
2. Coloração com fluoresceína: ceratite ponteada difusa.

CONJUNTIVITE GONOCÓCICA NEONATAL

1. Coloração do material de esfregaço com Gram: diplococos Gram-negativos intracelulares.
2. Cultura e antibiograma.

CONJUNTIVITE QUÍMICA NEONATAL

Não se recomendam exames.

CONJUNTIVITE BACTERIANA

Exame laboratorial direto e cultura: nos casos graves com suspeita de conjuntivite gonocócica e resistência à terapêutica.

 **Como tratar**

CONJUNTIVITE FOLICULAR AGUDA: FEBRE FARINGOCONJUNTIVAL

1. Não se indica a utilização de antivirais tópicos.
2. A conjuntivite é autolimitada e dura em torno de 10 dias.
3. Orientar o paciente para evitar compartilhar objetos de uso pessoal, como roupas de cama e toalhas.
4. Higiene rigorosa das mãos (não manipular os olhos) e limpeza das secreções.
5. Utilização de lágrimas artificiais e compressas geladas para alívio sintomático.

CONJUNTIVITE GONOCÓCICA NEONATAL

1. A terapêutica objetiva prevenir lesões oculares e sistêmicas, como artrite, pneumonia, sepse e meningite.
2. Utiliza-se tratamento sistêmico com ceftriaxona 125 mg, IM, dose única, ou cefotaxima 25 mg/kg, EV ou IM, a cada 8 h por 7 dias.
3. Em conjunto, utiliza-se tratamento tópico com remoção das secreções por irrigação com aproximadamente 50 mL de cloreto de sódio a 0,9% a cada 1 h para remoção de bactérias vivas e a aplicação local de ciprofloxacino ou bacitracina pomada.

CONJUNTIVITE QUÍMICA NEONATAL

1. Não se utiliza nenhum tratamento específico.
2. Realizar higienização local e observação.
3. Reavaliar o neonato em 24 h.

CONJUNTIVITE BACTERIANA

1. Higiene e limpeza das secreções conjuntivais com soro fisiológico e gaze.
2. Antibióticos tópicos: ofloxacino ou ciprofloxacino 1 gota a cada 4 h. Têm ação bactericida, baixa resistência e ausência de hipersensibilidade.
3. Outra opção é a utilização de antibioticoterapia de largo espectro: cloranfenicol ou tobramicina.

187
Dacriocistite

 O que é

Infecção do canal lacrimal e do ducto nasolacrimal.

 Como suspeitar

Em pediatria, é usualmente resultado da infecção por estafilococos e estreptococos, sendo o *S. aureus* o mais frequente.

A dacriocistite pode decorrer da obstrução congênita do ducto nasolacrimal, que ocorre em 6% dos recém-nascidos, sendo a válvula de Hasner o local da estenose mais comum.

Os principais sintomas são lacrimejamento e corrimento ocular.

Na forma aguda, encontram-se, na topografia do saco lacrimal, dor, edema, inflamação, além de possível saída de material purulento à expressão do saco lacrimal. Podem ainda ocorrer desenvolvimento de celulite periorbitária e sinais sistêmicos de infecção, como febre e irritabilidade.

Na forma crônica, o lacrimejamento pode ser o único sinal, e pode haver secreção mucopurulenta.

O que pedir

O exame microscópico é útil para identificar o agente infeccioso por meio da análise da secreção conjuntival.

Para avaliar obstrução do sistema lacrimal, pode-se utilizar teste do desaparecimento da fluoresceína, dacriocistorrafia e dacriocintilografia com radioisótopo.

Como tratar

Deve-se instituir terapêutica rápida e agressiva para prevenir o risco de celulite periorbitária.

Realizar compressas geladas para limitar a infecção do local e utilizar antibióticos sistêmicos como as cefalosporinas (primeira escolha), por 10 a 14 dias.

Em casos graves, indica-se a punção ou a drenagem do saco lacrimal para alívio do processo inflamatório-infeccioso.

Em crianças, na presença de estenose do sistema nasolacrimal, recomenda-se a compressão do saco lacrimal para romper a membrana de Hasner, que origina a obstrução.

Se houver persistência da estenose por mais de 6 semanas, recomenda-se a sondagem do ducto, o que previne a recorrência da dacriocistite.

Não se utiliza a sonda na presença de infecção aguda.

Na dacriocistite crônica, indicam-se:

- tratamento temporário: limpeza diária com SF, lágrimas artificiais e colírios antibióticos, como tobramicina ou ofloxacino;
- tratamento definitivo: dacriocistorrinostomia, que também está indicada na presença de obstrução do ducto nasolacrimal.

188
Traumatismo canalicular

O que é

As lacerações canaliculares são as lesões traumáticas mais comuns das vias lacrimais, sendo mais frequentes no sexo masculino e em adultos jovens.

FIGURA 1   LACERAÇÃO CANALICULAR EM PACIENTE ENVOLVIDA EM ACIDENTE AUTOMOBILÍSTICO.

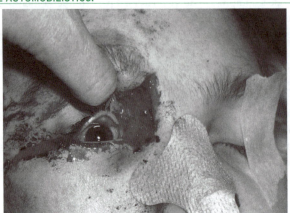

❓ Como suspeitar

Pode decorrer de trauma craniofacial, fraturas orbitárias ou agressões por animais que levam à avulsão palpebral.

Dada a localização medial do sistema canalicular, este é suscetível aos traumas facial, orbital e periorbital.

Em qualquer laceração da pálpebra medial, deve ser considerado o envolvimento do sistema canalicular até que se prove o contrário.

A epífora pós-traumática e alterações palpebrais funcionais e estéticas ocorrem nos pacientes sem o atendimento adequado.

Na anamnese, questionar o mecanismo e a intensidade do trauma, que ajudarão a avaliar:

- a extensão da lesão;
- a possibilidade de lesão ocular associada;
- o grau de contaminação;
- a possibilidade de corpos estranhos.

Realizar exame oftalmológico com avaliação de:

- acuidade visual;
- reflexo fotopupilar;
- campos visuais;
- movimentos extraoculares;
- exame da órbita nos traumatismos extensos.

📋 O que pedir

1. Teste do desaparecimento da fluoresceína: avalia a perviabilidade da via lacrimal.
2. Dacriocistorrafia: pode confirmar a interrupção da drenagem do sistema lacrimal.
3. Em caso de suspeita de fratura orbitária ou fratura da face média: tomografia computadorizada (TC) orbitária em plano axial e coronal.

 **Como tratar**

A profilaxia antitetânica é recomendada em ferimentos contaminados e, assim como a profilaxia ativa e passiva da raiva, em casos específicos de mordedura por cães.

O princípio fundamental no reparo de canalículos lacerados consiste em restabelecer a função de drenagem e sua topografia o mais breve possível.

Quando um canalículo é atingido, não é necessário o procedimento cirúrgico, uma vez que o fluxo lacrimal será suprido por outro e o paciente poderá ser acompanhado em ambiente ambulatorial.

Se dois canalículos forem atingidos, realiza-se a cirurgia de reparação microscópica com anastomose dos segmentos afetados, sob anestesia geral e auxílio de especialista experiente. Para facilitar a técnica, pode-se entubar os canalículos (Figura 2).

Crianças com trauma palpebral devem ser acompanhadas com frequência para assegurar que não ocorra ambliopia ou ptose palpebral.

Se ocorrer fratura orbitária associada, orientar os pacientes a não assoarem o nariz, dado o risco de enfisema orbitário.

Para infecções e profilaxia pós-cirúrgica, prescreve-se antibioticoterapia, como cefalexina 25 a 50 mg/kg/dia, a cada 6 h (máximo de 4 g/dia). Antibióticos tópicos como a tobramicina são indicados nos casos de infecção local.

A taxa de sucesso do reparo canalicular varia de 20 a 100%.

FIGURA 2   SISTEMA CANALICULAR SENDO ENTUBADO.

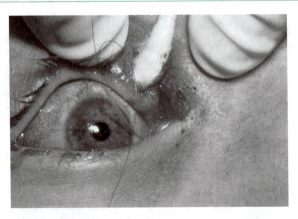

189
Reflexo vermelho

 O que é

O "reflexo do olhinho", ou teste do reflexo de Brucker, é o exame de rastreamento de anormalidades no segmento posterior do olho e opacidades. Deve ser realizado em todas as crianças do nascimento até os 5 anos.

 Como suspeitar

Alterações oculares de patologias específicas, como catarata congênita, glaucoma congênito, leucoma, retinoblastoma, descolamento de retina e persistência do vítreo primário hiperplásico, podem estar presentes já nos primeiros dias de vida.

1. Normal: os dois olhos apresentam um reflexo vermelho brilhante.
2. Anormal ou suspeito: presença de pontos pretos, assimetria ou reflexo branco.

FIGURA 1 CRIANÇA COM REFLEXO VERMELHO NORMAL: A PARTE INTERNA DA RETINA SAUDÁVEL É VERMELHA, MOSTRANDO QUE AS PRINCIPAIS ESTRUTURAS INTERNAS DO OLHO (CÓRNEA, CÂMARA ANTERIOR, ÍRIS, PUPILA, CRISTALINO, HUMOR VÍTREO E RETINA) ESTÃO TRANSPARENTES.

FIGURA 2 CRIANÇA COM REFLEXO VERMELHO ANORMAL: O REFLEXO BRANCO OU LEUCOCORIA DENUNCIA A PRESENÇA DE RETINOBLASTOMA.

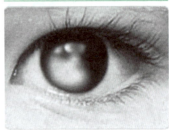

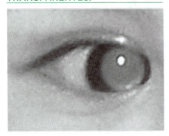

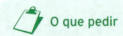

O que pedir

O exame deve ser feito com oftalmoscópio seguro próximo ao olho do examinador e aproximadamente a 30 cm do olho do lactente.

Como tratar

Em casos de presença ou suspeita de anormalidades, encaminhar o paciente precocemente (máximo em 30 dias) para avaliação oftalmológica especializada com a finalidade de investigar a patologia causadora e, consequentemente, permitir uma intervenção oportuna, evitando ou minimizando os efeitos de evolução natural da doença.

190
Catarata congênita

 O que é

Catarata é qualquer opacidade do cristalino ou perda de sua transparência que prejudique a acuidade visual (Figura 1). É denominada catarata congênita quando está presente desde o nascimento ou aparece no 1º ano de vida. A afacia (ausência de cristalino) também está incluída na definição de catarata.

 Como suspeitar

Na anamnese, inquirir sobre:

- prematuridade;
- pesquisa de distúrbios metabólicos no período perinatal, como hipoglicemia em filhos de mães diabéticas ou hipoparatireoidismo;
- síndrome da infecção congênita: a opacidade do cristalino pode ser decorrente de infecções perinatais, como toxoplasmose, citomegalovírus, sífilis, rubéola, vírus do herpes simples;

- doenças metabólicas: pode resultar de distúrbios do metabolismo (carboidratos, cálcio, aminoácidos ou cobre);
- investigar galactosemia infantil clássica nos lactentes;
- cromossomopatias: trissomia do 13, 18 e 21 e síndrome de Turner;
- exposição a agentes tóxicos, medicamentos como corticosteroides e traumatismos;
- presença de familiares com patologias oculares.

No exame oftalmológico, verificar presença de:

- leucocoria: reflexo pupilar branco, principal sinal apresentado por crianças com catarata congênita (Figura 2);
- estrabismo;
- nistagmo;
- microftalmia.

O que pedir

NA ROTINA

1. TORCHS (toxoplasmose, rubéola, citomegalovírus, herpes simples).
2. Pesquisa de hipoparatireoidismo: cálcio, fósforo e paratormônio.

FIGURA 1 LOCALIZAÇÃO DA CATARATA NO CRISTALINO.

FIGURA 2 LEUCOCORIA.

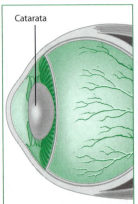
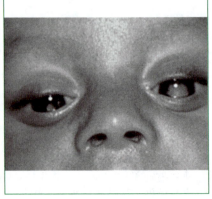

3. Substâncias redutoras na urina para a pesquisa de galactosemia.
4. Cariótipo em casos de suspeita de síndromes cromossômicas.

NOS CASOS ESPECIAIS

1. Biomicroscopia: é o melhor exame para avaliar o cristalino.
2. Avaliação qualitativa da visão:
   - sensibilidade ao contraste;
   - acuidade visual sobre luminosidade;
   - visão de cores.
3. Determinação do potencial visual do olho
   - PAM (*potential acuity meter*);
   - interferometria;
   - em casos em que não se visualizam o vítreo e a retina, recomenda-se a ultrassonografia (US).

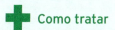

Como tratar

Para a catarata congênita e infantil, é preciso fazer o diagnóstico e a terapêutica precoce, com o intuito de reduzir o risco de ambliopia e de déficits sensoriais associados.

Realiza-se a correção cirúrgica com remoção do cristalino e implante de lente intraocular artificial.

Os cuidados pós-operatórios envolvem correção óptica com uso de lentes de contato ou óculos e o uso de oclusão para terapêutica da ambliopia.

No caso da galactosemia, o tratamento precoce com a dieta sem galactose permite a reversão das alterações no cristalino.

Bibliografia

1. Ali MJ. Pediatric acute dacryocystitis. Ophthal Plast Reconstr Surg 2015; 31(5):341-7.
2. Arnold RW, Olitsky SE, Suh DW, Wasserman BN, Wagner RS. Management of congenital nasolacrimal duct obstruction with anatomic anomalies. Pediatr Ophthalmol Strabismus 2017; 54(1):6-9.
3. Behrman RE, Kliegman RM, Jenson HB. Nelson – Tratado de pediatria. 17.ed. Rio de Janeiro: Elsevier, 2005.
4. Campos Junior D, Burns DAR, Lopez FA. Tratado de pediatria da Sociedade Brasileira de Pediatria 3. ed. Barueri: Manole, 2014.
5. Fernandes FR, Setubal LS, Marujo WC. Manual de urgências e emergências em pediatria. São Paulo: Sarvier, 2010. p.491-8.
6. Jordan DR, Ziai S, Gilberg SM, Mawn LA. Pathogenesis of canalicular lacerations. Ophthal Plast Reconstr Surg 2008; 24(5):394-8.
7. Lopez FA, Júnior DC. Tratado de pediatria da Sociedade Brasileira de Pediatria. Barueri: Manole, 2007.
8. Marino LCH, Lamari N, Marino Jr. NW. Hipermobilidade articular nos joelhos da criança. Arq Cienc Saúde 2004; 11(2):124-7.
9. Mawn LA. Canalicular laceration. eMedicine Overview 2006. Disponível em: www.emedicine.medscape.com/article/1210031-overview.
10. Morais MB, Campos SO, Silvestrini WS. Guia de medicina ambulatorial e hospitalar da Unifesp/EPM – Pediatria. Barueri: Manole, 2005.
11. Murchison AP, Bilyk JR. Pediatric canalicular lacerations: epidemiology and variables affecting repair success. J Pediatr Ophthalmol Strabismus 2014; 51(4):242-8.
12. Örge FH, Dar SA. Canalicular laceration repair using a viscoelastic injection to locate and dilate the proximal torn edge. J AAPOS 2015; 19(3):217-9.
13. Schor P, Chamon W, Belfort R. Guia de medicina ambulatorial e hospitalar da Unifesp/EPM – Oftalmologia. Barueri: Manole, 2004.
14. Serna-Ojeda JC, Nuñez-Rivera P, Quevedo-Martínez J, Álvarez-López M. Diagnosis of acute follicular conjunctivitis: a 5-year retrospective analysis in a referral center. Arch Soc Esp Oftalmol 2015; 90(8):389-91.

15. Skare TL. Reumatologia – Princípios e prática. Rio de Janeiro: Guanabara Koogan, 1999.
16. Sztajnbok FR, Serra CRB, Rodrigues MCF, Mendoza E. Doenças reumáticas na adolescência. J Pediatr 2001; 77(2):S234-44.
17. Takahashi W. Traumatismos e emergências oculares. In: Kara-José N (ed.). Atualidades oftalmologia USP. vol. 5. São Paulo: Roca, 2003.
18. Vander J, Gault J. Segredos em oftalmologia. São Paulo: Artmed, 2001.
19. Vaughan D, Asbury T, Riordan-Eva P. Oftalmologia geral. 11.ed. São Paulo: Atheneu, 2003.
20. Vera L, Lambert N, Sommet J, Boulkedid R, Alberti C, Bui Quoc E. Visual outcomes and complications of cataract surgery with primary implantation in infants. J Fr Ophtalmol 2017; pii: S0181-5512(17)30071-2.